坊子年鉴

2018 FANGZI YEARBOOK

潍 坊 市 坊 子 区 人 民 政 府 主办
潍坊市坊子区史志委员会办公室 编纂

方志出版社
Publishing House of Local Records

图书在版编目（CIP）数据

坊子年鉴. 2018 / 潍坊市坊子区史志委员会办公室编. -- 北京 : 方志出版社, 2018.8
ISBN 978-7-5144-3188-9

Ⅰ. ①坊… Ⅱ. ①潍… Ⅲ. ①区(城市)－潍坊－2018－年鉴 Ⅳ. ①Z525.24

中国版本图书馆CIP数据核字(2018)第195399号

坊子年鉴（2018）

编　　者：潍坊市坊子区史志委员会办公室
责任编辑：范　静
出 版 人：冀祥德
出 版 者：方志出版社
地址　北京市朝阳区潘家园东里9号（国家方志馆4层）
邮编　100021
网址　http://www.fzph.org
发　　行：方志出版社图书经销中心
电话（010）67110500
经　　销：各地新华书店
印　　刷：山东麦德森文化传媒有限公司　（0531）82666659
开　　本：889×1194　1/16
印　　张：28.5
字　　数：497千字
版　　次：2018年8月第1版　2018年8月第1次印刷
印　　数：0001～1000册
ISBN　978-7-5144-3188-9　定价：238.00元

坊子区地方史志编纂委员会

名誉主任：扈洪波

主　　任：张龙江

常务副主任：赵　伟

副 主 任：牟　杰　于鹏展　段宏喜　潘锡才　段效顺
郭庆建　孟庆温

成　　员：李夕勇　匡荣璋　李　强　徐仕东　郑汝彤
王　锋　于连勇　王宗仁　陈炳华　郭　磊
李学海　李汉军　周　明　刘　强　刘　杰
尹　健　马玉良　宁洪伟　王新程　王成刚
刘乐军　于洪鹏　徐万源　杨宝伟

《坊子年鉴（2018）》编审人员

主　审：张龙江

副主审：段宏喜

主　编：段效顺

副主编：郑汝彤　张洪茂　张美芳

编　辑：王志伟　张梦阁　武美美

编辑说明

一、《坊子年鉴》是在中国共产党潍坊市坊子区委员会领导下，由潍坊市坊子区人民政府主办，潍坊市坊子区史志委员会办公室编纂的地方性、综合性、资料性文献。该书旨在全面、系统、翔实、客观地记述坊子区政治、经济、文化、社会等各方面的新成就、新特点、新情况，为各行各业提供咨询服务，为各级领导科学决策提供可靠依据，同时也为国内外朋友全面了解坊子区乃至潍坊市提供方便。

二、《坊子年鉴》的编纂坚持以马克思列宁主义、毛泽东思想、邓小平理论、“三个代表”重要思想、科学发展观、习近平新时代中国特色社会主义思想为指导，坚持辩证唯物主义和历史唯物主义的立场、观点和方法，紧紧围绕区委、区政府中心工作，全面客观地反映各部门、各行业取得的重大成就，力求做到观点正确、框架科学、资料翔实、特色鲜明、记述准确、编写规范。

三、《坊子年鉴》2018卷主要内容的记述时限原则上为2017年1月1日至12月31日。为反映事物全貌，给读者以完整印象，部分资料适当上溯或下延。

四、本卷《坊子年鉴》采取分类编辑法。全书设26个类目，即特载、大事记、区情概览、中国共产党潍坊市坊子区委员会、潍坊市坊子区人民代表大会、潍坊市坊子区人民政府、中国人民政治协商会议潍坊市坊子区委员会、中国共产党潍坊市坊子区纪律检查委员会、工商联•群众团体、军事、法治、经济监督管理、农业、工业、商贸服务、金融、财政•税务、交通•邮政•通信、城乡建设、资源管理•环境保护、教育•科技、文化•旅游、卫生计生•体育、社会民生、高新园区•街道（发展区）、附录。记述形式分类目、分目、条目3个层次，条目为主要信息载体和基本撰写形式，年鉴多数内容在条目中记载。

五、全书的资料大部分由区直各部门、各单位、各街道（发展区）提供，图片由区委宣传部、供稿单位提供，主要统计数据以区统计局公布的统计资料为准，有些使用有关业务部门、单位的数据。为使年鉴资料准确无误、真实可靠，各供稿单位所供稿件均经该单位领导审核，各撰稿人在相应条目后署名，以示负责。

六、本卷《坊子年鉴》的编辑出版，是在各级各部门领导关怀和支持下，经过广大年鉴工作者通力合作、辛勤劳动所取得的成果。谨向关心和支持年鉴编辑工作的单位和个人表示衷心感谢。

七、《坊子年鉴》内容涉及各行各业，面广量大，加之编者水平有限，错误与疏漏在所难免，敬请广大读者给予指正，以使《坊子年鉴》编纂水平不断提高。

2018年8月

坊子区地图

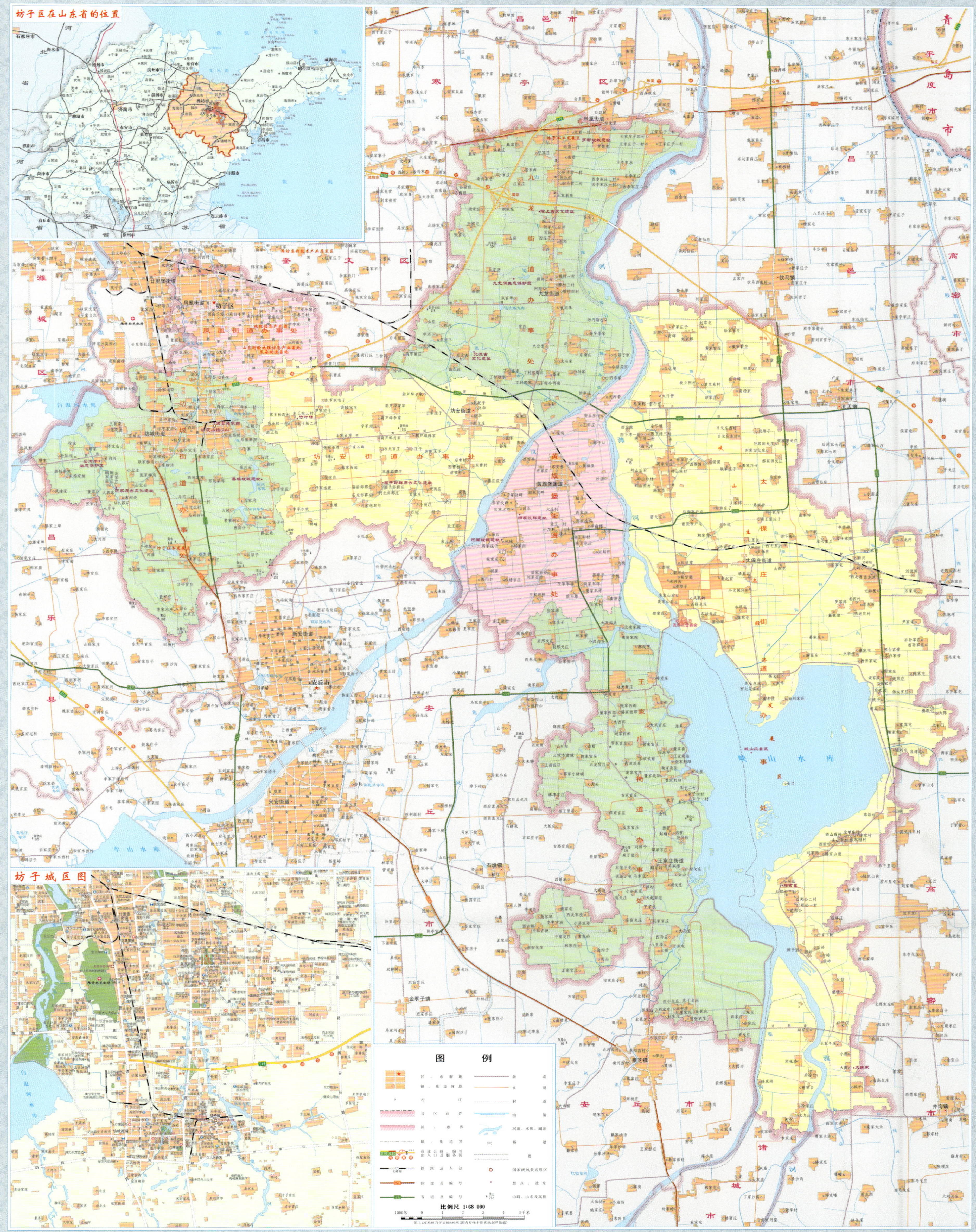

鲁SG(2015)102号
2016年1月第1版
潍坊市国土资源局坊子分局组编　山东省地图院编制

坊子区地图

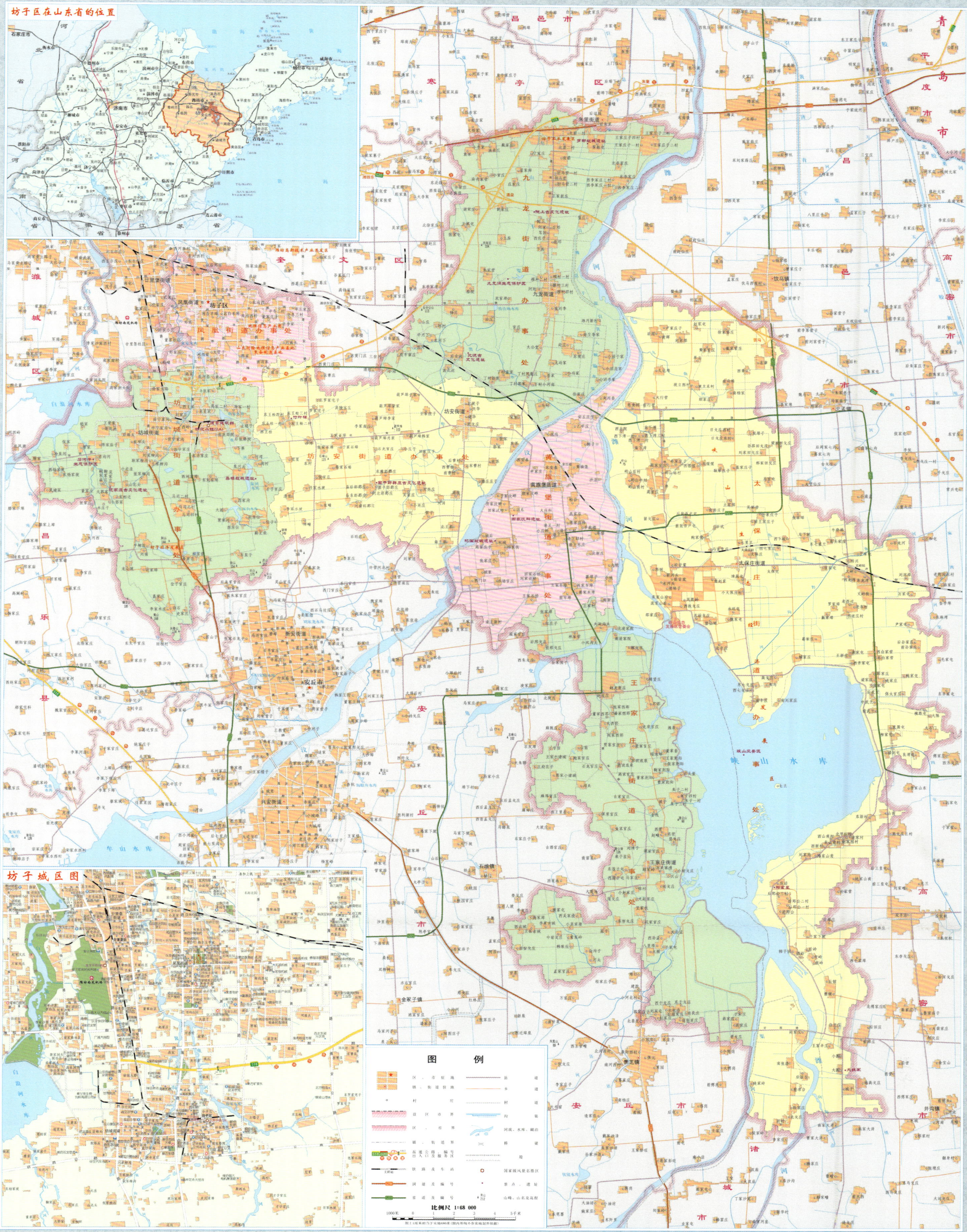

鲁SG(2015)102号　　2016年1月第1版　　潍坊市国土资源局坊子分局组编　　山东省地图院编制

坊子荣誉

FANGZI RONGYU

- 全国粮食生产先进县（区）
- 全国平原绿化先进单位
- 全国农村养老保险先进县（区）
- 全国科技工作先进区
- 国家环保模范城市
- 国家卫生城市
- 国家知识产权强县工程示范区
- 中国十大政府创新典型奖——村务契约化管理模式
- 全国村务公开民主管理制度创新提名奖
- 国家地震避难场所建设示范点
- 全国全民健身先进单位
- 中国全面小康十大民生决策奖——创新推行城乡卫生一体化管理模式
- 中国全面小康十大民生决策奖——教育改革模式
- 第二届全国教育改革创新奖
- 第六次全国人口普查先进集体
- 全国农村社区建设实验全覆盖示范单位
- 全国第二批农村社会养老保险工作试点单位
- 全国科普示范区

- 全省 137 个县市区 2017 年政务公开第三方评估第一名
- 全省城镇校改首批实现五达标县市区课桌凳单项总分第一名
- 全省小康县（区）
- 全省第三、五、六届精神文明建设先进区
- “九五”期间“全省残疾人工作先进区”
- 全省信访工作先进单位
- 全省国土资源执法模范县（市、区）
- 山东省政府非税收入规范管理示范县
- 新型农村合作医疗省级示范点
- 山东省知识产权示范区
- 全省第八批“社会文化先进区”
- 全省双拥工作先进单位
- 山东省慢性非传染性疾病综合防控示范区

数字坊子

SHUZI FANGZI

2017

辖区总面积 412 平方公里

年末常住人口 32.5 万人

地区生产总值 165.73 亿元

第一产业增加值 9.39 亿元

第二产业增加值 82.08 亿元

第三产业增加值 74.26 亿元

三次产业比例 5.7:49.5:44.8

人均地区生产总值 50994 元

粮食总产量 14.25 万吨

社会消费品零售总额 76.02 亿元

进出口总额 34.39 亿元

进口总额 10.68 亿元

出口总额 23.71 亿元

实际到账外资 4.05 亿元

居民人均可支配收入 25470 元

城镇居民人均可支配收入 34180 元

农村居民人均可支配收入 17178 元

财政总收入 20.59 亿元

一般公共预算收入 14.28 亿元

一般公共预算支出 18.62 亿元

国税收入 10.64 亿元

地税收入 7.63 亿元

金融机构存款余额 210.93 亿元

金融机构贷款余额 115.12 亿元

中国驰名商标 2 件

山东省著名商标 12 件

集体商标 1 件

全国文明村 1 处

省级文明村镇 14 处

省级文明社区 6 处

省级特色小镇 2 处

省级特色产业镇 2 处

公办普通高中 1 所，在校生 4406 人，专任教师 536 人

公办初级中学 4 所，在校生 7240 人，专任教师 589 人

公办九年一贯制学校 2 所，在校生 3510 人，专任教师 231 人

公办小学 34 所，在校生 19459 人，专任教师 1138 人

注册幼儿园 84 所，在园幼儿 13117 人，专任教师 1146 人

医疗卫生机构 362 处，床位 1773 张，卫生技术人员 1971 人

执业（助理）医师 574 人

市级非物质文化遗产 12 项

区级非物质文化遗产 30 项

2017年1月16日，中国共产党潍坊市坊子区第十四次代表大会召开

扈洪波代表中国共产党潍坊市坊子区第十三届委员会作报告

中国共产党潍坊市坊子区第十四次代表大会第一次全体会议选举产生中国共产党潍坊市坊子区第十四届委员会常务委员会委员

从左到右依次为：李寿岩、牟杰、任宪强、宋伟伟、扈洪波、张龙江、许文远、赵伟、于鹏展

区委书记扈洪波在潍坊市坊子区第十八届人民代表大会第二次会议上讲话

2018年1月17日，潍坊市坊子区第十八届人民代表大会第二次会议召开

区委副书记、区长张龙江在潍坊市坊子区第十八届人民代表大会第二次会议上作政府工作报告

区委副书记宋伟伟出席潍坊市坊子区第十八届人民代表大会第二次会议

区人大常委会主任潘振东在潍坊市坊子区第十八届人民代表大会第二次会议上作报告

区委书记扈洪波在中国人民政治协商会议第九届潍坊市坊子区委员会第二次会议上讲话

2018年1月16日，中国人民政治协商会议第九届潍坊市坊子区委员会第二次会议召开

区委副书记、区长张龙江出席中国人民政治协商会议第九届潍坊市坊子区委员会第二次会议

区委副书记宋伟伟出席中国人民政治协商会议第九届潍坊市坊子区委员会第二次会议

区政协主席王希慧在中国人民政治协商会议第九届潍坊市坊子区委员会第二次会议上作报告

◀ 2017年3月31日，全国政协副主席、民盟中央常务副主席陈晓光（左二），在省人大常委会副主任、民盟山东省委主委温孚江，市领导刘曙光、苏立科、毛秀凤陪同下到潍坊富源增压器有限公司考察

▶ 2017年12月25日，全国政协常委、全国政协经济委员会副主任、中央农村工作领导小组办公室原主任陈锡文（右二）到潍坊市玉泉洼种植专业合作社联合社调研

◀ 2017年9月27日，省委常委、组织部部长杨东奇（左三）到山东银澎云计算有限公司考察

▶ 2017年4月12日，省人大常委会副主任尹慧敏（左二）到坊子区调研

◀ 2017年8月9日，省政协副主席许立全（左二）到坊子区调研军民融合发展情况

▶ 2017年4月19日，省政协副主席郭爱玲（左二）到1898坊茨小镇调研

▶ 2017年9月18日，市委书记、市人大常委会主任刘曙光（中）到坊子区调研

◀ 2017年3月6日，市委副书记、市长李宽端（左三）到1898坊茨小镇调研

▶ 2017年9月29日，市政协主席苏立科（中）到坊子区参观书画展

◀ 2017年8月17日，市委副书记张小梅（右二）到雷沃重工股份有限公司调研

▶ 2017年6月7日，市委常委、宣传部部长、潍坊国家高新技术产业开发区党工委书记初宝杰（右二）到鲁能足校调研

◀ 2017年1月23日，市委常委、常务副市长邹庆忠（中）到坊子区敬老院慰问老人

◀ 2017年11月21日，市委常委、政法委书记、潍坊滨海经济技术开发区党工委书记孙起生（前排中）到坊子区调研

▶ 2017年4月26日，市委常委、市纪委书记李在武（左一）到坊子区调研

◀ 2017年7月10日，市委常委、组织部部长林红玉（左一）到坊子区调研棚户区改造工作

▶ 2017年9月18日，市委常委、秘书长刘建国（右一）到坊子区调研

◀ 2017年5月23日，市委常委、统战部部长王兆辉（右一）到山东测绘地理信息产业园调研

▶ 2017年9月5日，市人大常委会党组副书记、副主任孙明亮（中）到山东帅克机械制造股份有限公司调研

▶ 2017年4月12日，副市长王树华（左三）到坊子区调研

◀ 2017年10月17日，副市长李平（前排右一）到坊子区调研卫生工作

▶ 2017年11月15日，副市长、市公安局局长吴磊（前排左二）陪同枣庄市薛城区区委书记姜山到坊子区参观考察重点项目

2017年6月6日，副市长马清民（前排右二）到坊子区参加全市夏收现场会

2017年11月23日，副市长田民利（左二）到坊子区调研重点项目

2017年3月12日，市级领导班子成员、市绿化委员会成员到坊子区九龙涧森林公园开展义务植树活动

◀ 2017年3月21日，区委书记扈洪波（中）调研重点工程

▶ 2017年5月5日，区委书记扈洪波（中）到鲁能足校调研

◀ 2017年4月8日，区委副书记、区长张龙江（中）现场推进棚户区改造工作

▶ 2017年6月29日，区委副书记、区长张龙江（前排中）到潍坊四中调研

◀ 2017年9月6日，在第三十三个教师节来临之际，区委副书记宋伟伟（中）到九龙街道走访慰问教师

▶ 2017年11月13日，区人大常委会主任潘振东（中）带领区人大代表视察全区重点工程项目建设情况

▶ 2017年11月13日，区政协主席王希慧（中）带领区政协委员调研全区重点工程项目建设情况

◀ 2017年12月1日，区委常委、政法委书记、公安分局局长许文远（中）到坊子工业发展区调研社会治安综合治理工作

▶ 2017年8月18日，区委常委、区纪委书记任宪强（左二）到坊安街道调研环保工作

◀ 2017年3月23日，区委常委、常务副区长赵伟（右二）到罗邦生物公司检查安全生产工作

▶ 2017年4月12日，区委常委、组织部部长牟杰（中）在坊子区企业家创新发展专题研修班期间参观企业

◀ 2017年9月6日，区委常委、宣传部部长于鹏展（中）推进农村综合文化广场建设

◀ 2017年9月19日，区委常委、统战部部长李寿岩（中）带领统战部机关干部到北海学校参加民族团结进步宣传月活动

▶ 春节期间，区委常委、人武部政委唐乐平（右二）看望困难党员

◀ 2017年6月19日，副区长李飞雨（中）带队外出考察学习现代农业示范园区发展情况

▶ 2017年11月10日，副区长段宏喜（右二）现场推进农村综合文化广场建设

◀ 2017年6月1日，副区长高凤金（中）到西华昌小区现场推进电力设施改造工作

▶ 2017年10月13日，副区长王国光（中）陪同区人大城乡建设与环境资源保护委员会委员查看交通道路工程建设情况

◎ 产业坊子 ◎

雷沃重工股份有限公司生产车间

山东恒安纸业有限公司生产车间

中粮肉食（山东）有限公司加工车间

山东帅克机械制造股份有限公司生产车间

◎ 产业坊子 ◎

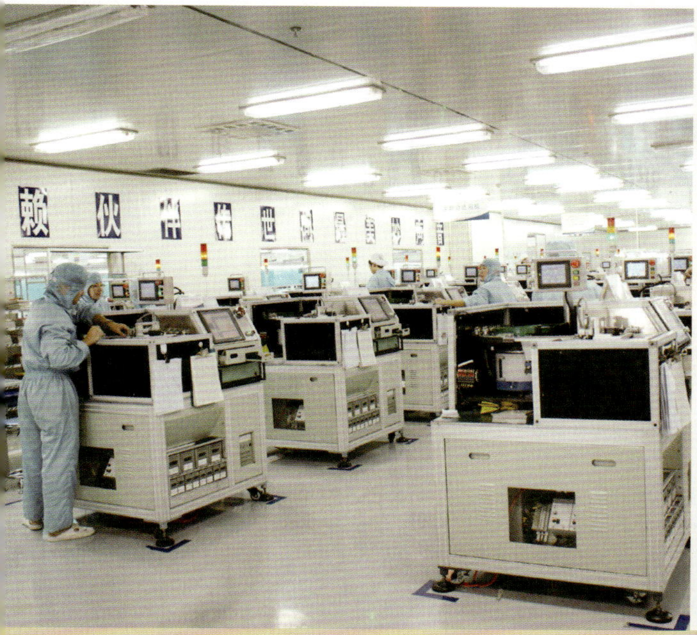

山东共达电声股份有限公司生产车间

新松机器人联合研究院（潍坊）有限公司数字化智能工厂

京北方金融服务交付基地

玉泉洼生态观光园

◎ 文化坊子 ◎

1898坊茨小镇

坊子炭矿博物馆

潍坊四中

坊子区实验幼儿园

◎ 文化坊子 ◎

潍南县委红色廉政文化教育展馆

◀ 杞国故城遗址

FBA联赛

风筝文化馆

① 2017年9月25日，新松机器人（潍坊）智能制造产业创新服务平台签约仪式

② 2017年3月22日，坊子区14家行业领军企业在齐鲁股权交易中心举行集中挂牌仪式

③ 表彰功勋企业家

④ 政务公开体验区

⑤ 便民自助服务大厅

⑥ 2017年5月27日，山东省中小微企业巡回大讲堂潍坊（坊子）班开班

⑦ 便民利企咨询服务

◎ 活力坊子 ◎

齐鲁股权交易中心行情信息
300567 润捷环保 5.68 0.00 0.00 0.00
热烈祝贺
润捷环保
挂牌成功

功勋
荣誉证书

政务公开体验区
人民日报

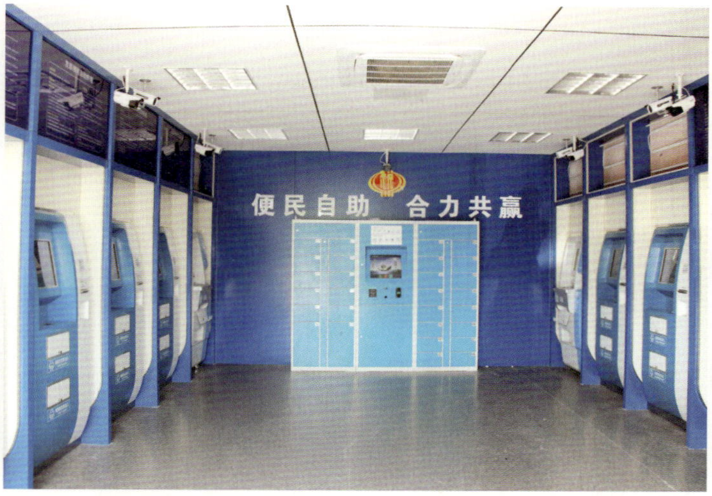
便民自助 合力共赢

聚人聚财聚宝地
上风上水上坊子

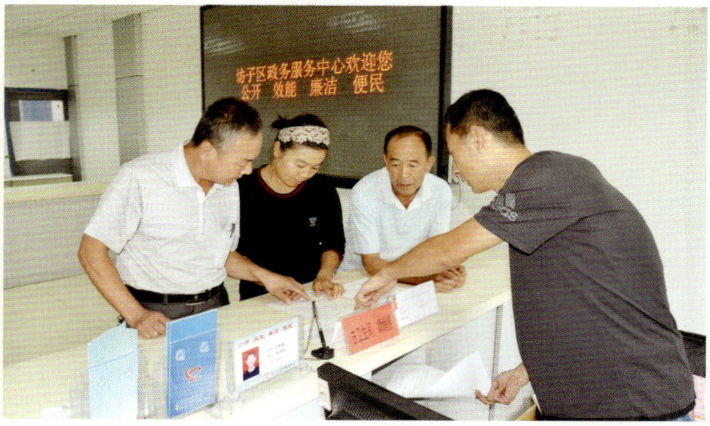
坊子区政务服务中心欢迎您
公开 效能 廉洁 便民

◎ 品质坊子 ◎

魅力白沙河

恒信领海国际小区

济青高速公路改扩建工程

九龙涧森林公园

◎ 品质坊子 ◎

魅力虞河

凤凰太阳城小区

亚特尔未来广场

◎重点园区、特色小镇◎

山东测绘地理信息产业园

智能装备产业园

潍坊市军民融合智能装备产业园

新能源汽车产业园奠基仪式

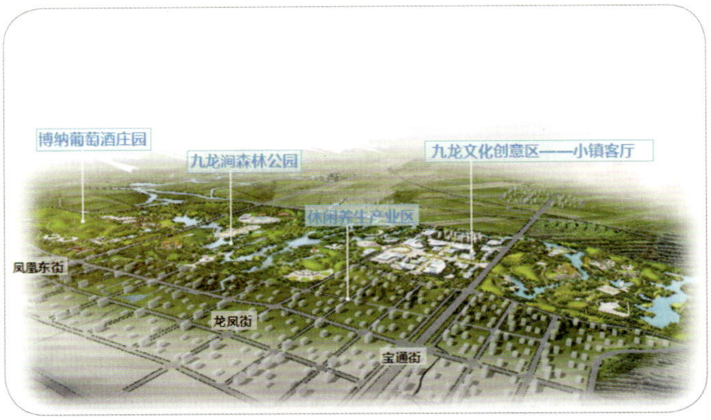

九龙涧生态康养小镇鸟瞰图

恒大旅游小镇效果图

1898坊茨小镇效果图

目录

特载

践行新理念　推动新发展

为建设富裕美丽和谐的活力坊子而努力奋斗

——在中国共产党潍坊市坊子区第十四次代表大会上的报告　扈洪波…………… 1

扈洪波同志在全区经济工作会暨"项目建设年""作风建设年"动员会议上的讲话…………………………………… 14

政府工作报告

——2018年1月17日在潍坊市坊子区第十八届人民代表大会第二次会议上　潍坊市坊子区区长　张龙江 ………… 27

附件：政府工作报告有关事项说明…… 40

张龙江同志在区政府全体（扩大）会议暨廉政工作会议上的讲话………… 44

大事记

1月 ………………………………… 59

2月 ………………………………… 61

3月 ………………………………… 63

4月 ………………………………… 64

5月 ………………………………… 67

6月 ………………………………… 69

7月 ………………………………… 71

8月 ………………………………… 72

9月 ………………………………… 74

10月………………………………… 76

11月………………………………… 78

12月………………………………… 79

区情概览

自然环境…………………………… 83

位置 面积 ……………………… 83

地形 地貌 ……………………… 83

河流 ……………………………… 83

气候 ……………………………… 84

自然资源…………………………… 84

土地资源 ………………………… 84

矿产资源 ………………………… 85

水资源 …………………………… 85

动植物资源 ……………………… 85

政区　人口　民族 ……………… 86

行政区划 …… 86
建置沿革 …… 86
人口 …… 86
民族 …… 87
经济和社会发展 …… 88
概况 …… 88
农业经济 …… 89
工业经济 …… 89
贸易市场 …… 90
建筑业、房地产 …… 90
金融业 …… 90
邮电业 …… 90
科教文卫事业 …… 90
城乡建设 …… 92
环境保护 …… 93
社会事业 …… 93
精神文明建设 …… 98
文明城市创建工作 …… 98
道德建设 …… 98
乡村文明行动 …… 98
未成年人思想道德建设工作 …… 99
志愿服务制度化建设 …… 99
组织机构（2017） …… 99
中国共产党潍坊市坊子区委员会 …… 99
潍坊市坊子区人民代表大会常务委员会 …… 99
潍坊市坊子区人民政府 …… 99
中国人民政治协商会议潍坊市坊子区委员会 …… 100
中国共产党潍坊市坊子区纪律检查委员会 …… 100
中国人民解放军潍坊市坊子区人民武装部 …… 101
潍坊市坊子区人民法院 …… 101
潍坊市坊子区人民检察院 …… 101
区委、区政府所属部门单位 …… 101
垂直管理部门单位 …… 109
高新园区•街道（发展区） …… 111

中国共产党潍坊市坊子区委员会

重要会议 …… 113
中国共产党潍坊市坊子区第十四次代表大会 …… 113
全区经济工作会 …… 113
全区城市工作会议 …… 113
全区“四个城市”建设推进会议 …… 114
区委十四届三次全体会议 …… 114
区委十四届四次全体会议 …… 114
重要活动 …… 114
现场调研 …… 114
招商推介 …… 114
走访慰问 …… 115
寻标对标 …… 115
现场调度 …… 116
对外接待 …… 116
区委办公室工作 …… 116
概况 …… 116
领导讲话 …… 116

调查研究 …… 117
信息工作 …… 117
政务服务 …… 117
考核工作 …… 117
帮扶工作 …… 117
自身建设 …… 117
组织工作 …… 118
概况 …… 118
干部监督管理 …… 118
干部教育培训 …… 119
招才引智 …… 119
基层组织建设 …… 120
宣传工作 …… 122
概况 …… 122
学习宣传贯彻习近平总书记系列重要讲话精神 …… 122
舆论宣传引导 …… 123
社会主义核心价值观建设 …… 124
思想道德建设 …… 124
文明城市创建 …… 124
公共文化服务 …… 126
互联网管理 …… 126
统战工作 …… 127
概况 …… 127
重要工作 …… 127
参政议政 …… 128
清廉作风建设 …… 128
对台工作 …… 128
概况 …… 128
经贸合作 …… 128
对台交流 …… 128
对台服务 …… 129
涉台宣传 …… 129
机构编制工作 …… 129
概况 …… 129
行政管理体制改革 …… 130
机构编制管理创新 …… 130
行政审批制度改革 …… 130
事业单位改革与监管 …… 131
督查工作 …… 132
概况 …… 132
决策部署督促检查 …… 132
重点工作督促检查 …… 133
规范化建设 …… 133
全面深化改革工作 …… 134
概况 …… 134
组织领导 …… 134
重点改革任务 …… 135
改革试点 …… 139
信访工作 …… 140
概况 …… 140
构筑大信访工作格局 …… 140
落实公开接访下访工作 …… 141
搭建信访服务平台 …… 141
做好源头治访 …… 141
扶贫工作 …… 142
产业扶贫 …… 142
行业扶贫 …… 142
社会扶贫 …… 142
政策惠民 …… 143

监督管理 …………………………… 143
扶贫宣传 …………………………… 143
区直机关党建工作…………………… 143
概况 …………………………………… 143
“两学一做”学习教育常态化制度化
和“作风建设年”活动 ………… 144
服务型机关党组织建设 …………… 144
党风廉政建设主体责任和监督责任 … 144
开展寻标对标提标达标行动 ……… 145
党史工作……………………………… 145
打造党性教育基地 ………………… 145
党史研究新进展 …………………… 146
党史宣讲有声有色 ………………… 146
创先争优出亮点 …………………… 146
党校工作……………………………… 146
概况 …………………………………… 146
加强和改善党委对党校工作的领导 … 146
党的理论教育和党性教育 ………… 147
党校师资队伍和干部队伍建设 …… 148
党校基础设施建设和经费保障 …… 149
老干部工作…………………………… 149
政治待遇 …………………………… 149
生活待遇 …………………………… 149
文体活动 …………………………… 149
党建工作 …………………………… 150
关心下一代工作……………………… 150
概况 …………………………………… 150
各项工作 …………………………… 150
纪念中国共产党成立96周年暨中国人民
解放军建军90周年红色收藏展…… 151
“五老”志愿者培训班暨证书颁发仪式
…………………………………… 151
全区青少年法治教育暨“五老”网吧
义务监督工作座谈会 …………… 151
文艺演出 …………………………… 151
爱心捐助 …………………………… 152
队伍建设 …………………………… 152

潍坊市坊子区人民代表大会

综　述…………………………………… 153
重要会议……………………………… 153
潍坊市坊子区第十八届人民代表大会
…………………………………… 153
潍坊市坊子区第十八届人大常委会会议
…………………………………… 153
重要工作……………………………… 154
履行监督职责 ……………………… 154
推进依法治区建设 ………………… 155
发挥代表主体作用 ………………… 155
人事任免……………………………… 155
省、市人大代表名单………………… 157

潍坊市坊子区人民政府

重要会议……………………………… 159
全区安全生产工作会议 …………… 159
区政府全体（扩大）会议暨廉政工作
会议 ……………………………… 159
全市“三夏”农机化生产现场会 … 159

"启航•新征程"汇电科技新产品上市发布会 …… 159
2017年数字化、绿色化铸造技术与装备交流会 …… 159
理论学习会 …… 160
重要活动 …… 160
坊子区2017年重点项目集中开工暨营子片区棚户区改造项目奠基仪式 …… 160
九龙涧森林公园植树活动 …… 160
齐鲁股权交易中心坊子区集中挂牌仪式暨资本市场知识培训 …… 160
外出学习 …… 161
雷沃重工产业链配套企业专题招商活动暨坊子区农业智能装备产业链招商推介会 …… 161
山东省中小微企业巡回大讲堂潍坊（坊子）班 …… 161
潍坊市军民融合智能装备产业园揭牌暨奠基仪式 …… 161
北京新松机器人投资有限公司总裁郝占岗一行来坊签订"新松机器人（山东）产业园区"协议并参观调研 …… 162
区政府办公室工作 …… 162
综述 …… 162
概况 …… 162
机关建设工作 …… 163
督查工作 …… 163
文稿材料工作 …… 163
日常运转工作 …… 163
政府法制工作 …… 163
政务信息与政务公开工作 …… 164
职能转变工作 …… 164
公开电话工作 …… 164
智慧城市工作 …… 164
史志编纂工作 …… 164
外事侨务工作 …… 164
应急管理工作 …… 164
政务信息 …… 164
机构与职能 …… 164
信息服务水平提升工作 …… 165
信息上报工作 …… 165
队伍素质提升及网络建设工作 …… 165
政务公开 …… 166
机构与职能 …… 166
标准化规范化试点 …… 166
体制机制亮点 …… 167
政务公开宣讲月活动 …… 167
电子政务 …… 167
政务网络运行 …… 167
政府网站运行 …… 167
业务系统维护 …… 167
外事侨务 …… 167
外事工作 …… 167
侨务工作 …… 168
法制工作 …… 168
参与全市立法 …… 168
规范性文件监督管理 …… 168
加强法律顾问管理 …… 168
规范行政执法 …… 168

行政复议应诉工作 …………………… 169
法制信息宣传 ………………………… 169
区长公开电话 …………………………… 169
热线办理情况 ………………………… 169
制度建设 ……………………………… 169
应急管理 ………………………………… 169
组织体系 ……………………………… 169
预案体系建设 ………………………… 169
应急演练 ……………………………… 170
应急处置和保障能力 ………………… 170
智慧城市 ………………………………… 170
机构与职能 …………………………… 170
智慧项目建设 ………………………… 170
史志工作 ………………………………… 170
概况 …………………………………… 170
年鉴编纂工作 ………………………… 171
方志馆建设 …………………………… 171
乡镇村志编纂工作 …………………… 172
人事工作 ………………………………… 172
公务员管理 …………………………… 172
事业单位人事管理 …………………… 172
军转干部 ……………………………… 172
专业技术人才 ………………………… 172
职业技能人才 ………………………… 173
外国专家人才 ………………………… 173
政务服务中心 …………………………… 173
概况 …………………………………… 173
提升服务水平 ………………………… 173
完善管理制度 ………………………… 174
提升服务功能 ………………………… 174
机关事务管理 …………………………… 174
概况 …………………………………… 174
综合管理 ……………………………… 174
会议服务 ……………………………… 175
生活管理 ……………………………… 175
房产管理 ……………………………… 175
节能降耗 ……………………………… 175

中国人民政治协商会议
潍坊市坊子区委员会

综　述 …………………………………… 177
重要会议 ………………………………… 177
全委会议 ……………………………… 177
常委会议 ……………………………… 177
重要工作 ………………………………… 178
协商调研 ……………………………… 178
提案工作 ……………………………… 178
专题视察 ……………………………… 179
文史工作 ……………………………… 179
反映社情民意 ………………………… 179
全力参与全区重点工作 ……………… 179
重点提案和协商调研报告 ……………… 180

中国共产党潍坊市
坊子区纪律检查委员会

综　述 …………………………………… 181
重要会议 ………………………………… 181
区纪委十四届一次全会 ……………… 181

区纪委十四届二次全会 …………… 181
区纪委十四届三次全会 …………… 182
党风廉政建设……………………… 182
运用监督执纪“四种形态”，严格执纪审查 ………………………… 182
落实中央八项规定精神，驰而不息纠正“四风” ………………… 182
强化有针对性的党风廉政教育 …… 183
强化责任担当，压实从严治党主体责任 ……………………………… 184
建设忠诚干净担当的纪检监察队伍 … 184

工商联•群众团体

区工商业联合会…………………… 186
概况 …………………………… 186
教育培训 ……………………… 186
搭建对外联络平台 …………… 186
开展精准扶贫活动 …………… 186
加强工商联组织建设 ………… 187
区总工会…………………………… 187
概况 …………………………… 187
职企沟通协商五部曲 ………… 187
深化职工创新创业 …………… 188
有效维护职工权益 …………… 188
推进职工服务体系建设 ……… 189
强化职工思想文化引领 ……… 189
不断夯实工会基础建设 ……… 189
共青团区委………………………… 190
概况 …………………………… 190
青春扶贫行动 ………………… 190
青少年思想政治工作 ………… 191
从严治团 ……………………… 191
区妇女联合会……………………… 191
概况 …………………………… 191
巾帼创业行动 ………………… 192
巾帼维权行动 ………………… 192
巾帼关爱行动 ………………… 192
家庭文明行动 ………………… 193
强基固本工程 ………………… 193
区科学技术协会…………………… 194
概况 …………………………… 194
全民科学素质工作 …………… 194
科学普及工作 ………………… 194
科普网络建设 ………………… 194
科普基础设施建设 …………… 194
学会工作 ……………………… 195
区文学艺术界联合会……………… 195
概况 …………………………… 195
文艺精品打造 ………………… 195
文艺平台搭建 ………………… 195
文艺志愿服务 ………………… 196
区残疾人联合会…………………… 197
概况 …………………………… 197
残疾人就业、创业扶贫工作 …… 197
残疾人康复工作 ……………… 197
残疾人民生保障 ……………… 197
组联维权工作 ………………… 197
残疾人体育 …………………… 198

军 事

中国人民解放军潍坊市坊子区人民武装部…… 199
概况 …… 199
政治思想教育 …… 199
战备训练 …… 199
国防动员 …… 200
征兵工作 …… 200
党管武装工作 …… 201
双拥工作…… 201
概况 …… 201
拥政爱民 …… 201
拥军优属 …… 202

法 治

政法和综治工作…… 203
概况 …… 203
维护社会稳定 …… 203
平安坊子建设 …… 203
法治坊子建设 …… 204
政法队伍建设 …… 204
法学会建设 …… 204
服务经济发展 …… 205
法治政府建设工作…… 205
推进依法决策 …… 205
完善依法行政制度体系 …… 205
加强行政执法监督 …… 205
化解行政争议 …… 205
提高领导干部法治思维 …… 205
公 安…… 206
概况 …… 206
治安防控体系建设 …… 206
110接处警工作 …… 207
治安行政管理 …… 207
安保工作 …… 207
网络安全 …… 208
重要案件侦破 …… 208
户籍制度改革 …… 208
出入境工作 …… 209
消防工作 …… 209
交通管理工作 …… 210
检 察…… 211
概况 …… 211
刑事检察 …… 211
反贪污贿赂 …… 212
反渎职侵权 …… 212
刑事执行检察 …… 212
控告申诉检察 …… 212
民事行政检察 …… 212
案件管理中心 …… 212
法 院…… 212
概况 …… 212
刑事审判 …… 213
民事审判 …… 213
行政审判 …… 213
执行工作 …… 213
司法便民利民 …… 214
司法公开 …… 214

司法责任制改革 …………………… 214
司法行政…………………………………… 215
概况 …………………………………… 215
普法宣传工作 ………………………… 216
人民调解工作 ………………………… 216
公共法律服务工作 …………………… 216
社区矫正及安置帮教工作 ………… 217
公证及司法鉴定工作 ……………… 217

经济监督管理

发展改革…………………………………… 219
概况 …………………………………… 219
宏观调控 ……………………………… 219
经济结构 ……………………………… 219
产业转型升级 ………………………… 219
重点项目 ……………………………… 220
现代服务业 …………………………… 220
改革创新 ……………………………… 221
市场监管…………………………………… 221
概况 …………………………………… 221
机构改革 ……………………………… 221
市场主体登记 ………………………… 222
市场合同监督管理 …………………… 222
商标广告监督管理 …………………… 223
消费者权益保护 ……………………… 223
食品安全监督管理 …………………… 224
保健品食品化妆品安全监督管理 … 224
药品及医疗器械监督管理 ………… 224
名牌战略 ……………………………… 225
质量管理 ……………………………… 225
计量管理 ……………………………… 226
标准化工作 …………………………… 226
特种设备安全监察 …………………… 227
公平交易执法 ………………………… 227
检验检测工作 ………………………… 228
价格管理…………………………………… 229
概况 …………………………………… 229
价费管理 ……………………………… 229
价格监督检查 ………………………… 230
公平竞争审查 ………………………… 230
价格监测 ……………………………… 230
价格认证 ……………………………… 231
统　计……………………………………… 231
概况 …………………………………… 231
常规统计调查监测 …………………… 231
第三次农业普查 ……………………… 231
经济运行调度 ………………………… 232
统计服务 ……………………………… 232
“四上”企业纳入 …………………… 232
统计改革 ……………………………… 233
统计基层基础建设 …………………… 233
统计法治建设 ………………………… 233
作风建设年活动 ……………………… 234
机关管理 ……………………………… 234
审　计……………………………………… 234
概况 …………………………………… 234
财政审计 ……………………………… 234
经济责任审计 ………………………… 234
政府投资项目审计 …………………… 234

民生资金和项目审计 …………… 235
区委、区政府安排的工作 ………… 235
安全生产监督管理………………………… 235
概况 ……………………………… 235
落实安全生产责任制 …………… 235
分管行业领域安全监管 ………… 235
安全生产基层基础建设 ………… 236
国有资产运营及管理……………………… 237
概况 ……………………………… 237
管理制度建设 …………………… 237
国有资产清查 …………………… 237
国有资产购置处置 ……………… 237
投融资体制改革 ………………… 238
农村经济管理……………………………… 238
概况 ……………………………… 238
农村集体“三资”管理 ………… 238
农村集体产权制度改革 ………… 239
土地确权登记颁证 ……………… 239
新型农业经营主体 ……………… 239
农村土地流转 …………………… 240
农村产权交易体系建设 ………… 240
农民负担监督管理 ……………… 240

农 业

综 述………………………………… 241
概况 ……………………………… 241
美丽乡村建设 …………………… 241
种植业……………………………………… 242
概况 ……………………………… 242
粮食作物 ………………………… 242
经济作物 ………………………… 242
现代农业示范园区 ……………… 242
品牌农业 ………………………… 243
农产品质量安全监管 …………… 244
农业科技推进 …………………… 244
畜牧业……………………………………… 244
概况 ……………………………… 244
重大动物疫病防控工作 ………… 245
禁养区关停搬迁工作 …………… 245
畜产品质量安全工作 …………… 245
安全生产工作 …………………… 245
品牌建设 ………………………… 246
林 业……………………………………… 246
概况 ……………………………… 246
林政管理 ………………………… 246
育苗造林 ………………………… 246
森林防火 ………………………… 247
林业有害生物防控 ……………… 247
林业产业 ………………………… 247
水 利……………………………………… 247
概况 ……………………………… 247
全面推行河长制 ………………… 247
防汛抗旱 ………………………… 248
水库除险加固工程 ……………… 248
农业水利设施建设 ……………… 248
城乡供水 ………………………… 249
水土保持和水政执法 …………… 249
水资源管理 ……………………… 249
农业水价综合改革 ……………… 249

农业机械…… 249
概况 …… 249
农业生产服务 …… 250
农机科技推广 …… 250
农机合作社 …… 250
农机培训 …… 250
农机安全监管 …… 251
农业综合开发…… 251
概况 …… 251
高标准农田项目 …… 251
产业化发展项目 …… 251

工 业

综 述…… 253
概况 …… 253
经济运行 …… 253
去产能 …… 253
技术创新 …… 253
两化融合 …… 254
节能降耗 …… 254
服务企业 …… 254
信息化 …… 254
产业发展…… 255
装备制造业 …… 255
电子信息业 …… 255
食品加工业 …… 255
造纸包装业 …… 255
节能环保业 …… 255
市政装备业 …… 255
电 力…… 257
概况 …… 257
安全生产 …… 257
电网建设 …… 257
优质服务 …… 257
党建工作 …… 258
中小企业…… 258
概况 …… 258
创业创新载体建设 …… 259
创新驱动战略 …… 259
特色产业镇提升 …… 259
服务体系建设 …… 259
产业园区…… 260
山东测绘地理信息产业园 …… 260
机械装备制造园 …… 260
豪迈（潍坊）产业园 …… 261
健康科技产业园 …… 261
潍坊市军民融合智能装备产业园 …… 262
市政装备产业园 …… 262
新能源汽车产业园 …… 263
智能装备产业园 …… 263

商贸服务

综 述…… 265
概况 …… 265
市场体系建设 …… 265
商贸服务业 …… 265
电子商务 …… 265
现代物流 …… 266

对外经济贸易…… 266
外贸进出口 …… 266
利用外资 …… 266
对外经济合作 …… 266
会展经济 …… 266
供　销…… 267
概况 …… 267
服务规模化 …… 267
流通现代化 …… 267
村社共建 …… 267
合作经济组织建设 …… 267
社有企业 …… 267
粮　食…… 268
圆满完成粮食安全省长责任制考核工作 …… 268
扎实做好地方储备粮轮换工作 …… 268
加强粮食执法检查 …… 268
认真做好储粮安全和粮食应急工作 …… 268
抓好军粮供应站规范化建设 …… 269
全力推进坊子区地方粮食储备库暨应急粮油储备库项目建设 …… 269
烟　草…… 269
概况 …… 269
卷烟经营 …… 269
专卖管理 …… 270
全面精益管理 …… 270
制度建设 …… 270
安全稳定 …… 270
和谐共建 …… 270
盐　业…… 271
概况 …… 271
盐政执法 …… 271
食盐专营 …… 271
政策宣传 …… 271
招商引资…… 272
概况 …… 272
有效盘活闲置资源 …… 272
走出去请进来 …… 272
节会招商扎实开展 …… 272
园区招商优势凸显 …… 272
“两库一平台”建设日趋完善 …… 273
招引方式更加灵活 …… 273
创新性工作开展 …… 273

金 融

金融工作…… 274
概况 …… 274
信贷融资 …… 274
规范化公司制改制和企业上市挂牌 …… 274
化解金融风险 …… 275
新型金融组织 …… 275
金融助农 …… 275
银行业…… 275
概况 …… 275
中国建设银行股份有限公司潍坊坊子支行 …… 276
中国农业银行股份有限公司潍坊坊子支行 …… 276
中国银行股份有限公司潍坊坊子支行

…………………………………… 277
中国交通银行潍坊市坊子区支行 … 277
中国农业发展银行潍坊市坊子区支行
…………………………………… 278
潍坊银行股份有限公司坊子管辖行 … 278
中国工商银行股份有限公司潍坊坊子
支行 ………………………………… 278
潍坊农村商业银行股份有限公司坊子
支行 ………………………………… 278
中国邮政储蓄银行股份有限公司潍坊市
坊子区支行 ………………………… 279
保险业……………………………………… 282
概况 ………………………………………… 282
中国人民财产保险股份有限公司潍坊市
人保财险坊子支公司 ……………… 282
中国人寿保险股份有限公司潍坊市
坊子区支公司 ……………………… 283
中国太平洋财产保险股份有限公司
潍坊市坊子区支公司 ……………… 283
中国太平洋人寿保险股份有限公司
潍坊市坊子区支公司 ……………… 283
证券业……………………………………… 284
中泰证券股份有限公司潍坊朝凤路证券
营业部 ……………………………… 284

财政•税务

财　政……………………………………… 285
概况 ………………………………………… 285
财政收支 ………………………………… 285
财政管理 ………………………………… 285
财源建设 ………………………………… 285
增收节支管理 ………………………… 285
国库集中支付改革 …………………… 286
保障和改善民生 ……………………… 286
住房公积金管理 ……………………… 286
政府采购和招投标管理……………… 287
概况 ………………………………………… 287
制度建设 ………………………………… 287
信息公开 ………………………………… 288
变更审批 ………………………………… 288
自行采购 ………………………………… 289
国家税务……………………………………… 289
概况 ………………………………………… 289
税收收入 ………………………………… 289
税收征管 ………………………………… 290
税务稽查 ………………………………… 290
纳税服务 ………………………………… 291
营改增政策大辅导 …………………… 291
2017年国税税收收入一览表………… 292
地方税务……………………………………… 293
概况 ………………………………………… 293
税收收入 ………………………………… 293
收入征管 ………………………………… 294
税务服务 ………………………………… 294
税收优惠 ………………………………… 294
项目创新 ………………………………… 294

交通·邮政·通信

交　通……………………………………………… 297
概况 ……………………………………………… 297
公路养护 ………………………………………… 297
路政管理 ………………………………………… 297
交通运输管理 …………………………………… 298
公共交通 ………………………………………… 298
交通运输综合执法 ……………………………… 300
公　路……………………………………………… 300
概况 ……………………………………………… 300
公路建设 ………………………………………… 300
公路养护管理 …………………………………… 300
公路路政管理 …………………………………… 301
邮　政……………………………………………… 302
概况 ……………………………………………… 302
邮政服务 ………………………………………… 302
关爱职工 ………………………………………… 302
通　信……………………………………………… 302
概况 ……………………………………………… 302
中国移动通信集团山东有限公司坊子区分公司 ……………………………………………… 303
概况 ……………………………………………… 303
持续打造精品网络 ……………………………… 303
客户服务继续改善 ……………………………… 303
加快信息化建设应用 …………………………… 303
坚持企业文化建设 ……………………………… 303
围绕中心工作 强化执行与监督服务 ………… 304
中国联合网络通信有限公司坊子区分公司 … 304
概况 ……………………………………………… 304
打造精品网络 …………………………………… 304
履行社会责任 …………………………………… 305
提升服务水平 …………………………………… 305
党风廉政建设 …………………………………… 305
中国电信集团有限公司坊子区分公司……… 305
概况 ……………………………………………… 305
业务提升 ………………………………………… 306
网络建设 ………………………………………… 306
服务升级 ………………………………………… 306

城乡建设

城乡规划……………………………………………… 307
概况 ……………………………………………… 307
规划编制工作 …………………………………… 307
规划审批管理 …………………………………… 307
规划监督检查 …………………………………… 307
建设与管理…………………………………………… 308
概况 ……………………………………………… 308
城市建设 ………………………………………… 308
建筑业 …………………………………………… 309
城市管理 ………………………………………… 310
村镇建设 ………………………………………… 311
住宅与房地产………………………………………… 312
商品房预售监管 ………………………………… 312
物业管理 ………………………………………… 312
城市管理行政执法…………………………………… 312
市容环境整治 …………………………………… 312
违法建设整治 …………………………………… 313

渣土运输整治 …………………… 313
城乡环卫一体化 …………………… 313
园林绿化…………………………… 313
概况 …………………………………… 313
背街小巷道路绿化及改造工程 …… 313
绿化苗木交接工作 ………………… 314
病虫害防治 ………………………… 314
安全生产工作 ……………………… 314
裸露土地治理工作 ………………… 314
潍坊国家园林城市复查工作 ……… 314
应对极端天气 ……………………… 314
棚户区改造工作………………… 315
概况 …………………………………… 315
凝心聚力推棚改 …………………… 315
保质保量搞安置 …………………… 317
总揽全局谋规划 …………………… 317

资源管理•环境保护

国土资源管理……………………… 320
概况 …………………………………… 320
耕地保护和土地利用 ……………… 320
地籍管理 …………………………… 320
测绘管理 …………………………… 321
地质环境与矿产资源 ……………… 322
执法监察 …………………………… 322
不动产登记 ………………………… 323
水资源管理………………………… 323
概况 …………………………………… 323
计划用水 …………………………… 324
加强用水总量控制 ………………… 324
加强用水效率控制 ………………… 324
加大水资源费的征收力度 ………… 324
水利依法行政 ……………………… 324
环境保护…………………………… 325
概况 …………………………………… 325
大气污染防治 ……………………… 325
水污染防治 ………………………… 325
污染减排 …………………………… 326
重大工程 …………………………… 326
环境监察 …………………………… 326
环境监测 …………………………… 327
重要工作 …………………………… 328

教育•科技

教　育……………………………… 329
概况 …………………………………… 329
教学改革 …………………………… 329
队伍建设 …………………………… 330
经费保障 …………………………… 330
招生考试 …………………………… 330
教育信息化 ………………………… 331
学校安全 …………………………… 331
改善办学条件 ……………………… 331
党建工作 …………………………… 332
学前教育 …………………………… 332
义务教育 …………………………… 332
高中教育 …………………………… 333
民办教育 …………………………… 333

科　技 …… 334
概况 …… 334
高新技术及其产业 …… 334
科技创新平台建设 …… 334
科技计划 …… 335
科技成果 …… 335
科技合作与交流 …… 335
知识产权 …… 336
概况 …… 336
知识产权创造 …… 336
知识产权宣传 …… 336
知识产权运用 …… 336
知识产权试点示范 …… 336
知识产权保护 …… 337
防震减灾 …… 337
概况 …… 337
防震减灾基础工作 …… 337
地震监测预报 …… 338
地震灾害防御 …… 338
地震应急救援 …… 338

文化•旅游

文化事业 …… 339
概况 …… 339
文化公共服务体系建设 …… 339
文化惠民工程 …… 340
文化产业 …… 340
文艺创作 …… 340
文化活动 …… 340
非物质文化遗产申报及目录 …… 340
地方文艺 …… 341
文物保护 …… 341
文化执法 …… 342
概况 …… 342
确保网络文化安全 …… 342
依法打击KTV无证经营 …… 343
加大网吧查处力度 …… 343
规范电视传播秩序 …… 343
开展“扫黄打非”工作 …… 343
文物保护 …… 344
德日建筑群保护工作 …… 344
“乡村记忆工程”建设工作 …… 344
展览 …… 344
新闻出版 …… 344
概况 …… 344
潍坊日报•今日坊子 …… 345
广播电视 …… 346
概况 …… 346
新闻宣传 …… 346
栏目制作 …… 347
节目创优 …… 347
安全播出 …… 347
有线电视 …… 347
档　案 …… 348
概况 …… 348
档案馆建设 …… 349
档案室情况 …… 349
档案文化建设 …… 349
企业档案工作 …… 349

机关档案工作 …………………………… 349
档案查阅利用 …………………………… 350
旅 游……………………………………… 350
概况 ………………………………………… 350
旅游项目建设 …………………………… 350
市场开发 ………………………………… 351
旅游品牌培育 …………………………… 351
精品旅游线路 …………………………… 352
景区景点介绍 …………………………… 352
特色小镇…………………………………… 354
1898坊茨小镇 …………………………… 354
概况 ………………………………………… 354
规划设计 ………………………………… 355
棚户区改造 ……………………………… 355
产权协调 ………………………………… 356
文物修缮 ………………………………… 356
招商引资 ………………………………… 356
宣传推介 ………………………………… 356
坊子凤凰地理信息小镇 ………………… 357
概况 ………………………………………… 357
招商引资 ………………………………… 357
项目推进 ………………………………… 358
设施配套 ………………………………… 358
管理服务 ………………………………… 358
凤凰生态休闲商务小镇 ………………… 358
概况 ………………………………………… 358
小镇区位 ………………………………… 358
小镇发展方向 …………………………… 359
项目介绍 ………………………………… 359
恒大旅游小镇 …………………………… 359
概况 ………………………………………… 359
地理位置 ………………………………… 360
建设内容 ………………………………… 360
项目意义 ………………………………… 360
九龙涧生态康养小镇 …………………… 360
潍水风筝小镇 …………………………… 361

卫生计生·体育

卫 生……………………………………… 362
医药卫生体制改革 ……………………… 362
基础建设 ………………………………… 363
公共卫生服务 …………………………… 363
中医药 …………………………………… 365
医疗卫生…………………………………… 366
概况 ………………………………………… 366
医疗质量 ………………………………… 367
“平安医院”创建和毒麻药品管理 … 367
中小学生健康体检和儿童口腔牙齿窝沟封闭 ………………………………… 367
卫计综合监督执法 ……………………… 368
医疗废物的监督检查 …………………… 368
医疗美容服务专项整治检查 ………… 369
法制医院创建 …………………………… 369
餐饮具集中消毒单位专项整治行动 … 369
应急处置 ………………………………… 369
信息化 …………………………………… 369
宣传教育工作 …………………………… 370
卫生技术人员业务培训 ……………… 370
干部队伍、安全生产和招商引资 … 370

爱国卫生运动 ………………………………… 371
巩固国家级卫生城市成果 ………… 371
城乡环境综合整治 ……………………… 372
防治登革热等传染病 ………………… 372
疾病防控 ……………………………………… 372
免疫规划 ……………………………………… 372
重点传染病和地方病 ………………… 373
慢病防控 ……………………………………… 373
疾病监测服务 ……………………………… 374
妇幼保健 ……………………………………… 374
组织领导 ……………………………………… 374
宣传发动 ……………………………………… 374
农村孕产妇补助 ………………………… 374
艾滋病、乙肝、梅毒母婴传播阻断项目 ……………………………………………… 375
出生缺陷干预 ……………………………… 375
潍坊市坊子区红十字会 ………………… 375
概况 ……………………………………………… 375
无偿献血和遗体、器官捐献工作 … 375
社会贫困对象医疗救助活动 ……… 376
人口计生 ……………………………………… 376
概况 ……………………………………………… 376
计生协会工作 ……………………………… 376
计划生育服务管理 ……………………… 376
医养结合 ……………………………………… 377
体　育 ……………………………………… 378
概况 ……………………………………………… 378
群众体育 ……………………………………… 378
竞技体育 ……………………………………… 378
体育赛事 ……………………………………… 379
体育设施建设维护 ……………………… 379

社会民生

居民生活 ……………………………………… 380
居民收入 ……………………………………… 380
劳动就业 ……………………………………… 380
就业创业培训 ……………………………… 380
就业政策落实 ……………………………… 380
就业困难人员就业 ……………………… 381
劳动监察仲裁 ……………………………… 381
社会保障 ……………………………………… 382
社保扩面征缴 ……………………………… 382
社保待遇落实 ……………………………… 382
被征地农民养老保险 ………………… 382
职工大病保险 ……………………………… 382
精准扶贫 ……………………………………… 382
定点医疗机构管理 ……………………… 382
社保基金征收及监管 ………………… 383
社会保险公共服务“三化”建设 … 383
民　政 ……………………………………… 383
概况 ……………………………………………… 383
村民自治 ……………………………………… 383
民主协商 ……………………………………… 383
农村社区 ……………………………………… 384
城市社区 ……………………………………… 384
城乡低保工作 ……………………………… 384
五保供养 ……………………………………… 384
医疗救助 ……………………………………… 385
救灾救济 ……………………………………… 385

优抚工作 …… 386
安置工作 …… 386
双拥工作 …… 387
养老服务 …… 387
福利事业 …… 387
社会组织管理 …… 388
婚姻登记 …… 388
收养登记 …… 388
殡葬管理 …… 388
流浪乞讨人员救助 …… 389
留守儿童保护 …… 389
煤矿离退休职工服务 …… 389

老龄工作 …… 390
概况 …… 390
社会养老保障体系 …… 390
银龄安康工程 …… 391
“敬老月”宣传慰问活动 …… 391
老年文体活动 …… 391
评选活动 …… 391
老龄信息宣传工作 …… 391
其它各项工作 …… 391

民族宗教 …… 392
概况 …… 392
民族工作 …… 392
宗教工作 …… 393

高新园区•街道（发展区）

高新园区（凤凰街道） …… 394
概况 …… 394
机构设置 …… 394
经济发展 …… 395
社会事业 …… 396
基础设施 …… 396

坊城街道 …… 396
概况 …… 396
机构设置 …… 397
经济发展 …… 397
社会事业 …… 398
基础设施 …… 398

坊安街道 …… 399
概况 …… 399
自然条件 …… 400
经济发展 …… 401
社会事业 …… 402

九龙街道 …… 403
概况 …… 403
机构设置 …… 403
经济发展 …… 403
社会事业 …… 404
基础设施 …… 405

黄旗堡街道 …… 405
概况 …… 405
机构设置 …… 406
经济发展 …… 406
生态环保 …… 407
社会事业 …… 407
基础设施 …… 408

经济发展区 …… 408
概况 …… 408

机构设置 …………………………… 409
经济发展 …………………………… 409
社会事业 …………………………… 410
基础设施 …………………………… 410
生态环境 …………………………… 411
工业发展区……………………………… 411
概况 ………………………………… 411
机构设置 …………………………… 411
经济发展 …………………………… 412
社会事业 …………………………… 412
基础设施 …………………………… 413

附 录

2017年区委重要文件目录…………… 415
2017年区政府重要文件目录………… 418
2017年规范性文件目录……………… 418
荣誉榜 ……………………………… 419

索 引

………………………………………… 420

特　载

践行新理念　推动新发展
为建设富裕美丽和谐的活力坊子而努力奋斗

——在中国共产党潍坊市坊子区第十四次代表大会上的报告

（2017年1月16日）

扈洪波

同志们：

现在，我代表中国共产党潍坊市坊子区第十三届委员会向大会作报告，请予审议。

中国共产党潍坊市坊子区第十四次代表大会，是在坊子区全面建成小康社会决胜阶段召开的一次十分重要的会议。这次大会的主要任务是：深入学习习近平总书记系列重要讲话精神，贯彻落实省、市委各项战略决策，回顾总结我区第十三次党代会以来的工作，研究部署今后五年的奋斗目标和主要任务，动员号召全区上下践行新理念、推动新发展，为建设富裕美丽和谐的活力坊子而努力奋斗。

过去五年的工作回顾

区第十三次党代会以来，在中央和省、市委的坚强领导下，区委团结带领全区人民，全面落实党的十八大和十八届三中、四中、五中、六中全会精神，深入贯彻习近平总书记系列重要讲话精神和视察山东重要讲话、重要批示精神，积极适应新常态、应对新挑战、落实新举措，全区经济、政治、文化、社会、生态文明和党的建设各项工作取得新成绩。

过去五年，我们致力于抓发展、提质量，综合实力明显提升。预计2016年，全区地区生产总值、固定资产投资分别达到147亿元和152亿元，是2011年的1.6倍和2倍。一般公共预算收入达到13.1亿元，是2011年的2.1倍。全区规模以上工业企业发展到123家，比2011年增加55家，雷沃重工成为中国农业装备第一品牌，共达电声连续9年入选“中国电子元件百强企业”，富源增压器跻身国内涡轮增压器研发生产领军企业行列，恒安纸业成为江北最大的生活用纸生产基地，谷合传动、精诺机械、荣泰科技等一批企业成长为国内同行业中佼佼者。

过去五年，我们致力于抓项目、促转型，经济结构持续优化。三次产业比由2011年的7.2:58.9:33.9调整为6.2:49.3:44.5。工业转型升级步伐持续加快，规划建设了山东唯一的测绘地理信息产业园和机械装备制造园、滨海工业园等一批产业层次高、带动能力强的先进制造业园区，引进了总投资124.6亿元的79个项目，49个已投产达效；全区挂牌上市企业达到21家。服务业规模不断壮大，建成运营炭矿遗址文化园（一期）和一批亲水旅游项目，1898坊茨小镇列入全省特色小镇创建计划，打造了潍坊市工业旅游、健康养老、休闲娱乐新亮点；建设了华安汽车文化产业园、泰华澳莱小镇等汽车物流项目，引进企事业总部58家、金融保险公司15家，弥补了服务业发展短板；王家庄子被国际风筝联合会命名为“中国现代风筝产业基地”。农业现代化水平明显提升，各类新型农业经营主体发展到780家，农业“三品”品牌发展到40个。制定出台扶持政策，现代农业示范园区发展到53个，玉泉洼生态观光园被评为国家级菜果茶标准示范园、省级农业科技园。省委书记姜异康、中央农村工作领导小组副组长袁纯清、省委副书记龚正等领导同志先后来坊视察调研，并给予充分肯定。

过去五年，我们致力于抓改革、求创新，发展活力不断增强。扎实推进供给侧结构性改革，实施新方集团煤矿退出和多元化经营战略，既化解了煤炭产能，又实现了企业转型跨越发展，结束了潍坊百年采煤史；完成鲁元建材破产重整，成为供给侧结构性改革实施以来全市第一家成功破产重整的企业；完成北新建陶依法破产，淘汰落后产能，拓展了发展空间；启动坊茨小镇棚户区改造，顺利完成房屋依法征收任务，为小镇保护性开发奠定基础。深化简政放权，非行政许可审批全部取消；实施工商注册制度便利化改革，市场主体数量增加到1.7万户。推进现代农业综合改革试点，基本完成农村土地确权登记颁证和农村集体资产改制，农村产权交易平台建成使用；农业“三项补贴”改革列入全省首批试点。积极推进财税、金融改革，全面完成“营改增”任务；加快投融资体制改革，采用PPP模式运作了一批项目。深化科技创新，实施国家级科技计划9项，13项科技成果填补国内空白，全区市级以上企业技术研发平台达到60处，富源增压器“内燃机高增压技术及应用”项目荣获国家科技进步二等奖。搭建创业孵化中心等创新创业平台，引进孵化企业520家，带动就业5800余人。扩大对外开放，积极融入“一带一路”战略，雷沃重工完成对欧洲知名品牌马特马克、阿波斯和高登尼的全资收购，共达电声在欧洲设立研发中心、在台湾地区设立分公司，美林卫浴系列产品销量稳居美国市场前三位；全区境外投资和实际利用外资年均分别增长80.9%和22.4%。培育发展外贸新兴业态，预计2016年全区外贸进出口总额达到44.1亿元。

过去五年，我们致力于抓环境、上品位，

城乡面貌显著变化。全面“提升市区”，推进五大城市组团开发，共拆除旧建筑153万平方米，建设42个高端商住项目，促进城市扩容提质。完善新型城镇化体系，常住人口城镇化率比2011年提高10.2个百分点。加强城乡社区建设，开展70个美丽乡村建设和连片治理项目，完成59个老旧小区改造提升。完成北海路、八马路等27条主次干道新建改造提升和虞河、白沙河、凤翔河综合治理工程，实施城区背街小巷提升、农村道路村村通、村内主大街硬化、农村集中安全供水、城乡环卫一体化“五个全覆盖工程”，完善水电气暖排污等各类管网，进一步改善了群众生产生活质量和居住条件。通过土地增减挂钩、闲置土地清理等措施，盘活整理土地2.9万亩。实施城南废弃矿区综合整治，城区绿化覆盖率达到42%。抓好潍河、汶河综合开发，积极推进堤顶公路建设。深入开展“三八六”环保行动，建成4处街道污水处理厂，全面完成节能减排目标任务，生态环境质量持续改善。

过去五年，我们致力于抓保障、惠民生，百姓生活更加幸福。全区民生支出占公共财政支出的比重逐年增加，2016年达到81%。优化教育资源配置，启动潍坊四中迁建工程，新改扩建一批中小学和公办幼儿园，义务教育发展基本均衡区建设通过国家验收。全面推行基本药物制度，基层医疗卫生服务体系进一步完善。扎实稳妥地推进生育政策调整，出生人口素质不断提高。完善社会保障体系，城镇登记失业率控制在2.8%以内，城乡居民基本养老保险、医疗保险实现并轨，连续13年提高企业退休人员基本养老金，义务兵家庭优待金标准大幅提升，城乡低保实现应保尽保。社会事业健康发展，区文化馆、区图书馆创建为国家一级馆，FBA联赛被评为全省“县级特色全民健身项目”。圆满完成全国文明城市、卫生城市、森林城市、食安城市创建复审任务；农村和学校四德榜实现全覆盖。全面实施依法治区，探索推广“依法治村”新模式。狠抓安全生产和食品药品安全，全力化解信访积案，强化治安防控，社会大局保持和谐稳定。扎实推进精准扶贫脱贫，顺利完成脱贫攻坚任务。

过去五年，我们致力于抓作风、严制度，党的建设全面加强。认真开展党的群众路线教育实践活动、“三严三实”专题教育、“两学一做”学习教育，以及“作风转变年”“访民情、听民意、解民忧”大走访等活动，严肃查处违反中央八项规定精神和“四风”问题，干部作风进一步转变。严把选人用人关，加强干部教育培训，提高干部队伍服务能力和素质。实施基层服务型党组织建设“三年行动计划”，抓好包村联户和选派“第一书记”工作，68个软弱涣散党组织得到有效转化，洼里村被省委表彰为先进基层党组织。扎实做好省委巡视组反馈意见整改落实工作，在全市率先探索开展县级专项巡察工作。强化廉政教育，加强权力监督制约，压实“两个责任”；支持纪检监察机关“三转”，严肃查处违纪违法案件。大力发展社会主义民主，积极支持人大、政府、政协依法履行职能，凝聚工作合力。

五年的砥砺奋进，不仅为未来发展奠定了更加坚实的基础，也积累了宝贵的经验，获得了深刻的启示。一是深入贯彻上级决策部署，在全面落实中实现突破发展。始终坚持与党中央和省市委保持高度一致，特别是紧紧围绕习近平总书记系列重要讲话精神和省市委的一系列决策部署，紧密结合实际，制定既符合上级要求，又符合区情的思路举措，深化部署、狠抓落实，开创了坊子发展新局面。二是牢牢把握发展第一要务，在转型升级中推动赶超跨越。面对总量小、底子薄的区情，牢牢抓住发展第一要务不动摇，紧紧围绕经济建设这个中心，充分调动和发挥全区干部群众的主观能动性，建园区、抓项目，抓住一切机遇、克服各种困难，扩总量、提质量、优增量，有力地提升了坊子的综合实力和整体竞争力。三是突出以人为本惠民生，在共建共享中创造美好生活。始终把群众利益放在首位，把为民利民作为谋发展、定目标、干工作的根本出发点和落脚点，持续加大保障和改善民生的投入，每年兴办一批民生实事和惠民工程，更大力度推进生态环境保护和治理，努力缩小区域和城乡差距，人民群众的获得感和满意度不断增强，赢得了群众的拥护和支持。四是落实责任抓好党的建设，在全面从严中强化根本保证。坚持党要管党、从严治党，把责任牢牢扛在肩上，严明政治纪律，强化作风建设，以作风转变带动工作突破，凝聚起干部敢打硬仗、善打胜仗的精气神，形成了风清气正心齐的良好政治生态。这些经验和启示，值得在今后的工作中继续坚持，发扬光大。

五年的砥砺奋进，发展令人振奋、成就鼓舞人心。这是市委、市政府正确领导的结果，是全区人民共同奋斗的结果，是历届区委打下良好基础的结果，是广大老同志、各民主党派、工商联、人民团体、驻坊部队及各界人士大力支持的结果。在此，我代表中共坊子区委，向全区人民，向奋战在各条战线上的广大共产党员，向所有为坊子发展建设作出贡献的同志们、朋友们，表示衷心的感谢并致以崇高的敬意！

今后五年的奋斗目标

今后五年是全面深化改革的关键期，是全面建成小康社会的决胜期，也是坊子构建新一轮发展优势的重要阶段，我们必须对面临的复杂形势有清醒的认识。从国际形势看，国际贸易保护主义抬头、局部地区冲突等风险挑战与困难交织叠加，宏观形势更加复杂。从国内形势看，全面深化改革进入深水区、攻坚期，经济发展新常态的特征更加明显，稳增长、促改革、调结构、惠民生、防风险的任务日趋艰巨。从我区情况看，还存在经济总量不够大，产业结构不尽合理；城乡、区域之间发展还不够平衡，城市功能仍需完善；民生工作还存在薄弱环节，社会保障体系还不够健全等问题。

在看到风险挑战的同时，更要看到诸多有利因素。从发展形势看，我国经济长期向好的基本面没有变，仍处于大有作为的重要战略机遇期。随着转方式调结构力度不断加大，供给侧结构性改革不断深入，中央出台了一系列新政策、新举措，改革红利不断释放；国家“一带一路”等一系列重大战略和省蓝黄“两区”、中韩自贸区等发展契机，为我区实现转型发展提供了难得机遇和更大平台。从我区基础和优势看，经过长期持续不懈奋斗，我们的产业结构进一步优化、日趋合理，搭建了优质发展平台，引进了一批科技含量高、成长发展潜力大的项目和企业，储备了充足的发展空间，营造了良好的发展环境，为实现转型发展奠定了坚实基础。区位优势日益凸显，成为潍坊市区的主要发展方向。特别是我们持续加强作风建设，全区干部队伍作风有了明显转变，加快发展的意识、服务发展的理念、推动发展的能力显著增强，大家攻坚克难、敢于担当的精神和真抓实干、争创一流的劲头越来越足，为实现转型发展凝聚起了强大合力。可以说，今后五年是坊子加快崛起的机遇期、大有作为的窗口期，我们要准确把握坊子发展的阶段性特征，进一步增强责任感、使命感和紧迫感，坚定信心、抢抓机遇、乘势而上，努力实现更高层次新发展。

今后五年，全区工作的指导思想是：高举中国特色社会主义伟大旗帜，以马克思列宁主义、毛泽东思想、邓小平理论、“三个代表”重要思想、科学发展观为指导，深入贯彻落实习近平总书记系列重要讲话精神，坚持稳中求进工作总基调，紧紧围绕“五位一体”总体布局和“四个全面”战略布局，自觉践行“五大发展理念”，积极适应把握引领经济发展新常态，以提高发展质量和效益为中心，以深化供给侧结构性改革为主线，统筹推进经济、政治、文化、社会、生态文明和党的建设，在全面建成小康社会进程中走在前列，努力建设富裕美丽和谐的活力坊子。

今后五年，按照打造“高端产业发展区、生态文化休闲区、优质高效服务区、美丽和谐宜居区”的工作总要求，真正形成“聚人聚财聚宝地，上风上水上坊子”的发展环境，使坊子成为本地人骄傲自豪、外地人羡慕向往的创业之城、宜居之城、活力之城。

——**高端产业发展区**。经济保持中高速增长。供给侧结构性改革深入推进，重点领域和关键环节改革成效显现，开放型经济新体制更加完善，高端产业集聚发展，产业结构进一步优化，现代产业体系基本形成，经济总体实力和质量效益全面提升。科技创新引领作用更加突出，人才作为创新之源的地位日益凸显，创新创业活力迸发，新技术、新产业、新业态蓬勃发展。地区生产总值、固定资产投资、一般公共预算收入等主要指标增幅高于全市平均水平。

——**生态文化休闲区**。历史文化与现代文化深度融合，坊子地域文化特色进一步彰显；文化创意产业繁荣发展，辐射效应有效发挥。自然资源与休闲、养生、康体、农游等产业深度融合，经济和生态互动双赢的新文明形态进一步形成。现有旅游项目示范带动效应进一步放大，旅游活力得到充分释放，打造独具特色的旅游休闲目的地。

——优质高效服务区。引导扶持创业发展政策更加精准高效，投资创业载体平台更加完善，政务服务效率水平持续提升，公平正义法治环境进一步优化，打造政策最优、服务最佳、环境最好、活力最强的发展软环境。

——美丽和谐宜居区。环境保护和治理成效明显，基础设施配套建设更加完善，基本公共服务更加均等，社会保障体系更加健全，教育、医疗、文化、体育等各项事业全面进步，城市品质和综合承载能力进一步提升；物质文明和精神文明协调发展，社会主义核心价值观更加深入人心；社会治理成效明显，社会保持和谐稳定，人民群众安居乐业，幸福感和满意度越来越高。

提出这些奋斗目标是大势所趋，实现这些奋斗目标是民心所向，是我们最应该干、能够干、必须干好的事情，也是我们今后五年要打赢的主动仗。全区上下要团结一致、凝心聚力，履职尽责、攻坚克难，全力推动各项工作实现新突破、取得新成效。我们坚信，经过全区广大党员干部群众的不懈努力，坊子的发展必将在新的历史起点上创造新的辉煌！

今后五年的工作任务

今后五年，我们必须坚持以“五大发展理念”为引领，崇尚创新、注重协调、倡导绿色、厚植开放、推进共享，紧紧围绕深化供给侧结构性改革这条主线，以满足需求为最终目的，以提高供给质量为主攻方向，以深化改革为根本途径，力推经济社会发展速度、质量效益全面提升，努力开拓坊子发展新境界。

（一）坚持创新发展，迈出产业转型新步伐。坚持把创新驱动作为优先战略，统筹推进工业提质增效、服务业扩容升级、农业增产增收，着力推进产业结构优化、发展层次提升，努力实现更高水平的跨越发展。

一是以高新智能为着力点，突出发展先进制造业。坚持工业强区不动摇，大力实施“246”战略，即围绕“两大主导产业集群、四大优势产业、六大特色园区”，推进制造业智能化升级、绿色化改造、服务化延伸。两大主导产业集群，即突出装备制造、电子信息两大主导产业集群，努力建设全国知名的特色“智造业”基地。四大优势产业，即大力发展食品加工、造纸包装、节能环保、市政装备等优势产业，进一步壮大产业规模、拉长产业链条、增强核心竞争力。六大特色园区，以园区为载体、以项目为抓手，促进产业园区化、园区特色化。完善提升山东测绘地理信息产业园，重点发展大数据、卫星导航、航空遥感等相关产业，打造立足山东、辐射全国的地理信息装备制造业基地。继续拓展机械装备制造园发展空间，引导现有项目扩大规模、上档升级，建设以机械加工制造产业为主导的先进装备制造业基地。抓好滨海工业园项目建设，在建项目尽快投产达效，积极引进新项目，打造以新能源、新材料为重点的先进制造业产业园区。规划建设智能装备产业园，大力发展智能装备制造产业。整合北新建陶破产盘活的土地和周边空间资源，依托美林卫浴规划建设节能环保产业园，积极发展新型环保材料、高端生活洁具等产业。规划建设市政装备产业园，发展市政装备、消防安防、应急救援设备及关联产业。

二是以产城融合为切入点，加快发展现代服务业。积极实施“132”战略，统筹推进“一镇三带两基地”建设，力促服务业发展提速、比重提高、质态提升。一镇，围绕建设省级特色小镇，全面实施坊茨小镇核心区保护性开发，完善提升炭矿遗址文化园，整合周边旅游资源，形成集文化创意、工业旅游、亲水旅游、花卉观赏等于一体的休闲文化旅游目的地，打造全国知名的1898坊茨小镇，成为坊子一张亮丽的名片。三带，立足区位优势，大力发展信息服务、总部经济、金融保险、商务酒店、高端地产等业态，加快大型城市综合体建设，满足不同消费群体需求，打造北海路高端服务产业带；利用现有产业基础，积极招引汽车服务、现代物流及关联项目，打造潍州路商贸物流产业带；结合现代农业园区建设，重点发展都市观光、生态种植、科普教育、乡村休闲等产业，打造潍安路乡村旅游产业带。两基地，结合宝通街东延，立足潍河、汶河和九龙涧丰富的自然生态资源，规划建设休闲养老产业园，引进一批关联项目，加快发展生态旅游、健康养生等产业，打造潍坊市都市休闲健康养生基地；依托两河开发和风筝产业优势，打造集风筝加工销售、动漫体验、旅游观光为一体的现代风筝文化创意创业基地。

三是以高效集约为突破点，大力发展现代农业。以农业供给侧结构性改革为主线，围绕农业增效、农民增收，推动农业“接二连三”，加快农村一二三产业融合发展。优化产业结构。继续完善落实扶持政策措施，培强做大集农畜产品生产、休闲观光、科普教育、特色餐饮等于一体的现代农业示范园区，努力建设一批“产业园”“科技园”“创业园”。多种方式引导农村产权规范有序流转，培育新型农业经营主体和服务主体，扶持发展联户经营、专业大户、家庭农场等多种形式适度规模经营。推行绿色生产方式。积极发展循环农业，促进农业可持续发展。健全农业生产标准化体系，建立农产品追溯、农业投入品登记备案、准入准出等制度，加强农业投入及农产品监管，创建农产品质量安全区。加大“三品认证”申报力度，积极创建“三品”品牌。充分发挥黄旗堡资源、产业、生态等优势，打造绿色蔬菜生产基地。加强农田水利设施和高标准农田建设，严守耕地红线，推动藏粮于地、藏粮于技战略加快落地，保护和提高粮食综合生产能力。大力发展新产业新业态。依托潍河、汶河、白浪河、九龙涧等资源，利用“旅游+”“生态+”等模式，发挥玉泉洼、水墨庄园、盈丰花卉、潍河农业公园等项目示范带动作用，大力发展乡村旅游产业，推进农业与旅游、教育、文化、康养等产业深度融合。发展特色专业村，打造“一村一品”升级版。加快农产品电商发展，推进互联网等现代信息技术应用到农业生产、管理销售等各个环节，提升农业智慧化水平。培强做大现代农业龙头企业。

四是以提质增效为立足点，着力振兴实体经济。认真落实“三去一降一补”五大任务，有效激发动能，助力实体经济加快发展、做优做强。分类施策去产能，有序处置过剩行业中没有竞争力的企业，引导和推动企业采取兼并重组、技术改造、调整布局等方式淘汰落后产能，使市场在资源配置中起决定性作用和更好发挥政府作用。突出重点去库存，通过棚户区改造与货币化安置相结合等多种方式消化库存商品房，引导推动房地产市场平稳健康发展。建立健全区内、区外产品销售信息平台，引导帮助企业抢占内外市场、拓展产品销售渠道。多措并举去杠杆，完善多层次资本市场，健全多元化投融资体系，拓宽企业直接融资渠道，通过挂牌上市、参股控股等力促产融结合；积极推动银企合作，引导银行扩大信贷投放，帮助企业贷款融资；优化企业债务结构，有效防范化解金融风险。精准服务降成本，落实包靠企业制度，认真执行扶持企业发展政策措施，深入实施降低企业成本“711”专项行动，通过降低制度性交易成本、用工用地用能成本、税费负担、减少审批环节等措施，帮助企业松绑减负、降本增效。加快规模企业规范化公司制改制，搭建“四个平台”，推动实体经济降低运营成本、激发发展活力。对准不足补短板，发挥优势资源，解决实体经济发展中的问题和不足。加快培育新型市场主体，促进各类要素向优势企业集中、向行业龙头集聚；推动企业兼并重组，鼓励企业强强联合，引导企业向产业链上下游延伸、向价值链高端环节攀升。加强企业家队伍建设，推动企业家拓视野、提素质、上水平，为企业家干事创业提供最大支持，让企业家政治上有荣誉、社会上有地位、创业中有激情，全力营造重商、安商、亲商、富商的良好氛围。

五是以科技人才为支撑点，全面激发内生动力。制定出台加快科技创新意见，不断提升科技实力和创新能力。强化企业创新主体地位，鼓励企业加大创新投入，推进产学研深度合作，建设高水平研发平台，争取上级更多重大科技项目落户坊子。狠抓核心技术研发和成果转化，加强知识产权运用和保护，形成一批拥有自主知识产权、市场竞争力强的高端产品和品牌。加大技改投入力度，促进企业转型升级。实施高新技术产业突破提升工程，培育壮大一批高新技术企业，引进落户一批高新技术产业项目，研发一批高新技术产品，高新技术产业产值占比大幅提升。大力实施人才强区战略，以人才优先发展战略支撑创新驱动发展战略。加快创新创业平台建设，提升孵化和服务功能，增强创新创业的能力水平。制定完善扶持政策，优化创新创业环境，发挥“互联网+”效应，引导激励社会各阶层、各方面人才施展才能，激发“双创”强大动力。

（二）坚持协调发展，开创区域统筹新局面。牢牢把握协调这个持续健康发展的内在要求，坚持统筹兼顾、注重平衡，增强城市整体性、全面性，推进区域协调、城乡一体、全域统筹。

一是提升城市功能品质。认真贯彻中央和省市城市工作会议精神，深化“提升市区”战略，准确把握“产”与“城”的内在关系和发展规律，完善城市功能，激发城市发展活力，推动产城融合、协调发展。突出规划引领和刚性控制作用，科学修编城市总体规划，将产业规划和功能定位放在潍坊市整体格局中谋划，把去库存和提高人的城镇化结合起来，通过加强与周边行政区基础设施的互联互通，增强对周边人群的吸引力和承载力。加快城市组团开发，引导房地产转型，着力发展城市综合体、商务楼宇等都市型地产，主动融入坊子元素，打造一批精品工程和标志建筑；加快推进老旧小区和危房改造，加大棚户区和城中村改造力度，推进成片开发、联动开发，不断拓展城市发展空间。统筹规划地上地下空间开发，完善提升水电气热等综合管网，加快建设海绵城市。完善新一代信息基础设施，推进智慧城市建设。

二是推动城乡一体发展。全面统筹城乡建设发展，配套完善各类基础设施，促进城乡要素平等交换、合理配置，着力破解城乡二元结构，缩小城乡发展差距。加快土地、户籍、住房、就业、社会保障等方面制度创新，有序推进农村各项改革和农业转移人口市民化，促进城乡发展一体化。深入实施全省村级公路网化示范县工程，优化农村公路网络，提高农村公路安防水平，确保群众出行安全方便。按照“六化”标准，加快“美丽乡村”建设，努力实现“美丽乡村”建设全覆盖。建成公交枢纽场站，推进公交路网向城镇和社区延伸，实现区域内公交全覆盖；加快教育、医疗、养老等优质资源向农村延伸，拓展供气、供热等管网覆盖面，让设施配套更完善、居民生活更便利。

三是提高城乡管理水平。理顺区、街道管理体系，下放管理权限，推动管理下沉；大力实施城乡亮化美化、市容市貌提升、违章建筑整治、管网畅通、智能管理等专项工程，深化市容、交通、安全等城市管理综合执法，提高管理规范化、精细化、智能化水平。尊重居民主人地位，大力推进社区自治，形成共治共管、共建共享的良好局面；加强“四全一特”社区建设，改进城市社区管理模式，增强社区便民服务功能；积极稳妥建设农村新型社区，按照“一厅一校十室”标准配套完善社区服务中心，提高公共服务均等化水平。推动人力、投入、资源和工作向街道、社区下沉，实现从管理向治理转变。完善城乡环卫一体化管理机制，进一步提升城乡环境卫生质量。

（三）坚持绿色发展，打造生态文明新常态。把绿色发展理念贯穿经济社会发展全过程，牢固树立“绿水青山就是金山银山”的意识，严守资源消耗上限、环境质量底线和生态保护红线，加强环境保护和污染治理，构建生态文明新格局。

一是推动形成绿色发展方式。推进资源节约和保护，进一步完善节能工作机制，落实节能责任目标，深入开展对标降耗。积极推进循环经济发展和企业节能减排，积极引进培育高科技、低能耗的新兴产业，探索建立低碳经济发展模式和配套政策体系。调整能源消费结构，推广绿色建筑、绿色交通、绿色消费，建成一批低碳示范单位。

二是构筑城市绿色生态空间。持续推进潍河、汶河保护开发，打造东部生态景观带。推行河长制，强化河道综合整治和水环境治理，实施虞河上游、凤翔河上游综合整治工程，不断完善生态水网。积极涵养地下水源，恢复地下水生态。加大植树造林力度，全区林木覆盖率和城市绿化覆盖率大幅提升。

三是加大环境保护治理力度。实施环保十大工程，大力开展大气水污染防治、土壤污染修复、农业面源污染防治等工作，持续改善大气、土壤、水系生态等环境质量。加强土地开发整理复垦和耕地占补平衡，推进城南工矿区和东部膨润土废弃矿区地质环境恢复治理工程。实行最严格的环境保护制度，加强环保执法监管，严查严处环境违法行为。

（四）坚持开放发展，拓展改革开放新路径。把改革开放作为繁荣发展的必由之路，进一步解放思想，坚持“走出去”与“引进来”相结合，大力实施开放战略、国际化战略，加快推进一批基础性关键性改革，以开放促改革、助发展、强活力，不断引领开放型经济向更高层次发展。

一是提升招商引智水平。依托优势产业和园区，开展产业链招商、以商招商、精准招商，积极对接国内外大企业、大财团，着力引进培育一批产业链完善、创新能力强、特色鲜明的大项目、好项目，努力打造新的经济增长极。转变招商理念，精准引进关键配套技术、高端人才、高等院校、科研院所，实现由引资金向引智力、引人才、引技术拓展。强化包靠服务，对重大招商项目“一事一议”“一企一策”，确保项目顺利引进落户、尽快投产达效。

二是搭建开放发展平台。突出开发区、重点园区、跨境电商等载体平台建设，拓宽对外开放领域，提升管理服务水平，加快开放发展进程。按照“四化”转型定位和“四集”发展要求，以凤凰山高新技术产业园为重点，突出抓好开发区建设，加速聚集主导产业，优化产业结构，打造开放发展的示范区、先行区、引领区。加快重点园区开放发展，推动工业项目转型升级、拉长链条、扩大优势，积极规划建设一批国际商务载体，大力发展金融保险、电子商务等生产性服务业，提升产业国际化水平。抓好公共服务平台建设，推动管理服务形态由管理型向公共服务型转变，由传统镇街形态向产业园区形态转变，进一步完善产业布局，提升功能配置，优化发展环境，吸引要素集聚，形成以产促城、以城兴产，产城联动、融合发展的新格局。

三是拓展外贸出口市场。积极融入“一带一路”战略，培育出口产品产业集群，创建自主出口品牌，力推外贸转型升级。发挥雷沃重工、共达电声、美林卫浴等龙头企业“走出去”的丰富经验，引导支持优势企业到境外发展，建立研发机构和生产基地，进行资源并购和投资合作。鼓励企业借助大型国际型展会和风筝会、文展会、鲁台会、中日韩产业博览会等高端节会平台，开展对外交流，加快开放合作步伐。紧紧抓住国家和省一系列重大发展战略机遇，充分发挥区位资源优势，加强与沿线节点城市和国家合作，积极利用好上级政策和扶持资金，在不断完善提升传统海外市场的基础上，大力拓展新兴市场，提升海外投资出口的广度和深度。

四是推进全面深化改革。按照全面深化改革既定时间表、路线图，聚焦关键领域精准发力，确保各项改革举措落地见效。深入推进供给侧结构性改革，综合运用财政、金融、价格杠杆等多种方式，通过技术、质量、环保等标准的倒逼，着力减少无效和低端供给，扩大有效和中高端供给，提高全要素生产率。完善财税体制，理顺财权与事权关系，强化预算管理，提高资金使用率。积极探索投融资体制改革，推广政府与社会资本合作（PPP）模式。加快转变政府职能，持续推进简政放权、放管结合、优化服务，最大程度为企业和群众办事松绑解绊。深化商事制度改革，推进企业“五证合一”和个体“两证合一”改革。稳步推进公立医院改革、基层医疗卫生机构综合改革等医药卫生体制改革。稳妥推进司法体制改革。

（五）坚持共享发展，谱写民生幸福新篇章。共享是体现社会公平正义的本质要求。要以普惠性、保基本、均等化、可持续为方向，进一步增加公共服务供给，不断提高人民群众的获得感、幸福感和满意度。

一是加快发展社会事业。创新社会事业投入机制，不断提高社会事业发展水平。坚持教育优先发展，建立结构更加科学的现代教育体系，促进城乡教育资源均衡配置，潍坊四中新校建成投入使用。建立覆盖城乡的基本医疗卫生制度，促进基本公共卫生服务均等化。坚持计划生育基本国策，提高人口素质，促进人口长期均衡发展。完善全民健身服务体系，推动全民健身与全民健康深度融合。实施文化惠民工程，完善公共文化设施网络，提升文化服务和产品的供给水平，构建现代公共文化服务体系，促进基本公共文化服务标准化、均等化。大力建设农村文体普惠性设施，实现农村文化广场全覆盖。积极发展文化产业，加强文物保护和非物质文化遗产整体性保护。统筹推进民兵预备役、科普、妇女儿童、残疾人、老年人等各项事业发展。

二是完善社会保障体系。实施更加积极的就业政策，支持创业带动就业，加强对重点群体的就业援助，推动职业培训市场化，加大新型职业农民培育力度，让全区人民拥有更多更好的就业岗位。落实收入分配政策，多渠道增加居民财产性收入。扩大社会保险覆盖范围，实现城乡居民社会养老保险全覆盖。完善社会化养老服务体系，建设大型养老服务机构，积极推进医养融合等养老模式，提高养老服务业发展水平。强化社会救助托底功能，积极发展社会福利和慈善事业；提高城乡低保和五保供养标准，使城乡困难群体及时得到帮扶和关爱。加快保障性安居工程建设，让低收入群体实现安居梦。健全完善精准扶贫长效机制，持续巩固提升脱贫攻坚成果。

三是加强改进社会治理。深化平安坊子建设，实施“天网”工程，构建智能交通、治安管控、智慧管理三位一体的社会管理体系；深入开展反恐怖、反邪教斗争，打好三年为期的禁毒人民战争；扎实做好新形势下群众工作，有序规范信访秩序，全力化解信访积案，确保社会和谐稳定。加强社会信用体系建设，提高全社会诚信意识和信用水平。高度重视安全生产，建立健全网格化公共安全监管体系，强化灾害监测预警和风险防控，完善突发事件应急社会动员和部门联动处置机制。全面推进依法治区，推广“依法治村”模式，深化依法行政，严格规范公正文明执法，建设法治政府。健全公共法律服务体系，深入开展“七五”普法，推动公共法律服务向基层延伸。

坚定不移推进全面从严治党

适应新形势，推动新发展，开创新局面，核心在党的领导，关键在党员干部。各级党组织要认真贯彻落实中央对党的建设的一系列决策部署，与时俱进加强党的自身建设，推动管党治党全面走向“严实硬”，为推动转型发展提供坚强保障。

（一）加强思想政治建设，坚定正确方向引领发展。深入学习贯彻习近平总书记系列重要讲话精神和治国理政新理念、新思想、新战略，进一步增强“四个意识”，始终在思想上政治上行动上同以习近平同志为核心的党中央保持高度一致。深入开展“两学一做”学习教育，引导党员干部增强党的观念、强化党员意识、提升党性修养，严守政治纪律和政治规矩，认真践行“四讲四有”要求，真正做到“四个服从”，坚定“四个自信”。规范党内政治生活和政治规矩，认真贯彻执行民主集中制，完善和严格执行领导班子议事规则和决策程序，营造风清气正的良好政治生态。支持人大、政府、政协、法检“两院”依法依章履行职责，充分发挥工会、共青团、妇联等群团组织和工商联、党外人士、老干部作用，做好新形势下统一战线和民族宗教、对台侨务工作，落实党管武装各项制度，最大程度凝聚广大干部群众的智慧和力量。

（二）加强干部队伍建设，提升能力素质推动发展。坚持党管干部原则，深化干部人事制度改革，以“三严三实”和“忠诚干净担当”为标尺，严格选人用人标准和选拔任用程序，凭业绩论英雄、凭民意用干部，真正打造想干事、能干事、干成事的干部队伍。强化各级领导班子建设，优化班子结构，提升班子整体素质和战斗力。加大优秀年轻干部培养选拔力度，统筹做好女干部、党外干部选配及离退休干部工作。坚持“三个导向”相统一，完善干部考评办法，科学检验各级干部抓经济、促改革、惠民生的实际成效。建立容错纠错机制，旗帜鲜明地支持和保护作风正派、敢作敢为、锐意进取、干事创业的干部。加强干部培训，促进干部更新理念、开拓眼界、提升领导和推动改革发展的能力水平。从严监督管理干部，抓住领导干部这个“关键少数”，完善干部监管体系，促进干部健康成长。

（三）加强基层组织建设，构筑坚强堡垒促进发展。巩固扩大各领域基层党的组织覆盖和工作覆盖，扎实推进新兴领域党建工作，彰显基层党组织在引领发展、服务群众、凝聚人心、促进和谐中的先进性。创新基层治理机制，完善为民服务体系，建立健全联系服务群众制度，推动工作力量下沉，解决好服务群众“最后一公里”问题。优化基层干部队伍结构，选优配强基层党组织“带头人”，加强基层党员能力建设，培育和选树一批基层党组织和党员干部先进典型。常态化开展软弱涣散基层党组织整顿。抓好离退休干部党建工作。加强党员队伍建设，认真做好党员发展、教育、管理和服务工作，更好地发挥党员先锋模范作用。

（四）加强干部作风建设，强化责任担当服务发展。毫不松懈抓好八项规定精神的落实，从严整治各种顶风违纪行为，严打“四风”问题的隐形变异，推动作风建设不断深化、党风政风持续好转。深化机关作风效能建设，加大“庸、懒、散、浮”整治力度，切实解决为官不正、为官不为、为官乱为等问题，促进广大机关干部敢担当、会担当、能担当，更好地服务发展、服务企业、服务群众。加强党员干部家风建设，切实做到廉洁修身、廉洁齐家。健全完善改进工作作风的长效机制，推动作风建设抓常抓细抓长。坚持一线工作法，大力倡树精、准、严、实工作作风，推动党员干部思想上提升境界标准，工作上坚持精益求精，以“踏石留印、抓铁有痕”的韧劲，做出实实在在的业绩，努力打造一支信念坚定、认真负责、务实高效、勇于担当、廉洁勤政、争创一流的干部队伍。

（五）加强党风廉政建设，力促清正廉洁保障发展。坚持全面从严治党、依规治党，严格落实“两个责任”，加强对权力运行的制约和监督，不断增强自我净化、自我完善、自我革新、自我提高能力。坚持把纪律规矩挺在前面，综合运用监督执纪“四种形态”，发挥好纪律审查在管党治党中的根本性作用。加强巡察工作，实现巡察工作规范化、制度化、常态化、全覆盖。严格落实领导干部经济责任审计制度，实现对各级“一把手”经济责任审计全覆盖。严肃查处侵害群众利益的不正之风和腐败问题，始终保持惩治腐败高压态势，以反腐倡廉实际成效取信于民。深化纪检监察体制机制改革，完善反腐败工作协调机制；加强反腐倡廉教育和廉洁文化建设，加快形成不敢腐、不能腐、不想腐的体制机制。

坊子这片美丽的热土，历经沧桑却又风华正茂，勤劳善良的坊子人民向往着城市文明和现代文明，追求着地区富强、社会进步、生活幸福的“坊子梦”。需要我们担当历史使命、心系为民情怀、发扬实干精神，团结带领全区人民奋力拼搏、乘势而上，用五年的时间把坊子打造成为高端产业发展区、生态文化休闲区、优质高效服务区、美丽和谐宜居区，谱写坊子跨越腾飞、崛起振兴的新篇章。

同志们，蓝图催人奋进，奋斗铸就辉煌。让我们紧密团结在以习近平同志为核心的党中央周围，在中央和省市委的坚强领导下，以更加开阔的视野、更加昂扬的斗志、更加扎实的作风，不忘初心，继续前进，推进转型发展，加快富民进程，为全面建成小康社会，建设富裕美丽和谐的活力坊子而努力奋斗！

扈洪波同志在全区经济工作会暨“项目建设年”“作风建设年”动员会议上的讲话

（2017年2月3日）

同志们：

此次会议，主要是认真贯彻上级经济工作会议精神，总结工作、表彰先进，安排部署2017年经济工作，对“项目建设年”和“作风建设年”活动进行动员部署，更是收心会、叫套会，要求全区上下迅速淡化节日气氛，收心聚力加油干，全身心地投入到加快发展的热潮中来。刚才，我们对2016年度科技创新先进企业和功勋企业家、优秀企业家进行了隆重表彰，他们是过去一年里全区涌现出的杰出代表，在各自岗位上创造了不平凡的业绩，为全区经济社会发展作出了突出贡献。在此，我代表区委、区政府向受到表彰的企业家们表示衷心的感谢和热烈的祝贺！

春节前，我们相继召开了区党代会、人代会、政协会，三个大会开得非常好、非常顺利，全票选出了区级领导班子，体现了风清气正心齐、干事创业发展的良好政治生态，同时确定了下一步发展目标任务，为我们未来发展谋好了篇、布好了局，取得了圆满成功。现在，新班子已经就位，我们的重心和精力必须迅速转移到加快推动全区各项重点工作上来。下面，根据区委、区政府研究的意见，我就抓好今年全区经济工作讲五个方面的意见。

一、认清形势，统一思想，切实增强工作的紧迫感、压力感和使命感

刚刚过去的2016年，区委、区政府团结带领全区广大干部群众，创新实干，攻坚克难，经济社会实现了平稳健康发展。一是经济保持中高速增长。全区实现地区生产总值147.8亿元、增长8.4%，增幅列全市第1位；一般公共预算收入13.1亿元、增长10.5%，增幅列全市第3位、四区第1位；固定资产投资151.7亿元、增长13.7%，增幅列全市第1位。全区规模以上

工业企业发展到123家，实现主营业务收入、利税、利润分别增长7.8%、7.5%和8.6%，税收过千万元企业达到32家，其中过亿元企业3家。二是产业结构持续优化。三次产业比调整为6.1:49.1:44.8。山东测绘地理信息产业园、机械装备制造园、滨海工业园等先进制造业园区建设顺利，49个项目已投产达效。建成运营新方德乐堡梦幻水世界、华安水之梦乐园、泰华欢乐海底世界和贝哆芬儿童娱乐城等一批文化旅游项目，有效弥补了服务业发展短板；中粮集团将禽业总部落户我区，在全市率先完成世界500强企业引进任务。农业现代化水平明显提升，各类新型农业经营主体发展到780家，现代农业示范园发展到53个。三是发展活力不断增强。扎实推进供给侧结构性改革，实施新方集团煤矿退出和多元化经营战略，既化解了煤炭产能，又实现了企业转型跨越发展；完成鲁元建材破产重整，成为供给侧结构性改革实施以来全市第一家成功破产重整的企业；完成北新建陶依法破产，既淘汰落后产能，又拓展了发展空间；启动坊茨小镇棚户区改造，顺利完成房屋依法征收任务，为小镇保护性开发奠定了良好的基础。基本完成农村土地确权登记颁证和农村集体资产改制，农村产权交易平台建成使用。四是城乡面貌显著变化。启动宝通街东延工程，完成了八马路城区段改建工程、潍县中路南延工程、青银高速和济青高铁（坊子段）拆迁清障工程、凤翔河南段改造提升工程和新老城区背街小巷改造提升“全覆盖”工程，实施农村道路村村通“全覆盖”工程，城市综合承载力进一步增强。改造提升56个老旧小区，圆满完成国家文明城市、卫生城市、森林城市、食品安全城市复审创建任务，市容市貌显著提升。五是百姓生活更加幸福。把保障和改善民生摆在更加突出的位置，投入持续加大，完成民生支出11.9亿元，占财政支出的81%。教育、医疗、文化、体育等社会事业均取得新进展，安全生产和综治维稳工作不断加强，社会保持和谐稳定。六是党的建设全面加强。认真开展“两学一做”学习教育，广大干部纪律意识、规矩意识切实增强。基层组织基础进一步夯实，洼里村被省委表彰为先进基层党组织。在全市率先探索开展县级专项巡察。

在看到成绩的同时，我们也要看到困难和问题，主要是经济总量还不够大，产业结构还不够合理，高新技术产业占比、服务业发展水平还不够高；部分企业经营状况下滑，项目投资放缓；城乡发展不够平衡，特别是农村基础设施欠账较大，城市功能仍需进一步完善等。对于这些问题，必须高度重视，采取积极有效的措施，认真加以解决。

上级一系列经济工作会议深入分析了当前的形势，明确提出了今年经济工作的总体要求和目标任务，为我们指明了方向，提供了重要遵循。我们要切实把思想和行动统一到上级的重大决策部署上来，以高度的责任感和自觉性抓好贯彻落实。同时，我们的产业结构进一步优化，搭建了一批优质发展平台，储备了充足的发展空间，干部队伍作风有了较大转变，这些都为实现转型发展奠定了坚实基础。各级各部门各单位特别是各级领导干部都要正视差距、坚定信心，始终保持时不我待的紧迫感、不进则退的危机感和“一日无为、三日不安”的使命感，以“为有发展多壮志，敢叫坊子换新天”的魄力和勇气，全心全意、全力以赴把坊子的各项事业干好。

二、明确任务、突出重点，把经济工作各项措施落到实处

2017年，是实施“十三五”规划的重要一年，是供给侧结构性改革的深化之年，更是落实区十四次党代会目标任务的开局之年，做好今年的经济工作意义重大。今年全区经济工作总的要求是：全面贯彻党的十八大和十八届三中、四中、五中、六中全会以及上级经济工作会议精神，深入贯彻习近平总书记系列重要讲话精神，统筹推进“五位一体”总体布局和“四个全面”战略布局，牢固树立和认真践行五大发展理念，大力实施“一二四三”战略，即坚持以党的建设为统领，以“项目建设年”“作风建设年”为抓手，以打造“四区三城”为重点，努力建设富裕美丽和谐的活力坊子，以优异成绩迎接党的十九大胜利召开。

按照上述要求，区委、区政府提出了今年全区经济社会发展的主要预期目标：地区生产总值增长8%以上，一般公共预算收入增长9%以上，固定资产投资增长11%以上，城镇和农村居民人均可支配收入增幅均高于全市平均水平。确定这样的任务目标，既符合上级的决策部署，体现稳中求进的工作总基调，又与党代会确定的任务目标相衔接，保持工作的连续性和创新性。

在工作把握上，要紧紧抓住“一二四三”战略不放松，按照党代会提出的建设“高端产业发展区、生态文化休闲区、优质高效服务区、美丽和谐宜居区”的要求，通过开展“项目建设年”“作风建设年”等一系列活动，创新体制机制，消除发展障碍，提高城市功能品位，激发干事创业热情，优化发展环境，提升发展境界，真正在全社会形成“聚人聚财聚宝地，上风上水上坊子”的共识，把坊子打造成本地人骄傲自豪、外地人羡慕向往的“创业之城、宜居之城、活力之城”。在重点工作上，突出抓好“一镇三带两基地六园区，两校八路一棚改三提升”。

“上下同欲者胜”，各级各部门各单位要自觉把思想和行动统一到中央和省市区委的决策部署上来，抓住坊子经济社会发展的主要矛盾，上下同欲对标干，突出重点精准干，确保上级大政方针和区委决策部署落地生根，以关键环节的突破带动整体工作的推进，实现经济提质增效、迈向中高端水平。

（一）聚力产业转型发展，打造高端产业发展区。要立足实体经济这个根基，突出供给侧结构性改革这条主线，统筹推进工业提质增效、服务业扩容升级、农业增产增收。

*一是要加快产业转型升级。*要突出发展先进制造业。坚持工业强区不动摇，深入实施“246”战略，突出装备制造、电子信息两大主导产业集群，大力发展食品加工、造纸包装、节能环保、市政装备四大优势产业，抓好

山东测绘地理信息产业园、机械装备制造园、滨海工业园、智能装备产业园、节能环保产业园、市政装备产业园六大特色园区建设。山东测绘地理信息产业园，要完善服务配套设施，建成科技孵化中心，推动中海达科技、华智智能科技等6个项目投产运营；要启动园区二期规划布局，积极引进大数据、卫星导航、航空遥感等新项目，力争引进10个以上，进一步推动园区扩容升级、提质增效。机械装备制造园，要进一步拓展发展空间，积极引进机械装备研发制造项目，推动凯华碳化硅、荣信通电子等9个项目投产达效。滨海工业园要抓好7个在建项目建设，力争早日投产达效。要积极做好智能装备产业园、节能环保产业园、市政装备产业园等新建园区的规划建设，为下一步发展搭建优质载体平台。要加快发展现代服务业。要立足坊子的文化资源、交通区位、自然生态等优势，加强规划引导、强化集聚发展，大力发展现代物流、文化创意、总部经济、健康养老、金融保险等现代服务业，推动服务业发展提速、比重提高、水平提升。要大力发展现代农业。深入推进农业供给侧结构性改革，完善和落实农业园区扶持政策，加快玉泉洼生态观光园、盈丰农业综合体、金润农业科技园等53个现有园区建设提升，新增农业园区10个以上。要大力发展品牌农业，加强农产品质量安全监管，打造黄旗堡绿色蔬菜生产基地。积极发展新型农业经营主体，加强农田水利设施和高标准农田建设，提高农业综合生产能力。

二是要着力振兴实体经济。深入推进“三去一降一补”，加快动能转换，助力实体经济加快发展、做优做强。去产能方面，做好新方集团煤矿退出、鲁元建材破产重整、北新建陶依法破产后续工作，利用取得的经验，引导和推动有关企业淘汰落后产能，化解债务包袱、优化资源配置，拉伸产业链条、提高产业集聚度。要推动中小企业“进区入园”，提升入园门槛，倒逼企业转型升级。去库存方面，据测算，“十三五”期间潍坊市将有大量农业人口转移落户城镇，住房刚性需求空间比较大。我们在党代会上提出了打造“四区三城”的规划部署，对外地人安居兴业的吸引力必将越来越大。我们今年将实施一批棚户区改造项目，部分拆迁群众也需要购房安置。大家要充分利用这些有利条件，把去库存与人口城镇化结合起来，扩大货币化安置比例，有效消化房地产库存。去杠杆方面，要围绕改善企业资本结构、提高企业权益资本比重，通过多种方式对接多层次资本市场，健全多元化投融资体系，提高直接融资比重，降低企业杠杆率。要创新金融服务，让资金更加便捷高效地流入实体经济。要高度重视金融风险防控，确保不发生区域性系统性金融风险。降成本方面，要认真执行扶持企业发展的政策措施，深入实施降低企业成本专项行动，通过降低制度性交易成本、用工用地用能成本、税费负担、减少审批环节等措施，帮助企业松绑减负、降本增效。补短板方面，要加大现代服务业、创新能力、公共服务、生态环保、基础设施等方面的工作力度，既补硬短板也补软短板，既补发展短板也补制度短板。

三是要加大招商引资力度。招商是实现坊子更高层次新发展的重要途径。各级各部门各单位要高度重视招商工作，依托我区的主导产业、重点园区，全力以赴大招商、招大商，着力引进一批大项目、好项目；同时要做好招才引智和招院引校工作。下一步，招商工作还要分配任务、落实责任，形成全区上下齐抓招商、共促发展的浓厚氛围。要整合完善优惠政策，搭建创业载体平台，提升政务服务效率，营造公平正义法治环境，形成洼地效应，增强对项目的吸引力，确保项目引得来、落得下、投产快。

（二）发挥资源禀赋优势，打造生态文化休闲区。发挥坊子生态资源丰富、文化底蕴深厚的优势，以生态休闲为引领，以文化旅游为依托，积极实施“132”战略，统筹推进“一镇三带两基地”建设，打造产城融合、文旅联动、生态优美的美丽坊子。

坊茨小镇，要以获批山东省特色小镇为契机，加快推进招商引资、产权协调、文物修缮、棚户区改造、基础设施建设等工作，整合周边旅游资源，打造全国知名的1898坊茨小镇。北海路高端服务产业带，要利用北海路和凤凰街两侧楼宇资源，大力发展信息服务、总部经济、金融保险、商务酒店、高端地产等业态，力争新增金融及总部类企业5家以上。潍州路商贸物流产业带，重点抓好华安汽车文化产业园、泰华澳莱小镇等项目建设，积极招引汽车服务与现代物流及关联项目，进一步提高项目集聚效应。潍安路乡村旅游产业带，依托玉泉洼生态观光园、乐高农场等现代农业园区建设，重点发展都市观光、生态种植、科普教育、乡村休闲等产业，推动农业与旅游、文化、康养等产业融合发展。潍坊市都市休闲健康养生基地，要立足潍河、汶河和九龙涧丰富的自然生态资源，规划建设休闲养老产业园，引进关联项目，加快发展生态旅游、健康养生等产业。现代风筝文化创意创业基地，主要是依托两河开发和风筝产业优势，培强做大风筝加工销售、动漫体验、旅游观光等产业，同时大力发展电商产业，开拓特色工艺品、优质农产品市场。要加强生态文明建设，深入实施环保“十大工程”，加大重点行业、重点污染源综合整治力度，推动环境质量持续改善。推进资源集约节约利用，加快海绵城市建设，提高水资源保障能力；推行河长制，加强水系生态保护。

（三）实施精准高效服务，打造优质高效服务区。扎实开展“作风建设年”“精准服务企业年”活动，推动扶持创业发展政策更加精准高效，投资创业载体平台更加完善，政务服务效率水平持续提升，打造政策最优、服务最佳、环境最好、活力最强的发展软环境，吸引更多的人流、物流、资金流向坊子聚集。

一是要全面深化改革。要着眼更好发挥改革牵引作用，聚焦重点、攻克难点，着力在关键性改革上取得突破。要深入推进“放管服”改革，承接好上级下放行政审批事项，及时调整规范区级审批事项。深化商事制度改革，最大程度方便群众和企业。要积极运用政府股权投资引导基金、PPP等市场化运作方式，拓宽投融资渠道，提高财政资金使用效益。要深化金融、科技、人才和用地、用能、用水、环境容量等资源要素改革，推动资源要素更多配置到好企业好项目上去。加强农村产权交易平台建设，推进农村集体资产改制，鼓励有条件的村组建集体股份公司或社区股份合作社。加快培育新型金融业态，引进社会资本扩大直接融资比重，缓解中小企业融资难问题。落实企业改制、挂牌上市补助政策，推动企业到多层次资本市场挂牌上市。要深化教育、医疗、养老、就业和社会保险等民生领域改革，让群众共享改革发展成果，不断提高获得感和满意度。

二是要加大科技创新力度。今天，我们对科技创新先进企业进行了表彰，就是为了树立鲜明的导向，鼓励企业加快科技创新步伐，在全社会营造鼓励创新、重视创新的浓厚氛围。要着力提升科技创新能力。科技研发是企业在市场竞争中获胜的核心和关键。今天我们评选的科技创新先进企业，第一个条件就是要有省级以上研发平台，目的就是督促企业加快研发平台建设，调动科技创新的积极性。在实施创新驱动战略过程中，我们的企业取得了良好的成绩，富源增压器“内燃机关键技术及工程运用”项目荣获国家科技进步二等奖；雷沃重工阿波斯拖拉机荣获“市长杯”“省长杯”工业设计大赛金奖，在中国好设计工业设计大赛中荣获银奖；帅克机器人、精诺机械自动生产线荣获“市长杯”工业设计大赛二等奖。下一步要引导扶持企业继续深化创新驱动，支持雷沃重工创建国家技术创新中心，支持谷合传动等企业争创省级工程研发中心和重点实验室，支持奥卓电气等6家企业争创高新技术企业。要完善激励政策，引导企业加大研发投入，加强跟踪服务和协调调度，促进雷沃重工智能收获机、谷合电液提升器、富源高性能涡轮汽油机增压器、共达电声云视声智慧会议系统等64个新技术、新产品研发项目顺利实施，力争30个项目列入省级以上技术创新计划。要着力完善创新服务体系。深化创新成果收益分配、科技资源管理和成果评价、科技金融结合等领域的改革，全面激发创新活力。落实品牌创建奖励政策，加大专利统计、申请和保护力度，支持企业主导或参与制定行业标准，提高行业话语权。要着力推动大众创业、万众创新。盘活利用现有资源，加强创业孵化器建设，落实房租补贴、贷款贴息等创业扶持政策，在融资对接、项目路演、创业辅导等方面提供专业化服务，促进大众创业、万众创新。

三是要提高对外开放水平。要积极对接“一带一路”、自贸区等国家战略，更大力度“走出去”，更高水平“引进来”。在这方面，我们已经积累了宝贵经验，雷沃重工成功收购意大利阿波斯、马特马克、高登尼3家百年农机企业，农机装备和工程机械出口120多个国家和地区，富源增压器与中东最大的汽车制造商建立合作关系，精诺机械产品外销南美、非洲、中东等20多个国家和地区，共达电声、谷合传动等一批企业也在开放发展上迈出了坚实步伐。下一步，要利用好这些经验，促进优势产品、服务贸易出口，支持龙头企业并购国外先进产能和技术品牌；用足用好外贸扶持政策，推动雷沃重工、恒安纸业、美林卫浴等重点企业对外贸易稳定增长。要突出开发区、重点园区、跨境电商等载体平台建设，拓宽对外开放领域，提升管理服务水平，加快开放发展进程。培育发展齐贸通、秦工国际等外贸新兴业态，指导中小企业开展外贸业务，帮助外贸企业实现突破。

四是要狠抓人才队伍建设。要深入实施人才强区战略，突出“高精尖缺”导向，建设管理型、创新型、技能型三支人才队伍。要加强企业家队伍建设，常态化实施功勋企业家和优秀企业家评选表彰政策，继续组织企业家健康查体、到高等院校培训、到发达地区参观考察，推动企业家拓视野、提素质、上水平。要制定扶持措施、搭建服务平台，加强企业家间的沟通交流、联系合作，引导企业资源共享、抱团发展、互利共赢，为企业家干事创业提供最大支持，让企业家政治上有荣誉、社会上有地位、创业上有激情，营造重商、安商、亲商、富商的良好氛围。要大力培养引进科技创新、现代金融等高层次专业技术人才，推进人才发展体制改革和政策创新，健全人才服务保障体系，优化人才发展环境。为解决企业人才培养和引进难题，我们正研究出台《关于加快建设人才强区的若干意见》，政府也将牵头加强与高等院校、科研院所的对接，为企业招才引智牵线搭桥，积极帮助企业引进并留住人才，把坊子打造成人尽其才、群贤毕至的区域性人才高地。要大力倡树“工匠精神”，高度重视和保护专业技能人才，赋予他们更大的决策权、管理权和分配权，充分激发干事创业的积极性，建设一支“搬不走”的知识型、技术型、创新型劳动者大军。

（四）坚持民本民生优先，打造美丽和谐宜居区。认真落实共享发展理念，坚持“全域统筹、一体推进、相互促进、共同发展”，加大基础设施建设等民生事业投入，开展“城市建设管理提升年”活动，提高群众的获得感、幸福感和满意度。

一是要提升城市功能品质。认真贯彻中央和省市城市工作会议精神，深化“提升市区”战略，加快推进宝通世家、书香门第、水榭春天等商住项目，抓好亚特尔未来广场等商业楼宇招商运营，推动凤凰商贸城、北海路与凤凰街交叉路口等重点地块开发，规划建设高端城市综合体，促进房地产业健康发展。持续开展市容市貌、五小场所等专项整治，强力推进拆旧改丑、治违治乱，巩固提升“四城同创”成果。要举全区之力抓好棚户区改造这项重大民生工程，这是改善群众生产生活条件，提升城市品位价值和综合承载能力千载难逢的机会，全区上下都要统一思想认识，切实调动起方方面面的积极性，力求取得重大突破。今年我们计划实施坊茨小镇、营子片区、沟西片区、郭家片区、高家片区、穆村片区、工业发展区医院片区等棚户区改造项目。要从民生工程的角度去理解和把握棚改工作，坚持走群众路线，学习借鉴高新区的做法，成立自改委，引导群众积极支持参与棚改。征收拆迁过程中，要认真做好政策宣传和答疑解惑工作，让广大群众真正知晓棚户区改造是政府为了改善群众生活居住条件实施的民生工程。要坚持以人为本，依法、阳光、和谐征收，确保群众正当利益诉求得到有效保障，实现项目建设与保障群众合法权益的“双赢”。区里已经成立了龙江区长任组长的棚户区改造工作领导小组，并设立了伟伟书记任总指挥的新城区指挥部和赵伟区长任总指挥的老城区指挥部，下一步要抓紧启动，全力靠上，全面做好棚改各项工作。现在各地棚改势头都很强，尤其是上级的扶持政策转瞬即逝，一旦错过就会贻误发展先机，大家要时刻提醒自己，决不能因为一时一事的疏忽影响了全区的发展大局。在这方面，凤凰街道和坊城街道都做得比较好，凤凰街道年前就对安置区建设进行了研究，户型图做成了挂历发给了群众，年初三就到大营子村对接数据，昨天已开始与安置区的住户签订协议；坊城街道年初三就进入高家村进行摸底对接，初五全面启动了数据测量工作。下一步，所有重点棚改项目都要向这两个街道学习，严格按照时间节点，倒排工期、挂图作战、加快推进，要拿出给自己爹娘盖房子的劲头，确保把棚改工作办实、办好、办到群众的心坎上。

*二是要推动城乡一体发展。*以“四横四纵一网”为重点，实施总投资33亿元的29项重点工程，进一步配套完善基础设施，提高综合承载能力。有关部门单位要按照全域发展的要求，加强统筹规划，着力推进供热、供水等设施向农村延伸，实现城乡互联互通。对龙泉街改造提升、崇文街改造提升、黄旗堡大桥建设等区内重点工程，要做好各项工作保障，加快推进。对宝通街东延等重大基础设施项目，有关单位要与市级部门搞好衔接，按照市里的规划和要求稳妥推进。要高度重视农村基础设施配套完善，积极推进村级公路网化示范县工程，加快美丽乡村建设，力争完成30个美丽乡村建设，逐步实现农村文化广场全覆盖。要推进“四全一特”社区建设，改造提升74个老旧小区。按照“一厅一校十室”标准，新建改造14个农村社区服务中心。

*三是要提高城乡管理水平。*近年来，虽然我们实施了许多基础设施配套工程，城市的形象和综合承载力得到了有效提升，但与中心城区的地位相比，仍然存在配套不全、管理水平不高等问题。当前正值城市建设的机遇期、窗口期，国家出台了棚户区改造、道路建设、PPP融资等方面的优惠扶持政策，为我们提升城市建设管理水平创造了有利时机，同时龙江区长在高新区工作多年，在城市建设、招商引资、融资等方面有很多好的经验，要抢抓机遇，全面提升城市建设管理水平。要实施城市规划提升、社区提升、管理服务提升等“十大专项行动”，推动城市转型发展。完善城市治理体系，调整城区管理体制，明确区、街道、村（居）工作职能，推动城市管理权责下放、重心下移、力量下沉。加强智慧城市建设，实

施“天网”工程，构建智能交通、治安管控、智慧管理三位一体的社会管理体系。扎实开展示范街创建，打造4条城区道路样板工程。深化城乡环卫一体化管理，实施城区楼宇亮化美化，进一步改善城乡环境面貌。

四是要兜住抓牢民生底线。重点是加大民生投入力度，保障基本民生。要坚持以创业带就业，加强职业技能培训，着重抓好高校毕业生、退伍军人、城镇困难人口、返乡农民工就业等工作，努力扩大就业。要着眼解决大班额、看病贵、养老难等突出问题，大力推进教育、医疗、养老、文化等基本公共服务均等化，年内完成四中迁建、党校迁建和区直幼儿园建设，加快建设社区卫生室、推进医养结合、构建分级诊疗体系，大力发展社会化养老服务，让广大人民群众共享改革发展成果。要完善精准扶贫长效机制，巩固提升脱贫攻坚成果。要时刻绷紧安全生产这根弦，切实抓好安全生产，坚决遏制重特大安全事故发生。要进一步抓好治安、信访、舆情、食品药品等领域安全，落实好一岗双责和属地管理责任，加大矛盾纠纷排查化解力度，确保社会大局和谐稳定，努力让人民群众更有安全感。

三、扎实开展“项目建设年”活动，以项目建设引领全区经济发展

（一）明确开展“项目建设年”活动的必要性。项目是经济的载体、发展的关键，没有项目就没有出路。大家要充分认识到：项目建设是牵动全局发展的“总抓手”，直接关乎全区经济社会发展方方面面，离开了项目建设，产业无法壮大、财政无以增收、群众无从致富，无论是稳增长还是调结构都将成为无源之水、无本之木。项目建设是推动转型升级的“新引擎”，加快转方式调结构，很重要的是以好的增量激活存量、扩大总量，而增量调整很大程度上要靠项目来实现，进而加快转型发展。项目建设是区域竞争的“关键点”，区域发展的竞争实质上就是项目实力的竞争，谁的项目多、项目大、项目好，谁就有发展的话语权，否则就会在竞争中陷入被动，甚至被远远甩在后面。

（二）强化措施加快项目建设。春节前区里已经下发了《重点项目和重点工程包靠责任制的通知》，各区级领导、各级各部门各单位要按照活动要求和责任分工，牢牢抓住项目这个关键不放松，强化责任、抓好落实、加快推进，确保活动取得良好成效。

一是要完善机制和平台。我们已经成立了“项目建设年”活动领导小组，下一步领导小组要充分发挥作用，建立健全重点项目推进机制，完善相应的程序和工作规范，真正发挥指导协调作用。要落实好“一个重点项目工程、一名区级领导包靠、一套工作班子服务、一抓到底直至投产达效”的推进机制，各位区级领导除了开会和必要的工作，原则上不要待在办公室，要深入项目工程一线指挥，加强与项目、企业、街道的联系沟通，在一线发现问题、在一线解决问题；各级各部门各单位也要深入项目工程，做好包靠服务工作。今天会上下发的《“项目建设年”活动实施意见》中，明确重大投资项目审批绿色通道、问题直报平台、重点项目推进工作联席会议、建设项目区域化评估评审等制度规定，就是要整合各方面的资源和力量，畅通工作渠道，缩短工作时限，提高工作实效。各位区级领导要切实担负起职责，组织落实好各项制度规定，各牵头部门要立足工作职责，勇于担当，主动参与，牢固树立“一盘棋”思想，切实抓好制度规定的推进和实施，真正让各项制度发挥应有的作用，营造便捷高效的项目服务环境，为加快企业发展和项目工程推进助力加油。

*二是要全力推动项目建设。*各级各部门各单位要按照“待批项目抓前期、已批项目抓开工、在建项目抓推进、竣工项目抓投产”的思路，大力开展项目建设攻坚行动。续建项目要本着“能快则快”的原则，倒排工期，挂图作战，做到目标、任务、要求、措施、进度、人员“六明确”，全程跟踪，全速推进，最大程度缩短工期；拟建项目要提前做好审批、规划等前期准备工作，天气转暖、条件成熟后立即进地开工；对上级投资或主导建设的项目，要搞好配合、协调，尽快完成拆迁清障、基础配套等工作。要坚持未雨绸缪，在抓好现有项目建设推进的同时，高度重视项目引进和储备工作，做到“开工一批、在建一批、竣工一批、储备一批”，形成项目建设梯次推进、滚动发展的生动局面。

*三是要强化督查考核。*对全年的项目建设，要拿出专项督查计划，坚持“一周一调度、半月一检查、一月一通报、一季一观摩、全年总考核”的工作机制，全力推动工作落实。区级领导要真包实靠、现场办公，把包靠项目与各自分管的工作结合起来，与联系街道（发展区）工作联系起来，统筹推进各项工作。对在责任单位层面确实无法解决的重大问题，要及时上报，通过召开现场会、专题会、联席会等形式协调解决。要明确责任，对每个项目都要明确包靠领导、责任单位和具体责任人，对涉及的所有部门、单位和个人应承担的任务进行再分解、再明确。要进一步健全完善项目考核办法，不仅要看项目的形象进度，也要看项目的建设质量；不仅要看在建项目，也要看储备项目；不仅要考核单位，也要考核个人；不仅要整体总量考核，也要分类单项考核。要坚持有责必问、问责必严，凡是区委、区政府作出的重要决策部署，都要跟踪问效，落实不力的要严格追责问责。

下一步工作中，大家都要把抓项目建设作为一种常态化的工作方法，不仅是经济发展的项目要抓，各级各部门各单位各自的业务工作也要实行项目化管理，用抓项目的方法和力度推进各项工作，力促实现突破、全面发展。

四、扎实开展“作风建设年”活动，为经济持续健康发展提供坚强保障

作风建设永远在路上，永远没有休止符，要想实现各项工作的全面持续发展，必须进一步转变干部工作作风，提振干事创业的精气神，为全区发展提供坚强保障。

*（一）进一步明确开展“作风建设年”活动的重要意义。*近年来，我们不断加强干部作

风建设，取得了明显成效，在全区形成了风清气正、比学赶超、干事创业的良好政治生态，但是与当前各地百舸争流的竞争态势相比，与肩负的发展使命相比，我们的党员干部在作风建设中依然存在许多问题和不相适应的地方，主要表现在执行力不强、不敢担当、为官不为、标准不高、效率低下、纪律不严等方面，会上下发的《“作风建设年”活动实施意见》对这些问题进行了详细梳理。这些问题尽管只表现在个别单位、极少数人身上，但造成的消极影响不可低估，损害的是党委政府的威信和形象。开展“作风建设年”活动就是要从根本上解决这些问题，在全区上下营造凝心聚力抓发展，心无旁骛谋转型，转变作风促落实的浓厚氛围。

（二）采取有力措施真正把“作风建设年”活动抓细抓实。要领导带头以上率下，区级领导干部、各街道部门的主要负责同志，都要身先士卒，带头查摆、整改问题，切实做到一把手抓、抓一把手，层层传导压力。要加强监督评议，发动社会各界提高对强化作风、狠抓落实、推动发展的参与意识和监督意识；开展好区直部门专题述职评议、“百名科长”大评议等活动，力促人人关心、参与、支持和监督作风建设。要严格落实奖惩措施，对被查实作风建设存在问题的，要严肃追究责任，并将作风建设考核与整体工作考核相挂钩，作为领导干部选拔任用、个人评先评优和党建工作先进单位考评的重要依据。要营造浓厚氛围，在电视台、《今日坊子》等媒体开设活动专栏，不定期通报活动开展情况；各级各部门“一把手”要向社会进行公开承诺；对工作作风好、绩效突出的单位和个人，要大张旗鼓地宣传表彰，对群众反映大、影响发展环境的，要及时公开曝光。

（三）狠抓工作落实确保“作风建设年”活动取得实效。要围绕活动主题和部署，通过认真查找、自我剖析、扎实整改，增强“六个方面”的意识。要做到执行意识进一步增强，对于区里安排部署的工作，做到立马行动、不讲条件，全力以赴、不折不扣贯彻落实，并及时汇报反馈贯彻落实情况，确保件件有着落、事事有回音。这一条要作为铁的纪律，必须执行好、落实好。担当意识进一步增强，做到有争议、复杂的事情敢于拍板，急难险重任务敢于承担，看准的事情、确定的目标要紧抓不放、一抓到底，确保干一件成一件。要健全正向激励机制，落实容错纠错机制，旗帜鲜明地为敢于担当的干部担当、为敢于负责的干部负责。责任意识进一步增强，各级党员领导干部带头践行“一线工作法”，在一线转变作风，做到履职尽责、忠于职守、爱岗敬业，营造风清气正心齐、干事创业发展的浓厚氛围。争先意识进一步增强，树立大胆创新引领发展的境界，每项工作都要争创一流。年前我们召开常委班子民主生活会时邹庆忠市长指出，坊子的发展必须要全域统筹发展，不能仅仅局限于同潍坊市的县市区相比较，而是要大胆与全国的先进县市区进行比较，只有这样才能提升境界，加快发展。各街道（发展区）也要提高层次定位，每项工作都要站在区里的高度，当作区里的重点工作去谋划去部署，工作成绩能够代表区里拿到全市层面上去比较，如果街道的工作都上升到了区级境界，那街道也就变成“区级”了，坊子也就变成“市级”了，整个发展层次也就提升了。各部门各单位也要提升标准境界，把各项工作放到全市范围内去衡量对比，对标先进、奋勇争先，力争全市第一。效率意识进一步增强，对区委、区政府安排的工作，做到严格按照时间节点办理。区政务服务中心要全面梳理各项办事程序，明确时限要求，严格执行限时办结制度，营造优质高效的政务环境。纪律意识进一步增强。认真扎实地落实中央和省、市、区各项决策部署，做到令行禁止。

五、加强和改善党对经济工作的领导，凝心聚力做好今年经济工作

做好经济工作，根本在党、关键在人。要深入贯彻落实党的十八届六中全会精神，把全面从严治党要求体现在党对经济工作的领导之中，把抓党建与促发展有机统一起来，确保完成今年经济工作各项任务目标。

一是要加强学习提高素质能力。经济发展进入新常态，经济形势发生巨大变化，大量的新情况新问题需要研究解决，但是我们很多干部出现了能力不足，甚至本领恐慌等问题。要着眼于适应新形势、引领新常态，加强学习，提高素质。要深入学习习近平总书记系列重要讲话精神和治国理政新理念新思想新战略，加强对经济政策、关键改革、突出矛盾、创新业态等重大问题的系统研究，善于综合运用市场手段、改革办法、法治思维解决突出矛盾和问题，全面提高领导驾驭经济工作的能力和水平。

二是要加强干部队伍建设。干部队伍是事业成功的决定性因素，没有一支作风过硬、敢打硬仗、能打胜仗的干部队伍，就无法干事创业。要在项目建设过程中转变作风、提高素质，以作风建设保障项目工程建设和工作落实。各级领导干部要切实履行好双重责任，以身作则、以上率下，带头抓项目推进、带头抓作风转变、带头抓整改落实，用实实在在的工作成绩，为全区广大党员干部作出表率、立好标杆。要大力倡树“精准严实”工作标准，着力培养一支信念坚定、认真负责、务实高效、勇于担当、廉洁勤政、争创一流的干部队伍，更好地服务发展、服务企业、服务群众。要坚持党管干部原则，健全完善考核评价机制，坚持发展、考核和用人“三个导向”相统一，在一线考察干部，在一线识别干部，凭业绩论英雄、凭民意用干部，在全区范围内营造让想干事的人有舞台、能干事的人有位置、干成事的人有地位的导向。区纪委（监察局）、区委组织部和区委、区政府两个督查室要成立专门督查组，对活动开展情况、机关作风建设情况、工作推进落实情况进行深入检查，每一项工作都要做到有部署、有检查，有奖惩、有兑现，体现出“干与不干不一样、干多干少不一样、干好干差不一样”，把各级各部门各单位的领导班子和干部队伍打造成钢班子、铁队伍，带

动全区上下齐心协力、同频共振，全力干事创业、奋力赶超跨越。

三是要夯实基层基础。实施基层服务型党组织建设“三年行动计划”，加大农村党员和基层干部培训力度，及早发现问题、解决矛盾，为今年村“两委”换届夯实基础、储备人才；优化基层干部队伍结构，常态化开展软弱涣散基层党组织整顿，努力把基层党组织建设成为服务群众、凝聚人心、促进和谐、推动发展的坚强战斗堡垒。

四是要加强党风廉政建设。深入贯彻执行新修订的《准则》和《条例》，认真贯彻执行民主集中制，高度重视和讲究团结；落实党委主体责任和纪委监督责任，层层传导压力。要加强对党员干部特别是农村干部的警示教育，筑牢拒腐防变思想防线。要严肃查处侵害群众利益的不正之风和腐败问题，始终保持惩治腐败的高压态势，以反腐倡廉的实际成效取信于民、保障发展。

同志们，新的一年，新的起点，新的征程。让我们更加紧密地团结在以习近平同志为核心的党中央周围，在省、市委的坚强领导下，按照党代会确定的建设“富裕美丽和谐的活力坊子”的总目标，围绕打造“高端产业发展区、生态文化休闲区、优质高效服务区、美丽和谐宜居区”，着力营造“聚人聚财聚宝地，上风上水上坊子”的发展环境的工作总要求，以奋发有为的精神状态，以久久为功的决心毅力，滚石上山谋发展，撸起袖子加油干，真正将坊子建设成为本地人骄傲自豪、外地人羡慕向往的创业之城、宜居之城、活力之城！

政府工作报告

——2018年1月17日在潍坊市坊子区第十八届人民代表大会第二次会议上

潍坊市坊子区区长 张龙江

各位代表：

现在，我代表区人民政府向大会报告工作，请予审议，并请区政协委员和其他列席会议的同志提出意见。

一、2017年工作回顾

2017年是新一届政府履职的第一年，也是全区上下凝心聚力、拼搏奋进的一年。一年来，面对复杂多变的经济形势和艰巨繁重的工作任务，我们坚持以习近平新时代中国特色社会主义思想为指导，在市委、市政府和区委的坚强领导下，紧紧围绕“一二四三”工作重点[1]，团结依靠全区人民，攻坚克难、担当进取、创新实干，较好地完成了区十八届人大一次会议确定的任务目标。

（一）经济健康快速发展，质量效益不断提升。预计完成地区生产总值165亿元，增长7.5%；社会消费品零售总额76.5亿元，增长10.5%；进出口总额34亿元，增长7.3%；固定资产投资增长7%。实现一般公共预算收入14.3亿元，增长9%。新增“四上”企业[2]51家，实缴税金过千万元企业由32家发展到36家，实缴税金过500万元企业由49家发展到76家。一年来，共实施恒安智能一体化、谷合电液提升器等总投资278亿元的91个重点项目，引进新松机器人、航创无人机、豪迈研究院、金融服务交付基地、奥精健康科技等66个高端项目，引进落户上海普道、北京图谱、飞猪科技、鉴川科技等44家总部型企业，数量质量均创历史新高。雷沃重工入选工信部第一批单项冠军示范企业，品牌价值达到506.7亿元，蝉联中国农机行业首位；恒安纸业品牌价值达到367.5亿元，位列中国品牌价值500强第114位，成为中国最大的生活用纸生产基地；谷合传动、富源增压器、裕川机械、中粮肉食、华美精陶等企业进一步巩固了细分行业引领地位。在全市观摩点评中，我区获得十二县市区第四名的历史最好成绩。

（二）园区布局全面铺开，转型发展步伐加快。把特色园区作为培育产业的核心载体，实施工业“246”[3]和服务业“132”[4]两大战略，智能装备、地理信息等主导产业提档升级，造纸包装、食品加工、节能环保、市政装备等传统优势产业加快转型，机器人、无人机、生物科技、信息服务等新兴产业快速成长。山东测绘地理信息产业园加快建设，总投资74.2亿元的74个项目落户园区。新建智能装备产业园，一期利用董家庄子村棚改腾空的320亩土地，落户开工5个平台、7个项目，实现了当年拆迁、当年招商、当年建园。新建潍坊市军民融合智能装备产业园，与中科院、北京信息科技大学、东华大学合作，成立2个联合实验室，激光快反镜、自修复材料、新型环保材料等4个项目落户园区。推动豪迈集团与荣泰科技重组合作，引进豪迈研发管理团队，打造豪迈（潍坊）产业园。利用耐火材料厂片区棚改腾空的625亩土地，启动新能源汽车产业园规划建设。健康科技产业园启动实施。机械装备制造园建设顺利，6个新项目落地开工。华安汽车文化产业园、炭矿遗址文化园等服务业园区加快建设，现代农业示范园区由53家发展到63家。

（三）“棚改+小镇”联动开发，城市品质显著提升。以建设品质城市为引领，推进大片区拆迁、组团式开发，全面提高城市规划建设管理水平。从正月初三开始，举全区之力实施建区以来规模最大、13个片区棚户区改造，整体搬迁17个村居、7712户居民，拓展空间6200余亩，所有安置区全部开工，高家、沙埠居民顺利回迁，拆迁完成率和安置区开工率均列全市第一，锻造了坊子“棚改精神”[5]。规划打造地理信息小镇、1898坊茨小镇、鲁能足球小镇、潍水风筝小镇、凤凰生态休闲商务小镇、九龙涧生态产业小镇等特色小镇，1898坊茨小镇和地理信息小镇入选省级特色小镇。房地产市场健康运行，新建商品房开工面积和销售面积分别增长58.8%和45.7%，建设理想小镇、茉莉公馆、观澜府等一批高品质小区，签约泰华城商业综合体项目，全国房地产龙头碧桂园、骨干国企鲁商置业高起点进驻坊子。实施以“四横四纵一网”[6]为重点、总投资33亿元的29项重点工程，高标准建设提升宝通街、潍安路、潍县南路，修建龙泉街、崇文街等11条城区道路，新建农村公路105公里，铺设雨污分流管道46公里，是基础设施投资最大的一年。调整城市管理体制，充实城区街道职责权限和人员力量，深入开展市容整治、违建治理、楼宇亮化等14项专项行动，城市形象面貌持续改善。

（四）“科技+人才”双轮驱动，创新能力不断增强。大力实施创新驱动发展战略和人才强区战略，集聚创新资源要素，营造良好创新环境，全社会创新活力明显提升。设立1000万元创新基金，常态化表彰奖励科技创新先进企业，雷沃重工被评为国家技术创新示范企业，获批全市首家国家级工业设计中心，新视听电子列入国家强基计划，帅克机械入选国家“两化”融合[7]贯标试点，全区新增市级以上研发平台14家。高度重视人才引进培养，新引进院士6人、千人计划专家3人、泰山产业领军人才2人，聘请北京理工大学段星光教授等9名专家担任科技人才副区长、副主任；潍坊四中韩忠玉荣获“中国好校长”荣誉称号，我区学子袁强在第44届世界技能大赛中斩获金奖。深入开展招院引所和产学研合作，对接洽谈10余家研究院，新松机器人研究院、哈工大潍坊冷弯技术研究院、山东大学地热研究院等5家签约落户。加强创新成果申报争取，雷沃精量播种装备、谷合电液提升器2个项目列入国家扶持计划，智能农业装备产业聚集区、帅克机器人减速器等8个项目入选省新旧动能转换重大工程，富源微型燃气轮机等31个项目入选省技术创新项目，获得市级以上创新类奖项17项，雷沃阿波斯拖拉机荣获全球工业设计大奖“红点奖”[8]。

（五）改革开放全面深化，发展活力持续迸发。聚焦重点领域和关键环节，深入推进改革开放，催生了一批新机制、新模式、新动能。深化“放管服”改革[9]，压减权力事项81项，取消涉企收费项目35项，清理证明材料21个，审批服务事项全部进驻政务大厅，实施“三十一证合一”改革[10]，上海普道公司95分钟完成注册，新型环保材料项目50分钟领取营业执照，全区新登记各类市场主体6828户；持续开展降成本“711”专项行动[11]，帮助企业协调解决问题62个、降低成本4亿元。深化投融资改革，组建5个实体化国有公司，引入实力产业资本重组共达电声，设立潍坊高精尖股权投资基金，通过股权、基金等方式开展招商和产业运作，保障重点园区、重点工程投资建设。建立风险缓释机制，与市再担保公司达成战略合作，助推实体经济发展。50家规模企业完成公司制改制，58家企业在齐鲁股权交易中心挂牌。深化社会领域改革，重点推进城市供水体制改革、教育学区制建设、公立医院改革、基层医疗卫生管理体制调整等事项，创新社会治理“四步工作法”[12]，全区非访量下降79%。深化农业供给侧结构性改革，新增农业新型经营主体144家。深化对外开放，实际到账外资4.1亿元，超额完成年度任务。

（六）环保治理扎实推进，生态环境明显改善。以中央、省环保督察为契机，大力度推进生态文明建设。深入实施大气污染防治行动，拆除小型燃煤锅炉136台，取缔“散乱污”企业106家、整治提升370余家，完成市里下达的散煤清洁化治理任务，“蓝天白云、繁星闪烁”天数达到277天，PM2.5、PM10分别改善7.8%和15%。全面推行河长制，扎实开展“清河行动”，清理整治河道管理范围内违法建筑、非法养殖、违法排污和沿河垃圾，禁养区及主河道内畜禽养殖场全部搬迁。生态建设持续推进，节水、节地、节能工作扎实开展。

（七）社会事业全面发展，民生质量稳步提高。扎实推进精准扶贫，脱贫攻坚成果进一步巩固。新增城镇就业3937人，城镇登记失业率控制在2.8%以内。改扩建3所中小学，新增17所普惠性幼儿园，四中迁建工程基本竣工，区实验幼儿园建成开园。新建改造187处农村文化广场，新增全民健身设施38处，建成中共潍南县委旧址、小镇红船、玉泉洼党性教育展馆等一批重点文化项目。组建凤凰街道卫生院，投资2000万元对7个街道卫生院进行标准化改造提升，建成14处社区卫生服务站室和5处中医馆堂，卫生计生惠民项目全面落实，成功创建省级慢性病综合防控示范区、省级医养结合示范区。改造城市老旧小区和农村危房4005户，完成35个美丽乡村示范村建设任务。

争取市级投资建设地方粮食储备库。建成区、街道、村三级公共法律服务平台，“一村一警务助理”实现全覆盖。退役士兵安置和权益保障政策全面落实。安全生产事故起数和死亡人数分别下降83%和50%。妇女儿童、青少年、老龄等事业全面发展，民族宗教、防震减灾、档案、统计、审计、对台等工作取得新成绩。

（八）政府自身建设不断加强，工作作风持续转变。严明政治纪律和政治规矩，严格贯彻执行中央八项规定精神，层层落实管党治党责任。在区委坚强领导下，定期向区人大报告工作、向区政协通报情况，自觉接受社会各界监督，认真办理人大代表建议和政协委员提案114件。规范行政决策程序，获批省级基层政务公开标准化规范化试点。深入开展“作风建设年”活动，广泛寻标对标提标，集中破解瓶颈制约，全面优化服务环境。各级各部门各单位比学赶超、担当作为、攻坚克难，呈现出良好精神风貌。

各位代表，进入新时代的坊子已经形成奋勇争先、竞相发展的生动局面，展现出蓬勃向上、激情创业的精气神。过去一年取得的成绩来之不易，这是以习近平同志为核心的党中央和省、市党委政府坚强领导的结果，是区委带领全区人民开拓进取、创新实干的结果，是区人大、区政协和社会各界鼎力支持、共同奋斗的结果。在此，我代表区政府，向全区人民，向全体人大代表、政协委员，向所有关心支持坊子改革发展的同志们、朋友们，致以崇高的敬意，表示衷心的感谢！

在肯定成绩的同时，也要清醒地看到，政府工作还存在一些问题和不足：经济下行压力较大，高质量发展有差距；产业结构不够合理，服务业和高新技术产业比重偏低；创新能力、科技人才不足；城乡发展不平衡，城市规划建设管理还有很大提升空间；教育、医疗、养老、住房等民生领域还存在不少短板，安全生产、环境保护压力仍然较大；部分政府工作人员作风、境界、能力亟需提升。对这些问题，我们将采取有效措施，努力加以解决。

二、今年工作的总体思路和目标任务

2018年是贯彻党的十九大精神的开局之年，是改革开放40周年，是决胜全面建成小康社会、实施“十三五”规划承上启下的关键一年。按照区委“一一四二一”总体部署[13]，今年政府工作总的要求是：全面贯彻党的十九大和中央、省、市、区经济工作会议精神，以习近平新时代中国特色社会主义思想为指导，坚持稳中求进工作总基调，坚持新发展理念，按照高质量发展的要求，以供给侧结构性改革为主线，加快实施新旧动能转换重大工程，全力推进“四城四区”建设[14]，突出科技创新、人才集聚、服务效能、招商引资“四个关键”，深入开展“项目建设年”“作风建设年”活动，统筹做好稳增长、促改革、调结构、惠民生、防风险各项工作，促进经济社会持续健康发展。

综合考虑各方面因素，本着积极稳妥的原则，今年全区经济社会发展的主要预期目标是：地区生产总值增长7%以上，一般公共预算收入增长7%左右，固定资产投资增长7%左右，社会消费品零售总额增长10%左右，进出口总额增长8%左右，城镇和农村居民人均可支配收入分别增长8%左右、8.5%左右，城镇登记失业率控制在3.5%以内，全面完成市里下达的约束性指标。

实现上述目标，必须以学习宣传贯彻党的十九大精神为统领，坚决维护以习近平同志为核心的党中央权威和集中统一领导，自觉在政治立场、政治方向、政治原则、政治道路上同党中央保持高度一致。必须坚持“走在前列”的目标定位，主动寻标对标提标达标，始终保持昂扬向上的精神状态，提升境界，高点定位，奋勇争先。必须贯彻落实新发展理念，加快形成高质量发展的指标体系、政策体系、标准体系、统计体系、考核体系，使创新成为第一动力、协调成为内生特点、绿色成为普遍形态、开放成为必由之路、共享成为根本目的。必须全面推进“四城四区”建设，深化供给侧结构性改革，实施新旧动能转换重大工程，加快建设现代化经济体系，努力实现更高层次新发展。必须坚持以人民为中心的发展思想，抓住群众最关心最直接最现实的利益问题，既尽力而为，又量力而行，一件事情接着一件事情办，一年接着一年干，使群众的获得感、幸福感、安全感更加充实、更有保障、更可持续。必须持续开展“作风建设年”活动，上下一条心，全区一盘棋，增强推动高质量发展的专业能力和服务水平，以“绣花”的功夫谋划工作，以“钉钉子”的精神抓好落实。

三、全力推进“四城四区”建设

把加快“四城四区”建设作为推动新旧动能转换、建设现代化强区的主体工程，强化目标导向，压实工作责任，深入实施五年规划和三年行动计划，全力实现新突破。

（一）构筑现代化经济体系，推动“产业强市”建设新突破。以发展实体经济为着力点，大力实施工业“24468”战略[15]、服务业“1327”战略[16]和乡村振兴战略，加快构建实体经济、科技创新、现代金融、人力资源协同发展的产业体系。

着力打造特色产业园区。立足产业园区化、园区特色化，创新园区建设运营机制，下大力气抓好智能装备、地理信息、军民融合、健康科技等八大重点园区建设，推动产业集群化布局、链条式发展。推行“六个一”发展模式[17]，引进高层次人才团队和创新平台，搞好产业基金、创投基金建设，促进“双创”[18]和高端项目集聚，构建“园区+人才+孵化器+加速器+创新平台+产业”的发展生态。加快建设智能装备产业园，一期7个项目年内全部投产，支持雷沃重工主导打造园区二期，扩大高端农机装备产业链规模，打造国家级智能装备新型工业化示范基地。完善测绘地理信息产业园建设管理体制，做实做强国有运营公司，建设孵化器、专家公寓、公共服务平台，提升配套功能，年内完成500亩空间扩容，抓好苍穹航测遥感、物联网智能装备等10个在建项目，新引进项目10个以上，新投产项目12个以上。加快推进军民融合产业园在建项目，引进集聚高端项目和资源，打造军民融合发展先行区。规划建设豪迈（潍坊）产业园，年内力争完成园区基础设施和一期厂房建设。完善健康科技产业园规划和基础配套，加快奥精健康科技、阿旺食品等龙头项目建设，打造产学研一体、上下游配套的健康产业链条，年内力争新引进项目5个以上。提升机械装备制造园发展层次，推动健乐宝医疗器械等8个在建项目投产达效。启动市政装备产业园、新能源汽车产业园一期规划建设，引导关联企业入园发展。

推进传统优势产业提质效。坚持以“四新”促“四化”、实现“四提”[19]，通过实施恒安智能一体化、雷沃智能创新平台、谷合电液提升器、精诺电磁烘缸、裕川绿色铸造、鼎梁智能阀门、中粮熟食深加工等88个技改扩能项目，推动农业装备、机械加工、食品加工、造纸包装、铸造等传统骨干行业转型升级、浴火重生。做大做强雷沃、恒安、共达、富源、谷合等行业龙头企业，大力培育“专精特新”中小企业[20]，加快形成行业龙头企业群和“隐形冠军”企业群[21]。实施潍坊新视听国家工业强基工程，推进中日韩电子园、比克希汽车线束、智能传输研制中心等项目建设，扶持智新电子、新旭电子、正达实业、纽泰克斯等企业发展，加快打造专业电子线束生产基地。建设完善新松机器人、潍坊云计算中心、华智智能培训等公共服务平台，推动企业上云[22]、机器换人，促进制造业与互联网、大数据、人工智能深度融合，年内新增上云企业100家、机器换人企业10家，培育“两化”融合典型企业10家以上。与中国铸造协会、机械科学研究总院等机构合作，搭建山东省数字化绿色铸造技术创新服务平台，推动铸造行业绿色化、智能化升级，年内争取10家企业达到新的铸造行业准入条件，帮助裕川机械完成国家级“绿色铸造企业”认证。深入开展质量提升行动，引导企业加强质量管理、创建自主品牌，支持谷合传动、精诺机械、奥腾冷弯等企业参与各级标准制修订，做强雷沃重工、共达电声、富源增压器、美林卫浴等企业品牌，年内新增省级以上商标和名牌产品2个以上。

推动新兴产业上规模。聚焦机器人、无人机、信息服务、生物科技、新能源汽车等新兴产业，强化龙头带动、园区承载、项目支撑、要素保障，尽快膨胀规模、抢占制高点、形成竞争力。机器人产业，建成运营新松机器人“四院四中心”服务平台[23]，做强帅克机器人减速器，引进终端集成企业，实现工业机器人和专业机器人生产研发的突破。引入爱声科技关联项目，提升共达电声人机交互、人工智能终端产品开发水平，打造视听智能产业基地。无人机产业，加快推进航创无人机项目，建设民用无人机试飞运行基地；引进中兴西山、天枢航空等无人机龙头企业，支持富源高空无人机用增压器、空气悬浮轴承等核心器件生产，年内生产销售产业用无人机100架以上、核心器件500台套以上。信息服务产业，依托金融服务交付基地、银澎云计算等大数据运营平台，提高信息服务产业聚集度，提升行业服务水平。

大力发展现代服务业。建设提升“一镇三带两基地”，抓好总投资100亿元的44个服务业重点项目，着力发展总部经济、商贸物流、金融保险、服务外包、休闲旅游、信息消费、健康养老等七大产业，推动服务业规模扩张、比重提升、层次提高。坊茨小镇，加快产权协调和文物修缮，推进蒋家、后张等片区拆迁腾空，洽谈引进战略投资运营商，以国际化视野实施整体开发，打造兼具德日风格与民国元素、产城融合的省级特色小镇。潍州路商贸物流产业带，结合柳沟片区改造，拓展发展空间，抓好华安汽车文化产业园、诺吉雅力医药配送中心等项目建设，新引进汽车展销、商贸物流项目30个以上。北海路高端服务产业带，利用北海路、凤凰街两侧楼宇资源，大力发展2.5产业[24]、总部经济、创意设计、科技金融等现代城市核心业态，加快推进泰华城商业综合体等项目，年内新引进总部类企业10家以上。潍安路乡村旅游产业带，抓好玉泉洼生态观光园、乐高农场等项目建设，串联打造乡村旅游精品线路，推动农游一体化发展。九龙涧都市健康养生基地，依托九龙涧生态资源，实施区域整体开发，打造健康养生和生态旅游目的地。王家庄子现代风筝文化创意创业基地，依托“中国风筝产业第一村”“现代风筝产业基地”等资源，洽谈引进具有引领整合能力的龙头企业，搭建知名电商平台，抢注风筝地域品牌，打造集文化展示、技艺传承、创意设计、生产制造、创业孵化于一体的风筝产业基地，年内力争销售额突破3亿元。

深入实施乡村振兴战略。按照“产业兴旺、生态宜居、乡风文明、治理有效、生活富裕”总要求，加快推进农业农村现代化。编制全区现代农业园区发展规划，加大农业园区建设扶持力度，集中资源培强做大玉泉洼生态观光园，打造省级乡村振兴示范点；推行田园综合体模式，建设提升金润科技、水墨庄园、华潍盈苑等63家现有园区，年内新增农业园区10家以上。大力发展农业“新六产”[25]，抓好莫沙夫、盈丰农业等项目建设，推动农村一二三产业融合发展。落实新型农业经营主体三年提升计划，新发展农民合作社20家、家庭农场15家。深化农村集体产权制度改革，完善承包地“三权”分置制度[26]。加强农业科技创新，推广有机种植、循环利用、智能控制、生物病虫害防治等新技术、新模式，年内新增农业产学研合作项目5个。大力发展品牌农业，培强玉泉洼有机果蔬、半截楼葡萄、逄王一品西红柿等优质品牌，新认证“三品一标”[27]农产品5个以上。加强农产品质量安全监管，推行优质农产品标准化生产，打造潍坊城区绿色果蔬生产供应基地。实施5个土地整理复垦项目，建设1.6万亩高标准农田，提高农业综合生产能力。开展农村人居环境三年整治行动，实施30个美丽乡村标准化建设，改造农村危房71户、农村旱厕9000户，全面完成农村供水管网改造。

（二）提升生态文化美誉度，推动“文化名市”建设新突破。加强生态文化资源保护、挖掘和利用，扩大“上风上水上坊子”的知名度，增强文化软实力和影响力。

打造特色文化品牌。传承提炼坊子文化基因和价值内涵，培育“百年商埠•文化坊子”主题品牌。挖掘历史文化。加大德日建筑群保护开发力度，打造具有丰富历史、建筑、艺术价值的文化名片。依托坊子煤矿百年矿井厂房和德国工艺设施，建设提升炭矿遗址文化园、德乐堡梦幻水世界、新方温泉水城等项目，打造集科普教育、矿井体验、水上游乐于一体的工业文化旅游景区。深度挖掘杞国文化、罗都文化、桑犊文化、太白文化等资源，建设提升潍水文化馆、杞文化展览馆、太白文化园等载体，丰富坊子文化记忆和文化内涵。弘扬革命文化。建设提升中共潍南县委旧址、庄龙甲烈士纪念园、西曹庄革命纪念馆、玉泉洼党性教育展馆、雷沃党建示范点、小镇红船等红色文化项目，讲好“革命故事”，办好“红色讲堂”，开展好主题教育活动。繁荣节会文化。举办“鲁能潍坊杯”国际青年足球邀请赛、FBA篮球联赛、乡村旅游文化节、九龙涧文化旅游周、足球月以及坊茨小镇系列展会等活动，打造名节、名点、名会。

大力发展文化事业。深化公民思想道德建设和群众性精神文明创建，推进诚信建设和志愿服务制度化。完善公共文化服务体系，新建区级文化艺术中心、综合档案馆、图书馆、方志馆，建设近代博物馆，改造提升区文化广场，加强街道文化站建设，建成“村村响”广播宣传系统，年内农村文化广场实现全覆盖并全部达到区定标准。实施好“一村一年一场戏”、农村公益电影放映等文化惠民工程。组织开展“文明之夏”、广场舞大赛、社区艺术节等群众性文体活动，举办坊子区第十一届运动会暨第八届全民健身运动会。传承发扬风筝扎制、红木嵌银等民间传统工艺，做好非物质文化遗产保护工作。

加强生态文明建设。坚持“绿水青山就是金山银山”，强化生态环境治理，广泛开展造林绿化，加快建设美丽坊子。坚决打赢蓝天保卫战，PM2.5、PM10同比改善5%以上。持续抓好散煤清洁化治理，完成市里下达的清洁型煤、节能环保炉具推广任务。健全企业环保预警、倒计时整改机制，取缔“散乱污”企业。提升建筑工地、城乡道路、房屋征迁等领域扬尘治理水平。全面落实河长制，持续推进水系生态保护和修复。开展饮用水水源地规范化建设，确保水源地水质稳定达标。实施区污水处理厂中水综合利用工程，补充虞河、凤翔河、白沙河等河流水源供给。开展国土绿化行动，完成造林绿化1700亩。

（三）全面深化改革开放，推动“活力城市”建设新突破。深入推进改革开放，激发“六大”发展活力[28]，使市场在资源配置中起决定性作用和更好发挥政府作用。

深化供给侧结构性改革。持续推进“三去一降一补”[29]，优化资源配置，淘汰落后产能，推动供需有效衔接。坚持住房的居住属性，建立土地管控、市场监管、有序开发长效机制，大力发展高品质地产，促进房地产市场健康稳定发展。完成市里下达的规模企业公司制改制任务，积极对接多层次资本市场，推动10家企业在“新三板”[30]和区域性股权交易市场挂牌。

深化“放管服”改革。以“四减一降”为核心[31]，加大削权减证力度，用政府权力“减法”换取市场活力“加法”。完善“双随机一公开”监管全覆盖制度[32]，推进综合行政执法，提高监管针对性和有效性。

加强金融改革创新。健全政银企合作机制，加大对“三农”、小微企业、创新创业等薄弱环节的金融支持，力争贷款余额增长10%。加快金融组织体系和业态创新，大力发展融资租赁、资产管理等新型金融机构，支持基金、证券等金融业务发展，年内新引进金融机构10家以上。深化投融资改革，健全国有投融资公司法人治理结构，通过匹配资源、债务重组、社会资本合作、注入资本金等方式，做实做大经营性资产。

全面扩大对外开放。落实“六六三”开放战略[33]，用足用好外贸扶持政策，推动雷沃、美林、裕川、潍坊国际动力港等重点企业对外贸易稳定增长，力争实际到账外资4.3亿元以上。支持企业“走出去”开展国际并购、资产重组、合作研发，深度参与“一带一路”建设[34]。培育发展外贸新业态、新模式，带动中小微外贸企业发展。

（四）打造城市发展品牌，推动“品质城市”建设新突破。以满足群众对美好生活的需要为导向，加快建设“五优”城市[35]，让城市更美好、环境更宜居、生活更舒心。

坚持高起点规划打造。牢固树立中心城区定位，积极融入潍坊“大市区”战略，按照全域统筹、城乡一体、新老城区联动的思路，聘请一流专家团队编制城市发展规划，加强重点功能区块、重要节点、主要景观的设计，以更高的理念和标准引领城市建设发展。开展“基础设施建设提升年”活动，实施总投资43.5亿元的24项重点工程，进一步提升城市综合承载能力。加快推进“五纵两横一线”工程建设，高标准改造提升潍县中路，整修改造北海路南段、眉南路南段，修建潍汶河堤顶路，新建改建东外环、南外环，向西打通凤翔街，新建潍日高速公路连接线，拓展完善城市主路网框架。高标准实施北海路绿化提升，打造市区形象一体的标志性景观大道；对青银高速、济青高铁两侧进行绿化美化，完善龙泉街、崇文街、潍县南路绿化配套。实施雨污混排改造、供热管网汽改水等市政配套工程，新建道路全部实现管线入地、雨污分流。推进城区4条河流串联贯通，分期实施虞河、凤翔河、张面河综合治理，建设滨水步行廊道和城市慢行系统[36]，打造高品质城市生态景观。实施正泰路南延等5项城区道路工程，改善城市“微循环”。分期分批对城市主要道路、重点区域老旧建筑外立面实施改造，开展城市“微整治”。利用空闲地块和街巷空间，规划建设3—5处城市口袋公园，改造城市“微空间”。

实施高标准开发建设。按照产城融合发展理念，统筹推进棚户区改造、重点片区开发和特色小镇建设，打造现代化品质城区。坚持拆迁、安置、开发三位一体，拿出给自己爹娘盖房子的劲头，推进辛冬、东王、东辛、河南头等11个片区、18个村居棚户区改造，按照商品房的标准，高质量建设安置区，加快推进营子花园、水韵华庭等11个续建安置项目，新建7个集中居住社区，年内棚改项目开工1.3万套。推进大片区开发，整合利用土地空间、生态文化等资源，高起点规划打造营子、虞河、城南工矿区等重点片区。抓好省级地理信息小镇、省级1898坊茨小镇、鲁能足球小镇等特色小镇的规划、招商、开发、建设等工作，打造新的发展动能。

推进高效能管理提升。健全“街道为主、部门联动、行业考核”的城市管理体制，持续深化“城市管理提升年”活动。完善城市管理运行机制，落实社区网格化管理职责，把城市管理触角延伸到每一条道路、每一个庭院、每一家门店。细化园林绿化、市政设施、卫生保洁作业标准，推行合同监管、标准化监管，实现从突击式管理向制度化管理转变。整合视频监控、移动执法系统等信息技术资源，建设完善数字化城管平台，提高城市管理工作效能。扎实开展占道经营、乱停乱放、乱搭乱建等14项专项整治行动，合理规划设置摊点群和农贸市场，重拳治理、严管重罚各类破坏市容环境秩序的违法违规行为。完善城市管理考核办法，加大考核力度，强化结果运用，调动各方面共同抓好城市管理工作的积极性。

四、突出抓好四个关键

科技创新、人才集聚、服务效能、招商引资是推动高质量发展的关键，是提升核心竞争力的支撑，全区上下要凝聚共识、共同努力，集中资源、强力攻坚，努力培育坊子特色，放大坊子优势，打造坊子品牌。

（一）着力推动科技创新。建立健全以企业为主体、市场为导向、政产学研金介深度融合[37]的创新体系，完善创新扶持政策，加大引导扶持力度，在全社会形成崇尚创新、鼓励创新、推动创新的浓厚氛围。继续设立1000万元创新基金，表彰奖励科技创新先进企业，实施雷沃大马力玉米收获机、富源微型燃气轮机等63个创新项目，力争40个项目列入市级以上扶持计划。大力培育科技创新型企业，新认定高新技术企业5家以上。实施“名院名校”引育工程，努力实现高校院所引进新突破。积极推动产学研合作，搭建高层次研发平台，加速科技成果转移转化，促进人才、资本、信息、技术等创新要素集聚融通，推动东北大学先进陶瓷研究院、潍坊精诺智能制造研究院等6家研究院落地建设，年内新增市级以上研发平台12处。推进国家知识产权强区工程试点，严厉打击侵权假冒行为。

（二）着力实现人才集聚。实施人才强区战略，创新人才发展政策机制，优化人才创业服务环境，建设创新型、管理型、技能型三支人才队伍，打造人尽其才、群贤毕至的区域性人才高地。突出“高精尖缺”导向，聚焦院士、千人计划、万人计划、泰山产业领军人才等战略性科技人才，聚焦高层次创新创业人才，力争新引进培育省级以上重点工程人选2

名以上。坚持“不求所有、但求所用”，采取兼职聘用、联合攻关、项目合作等方式开展柔性引才[38]，广泛吸纳集聚高端智力资源。加强企业家队伍建设，大力弘扬企业家精神，表彰奖励功勋企业家、优秀企业家，更好发挥企业家联合会平台作用，落实企业家参政议政、学习培训、健康查体等待遇，营造激励企业家干事创业的良好环境。依托全市职业教育资源，建设实用人才培训基地，大力培养与全区产业体系相匹配的技能型人才队伍，年内培训专业技术人员4000人以上。

（三）着力提升服务效能。营造政策最优、服务最佳、环境最好、活力最强的发展环境，推动实体经济振兴发展。深化“精准服务企业年”活动，推行“保姆式”“店小二式”服务，落实包靠服务、问题直报等制度。深入推进“零跑腿”和“最多跑一次”改革，简化优化审批服务手续，固化“95分钟办证”业务流程，着力解决环节多、效率低、办事难等问题。持续推进降成本“711”专项行动，清理规范涉企收费，切实帮助企业减负担、增效益。构建亲清新型政商关系，创新政企互动机制，落实产权保护制度，支持各类市场主体健康发展。

（四）着力强化招商引资。把招商作为经济工作的生命线，落实招商工作任务，强化招商责任考核，以更大的力度推进招商引资、招才引智、招院引所，年内新引进优质项目50个以上。创新招商工作模式，成立专业招商机构，推行“招商合伙人”制度[39]，运作北京中逸信诚、上海普道、海尔海创汇康、中关村领创空间等招商代理合作平台，组建企业家招商顾问团队，深耕“北上广深”等重点区域，大力开展职业招商、代理招商、基金招商、以商招商。聚焦龙头型、产业链、税收贡献高、有核心竞争力的大项目、好项目，完善专业化招商评审机制，研究制定招商优惠政策，提高招商工作质效。

五、切实强化两大支撑

深入开展“项目建设年”“作风建设年”活动，引导全区上下把思想统一到推进发展上、把心思集中到干事创业上，凝心聚力抓项目，真抓实干强作风，为“四城四区”建设提供有力支撑。

深入开展“项目建设年”活动。聚焦“7•8•100”重大项目[40]，发挥企业主体作用，开展项目建设竞赛，让项目建设年真正“年”起来。落实区级领导和部门包靠制度，按照“一个项目、一名领导、一套班子、一抓到底”的推进机制，全力抓好总投资823.7亿元的139个重点项目建设。用好问题直报、区域化评估评审等4个平台，打通项目快速落地“绿色通道”，重大项目一事一议、特事特办，营造便捷高效的项目服务环境。大力践行一线工作法，拿出三分之二的时间沉到项目建设一线，倒排工期、挂图作战，一周一调度、一月一通报、一季一点评，确保项目顺利建设、按期达效。

持续深化“作风建设年”活动。把政府系统作风建设的着力点聚焦到实干上，沉到一线干实事，苦干实干讲奉献，低头弯腰抓落实。强化执行落实导向，立说立行、雷厉风行，凡是作出的决策、定下的事情，不讲条件、不打折扣抓好贯彻落实，宁肯超前一步出现重叠，不可后退一步出现空档。坚持精准严实作风，以抓铁有痕的精神推进工作，各项工作都要紧抓不放、一抓到底，确保做一件成一件，不留隐患、不留死角、不留尾巴。倡树创先争优意识，深化寻标对标提标达标行动，落实部门单位公开承诺、述职述责等制度，继续开展“百名科长”大评议、部门企业“双评”等活动，选树曝光正反两方面典型，营造比学赶超、事争一流的浓厚氛围。弘扬敢于担当精神，把责任扛在肩上，把事业抓在手上，迎难而上、勇于攻坚、敢于突破，提振各级干部敢打必胜、干事创业的精气神。

六、提高民生保障和社会治理水平

把保障和改善民生作为发展的出发点和落脚点，针对发展不平衡、不充分和群众不满意的突出问题，完善公共服务体系，提升社会治理水平，扎实办好民生实事，提高群众获得感和幸福感。

（一）坚决打好三大攻坚战。聚焦防范化解重大风险、精准脱贫、污染防治硬任务，集中精力、精准发力、合力攻坚。加大银行业不良贷款处置化解力度，严厉打击非法集资、恶意逃废金融债务等行为，坚决守住不发生区域性、系统性金融风险底线。加强政府债务管理，做好政府隐性债务风险排查防控。毫不放松抓好安全生产，严格落实企业主体责任、属地管理责任、部门监管责任，健全网格化监管体系，实行安全监管“实名制”，以“一竿子插到底”的决心和韧劲，抓好隐患排查和专项整治，确保不发生重特大安全生产事故。落实精准扶贫惠民政策，加大产业扶贫、社会扶贫、行业扶贫力度，巩固提升脱贫成果，确保持续稳定脱贫。健全环保网格化监管运行机制，搭建区级智慧环保平台，推进街道空气质量自动监控设施建设，加强环保执法联勤联动，坚决制止和惩处破坏生态环境行为。

（二）统筹发展各项事业。优先发展教育事业，深化教育学区制管理，建成投用潍坊四中新校，新建响河子小学，扩建沟西小学、庙后小学，3000人以上新建小区配套建设幼儿园，着力破解“大班额”“入园难”问题。加快健康坊子建设，完善基层医疗卫生管理体制，组建街道卫生和计生管理办公室，新建区人民医院妇儿楼、区疾控中心实验楼，改造扩建黄旗堡、经济发展区、工业发展区3处街道卫生院，新建4处农村社区卫生室，70%的基层医疗机构完成标准化建设，积极争创国家级基层中医药工作先进区。大力推进医养结合，加快东华护理院等项目建设，新增养老床位300张。建成区委党校新校。扎实做好民兵预备役、妇女儿童、民族宗教、外事侨务、防震减灾等工作。

（三）强化就业和社会保障。落实积极的就业政策，加强凤凰创业孵化器、地理信息孵化器、潍坊创业梦工场等载体建设，新增城镇就业3400人，开展创业培训300人以上。深入实施全民参保计划，健全大病保险、异地就医、职工长期护理保险等制度，继续推进民生综合保险。全面落实优抚安置和社会救助对象权益保障政策，完善综合社会救助体系，构建城乡一体的特困人员救助供养制度。

（四）加强和创新社会治理。完善“党委领导、政府负责、社会协同、公众参与、法治保障”的社会治理体制，提高社会治理能力和水平。深入开展“七五”普法[41]，落实“谁执法谁普法”责任制，推动全民尊法学法守法用法。加快推进公共法律服务体系建设，实现村级司法行政工作室全覆盖。完善推广“四步工作法”，依法化解各类矛盾纠纷。扎实推进平安坊子建设，强化社会治安综合治理，营造和谐安定的社会环境。

七、努力建设人民满意政府

牢固树立以人民为中心的发展思想，把人民群众的小事当作自己的大事，以改革创新的精神和务实奋进的作风，扎实推进高效政府、服务政府、法治政府、廉洁政府建设。

强化政治引领。旗帜鲜明讲政治，树牢“四个意识”[42]，增强“四个自信”[43]，坚定不移同以习近平同志为核心的党中央保持高度一致。坚持党领导一切的原则，在区委的领导下开展工作，严格落实重大事项请示报告制度，定期向区委汇报工作。深入学习宣传贯彻党的十九大精神，扎实开展“不忘初心、牢记使命”主题教育，推进“两学一做”学习教育常态化制度化，用习近平新时代中国特色社会主义思想武装头脑、指导实践、推动工作。

提高能力水平。对标杭州萧山、青岛城阳等先进地区工作谋划的高境界、大视野，工作摆布的大气魄、大手笔，工作推进的高标准、精细化，各项工作都要按照全市一流乃至全国一流的定位谋划推进。弘扬创新精神，不断加强学习、更新知识、解放思想，多从市场化角度看问题、想办法、办事情，善用专业化思维谋划推动工作，大胆运用改革的办法、创新的举措，研究新情况、解决新问题、寻求新突破。坚持底线思维，加强行政决策风险评估，牢牢把握工作主动权。

推进依法行政。坚持法定职责必须为、法无授权不可为，把政府工作全面纳入法治轨道，严格按法定权限行使权力、履行职责。自觉接受人大和政协监督，认真执行人大及其常委会的决议决定，加强与政协的民主协商，主动听取民主党派、人民团体和社会各界的意见建议。严格执行行政决策程序，完善政府法律顾问制度，提高决策科学化、法治化水平。落实行政执法责任制，依法及时受理行政复议案件，切实规范执法行为。深入推进政务公开标准化规范化试点，加强政府网站、执法大数据、微信公众号等平台建设，全面推进政府信息和政务公开，真正把权力晾出来、把责任晒出来。

全面从严治政。严格落实全面从严治党主体责任，认真履行“一岗双责”。始终把纪律和规矩挺在前面，让公务人员知敬畏、存戒惧、守底线。坚持用制度管权管事，加强对重点领域、关键环节的监督管理。深入落实中央八项规定实施细则精神，着力解决形式主义、官僚主义新表现及“四风”[44]隐形变异问题。坚持勤俭节约行政，从严控制“三公”经费支出，以为民务实清廉的良好形象取信于民。

各位代表，新时代要有新气象，新使命呼唤新作为。让我们更加紧密地团结在以习近平同志为核心的党中央周围，在区委的坚强领导下，牢记使命、奋力担当、创新实干，为建设富裕美丽和谐的活力坊子而努力奋斗！

附件

政府工作报告有关事项说明

1．“一二四三”工作重点

指区委确定的2017年经济工作总要求，即坚持以党的建设为统领，以“项目建设年”“作风建设年”为抓手，以打造“四区三城”为重点，努力建设富裕美丽和谐的活力坊子。

2．“四上”企业

指规模以上工业企业、资质等级建筑业企业、限额以上批零住餐企业、限额以上服务业企业。

3.工业“246”战略

指区委确定的2017年先进制造业发展战略，即围绕“两大主导产业集群、四大优势产业、六大特色园区”，推进制造业智能化升级、绿色化改造、服务化延伸。两大主导产业集群，即装备制造、电子信息两大主导产业集群；四大优势产业，即食品加工、造纸包装、节能环保、市政装备四大优势产业；六大特色园区，即山东测绘地理信息产业园、机械装备制造园、滨海工业园、智能装备产业园、节能环保产业园、市政装备产业园。

4.服务业“132”战略

指区委确定的2017年现代服务业发展战略，即统筹推进“一镇三带两基地”建设，力促服务业发展提速、比重提高、质态提升。一镇，即1898坊茨小镇；三带，即北海路高端服务产业带、潍州路商贸物流产业带、潍安路乡村旅游产业带；两基地，即都市休闲健康养生基地、现代风筝文化创意创业基地。

5.坊子“棚改精神”

指全区干部群众在棚户区改造中形成的“敢于担当、敢打必胜、攻无不克、战无不胜”工作精神。

6.“四横四纵一网”

“四横”指宝通街东延、南外环改建、龙泉街改造提升、崇文街改造提升工程；“四纵”指潍安路改建、北海路整修、潍县路南延、东外环改建工程；“一网”指村级公路网化示范县工程。

7.“两化”融合

指信息化和工业化的深度结合，以信息化带动工业化，以工业化促进信息化，走新型工业化道路。

8.“红点奖”

全称为“红点设计奖”，由欧洲最著名的设计协会北莱茵•威斯特法伦德国设计中心举办，是世界上三大最有影响的设计竞赛之一，被誉为“国际工业设计界奥斯卡”。

9.“放管服”改革

指简政放权、放管结合、优化服务改革。

10.“三十一证合一”改革

指在全面实施企业、农民专业合作社工商营业执照、组织机构代码证、税务登记证、社会保险登记证、统计登记证“五证合一、一照一码”登记制度改革和个体工商户工商营业执照、税务登记证“两证合一”的基础上，将信息采集、记载公示、管理备查类的一般经营项目涉企证照事项，以及企业登记信息中16个政府部门管理需要的31个涉企证照事项整合到营业执照上，实现“三十一证合一”。

11.降成本“711”专项行动

“7”是降低七个领域成本，即企业制度性交易成本、税费负担、融资成本、用工成本、电力成本、物流成本、用地成本；第一个“1”是发挥“一个能动性”，即更加注重发挥企业自身在降成本中的能动作用，深入挖掘内部潜力，降低经营成本；第二个“1”是抓好“一项专项治理”，即基本解决由于历史原因造成的企业资产相关证照办理遗留问题，有效盘活企业闲置资产，促进企业发展。

12.社会治理“四步工作法”

指通过分析研判、多元化解、依法打击、真情回访四个步骤，有效化解处置社会矛盾。

13.“一一四二一”总体部署

指区委确定的2018年思路举措，即坚持以学习贯彻落实党的十九大精神为统领和走在前列的目标定位，紧紧扭住建设“四城四区”这一总抓手，突出科技创新、人才集聚、服务效能、招商引资四个关键，狠抓“项目建设年”“作风建设年”两大支撑，强化全面加强党的建设这一根本保证，努力建设富裕美丽和谐的活力坊子。

14.“四城四区”

指区委根据市委“四个城市”建设部署要求，紧密结合坊子实际，对全区经济社会发展确定的工作总要求，即打造高端制造业聚集区，建设“产业强市”；打造生态文化休闲区，建设“文化名市”；打造优质高效服务区，建设“活力城市”；打造美丽和谐宜居区，建设“品质城市”。

15.工业“24468”战略

指区委确定的2018年先进制造业发展战略，即壮大智能装备和地理信息两大主导产业集群；大力发展造纸包装、食品加工、节能环保、市政装备四大优势产业；积极发展生物科技、机器人、无人机、新能源四大新兴产业；搭建潍坊云计算大数据平台、山东省数字化绿色铸造技术创新服务平台、产业转型升级服务平台、产业联盟平台、智慧工业节能平台、企业家联合会六大平台；抓好测绘地理信息产业园、智能装备产业园、机械装备制造园、军民融合智能产业园、健康科技产业园、豪迈（潍坊）产业园、新能源汽车产业园、市政装备产业园8个特色园区建设。

16.服务业“1327”战略

指区委确定的2018年现代服务业发展战略，即突出抓好省级特色小镇1898坊茨小镇建设，大力发展北海路高端服务业产业带、潍州路商贸物流产业带和潍安路乡村旅游产业带三条产业带，建设九龙涧都市休闲健康养生基地和王家庄子现代风筝文化创意创业基地两大基地；推进总部经济、商贸物流、金融保险、服务外包、休闲旅游、信息消费、健康养老等七大产业发展。

17.“六个一”发展模式

指“一名领军人物、一个团队、一个研究院、一个孵化器、一个主导产业、一个产业园区”的科技创新模式。

18.“双创”

指大众创业、万众创新。

19.“四新”“四化”“四提”

“四新”，指新技术、新产业、新业态、新模式。“四化”，指产业智慧化、智慧产业化、跨界融合化、品牌高端化。“四提”，指传统产业提质效、新兴产业提规模、跨界融合提潜能、品牌高端提价值。

20.“专精特新”企业

指具有“专业化、精细化、特色化、新颖化”特征的工业中小企业。

21.隐形冠军企业

指在国内或国际市场上占据绝大部分份额，但社会知名度低的中小企业。

22.企业上云

指企业通过高速互联网络，便捷地获取云服务商提供的计算、存储、软件、数据等服务，对于提高资源配置效率、降低信息化建设成本、促进共享经济发展、加快新旧动能转换具有重要意义。

23.新松机器人“四院四中心”服务平台

指新松机器人（潍坊）智能制造产业创新服务平台，“四院”分别是机器人联合研究院、智能产业发展研究院、机器人工程师学院、机器人医院；“四中心”分别是智能制造产业金融中心、机器人产业大数据中心、机器人展览展示体验实验中心、智能制造产业合作运营中心。

24.2.5产业

指介于第二产业和第三产业之间的中间产业，既有服务、贸易、结算等第三产业管理中心的职能，又兼备独特的研发中心、核心技术产品的生产中心和现代物流运行服务等第二产业运营的职能。

25．“新六产”

指现代农业发展的方向，即一产的一份收入，经过二产加工增值为两份收入，再通过三产的营销服务形成三倍收益，综合起来是六份收入，产生乘数效益。

26．“三权”分置

指农村土地所有权、承包权、经营权“三权”分置。

27．“三品一标”

指无公害农产品、绿色食品、有机农产品和农产品地理标志。

28．“六大”发展活力

指市委对建设“活力城市”提出的释放经济活力、创新活力、创业活力、金融活力、开放活力、社会活力。

29．“三去一降一补”

指去产能、去库存、去杠杆、降成本、补短板。

30．“新三板”

指全国中小企业股份转让系统，是经国务院批准设立的全国性证券交易场所。

31．“四减一降”

指减行政权力事项、减投资审批事项、减收费项目、减证明材料和降准入门槛。

32．“双随机一公开”

指在监管过程中随机抽取检查对象，随机选派执法检查人员，抽查情况及查处结果及时向社会公开。

33．“六六三”开放战略

指2016年全市开放发展大会提出的开放总体思路和任务措施，即围绕农业食品、制造业、服务业、城镇化、科技、文化“六个领域”，突出外贸、外资、外经、外包、外智、外标“六个重点”，瞄准“一带一路”、自贸区、重点国家和地区“三大布局”，全面加快开放发展。

34．“一带一路”

指国家确定的“丝绸之路经济带”和“21世纪海上丝绸之路”。

35．“五优”城市

指市委对建设“品质城市”提出的打造产品优质、生态优良、环境优美、形象优秀、生活优越城市。

36.城市慢行系统

指慢行交通，将步行、自行车、公交车等慢速出行方式作为城市交通的主体，有效解决快慢交通冲突、慢行主体行路难等问题，引导居民采用“步行+公交”“自行车+公交”等方式出行。

37.政产学研金介深度融合

指以企业为主体，政府主导、学研输出、金融助力、中介服务为一体的“政产学研金介”创新体系。

38.柔性引才

指用人单位在不改变外地人才的人事、档案、户籍、社保等关系的前提下，吸引外地人才通过顾问指导、短期兼职、候鸟服务、退休返聘、对口支援及其他适宜方式，为本地经济社会发展提供智力支持。

39．“招商合伙人”制度

指政府（或园区）围绕产业培育和重点园区开发运营，与国内外知名企业、中介机构、知名人士等社会力量合作，通过利益连接，借助其资源和渠道优势，推进以商招商、精准招商和专业招商，通过市场化招商方式引进优质资源。

40．“7•8•100”重大项目

指区委、区政府围绕“四城四区”建设，计划组织实施的7个特色小镇、8个产业园区和100个重点项目。

41．“七五”普法

指在公民中开展法制宣传教育的第七个五年规划。

42．“四个意识”

指政治意识、大局意识、核心意识、看齐意识。

43．“四个自信”

指中国特色社会主义道路自信、理论自信、制度自信、文化自信。

44．“四风”

指形式主义、官僚主义、享乐主义和奢靡之风。

张龙江同志在区政府全体（扩大）会议暨廉政工作会议上的讲话

（2017年5月25日）

同志们：

前段时间，国务院、省政府相继召开了廉政工作会，市政府也召开了全体（扩大）会议暨廉政工作会议，对政府系统党风廉政建设作出了全面部署，对政府工作提出了一系列新要求；市委“作风建设年”活动动员大会、区委“作风建设年”活动推进会议，对政府系统转作风抓落实工作作出了新的部署；3月21日，区人大常委会任命了新一届区政府部门主要负责人，把政府工作的“接力棒”交接给了我们。区政府召开这次会议，就是深入学习贯彻上级各项部署要求，结合实际，研究部署今年区政府系统的自身建设和廉政工作。

今年是我们新一届政府履行职责的第一年，我们受命于全面建成小康社会的决胜阶段，受命于深化供给侧结构性改革、加快新旧动能转换的关键时期，受命于坊子区实现转型发展、赶超跨越的集中攻坚期，可以说使命光荣、责任重大。市委、市政府对我们寄予厚望，要求我们“加速膨胀总量，建设高端制造业聚集区和生态文化休闲区”；区委向我们委以重任，带领我们共同建设“四区三城”、实现发展新跨越；干部群众对我们充满期待，参与支持政府工作的积极性持续提高；社会各界对我们高度关注，关爱坊子、投资坊子的热情空前高涨。大家一定要立足新起点、适应新形势、锤炼新作风、展现新作为，以更好形象、更大作为、更优业绩，努力开创政府工作新局面。下面，围绕政府自身建设和廉政建设，我讲四点意见。

一、牢记使命，认真履职，切实担负起建设富裕美丽和谐活力坊子的重任

今年以来，区政府系统在区委的坚强领导下，围绕全市“一三四七”奋斗目标和全区“一二四三”战略部署，继续发扬创先争优、敢打必胜的优良作风，对标先进，真抓实干，项目工程大干快上，棚户区改造轰轰烈烈，招商引资红红火火，民生实事多点开花，各项工作都取得新的成绩。

一是积极主动作为，经济保持平稳健康发展。今年以来，面对经济下行压力和诸多不利因素，各街道（发展区）和区政府各部门立足各自职能，谋思路、出实招，固基础、扩增量，有效破解了一批制约难题，推动了经济平稳健康发展。一季度，全区地区生产总值增长7%，列四区第2位，其中一产和三产增幅均位列12县市区第1位；社会消费品零售总额增长9.2%，列四区第1位。1—4月份，全区一般公共预算收入增长10.8%，列四区第2位、12县市区第4位；固定资产投资增长10.7%，列四区第2位，其中房地产投资增幅列四区第1位、12县市区第3位。

二是敢于攻坚克难，扎实推进棚户区改造。把棚户区改造作为全区“一号工程”，早部署、早行动，从去年腊月底开始筹划，年初三就开始下手，拿出给自己爹娘盖房子的劲头，举全区之力推进13个片区的棚户区改造项目，面对天下第一难的拆迁工作，仅用3个月时间，就完成营子、高家等5个片区2700余户居民的拆迁工作，拆迁进度和拆迁数量都走在了全市前列。在全市第一季度城市工作市民满意度调查中，我区位列7个中心城区首位。

三是勇于真抓实干，强力推进项目工程建设。政府系统的干部职工按照区委确定的重点项目工程包靠分工，深入开展“项目建设年”“基础设施建设提升年”“重点工程突击月”等活动，真包实靠抓推进，全力以赴抓建设，在一线发现问题、研究措施，加快项目建设。目前，总投资278亿元的91个重点项目中，72个开工建设，16个完成年度投资的一半以上；总投资33亿元的28项重点工程中，16项开工建设，8项完成工程量的一半以上。

四是发扬“四千四万”精神，全力抓好“三招三引”。坚持领导带头、全员参与，精准对接先进地区、新兴产业、总部经济、龙头企业，全面开展产业链招商、园区招商、以商招商、平台招商、中介招商，先后对接客商220余批次，对接洽谈项目145个，其中总投资33亿元的22个项目签约落地。积极向上争政策、争资源，多次到省、市有关部门对接汇报，获批坊茨小镇、地理信息小镇2个省级特色小镇，名列全省县市区前茅。

五是牢固树立服务意识，强化企业精准服务。深入开展“企业服务年”活动，经常深入企业一线开展调研，充分利用企业问题直报平台和联席会议制度，一企一策、一事一议，为企业提供“店小二式”的全方位服务，全力帮助企业排忧解难、稳定发展。今年以来，全区新登记市场主体605户，14家企业在齐鲁股权交易中心集中挂牌，雷沃重工阿波斯拖拉机荣获全球工业设计界奥斯卡奖—“红点奖”，成为国内农业装备行业首个获此殊荣的企业。

六是担当急难险重任务，全力维护社会和谐稳定。今年以来，各级高度重视维稳工作，列为一项政治任务强力部署推进。区政府系统的干部职工按照区委的部署要求，深入重点群体家中送温暖、做工作，面对面化解稳控隐患，较好完成了维稳任务，维护了社会和谐稳定，体现了强烈的政治意识、核心意识和大局意识。

取得这些成绩，充分体现了政府系统广大干部职工创先争优、敢打必胜、担当作为、敬业奉献的优良作风。同时也必须看到，我们的经济总量小，高新技术产业占比低，经济外向度还不高，转型发展的任务艰巨、压力很大。新形势、新任务、新挑战，对我们政府系统的干部同志提出了新的更高的要求，特别是对于当前政府系统干部中存在的一些问题和不足，大家也要有清醒的认识。一是境界标准仍需要提高。3月初李宽端市长第一次来坊子调研，就对我区的干部同志提出，要进一步提升思想境界，高点定位，努力把坊子打造成高端制造业聚集区和生态文化休闲区。现在看来，标准境界不高的问题在干部队伍中依然存在，有的同志境界不高远、眼界不开阔，缺乏战略眼光和现代思维，陷入少知而迷、不知而盲、无知而乱的困境；有的同志自我满足，沾沾自喜，没有把工作放在全市一流、全省一流、全国一流的层次上去对标、去把握，标准不高，要求不严，只求过得去，不求过得硬，有些工作拖了全区事争一流的后腿。二是执行能力有待提升。有的同志政治敏锐性不强，对上级安排的工作不重视、抓得不紧，很多交办的事情往往停留在路上，办理情况却没有及时回复，一些事项不督促就没有回音、石沉大海；有的同志工作效率不高，遇到问题畏难犯愁、止步不前，直面问题、迎难而上的劲头不足，这些都是执行力不强的表现。三是专业化水平亟待加强。面对新理念、新知识、新产业、新模式、新业态，有的同志手忙脚乱、无所适从，研究工作缺乏专业眼光，出现本领恐慌。四是担当精神仍需强化。不愿担当、不敢担当、为官不为、推诿扯皮等现象在一些干部同志身上仍然不同程度存在，有的干部精神状态不佳，对待工作能拖就拖、能躲就躲，自我意识强、责任意识差；个别同志部门意识强、大局意识差，对跨部门协调的事项不主动协调，不牵头研究，不积极配合；有的同志当官意识强、服务意识差，对企业、群众的诉求不及时回应，摆不正与群众、与企业的关系，高高在上，不接地气，有时调度工作仅仅是打个电话、下个通知、听听汇报，沉不下去、深不下去。五是市场化意识需进一步强化。市场化的思维方式运用的不深不广，在招商引资、园区建设、产业转型、动能转化等方面，运用市场化手段不到位，市场作用和政府作用发挥得不协调。比如在招商引资方面，以商招商、中介招商、资本招商的力度不够，往往是坐门等客，盲目拼资源、拼政策，以招商集聚产业的成效不够明显；在园区建设运营方面，政府脱不出身子，放不开手脚，建设运营模式不够先进，等等。市里提出，一些能放给市场的项目、事项都要主动放给市场，企业能做的项目、事项就要放手让企业来干，能与企业合作的项目政府原则上不独立做，政府主要做企业不想做而社会需要必须做的项目和事项。这是我们下一步工作的重点和方向。以上这些问题和差距，大家务必高度重视，结合“作风建设年”活动问题清单，对号入座，深入思考，切实整改。

当前，坊子区正处在新旧动能转换、产业转型升级、实现赶超跨越的关键历史当口，处在奋勇争先、走在前列的关键时间节点，区政府系统广大干部同志一定要统一思想，坚定信心，树立坐不住的责任感、等不起的紧迫感、慢不得的危机感，清醒认识到肩上的责任使命，清醒认识到全区发展面临的机遇和挑战，清醒认识到自身存在的不足和问题，切实增强“标兵追兵”意识，增强“走在前列”意识，带头落实、勇于担当、奋发有为，努力实现创新发展、持续发展、领先发展，不辜负组织的信任和人民的期望。

二、转变作风，提升素质，努力在“作风建设年”活动中走在前列、取得实效

政府自身建设的核心是作风建设。要深入学习贯彻扈书记在全区经济工作会暨“项目建设年”“作风建设年”动员会议和全区“作风建设年”活动推进会议上的讲话精神，按照活动实施意见和实施方案要求，干字当头，狠抓落实，推动政府自身建设全面求强、全面过硬，以作风大转变促进工作大提升。具体来讲，就是要增强“五个意识”、提升“五种能力”。

要增强“五个意识”，进一步锤炼政府系统干部职工的工作作风。一是要增强担当意识。习近平总书记说过，党员干部要有担当，有多大担当才能干多大事业，尽多大责任才会有多大成就。大家都是领导干部，都是本部门、本单位的一把手，要做到在其位、谋其政，勇于担当、勇于负责，义无反顾地担负起应当担负的责任和义务。对有争议、复杂的事情要敢于拍板，对急难险重任务要敢于承担，关键时刻要做到冲得上、拿得下、能攻坚。二是要增强创新意识。在当前新技术、新产业、新业态、新模式层出不穷，新旧动能加速转换的新形势下，创新显得尤为重要。我们政府一定要保持“领风气之先”的锐气，紧跟时代潮流，紧盯发展前沿，大胆改革、勇于创

新，始终保持创业的激情、创新的活力、创造的追求。要敢于突破思维定势和传统经验的束缚，树立新的资源观、机遇观和竞争观，从传统的思维模式、发展模式、工作模式中解放出来，以观念之变、模式之变、机制之变提升发展的层级和质效。三是要增强服务意识。当前各级政府的基本定位就是打造服务型政府。大家都是政府组成人员，必须要牢固树立服务意识，主动服务，自觉奉献。这不是讲什么大道理，组织把我们安排在这个职位，有一定的社会地位，还给我们发着这么高的工资，与那些一般工人和普通群众比，我们的待遇要好上若干倍，我们的工作条件大家应该感到知足，要珍惜组织给我们的这个机会，在自己的工作岗位上，义无反顾、夙夜在公、全身心地搞好服务。对上要为上级领导分忧担责，对下要为企业和群众谋福，通过我们努力付出，为社会留下足迹、做出应有贡献，真正做出一些对社会有益、造福一方百姓的事来，从而实现自己的人生价值，实现自己的抱负，这应该成为我们最基本的追求。四是要增强争先意识。这和标准境界不高的问题是相对应的，是政府系统干部职工亟待解决的问题。大家作为领导干部，要亲自带头，率先垂范，首先自己要定位高，树立大胆创新引领发展的境界，每项工作都要争创一流。对自己承担的工作，要在确保全市一流的基础上，还要与全国的先进县市区进行比较，进一步提升境界，加快发展。当前，区委正在组织开展寻标对标提标活动，大家要按照区委的部署要求，分别从市内、省内、国内确定一个目标，制定针对性措施，全力抓好对标提升，以此来推动各项工作赶超跨越发展。五是要增强纪律意识。纪律是上级党委、政府确定的一系列行为规则，是我们开展工作、干事创业的前提。在座的都是区里的领导干部，全区人民和本单位的干部职工都在看着我们，一定要时刻注意自己的言行，时刻把纪律挺在前面，认真执行上级制定的各项纪律，以身作则、率先垂范，带头从严从实要求自己，带头加强自律、慎独慎微，带头公正用权、谨慎用权、依法用权，真正做到自身正、身边清，能干事、不出事。

要提升“五种能力”，不断提升政府系统干部职工的工作水平和履职能力。一是要提升政治能力。这是一条最基本的要求，也是首先要具备的能力。要在思想上绷紧讲政治这根弦，不断提高政治站位、政治觉悟，严守政治纪律和政治规矩，始终做政治上的明白人。要在行为上校准讲政治这个标，始终围绕中心、服务大局。要在工作上夯实讲政治这份责，践行以人民为中心的发展思想，统筹做优经济、平安、党建“三张报表”，坚决守住民生改善、生态良好、稳定和谐、廉洁从政“四条底线”，把讲政治的要求变为实际行动。二是要提升学习能力。当前，知识更新换代非常快，各种新知识、新技术层出不穷，一放松学习就会出现知识断层，造成“本领恐慌”，干好工作也就无从谈起。大家要把学习作为一种政治责任、一种精神追求、一种生活方式、一种行为自觉，不断提高自身理论水平和业务能力，解决好“本领恐慌”的问题。要用心领会、深学笃用习近平总书记系列重要讲话精神和治国理政新理念新思路新战略，全面落实“两学一做”学习教育常态化制度化的要求，真正把真理的力量转化为政府工作的实际成效。要不断提升政府工作的专业能力，用专业思维、专业素养、专业方法指导和推动工作。特别是要强化市场理念，遵循市场规律，多从市场角度看问题、谋思路，积极探索运用市场化手段、市场化机制解决复杂问题。三是要提升协同能力。政府系统是一个目标、一套班子、一支团队，工作各有侧重又相互联系，大家都要以大局、以事业为重，自觉做到密切配合、团结协作、互相理解、互相支持，真正形成团结干事的强大合力。各级各部门要正确处理好部门利益和全局利益的关系，在全区发展大局中自觉找准定位，发挥好职能作用。各级干部要把维护团结、维护大局摆到更加突出的位置，做到大事讲原则、小事讲风格，共同维护风清气正的良好政治生态。政府的基本职能就是“规划、协调、监督、服务”，要增强协调上下左右各方关系的能力，对上要善于争取政策资源，争取上级的信任和支持，对下要能调动干部职工的积极性，拧成一股绳，劲往一处使，共同完成好工作任务；横向要善于协调各方面的关系，不能关起门来闷头硬干，而要注重团结运用各方面的力量一道推动工作，形成集约、集中、集聚、集成“四集”的格局和态势，实现工作系统协调、高效运转。四是要提升执行能力。政府的主要职责就是抓落实，没有强有力的执行力，任何决策都是空谈。各街道（发展区）各部门要切实强化“立说立行、雷厉风行”的执行理念，说了算、定了办，在快中抓住机遇、抢得先机、取得成效。对区委、区政府安排部署的工作，要立马行动、不讲条件，严格按照时间节点办理，全力以赴、不折不扣地抓好贯彻落实，并及时汇报反馈贯彻落实情况，确保件件有着落、事事有回音。要明确责任抓执行，建立科学合理、层级清晰的责任体系，压紧压实责任，层层传导压力。督查部门要完善督查机制，着力构建科学高效的督查体系，以强有力的督查推进各项工作落实。五是要提升法治能力。随着社会的发展进步和群众法律意识的增强，依法行政已经成为政府系统干部职工的一项基本要求。在工作中，一定要坚持“法定职责必须为，法无授权不可为”，把依法履职作为作风建设的重要内容，倡树法治理念，提升法治素养，办事依法、遇事找法、解决问题用法、化解矛盾靠法，做到工作于法有据、行政依法作为，把政府工作全面纳入法治轨道，推动政府工作规范有序开展。

三、突出重点，狠抓落实，切实增强工作的科学性和实效性

空谈误国，实干兴邦。各级各部门要紧紧围绕党代会、政府工作报告确定的目标任务和战略重点，立足各自工作职能和责任分工，集中力量抓好推进落实，确保全区各项决策部署落到实处。

一要坚持问题导向。问题导向是抓落实的主攻方向和突破口，只有从问题入手，各项工作才能抓出成效。当前，新旧动能转换是转变经济发展方式的“牛鼻子”。省政府在4月28日召开了新旧动能转换重大工程启动工作电视会议，确定了10个重点专项调研课题和“10+1”支撑项目；前段时间，市委刘曙光书记提出了8个调研课题，市政府也筛选确定了一批调研专题、重大平台和重大项目，并将开展一系列调研活动。可以说，推动新旧动能转换是今后一段时间经济工作的主攻方向。作为我们坊子来说，这是我们加快膨胀经济总量、实现赶超跨越的重大机遇。我们坊子总量小、底子薄的问题历史形成，要扭转这种局面，就必须要抓住这个历史机遇，找准“四新”“四化”与我们坊子的结合点和切入点，加快推动新旧动能转换，进一步改造提升传统产业，培育发展新兴产业，从而实现产业规模壮大、经济总量提升。关于刘曙光书记确定的8个调研课题，有5个是政府部门牵头开展的，在这里，我结合市里的调研分工，一并安排一下区里的课题调研工作：1.关于“如何在新常态下既加速转型又保持较高速度增长”课题，由区发改局牵头开展调研；2.关于“如何准确把握和运用产业发展与转移趋势，做大做强做精优势产业”课题，由区经信局牵头开展调研；3.关于“如何创新优化城市环境，增强对产业、人才的吸引力和竞争力”课题，由区提升办牵头开展调研；4.关于“如何创新科技园区发展模式，办好一流创新园区”课题，由区科技局和测绘基地管理中心牵头开展调研；5.关于“如何加大与高端研发机构和高层次人才合作的力度，大力招院引所、招才引智，加速完善创新体系”课题，由区科技局牵头开展调研。各分管区长和牵头单位要组织精干人员，深入开展调查研究，加强与上级部门的沟通对接，形成有深度、有内涵的调研报告，指导好我区面上工作开展。农业方面，我们没有寿光、安丘等县市那么多的土地空间来发展农业，所以我们要大力推广玉泉洼生态观光园的成功经验，把农业园区这个文章做精，加快发展“新六产”，努力打品牌、做特色，争取多培育几个像玉泉洼那样的现代农业园区，提升农业的整体竞争力和对外知名度。工业方面，这是我区的立区之本，也是我区加速膨胀总量的主攻方向，各街道（发展区）各部门要依托我区的主导产业和特色产业，深入实施“246”战略，强化对现有企业的扶持服务，推动企业加快转型、做大做强，同时加大招商引资力度，培育发展一批新的骨干企业，带动工业扩张规模、膨胀总量。服务业方面，这是我区的短板，要充分利用现有资源，实施“132”战略，加快6个服务业载体建设，争取尽快形成规模、产生效益。另外，还有几个问题需要大家深入研究谋划，加快整改提升。比如我区铸造行业企业产品层次低、能耗高的问题。铸造业是制造业之母，作为产业永远不会被淘汰。从当前的环保形势来看，铸造业未来的发展方向是绿色化、高端化，传统的、达不到环保标准要求的铸造企业将很难生存发展。我们如何通过推动新旧动能转换和产业转型升级，实现铸造业水平提升、结构优化和技术升级，是我们当前工作的重点。各街道（发展区）和行业主管部门要通过加强政策扶持引导、推动企业重组、加快技术改造、搭建转型共享平台等措施，引导我区的铸造企业加快淘汰落后技术和落后设备，主动采用清洁生产技术、先进污染治理技术和节能降耗技术，确保达到环保标准，实现绿色发展。同时，要利用腾出的空间，着力发展符合环保要求和市场需求的铸造企业，培育大的，做强中的，淘汰小的，真正实现腾笼换鸟、凤凰涅槃。再比如我区城市建设管理水平不高的问题。要想建成美丽和谐宜居区，就必须做到高标准建设和精细化管理。在高标准建设方面，首先要突出规划引领作用，瞄准先进地区和发达城市，高标准编制城市建设规划，高点定位、顶层设计，为提升城市建设水平打好基础；在城市开发建设过程中，要树立精品意识，争取把每项工程、每个楼宇都打造成精品，打造一批具有坊子特色的标志性建筑，就像坊茨小镇里的德日建筑那样屹立百年。同时要加强地下管网建设，完善地下配套设施，实现管线配套、雨污分流，真正打造成设施全、功能优、品质高的现代化新城。在精细化管理方面，要从设施硬件和制度软件两个方面入手，采取信息化、智慧化措施，疏堵结合、监管并重，尽快形成信息化、系统化、网格化、精细化、规范化的城市管理格局。要深入开展违法建设、征地拆迁两个“清零行动”和城市环境“提升工程”，拆旧改丑、拆违治乱，不断改善城市形象面貌，营造整洁有序的城市环境。对于城市管理工作，大家要拿出管自己家的态度，把城市和社区当成自己的家，从内心里爱护、维护我们的城市，只要做到这一点，就一定能把城市管理好、经营好。

二要突出项目导向。发展要以项目为导向，经济社会发展要落到项目上。各街道（发展区）各部门要把抓项目作为一种习惯，按照《政府工作报告》的要求，全力抓好恒安纸业四期、雷沃智能农机装备技术创新中心等91个重点项目建设，通过项目来促进产业转型、加快膨胀经济总量。一要抓项目进度。今年已经过去5个月了，各街道（发展区）各部门要切实增强工作紧迫感，抓住当前施工的黄金时期，集中人力、物力、财力，抢工期、抢进度，全力推进项目建设，努力在上半年形成大的实物工作量，推动项目早竣工、早投产。各副区长要定期召开项目推进联席会议，及时协调解决项目遇到的困难和问题。要大力推行一线工作法，领导干部带头深入一线，靠在现场指导工作、解决问题，推动项目顺利建设。市委决定，6月份观摩产业园区，每个县市区看一个；10月下旬或11月上旬进行全市观摩点评，主要看产业、看制造业、看现代服务业，不看房地产、不看道路等基础设施，重点看新的、看大的、看有特点的。大家要以全市观摩点评为契机，周密细致地做好各项点评筹备工作，倒排工期，督促开发单位坚持项目建设的高起点、高标准，增机上人，加快施工，全力以赴加快推进，形成轰轰烈烈、热火朝天的建设场面，展示出良好的形象进度，确保在点评中取得理想成绩。二要抓项目调度。对今年的91个重点项目，区委、区政府督查室要倒排工期，挂图作战，每月调度项目进展，进展情况以图表形式公开展示，督促相关单位加快建设进度。重点项目推进办公室要参照市里做法，建立“3+N”重点项目“绿色通道”，进一步完善领导包靠、问题会商、协调调度制度。区委、区政府将每月组织一次项目观摩交流，现场调度重点项目建设情况，各项目包靠单位要认真做好准备。三要抓项目争取。随着新旧动能转换的全面铺开，上级的各项政策资金将会陆续落实。发改、财政、经信等部门以及园区管理机构，要认真研究上级各项政策资源的着力点、落脚点，立足我区资源，精心包装一批大项目、好项目，搞好与上级部门的沟通衔接，争取我区有更多项目纳入上级盘子。其实我区有很多好的企业和项目，像雷沃重工的智能制造平台、谷合传动的电液提升器、富源动力的空气悬浮轴承、帅克机械的精密制造和减速器、精诺机械的高端造纸设备等等，都符合上级的支持方向，有些完全具备进军国家科技进步奖和重大事项的实力，但是目前有很多没有进入上级笼子，主要问题就出在没有主动包装推介上。这个问题不只出在企业身上，也出在我们有关部门身上，以后不能光低头拉车，还要抬头看路，在抢抓上级政策资源上多动脑子、多下功夫，只要帮助企业抓住机遇、搭建好平台，给企业插上科技和资本翅膀，让更多企业实现快速腾飞。四要抓招商引资。年初，国务院印发了〔2017〕5号文件，允许地方政府在法定权限范围内制定出台招商引资优惠政策。这是国务院两年来首次正式明确提出授权地方政府自行制定招商引资优惠政策。大家要审时度势，深入研究，尽快完善我区的招商引资政策体系和工作机制，推动形成全区招商引资新热潮。要充分发挥我区现有产业引导基金、政府国有投资公司等助力招商引资的作用，以专业筛选、资本投入带动项目引进合作。要有专业机构、专业团队、专业人才抓招商。招商人员要善交际、懂专业、会协调、讲程序、负责任、有韧劲、能创新、敢担当，我们研究的招商政策提出以商招商方面的激励办法，下一步要探索推行工资收入与招商业绩挂钩的办法，进一步激发部门招商引资工作热情。要坚持招才引智与招商引资协同推进、共同发力。引进一名高端人才，就能聚集一个创新团队、培育一个创新团队，甚至带动一个创新产业。要把招商引资、招才引智与“四个城市”“四区三城”建设结合起来、与产业转型升级结合起来、与国家产业政策吻合起来，不要不节能的、不环保的、落后产能的、不符合国家产业政策的。当前，招商工作已经进入常态化，不再是拼土地价格、拼优惠政策，而是更多地看重产业配套、服务质量和软环境。前段时间，区市场监管局和服务大厅相关部门为上海普道财务咨询有限公司引进的企业，在95分钟之内就办完了注册登记全部手续，比法定时限缩短了16天，受到了上海客商的高度评价，客商对此非常满意，这个事例说明只要我们用心用力，就能创造服务新记录，就能做到让客商满意。各街道（发展区）各部门要把服务软环境建设作为招商工作的“杀手锏”，把我们的优势充分发挥出来，把我区的软环境进一步做优、做强，为招商引资抢占先机增添砝码。

三要实施聚焦战略。主要是聚焦聚力加快“新旧动能转换”。一是产业聚焦。突出传统产业升级、新兴产业培育、产业跨界融合，通过新技术、新产业、新业态、新模式，实现产业智慧化、智慧产业化、跨界融合化、品牌高端化，增创产业发展新优势。要聚焦我区六大工业园区、六个服务业发展载体和各重点农业园区等平台，促进先进生产力科学布局、集聚发展。工业方面，要以六大工业园区为主战场，依托龙头企业和产业基础，分区域、分特色培育发展先进制造业、战略性新兴产业，推进工业提质增效和产业转型升级。服务业方面，要以“一镇三带两基地”为重点，采取政府主导、市场化运作的模式，加快重点服务业园区的开发建设，大力发展现代服务业，引进现代物流、供应链服务等新业态，进一步提高产业集聚效应，提升我区服务业的发展档次和水平。二是区域聚焦。当前，我们实施了13个片区的棚户区改造，全部完成后将腾出6000多亩的土地空间。这些土地空间是我们实施片区开发、加快城市产业转型的重要资源，相关街道和部门要在抓好居民搬迁和安置区建设的同时，深入研究谋划好这几个片区的开发建设。要学习借鉴城阳区等先进地区的经验做法，坚持高起点、大规划，通过国有投融资公司，按照“产城融合、产业为主，规划引领、基础先行，总体规划、分步实施，集约节约、科学高效，政府主导、市场化运作”的原则，对腾出的片区实施高标准开发建设，打造城市功能组团。在城市功能组团开发建设过程中，要注重导入城市产业，不能单纯发展房地产，形成产城融合的良性发展机制。初步考虑了6个城市功能组团，也可以称为特色小镇：第一个是地理信息小镇，主要依托测绘地理信息产业园和智能装备产业园，发展地理信息、智能农机、无人机、智能机器人等高端产业，打造一个高端制造业小镇。第二个是坊茨小镇，主要依托德日建筑群和铁路文化、煤矿文化，对小镇实施规划—设计—建设—运营一条龙开发，打造国内唯一、特色突出、内涵丰富、功能完善的文化旅游特色小镇。第三个是结合营子片区棚户区改造，整合潍坊四中、党校、崇文中学等教育资源，引进高端教育资源，打造一个教育主题产业小镇。第四个是足球小镇，主要以鲁能足校为中心，整合坊城街道及潍州路周边有关资源，完善配套设施，提升服务功能，培育发展相关产业，打造一个以足球运动、体育健身为主题的特色小镇。第五个是结合九龙涧开发和穆村片区、下房片区棚户区改造，规划打造一个以生态旅游、休闲观光、健康养生为主题的特色小镇。第六个是在潍州路与八马路、九马路相关区域，规划建设一个汽车文化产业小镇。规划、招商、发改等部门和相关街道要立足工作分工，抓紧启动规划设计、包装推介等前期工作，争取尽快形成规划方案和推进计划，报区委、区政府研究确定后组织实施。三是资源聚焦。要学习借鉴先进地区的国有投融资公司组建模式，抓紧健全完善我区新建立的4个投融资平台的组织结构、人员选聘和工作制度，为重点项目、重点园区、重点片区开发建设集聚资金优势，推动土地资源、财政资金、产业基金等向重点项目、先进制造业、现代服务业集中。要发扬与企业家赛跑的精神，加强重点项目包靠和跟踪服务，落实好领导干部联系企业制度，推动社会资源更好地服务重点企业和重点项目，切实为产业发展提供有力支撑。

四要树立底线思维。就是要时刻绷紧金融风险防控、安全生产、环境保护、社会稳定四根“弦”。要严防严控金融风险。截至3月底，我区不良贷款率仍居高不下，列全市第三位；企业资产负债率达到63.1%，已经超出了合理区间，部分企业甚至超出了70%的警戒线。可以说，我区金融风险防控方面的压力很大。各级各部门要切实增强同风险赛跑的意识，主动担当、依法处置，进一步加强对金融市场和实体经济的跟踪监测，提高敏锐性，出现苗头性问题一定要快速反应，积极做好协调服务。要加强与上级金融机构的沟通对接，尽量争取不良贷款核销额度，尽快把不良率降下来。要严厉打击恶意逃废银行债务行为，督促法院提高银行借款纠纷处置、风险企业破产清偿等案件的办案、结案和执行效率，打造良好的政银企关系，确保不发生系统性、区域性金融风险。要严抓严管安全生产。安全生产无小事，怎么抓都不过分。不论之前工作成绩有多好，只要在安全生产方面出了问题，一切工作都归零，任何成绩都无从谈起。近期，省内发生了多起安全生产事件，特别是5月20日潍城灯具城发生了重大火灾事故，造成了惨重损失，形成了很大的负面影响，再次给我们敲响了警钟。全省第十一次党代会近期就要召开，这段时间是安全生产的关键节点，一定要集中力量抓好安全生产。市政府把标准化建设作为未来3年安全生产工作的重点，作为对县市区的年度目标责任考核内容，纳入了科学发展综合考核体系，大家要高度重视，按照市里的部署要求，全力抓好安全生产标准化建设，夯实我区的安全生产基础。当前要着力抓好消防安全和交通安全，立即在全区组织开展消防安全和交通安全隐患排查，横到边、纵到底、无缝隙、全覆盖，彻底排查化解我区存在的安全隐患，确保不发生安全事故。同时，要按照“四严”的要求，进一步抓好食品安全工作，为迎接国家食品安全城市验收做好准备。要严治严守生态环境。当前，环境保护既是重大的民生问题，更是一项艰巨的政治任务，环境保护工作已经被提升到了前所未有的高度。近年来我们通过开展“三八六”环保行动，取得了很大成效，但存在的问题也比较突出。从市里通报的空气质量情况看，我区的空气污染物指标PM2.5.PM10一直居高不下。3月24日省环保督察组进驻潍坊后，一个月时间接到群众各类环保问题举报794件，其中坊子区67件，是四区最多的，涉及大气污染、水环境污染、噪声污染、固体废弃物污染等领域，问题十分突出。

这些问题的出现，原因是多方面的，但最关键的还是我们工作不到位、落实不得力。从我签批的督办单就反映出一个问题，有不少企业的街道属地还不清楚，相关街道还没有去过，更谈不上科学严格管理了。这个问题暴露出了我们的管理盲点，也让我们摸清了家底，为整治五小企业带来了机遇。各街道（发展区）和相关职能部门要切实抓好生态环境综合整治，按照市、区的部署要求，全力抓好渣土运输、建筑工地、城市道路、企业排污等重点部位、关键环节的整改治理。按照市里的统一要求，今年所有街道都要建立起集环境保护、安全生产、食药监管于一体的网格化监管体系。对发现的偷排偷放等污染环境行为，要严格落实“一案多查”，从严采取惩处措施，以强有力的管控手段保护好全区的生态环境。另外，要全面落实“河长制”。5月17日，省委、省政府召开了动员会，并印发了实施方案，要求今年底前全面实行“河长制”。近期，市里也会印发实施方案，水务部门要提前开展调研，待市里方案下发后，抓紧出台我区具体的实施方案和相关考核办法，各街道（发展区）和相关部门要认真抓好落实，确保按照时间节点完成工作任务。要坚决维护社会稳定。前段时间，受涉军群体影响，我区的维稳压力很大，大家也都做了大量艰苦细致的工作，取得了较好的成绩。下一步，各街道（发展区）各部门要进一步加大矛盾纠纷排查化解力度，看好自己的门，管好自己的人，对各自的辖区、分管的行业开展深入细致的排查，特别是对涉军、涉医、涉师等重点人员、重点部位，要严格落实监控措施，及时化解不安全、不稳定因素，坚决防范各类不稳定事件发生。特别是在中央、省、市重要会议期间，各街道（发展区）各部门要做好值班值守和应急管理工作，严格守好“四道防线”，确保及时处置各类突发事件。

五要强化正向激励。习近平总书记强调：“要抓住想干事、敢干事这两个关键点，健全正向激励机制，促进干部创造性开展工作。”决胜“十三五”离不开广大干部的积极作为、锐意进取，要实现“四区三城”战略目标，更离不开广大干部的积极奋进、攻坚克难。近期，市、区都在研究制定容错纠错和正向激励政策，下一步，要在认真落实的基础上，结合政府工作特点，进一步细化具体措施。要坚持“正向为主、负向为辅，正向为先、负向在后”的原则，协调运用正负向两种激励方式，妥善把握尺度和频次，努力使负向激励发挥出正向效应。要正确处理短期激励与长效激励的关系，把握干部诉求的阶段性变化，综合运用政治激励、精神激励、物质激励等激励机制，发挥正向激励的长效作用。要用好考核这一“指挥棒”，提高考核政策“含金量”，进一步聚焦“实干实绩实效”，由事及人、因事见人，在赛马中选马、在一线检验干部，对真抓实干、业绩突出的同志，要认真落实相关政策，积极向组织推荐，使他们有荣誉、有地位、有待遇、有舞台，让他们暖心心暖、想干愿干。要按照“三个区分开来”的要求，构建一套流程清晰、衔接紧凑、便于操作的容错免责程序，提高处置效率，为那些想干事、敢干事、干成事的干部“遮风挡雨”，让敢闯、敢试、敢担当的干部“后顾无忧”，营造心无旁骛、狠抓落实的良好氛围。

四、标本兼治，惩防并举，深入抓好政府系统党风廉政建设和反腐败工作

党风廉政建设是一项重大责任，也是一项系统工程。各级各部门要严格按照国家、省、市提出的新要求，站在政治和全局的高度，一手抓经济发展，一手抓反腐倡廉，做到两手抓、两促进，切实把管党治党政治责任与政府工作责任扛起来、扛牢固。

一要严格落实责任，时刻绷紧管党治党这根弦。讲政治，是我们党补钙壮骨、强身健体的根本保证，是我们党培养自我革命勇气、增强自我净化能力、提高排毒杀菌政治免疫力的根本途径。要严守纪律规矩。始终把纪律和规矩挺在前面，自觉践行“四个意识”，严格落实习近平总书记提出的“六个从严”要求，坚决贯彻《准则》《条例》，在思想上、政治上、行动上与党中央保持高度一致，养成依法、依规、依纪办事的习惯。要落实好党风廉政建设责任制。牢固树立“抓好党风廉政建设是本职、不抓党风廉政建设是渎职、抓不好党风廉政建设是失职”的理念，各街道（发展区）各部门党组（党委）要强化主体责任不松手，自觉把党风廉政建设与业务工作同部署、同实施、同考核；主要负责同志要牢记“第一责任人”的责任不甩手，做到重要工作亲自部署、重大问题亲自过问、重点环节亲自协调、重要案件亲自督办，坚决守住民生改善、生态环保、稳定和谐、廉洁从政“四条底线”；班子成员要坚持“一岗双责”不缩手，把党风廉政建设与业务工作有机结合起来，切实解决好“两张皮”的问题。要强化督查落实责任。按照省政府“全方位、全覆盖、全过程”和“严肃责任落实和追究、严明纪律和规矩、严防‘四风’反弹回潮、严厉惩治腐败、严密制度笼子”的部署要求，严格落实全面从严治党主体责任，把严的要求体现到政府系统党风廉政建设的方方面面，进一步加大党风廉政建设责任制督查力度，以严肃问责倒逼主体责任落实。

二要加强源头预防，着力消除权力寻租空间。要坚持预防在先，健全完善各项规章制度，一切依法办事、按制度办事，不断规范政府从政行为，从源头上铲除滋生腐败的土壤。要着力深化简政放权。坚持“放管服”三管齐下，加快建设审批事项最少、办事效率最高、发展服务最优的政务生态。要着力加大“放”的力度，继续精简行政审批事项、审批环节和审批时限，进一步完善政府权力清单、责任清单，以权力瘦身，为廉政强身，为发展增力。要着力提高“管”的成效，切实加强事中事后监管，推动“双随机一公开”监管方式全覆盖。要着力提升“服”的效率，前移服务关口，拓展服务领域，创新服务手段，简化办理流程，放宽前置条件，缩短办事时限。要加快推进“互联网+政务服务”，积极探索便民服务“在线咨询、网上办理、证照快递送达”的“零上门”机制，让数据多跑路、群众少跑腿、办事更快捷。要强化制度规矩。制度是最高明的管理大师。要坚持用制度管权管事管人，消除滋生腐败的体制弊端和制度漏洞，增强制度约束力。今天会上印发了《区政府工作规则》（审议稿），相比上一个版本，在会议制度、履行政府职能、坚持依法行政等方面作了很大改动，大家要认真对照学习，正式文件下发后严格执行。要健全权力运行制约和监督体系。自觉接受人大及其常委会的法律监督、政协民主监督、媒体舆论监督，强化行政监察和审计监督，做到行政权力运行到哪里，监督就落实到哪里，让权力在阳光下运行，减少权力寻租的空间。要加强审计监督。突出对公共资金、国有资产、国有资源和领导干部履行经济责任情况的审计，加强对重点项目审批、大额资金使用、公共资源交易等腐败易发多发领域的审计监督，特别是在棚户区改造、保障性安居工程、医疗保险及救助资金使用等领域，一定要做到合理、合规、合法。要全面推进政务公开。“以公开为常态，不公开为例外”，推进决策公开、执行公开、管理公开、服务公开、结果公开，消除信息孤岛，打造阳光政府。

三要突出重点领域，切实加大监督管理力度。要着力提升公共资金使用效能。牢牢把握预算分配规范透明、资金拨付及时到位、资金使用高效安全“三个关键环节”，看好公共资金的“钱袋子”。要继续深化预算管理改革，把政府收支全部纳入预算管理，做到预算一个“盘子”、收入一个“笼子”、支出一个“口子”。牢固树立“过紧日子”的思想，大力压减一般性支出，“三公”经费要确保只减不增。要着力规范公共资源配置交易。进一步完善并严格执行招投标制度，加强招投标全过程监管，严厉打击陪标串标围标等违法违规行为。严格政府采购管理，规范采购行为，提高政府采购透明度和时效性。要依托现有公共资源交易平台，对公共资源交易进行跟踪分析和全程监测，坚决防止公共资源配置和交易领域的违规和腐败行为。要严管民生资金、民生项目。今年我们在民生实事方面推出了20项新举措，投入大量财力，目的就是把钱花在为民办实事、办好事的刀刃上。这方面的资金监管要严、细、实，决不能含糊。对发生在扶贫、低保等领域的弄虚作假行为，要快查严处，坚决防止扶假贫、假扶贫，杜绝“人情保”“关系保”和优亲厚友现象。对棚改、保障房等民生项目，要加强质量监督和资金使用监管，力求把每个民生项目都打造成实实在在的“民心工程”。

四要坚持严字当头，持续整治不正之风。党风政风决定着社风民风。加强作风建设，是反腐败的治本之策，也是政府廉政建设的重要内容。要严查“四风”问题。认真贯彻落实中央八项规定精神，强化严的意识，践行严的要求，盯紧“四风”老问题，关注“四风”新动向，驰而不息纠正“四风”，对潜于地下、花样翻新、改头换面等隐性变异的问题，要从严查处、绝不留情，坚决防止不正之风反弹回潮。要严惩基层腐败。近年来，上级对发生在基层的“微腐败”“小官巨贪”等现象越来越关注，媒体曝光率越来越高，查处力度也越来越大。我区今年的工作重点也明显向基层倾斜，像棚户区改造、民生项目建设等重点工作都与群众密切相关，这也是容易发生问题的领域。针对当前这种形势，各街道（发展区）各部门要早排查、早下手，严查发生在群众身边的不正之风和腐败问题，突出扶贫攻坚、征地拆迁、惠民政策落实等群众敏感领域，与打霸治痞结合起来，与严打整治结合起来，集中排查一批问题线索，严肃查处一批典型案件，做到查处一个、警醒一片，利用身边的案例释纪释法，用“身边的事”警示“身边的人”，让政府工作人员更加敬畏法律、自觉守住底线，让群众实实在在感受到反腐倡廉的成效。

同志们，新起点孕育新希望，新班子要有新作为。让我们在区委的坚强领导下，紧紧围绕“一二四三”战略部署和全面从严治党新要求，更加富有成效地开展“作风建设年”活动，更加深入地推进政府系统党风廉政建设和反腐败工作，以更加饱满的激情、更加昂扬的斗志、更加务实的作风，全力打造“四区三城”，加快建设富裕美丽和谐的活力坊子，以优异成绩迎接党的十九大胜利召开！

大事记

1月

1月1日 坊子区第三次农业普查入户登记工作正式启动，800多名调查员和调查指导员走街串户，对全区6万多农户、21.4万涉农人员展开调查，入户率和签字率均达到100%，审核普查数据2万余条。

1月2日 区委副书记、区长张龙江现场查看污水处理厂中水综合利用、龙泉街改造提升、凤山路胶济铁路桥排水等城建和交通公路重点工程。

1月3日 区委书记扈洪波到山东恒安纸业有限公司、山东三元乳业有限公司、山东帅克机械制造股份有限公司等重点企业实地调研。

1月4日 区委书记扈洪波主持召开十三届区委第一三六次常委会议。会议听取全省反恐怖工作视频会议、全省三年禁毒人民战争动员部署会议精神，坊子区第十三届纪律检查委员会在中国共产党潍坊市坊子区第十四届代表大会上的工作报告，区委、区纪委换届人事安排建议方案，区人大、区政府、区政协、区法院、区检察院换届候选人人事安排建议方案，区委委员、候补委员和区纪委委员候选人预备人选建议名单，中共潍坊市坊子区第十四次党代会主席团、秘书长等有关建议名单和选举办法（讨论稿），坊子区出席中共潍坊市第十二次党代会代表、市第十七届人民代表大会代表和市第十三届政协会委员候选人初步人选建议名单等情况汇报，研究有关意见。

同日 区委书记扈洪波到山东美林卫浴有限公司、潍坊鲁元建材有限公司、华安汽车博览大世界等重点企业调研。

1月5日 市扶贫督查考核一组到坊子区督查考核2016年度扶贫开发工作成效。考核组先在区委九楼会议室查阅材料，结束后到有关街道进行实地查看。

同日 区公安分局破获“2016.10. 4”特大网络诈骗案，在广东省茂名市将犯罪嫌疑人邵某民、邵某壮、邵某辉抓获归案并押解回潍，深挖案件20余起，涉案价值共计100余万元。

1月9日 区委书记扈洪波主持召开2017•第1次党政联席会议，听取区委各常委、区政府各副区长2016年工作总结和2017年工作计划汇报，对当前重点工作进行安排部署。

1月10日 市委常委、统战部部长张小梅到坊子区开展春节拥军优属走访慰问活动。

1月14日 区委书记扈洪波主持召开2017•第2次党政联席会议。会议听取政府工作报告，坊子区2016年财政预算执行情况和2017年预算（草案）情况汇报，坊子区2016年国民经济和社会发展计划执行情况与2017年国民经济和社会发展计划（草案）的报告，2017年重点项目、重点工程，2017年春节前走访计划，2015—2016年度区级文明单位评选表彰有关情况，全市信访维稳工作视频会议和《转发市领导有关农民工工资支付保障工作批示精神的紧急通知》的精神等汇报，研究有关意见。

1月15日 区委副书记、区长张龙江春节前看望困难群众、困难职工、老党员、贫困户、困难（破产）企业特困职工。

1月16日—18日 中国共产党潍坊市坊子区第十四次代表大会在鲁能足校召开。16日上午8时，大会开幕。会议选举扈洪波、张龙江、宋伟伟、许文远、任宪强、赵伟、牟杰、于鹏展、李寿岩等40人为第十四届区委委员，选举马玉良、张亮、程宝田、楚治中、戴德彩、张鹏燕、刘乐军、王兆劼等为第十四届区委候补委员。

1月16日 市委常委、常务副市长邹庆忠带队到坊子区检查全面从严治党工作落实情况。

1月18日 区委书记扈洪波主持召开中共潍坊市坊子区第十四届区委第一次全体会议。会议选举扈洪波、张龙江、宋伟伟、许文远、任宪强、赵伟、牟杰、于鹏展、李寿岩为十四届区委常委，选举扈洪波为区委书记，张龙江、宋伟伟为区委副书记。

同日 中共潍坊市坊子区第十四届区纪委第一次全体会议召开，会议选举任宪强、张亮、陈起祥、都宗元、栾正江、高勇、丁彤为区纪委常委，选举任宪强为区纪委书记，张亮、陈起祥为区纪委副书记。

同日 2016年街道（发展区）党工委书记抓基层党建工作述职评议会议召开，各街道（发展区）党工委书记述职。

1月18日—21日 中国人民政治协商会议第九届潍坊市坊子区委员会第一次会议召开。驻坊子区省、市政协委员，区政协委员以及各街道、区直各部门、有关企事业单位主要负责同志参加会议。按照《政协章程》和选举办法有关规定，经全体委员选举，选举王希慧为区政协主席，田立胜、于仁之、常庆科、李子木、李叶忠、张秀霞为区政协副主席。会议通过了区政协第九届一次会议决议。

1月19日—22日 潍坊市坊子区第十八届人民代表大会第一次会议在鲁能足校召开。驻坊子区省、市、区人大代表以及各街道、区直各部门、有关企事业单位主要负责人参加会议。按照会议议程，选举产生了区人大常委会委员和出席潍坊市第十七届人民代表大会的代表，表决通过了《关于政府工作报告的决议》《关于坊子区2016年国民经济和社会发展计划执行情况与2017年国民经济和社会发展计划的决议》《关于坊子区2016年财政预算执行情况与2017年财政预算报告的决议》《关于坊子区人民代表大会常务委员会工作报告的决议》《关于坊子区人民法院工作报告的决议》《关于坊子区人民检察院工作报告的决议》。会议选举潘振东为区人大常委会主任，张洪胜、蔡志敏、王波、郝本杰、李玉为区人大常委会副主任；选举张龙江为区人民政府区长，赵伟、李飞雨、段宏喜、高凤金、王国光等为副区长；选举王学功为区人民法院院长，张春岳为区人民检察院检察长。

1月22日 区委书记扈洪波主持召开十四届区委第二次常委会议。会议听取坊子区参加党的十九大、省第十一次党代会代表候选人初步人选建议推荐名单、区委常委工作分工汇报，研究有关意见。

1月23日 区委常委民主生活会召开。市委常委、常务副市长邹庆忠和市纪委、市委组织部有关领导，区委常委，区人大、区政协主要负责同志参加（列席）会议。会议由区委书记扈洪波主持，主要议程有四项：一是市委常委、常务副市长邹庆忠讲话，就开展好批评和自我批评提出要求；二是区委书记扈洪波代表常委班子进行对照检查，其他区委常委逐一提出意见；三是区委书记扈洪波带头，班子成员逐人进行发言、开展批评和自我批评；四是市委常委、常务副市长邹庆忠讲话。

同日 市委常委、常务副市长邹庆忠到坊子区走访慰问群众。先后走访看望帛方纺织有限公司的泰山产业领军人才王建环、坊安敬老院部分老人、坊城街道新中国成立前老党员唐念爱、贫困户刘忠华和生活困难党员王承顺。

同日 区委副书记、区长张龙江主持召开区政府党组专题民主生活会，区领导赵伟、李飞雨、段宏喜、高凤金、王国光等参加会议。

1月24日 区委书记扈洪波主持召开2017•第3次党政联席会议。会议听取区委、区政府领导成员联系街道（发展区）情况，中共潍坊市纪委十一届十次全体会议精神，全区经济工作会暨项目建设年、作风建设年动员会议筹备情况，全区经济工作会暨项目建设年、作风建设年动员会议宣传方案，全市宣传文化工作会议精神汇报，研究有关意见。

2月

2月2日 区委书记扈洪波主持召开2017•第4次党政联席会议。会议听取区委书记扈洪波和区委副书记、区长张龙江在全区经济工作会暨项目建设年、作风建设年动员会议上的讲话起草情况汇报，研究有关意见。

同日 区委书记扈洪波主持召开十四届区委第三次常委会议。会议就有关干部调整事宜进行研究。

2月3日 全区经济工作会暨项目建设年、作风建设年动员会议召开。区委书记扈洪波讲话，区委副书记、区长张龙江主持会议并讲话，区委副书记宋伟伟宣读《区委区政府关于表彰坊子区2016年度功勋企业家和优秀企业家的决定》《区委区政府关于表彰坊子区2016年度科技创新先进企业》，区委常委、区纪委书记任宪强宣读《区委关于开展“作风建设年”活动的实施意见》，区委常委、常务副区长赵伟宣读《区委区政府关于开展“项目建设年”

活动的实施意见》。

2月6日 区纪委十四届二次全会召开。会议分两个阶段进行：第一阶段，区委常委、区纪委书记任宪强主持会议，区委书记扈洪波讲话；第二阶段，区纪委副书记、区监察局局长张亮主持会议，区委常委、区纪委书记任宪强作工作报告。

2月8日 团中央统战部青联办公室主任朱松华一行到坊子区调研青联委员助力脱贫攻坚工作。

同日 省地质科学研究院院长于学峰一行7人，市国土资源局局长刘树亮陪同下到潍坊市实物地质资料库和炭矿遗址文化园进行调研。

2月11日 区委书记扈洪波主持召开2017•第5次党政联席会议。会议听取全市经济工作会议精神，《关于印发〈全区政法机关精准服务企业发展十项承诺〉的通知》有关情况，《关于调整区委政法委员会组成人员的通知》《关于调整区维护稳定工作领导小组成员的通知》《关于调整区社会治安综合治理委员会组成人员的通知》有关情况，市政道路工程设计方案情况的汇报，研究有关意见。

2月13日 坊子区残疾人就业洽谈会在区人力资源管理服务中心举办，会上与企业签订残疾人就业岗位10多个。

同日 区妇联联合区人力资源管理服务中心举办春季人才就业招聘洽谈会暨坊子区春风行动就业启动仪式。招聘会现场，共有58家企业提供2116个岗位，全区500多名求职者进场应聘，达成意向370余人。

2月14日 区委书记扈洪波主持召开2017•第6次党政联席会议。会议对有关违纪案件进行研究。

同日 区委书记扈洪波主持召开十四届区委第四次常委会议。会议就有关干部调整事宜进行了研究。

同日 坊子区村（社区）妇代会改建妇联工作试点观摩会在凤凰街道辛冬一村举行。会上下发《坊子区妇联关于在全区开展村（社区）妇代会改建妇联工作的实施方案》，明确改建任务、要求和时间节点，指导各街道妇联全面有序开展妇代会改建妇联工作。广泛吸纳辖区各界优秀妇女进入妇联工作班子，构建以妇联为主体，各类女性群体共同参与的妇建工作格局，扩大基层妇联组织和工作覆盖面。

2月21日 区委书记扈洪波主持召开2017•第7次党政联席会议。会议听取中国共产党潍坊市第十二次代表大会精神，2016年度县（市、区）委书记抓基层党建工作述职评议会议精神，建立区委巡察制度实施意见，关于恩源电子商务产业园项目有关情况，《坊子区棚户区改造工作考核奖励办法》《坊子区棚户区改造突发事件应急预案》等情况汇报，对有关干部违纪案件进行了研究。最后，对当前工作进行了安排部署。

同日 区委书记扈洪波召开信访维稳工作会议。区委常委、政法委书记、公安分局局长许文远通报全区信访情况并讲话，区委副书记宋伟伟主持会议并讲话，区委书记扈洪波传达市信访会议精神并讲话。

2月24日 市委常委、副市长刘建国到九龙涧森林公园调研植树节活动现场。

本月 区教育局探索实行集团化办学模式，探索成立尚文中学、实验小学、南流小学、121集团等4个教育集团，以强带弱，整体提升。

3月

3月1日 全区领导干部会议召开。区委副书记、区长张龙江主持会议并传达市党代会、人代会、政协会精神，区委书记扈洪波讲话。

同日 坊子区重大动物疫病防控指挥部组织召开H7N9疫情和重大动物疫病防控会议，全面部署防控工作，指挥长李飞雨副区长通报全市禽病防治工作情况，并就全力做好禽病疫情防控工作进行了安排部署。

同日 坊子区被省委、省政府授予全省信访工作先进集体（鲁委〔2017〕198号）。

3月2日 区公安分局破获“11•19”特大传销案，打掉在坊子区、奎文区、高新区的4个传销窝点，抓获该犯罪集团全部成员共52人，扣押涉案资金100多万元。

3月3日 全区2017年重点项目集中开工暨营子片区棚户区改造项目奠基仪式在营子片区安置区举行。区级领导先对部分重点项目进行观摩，先后到恒信理想小镇、盛世虞河湾、恒安纸业四期、诺吉雅力医药仓储等项目现场观摩。结束后，在营子片区安置区进行奠基仪式，市委常委、常务副市长邹庆忠参加仪式。

3月4日 市政府副市长马清民到九龙涧森林公园调研植树节活动现场。

3月6日 市委副书记、市长李宽端到雷沃重工股份有限公司、虞舜公园、恒安四期项目、机械装备制造园等工程调研经济社会发展情况。

3月8日 福建省政协党组成员、副主席杨根生一行11人，在省政协提案委副主任贾有余、市政协主席苏立科等陪同下到雷沃重工股份有限公司、虞舜公园、1898坊茨小镇等工程调研。

3月10日 区政协副主席于仁之等一行7人到经济发展区开展农村文化广场建设专题调研。

3月12日 市委副书记、市长李宽端等市领导与市直机关、坊子区干部群众等300余人一同到九龙涧森林公园参加义务植树，推进潍坊市生态文明建设。

同日 根据《关于设立坊子区法学会机关的通知》（坊编办〔2017〕6号），设立区法学会机关，承担区法学会日常工作，由区委政法委管理，为公益一类事业单位，正股级规格，核定事业编制3名。

3月15日 区委书记扈洪波主持召开2017•第8次党政联席会议。

同日 区委书记扈洪波主持召开十四届区委第五次常委会议。会议对有关违纪案件进行研究。

3月17日 区委书记扈洪波主持召开2017•第9次党政联席会议。会议听取关于棚户区改造工作考核奖励办法、区政府融资体制改革方案、给予潍坊谷合动力传动技术有限公司相关优惠政策、给予新方矿业有限公司矿井关停退出扶持资金等情况汇报，研究有关意见。

同日 棚户区改造项目安置补偿方案研究会议召开。区委副书记、区长张龙江主持会议。会上，坊城街道、九龙街道、工业发展区、经济发展区先后汇报了高家片区棚户区改造项目、下房片区棚户区改造项目、南眉村片区棚户区改造项目、西辛片区棚户区改造项目安置补偿方案，与会人员逐一研究讨论。

同日 区委副书记、区长张龙江主持召开全区安全生产工作会议，区领导宋伟伟、许文远、赵伟、李飞雨、段宏喜、高凤金、王国光等参加会议。会上，张龙江区长与街道（发展区）、区直部门代表签订了《2017年度安全生产目标责任书》。

3月21日 区委书记扈洪波到龙泉街改造提升、凤凰街辅路整修、欧美佳苑西规划路新建等全区重点工程进行调研。

3月22日 齐鲁股权交易中心坊子企业集中挂牌仪式在坊子区隆重举行，共计14家行业领头企业正式登陆齐鲁股权交易中心。

3月23日 省委政法委常务副书记李占国一行2人，在市委常委、政法委书记孙起生等有关市领导陪同下到坊子区调研政法工作。

3月24日 省经济动员办公室副主任张吉忠等人到坊子区对“十三五”军民融合深度发展规划编制工作进行调研。

同日 坊子区食品产业联盟成立。17家企业成为联盟成员，会议通过联盟章程，选举产生领导机构。

3月24日—4月12日 省环境保护督察组第一组对潍坊市环保工作进行了全面督察指导，省督查期间共办理信访案件67件，未出现重复举报的案件。

3月30日 区总工会召开坊子区外经贸企业工会联合会成立暨首届会员代表大会。市总工会副主席赵海滨、市商务局副局长刘振德出席成立大会并为工会联合会揭牌。全区加入联合会企业44家，会员1万余人。

同日 雷沃重工股份有限公司牵头建设的山东省智能农机装备技术创新中心被山东省科学技术厅认定为省级技术创新中心试点。

3月30日—31日 全国政协副主席、民盟中央常务副主席陈晓光率调研组一行，在省人大常委会副主任、民盟山东省委主席温孚江陪同下到雷沃重工股份有限公司、潍坊谷合传动技术有限公司、潍坊富源增压器有限公司等进行调研。

本月 第五批区级非遗保护项目和第三批区级非物质文化遗产项目代表性传承人名单公布，5个新项目被评为区级非遗项目，24人被确定为区级非物质文化遗产项目代表性传承人，其中《梅花拳》项目成功申报为市级第五批非遗保护项目。

4月

4月1日 按照《关于调整有关单位机构编制事项的通知》（坊编〔2017〕1号）要求，成立区交通运输综合执法大队。

同日 区委副书记、区长张龙江到龙泉街改造提升、凤凰街辅路整修、欧美佳苑西规划路新建等重点工程调研。

4月7日 坊子区召开创建省级慢性病综合防控示范区启动大会。

4月10日 区委书记扈洪波召开2017•第10次党政联席会议。会议听取全市组织部长会议精神、全市关于加强农村基层组织建设着力整治"村霸"问题工作会议精神、全市包村联户和选派第一书记工作第三批总结暨第四批部署会议精神、全市统战部长会议及全市宗教工作会议精神汇报，研究贯彻落实意见；听取《街道（发展区）、区直部门（单位）领导班子成员履行岗位职责情况"月报随访两公开"办法（试行）》《关于进一步落实离任村主职干部生活补贴的意见》，开展机关事业单位工作人员"吃空饷"问题专项整治工作情况，2017中国（潍坊）国际艺术双年展暨"恒信之春•影像坊茨"摄影展筹备情况，《全区党委（党组）理论学习中心组2017年理论学习安排意见》，华凯比克希汽车电子项目、途居房车制造项目招商引资情况，关于开展城市违法建设治理行动有关情况，关于开展全区严打整治集中行动有关情况，《关于认真落实省委领导批示精神主动担当依法作为切实做好基层矛盾纠纷排查化解有关工作的通知》文件精神等情况汇报，研究有关意见。

4月12日 省人大常委会副主任尹慧敏带领省人大视察组一行16人，在市人大常委会副主任孙明亮陪同下到区法院、炭矿遗址文化园、玉泉洼农业种植合作社联合社等实地调研。

同日 市政府副市长王树华到坊子区调研宝通街东延工程。

4月13日 省人大常委会副主任尹慧敏带领省人大视察组一行到区人民法院视察执行工作。视察期间，视察组听取了区人民法院院长王学功关于区人民法院深入推进"基本解决执行难"工作情况汇报。

4月15日 区政务服务中心正式启用新大厅。区政务服务中心是区委、区政府为方便群众，提高办事效率和服务质量，规范行政行为，优化投资环境，加强党风廉政建设而启用的。共进驻部门单位40个，其中常驻部门28个，进驻综合窗口部门6个，进驻事项部门6个。进驻事项共320余项，其中投资审批服务事项20项，一般审批事项190余项，一般服务事项110余项。

同日 2017中国（潍坊）国际艺术双年展暨"恒信之春•影像坊茨"摄影展在1898坊茨小镇开幕。本次展览共分为国内外艺术家油画邀请展、国际著名雕塑家刘若望雕塑展、第二十五届全国摄影艺术展、"恒信之春•影像坊茨"摄影展四个大项。国内外知名油画家、雕塑家、策展人近200名艺术家齐聚一堂。

4月17日 区委书记扈洪波召开十四届区委第六次常委会议。会议就有关干部调整事宜进行研究；听取坊子区2017年度街道（发展区）高新园区党风廉政建设责任书、坊子区2017年度区直部门（单位）党风廉政建设责任书、2017年度坊子区落实党风廉政建设党委主任责任目标任务资料报送工作分工情况汇报，研究有关意见。

同日 第十届海峡两岸风筝文化交流主体活动在现代风筝文化创意创业园举办“走进风筝故里•感知齐鲁文化”体验交流活动。

4月18日 区委书记扈洪波召开2017•第11次党政联席会议。会上区委书记扈洪波传达全市开展“作风建设年”活动动员大会精神，与会领导就全市开展“作风建设年”活动动员大会进行学习讨论，谈心得体会，结合各自工作表态发言；听取《中共潍坊市坊子区委常委会2017年工作要点》汇报，研究有关意见。

4月19日 省政协副主席郭爱玲带领省政协调研组一行14人在市政协主席苏立科、副主席李士来等领导陪同下到1898坊茨小镇、炭矿遗址文化园等实地调研。

4月20日 全区统战暨宗教工作会议召开。区委常委、统战部部长李寿岩传达市统战部部长讲话及宗教工作会议精神，区委副书记宋伟伟主持会议，区委书记扈洪波讲话。

4月21日 全区重点项目现场调度会议召开。分别到工业发展区、九龙街道、黄旗堡街道、坊安街道、坊城街道、经济发展区、高新园区进行现场调度。

同日 潍坊市可视基层管理服务系统建设现场会召开，各县市区委组织部分管基层党建工作的同志，在凤凰街道辛冬社区集体研讨“坊子党群云视声”可视系统，推广坊子信息化党建模式，搭建市、县、街道、社区、村五级互联互通可视化党建管理服务平台，促进基层党建工作信息化、便捷化、精准化、规范化。

4月23日 坊子区召开H7N9流感防控紧急会议，落实八项措施（关闭所有活禽交易市场；做好密切接触人群的防控；印制《动物疫病防控工作手册》《致广大养殖户的告知书》《养殖场、屠宰厂消毒规范》，群众知晓率达到100%；规范管理，严格消毒灭源；加强疫情排查，进行全面监测；开展大规模培训，普及禽流感知识；加强应急值守，做好应急物资储备；严肃纪律，密切关注，实时监控，迅速反应），严防严控人感染H7N9流感。

4月24日 “守纪律、讲规矩，勇担当、有作为”主题群众书画展暨第二届群众文化艺术节在1898坊茨小镇举行。展期为4月24日—5月10日，共有200件作品参展。

同日 市人大常委会副主任范福生到雷沃重工股份有限公司、虞舜公园、恒安高档生活用纸智能一体化等重点工程调研。

4月26日 市委常委、纪委书记李在武到雷沃重工股份有限公司、虞舜公园、恒安高档生活用纸智能一体化等重点工程调研全面从严治党及经济社会发展情况。

同日 区委书记扈洪波召开2017•第12次党政联席会议。会议听取全市关工委工作会议、全市农村工作暨扶贫开发工作会议、市委政法工作会议、全市推进政府职能转变暨机构编制工作会议、全市老干部工作会议等会议精神汇报，研究贯彻落实意见；听取全区庆祝“五一”国际劳动节暨劳模表彰大会有关情况、关于进一步改善劳模待遇情况、2016年度全区科学发展综合考核情况、坊子区2017年度提升群众满意度工作方案情况、全区“一村一警务助理”有关工作情况、全区一季度经济运行情况、关于上海普道财务咨询有限公司有关情况及政策建议、《进一步推动“作风建设年”活动深入开展的实施方案》《关于完善医疗救助制度全面开展重特大疾病医疗救助办法》等汇报，研究有关意见。

4月27日 区总工会召开全区庆祝“五一”国际劳动节暨劳模表彰大会。区委、区政府决定，授予商升祥等15人“坊子区劳动模范”称号，授予高峰等15人“坊子区先进工作者”称号。

4月28日 全区“作风建设年”活动推进会议召开。凤凰街道、区经信局、区政务服务中心管理办公室进行表态发言，区委副书记宋伟伟宣读《关于表彰2016年度先进单位和先进个人的通报》。

同日 区委书记扈洪波召开十四届区委第七次常委会议，听取区人大常委会、区政府、区政协、区法院、区检察院党组去年以来的工作情况和下步工作打算汇报，研究有关意见。

同日 市政府副市长马清民到坊子区调研引黄入峡工程。

4月29日 区政府办公室印发《关于划定全区畜禽养殖禁养区、限养区、适养区的实施意见》（坊政办发〔2017〕12号），科学划定了禁养区、限养区和适养区，并依法向社会进行了公布。

同日 区委副书记、区长张龙江召开一季度经济运行问题调度会议，区领导赵伟、高凤金、王国光等参加会议。会上，区统计局通报一季度经济运行情况和存在问题，安排4月份统计数据上报工作。

本月 区公安分局破获部督“11.24”特大侵犯公民信息案，先后组织21批侦查员赴青岛、成都、北京等地开展侦查和抓捕工作。共抓获犯罪嫌疑人47名，打掉团伙2个，冻结涉案资金200余万元。

5月

5月1日 区委副书记、区长张龙江到1898坊茨小镇、沙埠片区棚户区改造项目、穆村片区棚户区改造项目等重点工程调研全区棚户区改造项目推进情况。

5月2日 区委理论学习中心组（扩大）集体学习举行。区委书记扈洪波领学《刘家义：必须旗帜鲜明讲政治》《中共潍坊市委常委会开展“作风建设年”活动实施方案》，区委副书记、区长张龙江领学《习近平总书记在中央全面深化改革领导小组第三十三次会议上的讲话》，区委副书记宋伟伟领学《尹蔚民：关于推进有关制度创新情况汇报》，区委常委、区纪委书记任宪强领学《中共中央关于部分纪检监察干部违纪案件及其教训警示的通报》。

5月5日 区委书记扈洪波召开十四届区委第八次常委会议。会议听取全市推进“两学一做”学习教育常态化制度化工作座谈会精神和《关于推进“两学一做”学习教育常态化制度化实施方案》汇报，研究有关意见；研究干部违纪案件。

5月8日 全区推进“两学一做”学习教育常态化制度化工作座谈会召开。

同日 区科协联合区教育局、潍坊海洋科普馆，在全区20多所中小学校开展“海洋环保科普知识进校园——科普公开课”活动。

5月10日 区编办下发文件《关于调整区委组织部有关机构编制事项的通知》（坊编〔2017〕6号），设立区人才发展服务中心，为区委组织部所属事业单位，副科级规格，财政拨款，定编5名，配主任1名；调整区党员电教中心机构编制事项，将区党员电教中心与区农村党员干部现代远程教育管理中心合署调整为区委组织部所属，定编3名。

5月12日 区委理论学习中心组专题辅导报告会举行。邀请中国人民大学财政金融学院胡波教授就政府投融资模式发展与创新作专题辅导报告。

5月13日 区委书记扈洪波召开2017•第13次党政联席会议。会议传达刘曙光在十二届市委常委会第14次会议上的讲话、县（市、区）委书记会议精神，研究贯彻落实意见；听取省委常委、省纪委书记陈辐宽到潍坊市调研主要精神和全市纪检监察领导干部会议精神，全市安全生产标准化建设暨危险化学品安全综合治理工作会议精神，市政府全体（扩大）会议暨廉政工作会议精神，全市党内法规和规范性文件工作会议精神，全市人力资源和社会保障工作会议精神，《中共潍坊市坊子区委常委会开展“作风建设年”活动实施方案》，坊子区公开承诺“担当作为、争创一流”任务目标及赶超标杆、学习标杆情况，《中共潍坊市坊子区委全面深化改革领导小组2017年工作要点》，雷沃重工配套企业招商引资优惠政策，《关于完善山东测绘地理信息产业园孵化器大厦及山东测绘地理信息产业园发展有限公司运营管理的意见（建议稿）》《加快推进农村综合文化广场建设的指导意见》《潍坊市坊子区第二届群众文化艺术节总体方案》等情况汇报，研究有关意见。

5月15日 坊子区举行农业智能装备产业链招商推介会，中国农业机械工业协会、农业部南京农业机械化研究所、全国农机零部件制造行业龙头企业等73家单位和企业的90余人参加了会议。

5月17日 潍坊稷丰农业科技有限公司、潍坊市玉泉洼种植专业合作社联合社、盈丰现代农业有限公司3家企业入选第一批山东省“农科驿站”建设备案名单。全省共有363家企业通过备案审查，潍坊市50家企业入选，数量居全省第1位。

5月23日 市委常委、统战部部长王兆辉到商会大厦、雷沃重工股份有限公司、虞舜公园等现场调研。

5月25日 坊子区副县级以上离退休、离岗老干部一行到雷沃重工股份有限公司、虞舜公园、恒安高档生活用纸智能一体化等全区重大项目、工程进行观摩。

同日 市委常委、常务副市长邹庆忠到恒安高档生活用纸智能一体化、营子片区棚户区改造、高家村棚户区改造等重点工程调研“作风建设年”开展情况。

同日 区政府全体（扩大）会议暨廉政工作会议召开，会上，学习贯彻上级会议精神，深入落实区第十四次党代会、区十八届人大一次会议、全区“作风建设年”活动推进会议部署要求和目标任务，安排部署加强政府自身建设等工作。区领导张龙江、任宪强、赵伟、李飞雨、段宏喜等出席会议。

5月26日 市人大常委会副主任、农业与农村委主任委员张新强带队到中粮肉食、营子片区棚户区改造、金润农业科技园、玉泉洼生态观光园等地调研农产品质量安全工作情况。

5月27日 山东省中小微企业巡回大讲堂潍坊（坊子）班开班，各县市区中小企业办主要负责人、分管负责人、培训科长及相关企业负责人约270人参加。

5月31日 市委副书记、市长李宽端一行8人到坊子区调研南绕城高速项目情况，强调要充分认识道路交通建设对现代化强市建设的重大意义，一条心、一股劲，凝心聚力、拼搏实干，高质高效推进重点交通项目建设，为“四个城市”建设提供重要基础支撑。

本月 坊子区“税收见证发展”主题摄影展在1898坊茨小镇开幕。立足“项目建设年、作风建设年、精准服务企业年”活动，站位坊子区经济发展和人文地理，特此举行主题摄影比赛活动，用专业的镜头、独特的视角去展现富裕美丽和谐的活力坊子，展示坊子新气象、新面貌、新成绩。

本月 《坊子区中小学校长职级绩效考核办法》下发，推进落实校长职级制，贫困学生资助工作实现零差错，坊子区中小学（幼儿园）精准资助救助经验做法被潍坊市教育局文件推广，供全市参阅。

本月 坊子区农村土地承包经营权确权登记颁证数据库顺利通过省级农村土地承包经营管理信息系统校验入库，率先在全市完成省级农村土地承包经营权确权登记颁证数据库汇交工作。

本月 《关于加快推进农村综合文化广场建设的指导意见》下发，提出了高于省、市标准的坊子区农村综合文化广场建设标准，全年全区新建提升187个农村综合文化广场，总建设面积212622.35平方米，总建设投资2778.58万元，区财政补助980万元。

6月

6月5日 市委政法委常务副书记刘效伟到雷沃重工股份有限公司、虞舜公园、恒安高档生活用纸智能一体化等重点工程调研。

6月6日 全市“三夏”农机化生产现场会在坊子区坊城街道裴家河村西举办，副市长马清民，市农机局相关领导，奎文区、潍城区、寒亭区农机局局长及相关科室负责人，部分农机合作社理事长到坊子区参加现场会。区领导扈洪波、张龙江、李飞雨等参加。

同日 市妇联主席田素英一行到雷沃重工股份有限公司、虞舜公园、恒安高档生活用纸智能一体化等重点工程调研。

6月7日 市委常委、宣传部部长，潍坊国家高新技术产业开发区党工委书记初宝杰一行到帅克工业机器人、南范家村棚户区改造、潍坊四中迁建项目等重点工程调研。

同日 潍坊市坊子区人民政府与潍坊市再担保股份有限公司战略合作签约，区委副书记、区长张龙江出席仪式并讲话。副区长高凤金与潍坊市再担保股份有限公司总经理唐耒签订战略合作协议。

6月7日—8日 高考工作平安顺利，潍坊四中被评为山东省高考优秀考点，重点本科上线人数再创新高。

6月9日 雷沃重工股份有限公司的精准农业“主要粮食作物低损耗收货技术装备研发”和山东帅克机械制造股份有限公司制造的高端制造装备（智能机器人）“工业机器人用高精密系列化谐波减速器产业化关键技术研发”2个项目入选山东省重大科技创新工程项目。

同日 区委副书记、区长张龙江到山东帅克机械制造股份有限公司调研，先后参观了帅克机械车间、实验室、研发中心，并听取总经理汤承龙汇报帅克机械有关情况。

6月10日 区委书记扈洪波召开十四届区委第九次常委会议，就干部调整事宜进行研究。

同日 区委书记扈洪波召开2017•第15次党政联席会议。会议听取全市创建全国文明城市暨文明出行专项行动工作会议和全省、全市排查安全隐患防范四类风险专项行动动员部署会议精神汇报，研究贯彻落实意见；听取《坊子区全面实行河长制实施方案》《坊子区供水总公司改制方案》，全区现代农业示范园区评审验收工作，潍坊市军民融合智能装备产业园有关政策，关于进一步完善城区管理体制等有关情况汇报，研究有关意见。

6月13日 《坊子区防震减灾事业发展规划（2016—2020年）》印发实施，《规划》主要由防震减灾工作现状和面临的新形势，指导思想、基本原则和工作目标，工作重点，保障措施四部分构成。

6月16日 区政府安委会组织开展全区“安全生产月”集中宣传活动。

6月19日 为完善城区管理体制，经区委、区政府研究，下发《关于进一步完善城区管理体制意见（试行）》，成立区城市管理委员会，在区城管执法大队设办公室，负责全区17个部门的组织领导和工作协调。明确街道（发展区）的职责，成立区城市管理工作考核小组，至2017年底，城区管理体制基本理顺，城市管理工作取得了良好成效。

同日 全区领导干部会议召开。区委副书记宋伟伟传达龚正省长参加潍坊市代表团时的讲话精神，区委副书记、区长张龙江主持会议并传达省党代会和省十一届一次全委会精神，区委书记扈洪波就贯彻落实省党代会精神讲意见。

同日 区委书记扈洪波召开2017•第16次党政联席会议。会议听取十四届坊子区委巡察工作规划（2017年—2021年）情况、区政府与山东世纪泰华集团有限公司合作框架协议的情况汇报，研究有关意见。

6月20日—25日 区委书记扈洪波带队到南京市江宁区、常州溧阳市、无锡市惠山区等地考察学习。

6月24日 区委副书记、区长张龙江召开全区新旧动能转换、“四个城市”创建工作调度会议，区领导赵伟、高凤金等参加会议。

6月27日 区委书记扈洪波召开2017•第17次党政联席会议。会议听取《关于进一步加强和改进离退休干部工作的实施意见》、全区城市工作会议筹备情况、《坊子区党政考察团赴江浙及青岛城阳寻标对标学习考察报告》等情况汇报，研究有关意见。

同日 区委书记扈洪波召开十四届区委第十次常委会议。会议就干部调整事宜进行了研究。

6月28日 省民委副主任马辉一行到中粮肉食（山东）有限公司、恒信社区等地参观调研少数民族流动人口服务管理工作。

6月29日 全区城市工作会议召开，会议由区委副书记、区长张龙江主持。共2项议程：一是区住建局、区房管中心、区城管执法大队，凤凰街道、坊城街道发言；二是区委书记扈洪波同志讲话。

6月30日 市政协主席苏立科到区国税局、恒安高档生活用纸智能一体化、高家片区棚户区改造等重点工程调研。

同日 市委常委、常务副市长邹庆忠一行到坊城街道夹河套村走访慰问建国前入党老党员张忠宗和生活困难党员嵇素英。

同日 市规划局局长孙守勤一行到恒安高档生活用纸智能一体化、高家片区棚户区改造、营子片区棚户区改造等重点工程调研。

7月

7月1日 开始进行残疾人康复需求调查登记，建立残疾人康复档案1360个，发放《残疾人精准康复服务手册》1360本，为全区残疾人精准康复服务工作打下了坚实基础。

同日 区级公共法律服务大厅正式启用。

7月2日 区委副书记、区长张龙江召开全区安全生产工作现场会议，区领导许文远、赵伟、王国光等出席会议。

7月3日 全区重点项目现场调度会议召开。先后到九龙街道、坊安街道、坊城街道、经济发展区、高新园区等对全区重点项目进行现场调度。

7月6日 坊子区委离退休干部纪工委成立，配备书记1名（坊编〔2017〕7号文件）。

同日 夜间坊安街道迎来2017年以来最大范围降雨。降雨量大，街道部分村庄受村内蓄水河已满、地势低洼等原因影响皆不同程度受灾。

7月9日 市政协原主席、市关工委主任赵兴涛一行到雷沃重工股份有限公司、虞舜公园、恒安高档生活用纸智能一体化等现场调研。

7月10日 市委常委、组织部部长林红玉到恒安高档生活用纸智能一体化等现场调研。

7月14日 全省公安消防部队正规化管理暨安全大检查工作现场推进会在区公安消防大队

举行。

7月15日 区委书记扈洪波召开2017·第18次党政联席会议。会议听取《坊子区公立医院法人治理结构建设的实施意见》《关于进一步加强和改进重点信访维稳工作的实施意见》，关于2017年坊子区退役士兵专项公益性岗位安置工作情况汇报，研究有关意见；传达赴北京、重庆寻标对标和招商考察报告，全市开展“作风建设年”活动现场推进会议精神，研究贯彻落实意见。

7月17日 市人大常委会副主任、临朐县委书记顾建华带队到坊子区高家棚户区改造、营子片区棚户区改造、营子花园棚改安置区等现场参观考察棚户区改造工作。

7月18日 山东中海达数源信息技术有限公司、山东精诺机械有限公司和山东皓隆环境科技有限公司3家企业获批2017年山东省小微企业升级高新技术企业财政补助资金计划，获批的企业分别获得一次性补助10万元。

7月21日 全区作风建设现场推进会召开。会议分两个阶段进行：第一阶段现场观摩，先后到南沟西村棚户区改造、董家庄子村棚户区改造、南范家村棚户区改造等现场参观；第二阶段在区级会议中心第二会议室集中开会，凤凰街道、坊城街道、区财政局、区房管中心、中昊佳信城发集团分别作交流发言。

7月27日—28日 市委调研访谈组到坊子区开展党政班子成员“季报随访”调研访谈和干部选拔任用工作专项检查。调研访谈组分别与在职县级干部、街道（发展区）党工委书记、综合部门主要负责人、纪委副书记、组织部副部长谈话；28日下午，调研访谈组到玉泉洼生态观光园、南范家村棚户区改造、山东测绘地理信息产业园等项目现场对全区经济社会发展情况进行调研。

7月29日 区委理论学习中心组专题辅导报告会举行，邀请萧山经济技术开发区管委会党政办副主任、中共杭州湾信息港委员会党委书记兼杭州湾信息港主任、萧山信息港小镇“镇长”韩梦龙就特色小镇的规划与建设作专题报告。

7月30日 全市“四个城市”建设动员大会召开，会议通过潍坊电视台1频道直播，坊子区在区级会议中心第二会议室设分会场。

7月31日 区人民医院首届理事会成立大会和第一届理事会第一次会议召开，印发《关于坊子区公立医院法人治理结构建设的实施方案》，组建公立医院外部理事库、外部监事库。

8月

8月3日 全区科学发展观摩点评会议召开，先后到工业发展区、九龙街道、黄旗堡街道、坊安街道、坊城街道、经济发展区、凤凰街道进行现场观摩；结束后在区级会议中心第二会议室进行评议打分。

8月7日 区政府党组理论学习中心组集体学习贯彻习近平总书记重要讲话精神。会议由区委副书记、区长张龙江主持。区领导领学中共山东省委《关于认真学习宣传贯彻习近平总书记在省部级主要领导干部专题研讨班上重要讲话精神的通知》、新华社通稿《习近平：为决胜全面小康社会实现中国梦而奋斗》、人民日报评论员文章，随后区政府党组成员交流发言，最后张龙江区长总结发言。

8月9日 省政协副主席许立全一行12人在市政协主席苏立科等有关领导陪同下到坊子区就军民融合发展情况进行专题调研。

同日 山东省疾控中心专家组对坊子区艾滋病防治数据质量进行督导检查和现场评估。

同日 坊子区组织全区领导干部到潍坊大剧院观看大型反腐现代戏《失却的银婚》。

同日 市委常委、常务副市长邹庆忠带队到坊子区现场检查水源地保护工作。区领导张龙江、高凤金等陪同检查。

8月10日 潍坊市坊子区人民政府与中国铸造协会战略合作签约仪式暨坊子区铸造产业联盟成立大会举行。会议审议了《潍坊市坊子区铸造产业联盟章程》，选举第一届理事会理事长、副理事长、秘书长。区领导张龙江、高凤金等出席。

8月10日—9月10日 中央第三环境保护督察组进驻山东开展督察工作，为确保中央环保督察顺利开展，成立了区保障中央环境保护督察工作协调联络组，全面负责中央环保督察组在山东督察期间的协调保障工作。督察期间，共交办坊子区28件群众举报。通过各项保障，群众满意度良好，未出现重复举报的案件。

8月11日 市政府副市长马清民到坊子区对畜禽污染防治工作进行督查。

同日 市纪委、监察局派驻第一纪检组副书记、监察室副主任陈百波一行6人到坊城街道调研“作风建设年”活动开展情况。

8月15日 区委副书记、区长张龙江到经济发展区调研矿区开发和环保综合整治工作。先后到九马路矿区复绿工程和山东鲁元建材有限公司进行实地调研。

8月16日 市军分区司令万伟峰到坊子区指导参加区人武部班子民主生活会。结束后对全区经济社会发展情况进行调研，先后到恒安高档生活用纸智能一体化、高家片区棚户区改造、营子片区棚户区改造等现场调研。

8月17日 市委副书记张小梅到坊子区调研农业农村工作。

8月19日 区委理论学习中心组（扩大）集体学习举行。与会人员集体学习《中共中央政治局第四十一次集体学习通稿》《全省环境保护突出问题综合整治攻坚动员大会通稿》《中央第三环境保护督察组督察山东省工作动员会通稿》《我市组织收看中央第三环境保护督察组督察山东省工作动员会通稿》《关于学习刘家义、龚正批示要求的通知》。

同日 区委书记扈洪波召开2017•第19次党政联席会议。会议听取坊子区“四个城市”规划计划，市委副书记张小梅到坊子区调研精神，坊子区庆祝第三十三个教师节颁奖会筹备情况和2017年教师节走访慰问活动方案，关于威马农业机械小型高端发动机和耕作机项目、山东众益碳化硅陶瓷制品项目、浙商财险有限公司坊子支公司、上海合晖保险经纪有限公司潍坊分公司、现代物流小镇及山东潍坊循环经济产业园项目有关政策，全市保密工作会议精神等情况汇报，研究有关意见。

同日 区委书记扈洪波召开十四届区委第十一次常委会议。会议就干部调整事宜和干部违纪案件等进行研究。

8月21日 中共潍坊市坊子区委十四届三次全体会议在区级会议中心第二会议室召开。区委书记扈洪波主持会议并讲话，张龙江、宋伟伟、于鹏展分别就“产业强市”“文化名市”“活力城市”“品质城市”建设五年规划、三年行动计划和年度工作安排有关情况作说明；分组讨论《“四个城市”建设五年规划和三年行动计划（审议稿）》《关于加快“四个城市”建设、加速实现富裕美丽和谐的活力坊子目标的决议（草案）》；表决通过《关于加快“四个城市”建设、加速实现富裕美丽和谐的活力坊子目标的决议（草案）》。

8月23日 中关村领创空间科技服务有限责任公司华东分公司总经理庞国伟一行到坊子区参观考察。

同日 市督察组到坊子区对教师队伍县管校聘改革开展情况进行专项督察。

8月24日 省妇联主席张惠、发展部部长赵红、组联部部长张宏卿一行3人到坊子区调研妇女工作。

8月25日 副市长王树华到坊子区召开虞河市级河长制工作推进会议。

8月26日—27日 坊子区三家企业参加了山东省材料大会（2017）暨“院士专家潍坊行”活动。

8月29日 区委书记扈洪波召开2017•第20次党政联席会议。会议听取关于设立潍坊高精尖股权投资基金、关于表彰坊子区名校长等个人和单位的通报、关于全区深化基层医药卫生改革等情况汇报，研究有关意见。

8月30日 区委书记扈洪波在区级会议中心第一会议室召开十四届区委第十二次常委会议。会议就干部调整事宜进行了研究。

本月 为进一步推进禁养区关停搬迁，坊子区政府办公室印发《坊子区畜禽养殖禁养区养殖场（小区）和养殖专业户关闭搬迁工作实施方案》（坊政办发〔2017〕32号），区畜牧局、区环保局联合印发《坊子区畜禽粪污专项整治行动实施方案》《坊子区禁养区畜禽养殖场（户）关闭或搬迁工作考核办法》。

9月

9月1日 出席第23届鲁台经贸洽谈会的台湾新竹县妇联会参访团一行到坊子区考察交流。

同日 坊子区“一村（社区）一法律顾问”工作试点正式启动。

9月3日 省人大常委会委员、人大常委会代表资格审查委员会主任委员马平昌带领省人大常委会调研组到帛方纺织有限公司视察。

9月4日 市委第一巡察组到坊子区对九龙街道进行巡察，副组长李翱修传达市委书记刘曙光在听取十二届市委第一轮巡察工作情况汇报时的讲话精神，区委书记扈洪波作表态发言。

9月5日 市人大常委会党组副书记、副主任孙明亮带领市人大常委会法制环境专题调研组到坊子区就法制环境开展调研。

同日 区委书记扈洪波召开2017•第21次党政联席会议。会议听取《坊子区2017年度科学发展综合考核办法》、关于学区制建设等情况汇报，研究有关意见；传达全市卫生与健康暨计划生育工作会议，全市党的十九大安保维稳工作视频会议，市人大常委会党组副书记、副主任孙明亮到坊子区调研法制环境时的讲话等精神，研究贯彻落实意见。

9月7日 区委副书记、区长张龙江到潍坊市政务服务热线受理中心接听热线。

9月13日 广西壮族自治区贺州市政协副主席贝小燕一行，在市政协副主席刘秀平等陪同下，到坊子区学习考察农业投入品经营管理、休闲农业发展情况。区领导张龙江、王希慧等陪同考察。

同日 北京市政府参事室特邀专家、北京市政府原副秘书长戴卫，带领“现代设施农业发展”课题调研组一行，在省政府参事室文史馆副主任（副馆长）曹悟响、参事室调研处副处长于世刚陪同下，到1898坊茨小镇考察调研。区领导张龙江、李飞雨等陪同考察调研。

9月16日 省司法厅党委书记、厅长王本群率省委十九大安保维稳工作督导组一行，到坊子区视察指导工作。

9月21日 潍坊市军民融合智能装备产业园顺利揭牌并奠基。该园区是潍坊市首批确定的军民融合特色产业园。园区一期占地1000亩，建筑总面积150万平方米，计划总投资30亿元，规划建设总部聚集区、科研孵化区、成果展示区、装备制造区、生活配套区等五大功能区，全部建成投产后，年可实现销售收入60亿元、利税10亿元。

同日 省社科院副院长杨金卫在市委党校常务副校长丁志伟陪同下到雷沃重工股份有限公司调研新旧动能转换、促进经济转型升级有关工作。

9月22日 区委书记扈洪波召开2017•第22次党政联席会。会议听取支持帮助共达电声股权重组情况，潍坊市坊子区人民政府、新松机器人投资有限公司关于合作共建“新松机器人（山东）智能制造产业创新服务平台”合作协议，《坊子区群团改革方案》《坊子区总工会改革实施方案》《共青团潍坊市坊子区委改革实施方案》《坊子区妇联改革实施方案》《坊子区科协系统改革实施方案》等情况汇报，研究有关意见。

9月23日 市委组织部常务副部长、老干局局长殷修湖到坊子区调研基层组织党建工作。

9月24日 大美坊茨——中国水彩峰会开幕式在1898坊茨小镇隆重举行。大美坊茨——中国水彩峰会是我国第一个全国性的水彩画峰会，主要有坊茨写生、大美坊茨百米水彩长卷绘制、写生作品展览、峰会研讨会四个环节。70多名国内一流水彩画家利用四天时间在1898坊茨小镇写生，写生作品在国庆期间全部在坊茨美术馆集中展出，并以此为起点，逐步打造

1898坊茨水彩艺术区。

9月25日 “新松机器人（潍坊）产业园区”签约仪式在富华大酒店举行。副市长王树华与新松机器人投资有限公司总裁郝占岗签订“新松机器人（潍坊）产业园区”战略合作协议，区委副书记、区长张龙江与新松机器人投资有限公司总裁郝占岗签订“新松机器人（潍坊）智能制造产业创新服务平台”合作协议。

9月27日 省委常委、组织部部长杨东奇在市委常委、组织部部长林红玉陪同下到坊子区调研基层组织党建工作。

9月28日 设立潍坊市坊子区综合行政执法局、潍坊市坊子区综合行政执法大队、街道综合行政执法办公室。

同日 区编办下发文件《关于调整部分机构编制事项的通知》（坊编〔2017〕12号），设立潍坊市坊子区发展软环境建设服务中心，为区委组织部所属事业单位，副科级规格，定编3名，配主任1名。同时，撤销区党员电教中心，编制予以收回，人员划转至区委组织部所属事业单位。将潍坊市坊子区人民政府生产调度室更名为潍坊市坊子区产业转型升级服务中心，其他机构编制事项不变。

同日 潍坊市残疾人运动会结束，坊子区残疾人体育代表队取得团体总分第6名，游泳项目第2的好成绩。

9月29日 省政协艺术团在1898坊茨小镇举行“喜迎十九大•书乐颂国庆”书画笔会仪式。市政协副主席孙忠礼主持仪式，全国政协委员、山东画院院长孔维克先生讲话，区委书记扈洪波致辞。

同日 市委巡察组到坊子区围绕推进“四个城市”建设和开展“作风建设年”活动等情况开展巡察督导。

同日 区委书记扈洪波在区级会议中心第三会议室召开2017•第23次党政联席会。会议听取关于山东大学地热开发研究院战略合作协议，关于《坊子区美丽乡村标准化建设工作方案》等情况汇报，研究有关意见。

同日 区委书记扈洪波在区级会议中心第一会议室召开十四届区委第十三次常委会议。会议听取《坊子区公务员职务与职级并行制度试点实施方案（讨论稿）》的情况汇报，研究有关意见。

9月30日 坊子区与山东大学、山东省煤田地质局第四勘探队签署共建山东大学地热开发研究院战略合作协议。以山东大学为依托，共同建立山东大学地热开发研究院。

本月 坊子区推行学区制管理改革，将全区学校、幼儿园划分为6个学区，统筹整合教育资源，科学有效管理，构建幼儿园、小学与初中纵向衔接、各学段横向协作的办学模式和管理新格局，缩小区域、城乡、校际间的办学差距。

10月

10月8日 区委书记扈洪波，区委副书记、区长张龙江，区委副书记宋伟伟等领导，到区公安分局参加全市党的十九大安保工作视频调度会议，并看望慰问节日期间战斗在安保工作第一线的公安民警和区安保办成员。

同日 山东亚太中慧集团董事长张唐之一行到坊子区考察洽谈农业项目合作事宜。区领导张龙江、牟杰、李飞雨等陪同考察。

10月12日 市人大常委会副主任、农业与农村委主任委员张新强带领视察组，到坊子区就农业供给侧结构性改革工作情况进行视察。区领导张龙江、潘振东、毕玉孝、李飞雨等陪同视察。

10月13日 市政协副主席刘树亮一行12人到坊子区视察公共自行车系统建设及运营管理情况。

10月16日 市委办公室机关党委组织党员干部到坊子区，对建设“四个城市”、开展“作风建设年”活动情况进行现场教学调研。

10月17日 市政府副市长李平到坊子区对分管领域内有关场所安保维稳工作进行检查。

同日 市“四个城市”建设协调推进办公室常务副主任张洪全一行到坊子区，采取座谈的方式调研“四个城市”工作机制建立情况和项目建设有关情况。

10月19日 党的十九大在北京盛大开幕，坊子区在区级会议中心第一会议室组织副县级以上领导干部集中收听收看开幕式盛况。

同日 坊子区政府办公室印发《坊子区加强基层动物防疫体系建设实施方案》（坊政办发〔2017〕50号），在全市城区率先对基层动物防疫体系进行改革。

10月20日 市政府副市长王树华到坊子区调研济青高铁两侧绿化美化项目和宝通街东延工程情况。

10月24日 市委副书记、市长李宽端到坊子区走访慰问百岁老人、检查煤改气及散煤清洁化治理工作。

10月25日 市委常委、常务副市长邹庆忠到坊子区就统计工作召开座谈会。

10月27日 区委书记扈洪波召开2017•第24次党政联席会。会议听取豪迈研究院及感应电炉上下游产业链项目、潍坊国创工程设计咨询有限公司、恒大旅游小镇等招商项目优惠政策建议，十九大安保维稳工作情况总结，区纪委常委与乡科级党政正职进行廉政谈话，关于开展街道（发展区）党工委书记、区委部门单位主要负责人向区纪委全会述责述廉工作，市纪委扶贫领域监督执纪问责工作推进会议精神及坊子区贯彻落实意见，市纪委副书记对坊子区党政正职廉政谈话精神分工意见，关于设立区统计执法机构的建议，关于开展城乡环境卫生集中整治月活动实施方案等情况汇报，研究有关意见。

同日 区委书记扈洪波在区级会议中心第一会议室召开十四届区委第十四次常委会议。会议听取干部违纪案件，干部调整事宜，《坊子区公开选拔副科级年轻干部实施方案》汇报，研究有关意见。

10月30日 市政协副主席、社会法制委主任赵崇发一行到坊子区视察了解“活力城市”建设有关情况。

10月31日 区委书记扈洪波召开坊子区迎接全市重点项目观摩点评现场调度会议，先后到盈丰现代农业综合体、循环经济总部项目、1898坊茨小镇棚户区改造二期项目等现场查看并听取有关准备工作汇报。

同日 市政协主席苏立科到1898坊茨小镇、潍坊市军民融合智能装备产业园、高家片区棚改安置区及棚户区改造项目等现场调研。

11月

11月1日 区委书记扈洪波召开2017•第25次党政联席会。会议听取《以作风建设年新成效推动“四个城市”建设大突破——“作风建设年”PPT汇报脚本》《坊子区2018年度工作思路打算》情况汇报，研究有关意见。

11月7日 国家基础地理信息中心赵勇副主任一行到坊子区调研考察。区领导张龙江、高凤金等陪同调研。

11月9日 市台办主任刘金凤陪同德国黑森州参议员杨明等来坊考察1898坊茨小镇、营子片区，并与坊子区政府洽谈整合1898坊茨小镇、营子片区打造“德国产业小镇”等事宜。区领导张龙江、李寿岩、高凤金等陪同调研。

同日 市司法局党组书记、局长王立杰一行到坊子区观摩公共法律服务体系建设工作并召开党委理论学习中心组读书会。区领导张龙江、宋伟伟、王国光等陪同观摩。

11月中旬 各县市区到坊子区参观考察重点项目、“四个城市”建设等情况。

11月10日 团省委少年部副部长王磊、少年部王学禹、团市委挂职副书记徐加金、市少先队总队辅导员王永建到坊子区检查指导“万名农村贫困中小学生健康成长工程”工作。

11月12日 市委书记、市人大常委会主任刘曙光带领全市重点项目观摩点评会议与会人员到恒安智能一体化项目、西王片区棚户区改造项目、潍坊市军民融合智能装备产业园等现场观摩。

11月12日—15日 坊子区关工委组织街道、区直、学校关工委负责人及部分“五老”志愿者一行26人，赶赴上海和浙江，瞻仰中共一大会址和南湖红船，回顾党的奋斗历程。活动结束后，区关工委汇集二十四篇文章，汇编成《从石库门走来》一书。

11月13日 市委组织部副部长都焕德带领调研组一行到恒安智能一体化项目、西王片区棚户区改造项目、潍坊市军民融合智能装备产业园等现场观摩。

11月14日 市委书记、市人大常委会主任刘曙光到坊子区调研宝通街东延工程等。

11月17日 市政府副市长马清民带领市生态环境综合整治第六检查组到坊子区，就河长制、建筑施工扬尘、渣土运输、供暖等生态环境综合整治工作进行现场检查。

11月19日 区委书记扈洪波召开十四届区委第十五次常委会议。会议听取区委十四届四次全会筹备情况和《中共坊子区委关于深入学习宣传贯彻党的十九大精神的决议》起草情况，全区重点项目观摩点评会议筹备情况，坊子区补交党费使用建议方案，有关干部退休事宜，《坊子区公务员职务与职级并行制度试点工作职级套改人员名单》等情况汇报，研究有关意见；传达市纪委十二届二次全会精神，研究贯彻落实意见。

11月20日 俄罗斯普罗特维诺市代表团一行14人到潍坊富源增压器有限公司厂区、雷沃重工股份有限公司、恒安智能一体化项目、潍坊裕川机械有限公司等现场参观考察。

11月21日 全区重点项目观摩点评会议召开，会议分为三个阶段进行：第一阶段现场观摩，先后到工业发展区、九龙街道、黄旗堡街道、坊安街道、经济发展区、坊城街道、高新园区进行现场观摩；第二阶段现场观摩结束后在区级会议中心第一会议室，参加现场观摩人员评议打分；第三阶段在区级会议中心第二会议室，集中开会。

同日 市委常委、政法委书记、潍坊滨海经济技术开发区党工委书记孙起生带队到坊子区观摩点评路线。

11月22日 中共潍坊市坊子区委十四届四次全体会议召开。区委书记扈洪波主持会议并传达学习10月27日中共中央政治局会议精神和习近平在中共中央政治局第一次集体学习时的重要讲话精神；区委副书记、区长张龙江传达省委十一届二次全体会议精神和市委十二届四次全体会议精神，作《中共潍坊市坊子区委关于深入学习宣传贯彻党的十九大精神的决议（讨论稿）》起草说明；分组学习讨论党的十九大精神、省委十一届二次全体会议精神、市委十二届四次全体会议精神、《中共潍坊市坊子区委关于深入学习宣传贯彻党的十九大精神的决议（讨论稿）》；表决通过《中共潍坊市坊子区委关于深入学习宣传贯彻党的十九大精神的决议（草案）》；区委书记扈洪波讲话。

同日 区委书记扈洪波在区委九楼会议室主持召开十四届区委第十六次常委会议。会议听取各小组讨论《中共坊子区委关于深入学习宣传贯彻党的十九大精神的决议（讨论稿）》情况汇报，研究有关意见。

同日 坊子区学习宣传贯彻党的十九大精神宣讲团成立暨宣讲工作动员会在区级会议中心第一会议室召开。

11月23日 市委宣讲团党的十九大精神宣讲报告会在区级会议中心第二会议室举行，市农业局局长王汉成作宣讲报告。

同日 副市长田民利一行到坊子区调研潍县中路建设情况。区委副书记、区长张龙江陪同调研。

11月24日 全区科级干部党的十九大精神轮训班开学典礼在警官培训基地举行。区委书记扈洪波出席典礼，并作专题辅导报告。

11月28日 坊子区在京党员座谈会在京召开。

11月29日 市农机局局长徐明军带队，到坊子区组织举行全市农机合作社观摩活动。区领导张龙江、李飞雨等陪同观摩。

本月 区实验学校举办第十三届全国现代学校文化发展论坛等全国性会议。

12月

12月1日 省政协原常委、市政府原市长王伯祥等市离退休干部一行在市委组织部常务副部长、老干局局长殷修湖等陪同下到营子片区棚户区改造项目、潍坊四中迁建项目、郭家片区棚户区改造项目等现场观摩。

12月4日 区委书记扈洪波召开2017•第26次党政联席会。会议听取扈洪波在县市区委书记座谈会发言材料、县市区村“两委”换届选举工作准备会汇报材料起草情况，关于推进“四个城市”建设和开展“作风建设年”活动巡察督导情况反馈意见及整改方案有关情况，众新新能源汽车产业园项目，关于评选表彰全区党的十九大安保维稳工作先进集体、先进个人情况，省纪委扶贫领域腐败和作风突出问题专项治理工作推进视频会议精神，2017年区委、区政府党政班子成员向区纪委全会述责述廉工作实施方案，关于奥精健康科技产业园优惠政策，关于山东汇宁保险代理有限公司优惠政策，关于中国农业发展银行潍坊市坊子区支行补贴建议，潍坊市坊子区总部经济项目扶持政策汇报等情况汇报，研究有关意见。

12月5日 哈工大与奥腾冷弯机械有限公司共建的潍坊市工大冷弯自动化技术研究院举行揭牌仪式。该研究院是潍坊唯一在冷弯技术方面与大学共建的研发机构。

12月6日 区委书记扈洪波主持召开十四届区委第十七次常委会议。会议听取全区村和城市社区“两委”换届选举工作动员部署会议精神，全市推进国家监察体制改革试点工作动员部署会议精神汇报，研究贯彻落实意见；听取坊子区新的社会阶层人士联谊会成立大会筹备情况，研究有关意见。

12月7日 全区村和城市社区“两委”换届选举工作动员部署会议召开。会上区公安分局、区民政局、凤凰街道依次作表态发言，区委常委、组织部部长牟杰传达全省、全市村和城市社区“两委”换届选举工作动员部署会议精神。

12月8日 全区领导干部大会召开，与会人员就推荐省人大代表和省政协委员进行民主测评。

同日 坊子区新的社会阶层人士联谊会成立大会举行。区委副书记宋伟伟主持会议，区委书记扈洪波与市委统战部常务副部长王志明为坊子区新的社会阶层人士联谊会揭牌。

12月9日 全区工作务虚会议召开。从深入学习贯彻党的十九大精神，按照“走在前列”的目标定位，重点围绕“四个城市”建设、加快新旧动能转换、全面从严治党、深入推进“作风建设年”和“项目建设年”活动等方面，坚持“以问题为导向，以目标为导向”的原则，深度谋划好坊子区2018年的工作、理好思路、定好重点、策划好项目等方面分别交流发言。

12月11日 坊子区2017年度部门（单位）述职评议会议召开。区直各部门、区属上属各企事业单位负责人进行述职，结束后与会人员进行评议打分。

12月12日 市委巡察组一行6人到坊子区反馈巡察九龙街道党工委情况。

同日 清华大学教授、北京奥精医药科技有限公司首席专家崔福斋一行到坊子区签订奥精科技医药项目协议。

12月13日 全区党的十九大安保维稳工作总结会议在区级会议中心第二会议室召开。

12月14日 全区科学发展综合考核指标调度分析会议召开，48个承担市考核指标责任单位汇报指标完成情况。

12月15日 全区冬季安全生产大检查部署会议召开，会议共两个议程：一是区委常委、常务副区长赵伟宣读区政府办公室《关于印发全区冬季安全生产大检查工作方案的通知》；二是区委副书记、区长张龙江讲话。区领导李飞雨、段宏喜、高凤金、王国光等出席会议。

12月16日 大连理工大学潍坊校友会会长尹光勋及校友会企业家一行约38人到雷沃重工股份有限公司、观澜府、虞舜公园等现场参观。

12月20日 全区重点企业座谈会召开。与会的17家重点企业分别汇报2017年企业生产经营情况和2018年的工作计划及打算。

12月21日 省卫计委调研员王燕带领省级慢性病综合防控示范区考核验收四组一行4人到坊子区，对坊子区省级慢性病综合防控示范区创建工作进行考核验收，并授予“省级慢性病综合防控示范区”称号。

12月23日 区委书记扈洪波在区委九楼会议室主持召开十四届区委第十八次常委会议。会议听取扈书记抓基层党建述职报告起草情况，全区实施光伏发电项目发展壮大村集体经济建设方案，关于开展“访民意、汇民智、促发展”大走访活动方案等情况汇报，研究有关意见；研究干部调整事宜。

12月25日 全国政协常委、全国政协经济委员会副主任、中央农村工作领导小组办公室原主任陈锡文在市政府副市长马清民陪同下到玉泉洼种植专业合作社联合社调研。

12月26日 区党政班子成员向区纪委全会述责述廉会议召开，11名党政班子成员围绕遵守党的纪律、落实管党治党主体责任、廉洁从政等有关方面的情况，分别向区纪委全会作述责述廉报告，并就区纪委委员询问质询的问题现场进行解答和说明。述责述廉结束后，区纪委委员以无记名投票的方式对述责述廉对象进行了民主测评。

同日 2017年区党政班子成员向区纪委全会述责述廉会议召开。

12月27日 十四届区委第十九次常委会议召开。会议听取坊子区监察委员会组成人员建议名单汇报，研究有关意见。

12月29日 全区村、城市社区“两委”换届工作调度会议召开。会上各街道（发展区）分别汇报村、城市社区“两委”换届工作进展情况，区委常委、组织部部长牟杰传达全市村、城市社区“两委”换届工作调度会议精神。

同日 全区棚改安置项目专题研究会议召开。会上，城发集团、九龙建设、坊城街道、九龙街道分别汇报棚户区改造安置项目进展情况和下步推进计划；凤凰街道、坊城街道、坊安街道、经济发展区、工业发展区分别汇报2018年新建棚改安置项目具体位置、选址依据等。区领导张龙江、宋伟伟、于鹏展、李寿岩、王国光，区委办公室主任潘锡才、区政府办公室主任段效顺等参加会议。

12月31日　市规划局坊子分局完成了规划信息管理平台的建设。实现了与市规划局无缝链接办公，规划业务成果资源信息共享，提高市局与分局协同办理的效率，切实提高服务水平。

本月　山东省畜牧局与山东省旅游委员会联合下发文件，对全省第四批畜牧旅游示范区进行了公示，坊子区玉泉洼种植专业合作社获得山东省畜牧旅游示范区资格。

本月　九龙街道获得由潍坊市精神文明建设委员会授予的“市级文明村镇”荣誉称号。

区情概览

自然环境

【位置 面积】 坊子区位于山东省中部偏东，山东半岛西侧，潍坊市区东南部。东经119°03′～119°33′，北纬36°21′～36°45′。东邻昌邑、高密市，西接昌乐县、潍城区，南靠安丘市，北依奎文区、寒亭区。

东西最大横距41.1公里，南北最大纵距42.7公里，总面积895平方公里。其中，坊子区城面积412平方公里；峡山生态经济发展区面积483平方公里。

区治所1996年由原坊子镇六马路西段路北（现坊城街道）北移至原沟西镇韩尔庄李家村前（现凤凰街中段路北），居区境西北部。北去潍坊市人民政府驻地（奎文区）6公里，西距山东省会（济南市）194公里，胶济铁路、济（南）青（岛）、潍（坊）莱（阳）高速公路和国道G206、省道S804、S221、S222穿越区境；西去潍坊机场3公里。

【地形 地貌】 坊子区北邻奎文区、寒亭区，东邻昌邑市，南邻安丘市，西邻潍城区、昌乐县。

地势南高北低，除少数低山孤丘外，多为缓埠丘陵地，属倾斜高平地、倾斜平地地貌类，平均海拔高度70米。胶济铁路横贯东西，国道G206、国道G309和济青高速公路穿境而过，潍莱高速公路起点就在境内，潍安路从中部纵贯南北。

【河流】 坊子区境内有潍河、汶河、虞河、白浪河、渭水河、瀑沙河、沸溪河、曹村河、九龙涧沟、丰产河（夹沟河）、石桥河、凤翔河、土楼子河、涨沔河、白沙河、孝妇河、石沟河大小河流17条，分属潍河、虞河、白浪河三大水系。境内河流均为季风区雨原型河流，大都源短流急，雨季流量大，枯季流量小，甚至干枯多。大部南北走向，仅渭水河自西向东流。

1.潍河水系主要河流

潍河：源发自临沂市沂水县富官庄镇泉头村。上游流经沂水、莒县、五莲，从五莲北部进入潍坊市，流经诸城、高密、峡山、坊子、寒亭、昌邑6市区，在昌邑市下营镇入渤海莱州湾。全长246千米，河床宽300—1500米，流域总面积6502平方千米。坊子区境内由黄旗堡街道南新庄村入区境，自工业发展区王家庄子村东北出境入寒亭区。流经黄旗堡街道、九龙街道、工业发展区，境内长27.8千米，流域面积236平方千米。

汶河：潍河支流。源出临朐县沂山东麓百丈岸瀑布桑泉，因桑泉水俗称汶水，故名汶河。全长110千米，流域面积1687平方千米。自源头东北流向，经临朐县、昌乐县、安丘市后，由坊子区黄旗堡街道西门口西村南入区境，沿九龙街道马村西南，至九龙街道小沼于家村东北注入潍河，流经黄旗堡、坊安、九龙三个街道，境内长18.8千米，流域面积120.36平方千米。

渭水河：古称渭水溪，又名渭阳河。汶河支流，西东流向。源出坊安街道南店村东，在九龙街道马村东入汶河。全长16千米，流域面积80.2平方千米。境内长13.6千米，境内流域面积39.36平方千米。

2.虞河水系主要河流

虞河：古称溉水，汉曰利渔河，元代称东虞河，至清朝时称东丹河，俗称虞河。源于坊子区坊城街道灵山北麓，北流经坊城街道、凤凰街道，在凤凰街道小吴家村西北入奎文区，经寒亭区、滨海区入渤海莱州湾。全长77千米，河床宽30—500米，总流域面积860平方千米，属常年性河流。境内长17千米，流域面积为92.5平方千米。

夹沟河：源于九龙街道上房村，向东北流经九龙街道、工业发展区，在工业发展区王家庄子北出境，经寒亭区、昌邑市，在滨海区入虞河。全长44千米，流域面积284平方千米。境内长12千米，流域面积35.31平方千米。

3.白浪河水系主要河流

白浪河：原名白狼河。源于昌乐县鄌郚镇大姑山（古称白狼山）南麓，以山故名，后演绎为白浪河。自源头流经昌乐县、坊子区、潍城区、寒亭区、滨海区入渤海莱州湾。全长105千米，流域面积1262平方千米。主要支流有小潴河、大潴河、孝妇河、龙丹河、大圩河等。白浪河自坊城街道解家村西入区境，在坊城街道王裴家村注入白浪河水库。境内长4.9千米，流域面积33.61平方千米。

【气候】 坊子区属暖温带半湿润季风气候区，具有明显的大陆季风气候特征，其主要特点是：春暖、夏热、秋凉、冬寒，四季分明。春季，空气干燥，多风少雨，气温回升快，温度变化大，常有干旱和“倒春寒”；夏季，易受季风影响，温度高、湿度大，炎热多雨，雨热同季；秋季，天高云淡，温和凉爽，间有秋旱或连阴雨发生；冬季，寒冷寡照，北风频吹，雨雪稀少。通常以候平均气温作为四季划分的标准。春季候平均气温10～22℃；夏季候平均气温>22℃；秋季候平均气温22～10℃；冬季候平均气温<10℃。

自然资源

【土地资源】 坊子区土地总面积41226.45

公顷，建设用地面积10856.44公顷、农用地28264.99公顷、未利用地2105.02公顷。其中，耕地面积23720.9公顷，占该地域土地总面积的57.54%；园地357.22公顷，占0.87%；林地1448.86公顷，占3.51%；草地431.86公顷，占1.05%；城镇村及工矿用地9903.48公顷，占24.02%；交通运输用地1994.32公顷，占4.84%；水域及水利设施用地2611.73公顷，占6.33%；其他土地758.08公顷，占1.84%。

【矿产资源】 坊子区矿产资源比较丰富，截至2017年底，坊子区已发现15种矿产，种类为煤炭、砖瓦粘土、膨润土、沸石岩、珍珠岩、建筑石料（水泥）用灰岩、建筑用砂、陶粒土、陶（瓷）土、矿泉水、铁、重晶石、钾长石、蓝宝石、软质粘土等。其中，初步查明资源储量的有煤炭、膨润土、沸石岩、珍珠岩、软质粘土、重晶石、钾长石、水泥用灰岩、陶（瓷）土等9种。煤炭主要分布在老城区以北至南店区域，现保有资源储量可达4800万吨；膨润土、珍珠岩、沸石岩资源丰富，属优势矿产，主要分布在坊子工业发展区西部。截至2009年底，膨润土保有资源储量8839.74万吨；沸石岩资源储量C+D级3760.73万吨；珍珠岩资源储量1639.5万吨；建筑（水泥）用灰岩分布在坊城、坊安街道南部的丘陵山地，资源储量估计2亿吨；陶（瓷）土资源丰富，已知矿产地有经济发展区马司、白石两处，储量2379.14万吨。

【水资源】 全区多年平均水资源总量为9441万立方米，重复计算量为1209万立方米，可利用总量为6061万立方米。（1）地表水资源量：1995—2015年年平均降水深598毫米，全区多年平均径流深为133毫米，多年平均径流模数为每平方公里13.3立方米，多年平均地表水资源量为5486万立方米。（2）地下水资源量：坊子区地形南高北低，丘陵区占全区面积89.1%，平原区占全区面积的10.9%，平原地下水最丰富，全区地下水资源量5164万立方米，人均水资源量305立方米，耕地亩均水资源量262.32立方米。多年平均地下水可利用量分别按平原和丘陵演算为4647万立方米。由于人口的变动（31.1万人）和引黄引江水的调入（720万立方米），截至2017年年底，全区人均水资源量为326.7立方米。

【动植物资源】 *陆生野生动物资源* 坊子区陆生野生动物资源丰富，现有22目，34科，63种，占全市的1/6以上。另外，有昆虫50余种。

①鸟类:坊子区野生鸟类有12目，21科，39种。其代表种主要有白鹭、苍鹭、草鹭、夜鹭、池鹭、红隼、喜鹊、灰喜鹊、白头翁、麻雀、鹌鹑、啄木鸟、家燕、雉鸡、猫头鹰（长耳鸮、短耳鸮）、绿头鸭、灰伯劳、灰斑鸠、戴胜、布谷鸟、苍鹰、普通翠鸟、丘鹬、鸽子、大苇莺、芦莺、灰雁、大山雀等。

②兽类：坊子区野生兽类有5目，6科，12种。其代表种主要有草兔、刺猬、黄鼬、狗獾、蝙蝠、豹猫、田鼠、家鼠等。

③两栖类：坊子区野生两栖类有2目，

4科，5种。其代表种主要有沼蛙、北方狭口蛙、黑斑蛙、中华蟾蜍、中华草龟等。

④爬行类：坊子区野生爬行类有3目，3科，7种。其代表种主要有壁虎、赤练蛇、黄脊游蛇、白条锦蛇、虎斑游蛇、丽斑麻蜥等。

⑤昆虫类：主要有中华蜜蜂、赤眼蜂、七星瓢虫、异色瓢虫、中华草蛉、大草蛉、丽草蛉、大灰食蚜蝇、黑带食蚜蝇、螳螂、茶翅蝽、肿腿蜂、周氏啮小蜂、壁蜂、土蜂、蝗虫、蝉、蟪蛄、蝈蝈、蝴蝶、土元等50余种。

陆生植物资源 坊子区境内植物多为农作物和林木，农作物主要有小麦、玉米等粮食作物及蔬菜。其中，小麦播种面积16.73万亩，玉米播种面积15.84万亩，主要分布在坊安街道、九龙街道、坊城街道、经济发展区。区域内蔬菜种类主要是大姜、大葱、芦笋、牛蒡、马铃薯等。

坊子区陆生野生植物资源丰富，约有100种。

野生草本植物主要有：①食用类——苦菜、苦荬菜、小蓟、藜、荠菜、地肤、扁蓄、蓼、茵陈蒿、滨旋花、蓬子菜、马齿苋、羊角菜等约30种。②饲料类——狗尾草、马唐、牛筋草、白茅、马绊、芦草、草木樨、沙打旺、莎草等约40种。③其它类——芦苇、青茅、竖立鹅观草、艾蒿、三棱草、益母草、车前草等约20种。

野生木本植物主要有酸枣、黄荆、柘树、构树、杜梨、杠柳、君迁子等约10种。

政区 人口 民族

【行政区划】 2017年年底，坊子区辖5个街道、2个发展区、1个省级高新技术产业园区，即凤凰街道、坊城街道、坊安街道、九龙街道、黄旗堡街道、经济发展区、工业发展区、山东潍坊凤凰山高新技术产业园区，下辖302个行政村（居）。

【建置沿革】 坊子境域历史悠久，约在5000年前的原始氏族社会，就有人类聚居。夏建青州斟鄩国、淳于国。商为营州莱国地。之后，这方水土的建制名称历经变易。清朝属莱州府潍县。抗日战争时期属潍县。1945年中共潍南县成立，境内解放区属之。

1948年4月，潍县城解放，坊子镇一带属潍坊特别市坊子市区，后改为潍坊市第四区；其他乡镇属潍南县。1950年潍南县制撤销，并入潍北县。1953年潍北县并入潍县。以后行政区划经多次变更。1983年10月，潍坊地区改建为潍坊市，12月组建坊子区，1984年1月施政。

【人口】 截至2017年12月31日，全区户籍人口323331人，比上年增加2385人，其中男性164214人，女性159117人，性别比为103.2∶100。全区共有17岁以下67167人，占总人口的20.78%；18—34岁70233人，占总人口21.72%；35—59岁119902人，占总人口37.08%，60岁以上人员为

66029人，占总人口的20.42%。

全区户籍人口共出生5226人，其中男性2689人，女性2537人，出生婴儿性别比为106∶100，出生率为16.17‰。共死亡4909人，其中男性2776人，女性2133人，死亡性别比为130∶100，死亡率为15.18‰。全区自然增长317人，自然增长率为0.98‰。

全区户籍人口共迁入1238人，其中省内迁入834人，占迁入人口的67.37%；省外迁入404人，占总人口32.63%。共迁出1179人，其中，迁往省内738人，占迁出人口62.6%，迁往省外441人，占迁出人口37.4%。2017年，机械变动增加59人，机械变动率为0.18‰。

【民族】 2017年，全区共有民族25个，其中有满族、彝族、黎族、回族、蒙古族、朝鲜族等少数民族24个，户籍人口为610人。

坊子区各街道（发展区）所辖行政村（社区）、自然村一览表

街道、镇名称	自然村名称	自然村数量	行政村数量
凤凰街道（高新园区）	居委会22个：龙泉、恒信、葛家、小吴家、虞舜、响河子、赵家、邓家、崇文、东白羊埠、新怡园、龙山、凤凰、韩尔庄李家、韩尔庄王家、双羊、西白羊埠、学园、大营子、前营、河西营、凤翔 辛冬、南范家、河南头、郭家、辛李家、辛王家庄、南沟西、北沟西、董家庄子	9	11
坊城街道	居委会10个：一马路、五马路、六马路、七马路、行政街、富民街、西岭、鲁能足校、五一、西华昌 前宁家沟、中宁家沟、后宁家沟、土楼子、高家、西王家、前埠头、后埠头、莲花池、王裴家、徐家大路、石河园、前张路院、东辛家庄、后张路院、下寨、泉河头、高村、河湾、才子官庄、仕子口、霸王泉、西房仕、裴家河、范家沟、大园、石泉子、东刘家埠、解家、冷泉河、唐家、嵇家、陈家庙子、侯家、东房仕、蒋家、丰铁、英庄、东王家、夹河套	40	41
坊安街道	李家水坡、祥疃、任家水坡、洼里、荒里、沙埠、东村、西王松、东王松、南店、西曹庄、罗家宅子、高陵官庄、王家石埠、张家石埠、于家石埠、蔡家石埠、侯家庄、张疃、河北郎郡庄、葫芦埠李家、葫芦埠梁家、葫芦埠韩家、田家庄子、小庄子、石龙官庄、葫芦埠肖家、葫芦埠于家、王家庄子、流戈庄、北坡子、兴华、建华村、宋家、东苏、前苏、张家、滕家庄子、南王皋、北王皋、东曹村、西曹村、前曹村、后曹村、港涘、河湾、营子、大尚庄、小尚庄、石坑、吴家庄、东埠郎郡庄、圈子郎郡庄、庙后郎郡庄、庙东郎郡庄、河南郎郡庄	56	59

续表

街道、镇名称	自然村名称	自然村数量	行政村数量
九龙街道	穆村、阿陀、双官埠、袁刘李、太公堂、尚庄、大冯家、小冯家、小沼于家、小沼范家、小沼于家新村、小沼李家、徐家庄、岳家、马村、凤凰庄、小河南、丁村郭家、丁村赵家、丁村孟家、前北流、北流、泊庄、杨庄、陈村、中河下、东河下、官庄、山庄、前车留庄、小站、西河下、蔡院、朱家营、梁家庄、胡家庄、张家屯、王家屯、上房、孙家庄、院上、何家、苇园、西庄子、下房、前邓村、后邓村、望庄	48	51
黄旗堡街道	夹河套、安丘庄子、乙甲庄、花坞、狮子口、黄旗堡、东安泰、西安泰、颜家汶畔、柏台、于家汶畔、田家汶畔、杞东、杞西、城后、周家庄子、田东、贺家汶畔、东门口、杨家街、张家庄子、城里、西门口东、西门口西、水场官庄、逄王新、刘家石桥、田家石桥、王家石桥、前车埠、王家车埠、周家车埠、禹家车埠、墨埠子、小桃、北新庄、南新庄、大桃、东楼、逄王东庄、高家庄西、高家庄东、半截楼、傅家庄科、大庄科、小庄科、逄王	47	50
工业发展区	王家庄子、西李家庄、东李家庄、北李家庄、北眉村、南眉村、罗都屯、宁家庄、驸马营、王家新庄、翟家埠、庄家庄、涌泉庄、戴家庄、小李家、小官庄、袁家村、南肖家营	18	25
经济发展区	山北头、鞠家庄、范家庄、辛庄、宋相还、张家柳沟、王家柳沟、刘家柳沟、耿家柳沟、姜家庄、岔子官庄、史家庄、盖家庄、白石、李家木庄、任家埠、西辛家庄村、西刘家埠、河南、平柳院、龙山坡、大郭家、小郭家、石沟河、东杨家坡、西杨家坡、小北洼、董家庄、武建家、马司	30	33

经济和社会发展

【概况】 2017年，在区委、区政府的坚强领导下，全区上下以习近平新时代中国特色社会主义思想为指导，深入学习贯彻党的十九大精神，坚持稳中求进工作总基调，牢牢把握走在前列目标定位，大力实施供给侧结构性改革，加快推进新旧动能转换，统筹推进稳增长、调结构、惠民生等各项工作，全区经济社会继续保持较快的发展势头，富裕美丽和谐的活力坊子建设迈出坚实步伐。

经济总量持续膨胀。初步核算并经市统计局审核，全区实现地区生产总值（GDP）165.73亿元，同比增长7.9%。一、二、三、四季度GDP分别累计增长7.0%、8.2%、5.0%、7.9%。其中：第一产业实现增加值9.39亿元，增长4.0%；第二产业实现增加值82.08亿元，增长7.6%；第三产业实现增加值74.26亿元，增长8.7%。三次产业比例由上年的6.1∶49.1∶44.8

调整为5.7：49.5：44.8。按常住人口计算，人均GDP达到50995元（按年末汇率计算，折合7553美元）。

财税收支持续增长。全年实现财政总收入20.59亿元，增长3.0%。其中，实现一般公共预算收入14.28亿元，增长9.0%。全区完成公共财政预算支出18.62亿元，增长3.6%。全区实现国地税总收入19.16亿元，增长11.7%。其中，国税收入10.64亿元，增长17.4%；地税收入8.51亿元，增长5.4%。国地税总收入占地区生产总值的比重为11.6%，占二、三产业增加值的比重达到12.3%；一般公共预算收入占地区生产总值的比重为8.6%。

市场主体快速增加。全区各类市场主体达2.36万户，增长32.8%。其中，企业类市场主体5971户。各类市场主体注册资本（金）292.48亿元，增长43.5%。当年新登记各类市场主体总量0.68万户，增长88.6%；其中，新登记企业类市场主体1505户，增长45.6%。新型农村市场主体发展壮大，全区新增农民专业合作社90家，总数达到739家。其中，国家、省级、市级示范社分别为1家、9家和24家。新增家庭农场24户，总数达到113家。其中，省级、市级示范场分别为2家和8家。

【农业经济】 农业生产形势平稳。全区完成农林牧渔业总产值18.83亿元，增长4.1%。其中，农业产值14.64亿元，增长5.0%。全年粮食总产量14.25万吨，蔬菜总产量28.27万吨。全区现代示范园区发展到63个。新认证农业“三品一标”产品15个。至年末，全区共有50个农产品通过“三品一标”认证。其中，绿色食品14个、有机食品36个、认证面积达11.84万亩。

农业生产条件日益提高。至年末，全区拥有各类水利工程11处，拥有机电井5679眼，有效灌溉面积22.18万亩。其中，节水灌溉面积8.87万亩，“旱能浇，涝能排”高标准农田8.67万亩。全区农业机械总动力达到44.32万千瓦，增长0.8%。联合收获机械达到1282台。全年完成机耕面积27.43万亩，机播面积42.66万亩，机收面积42.19万亩。机耕、机播、机收水平分别达到99.8%、99.7%和98.6%，耕种收综合机械化水平达到95.4%。

【工业经济】 工业生产效益分化。全区实现工业增加值67.58亿元，增长5.6%，占GDP的比重为40.8%。规模以上工业企业达到123家，其中当年新纳入规模以上工业企业18家。全区规模以上工业企业增加值累计增长3.3%；实现总产值238.21亿元，增长12.4%，产值过亿元工业企业达到28家。全区规模以上工业企业实现主营业务收入217.28亿元，增长1.0%；实现利润总额6.59亿元，下降27.5%；实现利税总额10.41亿元，下降22.2%。

支柱产业稳步发展。机械制造、生活用纸、纺织服装、农副食品、电子信息和新型建材六大支柱产业主营业务收入均实现稳定增长，共实现主营业务收入198.97亿元，增长7.8%，占规模以上工业主营业务收入的比重达到91.6%。其中，新型建材、农副食品、电子信息、纺织服装四个产业主营业务收入分别增长45.3%、15.3%、12.2%和12.0%，有力弥补新方矿业政策性退出对全区工业的影响。

【贸易市场】 全区实现社会消费品零售总额76.02亿元，增长9.8%。全区限额以上批零住餐业实现限额以上消费品零售额12.84亿元，增长2.1%；实现限额以上销售额36.60亿元，增长10.6%。全区累计完成进出口总额34.38亿元，增长7.9%。其中，出口总额23.71亿元，增长10.4%；进口总额10.68亿元，增长2.6%。全年完成对外承包工程营业额3710万美元，增长57.3%；实际到账外资4.05亿元，增长2.4%。

【建筑业、房地产】 全区建筑业实现增加值14.52亿元，同比增长19.1%，占GDP的比重达到8.8%，较上年提高1.2个百分点。14家资质以内建筑业企业完成总产值13.81亿元，增长35.1%。全区完成房地产开发投资18.55亿元，增长11.8%。完成新建商品房销售面积113.40万平方米，增长45.4%。实现销售额62.54亿元，增长68.4%。

【金融业】 至年末，驻坊子区银行发展到9家，营业网点达到40个。全区银行业本外币各项存款余额210.93亿元，较年初增加15.08亿元，增长7.7%；居民储蓄存款余额138.06亿元，较年初增加13.83亿元，增长11.1%；本外币各项贷款余额115.12亿元，较年初增加22.80亿元，增长24.7%。驻坊子区保险机构发展到41家，较上年新增16家。全区实现保费收入43741万元，增长23.5%；各项赔给付9719万元，增长27.1%。其中，财产险实现保费收入14238万元，增长22.2%，赔款支出6803万元，增长7.6%；人身险实现保费收入29503万元，增长24.3%，赔给付2916万元，增长38.8%。全区保险业承担社会风险达592.14亿元。至年末，全区共有小额贷款公司4家，注册资本4亿元，贷款余额4.26亿元。融资性担保公司3家，注册资本6.5亿元，担保余额1.66亿元。2家合作社开展信用互助业务试点工作。

【邮电业】 全区完成邮电业务总量26224万元，增长17.5%。其中，邮政业务总量3906万元，增长9.4%；电信业务总量22319万元，增长19.0%。邮政业全年完成国内函件210.31万件，下降38.2%；完成国内包裹7.45万件，增长70.9%。至年末，全区电话用户总数达50.35万户，普及率达156%。其中，固定电话用户6.22万户，固定电话普及率19.3部/百人；移动电话用户45.43万户（包括4G用户36.73万户，3G用户8.7万户），移动电话普及率141部/百人。互联网用户达到9.9万户（包括无线上网用户2.54万户），互联网普及率达到100%；通信光缆总长度39.6万芯长千米；互联网出口带宽170G。

【科教文卫事业】 科技创新能力显著增强。雷沃重工股份有限公司被评为国家技术创新示范企业，获批全市首家国家级工业设计中心，潍坊新视听电子科技有限公司列入国家强基计划，山东帅克机械制造股份有限公司入选国家“两化”融合贯标试点。雷沃精量播种装备、谷合电液提升器2个项目列入国家扶持计划，智能农业装备产业聚集区、帅克机器人减速器等8个项目入选省新旧动能转换重大工程，富源微型燃气轮机等31个项目入选省技术创新项目，获得市级以上创新类奖项17项，雷沃阿波斯拖拉机荣获全球工业设计大奖“红点奖”。全区新增市级以上研发平台14家，实施市级以上重大科技计划项目15项，争取科技资金2930万元。获得市级以上科学技术奖5项。建立研究院3家，市级科技企业孵化器1家，备案省级众创空间2家，市级众创空间1家。新增市级工程技术研究中心2家，市级企业重点实验室2家。设立创新基金，常态化表彰奖励科技创新先进企业，雷沃重工股份有限公司工等11家企业被评为2017年度全区科技创新先进企业，并发放奖励资金1100万元。

知识产权工作成绩显著。全区累计申请专利868项，增长9.9%；新增专利470项，专利授权量增长29.5%，雷沃重工股份有限公司工被认定为国家知识产权示范企业；山东共达电声股份有限公司被认定为国家知识产权优势企业；潍坊华美精细技术陶瓷有限公司、山东精诺机械股份有限公司先后被认定为山东省知识产权示范企业；山东帅克机械制造股份有限公司、潍坊中基饲料有限公司先后列入山东省知识产权优势培育企业。

人才队伍日益壮大。引进高层次人才314人，高端外国专家29人，组织执行引智项目30个，获批1个国家高端外国专家项目和2个市级重点外国专家项目，获批上级引智专项资金397万元，获批资金和引进外国专家成绩列全市第二。2名外国专家获评第六届“鸢都友谊奖”，新增1名外国专家入选国家“外专千人计划”，1名外专千人计划专家受聘为国家特聘专家。拥有博士后科研平台总数达1家。选拔潍坊市首席技师3名、潍坊市技术能手1名，新增高技能人才258人。截至2017年，全区拥有各类专业技术人员9788人，其中具有高级职称762人（正高22人、副高740人），具有中级职称3202人，具有初级职称5824人，拥有农业技术人员193人。

教育事业持续发展。全区拥有各级各类学校103所，在校生47198人。拥有教职工3620人，其中专任教师3235人。其中，公办普通高中1所，在校生4406人，专任教师536人；公办初级中学4所，在校生7240人，专任教师589人；公办九年一贯制学校2所，在校生3510人，专任教师231人；公办小学34所，在校生19459人，专任教师1138人；注册幼儿园54所，在园幼儿6350人，专任教师424人。全区适龄儿童入学率达100%，九年义务教育完成率100%，初中毕业生升学率达81.75%，学前三年入园率达98.7%。2017年改扩建中小学3所，新增普惠性幼儿园17所，四中迁建工程基本竣工，区实验幼儿园建成开园，全区办学条件进一步改善。潍坊四中校长韩忠玉荣获“中国好校长”荣誉称号。

医药卫生体制改革扎实推进。组建凤凰街道卫生院，投资2000万元对7个街道卫生院进行标准化改造提升，建成14处社区卫生服务站室和5处中医馆堂，成功创建省级慢性病综合防控示范区、省级医养结合示范区。在街道卫生院和171处村卫生室推行基本药物制度。全区拥有医疗卫生机构362处，床位1773张，卫生技术人员1971人，执业（助理）医师574人。其中，医院、卫生院15处（1处区人民医院、7处街道卫生院、7处民营医疗机构），床位1495张；区人民医院和7处街道卫生院卫生技术人员1171人，7处民营医疗机构卫生技术人员279人。村级设置医疗点278个，拥有乡村医生和卫生员521人。全区常规免疫应种144455人次，实际接种144363人次，接种率达99.9%。八苗全程、及时接种率达94.8%。

深入实施基本公共卫生服务项目。共建立居民健康档案26.84万份、建档率达82.6%，管理老年人2.8万人，管理高血压3.39万人，管理糖尿病0.89万人，管理重性精神病0.12万人，与11.42万城乡居民签订“家庭医生”服务合同。

落实医疗卫生惠民举措。全年免费“两癌”筛查9684人；实施窝沟封闭学生3359名，封闭率96.6%；农村计划生育家庭奖励扶助累计达3157人，其中当年新增562人；特别扶助累计达192人，其中当年新增25人；乡村医生符合生活补助发放条件578人；募集人口关爱基金75200元。

文化事业健康发展。深入实施文化惠民工程，公共文化服务体系不断完善，新建提升农村文化广场187处，村（社区）综合性文化服务中心达标率93.7%。拥有国家一级公共图书馆1处，图书总藏量13.2万册；国家一级文化馆1处。拥有市级非遗项目12项，提升农家书屋40家，完成送戏下乡45场。建成中共潍南县委旧址、小镇红船、玉泉洼党性教育展馆等一批重点文化项目。

体育事业蓬勃发展。竞技体育成绩显著。5名运动员参加第十三届全国运动会，其中谭光增、嵇克军分别获男子重剑团体银牌和男子200米双人皮艇铜牌，实现全运会成绩的突破。在武术套路等9个项目的潍坊市锦标赛中，共获得25枚金牌、25枚银牌、15枚铜牌。全年共向市级运动队输送运动员27名。积极承办高水平比赛。先后举办、承办全国高中篮球邀请赛、省大中小学生体育联赛篮球比赛，市篮球锦标赛，市中小学生体育联赛羽毛球比赛等高水平赛事。大力开展全民健身活动。成功举办第七届全民健身运动会，参与人数超过1300人。组织举办2017赛季坊子区篮球联赛（FBA），联赛注册俱乐部15个，注册球员280多名，赛季观看人数超过25万人次。加强体育设施建设。新建体育设施38处，其中包括农民健身工程30处，省定贫困村8处。至年末，全区共有体育设施280处，体育设施覆盖率达到91%。

【城乡建设】 城乡建设不断加快。以建设品质城市为引领，推进大片区拆迁、组团式开发，全面提高城市规划建设管理水平，城乡形象面貌大幅度提升。建设理想小镇、茉莉公馆、观澜府等一批高品质小区，深入开展市容整治、违建治理、楼宇亮化等14项专项行动。实施13个片区棚户区改造，17个村居7712户居民整体搬迁，高家、沙埠居民顺利回迁。规划打造地理信息小镇、1898坊茨小镇、鲁能足球小镇、潍水风筝小镇、凤凰生态休闲商务小镇、九龙涧生态产业小镇等特色小镇，1898坊茨小镇和地理信息小镇入选省级特色小镇。至年末，全区常住人口城镇化率达到53.12%，较上年提高1.5个百分点。

基础设施建设不断完善。实施以“四横四纵一网”为重点、总投资33亿元的29项重点工程，是基础设施投资最大的一年。新建改造宝通街、潍安路、潍县南路、龙泉街、崇文街等城区道路12条，加快推进雨污分流改造和海绵城市建设，新铺设雨水管道21.1公里，污水管道13.7公里，整治雨污合流管道14.8公里。新建农村公路105公里，投资130余万元对6个村进行村内自来水网改造。

至年末，全区供水主管网长度175公里，供水总量1322万立方米，规模化集中供水率达到100%；集中供热管道长45.44公里，其中，当年新铺设2.8公里；供热面积268万平方米，其中当年新增20万平方米；天然气管道安装282.89公里，其中，当年新铺设38.72公里；天然气用户49478户，其中，当年新增5103户；城市道路长度366.41公里，面积871.24万平方米，其中，当年分别新增11.72公里和21.86万平方米；排水管道143.72公里，其中，当年新增34.8公里；路灯6226盏，其中，当年新增574盏。

【环境保护】 继续深化“三八六”环保行动，全面实施环保“十大工程”，全年空气质量良好率为58.4%，主要污染物PM2.5、PM10、SO_2、NO_2浓度分别同比改善7.8%、11%、28.1%、10.3%；市控以上2个重点河流断面达到五类水质标准，全面消除劣五类水质。完成恒安热电和新方热电2家企业的年度超低排放改造任务，建成投运3处街道污水处理厂。全区火电、水泥、污水厂等9家重点污染源企业全部安装在线监控设施，工业废水处理率100%；全面做好中央和省环境保护迎查工作，完成城市建成区内加油站三次油气回收改造和市里下达的散煤清洁化治理任务。拆改10吨/小时及以下燃煤小锅炉136台，加大环保执法力度，取缔“散乱污”企业106家。全面推行河长制，扎实开展“清河行动”，全面完成辖区河道管理范围内违法建筑、非法养殖、违法排污、沿河垃圾和破坏堤防等清理整治工作，禁养区及主河道内畜禽养殖场全部搬迁。

【社会事业】 社会保障体系进一步完善。全区企业职工基本养老保险参保人数47654人，当年收缴基本养老保险基金33603万元。机关事业单位养老保险参保人数7050人，居民社会养老保险参保人数153642人，投保额9509万元，参保率97.7%。至年末，全区参加医保单位发展到1037家，共有66385人参加职工基本医疗保险，当年收缴基本医疗保险费18556万元；城乡居民医疗保险参保人数208897人，政府补助标准提高到490元。全区参加失业保险的企业单位职工32152人，当年征缴基金1431万元；参加工伤保险企业889家，参保职工52130人，当年征缴基金1897万元；生育保险参保人数达到33386人，当年征缴保险费1083万元。

至年末，全区拥有各种福利收养性单位数7个。享受城镇居民最低生活保障人数1706人，享受农村居民最低生活保障人数6589人，享受五保供养人数242人，享受低保高龄补贴人数539人，享受90岁以上高龄补贴人数837人；享受政府殡葬补贴人数2192人。民政部门资助参保人数11335人，医疗救助人数1237人，临时救助人数612人。资助孤儿21人、困境儿童14人、城市三无人员16人，经济困难失能老人36人、生活困难残疾人1845人、重度残疾人3340人。

就业形势进一步好转。全年培训转移农村劳动力3206人，新增城镇就业3937人，1450名失业职工实现再就业。城镇登记失业率控制在2.8%以内。

扶贫工作取得新进展。投入221万元实施5处设施农业项目，建成17个高标准蔬菜大棚并租赁运营，年实现纯收益20多万元，受益贫困户102户、217人。为石坑、肖家、岔子官庄3个省定贫困村落实农业园区奖补资金13.1万元。落实医疗救助“一站式”即时结算服务，为贫困群众报销住院费用600余人次、56万余元。发挥金润、玉泉洼、水墨庄园等新型农业经营组织作用，带动就业增收贫困人口90多户、200余人。

深化社会治安综合治理。全年破获各类刑事案件367起，发现受理治安案件1581起，查处910起。刑事犯罪上升势头得到有效遏制，社会治安持续向好。在2017年度科学发展综合考核群众满意度电话访问中，社会治安满意度得分列全省城区第2名。

安全生产形势持续好转。全区累计发生各类生产安全事故2起，下降84.6%，死亡2人，下降60%。

（孔彬彬）

国民经济和社会发展主要指标（2017年）

指标名称	计量单位	2017年	同比增长%
一、土地总面积与人口			
行政区域面积	平方公里	412	——
年末常住人口	万人	32.5	——
人口自然增长率	‰	12.55	——
城镇化率	%	53.12	1.5
二、综合经济			

续表

指标名称	计量单位	2017年	同比增长%
生产总值（当年价格）	亿元	165.73	7.9
第一产业增加值	亿元	9.39	4.0
第二产业增加值	亿元	82.08	7.6
其中：工业	亿元	67.58	5.6
第三产业增加值	亿元	74.26	8.7
三次产业比例	%	5.7：49.5：44.8	——
三、农业			
农、林、牧、渔业及其服务业总产值	万元	188297	4.1
粮食总产量	万吨	14.25	4.4
油料产量	吨	5392	6.7
大牲畜年末存栏	头	2242	-51.4
大牲畜年末出栏	头	5315	9.1
生猪年末存栏	头	45000	-46.9
生猪年末出栏	头	130128	-20.5
家禽年末存栏	万只	194.0	-28.9
家禽年末出栏	万只	946.0	-19.4
肉类总产量	吨	23429	-23.4
奶产量	吨	1746	-41.7
禽蛋产量	吨	3143	-46.9
四、工业			
规模以上工业			
规模以上工业企业个数	个	123	——
工业总产值（当年价格）	万元	2382108	12.4
工业增加值	万元	——	3.3
主营业务收入	万元	2172776	1.0
利税总额	万元	104073	-22.2
利润总额	万元	65927	-27.5
主营业务收入过亿元的企业个数	个	28	3.7
利税过千万元的企业个数	个	23	43.8
高新技术产业产值所占比重%	%	16.33	1.06

续表

指标名称	计量单位	2017年	同比增长%
五、邮电、电力			
邮政业务总量	万元	3906	9.4
全部用电量	万千瓦时	168988	4.6
＃大工业及一般工商业用电	万千瓦时	145542	4.4
农林牧渔水利用电	万千瓦时	4657	1.1
城乡居民生活用电	万千瓦时	18788	7.2
六、建筑业			
资质以内建筑业企业个数	个	14	——
资质以内建筑业总产值	万元	1381068	35.1
七、房地产			
房地产投资	万元	185500	11.8
新建商品房销售面积	平方米	1133998	45.4
新建商品房销售额	万元	625373	68.4
八、商业、外经、外贸			
社会消费品零售总额	万元	760200	9.8
限额以上批零住餐销售额	万元	366039	10.6
限额以上社会消费品零售额	万元	128410	2.1
规模以上服务业主营业务收入	万元	194891	13.3
外贸进出口总额	万元	343820	7.9
进口总额	万元	237062	10.4
出口总额	万元	106758	2.6
实际使用境外资金	万元	-18453	-132.0
合同利用境外资金	万元	40523	2.4
九、财政、金融、保险			
财政总收入	万元	205921	3.0
一般公共预算收入	万元	142820	9.0
一般公共预算支出	万元	186184	3.6
年末金融机构存款余额	万元	2109339	7.7
城乡居民储蓄余额	万元	1380556	11.1

续表

指标名称	计量单位	2017年	同比增长%
年末金融机构贷款余额	万元	1151231	24.7
十、人民生活			
居民人均可支配收入	元/人	25470	9.1
其中：城镇居民人均可支配收入	元/人	34180	8.0
农村居民人均可支配收入	元/人	17178	8.8

地区生产总值与构成（2017年）

	现价（亿元）	不变价（亿元）	增速（%）
地区生产总值	165.73	161.58	7.9
农林牧渔业	9.48	9.47	4.0
农林牧渔服务业	0.09	0.07	6.7
工业	67.58	68.21	5.6
开采辅助活动	0.01	0.01	0.0
金属制品、机械和设备修理业	0.01	0.01	0.0
建筑业	14.52	13.48	19.1
批发和零售业	10.4	10.32	6.8
批发业	2.06	2.04	5.7
零售业	8.34	8.28	7.1
交通运输、仓储和邮政业	4.61	4.34	10.7
住宿和餐饮业	5.02	5.02	6.4
住宿业	0	0	0.0
餐饮业	5.02	5.02	6.4
金融业	8.68	8.8	9.0
房地产业	11.28	10.57	10.8
房地产业（K门类）	7.37	6.94	14.1
自由房地产经营活动	3.91	3.63	4.9
其他服务业	34.16	31.37	8.7
营利性服务业	15.45	14.65	18.2

续表

	现价（亿元）	不变价（亿元）	增速（%）
非营利性服务业	18.71	16.72	1.5
第一产业	9.39	9.4	4.0
第二产业	82.08	81.67	7.6
第三产业	74.26	70.51	8.7

精神文明建设

【文明城市创建工作】 健全完善文明城市创建工作长效机制，常态化做好文明城市创建工作。为做好全国文明城市复查和省级文明区创建工作，印发倡议书等宣传材料6万余份，制作更换公益广告牌110余块，发放公益海报1.2万余份，印发“礼让斑马线，文明伴我行”活动倡议书3800余份，制作发放礼让斑马线文明伴我行公益车贴5000余张。开展五项综合整治行动，整改问题410余条。梳理提报全国文明城市迎审材料和未成年人思想道德建设材料160余份，省级文明区创建迎审材料480余份。目前，坊子区已被命名表彰为省级文明区。

【道德建设】 广泛开展道德模范、身边好人的学习宣传活动，2017年推选出第五届市级道德模范3人，数量全市第一，推选出潍坊好人5人，区级道德模范7人，坊子好人46人。组织道德模范身边好人巡讲25场。推选出省级文明家庭1个，市级文明家庭6个，区级文明家庭58户，好媳妇好婆婆90名。在山东省善行义举四德榜网上平台上传善行义举四德榜424个，农村和学校四德榜达到100%全覆盖。向省委宣传部推荐82个善行义举四德榜“优榜”。打造区级社会主义核心价值观主题公园1处，街道、村级主题公园38个，推选出市级以上榜上有名先模人物4人，最美系列人物及提名奖7人。做好“中国好人榜”群众线索推荐工作，组织各级各部门各单位每月向中国文明网推荐报送身边好人线索。

【乡村文明行动】 2017年乡村文明行动工作以促进“村容村貌改善”和“乡风民风提升”为重点，着重抓实城乡环卫一体化和移风易俗工作。6月29日，对全区302个村居社区的支部书记和红白理事会会长620余人进行专题培训，增强其业务水平和能力。9月28日，召开全区乡村文明行动现场调度会。10月20日，召开全区加快推进移风易俗工作会议，安排部署移风易俗工作。建成全国文明村1个，第五批省级百镇千村示范点2个。坊子区在年底科学发展考核四区第一。

【未成年人思想道德建设工作】 一是组织开展清明祭英烈、经典诵读、“我说我们的家风家训”“我旅游、我文明”中小学生征文比赛等活动。二是大力培育美德少年，培育市级美德少年5人、区级美德少年100人。三是组织开展全区“国学小名士”电视评选大赛，在市级“国学小名士”电视评选大赛比赛中坊子区获得一等奖1名，二等奖1名，优秀奖4名，优秀指导教师2名，优秀组织奖1个。推选出山东省未成年人思想道德建设工作先进单位1个，先进工作者1个。

【志愿服务制度化建设】 一是按照“对内推动，对外宣传”的要求，各级文明单位都成立5人以上的网络文明传播志愿服务队伍，切实加强网络文明传播制度建设。二是开展文明出行志愿服务活动，在城区选取20个交通路口由各级文明单位主动认领，开展文明出行志愿服务。三是在中国志愿服务网累计注册志愿者已达37427人。四是评选推荐“四个最美”志愿服务候选典型8个。

（李　娟）

组织机构（2017）

中国共产党潍坊市坊子区委员会

书　记：扈洪波

副书记：张龙江　潘振东（2017年1月止）

宋伟伟（女，2017年1月始）

常　委：王希慧（2017年1月止）

许文远　任宪强　赵　伟　牟　杰

于鹏展（2017年1月始）

李寿岩（2017年1月始）

肖继林（2017年1月止）

唐乐平（2017年12月始）

潍坊市坊子区人民代表大会常务委员会

党组书记：潘振东（2017年1月始）

赵　伟（2017年1月止）

党组副书记：张洪胜　毕玉孝

党组成员：王　波　郝本杰　李　玉（女）

张　波

主　任：潘振东（2017年1月始）

第一副主任：赵　伟（2017年1月止）

副主任：张洪胜（2017年1月始）

蔡志敏（2017年1月始）

王　波　常庆科（2017年1月止）

郝本杰　李　玉（女）

潍坊市坊子区人民政府

党组书记：扈洪波（2017年1月止）

张龙江（2017年1月始）

党组副书记：宋伟伟（女，2017年1月止）

赵　伟

党组成员：李飞雨　段宏喜（女）　高风金

王国光　段效顺

区　长：张龙江（2017年1月始）
副区长：宋伟伟（女，2017年1月止）
　　　赵　伟　蔡志敏（2017年1月止）
　　　于鹏展（2017年1月止）
　　　李寿岩（2017年1月止）
　　　李飞雨　段宏喜（女）
　　　高风金（2017年1月始）
　　　王国光（2017年1月始）
　　　巴桑次旦（藏族，2017年3月始）

中国人民政治协商会议 潍坊市坊子区委员会

党组书记：张钢星（2017年1月止）
　　　王希慧（2017年1月始）
党组副书记：田立胜　王建利
党组成员：张柏山（2017年1月止）
　　　张秀霞（女）　孙希安　刘恩松
主　席：张钢星（2017年1月止）
　　　王希慧（2017年1月始）
副主席：田立胜　于仁之
　　　常庆科（2017年1月始）
　　　李子木（不驻会）
　　　张柏山（2017年1月止）
　　　李叶忠（不驻会）
　　　张秀霞（女）

中国共产党潍坊市坊子区 纪律检查委员会

书　记：任宪强
副书记：王芬林（2017年1月止）
　　　张　亮　陈起祥（2017年1月始）
常　委：任宪强　王芬林（2017年1月止）
　　　张　亮　陈起祥　都宗元
　　　栾正江　高　勇
　　　丁　彤（女，2017年1月始）
委　员：丁　彤（女）　丁文科　于洪喜
　　　马永福　马学文　王志刚　卢春晖
　　　冯　华　任建杰　任宪强　刘小勇
　　　许怀军　李夕星　李存清　李法峰
　　　李振祥　杨志明　肖　健　宋希林
　　　宋国强　张　亮　陈起祥　都宗元
　　　栾正江　高　勇　黄效刚　董云飞

区廉政教育中心

主　任：刘小勇

区纪委　监察局派驻纪检组　监察室

派驻第一纪检组监察室

书记（主任）：潘茂贵

派驻第二纪检组监察室

书记（主任）：刘绪泉

派驻第三纪检组监察室

书记（主任）：李法峰

派驻第四纪检组监察室

书记（主任）：王宝军

派驻第五纪检组监察室

书记（主任）：朱金亮

中国人民解放军
潍坊市坊子区人民武装部

部　长：高庆厚

政　委：唐乐平（2017年6月始）

副部长：王　锋

潍坊市坊子区人民法院

党组书记：王学功

党组副书记：马学文

党组成员：周红兵　李传明
郭振宇　滕书波
曹东华（女，蒙古族）
孙航程　李世平

院　长：王学功

副院长：马学文　周红兵　李传明

政治处主任：曹东华（女，蒙古族）

执行局局长：滕书波

副局长：张岐飞　张建文

潍坊市坊子区人民检察院

党组书记：张春岳

党组副书记：王志刚

检察长：张春岳

副检察长：王志刚　盛宜祥　苏　静（女）

反贪污贿赂局

局　长：宋西来

副局长：王国秋

区委、区政府所属部门单位

区委办公室

主　任：潘锡才

副主任：冯维隆　周　伟　王　俊

区委政策研究室

主　任：刘庆娜（女）

副主任：王玉余

区委机要局

局　长：范　威

副局长：郑长亮

区保密局

局　长：王　俊

副局长：刘祥磊

区委督查室

主　任：郝琳琳

副主任：方博文（2017年1月始—2017年5月止）

督查专员：王新民

区委改革办

副主任：李炳晓　王国强

区网络信息中心

主　任：王　伟

副主任：王鹏飞

区保密技术检查中心

副主任：范玉勤　盛伟平

区委组织部

部　长：牟　杰

常务副部长：匡荣璋

副部长：孙玉林　任建杰　王成刚　刘志武

区委组织员办公室

主　任：张　明

副主任：滕祥栋

区远程教育管理中心

主　任：陈文波

副主任：房孝铎

区党建研究会

秘书长：任建杰

副秘书长：冷传奇（2017年4月止）

区委党建领导小组办公室

主　任：周　斌

副主任：房军伟（2017年4月止）

区委第四巡察组

组　长：冷传奇（2017年4月始）

区党员电化教育中心

主　任：程晓婧（女，2017年4月始）

区委宣传部

部　长：于鹏展

常务副部长：李　强

副部长：刘成涛　孟庆温

区精神文明建设委员会办公室

主　任：李　娟（女）

副主任：孙宽升（2017年4月止）
　　　　刘华强（2017年4月始）

区文学艺术界联合会

主　席：陈　娜（女）

副主席：李友辉　赵　鹏

区互联网文化管理办公室

主　任：李　霞（女）

副主任：梁　勇

区新闻中心

主　任：孟庆温

副主任：蔡建辉

区委统战部

部　长：李寿岩

常务副部长：刘　炜

副部长：郭玉华（女）

区委民族宗教事务办公室

党组书记：郭玉华（女）

局　长：曹淑华（女）

副局长：张海霞（女）

区委政法委员会

书　记：许文远

常务副书记：徐仕东

副书记：孙宽升

区维护稳定工作领导小组办公室

主　任：许文远

副主任：徐仕东

区社会治安综合治理委员会办公室

副主任：孙希强

区委党校

党委书记：王京城

党委委员：宋同刚　徐晓燕（女）　高成伟
　　　　王桂香（女）

党支部书记：王桂香（女）

常务副校长：王京城

副校长：宋同刚　徐晓燕（女）　高成伟

区机构编制委员会办公室

党支部书记：庄　玮

党支部委员：张伟杰 张　彬

主　任：孙玉林

副主任：张伟杰 张　彬

区政府审改办

主　任：庄　玮

副主任：曹　燕（女）

区委老干部局

党支部书记：张舒梅（女）

局　长：刘志武

副局长：王明文

区委区直机关工作委员会

党工委书记：于连勇

党工委副书记：王旭东

区委农村工作领导小组办公室

党支部书记：王兆劼

党支部副书记：刘佃华

主　任：王兆劼

副主任：李怀茂

区委区政府信访局

党支部书记：郭庆建

局　长：郭庆建

副局长：于丽敏（女）

区委群众工作委员会办公室

党支部书记：郭锡金

主　任：郭锡金

副主任：吴继光

区委台湾工作办公室

主　任：徐子信

区委党史委员会办公室

主　任：陈炳华

副主任：楚治华

区档案局

党组书记：郭　磊

局　长：郭　磊

区扶贫开发领导小组办公室

党支部书记：郭　强

主　任：郭　强

副主任：史建炳

区工商业联合会

党组书记：刘　炜

党组成员：刘德学

主　席：李叶忠

副主席：刘德学 马永亮 王　涛 卢之顺 刘春萍（女） 李亚升 李良伟 李俊年 邱新证 陈　良 周志宏 宗全民 高恩源 高焕群 葛相军

区总工会

党组书记：孙孟超

党组成员：周兆源 郭逊娥（女）

主　席：张秀霞（女）

副主席：孙孟超 郭逊娥（女）

共青团区委

党组书记：张鹏燕（女）

党组成员：王　鑫（2017年6月始）

书　记：张鹏燕（女）

副书记：王　鑫（2017年6月始）

区妇女联合会

主　席：戴德彩（女）

副主席：王　芳（女）

区科学技术协会

党组书记：王大刚

党组副书记：刘耀斌

主　席：李　玲（女）

副主席：王大刚

区残疾人联合会

党组书记：殷以泉

党组成员：李炳辉

党支部书记：郭秀英（女）

组织委员：李炳辉

宣传委员：韩祖信

理事长：殷以泉

副理事长：李炳辉

区“四个城市”建设协调服务中心

主　任：乔仕杰（兼）

区政府办公室

主　任：段效顺

副主任：卢焕涛 刘先勋 郑汝彤

区政府法制办公室

副主任：张洪茂 潘文强

区政府督查室

主　任：刘成业

副主任：王志刚

区政府应急管理办公室

主　任：郝英杰

副主任：刘　炀

区史志委员会办公室

主　任：郑汝彤

副主任：张美芳（女）

区外事侨务办公室

主　任：黄少华

副主任：唐大伟

区政府信息调研中心

副主任：姜晓虎

区智慧城市建设办公室

副主任：刘　畅

区发展和改革局

党组书记：刘乐军

党组成员：王志臣 赵庆军
李金花（女） 王景致
刘景芳（女，2017年10月止）
戚玉波

局　长：刘乐军

副局长：王志臣 赵庆军

区重点项目办公室

副主任：赵　刚

区产业发展办公室

主　任：李金花（女）

副主任：迟　萍（女）

区物价局

党组书记：徐　杰

局　长：徐　杰

副局长：王飞儒 郭学强 马志升

区粮食局

党委书记：李亚丽（女）

局　长：李亚丽（女）

副局长：温　强 王振华

区经济和信息化局

党委书记：李汉军

党委副书记：张永根

局　长：李汉军

副局长：权金光　杨　鹏

区中小企业办公室

党支部书记（主任）：岳来涛

区教育局

党委书记：李夕勇

局长（主任）：李夕勇

副局长（副主任）：陈　刚　刘萍萍（女）

区科学技术局

党组书记：尹　健

局　长：尹　健

副局长：曹玉勋　曹　琳（女）

区监察局

局　长：张　亮

副局长：吕　洁（女）

区民政局

党组书记：陈其云

党组副书记：孙希刚　栾桂梅（女）

局　长：陈其云

副局长：王现臣　徐延娥（女）　刘永斌

区司法局

党组书记：刘　强

局　长：刘　强

副局长：隋明川　刘木杰　冯世鹏

区财政局

党组书记：刘　杰

党组成员：郭　伟　秦乐堂　刘振明　刘晓培　殷培祥　贾　鹏

局　长：刘　杰

副局长：郭　伟　贾　鹏

区国有资产管理局

局　长：郭　伟

区基层财政管理处

主　任：王明义

区国有资产经营管理中心

主　任：李培伟

区投资公司

经　理：刘召平

区农业综合开发办公室

党支部书记：马乃兵

党支部委员：于　晖　张庆海

主　任：殷培祥

副主任：于　晖　张庆海

区人力资源和社会保障局

党委书记：张　涛

党委副书记：李　立

局　长：张　涛

副局长：郭均智　张永庆　王庆舫（女）　朱文忠　房德民　滕延祥　于相金

区社会保险事业管理中心

党支部书记：于相金

主　任：郭均智

副主任：毛帮贵　李兰芳（女）　房世暄　陈本欣　姜　兵

区人力资源管理服务中心

党支部书记：滕延祥

主　任：滕延祥

副主任：宋延辉 陈 勇

区住房和城乡建设局

党委书记：马玉良

党委副书记：马怀芳（女）

局 长：马玉良

副局长：马怀芳（女） 王洪法 杨玉强

区房产管理服务中心

党总支书记：岳桂福（2017年4月止）

李桂勇（2017年4月始）

党总支委员：赵瑜民 刘清波

主 任：岳桂福（2017年4月止）

李桂勇（2017年4月始）

副主任：赵瑜民 刘清波

区城市管理行政执法大队

党总支书记：刘志范

党总支副书记：李金泉

大队长：李金泉

副大队长：卢培宁 杨振中 房鲁南

区交通运输局

党委书记：宁洪伟

党委副书记：王 辉

局 长：宁洪伟

副局长：王乐成 许春山 张先福

区县乡道路管理办公室

主 任：李大庆

区水务局

党组书记：单连杰

局 长：单连杰

副局长：蒋洪安 于其忠 刘书江

区水利重点工程办公室

主 任：徐振生（2017年5月止）

副主任：朱云生

区防汛抗旱中心

主 任：陈明波

副主任：于晓梅（女）

区农业局

党组书记：楚治中

局 长：楚治中

副局长：王锡国 曹晓东 徐建亮

区农业机械管理局

党组书记：付金海

党组副书记：庄双田

局 长：庄双田

副局长：张少华 李泰东

区畜牧局

党组书记：王显福

党组成员：刘 萍（女） 傅艳芝（女）

蔡绪孝 李素芳（女）

刘乐梅（女）

局 长：刘 萍（女）

副局长：蔡绪孝

区农村经济管理局

党组书记：武 鹏

党组成员：李学锋

党支部书记：李成名

党支部副书记：李秀英（女）

局 长：武 鹏

副局长：李成名

区商务局

党委书记：程宝田

党委副书记：谢华修

局　长：程宝田

副局长：郭玉亭　胥　敏（女）

　　　　冯　静（女）

区三产规划办公室

主　任：齐乐胜

副主任：刘志同

区国际商会

会　长：杲文亮

副会长：韩　鹏

区文化广电新闻出版局

党组书记：王　涌

局　长：王　涌

副局长：赵立杰

　　　　于祥龙

　　　　王福英（女）

区文化市场综合执法局

党支部书记：李玲云（女）

局　长：刘成涛

副局长：张宝军　李玲云（女）

区卫生和计划生育局

党委书记：李学海

局　长：李学海

副局长：孙春江　牟　耕　陈京绥

区计划生育协会

会　长：徐洪河

副会长：刘介增

区爱国卫生运动委员会办公室

副主任：庄玉东

区疾病预防控制中心

党支部书记：刘培坤

主　任：刘培坤

副主任：苏德和　毛帮富

区审计局

党组书记：肖　健

局　长：肖　健

副局长：李怀友　王静萍（女）

区环境保护局

党组书记：王丙正

党组成员：韩　锐　崔　敏（女）

局　长：王丙正

副局长：韩　锐　崔　敏（女）

区统计局

党组书记：于洪鹏

局　长：于洪鹏

副局长：李建伟　王德明

区市场监督管理局

党委书记：赵新坤

党委成员：张维军　张月武　王卫华

　　　　　韩忠志　郭卫东

局　长：赵新坤

副局长：张维军　张月武　王卫华　韩忠志

区食安办

主　任：赵新坤

副主任：郭卫东

区安全生产监督管理局

党组书记：吴　军

局　长：吴　军

副局长：丁加仁　范　健

区金融工作办公室（区金融监督管理局）

党支部书记：徐万源（2017年4月止）

党组书记：徐万源（2017年4月始）

主任（局长）：徐万源

副主任（副局长）：王日光 秦 栋

区德日建筑保护开发办公室

党支部书记：王金莲（女）

副主任：赵伟玉（女） 王明义

唐乃行（挂职，2017年9月止）

山东测绘地理信息产业基地管理中心

党委书记：杨洪岩

党委委员：周 明 卢焕勇 刘晓亮

主 任：李志强

副主任：周 明 卢焕勇 刘晓亮

区林业局

党组书记：郑立国

党组成员：田世德 王巨胜

局 长：郑立国

副局长：田世德 王巨胜

区体育局

党组书记：宋振国

局 长：宋振国

副局长：杨洪波 郑永祥

区地震局

党组书记：张崇波

党组成员：李寰凯 吕雪萍（女） 邵 海

局 长：张崇波

副局长：吕雪萍（女）

区供销合作社联合社

党委书记：杨国华

党委副书记：丁 忠

主 任：杨国华

副主任：杨新正 王振国

监事会主任：岳桂福 （2017年4月始）

区旅游局

党组书记：彭军霞（女）

党组副书记：高国华

局 长：彭军霞（女）

副局长：高国华 徐丽霞（女）

区直机关事务管理局

党总支书记：卢焕涛

党总支委员：李瑞祥 杨玉华

徐艳丽（女） 许怀东

周海英（女）

局 长：卢焕涛

副局长：徐艳丽（女） 许怀东

周海英（女）

机关车队

队 长：刘忠华

党支部书记：王世光

区招商局

党组书记：李 刚

局 长：李 刚

副局长：刘玉亭 邓志鹏

区知识产权局

党组书记：李桂勇（2017年4月止）

于洪喜（2017年4月始）

局 长：李桂勇（2017年4月止）

于洪喜（2017年4月始）

区政务服务中心管理办公室

主 任：刘 涛

区政务服务信息中心

主　任：牟正义

区广播影视中心

主　任：杨宝伟

区煤矿离退休服务中心

党支部书记：赵兴书

主　任：赵兴书

副主任：张向群（女）　刘洪梅（女）

区文物保护中心

党支部书记：庞国栋

局长（主任）：韩绍萍（女）

副局长（副主任）：陈其发

区园林管理处

党支部书记：刘之明

主　任：刘之明

副主任：夏方琪　杨守梅（女）

垂直管理部门单位

潍坊市公安局坊子分局

党委书记：许文远

党委副书记：瞿伟伟　王文起

局　长：许文远

政　委：瞿伟伟

副局长：马永福　焦洪增　高立文

王培江　孙继山

潍坊市国土资源局坊子分局

党组书记：潘　强

党组副书记：刘玉花（女）

局　长：潘　强

主任科员：郑光勇

副局长：韩云芝（女）　朱立明　冯海燕

纪检组长：赵大河

潍坊市国土资源执法监察支队坊子大队

大队长：潘　强

区土地储备开发中心

主　任：刘玉花（女）

潍坊市规划局坊子分局

党组书记：袁泽鹏

党组副书记：张学智

局　长：袁泽鹏

副局长：王端民　李爱军（女）　蒋立军

李　梅（女）　张连亮

区国税局

党组书记：李　群

局　长：李　群

副局长：马进良　季玉东（2017年7月始）

涂永刚　张曰清

潍坊市地方税务局坊子分局

党组书记：魏百平

党组副书记：周兴源

局　长：魏百平

副局长：周兴源　王效广　袁仲勋

区公路局

党委副书记：李宗利　刘明波

局　长：李宗利

副局长：刘明波　罗　平　王华伟

潍坊市住房公积金管理中心坊子管理部

党支部书记：刘振明

主　任：刘振明

副主任：刘善辉 李 娟

邮政集团公司坊子区分公司

党委书记：王建荣（女）

主 任：韩 芸（女）

区烟草专卖局

党总支书记：刘志勇

党总支委员：邱乐德 李百玺

局长（经理）：刘志勇

副经理：邱乐德 李百玺

区盐务局

党支部书记：仇光来

局 长：仇光来

副局长：许春华

潍坊市不动产登记中心坊子分中心

党支部书记：刘友发

主 任：刘友发

副主任：扈文新 陈富俭

中国建设银行股份有限公司潍坊坊子支行

行 长：王志刚（2017年6月止）

张 宇（2017年6月始）

中国农业银行股份有限公司潍坊坊子支行

行 长：李益春

中国银行股份有限公司潍坊坊子支行

行 长：孙洪祥

交通银行股份有限公司潍坊市坊子支行

行 长：黄智泉（2017年7月止）

姜 锐（2017年7月始）

中国农业发展银行潍坊市坊子区支行

行 长：孙建光

潍坊银行股份有限公司坊子管辖行

行 长：李志刚

中国工商银行股份有限公司潍坊坊子支行

行 长：葛吉勇

潍坊农村商业银行股份有限公司坊子支行

行 长：唐慧博（2017年4月止）

李相林（2017年4月始）

中国邮政储蓄银行股份有限公司潍坊市坊子区支行

行 长：吕 瑜（女）

中国人民财产保险股份有限公司潍坊市人保财险坊子支公司

总经理：薛 刚

中国人寿保险股份有限公司潍坊市坊子区支公司

总经理：陈建民

中国太平洋财产保险股份有限公司潍坊市坊子区支公司

总经理：王文军

中国太平洋人寿保险股份有限公司潍坊市坊子区支公司

总经理：邱炳琴（女，2017年1月止）

杨海涛（2017年1月始—2017年9月止）

陈建鹏（2017年9月始）

中国联合网络通信有限公司坊子区分公司

党委书记：唐春光

党委委员：仉宏光 李孝坤

总经理：唐春光

副总经理：仉宏光 李孝坤

山东广电网络有限公司坊子分公司

党支部书记：康守保

经　理：康守保

副经理：陈桂英（女）　赵光勇

高新园区•街道（发展区）

高新园区（凤凰街道）

高新园区党工委

书　记：李春玉

副书记：林　楠（女）　赵　伟　高　峰

委　员：王洪海　庄国三　杨永昌　冯德金

高新园区管委会

副主任：庄国三　杨永昌

中共凤凰街道工作委员会

书　记：李春玉

副书记：王洪海

纪工委书记：于洪喜（2017年4月止）

李　晓（2017年4月始）

委　员：逄增强　张　伟

凤凰街道办事处

主　任：王洪海

副主任：于　璐　李　建

凤凰街道人大工作办公室

主　任：程会和

坊城街道

中共坊城街道工作委员会

书　记：王文成

副书记：乔仕杰　丁文科（2017年4月始）

纪工委书记：丁文科（2017年4月止）

宋希林（2017年4月始）

委　员：韩立法　李亚林　郎丰军

辛　静（女）　李新军

坊城街道办事处

主　任：乔仕杰（2017年1月始）

副主任：韩立法　李亚林　段有平

坊城街道人大工作办公室

主　任：马贤涛

坊安街道

中共坊安街道工作委员会

书　记：刘　娜（女）

副书记：王广科　李夕星（2017年4月始）

纪工委书记：李夕星（2017年4月止）

李清华（2017年4月始）

委　员：庄利平　刘　蕾（女）

刘华强（2017年4月止）

孟凡皓　郎咸江

坊安街道办事处

主　任：王广科（2017年1月始）

副主任：庄利平　刘　蕾（女）　郎益山

坊安街道人大工作办公室

主　任：陈爱萍（女，2017年5月止）

九龙街道

中共九龙街道工作委员会

书　记：杨晓军

副书记：王宗仁　卢春晖（2017年4月始）

纪工委书记：卢春晖（2017年4月止）

方博文（2017年4月始）

委　员：张善忠　刘东凯　翟中山

冯　玮（女）

九龙街道办事处

主　任：王宗仁

副主任：张善忠 王　鹏

九龙街道人大工作办公室

主　任：刘玉平（2017年5月止）

陶金泉（2017年5月始）

黄旗堡街道

中共黄旗堡街道工作委员会

书　记：刘新喜

副书记：袁　燕（女）

赵　刚

纪工委书记：宋希林（2017年4月止）

房军伟（2017年4月始）

委　员：李子超 李　涛 刘　红（女）

张善波

黄旗堡街道办事处

副主任：邓　军 李洪鹏 张森元

黄旗堡街道人大工作办公室

主　任：李　伟

坊子经济发展区

中共坊子经济发展区工作委员会

书　记：韩宏蕾

副书记：李　辉 张正起（2017年4月始）

纪工委书记：乔永明（2017年4月始）

委　员：孙志华 张丕明 扈本顺

经济发展区管委会

主　任：李　辉

副主任：乔永明（2017年4月止）

韩会春（2017年4月止）

郝延海

经济发展区人大工作办公室

主　任：郝德光（2017年4月止）

许怀军（2017年4月始）

荆山生态林场管委会

主　任：许怀军（2017年5月始）

坊子工业发展区

中共坊子工业发展区工作委员会

书　记：于世升

副书记：王以杰 李风建（2017年4月始）

纪工委书记：许怀军（2017年4月止）

徐国玲（女，2017年4月始）

委　员：马振华

坊子工业发展区管理委员会

主　任：王以杰

副主任：马振华 许怀坤

坊子工业发展区人大工作办公室

主　任：李风建（2017年4月止）

韩会春（2017年4月始）

潍河生态林场管委会

主　任：韩会春（2017年5月始）

副主任：马军洪 赵　非

中国共产党潍坊市坊子区委员会

重要会议

【中国共产党潍坊市坊子区第十四次代表大会】 1月16日—18日，中国共产党潍坊市坊子区第十四次代表大会在鲁能足校召开。会议选举扈洪波、张龙江、宋伟伟、许文远、任宪强、赵伟、牟杰、于鹏展、李寿岩等40人为第十四届区委委员，选举马玉良、张亮、程宝田、楚治中、戴德彩、张鹏燕、刘乐军、王兆劼等为第十四届区委候补委员。区委书记扈洪波代表中国共产党潍坊市坊子区第十三届委员会向大会作题为“践行新理念推动新发展为建设富裕美丽和谐的活力坊子而努力奋斗”的报告。

【全区经济工作会】 2月3日，全区经济工作会暨项目建设年、作风建设年动员会议在区级会议中心第二会议室召开。区委书记扈洪波讲话，区委副书记、区长张龙江主持会议并讲话，区委副书记宋伟伟宣读《区委区政府关于表彰坊子区2016年度功勋企业家和优秀企业家的决定》《区委区政府关于表彰坊子区2016年度科技创新先进企业》，区委常委、区纪委书记任宪强宣读《区委关于开展“作风建设年”活动的实施意见》，区委常委、副区长赵伟宣读《区委区政府关于开展“项目建设年”活动的实施意见》。

【全区城市工作会议】 6月29日，全区城市工作会议在区级会议中心第二会议室召开。区住建局、区房管中心、区城管执法大队、凤凰街道、坊城街道先后发言，区委副书记、区长张龙江主持会议，区委书记扈洪波讲话。会议强调，要认真贯彻落实上级城市工作会议精神，从“围绕产业强市，建设高端制造业聚集区；围绕文化名市，建设生态文化休闲区；围绕活力城市，建设优质高效服务区；围绕品质城市，建设美丽和谐宜居区”四个方面提出要求，着力推动城市转型升级。要坚持全域统筹、产城融合，坚持高起点定位，实施高水平规划。加快新旧动能转换，全力打造产业之城；发挥好资源禀赋优势，全力打造文化名城；提升创新和服务水平，全力打造活力之城；提升城市品位档次，全力打造品质之城；积极培育特色小镇，全力打造魅力之城，全力推进全区城市工作再上新台阶。要加强和改善党对城市工作的领导，为全面提升城市工作水平提供坚实的保障。

【全区“四个城市”建设推进会议】 8月4日，坊子区召开全区“四个城市”建设推进会议，贯彻落实全市“四个城市”建设动员大会精神，安排部署全区“四个城市”建设工作，广泛动员全区上下以高度的政治自觉和扎实的工作作风，迅速投入到“四个城市”建设实践中，推动经济社会创新发展、持续发展、领先发展。

【区委十四届三次全体会议】 8月21日，坊子区在区级会议中心第二会议室召开区委十四届三次全体会议，区委书记扈洪波主持会议并讲话。会议审议并讨论通过《“四个城市”建设五年规划和三年行动计划》及《关于加快“四个城市”建设、加速实现富裕美丽和谐的活力坊子目标的决议（草案）》。会议就贯彻落实本次全委会精神、落实好“四个城市”建设工作进行强调，要全面提速，加快各项工作推进；要提高境界，高标准高质量创建；要真抓实干，务求工作取得实效。同时，对当前工作进行安排，要抓好环保督察，要抓好棚改工作，要抓好重点园区项目招商和建设工作，要抓好村、社区“两委”换届工作，要抓好安全稳定。

【区委十四届四次全体会议】 11月22日，坊子区在区级会议中心第二会议室召开区委十四届四次全体会议，区委书记扈洪波主持会议并讲话。会议深入学习宣传贯彻党的十九大和十九届一中全会精神，传达学习省委十一届二次全体会议精神、市委十二届四次全体会议精神，审议通过《中共潍坊市坊子区委关于深入学习宣传贯彻党的十九大精神的决议（草案）》，并对坊子区深入学习宣传贯彻党的十九大精神作出全面安排部署。

重要活动

【现场调研】 2月20日，区委书记扈洪波到工业发展区、九龙街道、黄旗堡街道调研重点工作、“项目建设年”和“作风建设年”活动开展情况，深入阿旺食品、南眉村片区棚户区改造、宝通街东延、下房村片区和穆村片区棚户区改造、逄王有机西红柿园区、阳春啤酒等企业和项目工程现场，详细了解有关重点工作进度及企业运营情况，并召开座谈会就有关工作进行安排部署。

【招商推介】 5月15日，坊子区在钧瀚大酒店隆重举行农业智能装备产业链招商推介会，中国农业机械工业协会、农业部南京农业机械化研究所、全国农机零部件制造行业龙头企业等单位主要负责人70余人参加会议，坊子区委、区政府主要领导及分管领导，区直有关部门和重点园区主要负责人参加会议。与会人员先后参观雷沃重工股份有限公司、营子片区改造项目、山东测绘地理信息产业园等坊子重点企业和重点项目。

2017年，坊子区坚持以党的建设为统领，以“作风建设年”“项目建设年”为抓手，努力打造“高端制造业聚集区、生态文化休闲区、优质高效服务区、美丽和谐宜居区”，营造“聚人聚财聚宝地、上风上水上坊子”的发展环境，把坊子建设成为本地人骄傲自豪，外地人羡慕向往的创业之城、宜居之城、活力之城。打造“高端制造业聚集区”方面，深入实施“246（突出抓好两大主导产业集群、四大优势产业、六大园区发展）”战略，坊子区已基本形成以雷沃重工股份有限公司、潍坊谷合传动技术有限公司、潍坊富源增压器有限公司等重点企业为龙头，以省级研发和创新中心为平台，山东测绘地理信息产业园、机械装备制造园等重点园区为载体的机械制造产业链条。坊子区将以省政府实施新旧动能转换工程为契机，以建设“高端制造业聚集区”为目标，以规划占地3200亩的智能装备产业园为重要载体，突出雷沃重工股份有限公司的龙头带动优势，积极开展以企招商、产业链招商，引进上下游配套企业，着力打造现代化智能装备制造特色园区。

【走访慰问】 1月24日，区委书记扈洪波带队走访部分老干部及重点企业，并看望节日期间坚持工作生产的干部职工。先后到潍坊市恒信建设集团有限公司、雷沃重工股份有限公司、区供水总公司白浪河泵站等企业走访慰问。

【寻标对标】 6月20日—25日，区委书记扈洪波率领区党政考察团一行36人，赴江浙地区以及青岛市城阳区开展寻标对标考察学习活动，区级有关领导、街道主要负责人以及区直有关部门、部分重点企业负责人参加。这次活动历时五天半时间，现场考察3个省、10个县市区的31个企业、园区、特色小镇等；期间，利用晚上、候机等间隙，召开4次座谈会。在启程去潍坊火车站乘车途中，专门参观火车站南广场片区拆迁现场。

这次寻标对标活动，重点考察江浙地区在新旧动能转换、创新驱动发展、园区建设、城市建设管理、特色小镇建设等方面的情况。在南京江宁区，考察江宁智能电网博览馆、九龙湖国际企业总部园、长安马自达汽车有限公司、南京埃斯顿自动化股份有限公司、南京未来网络小镇；在常州溧阳市，考察绿色铸造小镇、天目湖工业园、天目湖旅游度假区；在无锡惠山区，考察田园东方综合体、上汽大通汽车有限公司、江苏数字信息产业园、华中科技大学无锡研究院；在苏州张家港市，考察张家港文化中心、张家港国家再制造产业示范基地、“城市e管家”公众交互系统、暨阳湖生态湿地；在苏州常熟市，考察学习莫城电子商务产业园（云裳小镇）、常熟国家大学科技园、中国智能车综合技术研发与测试中心、丰田汽车（常熟）零部件有限公司；在苏州昆山市，考察阳澄湖科技园、昆山小核酸及生物医药产业园、昆山维信诺科技有限公司；在杭州上城区，考察杭州回音必集团总部、玉皇山南基金小镇；在杭州萧山区，考察杭州湾信息港小镇、杭州国际博览中心；在湖州德清县，考察观云小镇；在青岛城阳区，考察城阳规划展览馆、青岛博士创业园、天安数码城等。

【现场调度】 10月31日，区委书记扈洪波现场调度全区重点项目、工程建设情况，区级有关领导、相关街道和部门单位主要负责人参加。扈洪波一行现场调研全区重点项目、重点工程进展情况，听取相关负责人的汇报，并对下一步工作提出具体要求：要充分借鉴95分钟落户一家企业、50分钟领取营业执照的做法，进一步固化审批流程，区政务服务中心、市场监管局要尽快拿出具体、可操作的措施和方案，为企业落户提供最快捷、优质的政务服务；项目方要抓住当前建设的有利时机，要列出时间表，倒排工期，上足人力物力，高质量、快速度向前推进项目建设进度；在抓好项目、工程推进的同时，高标准做好扬尘治理等工作，大气污染防治和道路建设工作要两不误、两促进。

【对外接待】 11月20日，俄罗斯普罗特维诺市代表团一行14人到潍坊富源增压器有限公司、恒安智能一体化项目、营子片区棚户区改造等重点项目考察经济 社会发展情况。

区委办公室工作

【概况】 2017年，区委办公室在区委的坚强领导下，以十九大精神为引领，提高政治站位、强化责任担当，充分发挥“三服务”职能，助推全区“四个城市”建设突破发展。坊子区委办公室在代表潍坊市迎接全省保密自查自评工作督查中成绩优秀，是全市3个迎查单位中唯一一个获得优秀等次的单位，省国家保密局专门发函表扬。被评为省、市党委信息工作先进单位。

【领导讲话】 认真贯彻落实上级安排部署，紧紧围绕全区发展大局，坚持精益求精，吃透上情、把握下情、了解外情，注重领会领导意图，努力贴近领导思路、贴近工作实际，力求讲话稿精确、严谨、细致、全面，体现政治高度、思想深度、知识广度。工作中坚持以“身在兵位、胸为帅谋”的自觉站位，充分发扬“特别讲政治、特别能吃苦、特别能奉献”的精神，加班加点、连续作战，高质量起草区委主要领导在区十四次党代会，全区经济工作会暨项目建设年、作风建设年动员会，“四个城市”建设推进会等一系列会议上的讲话，为全区确立“一二四三”“四城四区”发展思路以及打造特色小镇、建设产业园区等重点工作谋划提供决策服务。积极与市委对接，市党代会对坊子做出“加速膨胀总量，建设高端制造业聚集区和生态文化休闲区”的定位，实现坊子区工作与市委思路的高度契合。共完成区委领导讲话稿210余篇，各类综合文稿520余篇，起草、把关各类公文245份。

【调查研究】 在《山东通讯》等省、市主要党报党刊发表专题文章20余篇，识人用人“五个导向”等2篇专题文章在省委主要刊物刊发，《潍坊通讯》等市委主要刊物采用量均居全市前列，总结上报的作风建设、特色小镇打造、棚户区改造等典型做法被市委《参阅件》刊发推广。积极总结提炼坊子区“四个城市”建设做法，市级简报采用量居四区第一。在市委上报省委的“作风建设年”汇报材料上，坊子区棚改做法被作为典型事例，刘曙光书记批示“这种例子很好”；雷沃重工股份有限公司创新探索的经验做法得到市委副书记张小梅批示。

【信息工作】 做好信息上报下发，累计上报各类信息1800余篇，编发《坊子信息》126期。完善信息工作网络，做到信息报送全面及时、准确高效。建立信息交流机制，定期召开信息座谈会、培训会；健全以干代训制度，强化信息通报制度，系列做法得到上级肯定。被评为省、市党委信息工作先进单位。

【政务服务】 把“知行合一、马上就办”贯穿办文、办会、办事全过程，确保零差错、零纰漏、零延误。创新会务接待“20节点法”，科学指导会务工作，在全市办公室工作会议上被肯定推广。全年共组织全区性综合会议46次，区委常委会、党政联席会43次，其他调度会、座谈会100余次，完成全国政协副主席陈晓光，省委常委、组织部部长杨东奇，市委市政府主要领导，兄弟县市区以及俄罗斯考察团来坊调研考察等重大接待活动近百次，接待3000余人次；牵头做好潍坊（北京）招商会等重大招商活动、市委巡察组来坊巡察督导、赴江浙和青岛城阳寻标对标等服务协调工作。

【考核工作】 创新完善考核机制，共起草各类文稿300余件，组织各类调度会、座谈会议25次。起草印发《坊子区科学发展综合考核办法》，组织开展全区85个部门单位现场述职评议工作；起草印发《全市科学发展综合考核指标责任分工》，对市考核指标细化责任，建立印发《市对我区考核指标责任分工台账》，召开4次潍坊市对坊子区考核指标调度会，形成2期专报呈阅区委、区政府领导；开通《满意坊子》微信公众号，广泛深入宣传区委、区政府的工作亮点和成效，关注人数近3万人。

【帮扶工作】 组织办公室全体人员，与14户贫困户结成包靠对子，进行多对一的帮扶。组织开展走访慰问，每逢春节、仲秋、七一等节假日，组织机关干部对困难群众、老党员、困难党员等困难群体进行走访，先后走访30余户，送去价值7000余元的面粉、食用油、鸡蛋等物品，保证困难群众生活。在今年3月5日“学习雷锋日”，组织办公室全体党员干部捐款3200余元，为工业发展区实验学校困难学生购买运动鞋、衣服、书包、文具等用品。

【自身建设】 强化作风建设，持续寻标对

标，认真践行“严细实精快”的工作标准，不断提高“三服务”水平，实现“标准境界、素质能力、服务效能”三个大提升。

转作风，强本领。根据“作风建设年”活动安排，组织开展“转作风、强素质、提效能、比贡献”主题实践活动，建立“四个一”学习制度，深入推进“两学一做”学习教育常态化、制度化。组织开展“科长讲业务”“学习棚改精神，建设四城四区，我该怎么干”主题大讨论等活动。同时，组织赴青岛城阳区、杭州萧山区寻标对标。多次到项目一线包靠锻炼，到棚改一线观摩学习，“内修外练”长本领。

重服务，提效能。实行科室业务工作项目化、模块化、程序化管理，打造精品工程。创立“中共坊子区委办公室”微信公众号，目前已发布各类工作动态246期533条。举办全区办公室系统业务知识培训班，对240余名骨干开展业务交流培训，提升全区办公室系统的业务能力和服务水平。

守纪律，讲规矩。带头自觉遵守党的政治纪律、组织纪律、工作纪律、生活纪律、保密纪律、廉政纪律，完善并严格执行办公室各项工作制度，做到不乱“章法”、不踩“底线”、不越“红线”，树立办公室良好形象。

（宋　扬）

组织工作

【概况】 2017年，中共潍坊市坊子区委组织部获得2017年度全省组工通讯信息工作先进集体、2017年度全省组织系统宣传工作先进集体、2017年度全市组工调研信息工作先进单位、2017年度全市组织系统宣传工作先进单位、2017年度区“四个城市”建设先进单位、2017年度全区平安建设工作先进单位、全区“六五”普法依法治理工作先进单位等荣誉称号，为建设富裕美丽和谐的活力坊子提供坚强组织保证。

【干部监督管理】 从严管理干部。推行“月报随访两公开”制度，制度集履职月报、随时访谈、内容公开、结果运用“四位一体”，全区副科级以上干部每月上报履职情况、联系基层情况和个人有关事项变化情况。对月报内容、随访评价材料实行“对上、对下”两个公开，“对上”报区委、区政府领导，让区领导了解干部日常表现；“对下”在各单位公开栏、微信公众号等进行实时公开，接受群众监督。注重在一线选拔培养干部。结合开展“作风建设年”“项目建设年”活动，推进机关工作力量下沉，树牢基层导向、一线导向、实干导向、可持续导向、团结导向等五个识人用人导向，做法在《山东组织工作》刊发。先后选调47名优秀年轻干部参与全区重点项目、重点工作；从区直部门单位、各街道（发展区）抽调优秀年轻干部组成工作组，参与棚改项目攻坚；从区直部门单位选派207名机关干部下村进行帮扶。扎实做好公务员职务与职级并行制度试点工作。制定《坊子区公务员职务与职级并行制度试点工作实施方案》，召开全区公务员职务与职级并行制度试点工作动员培训会议，稳妥、有序开展职级套改工作。

【干部教育培训】 对各级党员和领导干部分类分级开展培训，2017年投入400余万元，举办培训班30多个，各类论坛、讲座20余期，累计培训各类党员干部1.3万余人次，指导基层轮训党员2万余人次。对“一把手”，突出开阔视野，提升综合素质。围绕服务中心工作，赴清华大学、复旦大学、浙江大学等高校举办专题班次，赴山东沂蒙党性教育基地、济宁干部政德教育基地、胶东（威海）党性教育基地等地开展专题教育。2017年，分2期组织98名“一把手”赴浙江大学开展领导干部思维创新专题研修；组织76名“一把手”赴山东沂蒙党性教育基地举办专题党性教育；落实“作风建设年”寻标对标工作，街道党政正职带队到浙江、江苏、青岛等地学习考察。对科级干部，突出个性需求，提高实战能力。围绕基层党建规范提升，组织146名机关党组织书记和专兼职组织员进行专题培训。注重提升党性修养、素质能力，组织28名年轻干部赴威海开展党性教育专题培训、分3期选调180名科级干部到区委党校开展轮训。用好“局长课堂”，选调30个单位的负责人到各类班次授课，讲解法律、农业、计生政策，有效拓展干部知识储备。对村干部，注重现场考察，启发创业思路。依托重点园区（企业）、棚改现场、重点工程、重点项目，建立5处干部教育培训基地，以支部为单位组织2700余名党员干部到现场进行观摩，学精神、学作风、学方法。依托潍南县委旧址、坊子炭矿遗址文化园、玉泉洼生态农业园等6处党性教育基地，组织全区1.1万名农村党员开展党性教育“一日训”。以提高致富带富能力为核心，在潍坊市警察培训基地举办村（社区）党组织书记、“两委”成员和优秀党员示范培训班，培训700余人。同时，由区委组织部统一安排课程、选调师资，在各街道（发展区）举办培训班，集中轮训所有村、社区“两委”成员共1500余名。

2017年5月9日，召开全区组织工作暨老干部工作会议

【招才引智】 实施人才强区、创新驱动战略，确定2017年6月—7月为集中活动月。2017年，坊子区委书记、区长分别带队赴俄罗斯、瑞士、以色列等国家开展招才引智。对接新松机器人、航创无人机、金融交付基地、华凯比克希线束等项目45个，高层次人才103人次，

与11个科研院所达成合作协议。到中科院、中国农业大学、浙江大学等高校院所开展专题对接7次，举办各类洽谈16次，对接项目41个。共达电声、银澎云计算、中海达测绘等58个项目入驻测绘地理信息产业基地，项目总投资56.7亿元。新引进航创无人机、汽车线束及电子元器件、呼叫中心基地等项目12个，总投资7.4亿元。规划建设占地314亩的潍坊市军民融合智能装备产业园，涵盖军民融合产业孵化、中试、量产、研发、培训、推广等功能，总投资8—10亿元，目前已有两个项目达成投资意向，并于近期落地。雷沃重工股份有限公司、山东帅克机械制造股份有限公司、山东富源动力设备有限公司、潍坊谷合传动技术有限公司、山东精诺机械股份有限公司等重点企业先后与60多家国内外高校院所建立长期技术合作关系。雷沃重工股份有限公司获批国家工业设计中心、省智能农机工程实验室，山东帅克机械制造股份有限公司获批省机器人减速器示范工程技术研究中心。罗锡文、颜永红等50余位全国知名专家、教授成为全区各行业的技术顾问或攻坚人才。与德国商业信息科学技术大学达成合作办学，与6所国内重点高校共建技术研究所，开展技术合作。潍坊富源增压器有限公司引进的美籍专家金大锺获评国家高端外国专家项目执行专家，是潍坊市获评此殊荣的两名专家之一。3名专家入围泰山产业领军人才答辩，1人获评泰山产业领军人才。聘请北京理工大学段星光、青岛科技大学李伟等9名高层次人才作为坊子区和测绘地理信息产业园、各街道（发展区）的科技人才副职，实现科技人才副职全覆盖。至年末，累计开展人才项目对接活动45次，签约产学研项目26个，对接院士、千人计划、万人计划专家20人次，与11处高校院所达成意向协议16个，引进教授级高层次人才35人，区域人才发展高地初具形态。

2017年12月18日，在雷沃（日本）研发中心，举行坊子区（日本）人才工作站挂牌仪式

【基层组织建设】 支部建设。制定《关于从严落实党内组织生活制度的意见（试行）》《关于加强过硬支部建设的指导意见》《支部生活日工作规范》，推行“三定一有”工作法（即定配套制度、定安排计划、定主题内容，有活动记录）。制定《关于做好全区党员教育培训（2017—2019年度）工作计划》，推进党员进党校培训常态化。全面推行党性教育“一日训”，依托坊子炭矿遗址文化园、潍南县委旧址等，打造红色党性教育基地，组织村（社区）党员、两新组织党员、机关事业单位党员开展党性教育“一日训”。深入挖掘潍县最早的农村党支部之一红色村庄曹庄革命史料，拍摄党性教育专题片《火种》，分级组织1.5万多名党员集中观

看。制定《关于在全区中小学实施“立德树人•红心向党”工程的实施意见》，推行“一校一品”，打造教育党建品牌。

农村干部规范化管理。健全完善关于加强农村基层班子规范化管理的意见，明确村党组织9项主要职责、村委会14项主要职责。确定村党组织书记7项主要职责、村委会主任6项主要职责。完善村（社区）党组织书记“四诺履职”管理制度、街道（发展区）和村干部双向约谈制度等10余项制度，提出“5个禁止”“21个不准”，明确村（社区）党组织书记“十带头”“十严禁”。组织街道与村签订抓基层党建工作目标责任书，建立“三个清单”。参照干部人事档案标准对301名村（社区）党组织书记6100余份档案材料进行整理规范；组织对村（社区）党组织书记进行健康查体，各街道（发展区）组织其他村干部进行健康查体。认真落实村党组织书记待遇报酬，每月通过“一卡通”发放补贴。在全市范围内率先按照省定标准对符合条件的675名正常离任村主职干部发放生活补贴，让农村干部退后有保障。

基层党建工作信息化。研发建成集视频会议、党群服务、主题活动、培训学习、在线督查、统计分析功能为一体的可视基层管理服务系统——“坊子党群云视声”，在全市率先与市级主控中心无缝对接，实现市、区、街道（发展区）、农村社区、村五级互联互通。通过系统随机调取视频画面，对党群服务中心（站）坐班轮值、第一书记驻村、村级“三务”公开栏公开等情况，实行实时在线督查。成立3个督查组，每月对系统使用和日常维护情况进行督查，每季度通报一次，结果列入街道（发展区）党工委书记抓党建述职评议考核内容。全区7个街道、35个农村社区、20个城市社区、282个村党组织完整映射到网络上，真正实现实时、多方互动，为党员提供新的学习教育平台。

发展壮大村集体经济。试点推行经济薄弱村精准帮扶工程，从农村致富能手、合作社带头人等群体吸收人才，建立300余人的农村后备干部人才库，抓实优秀党组织书记、党员干部及后备人才库业务培训。发挥区委党校、“鸢都先锋•党建云平台”等载体作用，举办两委主职干部培训班，加强财务管理、市场经济、农村合作社等专业培训。组织年轻农村优秀党员、后备干部到苏州农干院培训，组织街道（发展区）党员干部、优秀村（社区）党组织书记200余人到济南、德州、绍兴等地学习观摩，激发干事创业的热情。向经济薄弱村精准选派第一书记，统筹第一书记、派出单位政策优势和社会资源，推动干部力量向基层下沉、各类资源向基层倾斜，通过落实精准包靠帮扶，培育发展一批农村特色产业，玉泉洼专业种植合作社迎接中国国际扶贫中心实践研修班考察学习，中央电视台财经频道“经济半小时”栏目报道阳春乳业参与精准扶贫的典型案例，特色产业带动脱贫致富步伐明显加快。

强化两新组织党建。探索推行“三二四三”工作法，把党建工作融入两新组织决策、经营等方面。完善“三项机制”：完善领导机制，成立区、各街道（发展区）综合党委；健全责任机制，把两新组织党建工作纳入街道和有关部门科学发展综合考核范围；完善交流机制，建立定期学习交流、实地观摩等制度，指导两新组织党组织结合自身实际开展活动。坚持“二个分类”：分类设立党组织，2017年新建、调整优化党组织30个；分类实施管理，按示范型、标准型、一般型和后进型，分别制定具体提升方案，实行销号管理。搭建“四个平台”：党性锤炼平台，分期分批组织两新党员到坊子炭矿遗址文化园开展党性教育“一日训”活动；作用发挥平台，通过设立党员先锋岗、党员示范区等形式，积极开展明身份、亮承诺等活动；党员积分管理平台，在示范点推行党员积分制管理，以量化考评激发党员队伍活力；搭建示范引领平台，研究制定示范点打造提升实施方案，明确“八个一”标准，打造以雷沃重工为代表的一批两新组织党建工作示范点，省委常委、组织部部长杨东奇实地视察指导。强化“三个保障”：强化工作经费保障，把两新组织党组织工作经费纳入两新组织管理费用，建立税前列支制度，设立两新组织党建工作专项经费；强化活动场所建设，制定两新党建工作规范化建设实施办法，抓好阵地建设；强化党务工作力量配备，建立两新组织党务工作人才库，择优选派19名两新组织第一书记，举办两新组织党组织书记专题培训班、党组织书记专题研修班。

（滕祥栋）

宣传工作

【概况】 2017年，中共潍坊市坊子区委宣传部在潍坊市委宣传部的具体指导和坊子区委的领导下，以“四城四区”建设为引领，从建立健全工作规划入手，抓重点、突亮点、有品牌，推动宣传思想文化工作全面创新发展。坊子区成功获批省级文明区荣誉，文化名市建设考核名次优异（四区第一）。

【学习宣传贯彻习近平总书记系列重要讲话精神】 2017年，坊子区各级党组织和广大党员干部始终把学习宣传贯彻习近平总书记系列讲话精神作为首要政治任务，通过集中学习研讨、培训辅导、基层宣讲等多种形式，从区级各部门单位到各街道、村居社区、企业、学校，实现学习上的全覆盖。

迅速启动，全面准确把握党的十九大精神。坊子区第一时间召开区委常委（扩大）会议，区委书记领学会议精神，研究具体贯彻落实意见。11月22日，召开区委十四届四次全体会议专题学习党的十九大精神，区委下发《关于认真学习宣传贯彻党的十九大精神的通知》，对学习宣传贯彻党的十九大精神做出部署。随后召开坊子区学习贯彻党的十九大精神宣讲团成立暨宣讲工作动员会，下发《关于做好学习宣传贯彻党的十九大精神宣讲工作的通知》。11月23日，邀请市委宣讲团成员来坊宣讲，全区学习宣传贯彻党的十九大精神宣讲工作全面启动。

示范带动，领导干部带头深入学习宣讲。充分发挥各级党委（党组）中心组学习的示范带动作用，制定下发《关于组织全区党委（党组）理论学习中心组学习党的十九大精神的通知》，各级党委（党组）中心组把党代会精神纳入学习计划，集中开展学习研讨。制定《关于区委常委到基层单位或联系点宣讲党的十九大精神的工作方案》，各区委常委深入基层向干部群众面对面宣讲党的十九大精神。11月23日，区委书记扈洪波通过可视基层服务系统为全区7个街道（发展区）全体党员上专题党课，其他常委也分别到各联系点开展宣讲，切实把党的十九大精神送到基层一线，为推动全区兴起学习贯彻的十九大精神热潮做出表率，带动广大党员干部群众的学习。区委中心组、区委宣讲团开展集中宣讲30余场。

丰富载体，推动学习宣讲全覆盖。在积极组织领导干部和区委宣讲团开展学习宣讲的同时，针对基层宣讲对象多层次、多样化的实际，通过集中轮训、微型课堂、社区讲坛等多样化载体、平台，推动学习宣讲活动持续有效开展。在全区成立由100多人组成的区级宣讲队伍，在各街道（发展区）分别成立由10—15人的百姓宣讲员队伍，开展不同层次的宣讲活动300余场次。依托区党政信息网、干部学习网和坊子发布、新华社客户端等网络宣传平台，通过“微信课堂”“手机报”“公众号”等学习渠道，及时推送发布党的十九大理论热点、基层宣讲动态500余条。

【舆论宣传引导】 扩大对外正面宣传。围绕建设“富裕美丽和谐的活力坊子”的总目标，科学打造舆论平台，全面实施新闻宣传“精品”工程，先后推出一批有坊子特色的新闻宣传精品。2017年，市以上媒体刊发稿件186篇，其中《大众日报》以《立等可取 当场发证，坊子企业登记注册95分钟办结》为题对坊子区加强作风建设的做法进行报道；《潍坊日报》刊发《特色引领下的增量崛起与存量变革——加快新旧动能转换的坊子实践》《坊子区谋势聚力激发活力经济》等头条新闻稿件7条，引起较大社会反响；刊发《以作风建设为引领全面开创工作新局面》《紧扣民生福祉助力“品质城市”建设——坊子区以作风建设推进社会民生事业发展》等重点新闻稿件18篇。此外，新华网、中国山东网、齐鲁网等各类网络媒体对全区项目建设、招商引资、棚户区改造、脱贫攻坚、“四个城市”建设等重点工作情况进行深度报道。

加强政务新媒体建设。继续加大政务新媒体建设，借助@坊子发布（微博）、坊子发布（微信）公众号、新华社坊子党政客户端、山东手机报坊子版、坊子党政信息网等新闻发布平台，对坊子区时政新闻、部门动态、社会信息等进行全方位的宣传发布，在微信公众号上先后开辟“作风建设年”“四个城市”“满意坊子”系列报道、“文明城市创建”等专栏，讲好坊子故事，弘扬正能量。整合全区媒体资源，建立区、街道、村（居）三级舆情监控体系，以及150人的网军队伍，24小时舆情监控值班，构建起“横向到边、纵向到底”的网络舆论管理格局。

【社会主义核心价值观建设】 做好四德工程建设。2017年省委宣传部要求对四类善行义举四德榜进行更新，并上传至山东省善行义举四德榜网上平台。按照要求，坊子区机关、企业、学校及农村四德榜共上传424个，农村和学校四德榜达到100%全覆盖。向省委宣传部推荐82个善行义举四德榜“优榜”，打造区级社会主义核心价值观主题公园1处，街道、村级主题公园38个，推选出市级以上榜上有名先模人物4人，最美系列人物及提名奖7人。

做好社会主义核心价值观社会宣传。认真开展对省十一次党代会、市十二次党代会、区十四次党代会、“作风建设年”“两学一做”“四种精神”“四个城市”“喜迎党的十九大”、塞罕坝精神等工作的学习宣传。坊子区的社会宣传主要是通过宣传版面、LED显示屏、楼宇广告、宣传挂历以及公交站亭广告等方式开展。在北海路、凤凰街、凤山路、潍胶路等主干道及街道驻地人流量大的地方设置大型户外广告牌110余块，有独立办公场所的单位在院内、楼内设置宣传牌20余块，北海路、凤凰街公交站亭内共50余块宣传版面，全年不间断按时按质进行更新；在医院、商场超市、宾馆酒店、银行、商业门店等人流密集场所，政务公开场所、窗口服务单位、面向群众的办事机构，繁华地段、标志性建筑物的电子显示屏等宣传平台，全天不间断循环播放。

【思想道德建设】 深化广大居民的思想道德建设。广泛开展道德模范、身边好人的学习宣传活动，2017年推选出第五届市级道德模范3人，数量全市第一，推选出潍坊好人5人，区级道德模范7人，坊子好人46人。组织道德模范身边好人巡讲25场。推选出省级文明家庭1户，市级文明家庭6户，区级文明家庭58户，好媳妇好婆婆90名。在山东省善行义举四德榜网上平台上传善行义举四德榜424个，农村和学校四德榜达到100%全覆盖。向省委宣传部推荐82个善行义举四德榜“优榜”。做好“中国好人榜”群众线索推荐工作，组织各级各部门各单位每月都积极向中国文明网推荐报送身边好人线索。

深化未成年人思想道德建设工作。一是组织开展清明祭英烈、经典诵读、“我说我们的家风家训”“我旅游、我文明”中小学生征文比赛等活动。二是大力培育美德少年，培育市级美德少年5人、区级美德少年100人。三是组织开展全区“国学小名士”电视评选大赛，其中一等奖1名、二等奖1名，优秀奖4名，优秀指导教师2名，优秀组织单位1个。在市级“国学小名士”电视评选大赛比赛中坊子区获得一等奖1名，二等奖1名，优秀奖4名，优秀指导教师2名，优秀组织奖1个。推选出山东省未成年人思想道德建设工作先进单位1个，先进工作者1个。

【文明城市创建】 建立健全创城各项机制体制。坊子区成立主要领导为组长的领导小组，设立办公室，办公室下设5个专门小组和6个检查组。按照《测评体系》要求，将创建工作任务分解落实到各个单位和部门。实行区级领导包靠责任制度，督促指导其创城任务的落实。建立完善每日例会制、督查通报制、责任追究制、创城自查制、考核奖惩制等各项工作机制，对区级领导实行“提醒卡”制度，对发现的问题实行销号制度，在工作中推行“一线工作法”和“一把手责任制”。创城期间，组织筹备多次全区性的创城工作推进会议。

宣传到位，氛围浓厚。坊子区有线电视每天滚动播放有关文明城市创建的新闻报道和宣传口号，同时设立“曝光台”，对不文明现象进行集中曝光。《潍坊日报•今日坊子》设立文明城市创建专栏，每周刊发1期专版，宣传创建文明城市的重要意义和进展情况以及好经验、好做法、好典型。印发倡议书等宣传材料6万余份，制作更换公益广告牌110余块，发放公益海报1.2万余份，使创城迎测工作家喻户晓，做到群众知晓率和支持率均“双百”。

认真细致理顺实地考察站点，扎实做好测评材料的提报工作。一是根据测评体系要求，坊子区实地考察站点类别达85类，涉及站点成百上千，通过长时间、系统性地对全区实地考察站点进行认真细致地梳理，确保考察站点准确无误。同时，对照全国文明城市测评标准，对中心城区的2个街道、20个社区情况进行调查摸底和全面自查，对存在的问题及缺项，进行梳理汇总。二是根据市创城办下发的《提报材料分工》，坊子区共承担文明城市测评材料提报任务68项、134条，未成年人思想道德建设工作测评材料5项、24条，共涉及60余个单位，结合实际，对承担的材料提报任务进行明确分工、落实。文明城市创建工作复查共提报材料160余份，省级文明区创建迎审材料共计提供480余份。

大力开展各类创城集中整治行动。为进一步提升居民文明素质和社会文明程度，引导广大居民养成文明驾车、文明乘车、文明停车、相互礼让的良好出行习惯，全面提升居民交通安全和文明出行意识，坊子区广泛开展“礼让斑马线 文明伴我行”活动。9月23日，在新老城区主要交通路口、斑马线、公交站点以及佳乐家超市广场开展“礼让斑马线 文明伴我行”集中宣传日活动，对非机动车辆、行人乱闯红灯、逆向行驶等交通违法行为，以及机动车辆不礼让斑马线等不文明行为进行劝导，分发“礼让斑马线 文明伴我行”活动倡议书3800余份，制作发放礼让斑马线文明伴我行公益车贴5000余张。整治市容市貌，开展五项综合整治行动，针对乱停车、私搭乱建、占道经营、户外牌匾、乱贴乱画小广告、乱倒垃圾等进行集中清理，整改问题410余条。

建立文明城市创建工作长效机制。坊子区已被命名表彰为省级文明区。为继续保持创建成果，坊子区文明委下发《关于进一步健全长效机制常态化推进文明城市创建工作的意见》。针对组织保障、市民素质提升、推动城市环境和秩序治理常态化、群众性精神文明创建、舆论氛围、健全责任落实和追究制度等做具体安排部署，帮助全区各级各部门各单位在文明城市创建工作中扎实落实好相关任务，增强创建工作持续推进的生命力。

【公共文化服务】 完善区“文化名市”组织保障及体制机制建设。成立区“文化名市”建设专项委员会及办公室，办公室下设5个专项工作组。编制《坊子区“文化名市”建设五年规划和三年行动计划》。召开“文化名市”建设专项委员会全体会议，审议通过、印发坊子区“文化名市”建设专项委员会《主要职责》《议事制度》《督查制度》。

推进文化产业发展。梳理、调度重点文化产业项目27个，文化事业项目7个，大园区5个，大平台5个。目前，坊子区1个项目纳入市关键支撑，5个项目纳入市重要支撑，提报文化产业大园区5个、大平台2个。建立区支撑项目清单，确定20个项目纳入区“文化名市”建设支撑项目。建立支撑性文化品牌，在“百年商埠•文化坊子”城市文化主体品牌框架下，打造“1898坊茨小镇”品牌、乡村旅游文化品牌、历史文化品牌、红色文化品牌、体育文化品牌等5个支撑性文化品牌，以品牌效应提升坊子“文化名市”建设知名度、美誉度。推荐1家企业争取市级以上文化产业发展专项资金。

做好“九名”挖掘、宣传工作。搜集本地文化名人、名胜、名牌、名品、名馆、名典、名事、名企、名论79项，7项入选市“九名”名单。加强“九名”宣传，中央电视台《朝闻天下》好品山东栏目播出《全新为你 雷沃重工》；新华社、《走向世界》杂志等刊发4篇稿件宣传坊子区文化名胜和名馆情况。

推进文化事业。实施农村综合文化广场建设两年行动计划，坚持每周调度，140余个村（社区）（50%）达到区定标准。组织开展各类文化活动，先后举办国际艺术双年展、大美坊茨——中国水彩峰会等大型文化活动10余场，吸引20多个国家的百余名艺术家来坊，协助做好潍坊市建市70周年献礼电视剧《烟雨潍水》拍摄工作。组织举办坊子区第二届群众文化艺术节，先后举行6个版块14大项文化活动以及其他配套文化活动700余场次。积极组织优秀文艺作品参评市级以上活动，累计报送50余件文化作品参加5项评选。两馆组织免费服务活动36场，对40家农家书屋进行提升，送戏下乡45场。

提高文化遗产保护利用水平。公布第五批区级非遗保护项目名录5项和第三批区级非物质文化遗产项目代表传承人24人。王家庄子风筝文化馆被省文化厅公布为全省县及县以下历史文化展示“十百千”村级示范点。

【互联网管理】 强化新媒体领域管理。对全区微信公众号进行摸底统计，将全区微信公众号纳入统一管理，积极弘扬主旋律，用正面宣传挤占负面舆论生存空间。依托自媒体贴身传播、精准到达、准确及时等显著优势，将网军队伍纳入新媒体发布矩阵，实现政府“一键式发布”，在网上收到“裂变式”传播的效果，确保政府能够“第一时间”发布权威信息、回应社会关切、解决群众困难，及时遏制谣言扩散。

（唐晓萌）

统战工作

【概况】 2017年，坊子区统一战线工作在区委的坚强领导和市委统战部的精心指导下，认真贯彻落实中央和省市统战工作会议精神，围绕区委工作中心，创新思路，多措并举，不断为加快推进“四个城市”建设贡献力量，各项工作取得新进展、新成效。

【重要工作】 抓源头、聚共识。召开全区统战工作会议，传达学习省市统战部长会议精神和全市宗教工作会议精神，安排部署2017年统战工作任务。将学习党的十九大精神作为首要政治任务，集中组织民主党派、无党派、非公经济人士、新的社会阶层人士以及民族宗教界人士分批分期进行学习研讨。

非公经济健康发展。一是搭建教育培训平台。联合区经信局举办成长型企业精益管理专题高级研修班，企业家专题管理培训班；组织执委以上企业家分组开展集中学习，搭建盈丰创业园、大学生创业孵化器等教育平台，切实提高企业家的综合素质。二是搭建金融服务平台。与区金融办联合开展“行长对接厂长”活动，精准对接企业融资需求，为企业量身制定融资计划。引导企业加强资本市场开拓，推进直接融资，目前全区已有22家企业在国内外资本市场上市、挂牌，上市挂牌后备资源企业数量达到20家。三是搭建对外联络平台。组织企业家学习考察小组赴高新区、潍城区、青岛黄岛区开展学习考察、交流联谊活动。围绕“军民融合”“一带一路”等国家战略，组织山东共达电声股份有限公司等企业与全联科技装备业商会进行对接，参加第二届香港“一带一路高峰论坛”“一带一路”烟台论坛暨首届中巴合作论坛等活动。

党外代表人士队伍建设。健全完善党外代表人士分级分类培训制度，举办全区党外代表人士提升履职能力专题培训班、宗教团体及堂点负责人政策理论培训班等重点班次，培训200余人次。建立并落实区委常委与党外代表人士联谊交友制度，每人联系2名党外代表人士，定期与党外代表人士进行交流沟通。扎实做好党外政协委员安排工作，做好党外人大代表、人大常委会组成人员候选人的推荐提名工作，确保党外人大代表不少于35%，党外政协委员不少于60%，党外政协常委不少于65%；对推荐为人大代表、政协委员候选人以及在工商联等人民团体、社会组织中任职的非公有制经济人士，按规定进行综合评价。

新的社会阶层人士统战工作。将新的社会阶层人士统战工作纳入年度工作要点，并作为重点工作任务列入统战工作考核内容，为开展新的社会阶层工作搭建保障平台。12月8日，成立坊子区新的社会阶层人士联谊会，共有会员65人。建立新的社会阶层人士教育培训机制，把新的社会阶层人士教育培训纳入全区党外干部教育培训总体规划，提高新的社会阶层人士的整体水平。安排部署“一街一品”创建工作，挂牌成立恒信社区、商会大厦、亚特尔未来广场、盈丰创业园4处实践创新基地。

【参政议政】 在各级人大、政协换届期间，向党外代表人士书面协商征求意见2次；针对全区经济社会发展、重点项目建设组织调研协商2次。

【清廉作风建设】 成立由党支部书记任组长的党建工作领导小组，严格落实“三会一课”制度，推进党员干部素质提升工程，坚持标准、严格程序。认真坚持民主集中制原则，建立科学规范的民主议事决策制度。班子成员带头讲专题党课、带头查找自身存在的不足、积极参加组织生活会开展批评和自我批评，提高党员干部队伍素质，增强班子的凝聚力、战斗力。

（张海霞）

对台工作

【概况】 2017年，坊子区委台办紧紧围绕“四个城市”建设，以实施“作风建设年”活动为抓手，突出提升“服务大局、服务台胞、服务基层”质量，深入基层和企业搞好服务，加强交往和交流，努力推进对台工作开展。

【经贸合作】 拓展与台商联系渠道，整合各类资源，开展对台“三招三引”。玉泉洼种植专业合作社联合社与丰本生物合作生产有机菌肥项目已正式签约；依托山东美林卫浴有限公司，充分利用建陶厂破产后的优质资源，规划建设节能环保产业园项目，双方已就整体规划达成意向；与潍坊市台办密切配合，正在与德淮公司和中建一局等积极推进整合坊茨小镇、营子片区资源，着力打造德国产业小镇项目；干燥箱温控器、台湾发展研究院与共达电声合作等项目也在加快洽谈推进中。围绕全区优势资源和特色产业，以街道、企业为重点组织赴台考察交流活动，与街道、企业负责人和有关人员加强沟通交流，宣讲当前对台工作形势和政策，解答交往交流中的疑难和问题，帮助策划对台交往交流活动、搞好手续办理等，加大电子信息、健康养老、文化创意、休闲观光、现代农业等领域对接，以及技术、人才、信息等方面的交流，提高合作质量。2017年已有11批20多人次赴台交流。

【对台交流】 依托坊子区优质资源特别是产业、文化资源等，以青少年、基层群众为重点，精心组织对台交流活动。按照风筝会、鲁台会部署要求，与相关部门密切配合，精心筹备组织各项活动。参加全国涉农台资企业研讨会，接待、组织全省特色小镇建设交流推介会等活动。“两会”期间，共邀请、接待来坊参观考察团组和客商13批近200人次。根据第十届海峡两岸风筝文化交流活动安排，认真筹备组织“走进风筝故里、感知齐鲁文化”风筝体验交流暨创意绘制比赛活动，来自台湾海峡两岸教育交流促进协会、朝阳科技大学、大仁科技大学以及山东畜牧职业学院的近百名师生参加活动，现场参观风筝制作、风筝文化展览，参加风筝创意绘制比赛和放飞体验活动，取得良好效果。2017年，先后有台湾养老协会、新竹妇女联合会等10个台湾团组200多人来坊参观考察。

组织“走进风筝故里、感知齐鲁文化”风筝体验交流暨创意绘制比赛活动

【对台服务】 深入开展“服务大局、服务台胞、服务基层”主题实践活动，坚持定期联系走访制度，深入台资台属企业，宣讲上级政策和工作部署，特别是帮扶科技企业和高新技术企业发展、鼓励就业创业尤其是青年创业就业等方面的政策措施；鼓励企业及时反映情况，帮助协调解决实际困难和问题，搞好台资企业为台湾青年提供就业实习岗位的对接、排摸工作；加强沟通联系，积极协调帮助玉泉洼种植专业合作社联合社参加潍坊市政协和潍坊市台办组织的两岸共建特色小镇调研活动；与潍坊市台办一起，加大与中建一局、德淮公司、合纵集团等的对接联系，积极协调政府及有关部门组织好考察洽谈等活动，及时提供相关政策、资料及信息等，加快推进德国产业小镇项目。

【涉台宣传】 通过电子邮件、微信、短信等方式，及时向有关机构、重点客商传递坊子区招商政策、重点项目等信息，加大沟通联系。涉台工作和交往交流活动等都在做好报刊、电视、网络等传统媒介宣传的同时，广泛利用微信、QQ、微博等网络媒介推送信息，开展宣传。风筝体验交流暨创意绘制比赛、鲁台会重点活动以及参访参观等，均在网络、微信公众号和朋友圈内推送宣传，引起较好反响。2017年，在市级以上媒体发表对台稿件25篇，其中省级以上18篇；荣获2017年度中央台办对台宣传工作先进单位称号。

（牟东莹）

机构编制工作

【概况】 2017年，坊子区编办紧紧围绕区

党员干部赴帮扶村——坊安街道荒里村走访

委、区政府中心工作和重点任务，坚持深化改革，强化管理创新，持续推进行政管理体制改革，深化行政审批制度改革，创新机构编制管理，严格控制和优化配置机构编制资源，为全区发展提供强而有力的体制机制保障。

【行政管理体制改革】 推进综合行政执法体制改革。区委、区政府高度重视综合行政执法体制改革，先后召开区长办公会、党政联席会研究组建区综合行政执法局、相对集中行政执法权等工作。建立以区委常委、常务副区长赵伟为召集人，区编办、区政府办公室、区人社局、区财政局、区住房局、区交通局、区农业局、区市场监管局等25个部门单位主要负责人为成员的综合行政执法体制改革部门联席会议制度。11月23日，组织召开全区综合行政执法体制改革工作动员会议。按照依法行政、建设法治政府的要求，全面推进跨部门跨领域综合执法，将市容环境卫生、市政管理、城市规划等16个领域的全部或部分行政处罚权纳入综合行政执法范围。综合行政执法体制改革后，全区执法队伍数量为8支。按照精简统一、效能优先的原则，整合执法职责和机构，组建潍坊市坊子区综合行政执法局，挂潍坊市坊子区城市管理局牌子。整合5个执法大队的机构和职责，组建区综合执法大队，负责具体执法工作，下设6个执法中队，其中5个执法中队派驻街道开展执法工作，1个机动中队服务全区范围内重大疑难案件的专案工作。同时，在各街道设立综合行政执法办公室，与派驻综合行政执法中队联合办公，负责辖区内综合执法的组织协调、应急指挥、配合执法等工作，实现执法重心下移。将综合行政执法工作纳入基层社会治理体系，把与基层群众生产生活直接相关、可巡查发现的日常执法管理事项纳入网格管理。

【机构编制管理创新】 以实名制系统为依托，强化机构编制管理。制定印发《关于完善全区机构编制信息系统管理使用工作的通知》《坊子区机构编制实名制管理信息系统维护和管理办法》，专门召开会议安排部署，并对有关人员进行培训，构建起全区机构编制数据信息化平台，实现用编进人计划申报、增员入编、减员出编等机构编制业务网上办理全覆盖。2017年扎实开展实名制系统基础数据“集中维护月”活动，对实名制系统的机构信息、人员信息精确维护，细化审核，确保实名制系统基础数据规范准确。

打造数据信息共享平台。制定印发《坊子区机构编制人员经费共用信息管理平台建设方案》《坊子区机构编制人员经费共用信息管理平台管理办法》，依托省市机构编制信息化管理系统，打造四部门综合业务网上办理平台，实现部门间信息数据共享共用，进一步优化协调配合机制，简化工作流程，提高服务能力。

【行政审批制度改革】 动态调整行政许可事项目录清单和行政权力清单。2017年以来，相继印发文件进行3次动态调整，共计调整行政权力事项275项，其中取消81项，新增96项，承接41项，调整25项，整合14项，调整名称14项，合并调整名称4项。

梳理编制三级公共服务清单。为简化、优化公共服务流程，2017年区编办与区级各有关部门（单位）、街办及相关业务单位多次协商对接，最终确认坊子区57个部门（单位）公共服务事项545项，确认7个街道（发展区）公共服务事项571项、60个社区公共服务事项2498项，其中城市社区480项，农村社区2018项，分别导入山东省行政权力事项动态管理系统和潍坊市政务服务平台。

梳理编制零跑腿和只跑一次事项清单。根据公布的行政权力清单和公共服务事项清单确认52个区直部门和8个市级垂管部门全部纳入事项清单编制范围，梳理出坊子区60个区级部门（单位）“零跑腿”和“只跑一次”事项共计184项，其中10个部门（单位）“零跑腿”事项12项，31个部门（单位）“只跑一次”事项172项。

规范行政审批中介服务收费项目。2017年10月19日印发《关于调整区级政府部门行政权力事项和中介服务项目的通知》（坊政发〔2017〕15号），取消2项。至年末，坊子区共保留6个部门（单位）12项中介服务收费事项。

【事业单位改革与监管】 推进公益三类事业单位改革。对坊子区存在的5家公益三类事业单位，逐一明确改革具体路径，并报市编办备案。通过调整事业单位类型，取消行政级别、冻结编制人员等方式，完成公益三类事业单位改革。

生产经营类事业单位改革。坊子区共有生产经营类事业单位6家，其中，2家生产经营类单位因职能消失，没有工作人员，已撤销；其余4家因职能弱化，长期亏损等原因，已进行扎口管理，人员只出不进，待实有人员逐步消化后进行撤销。

推进“僵尸”事业单位清理工作。制定《坊子区集中清理副科级及以上“僵尸事业单位”工作方案》，对坊子区职能消失，没有工作人员的2家正科级事业单位进行全面清理，并报市编办备案。对清理撤并的事业单位和涉及的其他机构编制事项一一记录在案并建立改革台账。

事业单位登记管理工作。2017年，坊子区编办为事业单位做好服务的同时，多措并举提高事业单位年度信息公示率和准确率。全年共办理法人事业单位设立登记23家，变更登记42家。坊子区今年需要年度信息公示的单位共90家，完成公示的90家，公示率100%。

事业单位法人治理工作。印发《中共潍坊市坊子区委办公室潍坊市坊子区人民政府办公室转发区卫计局等六部门〈关于坊子区公立医院法人治理结构建设的实施方案〉的通知》，建成坊子区公立医院外部理事库，并选取职工监事和职工理事。7月31日，召开坊子区人民医院首届理事会成立大会及第一届理事会。通过下发文件核定区人民医院实行法人治理结构的相关领导人员。印发《关于征集区属实行法人治理结构事业单位外部监事人才的公告》（坊编办〔2017〕18号），共6名公务员，12名社会人士进入坊子区外部监事库。8月29日，区委组织部、区编办联合下发《关于选派朱建全等同志担任区人民医院外部监事的通知》（坊编办〔2017〕23号）；9月4日，专职外部监事朱建全已到区人民医院报到，并开始按照相关文件规定的职责开展工作。

事业单位绩效考评工作。通过印发《关于印发2017年度坊子区事业单位绩效考评实施方案的通知》（坊办字〔2017〕34号），对考评范围、考评内容、考评方式及考评结果运用都做详细的说明。实地考评阶段，制定印发《2017年度坊子区事业单位绩效考评实地考评工作方案》（坊事考办〔2017〕5号），进一步总结考评经验，完善考评指标，确保考评公平公正。依据最终考评成绩，共评出41家A级事业单位。

法人事业单位的监督检查工作。4月初，对需要年度信息公开的单位进行随机抽取，按照2%的原则抽取2家事业单位，开展实地检查，并针对存在的问题下发整改通知书，确保整改落实到位。11月初，对所有法人事业单位进行随机抽取，按照2%的原则抽取3家事业单位进行实地检查，并就发现的问题督促相关单位及时整改，并提报整改报告。

事业单位法人异常信息管理工作。通过查看省监管系统里法人事业单位信息，对全区仍有9家需要注销而未注销的登记单位列入黑名单，并在诚信潍坊和坊子区机构编制网进行公告。

（刘家鑫）

督查工作

【概况】 2017年，坊子区委督查室深入贯彻落实党的十九大精神，坚持以习近平新时代中国特色社会主义思想指导实践，推动工作。牢固树立“四个意识”，坚定“四个自信”，坚决贯彻落实省、市、区委决策部署，紧紧围绕市、区党代会、经济工作会确定的思路举措和目标任务，按照“督查落实出精品、整体工作上水平”工作要求，大力倡树精、准、严、实工作标准，围绕中心，服务大局，转变作风、创新发展，锐意进取，狠抓落实，各项工作取得较好成效。

【决策部署督促检查】 贯彻落实中央决策部署和省市区工作要求，发挥督查利剑作用，抓好各项工作的督查落实。对上级作出的重大决策部署、召开的重要会议、下发的各类专项督查通知，按要求抓好贯彻落实。重视全市观摩点评工作，2017年，全市观摩点评取得12县市区第4名的历史最好成绩。扎实做好党的十八大以来贯彻落实中央八项规定精神、习近平总书记视察山东重要讲话和重要指示批示精神、省委领导关于环保工作批示等各类专项督查工作，抓好贯彻落实。对市委常委会工作要点、全市经济工作会议、市第十二次党代会重点任务目标等重要事项，完善推进落实工作台账，高质量跟踪督查调度，按时报送落实情况。根据市委督查室安排，及时做好市委“一三四七”目标任务、市调度重点项目监控平台安装、市新开工项目、“四个城市”推进落实等专项督查工作。分解立项区党代会、区委全委会、区委常委会、区党政班子联席会及其它全区性重要会议确定的重要事项和任务目标，严格要求、时限、标准跟踪督查，着力提升决策督查的针对性和实效性。认真贯彻落实市委领导来坊调研讲话精神，及时抓好工作要求的督查落实，贯彻落实情况及时报送市委。对区委关注的棚改安置区建设、土地开发治理项目、重点园区（重点项目）建设等重点工作，阶段性每日开展不间断实地督查，拍摄现场施工照片，为区委领导提供决策。实行重点项目情况分析调度制度，每季度对全区重点项目、工程从面上进展、完成投资、困难问题等方面与往年作出比较，形成督查调研情况，区委主要领导作出批示。2017年开展实地督查100余次，形成《督查考核专报》49期。坚持“批必办、办必果、果必报”的原则，抓好领导批示件办理反馈，确保上级领导和区委、区政府主要领导批件办结率100%。

【重点工作督促检查】 落实2017年重点项目、重点工程包靠责任，印发《关于实行重点项目和重点工程包靠责任制的通知》；制定“项目建设年”活动工作计划及责任分工，实行重点项目动态管理。健全完善“一个重点项目工程，一名区级领导包靠，一套工作班子服务，一抓到底直至投产达效”的推进机制，确保项目按时序要求推进，完成全年投资任务。建立项目包靠双向签约机制，区委、区政府与各项目责任单位签订项目推进责任状，街道、发展区与辖区内项目方签订推进协议，从项目招商、论证、落地、建设、任务计划等方面形成责任制，通过签约的“合同”进行调度、检查，完成好的表扬奖励，完成不好的一方面对项目采取依法依规终止合同、收回土地等必要措施，另一方面对责任单位进行问责、“打板子”，形成倒逼压力，促项目建设。围绕区委、区政府年初确定的92个重点项目、29项重点工程及其它重点工作，坚持“一周一调度、半月一检查、一月一通报、一季度一观摩、全年总考核”的督查考核工作机制，实行一线工作法，定期开展督查，实地开展土地开发治理、潍州路路域环境整治、虞河白沙河环境治理、北海路绿化、龙泉街绿化、环保督查等专项督查工作，形成《督查考核专报》呈送区委领导，为推动全区经济社会发展提供参谋助手。做好省人大、省政协、市委组织部、市纪委调研组等各类来坊调研活动路域环境综合整治工作。开展现场督查调度200余次，确保活动顺利完成。

【规范化建设】 加强科室建设。每周一上午召开科室会，总结分析上周工作，研究本周工作重点。坚持勤学习思考、勤调查研究、勤实践锻炼，发扬“严细实精快”工作作风。认真学习政治理论知识，特别是十九大精神、习近平新时代中国特色社会主义思想及党代会、经济工作会议和上级的重要会议精神，充分把握精神实质，提高自身综合素质，真正做到提笔能写、张口能讲、遇事能办，着力打造“务实、高效、廉洁、创新”科室。创新督查方式。由被动型督查向主动型督查转变，紧跟领导思路和工作节拍，牢固树立大局意识，积极主动地开展督查活动。由偏重督查向督查调研并重转变，重点对群众关心的热点、难点问题积极开展督查调研，提出针对性建议。由结果型督查向动态型督查转变，实行“一线督查”“点对点督查”，到一线掌握情况，到一线发现问题，到一线推动工作。2017年，上报市委督查室专题文章24篇，采用5篇，其中3篇头条刊发。

（宋　扬）

全面深化改革工作

【概况】 2017年，中共潍坊市坊子区委全面深化改革领导小组办公室（简称区委改革办）坚持以习近平新时代中国特色社会主义思想为指导，全面落实中央改革决策部署和省市区委工作要求，紧紧围绕“五位一体”总体布局、“四个全面”战略布局和“四城四区”建设工作要求，紧密结合坊子实际，突出问题导向，提升标准境界，主动担当作为，扎实推进各领域改革举措落地生根，全面深化改革工作取得新突破。

【组织领导】 坚定不移贯彻落实上级改革决策部署。区委全面深化改革领导小组深入学习贯彻习近平总书记关于全面深化改革的重要讲话精神，组织传达学习中央和省市委深改组会议精神，研究审议贯彻落实方案或意见。制定印发《提请区委全面深化改革领导小组会议审议的改革方案报审办法》，对中央和省市出台的改革文件，要求责任单位按照规定时限提出贯彻落实意见。2017年，区深改组共召开10次会议，研究审议81个改革方案，出台改革文件323份，推进各项改革有效实施。

主要领导带头落实改革主体责任。区委、区政府主要领导领衔抓改革主体责任落实，承担新旧动能转换、乡村振兴战略、棚户区改造、“三招三引”体制机制改革、深化简政放权改革、金融体制机制改革、城市管理体制改革、教育综合改革8项最为复杂艰巨的改革任务，主动挑重担、啃硬骨头。把调查研究作为推动改革的基础和前提，党政主要领导开展改革督察41次，对推进产城融合、新旧动能转换、投融资体制改革等重点改革事项批示92次。

健全完善组织架构。根据领导职务变动，调整区委全面深化改革领导小组，领导小组由区委书记任组长，区长、副书记任副组长，相关区级领导任成员，下设经济体制和生态文明体制改革、民主法制领域改革、文化体制改革、社会体制改革、党的建设制度改革、纪律检查体制改革、现代农业综合改革试点7个专项小组。制定完善区委全面深化改革领导小组工作规则、专项小组工作规则、办公室工作细则“两规则一细则”和督察办法、考核办法“两办法”，建立区委深改组统筹组织、协调推动、督察落实，专项小组专项负责、专项统筹、专项实施工作机制。区委成立全面深化改革领导小组办公室，作为常设性工作机构设在区委办公室，区委改革办主任由区委办公室主任兼任，2名副主任分别由区委办公室副主任和区发改局局长兼任，设立2名专职副主任，落实工作人员4名。

建立督查落实工作机制。制定印发《坊子区全面深化改革督察工作实施办法》，建立常态化督查工作机制，有针对性地开展日常督查、专项督查、重点督查和全面督查。将《区委全面深化改革领导小组2017年工作要点》立项分解，细化为226项具体改革事项，明确牵头单位、配合单位、改革目标、工作措施、完成时限，建立《坊子区2017年全面深化改革任务台账》，每季度调度通报改革任务进展情况，督促各项改革任务落地实施。2017年，区级层面共组织改革督查11次，承接市级改革督查9次，各专项小组开展专项督查28次。强化督查结果运用，制定印发《全面深化改革工作考核实施细则》，将重点改革事项推进情况纳入科学发展综合考核。

【重点改革任务】 抓住“牵一发而动全身”的重点领域和关键环节，找准切入点、选好突破口，以重点领域改革带动全面深化改革，激发经济社会发展内生动力。

1.深化园区运营机制改革。立足产业园区化、园区特色化，规划建设山东测绘地理信息产业园、智能装备产业园、机械装备制造园、潍坊市军民融合智能装备产业园、健康科技产业园、豪迈（潍坊）产业园、新能源汽车产业园、市政装备产业园8大产业园区，按照“一名领军人物、一个团队、一个研究院、一个孵化器、一个主导产业、一个产业园区”的发展模式，引入高层次人才团队和创新平台，搞好产业基金、创投基金建设，全面配套路、水、电、气、暖等基础设施，餐厅、倒班楼、公交、银行、咖啡厅等生活服务设施，以及研究院、孵化器、加速器、企业服务中心等共享产业服务平台，完善适应产业需求的软硬件环境，推动优势产业和新兴产业集群化布局、链条式发展。在军民融合产业园引进建设过程中，抢抓国家军民融合战略机遇，充分发挥电子信息、机械制造等产业比较优势，按照政府扶持、企业运作、整体规划、分步实施的模式，采取“政产学研金”合作模式，对接军委装备发展部和中科院过程工程研究所、北京信息科技大学等国家部委和科研院所资源，引入民营企业——鉴川科技，规划建设潍坊市军民融合智能装备产业园，搭建“技术+资本+市场+运营”的军地科技成果转移转化平台。目前，已与中科院过程工程研究所、北京信息科技大学、上海东华大学等科研院所合作，引进落户激光快反镜、纳米自修复材料、山东省数字化绿色铸造技术创新服务平台等4个项目，引进包括魏延鹏等3名中科院百人计划人才在内的80余名博士及其人才团队；投资10亿元、占地320亩的核心区已全面开工建设，投产后年产值可达12亿元、税收1亿元。

2.深化“放管服”改革。开展“精准服务企业年”活动，推行“来一趟就成”服务理念，编制完善公共服务事项3614项，压减权力事项81项，取消涉企收费项目35项，清理证明材料21个，编制“零跑腿”和“只跑一次”事项清单184项，审批服务事项全部进驻政务大厅。建立完善重大投资项目审批绿色通道、问题直报平台、重点项目推进工作联席会议、区域化评估评审等4项机制，打通项目登记审批“快车道”，推行并联审批、同步办理、全程帮办代办等制度，上海普道公司95分钟完成注册，新型环保材料项目50分钟领取营业执照，刷新“坊子速度”，《大众日报》进行专题报道，形成“聚人聚财聚宝地，上风上水上坊子”的浓厚社会氛围。2017年，全区新注册公司类企业1536户，比上年增加627户，被列为山东省基层政务公开标准化规范化试点区。

3.深化创新驱动发展改革。把创新作为第一动力，人才作为第一资源、科技作为第一生产力，改革人才引进、培育、使用机制，强化柔性引才、柔性用才，2017年,引进院士6人、千人计划专家3人、泰山产业领军人才2人，聘请北京理工大学段星光教授等9名专家担任科技人才副区长、副主任，山大地热研究院、新松机器人研究院、哈工大冷弯技术研究院等5家科研院所签约落户。加强企业家人才队伍建设，隆重表彰15位功勋企业家、36位优秀企业家，发挥好企业家创新创业的能力和作用。设立1000万元创新基金，表彰奖励11家科技创新先进企业。雷沃重工股份有限公司被评为国家技术创新示范企业，8家企业列入山东省中小微企业创新竞技行动计划，全区市级以上创新研发平台达到71个。

4.深化投融资改革。成立5个实体化国有公司，通过国有公司开展股权运作，通过PPP引入社会资本，用好国开行和农发行等政策性贷款，运用各种渠道来融集资金，投入到城市、产业和民生发展中。2017年共实施总投资33亿元的29项重点工程，完成13个片区、17个村、7712户棚户区改造，启动10大片区开发，推进7个特色小镇建设。设立潍坊高精尖股权投资基金，政府出资4000万元，按照1：4比例吸纳撬动社会资本1.6亿元，投资5个高精尖项目，引进落户投资9亿元的奥精健康科技产业园，建成后将成为全国规模最大、技术最先进的再生医学材料研发生产基地，年可实现营业收入50亿元、利税10亿元。通过股权运作方式成功重组上市公司山东共达电声股份有限公司，与国家集成电路基金等基金合作，撬动10亿元社会资本投入，引入万魔科技战略重组山东共达电声股份有限公司，实现共达电声产品、技术、市场、模式的全方位跃升，是全市首例由党委、政府主导的上市公司重组项目。

5.深化农业农村改革。落实农村土地所有权、承包权和经营权“三权分置”办法，加强农村产权交易体系建设，齐鲁农村产权交易中心在坊子设立分中心，2017年完成产权交易额

2400万元。推进农村集体产权制度改革，在完成271个村集体资产改制的基础上，正在稳步推进农村集体资产清产核资和成员身份确认工作。推动农村土地适度规模化经营，每年拿出1000万元财政资金扶持农业园区建设，坊子区的现代农业示范园区发展，是通过推动工商资本下乡，采取“科技+人才+产业+资本”培育路径，以政府投资为引导，吸引各类社会资本、工商资本注入，带动科技、人才、土地等要素资源聚集，走出“以政府为引导，以企业建园区，以园区引科技，以科技争市场”的农业园区发展路子，形成现代农业园区“一园一品、一村一品、百花齐放、万紫千红”发展格局。至年末，全区已经培育玉泉洼、水墨庄园、乐高农场等63个具有一定知名度的现代农业示范园区，探索以玉泉洼生态示范园为代表的综合体模式、以潍坊金润农业示范园为代表的品牌农业模式、以乐高农场为代表的农业旅游模式、以赵家为代表的城市田园综合体模式、以潍坊稷丰农业为代表的生态农业模式等，农业园区总投资达到25.4亿元，吸纳农村劳动力1.4万人，2017年实现产值5.4亿元。其中，玉泉洼“公司+合作社+基地+农户”的综合体发展模式，受到中央和省市各级领导的充分肯定和大力推广，总投资20亿元的玉泉洼“莫沙夫”田园综合体项目被列入全市重大项目计划。

6.**深化教育体制改革**。推行学区制改革，为破解教育事业发展不均衡问题，将全区初中、小学及幼儿园划分为6个学区，组建学校发展共同体，以学区为单位实行小学与初中九年一贯对口招生，构建幼儿园、小学与初中纵向衔接、各学段横向协作的办学模式和管理新格局，缩小区域、城乡、校际间的义务教育办学差距，推动义务教育向高位优质均衡发展。推动集团化办学，成立尚文中学、实验小学、南流小学、实验学校等4个教育集团，以强校带动弱校，通过办学统一规划、课程共同构建、选派骨干教师帮扶、“互联网+”远程教学等形式，推动教育理念、学校管理、教育科研、信息技术、教育评价统筹，实现师资、管理、设备等优质教育资源共享。推进破解城镇学校“大班额”和农村学校全面改薄改革，采用PPP模式，投资7亿元迁建潍坊四中，打造全省领先、国内知名的现代化特色学校，2018年9月份将竣工投入使用；新改扩建前宁小学、石埠学校、七马路小学3所中小学，建成实验幼儿园等17所普惠性幼儿园。

7.**深化社会治理体制改革**。创新实施“分析研判、多元化解、依法打击、真情回访”矛盾纠纷化解四步工作法。分析研判方面，开展日排查、周调度、节前查（指重大节日、重要敏感节点前排查）制度，排查出的纠纷隐患报矛盾调解中心处理；多元化解方面，落实领导带头包靠化解，建立“党工委书记、社区第一书记、机关包靠干部、村支部书记、网格员”五级网格化包靠机制，发挥“法律顾问、警务助理、网格员”三支骨干队伍作用，积极协调、化解矛盾纠纷；依法打击方面，坚持正面教育与依法打击相结合，选取典型进行依法打击，形成“打击一个、教育一片、震慑一方”的良好社会效应；真情回访方面，对已化解人员落实“一对一”结对帮扶，通过每月见面走访、社情民意调查等活动，了解他们的困难和问题，最大限度给予帮扶救助。2017年，全区非访量下降79%，信访积案化解率达100%，完成党的十九大和今年全国“两会”安保维稳工作，顺利实现“五个不发生”和“三个零”目标，被评为全省信访工作先进集体。

8.创新招商引资模式。出台《坊子区加强招商引资工作的实施意见》，明确各级各部门的招商任务，按照职能和规模将区直部门分为四类，设置不同的年度招商目标任务，严格责任考核。改革招商工作方式，建立招商代理合作平台，开展以商招商、平台招商、基金招商，2017年引进落户66个高端项目和44家总部型企业，数量质量均创历史新高。基金招商方面，与念青资本合作设立高精尖股权投资基金，引入仿生人工骨、激光3D金属打印、新能源电动汽车电池管理系统等项目；平台招商方面，与上海普道、鉴川科技等招商平台合作，开展专业平台招商，其中上海普道2017年引入企业190余家。

9.创新实施“棚改+小镇”联动模式。立足区位优势、产业定位，将城市新旧动能转换、居民生活品质提升、特色小镇打造作为棚户区改造的内生动力，加快推进，各项工作取得明显成效。2017年，实施建区以来规模最大的13个片区棚户区改造，整体搬迁17个村居、7712户居民，棚户区改造拆迁完成率全市第一，拓展空间6200余亩，为建设“四个城市”、打造“四城四区”拓展空间、打牢基础。围绕推进新旧动能转换和乡村振兴战略，按照经营城市的理念，高起点规划设计，采取“产城融合、大片区开发”模式，抓好棚户区改造和特色小镇规划建设，突出抓好“7•8•10•100”载体支撑项目，“7”就是省级地理信息小镇、省级1898坊茨小镇、鲁能足球小镇、潍水风筝小镇、九龙涧生态产业小镇、凤凰生态休闲商务小镇、恒大文娱小镇7个特色小镇，“8”就是山东测绘地理信息产业园、智能装备产业园、机械装备制造园、潍坊市军民融合智能装备产业园、健康科技产业园、豪迈（潍坊）产业园、新能源汽车产业园、市政装备产业园8大园区，“10”就是营子片区、地理信息小镇片区、泰华综合体片区、高家片区、城南工矿区、耐火材料厂片区、鲁能足校片区、坊茨小镇片区、九龙涧片区、风筝小镇片区10个大片区，“100”就是100个过亿元项目。坚定不移抓好棚改工作，推进棚改助力产城融合，为实现更高质量发展提供强有力支撑，全力建设“四个城市”、打造“四城四区”。

10.改革城市管理体制。为全面落实城市管理体制改革，进一步理顺城市管理领域难题顽症，推进执法管理力量下沉和社会管理重心下移，凤凰街道、坊城街道、地理信息产业园作为深化城市管理综合执法体制机制改革的试点街道（园区），区城管执法大队3个执法中队分别下沉到凤凰街道、坊城街道、地理信息产业园，成立街道（园区）城管执法中队，作为城市管理执法机构，增强城市管理综合执法实效，进一步提升城市管理和社会治理水平。

11.改革基层医疗卫生体制。规范、理顺街道卫生院运行机制，改进业务发展及相关管理制度，形成街道、区卫计局、区人民医院共同参与基层医疗卫生机构发展的局面。优化基层医疗卫生机构布局，规划建设12处农村社区卫生室、2处城市社区卫生服务站、5个中医馆堂，建立49个家庭医生团队开展家庭医院签约服务，进一步提高医卫服务覆盖率。加快公立医院改革，实行区人民医院理事会管理制度、签订市区医院与基层医院双向转诊协议、取消基本药物加成、投资150万元建设区域信息平台数据中心和医疗应用系统，现代医院管理、分级诊疗、基本药物保障、信息化提升等各项制度全面破题并顺利推进。

【改革试点】 1.知识产权强县工程试点。围绕主导产业和优势产业，制定行业、企业知识产权战略，扶持雷沃重工股份有限公司、山东帅克机械制造股份有限公司、山东共达电声股份有限公司等知识产权优势企业创新发展，引领行业标准制定。发挥政府创新专项资金的作用，对技术水平高、市场前景好的专利技术，在计划项目安排和经费投入上予以重点支持，培植发展有自主知识产权的高新技术产业。加大知识产权保护力度，建立联席会议制度和联动协调机制，联合打击侵犯知识产权的违法行为。雷沃重工股份有限公司“智能低损玉米收获机装备制造关键技术专利群”荣获山东省“十个一百”科技创新品牌工程奖，成为山东省首批15个关键核心技术知识产权品牌单位；雷沃重工股份有限公司“拖拉机”荣获第十九届中国专利外观设计优秀奖，阿波斯拖拉机荣获全球工业设计奥斯卡奖——“红点奖”。

2.山东省基层政务公开标准化规范化试点。成立试点工作领导小组，制定印发《坊子区开展基层政务公开标准化规范化试点工作实施方案》，在全区范围内梳理政务公开事项，推进主动公开目录体系建设，依据权责清单、公共服务事项清单，在就业创业、城市综合执法、市政服务、户籍管理、税收管理等5个方面，逐一编制公开事项标准，把政务公开贯穿权力运行全流程、政务服务全过程，促进政务发布、解读、回应有序衔接，形成可复制、可推广、可考核的基层政务公开标准规范，为在全省推行相关领域政务公开提供“坊子样本”、创造“坊子经验”。

3.家事审判方式和工作机制改革试点。围绕家事审判的精神，坚持以人为本，制定印发《关于成立家事审判改革试点工作领导小组的通知》及《坊子区人民法院家事审判改革试点工作实施意见》。积极探索家事审判的创新模式，倡导文明进步的婚姻家庭伦理道德观念。诉讼前，法院与妇联调解组织进行联动调解，诉讼中实行主审法官责任制，建立家事调解室，坚持调解前置，调解与审判相结合的审判模式，以心理疏导相辅助，探索引入家事调查员、心理咨询师等各种方式，不断提高家事审判的司法服务和保障水平，及时为当事人进行心理疏导。自家事审判模式实施以来，坊子区法院离婚案件结案400件，调解90件，没有发生一起上访案件。

4.山东省医养结合示范区试点。坊子区辖5个街道，2个发展区，总人口32.5万人，其中60岁以上老年人5.36万人；辖区共有二级以上医疗机构2处，一级医疗机构12处；医护人员1240人，床位1644张；养老机构8个，管理服务人员137人，床位1236张。其中，大型养老机构1处，为潍坊市社会福利院，其余为街道敬老院。2017年2月，由省卫计委、省财政厅、省发改委、省民政厅、省人社厅五部门联合发文，确定坊子区为山东省医养结合示范先行区。为加快示范区建设，实现医疗卫生和养老服务资源有序共享，建设以居家为基础、社区为依托、机构为补充、医养相结合的养老服务体系，构建覆盖城乡、规模适宜、功能合理的医养结合服务网络。重点打造仁济医院、东华护理院和经济发展区、工业发展区“两院一体”医养结合项目。其中，仁济医院投资2000万元，建筑面积3000平方米，设有150张床位，已建成运营；东华护理院投资4000万元，建筑面积2万平方米，设置400张床位；经济发展区、工业发展区分别投资3000万元的卫生院与养老院深度融合的综合性医养结合项目，满足医疗、养老双重需求，实现“老有所养，病有所医”。

（王玉余）

信访工作

【概况】 2017年，坊子区坚持以群众工作统领信访工作，以切实拓宽信访渠道为突破口，以扎实为群众解决实际问题为立足点和出发点，积极探索信访工作新思路、新方法，创造性地开展工作，较好地完成各项工作任务。全区信访形势总体平稳有序，引导依法逐级走访效果明显，去省进京越级上访得到有效遏制，信访秩序日益规范。全区共发生群众来区及以上来访509起1935人次，同比下降13.7%。网上信访、来信及领导信箱合计689件。2017年，坊子区被省委、省政府授予“全省信访工作先进集体”，区信访局被省委、省政府授予“社会治安综合治理先进单位”，被市委、市政府授予潍坊市党的十九大安保维稳工作记集体三等功，被区委、区政府授予坊子区党的十九大安保维稳工作记集体三等功。

【构筑大信访工作格局】 区委、区政府始终把信访工作作为维护全区稳定的一个重要方面来抓，作为做好各项工作的基础来部署，在工作中通盘考虑，区委、区政府主要领导多次召集召开信访维稳调度会议，调度全区信访维稳工作；区分管领导坚持靠上抓，对信访工作经常研究、部署和调度，经常与信访部门人员一起，共同研究处理复杂信访事项，亲自协调处理特殊复杂信访问题；其他区级领导也都认真履行“一岗双责”责任制，切实抓好分管范围内的信访工作。各街道（发展区）坚持关口前移，认真搞好排查，及时发现解决苗头性问题。各部门相互联动，通力合作，不推诿、不扯皮、不上交矛盾，妥善解决和处理各类社会矛盾。各级各部门特别是主要负责人都把信访工作牢牢抓在手上，落实到行动中，在全区形成各负其责、齐抓共管的大信访工作格局。2017年，区级领导参与协调接待的30余起信访案件全部得到妥善处理。

【落实公开接访下访工作】 在领导干部接访活动中，每个工作日区级领导轮流到区接访室接待群众来访。每位区级领导接访时，都由区信访局及有关部门负责人现场参与，坚持全日制、面对面接访，现场调度分析案情，及时妥善处理相关问题。2017年，区领导接待处理解决信访案件65起210人次；区委主要领导批示的42余件信访案件和信访情况，全部得到有效落实。通过开展领导干部接访下访活动，密切党群干群关系，取得实实在在的成效。在接访下访活动中，领导干部对群众反映的问题，能现场处理的都现场予以处理；不能现场处理的，都向群众做好解释说明工作，并明确责任单位，限期进行解决，信访群众普遍表示满意；解决一批群众关心的问题，进一步提高党委政府在群众中的威信，切实维护正常的信访秩序，有力促进全区社会和谐稳定。

【搭建信访服务平台】 所有信访事项全部通过山东省网上信访信息系统进行流转，形成“网上受理、网下办理、网上回复”的工作机制，把受理、办理和结果等重要环节通过网络公开，把办理工作置于群众的监督之下。建立群众满意度评价体系，让投诉的群众在网上可以查询、跟踪、监督、评价整个事项办理的全过程，打造“阳光信访”，提高公信力，引导有诉求反映的群众“多上网、少走访”，逐步把网上信访变成群众反映问题的主渠道。2017年，坊子区网上信访量占同级信访总量的50%以上，其中被上级列入满意度评价的案件中对信访部门和责任单位的满意率分别为97.81%和99.42%。

【做好源头治访】 把信访不稳定因素排查化解工作的重心下移到村居、学校、社区等基层单位，重点做好各级“两会”等特殊敏感时期的集中排查化解行动，重点人员和特殊群体抓动态，已结案件抓稳固，努力实现全方位覆盖，确保把不稳定因素化解在萌芽状态，解决在基层环节。坚持信访不稳定因素动态排查机制，各街道（发展区）、各部门单位实行一月一排查，排查情况于当月30日前逐级汇总上报。对排查出的每一起有可能发生信访的不稳定因素，都建立台账，明确责任单位，落实包靠领导、具体责任人和处理要求等，限期妥善化解。严格信访信息预警报送制度，特别是对可能引发大规模集体上访和群体性事件的苗头性信息，按规定报告并超前做好工作，制定和完善应急处置工作预案；重大事件及时上报，不得迟报、漏报、瞒报。立足“事要解决”，坚持标本兼治，突出治“本”，把信访问题解决在基层，防止越级信访的发生。

（张传东）

扶贫工作

【产业扶贫】 按照不低于2016年投入20%的增幅，结合省市分配资金，共投入221万元，以街道（发展区）为主体，实施5处设施农业项目，建成17个高标准蔬菜大棚，并督促各街道（发展区）选取有实力的生产经营大户或合作组织租赁经营，5个项目实现年纯收益20多万元，受益贫困户102户217人，户均增收800—2000元，保障贫困群众稳定脱贫。

【行业扶贫】 推动各行业部门参与精准扶贫，区总工会、区工商联、团区委、区妇联等单位先后组织500余名志愿者和多家民营企业，慰问帮扶贫困群众200多户，捐赠物资6万多元；区委统战部利用泛海助学资金10.5万元资助21名贫困大学生；区教育局组织为贫困师生捐款7万余元；区妇联牵头组织各单位开展“大手牵小手 爱心伴我行”助学活动，为87名贫困学生送去5.5万元助学金；区卫计部门组织为贫困群众免费查体400余人次；区司法部门为贫困群众提供法律咨询500余人次；区民政局利用“慈心一日捐”资金21万元为422户困难贫困户购买型煤和节能环保炉；开通运行医疗救助“一站式”即时结算服务系统，为贫困群众报销住院治疗费用170余人次、10万余元。

【社会扶贫】 引导各类企业和社会组织履行社会责任，积极参与扶贫帮困，区新生代企业商会捐款3.1万元资助20名贫困家庭学生，潍坊移动公司为贫困村小学送去1200册图书及学习用品，中微光电子捐赠10万元扶贫照明灯具，增能社工投资8.3万元为肖家村改造提升自来水管网，天使公益投入8万元在经济发展区岔子官庄村成立精准扶贫村民互助合作社并举办草编手工培训班，国红风筝厂设立扶贫车间吸纳6名建档立卡贫困人口就近就业，金润、玉泉洼、水墨庄园等8家新型农业经营组织带动就业增收贫困人口90多户、200余人。

经济发展区省定贫困村岔子官庄村村容村貌

黄旗堡街道省定贫困村狮子口村村容村貌

【政策惠民】 扎实落实潍坊市教育资助、基本医疗、危房改造、低保救助等精准扶贫惠民政策。对26名贫困学生实施学前教育、义务教育和普通高中教育阶段资助；为20名贫困学生落实“雨露计划”中等职业教育阶段资助资金6万元；为202名贫困人口办理扶贫特惠保险；为符合条件的贫困户进行危房改建、修缮加固；将贫困群众纳入农村低保和五保范围，实行财政兜底保障。统筹使用村级公益事业“一事一议”财政奖补资金16万元、农村公路建设资金37万元、农业综合开发资金41万元、农村危房改造补助资金8万元、支持农业生产发展资金10万元、农村幸福院补助资金6万元、公益事业扶贫基金274万元，完善贫困村基础设施和公共服务设施，改善贫困群众生产生活条件。创新开展“助农贷”业务，缓解农业发展融资难题，带动贫困群众脱贫增收。

【监督管理】 完善《坊子区财政专项扶贫资金项目管理暂行办法》《坊子区扶贫资金账务处理与会计核算办法》《坊子区公益事业扶贫基金运作实施细则》等制度办法，加强对扶贫资金项目的监管，确保阳光下安全运行。组织交警、国土、市场监管、金融办等部门对建档立卡贫困人口财产信息进行核查比对，对不符合条件的贫困人口建立清退台账，按程序进行清退；组织各街道（发展区）完成建档立卡贫困人口和8个贫困村信息采集，核准核实不享受政策和继续享受政策的贫困户，确保扶真贫、脱真贫、真脱贫。督促各街道（发展区）和贫困村对贫困档案、项目实施、资金管理、贫困识别退出等工作进行查漏补缺和规范完善，提升扶贫工作规范化水平，确保经得起历史和群众检验。

【扶贫宣传】 全国扶贫日期间，组织区扶贫开发领导小组成员单位开展系列宣传活动，印制发放纸质倡议书及潍坊市精准扶贫重要民生政策共7000多份，悬挂标语横幅200余幅。通过报纸、电视、网络、微信公众号、工作简报等渠道，及时总结扶贫开发经验，展示扶贫开发成果，宣传扶贫开发政策，营造全社会参与，支持脱贫攻坚的浓厚氛围，全年共在中央电视台、潍坊日报、潍坊扶贫、潍坊电视台及新华网、齐鲁网、潍坊传媒网等主流媒体，刊发扶贫工作情况信息100余篇次。

（徐琼琼）

区直机关党建工作

【概况】 2017年，区委区直机关工委下设4个基层党委、10个总支、119个支部，现有党员2045名。区直机关工委紧紧围绕区委确定的“一二四三”战略，以及“服务中心、建设队伍”的核心任务，深入开展“两学一做”学习教育常态化制度化、“项目建设年”和“作风建设年”活动，充分发挥机关党组织在服务中心、服务发展中的先锋作用，扎实推进区直机关全面从严治党各项工作。

【“两学一做”学习教育常态化制度化和“作风建设年”活动】 强化组织领导。区直机关工委和各基层党组织层层成立领导小组，制定实施方案，明确时间安排、学习内容、具体措施，使活动推进措施具体化、精准化。严肃党内政治生活。严格执行“三会一课”、民主生活会、组织生活会、民主评议党员、党员佩戴党徽等制度，为所属基层党组织全部选派党建联系指导员。活化学习方式。组织机关党员干部围绕转变工作作风、加强机关党建、廉洁从政等内容，深入开展机关作风建设大讨论，使党员干部充分认识到加强机关作风建设的重要性，明确机关作风建设的目标任务和工作措施。区直机关工委和区作风建设年办公室以“守纪律、讲规矩，勇担当、有作为”为主题，紧密联系作风建设实际，举办主题征文活动，各单位踊跃投稿142篇。加强党性教育。5月，区委组织部、区直机关工委组织近30名优秀年轻党员干部，赴胶东党性教育基地，开展党性教育主题培训。通过参观学习和座谈交流，让年轻党员学习共产党人的抗争精神，接受深刻的灵魂洗礼，进一步增强党性观念，坚定理想信念，激发提升作风、努力工作的热情。学树身边典型。开展“作风建设年”先进典型推荐活动，将区直机关涌现出作风过硬、业绩突出的10个先进典型，报送到区活动办，并组织机关党组织进行学习，弘扬传播正能量。搭建交流平台。积极拓展新媒体空间，建立机关党建工作微信平台，及时发布学习内容、经验做法，为机关各基层党组织搭建交流沟通平台，营造相互学习、互相借鉴、你追我赶、比学赶超的良好氛围。

【服务型机关党组织建设】 以“守纪律、讲规矩，勇担当、有作为”为主题，加强服务型机关党组织建设，开展优质服务项目创评、在职党员到社区服务、党员联系贫困户等活动，推动机关党组织在提升作风、服务发展中，充分发挥战斗堡垒作用。引导党员干部适应和服务经济发展新常态，扎实做好包靠重点项目、重点工程的协调推进工作；大力开展招商引资，区直机关工委今年引进项目一个，总投资2000万元，年内投产运营。积极组织机关党员干部开展“慈心一日捐”活动；联合团区委共同举办深入学习十九大精神“不忘初心、让爱远行”捐赠御寒衣物活动，有100多个单位参加捐赠活动，共捐赠衣物2万多件。

【党风廉政建设主体责任和监督责任】 认真履行“一岗双责”，把党风廉政建设与党建工作、经济社会发展任务一起部署落实、一起检查考核。严格执行中央八项规定，认真落实《党内监督条例》、廉政谈心谈话制度、“三重一大”报告制度。加强党风廉政教育，把党章、廉洁自律准则、纪律处分条例等作为党员日常教育和学习培训的重要内容，积极开展反腐倡廉警示教育。强化责任追究，建立健全案件查办机制，充分发挥查办案件的震慑、遏制作用，配合纪检部门先后查处违纪案件6件，给予党纪处分或报上级批准给予党纪处分6人。

【开展寻标对标提标达标行动】 区直机关工委按照先进性、可比性、针对性、实效性原则，确立近赶奎文、远学城阳的赶超任务目标。通过到奎文区、城阳区学访对标，找到差距和不足，明确工作目标和工作措施。在党员教育培训方面，举办机关党组织书记、年轻党员干部党性教育、党员发展对象和入党积极分子、区直机关党员培训等共5期培训班，培训机关党组织书记70人、党员发展对象和入党积极分子50人、机关党员180余人。组织市直机关党员培训班5期、500余人，到坊子党性教育基地开展现场教学。在夯实党建基础方面，研究印发《关于加强机关党建工作规范化建设的意见》，以作风建设推动机关党建工作规范化、科学化水平不断提高。同时，建立任务清单、责任清单、问题清单，以“清单化”压实机关党建工作责任落实。调整优化机关党组织设置，确保机关党组织健全率100%。严把党员入口关，确保党员发展规范化。在党员管理方面，自7月起，区直机关工委按照省、市、区委组织部部署，组织机关党组织和广大党员上平台、用平台，特别是运用好山东e支部、发展党员网上记实、组织关系网上转接等应用系统和党员教育平台、干部学习平台等网上教育平台，线上线下统筹开展基层党组织和党员队伍建设，全面、真实、准确地采集党组织和党员信息基础数据，建好党组织和党员信息库，高标准推进“灯塔—党建在线”系统运行，高质量地实现互联互通、共建共享。在机关党建品牌方面，引导基层党组织积极创建务

党员发展对象和入党积极分子培训现场教学

实管用“优秀支部工作法”，加强以点带面的党建联动效果。组织开展“百名支部书记大评议”活动，提高党支部书记履行“一岗双责”能力，建设过硬党支部书记队伍。在党建督导方面，每季度采取抽查或调阅等方式检查党支部在执行“三会一课”、民主生活会、组织生活会、民主评议党员等制度的规范性，推进“两学一做”学习教育常态化、制度化。组织开展党费工作培训，细化党费核算表、党费台账，促进支部生活日党员现场交纳党费制度化、规范化。

（褚亚男）

党史工作

【打造党性教育基地】 打造党性教育基地，是2017年省市组织部门、党史部门工作重点之一。5月5日全市党性教育基地建设会议后，区委党史办公室及时调整工作思路，工作重点、主要精力迅速向配合区委组织部在全区党性教育基地打造上倾斜。参与前期基地打造的谋划和面上的安排部署。利用掌握的全区党史资

源情况，及时向区委组织部汇报，确定坊子区的两条党性教育线路；配合区委组织部，组织相关人员到寿光、潍城、荣成等地参观学习，开阔思路视野；配合组织部召开工作会议，对全区基地打造进行安排部署，迅速使这项工作在全区面上铺开；全程参与基地建设指导。具体打造过程中，对炭矿园、1898坊茨小镇、洼里村、雷沃重工股份有限公司、庄龙甲纪念园、曹庄、潍南县委旧址等，在史料提供、布展等方面，发挥党史优势，促进工作开展。通过一年的努力，2017年坊子区党性教育基地已具备对外开放的条件。接待大批省市领导来坊考察指导，大批团体、群众、学生到基地接受党性教育。

【党史研究新进展】 《改革开放实录》征编工作是中央党史研究室安排的全国性工作。坊子区的研究工作也取得大的进展，承担市级五个课题，已全部顺利报送。本区的改革开放实录也已完成20多篇，《坊子区改革开放实录第一卷》即将出版。《中共坊子党史（1949－2016）》经过前期筹划准备及可行性分析，2018年开始进入具体工作实施阶段，填补坊子没有建区党史的空白。

【党史宣讲有声有色】 开展“党史大宣讲活动”。分别在区委党校主体班次、中小学、区直部门、街道开展党史宣讲10多场，现场受教育干部群众四千多人。在《今日坊子》开设“坊子的辉煌•党史篇”专栏，自3月17日，连续刊发近十万字的坊子党史材料10多篇。

【创先争优出亮点】 坊子区打造党性教育基地的做法，在全省党史干部业务培训班上，做为典型进行大会交流发言。《坊子年鉴》已连续四年，评为全省著作类二等奖，实现单位确定的年年在省级表彰上榜上有名。开展的党史大宣讲活动也作为突出典型，受到市里的表扬和推广，单位已连续多年，被评为全市党史系统先进单位。

（梁广利）

党校工作

【概况】 坊子区委党校按照“准确定位、全方位创新、科学化办学”的工作思路，不断解放思想、改革创新，围绕服务全区中心工作，以抓好教学为重点，以队伍及制度建设为保障，加强信息化建设，推动教学质量实现新提升。

【加强和改善党委对党校工作的领导】 一是通过制度建设，把党校工作纳入区委整体工作部署和党的建设总体安排。为推动坊子区经济社会赶超跨越发展提供有力保障；立足干部队伍建设的先导性、基础性、战略性要求，区委始终把党校作为教育培训党员领导干部的主渠道，不断加强和改进新形势下党校工作，把“党校姓党”原则贯穿党校工作始终，使区委党校各项工作与自身职责使命相适应、与全区实现更高层次新发展相适应。

2017年2月，区委召开常委会，专题研究区委党校新校区建设工作，帮助解决党校改革发展中的重要问题。每期主体培训班次均由区委主要领导对培训课程亲自审阅，区委书记经常过问党校工作。2017年10月23日，区委书记、区委党校校长扈洪波同区委常委、组织部部长牟杰专门到区委党校进行调研并与秋季科级干部培训班的学员进行座谈。

二是顺应需求建分校，拓展党员教育覆盖面。作为分校建设和管理的业务指导者，区委党校始终把制度化管理和规范化培训作为分校建设的重要标准去抓，坚持把党校理论教育、党性教育和规范化培训的优势带到基层。进一步加强区委党校各分校建设，各分校均达到“有统一牌匾、有专用教室、有教学设备、有工作班子、有专兼职教师”的“五有”标准。制定校委会领导联系分校制度和骨干教师兼任各分校教师制度，制定分校的办学原则和管理机制，同时加强各分校师资培训、制度建设等方面的业务指导。2017年，区委党校教师到各分校讲课20余次，各分校按照每年对党员进分校全覆盖培训的要求，通过各分校党委书记及班子成员讲党课、全区党员教育云视听平台、远程教育、观看视频等形式实现对党员教育培训的全覆盖，累计培训党员19800余人。

三是建立领导干部到党校讲课制度。在贯彻落实2013—2017年的干训规划中，区委明确建立健全领导干部上讲台制度，规定区委领导班子成员每年轮流到党校讲课，每年领导干部讲课总课时占主体班次总课时的比例达到20%以上。经区委协调，对领导干部上讲台任务目标的落实、教学内容形式的选择、师资的选配、教学评价等具体要求作出明确规定，逐步形成组织部门负责统筹推进，党校负责具体组织落实的工作机制。特别是在2017年11月举办的全区科级干部学习贯彻党的十九大精神轮训班中，区委书记扈洪波，区长张龙江，区委副书记宋伟伟，区纪委书记任宪强，分别在举办的四期培训班中做十九大精神专题辅导报告。

【党的理论教育和党性教育】 一是干部教育培训及宣讲工作取得新成绩。2017年举办两期科级干部培训班及四期全区科级干部学习贯彻党的十九大精神轮训班，并与关工委、老干局、区委统战部、团区委、区卫计局、粮食局等区直部门联合举办各类培训班8期，培训学员300余人，全年共计培训学员1268人。同时，为配合十八届五中、六中全会及“作风建设年”、党的十九大主题宣讲活动，组织骨干教师到区直部门、街道、村居（社区）、企业做专题辅导38次，受教育者2600余人，得到社会各界的一致好评。

二是强化主业主课地位。马克思主义理论教育和党性教育是党校的主课，是党校教学最重要的任务，是必须重点抓好的教学内容，这两类课在区委党校教学安排中都不低于总课时的70%。按照分级分类和规范班次学制的要求，区委党校科级干部培训班一般不少于2个月（含社会调研和自学时间），专题研讨班一般不少于5天。每年，村（社区）党组织书记由区委党校集中轮训一次。每名党员每年在区委党校或区委党校分校至少集中培训2天。

三是强化党性教育。党性教育是党校的必修课，要贯穿于党校教学全过程。党校每个主体班次都要设置专门的“党性教育单元”，针对各类班次的学制，科学设置内容，安排充足时间，确保党的理论教育和党性教育课不低于总课时的70%；其他班次开设党性教育专题课程。

四是创新培训方式方法，提升教学吸引力。根据各类班次干部的特点，综合运用现场式、案例式、辩论式、情景模拟式、经验交流式、面试答题、学员论坛、课题研讨、释疑解答、现身说法、即兴演讲等教学方法。特别是积极开展现场教学，组织学员就区域经济发展、新型社区建设、新农村建设、循环经济发展等内容，进行研讨式教学，让学员深入结合全区重点项目、工程及社区实际进行考察、调研和搜集数据，在深入思考的基础上组织研讨、形成研究成果，提高教学的实效性。2017年，组织科级干部学员到威海胶东党性教育基地、潍县战役纪念馆等党性教育基地进行参观学习，取得很好的学习效果。

【党校师资队伍和干部队伍建设】 始终把提高教师素质放在工作首位，内强素质，外塑形象，着力打造一支理论功底扎实、善于联系实际、勇于开拓创新的高素质教师队伍。坚持严格政治要求，加强和改进党校思想政治工作，教育引导教师忠诚于党、忠诚于党校事业，坚持党的立场，坚定党的信仰，践行党的宗旨。严守党的政治纪律和政治规矩。加强师德师风建设，促进教师明大德、守公德、严私德，恪守职业道德，弘扬优良作风，决不允许发表违反四项基本原则、违反党的理论和路线方针政策的错误观点，自觉维护党的威信和党校形象。

一是加强教师的基层锻炼。2017年抽调四名骨干教师分别到区信访局、三个街道（发展区）进行为期6个月的挂职锻炼，写心得体会、调研报告30余篇，增强教师理论联系实际的能力。

二是建立教学激励约束机制。建立教师集体备课、新课试讲、评课制度，创新学员教学评估方式，坚持学员教学评估量化结果与教师职称评聘、学年评优挂钩，营造比学赶超的良好氛围。

三是整合资源，建立党校师资库。采取多种方式遴选优质师资，建立区委党校师资库。2017年，先后将区直部门、街道（发展区）有关领导干部及业务骨干、优秀基层党组织书记、各个行业领域先模人物和市委党校、其他县市区党校优秀教师56人纳入师资库，列出授课清单，实现优质师资共享。

四是加强教师的基层调研。在春季、秋季分别拿出一个月的时间组织教师到基层调研，大大提高教师理论联系实际的能力，增强教学效果。至年末区委党校已有5项课题获得市社科联、市委党校结项，发表市级以上论文9篇，有三篇调研报告在区委举办的《工作研究》上刊发，并由区委书记扈洪波签批，要求各有关部门认真学习研究，进入区委、区政府决策。

【党校基础设施建设和经费保障】 中共潍坊市坊子区委党校项目占地42亩，规划总建筑面积47956.6平方米，其中地上建筑面积28959.6平方米，地下建筑面积18997平方米。规划投资11619万元，由区财政拨款，分两期进行：一期工程，建设1栋6层综合楼，1栋4层教学科研楼，总建筑面积约7600平方米；共设：教室6间，260人报告厅1间，研讨室5间，集体备课室2间，图书阅览室1间，活动室1间，标准客房80间，无障碍客房4间，餐厅可容纳200余人就餐；另外包括：篮球场2个，羽毛球场2个。二期工程，规划建设1栋4层报告厅，一栋学员餐厅，1栋11层学员公寓，该工程尚未开工。学校建成后，可容纳800多名学员，可提供480多个停车位。该项目于2017年3月16日正式开工。

（居兴波）

老干部工作

【政治待遇】 2017年，坚持和完善联系老干部工作制度，定期不定期走访老干部，坚持每月10日组织区级离退休干部集中阅文和政治学习，及时向老干部传达上级精神和区委的重要部署，听取老干部的意见建议。圆满完成端午节、中秋节、老人节和春节重大节日走访慰问老干部工作，春节前集中对全区320余名离退休干部进行走访慰问。分别于5月份、11月份，组织47名县级以上离退休、离岗老干部观摩重点项目、重点工程，了解全区经济社会发展情况。为离退休党组织和党员免费订阅《支部生活》《老干部之家》《老年教育》《老干部参考》等学习材料。印发《学习十九大精神材料汇编》，采取主题党日、专题党课等形式，组织好离退休党员干部学习十九大精神，同时对行动不便的老同志做好结对帮学、上门送学等活动。在离退休干部中组织开展“夸夸我家这五年”和弘扬“四种精神”主题征文活动，全面展现坊子区离退休干部良好的精神风貌。

【生活待遇】 做好企业离休干部医疗费统筹金缴纳协调工作，2017年度，离休干部医疗统筹金基数已达22787元，收缴率达到100%。七一前夕，为全区130余名离休干部和区级退休干部进行健康查体，同时，协调区医院为离退休干部看病就诊开辟绿色通道，为他们办理发放医疗保健证。下发《关于进一步建立健全老干部诉求台账的通知》，进一步畅通离退休干部诉求通道，定期开展诉求排查活动，建立诉求台账2425份，实行月跟踪报送制，及时解决回应老干部诉求，是全市“零信访”县市区之一。

【文体活动】 在全区离退休干部中开展“回

2017年11月13日，区委书记扈洪波陪同老干部观摩全区重点项目

望来路、不忘初心、谈变化、展未来”活动，组织广大老同志畅谈十八大以来变化，展望十九大胜利召开。通过走访座谈、调查问卷、主题征文等形式，为活力坊子、“四个城市”建设凝心聚力献言献策，征集建议意见。围绕建党96周年、中国人民解放军建军90周年、香港回归20周年和党的十九大等重大时间节点，积极引导离退休干部开展各类活动：参加省、市举办的各类文体活动8批次，取得优异成绩；组织老干部开展志愿服务活动20余次；举办庆祝建党96周年大型红色收藏展、喜迎十九大“红心向党”文艺汇演、喜庆十九大老年健身舞表演等活动18次；区老干部台球、门球、象棋协会举办比赛10余次；区老年书画研究会、楹联协会举办喜迎十九大暨庆七一楹联书画展等文化展览4次，丰富老百姓的文化生活。

【党建工作】 及时向区党政联席会汇报全市老干部工作会议精神，并于5月上旬召开全区老干部工作会议，安排部署全区老干部党建工作。把离退休干部党建工作纳入全区大党建格局，细化考核细则，与全区党建同部署同考核。以两办名义印发《关于进一步加强和改进离退休干部工作的实施意见》，及时抓好中央、省、市委文件精神的配套贯彻落实。健全完善离退休干部党组织建设，2017年新建社团离退休干部党支部、临时党支部13个，有效扩大离退休干部党组织的覆盖面。在全区推行离退休干部党员“政治生日”制度，建立老干部工作联络员制度，成立坊子区离退休干部党建研究中心，围绕工作中的热点、难点以及前瞻性理论问题提出研究课题、组织课题攻关，为推进离退休干部党建工作发挥积极作用。下发《关于在全区老干部工作系统中推进“两学一做”学习教育常态化、制度化的工作实施意见》，开展“红心向党”主题党日、形势通报会、交流座谈会10余次。健全离退休干部党工委机构建设和人员配备，成立离退休干部纪工委。全市离退休干部党建工作现场推进会在坊子区召开。

（于丽娜）

关心下一代工作

【概况】 2017年，坊子区着力加强青少年思想道德建设，关心下一代工作取得新成就。市关工委领导先后五次来坊检查指导工作。

【各项工作】 建立四大系统（教育、经信、政法、区直机关）关工委。成立宣讲团和关爱工作指导团，设立党史国史教育组、艺术指导组、法治教育组和科普教育组，成员由各街道、有关部门和有关企业人员组成，建立网格化管理模式。6月，区宣讲团先后到南流中学、工业发展区实验学校、埠头小学、龙泉实验小学、黄旗堡实验学校、沟西小学、尚文中学等组织红色文化、法治和安全教育、书法绘画教育、集邮文化、楹联文化“五进校园”宣讲活动。

【纪念中国共产党成立96周年暨中国人民解放军建军90周年红色收藏展】 2017年5月19日，坊子区“两学一做”学习教育办公室、区关工委、高新园区党工委、区委老干局、区教育局、团区委、区收藏家协会、凤凰小学联合举办的“纪念中国共产党成立96周年暨中国人民解放军建军90周年”红色收藏展在坊子区凤凰小学开幕。

所展藏品分六个展厅进行展出，区内外25位收藏家参展，主要包括红色书刊、军品、毛主席著作和像章、邮票、风筝会纪念品、粮布票、抗战门票、书画、臂章、唱片、长征明信片、毕业证书、军品、烟标、扑克、红色瓷器等20多个门类万余件藏品。区直有关部门党员干部、学校师生近3000人参观收藏展。

【“五老”志愿者培训班暨证书颁发仪式】 对全区“五老”志愿者进行统计摸底、填报审核的基础上，2017年6月23日，区关工委在党校举办全区“五老”志愿者培训班暨证书颁发仪式。

【全区青少年法治教育暨“五老”网吧义务监督工作座谈会】 2017年5月26日，召开全区青少年法治教育暨“五老”网吧义务监督工作座谈会，座谈会上8个单位作交流发言。区公安分局介绍护校安园的做法，司法局介绍投资10万元在崇文中学建立青少年法治教育基地的做法，团区委介绍参与校园周边环境治理、围剿“牙签弩”的做法，区实验学校介绍教育引导青少年自觉学法、守法、用法的做法，凤凰街道和坊城街道关工委介绍创新工作形式、加大“五老”对网吧义务监督的做法。

【文艺演出】 2017年7月1日，由区关工委、区老年大学、崇文中学、中韵丽江艺校共同举办的庆祝中国共产党成立96周年暨香港回归20周年大型文艺演出在崇文中学举行。9月25日，由区关工委、区委老干局、区老年大学、潍坊北海双语学校、丽江艺校在北海双语学校

2017年9月25日，喜迎十九大文艺演出

举办“喜迎十九大，永远跟党走”文艺演出。

【爱心捐助】 2017年11月24日，区关工委与坊城街道关工委联合开展“助力梦想”捐助活动。活动中，先由前宁小学、埠头小学、泉河小学的学生填写微心愿卡，后由坊城街道的机关干部自发认领，共捐赠爱心物品价值6000多元。

【队伍建设】 2017年11月12日—15日，区关工委组织街道、区直单位和部门、学校关工委负责人及部分“五老”志愿者一行26人，到中共一大会址和南湖红船，回顾党的奋斗历程，重温入党誓词，传承红色基因。11月19日，《潍坊日报》在头版作了报道。观后感共汇集学习中共十九大体会文章24篇，编成《从石库门走来》一书。11月28日—12月5日，区关工委组织四大系统关工委和街道关工委，举办学习中共十九大精神座谈会。

（房云秀）

潍坊市坊子区人民代表大会

综　述

2017年，举行常委会会议7次，听取和审议“一府两院”专项工作报告14项、开展视察和执法检查8次、开展专项调研2次，举办法制专题讲座5次，任免国家机关工作人员43人（次），组织安排向宪法宣誓44人（次），组织开展区人大代表小组活动60余次，受理处结群众来信来访38件（次）；区十八届人大一次会议期间收到并答复办理代表建议43件。

重要会议

【潍坊市坊子区第十八届人民代表大会】

2017年1月20日—22日举行。会议听取审议代理区长张龙江代表潍坊市坊子区人民政府向大会作的政府工作报告、区人大常委会党组书记第一副主任赵伟作的坊子区人大常委会工作报告、区人民法院代理院长王学功作的坊子区人民法院工作报告、区人民检察院代理检察长张春岳作的坊子区人民检察院工作报告。会议审查批准坊子区2016年国民经济和社会发展计划执行情况的报告与2017年国民经济和社会发展计划。会议审查坊子区2016年预算执行情况的报告和2017年预算（草案）、批准坊子区2016年预算执行情况的报告和2017年预算。

【潍坊市坊子区第十八届人大常委会会议】

第一次会议　2017年3月21日举行。会议听取审议区法院院长王学功作的区法院关于执行工作情况的报告，表决通过潍坊市坊子区人民代表大会常务委员会代表资格审查委员会组成人员名单，以无记名投票的方式通过区政府、区法院提请的有关人事任免事项。

第二会议　2017年5月27日举行。会议听取审议区政府关于加强公安基础工作服务改善民生情况的报告、关于大气污染防治工作情况的报告、关于全区农业龙头企业发展情况的报告，表决通过《潍坊市坊子区人民代表大会常务委员会议事规则》《潍坊市坊子区人大常委会组成人员守则》，以无记名投票的方式通过区人大常委会主任会议、区法院、区检察院提请的有关人事任免事项。

第三次会议　2017年7月27日举行。会议听取审议关于坊子区卫生计生综合监督行政执法工作汇报、关于潍坊市坊子区2016年预算执行和其他财政收支的审计工作报告、关于全区耕地地力保护试点项目建设情况的报告，表决通过《潍坊市坊子区人民代表大会常务委员会人事任免办法（修订草案）》、关于接受李竹臣辞去坊子区第十八届人民代表大会代表职务的决定、关于许可对坊子区第十八届人民代表大会代表柴涛采取刑事拘留强制措施的决定。

第四次会议 2017年9月22日举行。会议听取审议区政府关于国家食品安全城市创建工作情况的报告、关于潍坊市坊子区2016年财政决算草案和2017年上半年预算执行情况的报告、关于坊子区2017年上半年国民经济和社会发展计划执行情况的报告、关于区十八届人大一次会议以来代表所提建议意见办理情况的报告，书面印发并审议峡山区人大工作室关于承办坊子区人大代表建议办理情况的报告，表决通过潍坊市坊子区人民代表大会常务委员会关于批准坊子区2016年财政决算的决议。

第五次会议 2017年11月28日举行。会议听取审议区检察院检察长张春岳所作的关于加强侦查监督维护司法公正情况的报告、区住建局局长马玉良所作的关于城市建设工作情况的报告、区招商局负责人所作的关于全区招商引资工作情况的报告。

第六次会议 2017年12月29日举行。会议听取审议区财政局局长刘杰所作的关于坊子区2017年预算调整方案（草案）的报告，表决通过潍坊市坊子区人大常委会关于批准坊子区2017年预算调整方案的决议、潍坊市坊子区人大常委会关于接受赵伟等辞去潍坊市坊子区第十八届人民代表大会代表职务的决定、潍坊市坊子区第十八届人民代表大会常务委员会代表资格审查委员会关于个别代表的代表资格变动情况的报告。

第七次会议 2017年12月30日举行。会议以无记名投票的方式补选潍坊市十七届人大代表事宜。

重要工作

【履行监督职责】 2017年，常委会紧扣全区发展大局，把党委重大决策、政府着力推进、群众普遍关注、人大职权范围内的事项作为监督工作的重中之重，创新方式，找准角度，抓住时机，全力推进，增强监督工作的实效性。常委会先后组织领导班子成员及部分驻坊省、市人大代表对全区重点项目、重点工程及园区建设情况进行视察，对高端制造业聚集区建设情况进行专题调研，听取审议招商引资工作情况的报告，组织对全区旅游工作情况进行专题调研，对农村文化广场建设等工作进行视察，组织领导班子成员及部分人大代表对区属上属有关部门及“法检”两院开展优质高效服务情况进行视察，先后听取审议城市建设情况的工作报告、全区大气污染防治工作情况的报告、全区卫生计生综合监督行政执法工作情况的报告、国家食品安全城市创建工作情况的报告、全区农业龙头企业发展情况的报告、耕地地力保护试点项目建设情况的报告、2017年上半年国民经济和社会发展计划执行情况的报告、预算执行情况的报告及审计工作情况的报告，依法审查批准2016年决算和2017年预算调整方案，制定《关于改进向区人大常委会报告审计工作及审计查出突出问题整改机制的意见》。

【推进依法治区建设】 2017年，常委会把推进严格执法、公正司法、全民守法作为依法治区的重要举措，积极探索司法监督工作的新思路、新途径、新举措，进一步加强和改进司法监督工作。先后听取审议区法院执行工作情况、区检察院加强侦查监督维护司法公正工作情况的报告，区政府加强公安基础工作服务改善民生情况的报告，区法院、区检察院关于对员额法官、员额检察官进行备案的报告，组织对社区矫正工作开展情况进行视察，对动物防疫法贯彻实施情况进行执法检查。常委会不断完善信访工作机制，认真受理来信来访，2017年共受理信访案件38件（次），处结率达100%。

【发挥代表主体作用】 2017年，常委会围绕发挥代表在闭会期间的作用，着力在代表培训、代表联系选民、代表小组建设、代表建议督办等方面加大力度，代表工作更具活力，进一步激发代表依法履职的积极性。举办人大代表学习班，邀请省人大常委会机关有关领导对全体人大代表进行授课辅导，开通“坊子人大”微信公众号，定期向代表通报常委会工作；坚持邀请基层代表列席常委会会议、参加常委会组织的视察、调查等活动，全年有23名代表列席常委会会议。制定2017年代表工作安排意见；完善代表履职档案，编印人大代表履职记录簿、代表联系卡；加强代表小组活动室规范化建设，制定出台区人大代表小组规范化建设的意见，建立17个区人大代表小组、3个驻坊市人大代表小组；围绕“‘四个城市’建设、优化经济软环境、棚户区改造、重点工程（项目）”等，共组织开展区人大代表小组活动60余次、驻坊市人大代表小组活动4次，提出意见建议1000余条；扎实开展“联系群众、实干担当、促进发展”主题活动和“人大代表联系选民月”活动。

人事任免

2017年1月22日，潍坊市坊子区第十八届人民代表大会第一次会议选举张龙江为潍坊市坊子区人民政府区长，赵伟、李飞雨、段宏喜、高凤金、王国光为潍坊市坊子区人民政府副区长；王学功为潍坊市坊子区人民法院院长；张春岳为潍坊市坊子区人民检察院检察长。

2017年3月21日，潍坊市坊子区第十八届人大常委会第一次会议，根据区长张龙江的提请，决定任命巴桑次旦为区人民政府副区长（挂职时间一年），决定任命：

段效顺为区人民政府办公室主任；

刘乐军为区发展和改革局局长；

李汉军为区经济和信息化局局长；

李夕勇为区教育局局长；

尹健为区科学技术局局长；

张亮为区监察局局长；

陈其云为区民政局局长；

刘强为区司法局局长；

刘杰为区财政局局长；

张涛为区人力资源和社会保障局局长；

马玉良为区住房和城乡建设局局长；

宁洪伟为区交通运输局局长；

单连杰为区水务局局长；

楚治中为区农业局局长；

程宝田为区商务局局长；

王涌为区文化广电新闻出版局局长；

李学海为区卫生和计划生育局局长；

肖健为区审计局局长；

王丙正为区环境保护局局长；

曹淑华为区人民政府民族宗教事务局局长；

于洪鹏为区统计局局长；

赵新坤为区市场监督管理局局长；

吴军为区安全生产监督管理局局长；

徐万源为区金融工作办公室主任。

2017年3月21日，潍坊市坊子区第十八届人大常委会第一次会议，根据区人民法院院长王学功的提请，免去于相会的潍坊市坊子区人民法院人民陪审员职务。

2017年5月27日，潍坊市坊子区第十八届人大常委会第二次会议，根据区人大常委会主任会议的提请，免去：

刘玉平的坊子区九龙街道人大工作室主任职务；

陈爱萍的坊子区坊安街道人大工作室主任职务；

郝德光的坊子区经济发展区人大工作室主任职务；

李风建的坊子区工业发展区人大工作室主任职务。

任命：

陶金泉为坊子区九龙街道人大工作室主任。

2017年5月27日，潍坊市坊子区第十八届人大常委会第二次会议，根据区人民法院院长王学功的提请，免去：

韩旭东的坊子区人民法院审判委员会委员、审判员职务；

郭晓莉的坊子区人民法院埠头法庭副庭长、审判员职务；

江秀娟的坊子区人民法院交通事故审判庭副庭长、审判员职务；

于志明的坊子区人民法院审判员职务；

张锋远的坊子区人民法院执行三庭庭长职务；

陈勇的坊子区人民法院执行二庭庭长职务；

姜玉洁的坊子区人民法院峡山法庭副庭长职务。

任命：

张锋远为坊子区人民法院执行二庭庭长；

陈勇为坊子区人民法院执行三庭庭长；

姜玉洁为坊子区人民法院埠头法庭副庭长。

2017年5月27日，潍坊市坊子区第十八届人大常委会第二次会议，根据区人民检察院检察长张春岳的提请，免去张杰的坊子区人民检察院检察委员会委员、检察员职务，张瑞栋、刘林、曾丹、王新宇、孙肖蓓的坊子区人民检察院检察员职务。

2017年7月27日，潍坊市坊子区第十八届人大常委会第三次会议，决定接受李竹臣辞去潍坊市坊子区第十八届人民代表大会代表职务的请求，根据《中华人民共和国全国人民代表大会和地方各级人民代表大会选举法》第五十五条规定，李竹臣的坊子区第十八届人民代表大会常务委员会委员、区人大财政经济委员会副主任委员职务相应终止。

2017年12月29日，潍坊市坊子区第十八届人大常委会第六次会议，决定接受凤凰街道双羊选区选举的褚荣祥，坊城街道城南片选区选举的张永建，坊安街道庄头选区选举的赵伟，坊安街道郎郡庄选区选举的陈爱萍、程树军，九龙街道杨庄社区选区选举的刘玉平，工业发展区李家庄选区选举的李风建，经济发展区马司社区选区选举的郝德光辞去潍坊市坊子区第十八届人民代表大会代表职务的请求。根据《中华人民共和国全国人民代表大会和地方各级人民代表大会选举法》第五十五条规定，张永建的区人民代表大会常务委员会委员职务、区人大常委会代表资格审查委员会副主任委员职务，程树军的区人民代表大会常务委员会委员职务相应终止。

省、市人大代表名单

山东省十二届人大代表

王明峰　山东新方集团股份有限公司党委书记、董事长

王英华（女）　区医院心内一科主任、主任医师

潍坊市十七届人大代表

李在武　潍坊市委常委、市纪委书记

邱尔臣　潍坊市人大常委会委员、市人大教育科学文化卫生委员会委员、山东工业技师学院院长

王福强　潍坊市人大常委会委员、潍坊市人大常委会副秘书长（正县级）

李月淑（女）　潍坊百货集团股份有限公司董事长

赵　军　山东沃华医药科技股份有限公司董事

马东宁　山东求是和信律师事务所主任，潍坊律师协会会长（二级律师）

扈洪波　坊子区委书记、区委党校校长

李华刚　峡山生态经济开发区党工委书记

张龙江　坊子区委副书记、区人民政府区长、党组书记

潘振东　坊子区人大常委会主任、党组书记

陈序尧　潍坊富源增压器有限公司党委书记、董事长、总经理

杨进军　山东共达电声股份有限公司副董事长

李良伟　潍坊智新电子股份有限公司总经理

梁启荣　雷沃重工股份有限公司党委书记

张玉强　潍坊恒信建设集团有限公司董事长

许列云　潍坊陆洋交通发展有限公司董事长

韩忠玉　潍坊市第四中学校长、党委书记

刘明生　潍坊同辉城市建设投资开发有限

公司董事长
邱新证 潍坊正达实业有限公司总经理
韩绍萍（女） 坊子区文物保护中心主任
赵 霞（女） 潍坊市玉泉洼专业合作社联合社理事长
王 强 山东罗邦生物农药有限公司总经理
方永福 山东恒安纸业有限公司造纸生计部自动化室主任
王英华（女） 坊子区人民医院心内一科主任、副主任医师
杨小塑（女） 山东帅克机械制造股份有限公司统计员
王建庆 山东二七一教育科技有限公司董事长
张发义 潍坊市鸿发铸材有限公司董事长
刘敬森 峡山生态经济开发区党工委宣传部部长
孙业香（女） 峡山生态经济开发区岞山街道马家屯村村委委员、妇女主任
钟晓华（女） 峡山生态经济开发区郑公街道计生办副主任、中级统计师
单秀丽（女） 峡山生态经济开发区人民医院妇产科主任、副主任医师

（杨士强）

潍坊市坊子区人民政府

重要会议

【全区安全生产工作会议】 3月17日，全区安全生产工作会议在区级会议中心第五会议室召开。会议主要是贯彻落实全国、全省、全市安全生产工作会议精神，总结2016年全区安全生产工作，安排部署2017年安全生产工作任务。区委副书记、区长张龙江与街道（发展区）、区直部门代表签订《2017年度安全生产目标责任书》。区领导宋伟伟、许文远、赵伟、李飞雨、段宏喜、高凤金、王国光及区人大、区政协分管领导等参加会议。

【区政府全体（扩大）会议暨廉政工作会议】 5月25日，区政府全体（扩大）会议暨廉政工作会议在区级会议中心第二会议室召开。会议主要是学习贯彻国务院、省政府廉政工作会议和市政府全体（扩大）会议暨廉政工作会议精神，深入落实区第十四次党代会、区十八届人大一次会议、全区“作风建设年”活动推进会议部署要求和目标任务，安排部署加强政府自身建设特别是党风廉政建设和反腐败工作。区领导张龙江、任宪强、赵伟、李飞雨、段宏喜等参加会议。

【全市“三夏”农机化生产现场会】 6月6日，全市“三夏”农机化生产现场会在坊子区坊城街道裴家河村西举办，现场会上进行了小麦联合收获、秸秆机械化打捆、玉米精量播种、深松作业等演示。副市长马清民，市农机局相关领导，奎文区、潍城区、坊子区、寒亭区农机局局长及相关科室负责人、部分农机合作社理事长，区领导扈洪波、张龙江、李飞雨等出席现场会。

【“启航•新征程”汇电科技新产品上市发布会】 8月22日，“启航•新征程”汇电科技新产品上市发布会在山东测绘地理信息产业园配套中心——汇电新能源生产基地举行。市经信委主任马中平，区委副书记、区长张龙江与潍坊投资集团王曰普董事长、泰坦集团执行总裁安慰、山东汇电新能源科技有限公司总经理刘新政共同触摸水晶球，发布汇电新产品。

【2017年数字化、绿色化铸造技术与装备交流会】 8月3日—4日，2017年数字化、绿色化

铸造技术与装备交流会在区级机关综合办公大楼会议室召开。哈尔滨工业大学教授苏彦庆作《行波磁场铸造技术》报告，潍柴动力股份有限公司总工程师、研究员刘庆义作《谈铸造产业绿色化（升级）》报告，济南圣泉集团股份有限公司董事、常务副总裁祝建勋作《绿色铸造及整体解决方案》报告，机械科学研究总院副院长、中国机械制造工艺协会常务副理事长单忠德作《绿色制造与数字化铸造车间》报告。区领导扈洪波、张龙江、高凤金等出席会议。

【理论学习会】 8月7日，区政府党组理论学习中心组集体在区政府八楼会议室学习贯彻习近平总书记重要讲话精神，并进行交流发言。会上，区委副书记、区长张龙江领学中共山东省委《关于认真学习宣传贯彻习近平总书记在省部级主要领导干部专题研讨班上重要讲话精神的通知》，区委常委、常务副区长赵伟领学新华社通稿《习近平：为决胜全面小康社会实现中国梦而奋斗》，副区长李飞雨领学人民日报7月31日评论员文章《在新的历史起点上不忘初心继往开来——一论学习贯彻习近平总书记“7•26”重要讲话精神》、8月1日评论员文章《牢牢把握中国特色社会主义这个主题——二论学习贯彻习近平总书记“7•26”重要讲话精神》，区政府党组成员交流发言。

重要活动

【坊子区2017年重点项目集中开工暨营子片区棚户区改造项目奠基仪式】 3月3日，坊子区2017年重点项目集中开工暨营子片区棚户区改造项目奠基仪式在凤凰街道营子片区举行。市委常委、常务副市长邹庆忠，区委书记扈洪波，市政府副秘书长臧运宁，市发改委党委委员、重大项目办主任张树高，区委副书记、区长张龙江，区人大常委会主任潘振东，区政协主席王希慧，区委常委、区纪委书记任宪强，区委常委、副区长赵伟，区委常委、组织部部长牟杰，区委常委、统战部部长李寿岩等出席开工活动并为项目奠基。各街道（发展区）党政主要负责人、区属上属各单位部门主要负责人、相关项目方主要负责人、施工单位工作人员等200余人参加。奠基仪式结束后，邹庆忠、扈洪波、张龙江等市区领导还视察了部分重点项目。

【九龙涧森林公园植树活动】 3月12日是全国第39个植树节，市委副书记、市长李宽端等市领导和部分市直机关干部与坊子干部群众共400余人一起到九龙涧森林公园进行义务植树。植树间隙，区领导扈洪波、张龙江汇报坊子造林绿化工作情况及九龙涧森林公园概况，李宽端对坊子造林绿化工作给予充分肯定。

【齐鲁股权交易中心坊子区集中挂牌仪式暨资本市场知识培训】 3月22日，齐鲁股权交易中心坊子企业集中挂牌仪式举行，坊子区14家行业领头企业在仪式上敲锣挂牌，正式登陆齐鲁股权交易中心。区委书记扈洪波，区委副书记、区长张龙江，副区长高凤金以及齐鲁股权交易中心相关负责人，潍坊市金融控股集团有限公司主要负责人等出席挂牌仪式。此次挂牌的潍坊市润捷轻工环保科技有限公司、山东精诺机械股份有限公司等14家企业，涵盖智能科技、机械制造、园林绿化、新能源等多个领域。

【外出学习】 4月11日，区委副书记、区长张龙江带队赴潍城区、昌乐县、诸城市学习新兴产业培育、“散乱污”企业治理、违建治理、棚户区改造等方面经验做法。区委副书记、区长张龙江一行先后到潍城区学习“散乱污”企业治理经验、昌乐县学习封山禁采、拆除违建、棚户区改造经验、诸城市学习新兴产业培育、产业园区建设、招商引资经验。区领导潘振东、王希慧、赵伟、李飞雨、段效顺、刘成业、潘文强、唐大伟、姜晓虎等参加。

【雷沃重工产业链配套企业专题招商活动暨坊子区农业智能装备产业链招商推介会】 5月15日，坊子区隆重举行农业智能装备产业链招商推介会，中国农业机械工业协会、农业部南京农业机械化研究所、全国农机零部件制造行业龙头企业等单位主要负责人110余人参加会议，区委、区政府主要领导及分管领导，区直有关部门和重点园区主要负责人参加会议。在区委、区政府领导陪同下，与会人员先后参观雷沃重工股份有限公司、营子片区改造项目、白沙河综合治理工程、山东测绘地理信息产业园、智能装备产业园等坊子重点企业和重点项目。推介会由区委副书记、区长张龙江主持，区委书记扈洪波发表致辞，中国农业机械工业协会会长陈志先生、雷沃重工股份有限公司董事长及总经理王桂民先生、潍坊谷合传动技术有限公司董事长李俊年先生、江苏华凯比克希线束有限公司总经理顾伟凯先生、国投创新投资管理有限公司董事总经理王世海先生分别发言，高凤金副区长推介坊子区高端制造业项目承接园区有关情况，介绍全区农业装备产业链配套项目招商专题优惠政策。经过宣传和推介，现场10余家企业达成合作意向。

【山东省中小微企业巡回大讲堂潍坊（坊子）班】 5月27日，山东省中小微企业巡回大讲堂潍坊（坊子）班开班。中国社科院经济学博士、马列研究院创新工程执行研究员曾宪奎作题为《当前我国经济发展的新趋势与中小企业的应对策略》报告，山东省中小企业管理咨询协会专家鲍雨作题为《供给侧改革与落地》报告，山东齐鲁（潍坊）律师事务所律师王长春作题为《企业资产证券化》报告。区领导扈洪波、张龙江、王国光及各县市区中小企业办主要负责人、分管负责人、培训科长及相关企业负责人约270人参加会议。

【潍坊市军民融合智能装备产业园揭牌暨奠基仪式】 9月21日，潍坊市军民融合智能装备产业园揭牌暨奠基仪式隆重举行。市委常委、常务副市长邹庆忠，市经信委主任马中平；区委书记扈洪波，区委副书记、区长张龙江，区人大常委会主任潘振东，区政协主席王希慧等出席仪式并为项目奠基，张龙江主持仪式。该园区重点发展工业机器人、RV减速器、谐波减速器、人机交互智能终端控制系统、纳米新材料、新型涂料、精密光学仪器、精密机械及配件等产业，是潍坊市首批确定的两个军民融合特色产业园之一。园区已与中科院、北京信息科技大学、上海东华大学等科研院所建立长期合作关系，引进落户快反镜、纳米自修复涂层添加材料、新型低能耗环保砂、微波光子雷达等4个项目，与中科院、北京信息科技大学建立“快反镜”和“自修复材料”2个联合实验室，引进包括3名中科院百人计划人才在内的34位博士及其人才团队，规划占地320亩的园区核心区已全面开工建设。

【北京新松机器人投资有限公司总裁郝占岗一行来坊签订“新松机器人（山东）产业园区”协议并参观调研】 9月25日，新松潍坊机器人产业园区和新松机器人（潍坊）智能制造产业创新服务平台签约仪式在富华国际会议中心隆重举行。副市长王树华，新松机器人投资有限公司总裁郝占岗，市经信委主任马中平，区委书记扈洪波，区委副书记、区长张龙江，区委常委、常务副区长赵伟等出席签约仪式。马中平主持签约仪式，扈洪波致辞。签约仪式上，王树华与郝占岗签订潍坊机器人产业园项目战略合作框架协议；张龙江与郝占岗签订新松机器人（潍坊）智能制造产业创新服务平台合作协议，标志着该项目正式落户坊子。新松潍坊机器人产业园总规划用地面积约1000亩，计划综合总投资（含带动投资）约人民币70亿元，建设周期约为5年。项目计划分两期建设，一期建设新松机器人（潍坊）智能制造产业创新服务平台，通过“四院四中心”建设，逐步形成区域智能制造产业发展的服务平台，推动区域机器人产业和智能制造产业综合发展。

区政府办公室工作

综　述

【概况】 2017年以来，区政府办公室在区委、区政府的正确领导下，紧紧围绕“四城四区”发展大局，深入开展“服务提升年”活动，主动寻标对标提标达标，履职尽责、锐意进取、主动担当，较好地完成各项工作任务，办公室的整体工作作风和能力水平也得到新的提升。

区政府办公室“服务提升大评议”活动暨能力提升培训会

【机关建设工作】 每周六坚持组织集体学习，每月举办专题讲座，持之以恒学习提升，2017年政府办公室被评为市级学习型党组织示范点。开展《对标先进提干劲，真学实做勇担当》主题演讲比赛，大力弘扬主旋律，年轻干部得到锻炼受益。组织全区政府部门和企业代表，对办公室全体人员“开门大评议”，清醒认识自身的不足。率先走出去对标提标并制定《实施方案》，把对标提标工作抓实、抓具体、抓到位。把机关党建与文明创建相结合，充分发挥党支部示范引领作用，积极搭建文明创建平台，认真开展各类文明创建活动，2017年政府办公室被评为市级文明单位。

【督查工作】 强化担当实干导向，围绕中心当参谋、搞服务，勇于扛重担、打硬仗、挑大梁，使政府办公室成为推动全区发展的中坚力量。发挥办公室牵头协调作用，深度参与全区重点工作，服务各区长的副主任分别担任全区重点项目建设、棚户区改造、特色小镇建设、企业服务、重点工程推进、政府职能转变等重点工作的牵头负责人，每周调度进展情况，协调推进工作落实，重要事项及时上报区长碰头会议研究解决。按照“围绕中心、突出重点、抓住关键”的思路，加大督查工作力度，搭建政府网络督查平台，对区委区政府重大决策部署、区领导批示指示要求、《政府工作报告》确定事项、重点项目工程等全区重点工作，坚持一周一调度、一周一督查，全年开展专项督查、联合督查400余次，下发《督查事项专报》《督查通报》170期。特别是在清河行动、中央环保督察迎查、退役士兵安置和权益保障等方面，有力推动各项工作高效落实。扎实做好114件人大代表建议和政协委员提案办理工作，办结率、面复率、满意率均达到100%。

【文稿材料工作】 以“精、实、短、明”为原则，起草各类综合文稿310余篇，制发公文500余件，较好地发挥以文辅政作用。深入挖掘提炼全区亮点工作，15篇调研材料在市级以上刊物发表，《大众日报》刊发《企业95分钟注册登记》做法，《潍坊日报》《潍坊新闻》等媒体系统报道了全区棚改工作亮点和成绩。

【日常运转工作】 强化主动服务和靠前服务，牢固树立“零差错、零失误”的工作标准，精准高效地做好文电收发、传阅、转办工作，周密组织筹备会议和接待活动，迅速准确传达领导指示批示，推动区政府各项工作高效运转。2017年，共处理上级文件3440余件、区级文件1180余件、请示件950余件，确保各项部署要求上传下达；牵头组织筹备潍坊市军民融合智能装备产业园启动仪式、营子安置区开工仪式、全区经济工作会等各类会议活动420余次，接待上级领导、来坊客商等1700余人。特别是在迎接全市观摩点评工作中，突出抓好现场包靠、专题片制作等工作。

【政府法制工作】 办理行政复议应诉案件25

件，审查各类合同、协议等涉法类文件50余件，清理规范性和政策类文件182件，评查执法案卷132个，办理行政执法资格考试证件639件次，承担的“严格规范公正文明执法”考核指标获四区第一。

【政务信息与政务公开工作】 全年编发《坊子政务信息》265期，上报信息2668篇，市级以上采用505篇，采用成绩位居四区第一；主动公开政务信息6883条，承担的“推进政务公开工作”考核指标位列四区第一，2017年坊子区入选全省30个政务公开标准化规范化县市区试点。坊子区荣获全省137县市区2017年政务公开第三方评估第一名。

【职能转变工作】 全区共承接落实行政权力事项275项，取消涉企收费项目14项，清理各类无谓证明和烦琐手续14个，全面推开“双随机、一公开”监管，审批服务事项全部进驻政务大厅，承担的“推进简政放权放管服改革”和“降低企业成本”两项考核指标位列四区第一。

【公开电话工作】 通过政府购买服务，将区长公开电话业务托管，借助社会化力量提高专业服务水平，共受理各类群众反映问题16233件，反馈率和办结率均达到100%，群众满意率位居全市前三名，承担的“市12345热线工作”考核指标位列四区第一。

【智慧城市工作】 建立“坊子之声”政府微信公众号，累计推送各类信息300余篇，联合区移动公司开发“政务随行”自动化办公系统，帮助炭矿遗址文化园荣获“全市智慧城市样板扶持示范项目”二等奖。

【史志编纂工作】 圆满完成《山东解放区志》《山东年鉴》《潍坊年鉴》等6种志书相关内容的搜集整理和撰写提报工作任务，共上报各类史志材料15万余字。

【外事侨务工作】 审核备案外国人来华人员37批、96人次，推动全区因公出国（境）团组4批共11人按时、顺利出访，接待“一带一路”沿线重点国家驻华使节和国外友城人员25人来坊参观访问。

【应急管理工作】 新编、修订印发专项预案5个，组织各类应急演练840余次，扩充应急管理专家库至136人，组建13支专业应急救援队伍，应急管理体系不断健全。

（唐大伟、姜晓虎、赵丙勇、李宗堂、王志伟）

政务信息

【机构与职能】 主要职责是：负责全区经济和社会发展重要信息及国内外重要经济动态的收集、整理、报送工作；负责编辑《政务信息》；负责全区政府系统政务信息工作的协调和业务指导。

【信息服务水平提升工作】 围绕网络快速发展对政务信息工作带来的新影响，持续改进政务信息刊物内容和栏目设置，对各类刊物编发重点进行优化调整，更加注重提供反应快、有价值、质量高的信息精准服务，努力为领导科学决策提供全方位的信息服务。本级政务信息主要包括《普刊》《报市》《约稿》《外埠》《专刊》等，平均每周编发刊物五期以上，一大批信息得到相关领导批示。注重发挥好信息主渠道作用，密切关注重大项目、重点工作以及重要工作部署，包括全市城市工作会议、全市经济运行分析调度会议“作风建设年”动员大会等召开后，及时将会议精神贯彻落实情况形成信息，报市政府信息科供市政府领导参阅。2017年累计编发《普刊》60余期、《报市》90余期。

【信息上报工作】 突出发挥好信息“短平快”优势，改变“等靠、二传手”思想，更加注重对全区特色信息、鲜活做法、亮点工作、基层热点情况的挖掘力度，2017年累计上报市政府办公室信息2668条（平均每天11条），其中被采用信息505条，多条信息进入领导决策视野。突出改革创新类信息报送，围绕“四个城市建设”“四城四区建设”“四个关键”“项目建设年”等活动，深入挖掘推进改革创新中涌现的好经验、好做法，分析改革遇到的问题，并提出相关建议，形成信息供领导参阅。先后上报的《坊子区各界对2017年国务院政府工作报告的期盼》《坊子区多举措减轻企业负担》《坊子区推动“三夏”农机化生产的特色做法、出现的新情况及建议》《坊子区贯彻落实全省棚户区改造工作现场会会议精神情况、存在的困难问题及建议》等多篇信息，被国务院办公厅、省政府办公厅采用，多次得到国务院、省政府领导批示。突出亮点工作信息报送。围绕贯彻落实上级重要决策部署，积极优化调整信息报送思路，确保上报信息紧扣新旧动能转换、简政放权、创新创业、环保整治等重点工作中心，集中反映坊子亮点工作。先后组织上报《多维度对标全方位提升在寻标对标提标达标行动中走在前列》《上半年全区经济运行分析》等多篇专刊信息，供区领导参阅。突出基层经验类信息报送。把信息调研摆到更加重要的位置，及时总结上报基层亮点工作。

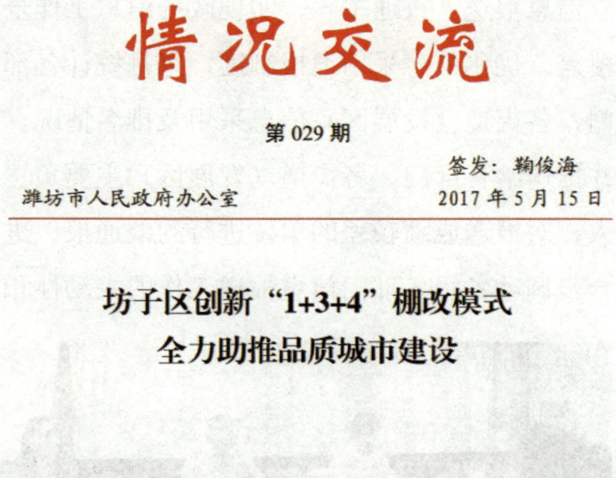

情况交流

第029期

签发：鞠俊海

潍坊市人民政府办公室 2017年5月15日

坊子区创新“1+3+4”棚改模式
全力助推品质城市建设

《坊子区创新“1+3+4”棚改模式全力助推品质城市建设》在潍坊市政府办公室情况交流上刊发

【队伍素质提升及网络建设工作】 积极开展寻标对标活动，进一步加大培训、交流力度，着力提升信息人员队伍整体素质水平，加快构建反应灵敏、运转高效的信息网络，确保信息反应效率和质量始终走在新闻媒体前面。围绕提升政务信息时效性和快速报送能力，坚持在每周一工作例会上确定重点上报题目，坚持每周总结交流工作制度和优秀政务信息点评共享制度，实现与各部门、各街道（发展区）政务信息工作的高效衔接、共同提升。围绕各级信息人员调整较大的实际，与各部门、各街道（发展区）做好沟通对接。同时，创新“1+2”以干代训制度，开展政务信息业务能力提升行动，组织重点部门和街道（发展区）信息工作人员分别到信息科参加业务轮训。围绕建立更加高效畅通的信息渠道，建立政务信息交流qq群、微信群交流平台，进一步畅通信息系统沟通交流渠道。围绕基层导向、问题导向，建立政务信息联系企业直报制度，加快建立信息报送“直通车”，实现政务信息工作全覆盖。优化信息采用通报制度，每月统计各部门、各街道（发展区）信息采用及排名情况，并推送给各部门、各街道（发展区）主要负责人，对报送成绩较差的单位进行约谈通报，进一步调动各级各部门信息报送工作的主动性和积极性。

（王志伟）

区政府办公室信息科到诸城市开展寻标对标活动

政务公开

【机构与职能】 根据市委办公室、市政府办公室《印发〈关于全面推进政务公开工作的实施方案〉的通知》（潍办发〔2016〕33号）、市编办《关于市政府办公室增设政府信息与政务公开科的批复》和坊子区实际情况，新设该科室。主要职责是：负责推进、指导、协调、监督全区政府系统政府信息公开工作，承担区政府办公室政府信息公开工作。坊子区荣获全省137县市区2017年政务公开第三方评估第一名。

【标准化规范化试点】 2017年10月17日，省政府办公厅印发《开展基层政务公开标准化规范化试点工作实施方案》确定在全省17地市的30个县（市、区）试点基层政务公开标准化规范化工作，其中潍坊市坊子区、安丘市入列。坊子区根据省里要求，制定印发《坊子基层政务公开标准化规范化实施方案》和《关于成立坊子区开展基层政务公开标准化规范化试点工作领导小组的通知》，召开试点领域涉及部门工作动员会议，制定和完善政务公开相关制度，推进政务公开软硬件体系建设。2017年11月，试点责任单位结合各自工作职能和业务特点分别制定具体的工作方案，并于2017年11月底报区政府办公室备案。2017年12月，根据市政府办公室要求，在潍坊市坊子区人民政府网站设立基层政务公开标准化规范化试点工作专题。在专题中，根据全省试点工作要求，及时发布试点方案、试点工作领导小组、经费保障、工作推进措施及成效等试点工作情况。

【体制机制亮点】 创建《坊子政务公开》刊物工作交流载体和政务公开月督查制度。2017年初，坊子区政府办公室创建政务公开月督查制度，“以督查促工作、以学习促工作”常态化推进机制成效显著。下发专项督查通报12期，发现并督促整改问题1000余条。

【政务公开宣讲月活动】 为纪念《中华人民共和国政府信息公开条例》颁布10周年，进一步提高全区广大干部职工对政务公开工作的认识，增强政务公开行动自觉，2017年4月，在全区开展政务公开工作集中宣讲月活动，要求各单位要把集中宣讲活动，作为增强和提升广大干部职工政务公开工作能力和水平的一项重要内容来抓，提前制定宣讲计划，认真组织实施，共有60个单位召开宣讲专题会。

（王　凯）

电子政务

【政务网络运行】 制定区政府机房管理工作制度，保障集中办公单位网络正常运行，2017年处理网络异常情况60余次。办理IP地址新开通和更改事项，新开通和更改IP地址100余个。

【政府网站运行】 检查区政府门户网站运行情况，2017年处理错链、死链50余个。审核各单位文稿发布，在区政府门户网站公示公告栏目发布文稿20余篇。2017年9月—11月，对区政府门户网站进行改版并上线运行，网站安全通过二级安全等级测评。2017年7月，对区政府机房进行升级改造。通过全国网站信息报送系统及时处理网民反映的网站问题。

【业务系统维护】 协同统一办公平台维护：2017年共受理、办理有关单位开通协同办公平台账号申请5个，协调处理各类问题10余次。短信提醒系统维护：2017年共新增、更改短信接收号码70余个。坊子区党政机关会议报名系统维护：2017年未出现因会议报名系统瘫痪而无法使用现象。

（张　岩）

外事侨务

【外事工作】 进一步加强涉外安全管理工作，建立健全涉外安全协调工作体制机制，2017年5月完成《坊子区涉外突发事件应急预案》修改工作，按照处置与预防并重的原则，在全区开展预防性领保宣传工作，维护境外坊子区公民和企业安全与合法权益。高标准做好来坊团组的接待工作，2017年度先后有“一带一路”沿线重点国家驻华使节和国外友城人员约30余人，来坊参观访问。落实专办员制度，抓好外国人来华邀请函审核和APEC商务旅行卡申办工作，为全区涉外企业“走出去”加快国际化发展搞好服务。突出抓好全区双语标识示范工程改造工作，全区主干道、重点公共场所、重点旅游场所和重点社区均完成双语标识改造任务。规范管理全区因公出国（境）工作，严格执行中央“八项规定”和省市有关文件精神，遵守因公出国（境）计划报批、因事定人、限量管理、信息公开等规定和制度，提高出访质量。

【侨务工作】 开展侨务大走访工作，通过广泛宣传、上门走访、座谈交流等形式，增强与归侨侨眷和国外友人之间的联系与沟通，及时了解全区涉外企业在境外生产经营中遇到的困难。多渠道参与涉外推介活动，组织全区山东帅克机械制造股份有限公司、潍坊智新电子股份有限公司和潍坊裕川机械有限公司等7家企业，参加海外华商博士投资创业潍坊行恳谈会、叙利亚情况说明会等对外交流会。严格落实上级各项涉侨优惠政策和规定，为全区贫困归侨积极争取和发放每月260元的困难生活补助费，在节日前夕给贫困归侨侨眷送去慰问物资价值3000余元。积极开展《山东省归侨侨眷权益保护条例》宣传活动，在全社会营造知侨、爱侨、护侨的良好法制氛围。

（徐　凯）

法制工作

【参与全市立法】 2017年研究反馈《潍坊市中小学校幼儿园规划建设条例（征求意见稿）》等10余个立法文件和规范性文件。配合市人大常委会立法调研组来坊进行立法调研，区政府法制办、环保局、市场监管局、安监局等有关部门负责人围绕生态环保、食品药品安全、安全生产等内容，提出立法建议10余条。

【规范性文件监督管理】 严格执行规范性文件“三统一”制度和备案制度，对区级规范性文件进行统一登记、编号、公布，并及时将正式文本、备案报告等向市政府、区人大报送备案。2017年共登记、备案区级规范性文件4件。开展规范性文件清理，对2016年12月31日以前现行有效的规范性文件进行清理，清理规范性文件59个，清理结果已公开发布。

【加强法律顾问管理】 建立《区政府法律顾问参与会议工作台账》和《文件、合同、协议合法性审核工作台账》，详细记录法律顾问工作情况，动态掌握审查意见及反馈情况。2017年，政府法律顾问先后出具法律意见书60余份，提出法律意见100余条。为全区棚改等重点工作提供包靠顾问律师。

【规范行政执法】 严把行政执法人员资格关。2017年，共组织全区行政执法人员639人次参加行政执法资格证件考试及补考，清理执法人员173名。开展行政执法案卷评查，4月份、9月份，分两次抽查评查行政处罚和行政许可案卷124卷，选取12个执法案卷参与全市执法案卷评查，坊子区成绩位居四区前列。

【行政复议应诉工作】 2017年，共审理行政复议案件14件，办理行政复议答复2件；办理应诉案件9件。深入推进行政复议规范化建设，配齐硬件设施，规范办案场所，设立立案室、审理室、听证室、档案室，健全制度并实现制度上墙。加强行政应诉培训，6月，组织涉诉案件较多的部门负责人及工作人员参与区政府案件的庭审旁听。

【法制信息宣传】 加强依法行政信息的撰写报送，充分利用各类媒体开展依法行政正面宣传引导。2017年，被市以上网站、报刊、杂志采纳的工作动态、专题信息、调研文章、典型介绍等各类信息90余条（篇）。

（陆　强）

区长公开电话

【热线办理情况】 区长公开电话受理中心全年共受理群众诉求事项16213件，其中市政务服务热线转办单15987件，领导信箱和咨询建议226件。诉求内容主要包括城市综合、“三农”、城乡建设、人力资源保障、社会事业、自然资源等6大类。全年无超时办结事项，转办率和反馈率均为100%，综合满意度位列四区第一。

【制度建设】 市政务服务热线平台升级改造完成后，区长公开电话受理中心按照“按责转办、跟踪督办、回访反馈”的办理机制，进一步提高办理质量，群众诉求得到及时有效解决。按责转办机制。对受理事项进行分析、核实，按照职责范围转交有关部门限期办理。跟踪督办机制。通过电话督办、书面督办、会议督办和现场督办等方式对各成员单位的办理工作进行跟踪督促。2017年，电话催办1万余次，书面督办165次，召集协调会20余次，现场督办30余次，确保诉求事项办理实效。回访反馈机制。对群众来电实行“两级回访”制度，承办单位首次回访，区长公开电话受理中心二次回访，提高热线工作群众满意度。

（李英明、张峰伟）

应急管理

【组织体系】 进一步建立健全应急管理领导机构、指挥机构和办事机构，规范设置，建立体系。及时调整、充实全区突发公共事件应急委员会和自然灾害、事故灾难、突发公共卫生事件、突发社会安全事件4个专项应急工作领导小组。同时，强化应急值守和突发事件信息报送工作，严格落实24小时值班制度和领导带班制度，强化突发公共事件信息报告和预警。

【预案体系建设】 加快应急预案编制和修订工作，合理构建预案体系，初步形成“横向到边、纵向到底、互相衔接、科学有效”的预案体系。2017年，新修订专项应急预案2个，共备案部门预案51个、街道预案7套、大型企业预案3个。

【应急演练】 积极组织开展应急演练，并将应急演练常态化。督导坊子区各中小学校每月一次的应急疏散演练，强化避险意识，提高自救互救能力。坚持教育先导，在各中小学校全部设立防灾减灾知识教学课程，从学生抓起，使安全知识入脑入心，安全教育与成长并行。协同卫计、安监、住建等部门开展疫情防控、安全生产、燃气消防抢险、油气管道输送泄漏等方面的应急演练100余次。

【应急处置和保障能力】 加快应急队伍建设、应急物资的储备和管理，重点加强公安消防、森林防火、防汛、医疗救护等专业救援队伍建设，着力改善救援队伍技术装备，强化培训演练，提高应急救援能力。抓好应急物资储备体系建设。建立区、街道（发展区）和基层单位应急物资分级储备制度，以区级应急物资保障系统为枢纽，以街道（发展区）和基层单位应急物资保障系统为支撑，形成规模适度、布局合理、管理科学、运行高效的全区应急物资保障体系。2017年，区政府应急办做好全区应急物资储备信息数据普查工作，对各类应急储备物资品类、数量、存放地点、负责人、联系电话等基本信息进行详细登记并备案。

（孙迎梁）

智慧城市

【机构与职能】 根据《关于设立坊子区智慧城市建设办公室的通知》（坊编〔2015〕23号）要求，坊子区于2015年11月正式设立区智慧城市建设办公室。主要职责是：负责全区智慧城市建设的政策研究、组织协调、规划建设、考核指导，以及全区电子政务网络建设工作和区政府门户网站的管理运行等。

【智慧项目建设】 推进坊子炭矿遗址文化园智慧景区建设，“云支付”开通运营，坊子炭矿遗址文化园获“2016年度全市智慧城市样板扶持示范项目”二等奖并获得市级奖励1万元。建设11个智慧幼儿园。推广“绘生活”智慧社区APP，在双羊新城、伯爵公馆、柏丽花园、恒信领海国际等10个小区进行试点。区教育云平台、天网工程（二期）通过专家评审，建立全区智慧城市建设项目评审专家库。委托坊子移动公司开发“政务随行”电子政务管理系统，随时随地签批文件，实现移动智能办公。

（张　岩）

史志工作

【概况】 2017年，坊子区史志办按照省市年鉴编纂全部达到一年一鉴、全面完成二轮修志任务、方志馆全面建成达标“三全目标”及其他工作要求，立足自身实际，创新工作思路，扎实开展工作，取得明显成效。

区史志办人员合影

【年鉴编纂工作】 坊子区成立区委、区政府主要负责人为主任的《坊子年鉴》编纂工作领导小组，加强对年鉴编纂工作的组织领导；各镇（街道）、区直和驻坊各供稿单位也都成立写作班子，选配供稿人员，夯实供稿工作基础。下发《坊子年鉴》2017卷组稿工作方案，明确各部门、单位所承担的工作任务以及应当承担的工作责任。区政府主要领导多次签批意见，对史志工作进行安排部署；分管领导多次召开专题会议，及时协调解决年鉴编纂工作中遇到的困难和问题。建立健全了通报表扬制度，区史志办会同区政府督查室加强督促检查，对于好的撰稿单位和撰稿人员给予表扬，对于影响年鉴编纂进度、工作滞后的单位，不但通报，还限时整改落实，促进了“一年一鉴”工作开展。

区史志办加强年鉴撰稿业务的培训，对供稿工作人员进行了一对一“备课式”的辅导，切实提高供稿人员业务水平，力求使所有年鉴工作者都成为行家里手。召开全区供稿工作会议，将供稿任务进行细化分解，一一落实责任部门和单位，史志办领导和工作人员不厌其烦的讲解供稿工作人员提出的各方面问题，力求所撰稿件既反映单位、部门的特色工作、又反映所属事业和行业的发展情况，保证年鉴的真实性和完整性。《坊子年鉴》2017卷组稿期间平均每天一对一电话培训就超过20个。

树立精品意识，积极开展寻标对标活动，始终把志稿质量放在第一位。从一开始就把质量放在第一位，把精品意识贯彻到工作的全过程和各个环节，从征集资料制定编目，撰写初稿，进行总纂，付梓校对到装帧出版，都环环紧扣，保证质量。各供稿单位的主要负责人和分管负责人把好供稿质量的第一道关口，区史志办主任、副主任及工作人员认真把好志稿编写质量关，认真查找历史资料，反复考证，努力编写出一部观点正确、体例完善、史料翔实、记述准确、特点突出、文风端正的新年鉴。《坊子年鉴》2017卷前后修改近10稿，从最初的100余万字压减到现在的30万余字，终于形成了最后的印刷稿。

【方志馆建设】 2017年，方志馆建设稳步推进。方志室存放各类志书近千册。在搞好日常管理的同时，注意加强与省内外史志机构的沟通交流，并通过购买、交换志书等方式，不断充实馆藏，2017年交换志书100余册。根据省、市关于推进方志馆建设通知要求，将方志馆纳入公共文化服务设施建设规划并列入2018年全区重点项目，采取与档案馆、图书馆合建的方式，规划建设面积1300平方米左右，2020年底前建成使用。

【乡镇村志编纂工作】 2017年，印发《潍坊市坊子区地方史志事业发展规划纲要（2017—2020年）》已对街重点抓好住房和城乡建设部、国家文物局评定的中国历史文化名镇、名村，国家统计局公布的全国综合实力“千强镇”以及获得国家级、省级荣誉称号的特色名镇、名村；其他街道（发展区）和有条件的村（居）尽快启动修志任务。其中，《坊安街道志》《南王皋村志》已完成印刷；《黄旗堡街道志》正在进行初稿编纂；《前宁村志》已完成初稿编纂。

（王志伟）

人事工作

【公务员管理】 全年坊子区共考录21名公务员和1名参公人员，其中区直机关11名，街道机关10名，优化充实干部队伍。加强与区纪委的联动，提前掌握违法违纪人员情况，严格审核各单位报送的公务员年度考核结果，确保备案结果无误。全区机关和参公单位共评出270名优秀人员，其中记三等功20名，嘉奖250名，区委、区政府进行表彰。

【事业单位人事管理】 开展3次事业单位招聘考试，共招聘123名事业单位工作人员，其中综合类事业单位招聘40名工作人员，教育系统招聘78名教师，公立医院（区人民医院）招聘2名医生，广播影视中心招聘3名工作人员。根据编办下发的事业单位改革方案，及时为涉及单位办理人员划转手续，确保单位各项职能工作的正常开展。完成“机关事业单位人事综合管理信息系统”和“机构编制综合管理信息系统”2个系统人员关键数据的比对，启用人事信息系统的日常调资、人员增减等业务，确保上级部门信息化建设工作有力推进。

【军转干部】 根据军队转业干部接收安置政策，共接收计划安置军转干部5名、自主择业军转干部5名，区军转办积极发挥服务协调作用，及时为军转干部办理人事档案和党员关系转接、子女入学、落户等手续，帮助军转干部尽快适应身份转变，融入地方工作。

【专业技术人才】 组织专业技术人员继续教育报名5009科次。为231人评定初级专业技术资格，新增具备中级专业技术职务任职资格人员96人，具备副高级专业技术职务任职资格人员66人，具备正高级专业技术职务任职资格人员9人。推荐139人申报中级专业技术资格，推荐72人申报副高级专业技术资格，推荐16人申报正高级专业技术资格。组织各类专业技术资格、执业（职业）资格考试报名资格审核500余人次，办理、发放各类证书350

余人次。

【职业技能人才】 2017年，新增潍坊市首席技师3名；鉴定初级工3806人，中级工16人，高级工256人；组织2016年度坊子区技术工人等级考核，全区报名72人，合格68人，合格率94%。

【外国专家人才】 2017年，获批项目数量和资金额名列全市第二，获国家高端外国专家项目一个，获批国家财政支持资金270万；获国务院特聘外国专家资金100万；获潍坊市重点外国专家项目两个，获批资金20万；协助企业引进外国专家200人次。

（王晓全）

政务服务中心

【概况】 2017年，区政务服务中心牢牢把握

2017年6月8日，区人大常委会对区属上属有关部门及“法检”两院开展优质高效服务情况进行视察

“公开、效能、廉洁、便民”的服务理念，紧紧围绕简政放权，改进服务态度、简化办事流程、提高服务效能，扎实推进全区政务服务各项工作。全年共办理各类审批和服务业务3万余件，群众满意率达到99%以上。先后荣获全市青年文明号、市级“优质服务项目”。

【提升服务水平】 **推行重点投资项目审批代办制** 按照自愿委托、无偿代办、全程服务、合法高效的原则，将符合产业导向的重点投资项目纳入代办范围，与投资者签订代办服务协议，为投资者提供投资审批全程代办服务。设立代办服务窗口，配备专门人员开展代办服务工作。

开辟重大投资项目审批绿色通道 积极推进建设工程项目“模块化”审批和重点项目进入绿色通道，通过整合流程环节，规范前置审批、推行并联审批，将项目整合为项目立项、用地规划、工程规划、施工许可、竣工验收、房屋产权登记六个模块，组织进驻窗口分步实施、同步审批，缩短各类审批事项办理时限，为各类重大投资项目提供快捷、高效的审批服务。

做好投资项目预登记工作 建立“统一登记、窗口受理、限时办结、全程监督”的运行机制，将涉及固定资产投资审批的主要审批服务事项纳入预登记范围，包括发改、国土、规划、环保、安监、经信、住建、地震等8个部门实施的22项审批服务事项业务办理实行预登记，有效解决项目手续办理录入审批平台不及

时、监督缺位问题。

实行告知承诺制 对资源环境影响较小的非制造业项目，将立项手续前耗时较长的能评、震评、水评和环评报告延迟至施工许可前提报，申请人自愿作出满足条件承诺后审批部门作出初步审查意见，作为办理施工许可前手续的依据，有效缩短项目立项时限。

【完善管理制度】 完善中心工作人员行为规范等二十项制度的《中心工作规程制度汇编》，做到“岗岗有标准，步步有规范”。搞好日常巡查和满意度回访，开展红旗窗口和服务标兵评比活动，充分发挥考评工作的引导和激励作用，确保提升服务效能和政务服务水平。

【提升服务功能】 4月15日，正式启用新大厅，政务服务中心总面积7000余平方米。落实“两集中、两到位”要求，所有审批部门全部进驻。西厅一楼为便民服务区，二楼主要为投资服务区；东厅一楼为中介服务区，婚姻登记服务区，二楼为国地税融合办税及自助办税区。共进驻部门单位40个，进驻事项共320余项。

（陈　宁）

机关事务管理

【概况】 坊子区区直机关事务管理局前身为坊子区机关生活服务部，1993年12月更名为坊子区区直机关事务管理处，2010年6月更名为坊子区区直机关事务管理局，正科级全额拨款事业单位，编制40人。内设办公室、财务科、政工科、公共机构节能科、房产管理科、设备运行维修科、消防监控科、卫生保洁科、会议生活管理科等职能科室。三个下属单位：公文投递班，股级事业单位，编制3人；坊子区机关车队，副科级事业单位，编制51人；机关服务公司。共有职工100人，配局长1名、副局长3名、科长9名。

【综合管理】 综合办公区管理工作 扎实抓好区级机关办公区两楼的设备运行管理，共完成日常维修维护工作350余次（对地源热泵系统主管道8个350型阀门进行保养维修，其中更换2个350型阀门；对补水系统4个止回阀门、6个闸阀进行更换；对水箱浮球阀门进行更换；对8个循环泵进行维护保养，更换2个内部配件；对3台机组换热器系统进行清洗；对机组的6个靶流开关、2个继电器进行更换），确保水、电、暖、冷正常供应和各种设施设备正常运转。加强对昌大公共建筑物业管理公司的监管力度，进一步细化工作措施，加强考核，确保办公区卫生整洁。开展综合消防安全检查共10次，及时进行整改，隐患整改率达100%。消防安全专项培训演练15次。加强3个电子显示屏的管理，对区委、区政府的重要工作部署和举措进行宣传，营造广大干部干事创业的工作氛围。加强安全保卫系统管理。进一步严格出入程序，规范车辆停放，协助有关部门维持好上访秩序，处理好应急情况，确保办公区安全、有序。

财务管理 对区事务局管理的27个经费单位账目进行严格管理。合理编制、转报临时预算请示76份，办理各项收支业务9675笔。通过一体化财政业务管理、网上银行系统办理支付业务6153笔。制定《区事务局固定资产管理暂行办法》等财务制度。按时填报国有资产季度、年度报表。对27个经费单位的住房公积金业务进行分户管理。及时上报2016年部门决算和2018年部门预算；公开2017年部门预算和2016年部门决算。

【会议服务】 完成区“两会”等各大重要会议及重大活动的后勤服务保障，共保障各类会议416场次，其中电视电话会议107次，提供接待室服务416场次，制作会标324次。为区级机关机要通信、应急提供车辆保障124车次；为区级调研活动提供车辆保障513车次，租用车辆139次。

【生活管理】 改革机关食堂运营模式，在参考市直机关和部分县市区机关食堂做法的基础上，结合坊子区实际，对机关食堂进行改革，通过招标引进潍坊东昊餐饮公司，事务局日常督促东昊餐饮公司做好机关伙房饮食安全管理；积极做好广大干部职工餐卡办理服务工作。

【房产管理】 坊子区综合办公区南北办公楼共进驻单位60个，其中北楼进驻单位40个，南楼进驻单位20个。共管理使用办公用房885间，其中北楼519间，南楼366间。严格按照《党政机关办公用房建设标准》对进驻单位人数进行确定，对办公用房使用面积进行核定，对超标使用面积进行清退，由事务局进行集中统一管理、调整、调度、建立办公用房管理台账。2017年，因工作需要山东测绘地理信息产业基地管理中心由综合办公区北楼迁出，收回办公用房16间。事务局按照区领导意见统一调剂使用，根据工作需要经区领导审核同意2017年度收回办公用房分别借用给新成立单位及职能部门13间，其中：区职能办公室2间、区机关党工委1间、区文广新局1间、区扶贫办公室3间、区委四个城市办公室2间、区体育局1间。

【节能降耗】 认真贯彻国务院、省、市、区有关节能降耗法律法规和文件精神，进一步统一思想，提高认识，充分履行部门职责，逐步完善节能降耗制度，扎实推进节能降耗工作的顺利开展。针对“山东省公共机构能源资源消耗统计系统”升级，认真学习宣传相关知识，熟悉更新后报表填报流程，在掌握好填报知识的基础上向全区各级公共机构下发资料，指导其填报工作。

通过张贴宣传画、电子屏播放宣传口号和下发《节能宣传周倡议书》，积极开展以“节能有我，绿色共享”为主题的公共机构节能宣传，进一步增强和提高全区公共机构工作人员资源忧患意识、责任意识和节能意识，引导和带动全社会营造节能减排的良好氛围。

认真完成能耗统计工作。在有关科室提报燃油、水、电等相关消耗数据基础上，认真按时填报完成能耗数据报表，并及时进行数据分析对比，了解能耗变化情况。

及时催报并认真审核全区104家单位报表情况。及时催报各单位报表，上报率为100%。督促和指导全区能耗统计工作，发现问题及时通知并予以纠正，确保全区能耗统计工作质量。通过能耗数据对比分析，了解全区公共机构能耗变化情况。

按时向市里上报本区域能耗汇总表。在全区能耗数据填报完成且数据审核无误后通过系统导出本区域能耗汇总表，按市里要求及时报送。

（周国中）

中国人民政治协商会议潍坊市坊子区委员会

综　述

2017年，区政协在区委的坚强领导下，在区政府和社会各界的大力支持下，深入学习贯彻中共十八大、十九大精神，坚持团结和民主两大主题，紧紧围绕“一二四三”工作重点，积极实践“懂政协、会协商、善议政”的要求，认真履行政治协商、民主监督、参政议政职能，充分发挥协调关系、汇聚力量、建言献策、服务大局的作用，实现本届区政协工作的良好开局。

重要会议

【全委会议】 2017年1月18日—21日，中国人民政治协商会议第九届潍坊市坊子区委员会第一次会议在鲁能足校召开。会议听取讨论区委书记扈洪波的讲话，审议通过区政协八届委员会常务委员会工作报告、提案工作报告，列席区人代会，听取并协商讨论区政府工作报告及其他有关报告，进行大会发言，审议通过区政协提案审查情况报告和大会决议。会议选举产生区政协九届委员会主席、副主席、秘书长和常委，组成新的领导班子。

【常委会议】 *八届二十二次常委会议* 2017年1月13日，区政协八届二十二次常委会议召开。会议协商讨论区政协八届委员会常务委员会工作报告（讨论稿）和提案工作报告（讨论稿），并推举报告人；审议通过关于召开区政协九届一次会议的决定；审议通过召开区政协九届一次会议的议程（草案）、日程（草案）、区政协第九届委员会委员名单、大会主席团成员名单（草案）、秘书长及副秘书长名单（草案）、提案审查委员会成员名单（草案）和委员讨论分组暨召集人名单（讨论稿）。

九届一次常委会议 2017年2月8日，区政协九届一次常委会议召开。会议审议通过关于加强政协常委会自身建设的意见、政协委员参加活动履行职责的有关规定、关于加强与委员联系的办法、政协全体会议工作规则、政协专门委员会通则、政协提案工作办法；审议通过九届区政协专门委员会成员名单；审议通过区政协2017年工作要点。

九届二次常委会议 2017年7月26日，区政

协九届二次常委会议召开。会议听取区政府关于全区经济和社会发展情况的通报，听取区法院、区检察院工作情况通报，补选区政协委员，审议通过《区政协专门委员会成员调整名单》《区政协委员活动组工作方案》《关于授权主席会议对违纪违法政协委员及时作出处理的决定》等。

九届三次常委会议 2017年11月22日，区政协九届三次常委会议召开。会议听取区政府关于政协提案办理情况的通报；学习传达市政协十三届四次常委会和区委十四届四次全委会议精神，审议通过《区政协关于学习贯彻中共十九大会议精神的决议》；审议通过《区政协委员活动组常任制召集人述职制度》（试行）、《区政协关于规范政协委员参加会议的暂行规定》。

重要工作

【协商调研】 紧扣中心开展专题协商。围绕区第十四次党代会提出的“大力建设农村文体普惠性设施，实现农村文化广场全覆盖”的目标，把推进农村文化广场建设作为2017年专题协商的一项重要内容。2017年3月，在广泛调研的基础上，召开有部分市区政协委员、区文广新局、区体育局、区疾控中心、区财政局负责人参加的专题协商会议，形成《关于全区农村文化广场建设专题协商情况的报告》。专题协商报告中所提意见建议被全部吸收到区委、区政府制定的《关于加快农村综合文化广场建设的指导意见》中，区财政补助两千万元用于全区农村文化广场建设。

把握重点开展对口协商。2017年7月，区政协经济委员会围绕全区企业用工情况进行专题调研，形成的《关于缓解企业用工难，推动企业用工良性发展的建议》报区委后，区委书记扈洪波做“情况符合实际，问题提得准确全面，意见建议针对性、可操作性非常强。各级各部门各单位要结合各自职能，认真研究落实，切实解决问题”的批示。

有序有效开展界别协商。在2017年8月召开的主要有农业界、科技界委员参加的关于现代农业示范园区建设专题协商座谈会上，区政府分管领导、部分市区政协委员、区农业局负责人共聚一堂，坦诚交流，委员们不遮不掩提出问题，指出资金投入不足、园区品牌缺乏优势、园区管理不够规范、科技含量偏低等问题，并针对问题积极建言献策，区政府有关领导和有关部门负责人认真听取意见和建议，及时和委员交流沟通。同时，积极参与上级政协组织的上下联动调研活动。2017年，围绕企业降成本、工业文化遗址保护、乡村旅游业发展、民族宗教工作、军民融合发展、公共自行车管理等方面开展联动调研活动9次。

【提案工作】 注重发挥提案在政协工作中的优势地位，拓展政协提案在促进民生问题解决中的重要作用。制定《政协提案工作办法》，区政协提案委与区政府督查室联合开展多次提案办理督查活动，对重点提案办理情况进行集中督查。在区政协九届三次常委会议上，听取区政府关于政协提案办理工作情况的通报。九届一次会议以来立案的85件提案，全部按时办理、答复完毕，委员满意或基本满意率均达100%。2017年10月，对重点提案办理情况进行专题视察。2017年12月份在区电视台“提案追踪”栏目中，连续播出《加强公办幼儿园建设》《加大对现代农业发展的政策扶持》《解决城区雨污分流问题》等3件涉及民生问题重点提案办理落实情况的报道。

【专题视察】 组织驻坊市政协委员、区政协常委和部分委员，先后视察全区棚户区改造、重点项目重点工程建设。通过视察，委员们对坊子区一年来发生的变化感到震撼、受到鼓舞的同时，针对有关工作中发现的问题提出意见和建议。2017年6月，对委员企业发展情况进行专题视察，并召开有市场、税务、财政、银行等部门单位主要负责人参加的座谈会，了解委员企业发展情况，帮助委员企业解决实际困难。

【文史工作】 2017年，组织有关人员征集文史线索48条，编辑文史稿件42篇。完成市政协《志愿军官兵回忆录》第二辑征编任务，完成市政协交办的两院院士材料的征编工作。通过查阅档案资料、实地考察论证、走访当事人等方式，先后向市政协提供文史材料10篇。11月份，编辑出版《坊子区委员企业风采录》，介绍坊子区40家委员企业创业发展史，为全区经济及各项事业发展做出的贡献。

2017年6月，组织庆七一书画笔会。2017年9月，参与组织区政协与省市政协联合举办的“喜迎十九大、书乐颂国庆”书画笔会，笔会创作的作品在坊茨小镇进行一个月的展览，这也是坊子政协第一次承办省政协组织的大型活动。

【反映社情民意】 积极做好反映社情和了解民意工作，拓宽信息渠道，整合信息资源，健全信息网络，提高信息质量，为党委和政府科学、民主决策提供广泛的信息和智力支持。在各街道（发展区）和区直有关部门聘请部分委员为反映社情民意特邀信息员，多渠道了解群众的意见、建议和呼声。2017年，通过调研视察、走访座谈等形式，积极搜集、报送事关经济社会发展及民生问题的信息127条，向上级政协和区委报送信息76条。

【全力参与全区重点工作】 充分发挥政协的智力和人才优势，引导委员建功立业。2017年，政协委员领办创办的企业达到46家，在项目建设、创新创业、行业发展、促进和谐等方面发挥生力军作用。2017年，委员领办创办企业引进或投入资金16.2亿元，新上或升级改造项目16个，实现利税14.5亿元。按照区委统一安排，政协领导班子成员和政协机关在对10个重点项目、重点工程的包靠工作中，深入一线，全力参与，推进相关工作的顺利开展。经常走访自己联系的企业，为委员企业搭建银企平台，帮助企业协调、解决难题。

重点提案和协商调研报告

提案 关于加强公办幼儿园建设的建议

提案 关于加大对现代农业发展的政策扶持的建议

提案 关于解决城区雨污分流问题的建议

提案 关于建设坊子足球小镇的建议

提案 关于加强规范全区公共博物馆的建议

提案 关于加强公共自行车管理，方便居民出行的建议

提案 建议政府统筹谋划，多方联动，促进学前教育健康发展的提案

提案 关于用传统文化滋养青少年心田的建议

提案 “分秒之间，畅行无阻”——关于交通信号灯设置的提案

提案 关于农村工矿废弃地修复利用问题的建议

协商 关于全区农村文化广场建设专题协商情况的报告

调研 关于缓解企业用工难，推动企业用工良性发展的建议

（范宁）

中国共产党潍坊市坊子区纪律检查委员会

综　述

2017年，区纪委、监察局紧紧围绕中央和省、市、区纪委全会的工作部署，聚焦全面从严治党，强化监督执纪问责，坚守责任担当，纪检监察工作取得新进展、新成效。区纪委立足本职、创新方式，努力服务“四个城市”建设的典型做法，市纪委潍纪办通报、区委《工作研究》予以刊发。

重要会议

【区纪委十四届一次全会】 2017年 1月18日，中共潍坊市坊子区纪委十四届一次全体会议召开。全会通过区纪委一次全会选举办法，选举产生区纪委常委、书记、副书记，新当选的区纪委书记任宪强讲话。

【区纪委十四届二次全会】 2017年2月6日，中共潍坊市坊子区纪委十四届二次全体会议召开。全会深入学习贯彻习近平总书记在十八届中央纪委七次全会上的重要讲话精神，传达学习省纪委十届八次全会、市纪委十一届十次全会精神，总结2016年全区纪检监察工作，部署2017年任务。区委书记扈洪波出席会议并讲话。区委常委、区纪委书记任宪强代表区纪委常委会作题为《提高政治站位，忠诚履行职责，增强全面从严治党系统性创造性实效性》的工作报告。区委、区人大、区政府、区政协领导班子成员，区法院院长、区检察院检察长，其他在职副县级以上领导干部出席会议；各街道（发展区）、高新园区党工委书记，区委各部委、区直各部门、区属上属各企事业单位主要负责人，非区纪委委员的区纪委机关和派驻机构副科级以上干部，区属、上属未统一

2017年2月6日，在区级会议中心第二会议室召开中共潍坊市坊子区纪委十四届二次全体会议

管理部门、单位纪检组长（纪委书记）或分管负责人参加会议。

【区纪委十四届三次全会】 2017年11月22日，中共潍坊市坊子区纪委十四届三次全体会议召开。区委常委、区纪委书记任宪强主持会议并讲话。全会深入学习贯彻党的十九大和省纪委十一届二次全会、市纪委十二届二次全会以及区委十四届四次全会精神，对全区纪检监察系统学习贯彻党的十九大精神进行部署。区纪委委员出席会议；未担任区纪委委员的区监察局副局长、街道纪工委书记，区属上属未统一管理部门、单位纪检组长（纪委书记），区纪委机关和派驻、巡察机构副科级以上干部列席会议。

党风廉政建设

【运用监督执纪“四种形态”，严格执纪审查】 把纪律和规矩挺在前面，抓早抓小、动辄则咎，科学把握运用“四种形态”特别是第一、第二种形态，巩固压倒性态势。一是加大纪律审查力度。整合机关和派驻机构执纪审查力量，实行“团队式”工作模式，所有问题线索统一纳入案管实行“闭环式”管理，严格按照《监督执纪工作规则》规范纪律审查流程，有效提升执纪审查的质量和效率。2017年，全区共立案审查违纪案件156件，结案153件，给予党纪政纪处分160人，同比分别增长121.7%、132.8%和122.2%；运用“四种形态”处理613人，其中第一种形态436人，第二种形态140人，第三种形态18人，第四种形态19人。二是加强谈话室建设。率先在全市建成一流标准的4个一般性谈话室和4个审查性谈话室，建立健全规章制度，顺利通过省市纪委检查验收。组织对全区办案设备、谈话室建设使用等情况进行一次大起底、大提升，坚守安全底线。三是改进信访举报工作。突出抓反馈、抓信访，严格落实信访双向承诺，开展“基层信访问题集中化解月”活动，推进标本兼治。2017年，共受理群众来信来访305件次；处置反映问题线索390件。

【落实中央八项规定精神，驰而不息纠正“四风”】 抓常抓细抓长，对“四风”问题紧盯不放，向潜入地下、隐形变异的“四风”动刀，把纠正“四风”往深里抓、实里做。一是加强常态化监督检查。制定《明察暗访工作方案》，创新明察暗访方式方法，紧盯重要时间节点，结合全区“作风建设年”活动和“四个城市”建设，加大明察暗访的密度和频率，保持正风肃纪的韧劲和力度。2017年，共查处违反中央八项规定精神问题30个，处理相关责任人42人，其中给予党政纪处分4人，组织处理38人；组织明察暗访72次，督查单位460余个；对全区部门（单位）工作纪律及执行请销假制度等情况进行检查，发现问题3个，处理相关责任人6人，下发通报29期；组织参与县市区常态化交叉暗访25次，发现问题线索96个，在全市作风建设常态化明察暗访协调部署会议上作典型发言。二是严肃查处群众身边的不正之风和腐败问题。突出扶贫领域监督执纪问责，建立区纪委班子成员联系街道（发展区）工作制度，对重点信访、重要问题线索落实包案责任。将脱贫攻坚作为巡察重点，第二轮巡察主要针对扶贫领域8个涉农单位进行巡察。开展扶贫领域腐败和作风突出问题专项治理，聚焦扶贫领域腐败问题、作风问题和责任落实问题，强化监督检查、严格查处问责，以严明的纪律为打赢脱贫攻坚战提供有力保障。2017年，全区共查处群众身边的不正之风和腐败问题301个，给予党纪政纪处分38人，其它处理263人。三是深化专项治理。注意从投诉举报的查处中，发现沉疴顽疾，有针对性地开展专项治理，推动建立长效机制，相继责成相关部门开展招投标项目专项检查、“吃空饷”问题专项整治、农村危房改造补助资金专项检查，做到“查处一个问题、开展一项治理、形成一批机制”，实现政治效果、纪法效果和社会效果相统一。

2017年5月11日，区纪委、区开展“作风建设年”活动领导小组办公室、团区委在区广播影视中心演播大厅联合举办“作风建设年”主题演讲比赛

【强化有针对性的党风廉政教育】 切实改进党风廉政教育工作，着力增强教育的针对性和实效性。一是加强岗位廉政教育。结合“两学一做”学习教育，有计划地对教育、建设、财税和农村党支部书记、会计等重点领域、重点岗位开展廉政教育，组织举办全区机关事业单位财经业务知识培训班。编印《警钟在身边—违纪问题典型案例选编》等两本警示教育读本，利用《以案释纪50例——潍坊市党员干部党规党纪学习教育读本》开展警示教育。举办全区政治纪律和政治规矩专题教育报告会。组织239名正科级领导干部参加全市德廉和党风党纪知识学习测试，及格率97.49%；组织开展农村干部德廉和党风党纪知识学习测试，全区950余名村“两委”党员干部参加测试。二是加强提醒教育。坚持每周五下午和法定节假日之前发送廉政短信，启用新的发送平台，发送范围由原来的副科级以上干部扩大到村（居）党支部书记、村（居）委会主任。开通“清风坊子”微信公众号，作为传播反腐倡廉声音、弘扬清风正气的宣传平台，定期向全区党员干部推送反腐倡廉工作信息。三是开展主题教育。结合“作风建设年”活动，举办“主动作为、主动担当、依法作为”主题演讲比赛，以身边人、身边事教育引导广大党员干部提升思想境界、激发干事创业内生动力。创新运用漫画形式解读《关于新形势下党内政治生活的若干准则》，组织创作67幅漫画作品并编印成册，增强党员干部政治纪律意识。

【强化责任担当，压实从严治党主体责任】加强组织协调，层层传导压力，逐级压实责任，抓牢全面从严治党主体责任"牛鼻子"。一是认真落实党风廉政建设责任制。协助区委分别与全区97个部门单位、7个街道（发展区）签订《2017年度党风廉政建设责任书》，明确党委主体责任和纪委监督责任目标任务，细化分解目标任务，坚持日常报告制度，一季度一调度，推进责任落实。协助制定《区委、区政府领导班子成员党风廉政建设岗位职责》，督促落实"一岗双责"。二是突出"关键少数"。分别组织开展街道（发展区）党工委书记、区直部门主要负责人和区党政班子成员向区纪委全会述责述廉工作，开展区纪委常委同乡科级党政主要负责人廉政谈话，压实管党治党政治责任。三是稳步推进巡察工作。制定《关于建立区委巡察制度的实施意见》，选优配强巡察干部，组建巡察工作人才库，举办两期巡察干部培训班，于6月份启动巡察工作，聚焦党组织领导作用发挥、党的建设、"两个责任"落实、作风建设等突出问题，立查立改、形成震慑。年内组织开展2轮区委巡察和1轮市区联合巡察，共巡察16个区直部门单位和1个街道，发现主要问题230项，问题线索63条，巡察期间边巡边改问题13项。四是积极稳妥推进国家监察体制改革试点工作。成立由区委书记任组长的改革试点工作小组，研究制定实施方案、人员转隶方案和监察委员会组建方案，加强与相关部门单位的沟通联系，落实改革各项任务，推进机构、人员和工作流程融合，严格按照时间表和路线图推进改革。

【建设忠诚干净担当的纪检监察队伍】坚持打铁必须自身硬，不断加强纪检监察干部队伍建设，切实打牢履职尽责基础。一是加强干部教育培训。抓好《准则》《条例》和《工作规则》的学习贯彻，开展"党纪法规学习月"和"清风坊子"讲堂，统一编印《党纪法规资料汇编》，每周五组织一次集中学习，组织业务骨干进行集中辅导解读，提高干部素质能力。开展纪检监察干部荐书读书活动，建立机关"图书角"，倡导干部每月读一本书。组织在浙江大学举办综合能力提升培训班，先后组织120人次参加上级纪检机关举办的理论业务培训，干部整体素质有了较大提升。二是加强机关作风建设。开展"作风建设年"寻标对标提标达标行动，制定6项比学赶超具体任务和20项工作举措，明确达标时限，抓好责任分解，努力提升纪检监察工作水平。组织全体纪检监察干部参加全区"主动作为、主动担当、依法

2017年8月17日，全区正科级党员领导干部在潍坊四中参加德廉和党风党纪知识集中测试

作为”主题合唱大赛并获一等奖，增强干部队伍的凝聚力和向心力。积极促进派驻机构发挥作用，探索实施经常性谈话提醒、“三重一大”事项审查、执行纪律抽查、走访服务对象等制度，实行履职尽责全程记实留痕制度，发挥好派驻监督“探头”作用。三是加强干部监督管理。开展干部谈心谈话活动，各常委对分管干部进行一对一谈话，体现组织关爱和提醒监督，履行“一岗双责”。强化自身监督，对涉及纪检监察干部的信访举报“零暂存”、苗头性问题“零放过”、违规违纪“零容忍”，对执纪违纪、跑风漏气、以案谋私等行为，发现一起查处一起，坚决防止“灯下黑”。

（周　敏）

工商联·群众团体

区工商业联合会

【概况】 2017年，坊子区工商业联合会在区委、区政府的正确领导下，以迎接和学习贯彻党的十九大精神为主线，紧紧围绕区委、区政府中心工作，强化思想政治引领，努力拓展服务领域，助力扶贫攻坚，不断加强自身建设，有力地促进全区非公有制经济健康发展和非公有制经济人士健康成长，荣获市级“四好商会”及“区级文明单位”称号。

【教育培训】 2017年，深化非公有制经济人士理想信念教育实践活动和“厚道鲁商”倡议行动，组织开展“讲诚信故事、做守信企业”活动。联合区经信局举办成长型企业精益管理专题高级研修班，企业家专题管理培训班；组织执委以上企业家分组开展集中学习，先后学习十九大报告、《关于营造企业家健康成长环境弘扬优秀企业家精神更好发挥企业家作用的意见》以及省市区关于支持非公有制经济健康发展工作会议精神等重要文件及会议精神。加强新生代企业家队伍培养，组织参加全市青年企业家专题培训班、第三届新生代企业家论坛及年轻一代非公有制经济人士“听党话、跟党走、接好班”征文活动。

【搭建对外联络平台】 2017年6月，组织企业家学习考察小组赴高新区学习参观，先后参观天瑞重工、盛瑞传动、蓝色智谷、3D打印平台、歌尔声学、软件园等高新技术企业。7月组织企业赴潍城区、青岛黄岛区开展学习考察、交流联谊活动。组织山东共达电声股份有限公司等企业与全联科技装备业商会进行对接，参加第二届香港“一带一路高峰论坛”“一带一路”烟台论坛暨首届中巴合作论坛、中国中部投资贸易博览会、第17届山东省——日本山口县经贸洽谈会等经贸交流活动。

【开展精准扶贫活动】 以商会为主体，2017年8月，组织新生代商会开展助学圆梦活动，为19名困难家庭大学新生及1名特困家庭中学生发放助学金3.1万元；9月组织经济发展区商会开展捐资助贫活动，筹集资金1万元，为经济发展区敬老院捐赠生活用品，为马二村幸福院捐赠文体设备，并对部分特困家庭发放慰问

2017年8月19日，区工商联组织新生代商会开展助学圆梦活动在坊子商会大厦举行，共为19名困难家庭大学新生及1名特困家庭中学生发放助学金3.1万元

金。与中国农业发展银行潍坊分行签订《政策性金融支持“万企帮万村”精准扶贫行动战略合作协议》，为企业扶贫提供帮助。

【加强工商联组织建设】 2017年5月17日，坊子区工商业联合会第六次代表大会召开，完成工商联换届工作。深入开展“商会建设年”活动，加强同街道（发展区）党工委的联系，指导规范完善街道商会组织建设。实施分组活动

2017年5月17日，坊子区工商业联合会第六次代表大会召开，大会选举产生了坊子区工商联第六届执行委员会

制度，制定出台《坊子区工商联执委分组活动方案》《坊子区工商联关于完善执委会工作制度的通知》，以街道（发展区）为单位进行区域分组开展活动，先后召开潍坊创业大学首届展产品交流会、执委读书会、彩虹公益志愿服务等活动。

（宋文文）

区总工会

【概况】 坊子区总工会辖5个街道总工会，2个发展区总工会。8个系统工会，截至目前全区共有基层工会组织602个，涵盖单位973个，工会会员64359人。2017年，坊子区总工会在区委和市总工会坚强领导下，全区各级工会以习近平新时代中国特色社会主义思想和党的十九大精神为指引，以“四个城市”建设为主线，围绕职工建功立业、职工权益维护、服务体系建设、思想文化引领、工会干部队伍建设，各项工作取得新的进展和成效。

【职企沟通协商五部曲】 区总工会在连续两年试点和探索的基础上，深化完善工会与企业行政沟通协商机制建设的形式和内容，从五个方面推动该项工作在全区范围内开展。文化引领。提炼推广雷沃重工、心相印等“以人文本”的先进企业文化，引导劳资双方构建共同价值观，为建立沟通协商机制打下坚实思想基础。搭建平台。深入基层进行调研，根据各企业实际，引导建立协商会议、职工生日会、民

主议事会等丰富多彩的沟通协商平台。制度保障。指导企业根据省、市总工会关于建立沟通协商机制的意见，制定切实可行的制度，对议题的征集、会议的召开、督导办理、开展满意度测评等进行详细规定。权益维护。通过沟通协商机制的建立，职工们实现“自我管理”，权益得到最大限度的保障，调动工作积极性，促进企业快速发展，让协商民主真正深入人心。典型带动。在恒安纸业、潍坊裕川机械有限公司、雷沃重工股份有限公司等企业创建示范点，进一步总结先进典型做法，通过舆论引导、组织学习、召开推进会等形式，力促全区规模以上企业全部开展沟通协商机制建设。“五项工作机制”经验做法在《山东工人报》头版头条刊发。

【深化职工创新创业】 2017年“五一”国际劳动节评选表彰省、市、区五一劳动奖章（状）和劳动模范等3个先进集体，33名先进个人。在《今日坊子》和坊子电视台开辟专栏，用1个月的时间大力宣传劳模事迹，极大激发全区干部职工干事创业的热情。深入实施工友创业行动。积极发挥工会组织在促进创业带动就业中的组织动员、指导服务、培育主体、总结典型等作用，重点选树一批自主创业带头人和工友创业示范园，山东盈丰创业园被授予“潍坊市工友创业示范园”。关注就业环境，联合区政协、区人社局等部门，先后到雷沃重工股份有限公司、山东共达电声股份有限公司等12家企业，围绕“缓解用工难与就业难矛盾”开展专题调研活动，形成《关于缓解我区企业用工难推动企业用工良性发展的建议》的调研报告，区委主要负责人对调研报告给予充分肯定，区委办在全区予以印发。在区文化广场举办2017年“春风行动”用工求职洽谈会，共组织59家企业，提供工作岗位2700多个，吸引近1200名求职者应聘。

2017年3月11日，区总工会在区文化广场举办2017年“春风行动”用工求职洽谈会，共组织59家企业，提供工作岗位2700多个，吸引了近1200名求职者应聘

【有效维护职工权益】 致力于“查保促”工作新活动模式探索，在区文化广场启动“文化惠职工，安全伴我行”公益电影展映活动，利用5个月的时间，为职工群众免费送去防火、防震、道路交通安全、应急逃生等安全题材影片，提高职工群众安全生产意识和自救能力；召开“查保促”工作暨化工行业专项行动会议，表彰奖励坊子区首批优秀企业工会主席。深入推进工资集体协商，工资集体协商专职指导员深入基层工会开展专题知识培训，讲解谈判技巧、宣讲法律法规，覆盖企业500余家，基层工会工作人员协商水平不断提升。积极维

护女职工特殊权益，女职工专项集体合同签订率达90%以上，召开专题调研会，探索研究如何做好“全面二孩”政策下的女职工工作，为女职工队伍健康发展保驾护航。

【推进职工服务体系建设】 持续深入做好“为民服务十件实事”。元旦春节期间，筹集发放送温暖资金24万元，走访困难职工323人，帮扶困难劳模25人。举行坊子区职工志愿服务暨2017年“夏送清凉”活动启动仪式，深入企业、建筑工地、棚改区等向一线职工和农民工送去防暑降温物资；8月25日，举行坊子区总工会2017年“金秋助学”情况通报会。在市总工会救助的基础上区总工会资助32人，发放助学金共计9.4万元。完善困难职工档案管理，按照困难程度区分帮扶力度，做到普遍帮扶与重点帮扶相结合，继续为困难职工和劳模赠送生日蛋糕。大力推行企业支持职工创业“四种模式”。关心一线职工生活，9月6日—22日期间，分两批共组织60名企事业单位一线职工到泰安疗养。大力推进职工互助保障事业，坊子区新增入会单位5家，理赔580人次，理赔金额326898元，二次救助因病致困职工45人，发放救助金54000元。

【强化职工思想文化引领】 广泛开展职工群众喜闻乐见的文化体育活动，引导职工自觉践行社会主义核心价值观。以豪迈公司等企业文化建设为引领，引导企业构建起劳资双方共同的价值观，形成推进发展的强大合力。开展“职工书屋”示范点品牌建设活动，广泛开展“职工大讲堂”活动，读书专题讲座系列活动，激发全区职工阅读热情，形成爱读书、多读书、读好书的浓厚氛围。代表区政府组队参加第34届潍坊国际风筝会放飞比赛，获得团体、放飞表演一等奖和最佳造型风筝创新奖；与区体育局联合举办坊子区第七届全民健身运动会职工乒乓球比赛；与区卫计局、区体育局、区爱国运动委员会联合举办坊子区2017年“健康山东•全民健康生活方式——维护健康体重”系列宣传推广活动。

区总工会代表区政府组队参加第34届潍坊国际风筝会放飞比赛。坊子区荣获团体一等奖、创新风筝一等奖和放飞表演一等奖

【不断夯实工会基础建设】 深入开展“党建带工建、党工共建”示范点创建活动，大力推进基层工会主席直接选举，推动《工会基层组织选举工作条例》贯彻落实。扩大工会组织覆盖面，组建“全区外经贸企业工会联合会”。抓实培训工作，通过请进来教、走出去学、联合办班等多种方式，着力加强全区工会干部队伍素质建设。继续推行“一街区一品牌、

一企业一亮点”工作方法。各基层工会根据自身特点，每年突出抓好1—2项重点工作，实现“抓一品而带全局”的工作目标。基层工会工作“横峰侧岭”，成就服务职工工作的“一片高地”。

（张承伟）

共青团区委

【概况】 共青团坊子区委是区委领导下负责青年工作的群众团体，主要工作职责是围绕区委、区政府工作中心，组织青年、引导青年、服务青年、维护青少年合法权益。2017年共青团坊子区委共有基层团委24个，团工委9个，团总支6个，团支部570个。团区委机关内设办公室、组织部、宣传部、学少部、权益部等10个部室，下设坊子区青少年活动中心1个事业单位，在职在编共6人。2017年，团区委先后获得科学发展综合考核优秀等次、区直包村帮扶工作先进单位、2016年度创建文明城市工作先进单位、潍坊市关心下一代工作先进集体等荣誉。

【青春扶贫行动】 联合亚特尔控股集团为2名低保子女送上自行车和助听器；联合烛光公益为坊城街道、坊安街道4所农村小学的100名孩子送上100余个书包和50件衣物；开展“青年之声•V爱牵手”青少年关爱活动，志愿者利用周末时间到贫困学生家中进行实地走访调研，为学生带去图书、书包等学习用品和羽绒服、棉衣、裤子等御寒衣物；开展圆梦助学行动，先后为7名困难中小学生争取团市委救助金2100元，为黄旗埠街道1名贫困大学生争取“国酒茅台”助学金5000元，为坊安街道1名贫困大学生争取“太平洋”助学金10000元，为5名贫困大学生争取到“泛海助学”25000元，通过爱心众筹组织志愿者捐资7600元资助1名贫困大学生和4名小学生，爱心企业捐资23800元资助2名贫困大学生；联合团市委开展“青春扶贫 益暖齐鲁”活动，为凤凰街道、坊安街道2所小学、2所敬老院的100名贫困学生和100名困难老人分别送上爱心礼包和学习用品；联合潍坊市移动公司开展“点亮小桔灯 阅读送温暖”活动，为黄旗堡车埠小学捐赠1200册图书，50套文具。

打造“青春助力 志愿扶贫”项目，以众筹方式征集慰问物资，探望走访才子官庄村、小尚庄村、辛冬三村、吴家村、洼里村等10余个村居近200名贫困户；开展青年律师法制扶

2017年10月25日，共青团区委在区文化广场开展学习十九大精神“不忘初心•让爱远行”御寒衣物捐赠活动，累计接收捐赠衣物约2万件

贫宣讲进农村活动2次；通过“双青助学”10名潍坊市驻坊青联委员、2家市级青年文明号创建集体与建档立卡贫困家庭结成帮扶对子。组织坊子区青年志愿者与青州青年义工组织、寿光青年义工组织、峡山青年义工组织开展公益活动对接，开展走访慰问峡山抗美援朝老兵、走访青州贫困家庭等活动；在经济发展区岔子官庄村和坊安街道葫芦埠肖家村为10名建档立卡困难青年进行“青春扶贫”电商培训，组织开展“不忘初心•让爱远行”旧衣捐赠活动，为新疆策勒县第一小学的130名儿童累计捐赠御寒衣物2万余件。

【青少年思想政治工作】 在全区各级团组织中开展“青春喜迎十九大，不忘初心跟党走”主题系列活动132场，承办“不忘初心跟党走 青春共筑中国梦”潍坊市暨潍坊四中新团员入团仪式；在全区44所小学中开展“喜迎十九大 我向习爷爷说句心里话”主题队日活动；实施“青年八大行动助推新旧动能转换”主题活动，开展团员先锋岗（队）、青年突击队、青年安全生产示范岗、青年文明号创建行动，引领团员青年服务推进新旧动能转换工作大局；组织开展“学党史、知党情、跟党走”实践活动，积极引导青少年坚定理想信念、学懂弄通党的十九大精神，共计开展主题宣讲67场，覆盖40000余人次。

2017年10月12日，坊子区“鼓号嘹亮明志向，雏鹰共筑中国梦”鼓号操大赛在崇文中学举行，7个学校的代表队及辅导员老师共计700余人参加比赛

【从严治团】 开展共青团“作风建设年”活动，与区纪委、区“作风建设年”活动领导小组办公室联合举办的“作风建设年”主题演讲比赛；开展全区团队干部培训班，对87名街道（发展区）团工委书记及村居（社区）团干部代表进行轮训；开展“学习总书记讲话，做合格共青团员”教育实践，开展160余次、覆盖12200余人的主题学习会、专题生活会、“一学一做 我怎么做”主题演讲比赛、黑板报及手抄报比赛、文艺汇演、“我的青春我的梦”主题征集活动等相关活动；2017年实现非公组织团建12家，成立互联网行业团工委、山东测绘地理信息产业基地管理中心团委。

（陈　玉）

区妇女联合会

【概况】 2017年，坊子区妇女联合会推进改革创新，重点实施“巾帼创业、巾帼维权、巾帼关爱、家庭文明”四大行动，推进“强基固本”工程，扩大工作覆盖面，更好地履行服务大局、服务妇女职责，为实现“十三五”

良好开局，充分发挥妇女半边天作用和妇联组织独特作用。全区有街道（发展区）妇联7个，村（社区）妇联301个，区直机关妇工委（委会）66个。2017年，坊子区妇联获得潍坊市妇女儿童工作先进集体、坊子区文明单位等荣誉称号。

【巾帼创业行动】 继续实施巾帼家政服务员培训计划，培训妇女800余人，对120名考取中高级资格证书人员予以补贴；开展“春风行动”暨春季人才就业招聘洽谈会，900余人次参加创业、职业技能培训，600余名妇女达成初步就业意向。继续开展“新农村新生活”培训，年内完成培训140场，培训9000余人。实施“女企业家成长计划”，通过组织培训、学习考察、座谈交流等方式，进一步开阔视野，提升素质。实施小额担保贷款政策，为4名女企业家申请省、市巾帼创业贷款贴息；协调省级巾帼文明岗区国税局纳税服务中心与区女企业家协会成立“税企共建联谊会”，帮助女企业家及时掌握税收政策。举办全区“巾帼心向党、扬帆新征程”全区各界妇女代表庆“三八”座谈会、举办庆“三八”国际妇女节暨女企业家协会成立一周年联谊会；组织6家企业参加全市第十九届妇女就业招聘洽谈会；推荐2名女企业家加入省女企业家协会、16名女企业家加入市女企业家协会。

【巾帼维权行动】 加强维权网络建设，将婚姻家庭矛盾调解纳入全区综治维稳调解体系，成立婚姻家庭调解委员会，设立咨询调解室；发挥家庭暴力庇护中心作用，免费为遭受家庭暴力的妇女儿童提供基本生活和安全保障。开展“建设法制中国•巾帼在行动——维权服务进社区、进家庭、到身边”主题活动等，共发放宣传资料3200余份；充分利用各类媒体，宣传妇女维权典型案例。发挥家庭暴力庇护中心、110家庭暴力投诉中心、家庭暴力致伤鉴定中心、148妇女法律服务中心、妇女儿童维权法律服务团等维权机构作用，形成全方位的维权专业工作机制，充分发挥接访窗口作用，热情接待来访群众，2017年共受理来访来电案件31件，处结率达到100%。

【巾帼关爱行动】 制定并以坊子区政府文件下发《潍坊市坊子区妇女发展十三五规划》和《潍坊市坊子区儿童发展十三五规划》，落实各成员单位目标任务、职责；协调区妇儿工委成员单位积极为妇女儿童办实事，征集项目17件，并全部落实到位；开展关爱儿童活动，继续开展“大手牵小手、爱心伴我行”活动，54个单位及个人与62名儿童结成帮扶对子，捐款捐物5万余元。“六一”期间，协调区领导到坊子区龙泉实验学校进行走访慰问。开展“关爱困境儿童，书香传递真情”图书捐赠，为库区儿童捐赠图书300余册。与邮政局联合成立埠头支局阳光儿童之家，建成坊子区首个留守儿童之家。关爱弱势女性群体，继续为全区35—64岁农村妇女进行“两癌”筛查，共为9535名妇女进行免费检查。为1名“乳腺癌”

患病妇女申请省妇联、省慈善总会“她基金”救助金1万元。

【家庭文明行动】 开展寻找“最美家庭”系列活动。继续开展寻找“最美家庭”活动，5户家庭被评市级文明家庭，5户家庭被评为潍坊市最美家庭；与区文明办联合评选表彰坊子区第一届“文明家庭”58户、“好婆婆”41人、“好媳妇”49人。开展优秀家风家训系列主题活动：在全区开展家书“抵万金——现代家书家信征集”“社会主义核心价值观进家庭优秀案例征集”“让爱留守•关爱农村留守儿童特别行动”创新案例征集活动；组织开展“寻找最美孝心少年”大型公益活动推荐候选人活动，弘扬良好家风；在全区中小学生中征集参加省第四届儿童少年“传承好家风、共圆中国梦”书画摄影大赛作品，共征集162件书画摄影作品；母亲节期间组织开展第六届感恩母亲征文活动，收到全区各中小学生征文作品353篇。开展家庭教育系列活动：举办家庭亲子阅读夏令营中考古诗鉴赏知识讲座，尚文中学200余名学生和家长听取讲座；制定《潍坊市坊子区关于推进家庭教育五年（2016—2020年）规划》；在社区、村开设家长学校，深入开展家庭教育普及工作，凤凰街道凤凰社区被省妇联评为全省家庭教育示范基地。

【强基固本工程】 加强妇联干部队伍建设，召开十三届五次执委会议，补选第十三届执委、常委、主席、副主席；选举产生坊子区妇女代表14人，参加潍坊市第十四次妇女代表大会，1人当选为市妇联第十四届常委。扩大各级妇女组织覆盖面，开展村（社区）妇代会改建妇联工作，共改建281个村妇联（其中1个联合妇联）、20个社区妇联，选举产生妇联主席301名，妇联副主席301名，兼职副主席301名，执委1965名；制定完善《村（社区）妇联工作职责》《村（社区）妇联主席、副主席、执委委员职责分工》等相关制度，规范和提升基层妇女干部服务妇女群众的能力和素质；开展区直机关、企事业单位妇女组织建设情况调查摸底，有5名以上女性的单位全部建立健全妇女组织。加快推进网上妇联建设，加快推进妇联网络和新媒体建设，利用“坊子女声”微信、微博平台，形成上下呼应、同频共振的集群效应，打造网上妇联工作新局面。

（丁雪蓉）

2017年2月14日，坊子区村（社区）妇代会改建妇联工作试点观摩会现场

区科学技术协会

【概况】 科学技术协会是中国共产党领导下的人民团体，是科技工作者的群众组织，是党和政府联系科技工作者的桥梁和纽带，是国家推动科学技术事业发展的重要力量。坊子区科学技术协会定事业编制4人，设正、副主席各1人，参照国家公务员管理。

【全民科学素质工作】 联合坊子炭矿遗址文化园，组织400多名中小学生举办以“科学伴我健康成长”为主题的体验式科普活动；联合潍坊海洋馆（欢乐海底世界）开展“海洋知识进校园”活动，增强“关爱海洋动物、保护地球家园”的自觉意识。推荐玉泉洼、水墨庄园、金润农业、桃花源生态农业等4家农产品企业参与省农技协推优创优活动。深入开展“科技、文化、法律、卫生”四进社区科普活动，开展“食品与健康”、防灾减灾等科普展览宣传活动，发放宣传手册5000余册，发放明白纸15000余份，出动义诊人员60余人次，提升社区居民科学素质。

开展科学知识普及活动

【科学普及工作】 联合地震、消防大队等部门开展科普宣传活动，免费发放《安全科普知识读本》200余册、防震减灾宣传画200余份。组织各街道、区直部门机关干部60余人，参观潍坊市防震减灾科普馆，学习地震基本知识，提高防震避震、自救互救和心理承受能力。在凤凰街道恒信社区举办“创新驱动发展，科学破除愚昧”“全国科普日”宣传活动，共制作摆放40块宣传展板，发放科普书籍、倡议书600多份。

【科普网络建设】 充分利用坊茨科普微信公众平台，搭建起新媒体科普宣传阵地；加强与坊子有线电视台合作，进一步丰富《科普速递》电视专题内容。为确保最大程度地发挥“数字科普通”惠及群众、服务民生的职能，组织人员对全区安装的83台数字科普终端运行情况进行拉网式检查，通过购买社会服务等方式，圆满完成整改，确保在线率达到90%以上。

【科普基础设施建设】 结合新、老城区城镇社区改造升级，分析各社区建设的实际情况及人群的不同需求，在新城区，建设双羊社区科普体验馆、校园科普馆，筹建凤凰社区科普馆，建设科普广场，形成三馆一广场格局。在老城区，依托海洋馆、炭矿遗址、坊茨小镇等科普教育基地，打造寓教于乐的科普圈，建成黄旗堡街道安泰社区、坊城街道房仕社区科普广场、科普e站。

【学会工作】 联合区科技局、区广播影视中心，在“全国科技工作者日”期间，通过电视、报纸等新闻媒体发送《致全区科技工作者的一封信》，抓住“科技创新的春天”，力争在科技创新领域取得更大成绩。走访潍坊好帮环保科技机械有限公司、山东雷沃重工研发中心等20位优秀科技工作者代表和研发团队；在坊子电视台连续播放向全区广大科技工作者发送问候语的公益性广告，开设“科技工作者风采”专栏，深入挖掘优秀科技工作者典型事迹，连续播出优秀科技工作者事迹。结合企业专项技术人才需求征集活动，组织开展企业专项技术人才需求摸底调查工作，组织企业参加院士专家潍坊行活动。联合组织、科技、经信等部门参加在潍坊富华国际会议中心举行的山东省材料大会暨“院士专家潍坊行”活动，坊子区的山东华潍膨润土有限公司与青岛大学杂化材料研究院院长唐建国，潍坊华美精细技术陶瓷股份有限公司与中国石油大学机电工程学院材料科学与工程系教授、山东材料学会秘书长孙永兴，雷沃重工股份有限公司与石志强专家达成合作意向并现场签约，签约率达100%，取得丰硕成果。

（王大刚）

区文学艺术界联合会

【概况】 2017年以来，坊子区文联以十九大精神为指引，深入学习贯彻习近平总书记系列重要讲话精神，紧紧围绕全市关于文艺工作的总体安排，坚持以人民为中心的工作导向，以扎根人民、服务人民为宗旨，深入实施“文艺精品打造、文艺平台搭建、文艺志愿服务”三项工程，进一步解放思想，务实创新，推动全区文化事业更加健康快速发展。

【文艺精品打造】 推进文化品牌打造工程，结合坊子自身历史文化，打造文艺作品新图片、新亮点。整合民间文化艺术资源，加强文艺扶持和文艺精品创作力度，深度挖掘和广泛传播优秀传统文化艺术。高大勇、范增荣获“2016中国金风筝国际微电影年度大奖”十佳编剧奖；作品《妈妈的红风衣》收录于《中国作家》。陈其发书法作品《博观万卷才识豪迈 纪述万家文翰昌明》《雨国琴书润 风来韩墨香》和《道崇东鲁 秀毓墨水》分别入展“全国第八届楹联书法作品展”“第二届书圣书法大展”和收录于《文化即墨全国书法展作品集》。刘元刚荣获第二届全国书法艺术网络大赛成人组佳作奖和第八届“羲之杯”全国诗书画家邀请赛一等奖等。

【文艺平台搭建】 培育和挖掘本土人才，积极引进优秀文艺骨干，组织开展各类文艺活动。传承和发扬中国传统优秀文化艺术，培育和践行社会主义核心价值观。一是突出打造品牌文化活动。遵循政府引导、社会支持、群众参与的原则，积极创新探索，整合文化资源，搭建各类文艺活动和艺术交流平台，依托坊子美术展厅、可林奇文化艺术创意园、“华通园”艺术展厅等特色展览厅，组织举办喜迎十九大暨庆“七一”联墨书画展等各类群众书画展7次，展出作品累计1400余幅，观展群众累计3万余人次。其中，2017中国（潍坊）国际艺术双年展暨“恒信之春•影像坊茨”摄影展共计展出一个月，63名国内外著名画家、评论家、艺术家、摄影家参加开幕式及展览活动，展览共展出作品500余件（幅），其中书画作品200余件，摄影作品300余幅，展览期间共接待社会各界书画爱好者2万余人次；组织文联所属协会积极开展送春联、送演出活动以及美术、书法、摄影公益讲座等系列活动，深受广大群众喜爱；协助拍摄电视连续剧《烟雨潍水》，提升文化影响力。二是培育壮大文艺创作队伍。更新完善坊子区文化人才库，对全区11个类别的优秀文艺人才进行全面扩充，集中民间优秀艺人和文化带头人，今年新增近100人，人才库人数已达300人，其中书画人才150余人。分类组织文化人才培训班，共举办书画、文学、摄影等3个类别的培训班4次。开展“相约春天•走进坊茨”名家艺术采风活动，45名书画家采用分别作画、合作绘画、陶瓷绘画创作等多种形式完成130余幅高质量作品，6名摄影家进行全程记录。包装、推介优秀文化人才，对采风创作出的优秀作品择优在书画展览中进行展示。文艺作品创作方面体现乡音、乡韵、乡土特色，精选题材创作《吕望乡歌》《双鞭花棍》两部音乐、舞蹈原创作品。三是做好文化名市建设相关工作。在坊子区建设“文化名市”《三年行动计划》中，区文联需要承担的任务包括文艺精品创作行动计划、文化人才培养行动计划、文化名人挖掘宣传行动计划、民间艺术传承发展行动计划等4大项行动计划中的11项重点工作。为确保任务完成，召集各协会主要负责人进行座谈，分解任务，确定11项重点工作的三年计划。

【文艺志愿服务】 在全区范围内开启“到人民中去”大型文艺志愿服务活动以及文艺志愿服务进学校、进社区、进机关系列活动。坊子区刘雪亮作为全市唯一一个获得中国文艺志愿者协会会员殊荣的人，其申报的《文化扶贫文化惠民，均衡城乡文化差距》项目，获得中国文艺志愿者协会专项扶持项目资金5万元，将于2018年5月启动文艺扶贫项目。今后文联会继续发挥好联系文艺界的桥梁纽带作用，突出抓好文艺人才培养，用足用好相关政策，重视培育和挖掘本地人才，积极引进优秀文艺人才，开创各领域优秀文艺人才脱颖而出的新局面。组织引导各文艺家协会和文艺志愿者，做好文艺志愿活动联络、指导、协调和服务工作，履行好联络协会、引导创作、管理协会的职责，提高文联工作整体水平。努力解决好文艺工作的一些实际问题和困难，力所能及地为各文艺家协会和文艺人才们办几件实事，并且形成长效机制，积少成多地解决实际困难，营造舒心、顺心、省心的文艺环境，真正实现文艺工作由“高原”迈向“高峰”的奋斗目标。

（张向革）

区残疾人联合会

【概况】 坊子区残疾人联合会（以下简称区残联），工作涵盖五个街道，两个经济发展区。303个村居，总人口30.8万人。现有残疾人1.5万人，占全区总人口4.8%。持证残疾人6218人。其中肢体残疾人4009，视力残疾人461人，听力残疾302人。言语残疾人195人，智力残疾人685人，精神残疾人566人。2017年区残联紧紧围绕残疾人事业发展，深入贯彻党的十八大、十九大精神，各项工作取得长足进步。

【残疾人就业、创业扶贫工作】 加大扶持力度，到年底6户持证贫困残疾人家庭已全部脱贫。积极开展扶贫日宣传活动，组织发放宣传资料1000余份，进行现场政策咨询服务、解难答疑问题，使党的扶贫政策进一步深入人心。2017年9月14日，坊子区残疾人扶残脱贫技能培训班开班，有93名残疾人参训，授课内容涵盖油料作物种植、有机蔬果栽培、畜类养殖及防病技术等八个方面，扩大残疾人自主创业范围。举办2017年残疾人就业洽谈会，并与企业签订残疾人就业岗位19人。为残疾人自主创业解决帮扶资金1.8万元，有50名残疾人实现就业和自主创业。

【残疾人康复工作】 开展残疾人康复需求调查、登记，建立残疾人档案1360个，填写和发放《残疾人精准康复服务手册》1360本。开展精准康复服务。协调资金13.19万元，购买各种辅助器具1143件。同时，为283名残疾人实施康复服务，康复服务率和辅具适配率全部达到100%。对全区5个街道2个发展区的残联理事长和卫生社区康复专职人员进行各种康复技术服务培训，全面提升社区康复员的管理、服务水平。为320名白内障患者免费实施复明手术。为300名肢体残疾人发放助行轮椅。投资150万元，为康复中心添置康复器材和设备。

【残疾人民生保障】 实施“阳光家园计划”，完成70人的托养服务任务，投入资金26.56万元。春节和全国助残日期间，共走访贫困残疾人家庭450户，发放生活用品和慰问金累计金额9万余元。投入资金3.2万元，为8户贫困残疾人家庭修缮房屋。投入资金1.75万元，为6户贫困残疾人解决厨房、卫生间的改造。加大扶残助学工作力度，为全区3—6岁入园的残疾儿童发放补助金3万元，为全区123名残疾学生和240名贫困残疾人子女发放助学金共计27.3550万元。

【组联维权工作】 深入开展《残疾人保障

法》《残疾人就业条例》以及省市重点法律法规宣传，发放宣传材料1200余份，现场进行法律咨询服务。全年接待残疾人来信来访82人次，有效化解基层矛盾，残疾人无越级上访。为49名符合条件的残疾人发放燃油补贴共计1.274万元。上门为56名残疾人办理残疾人证，全年共办理残疾人证593个。

【残疾人体育】 第十届全市残疾人运动会，坊子区代表队取得团体总分第6名，游泳项目第2名好成绩。

（孙蓬勃）

军 事

中国人民解放军潍坊市坊子区人民武装部

【概况】 坊子区人民武装部为正团级单位，全称为“中国人民解放军山东省潍坊市坊子区人民武装部”，隶属于为潍坊军分区和坊子区委、区政府双重领导，下设军事科、政治工作科、保障科为正营级单位。2017年，坊子区人民武装部认真贯彻实践习主席系列讲话精神和党的十九大精神，以党在新形势下强军目标为统领，聚焦备战打仗，坚持依法治军，着力从严治党，持续打基础，创新谋发展，全面建设保持良好的发展势头。被山东省人民政府、山东省军区表彰为“征兵工作先进单位”。

【政治思想教育】 围绕强化“四个意识”、做到“三个维护”，坚持用习主席系列重要讲话精神武装头脑。突出学习原文原著，制定年度学习计划和个人自学计划，落实每月2天党委机关理论学习，重点把握思想体系，领悟精髓要义。注重跟进学习理解，特别是在习主席接见新调整组建军级单位主官和视察南部战区陆军机关时作出重要指示、庆祝建军90周年阅兵和大会上发表重要讲话后，都紧跟媒体报道及时学习领会。围绕迎接党的十九大开展教育，在参加省军区、军分区“维护核心、听从指挥”主题教育辅导授课基础上，分专题组织讨论交流。紧跟调整改革进程，不间断地开展严守纪律规矩、聚力开新图强等专题教育，持续强化干部职工的大局观念和号令意识。结合学用《习近平论强军兴军》，开展“学强军思想、讲强军故事、干强军事业”群众性主题实践活动，着力统一思想、凝聚意志。扎实推进“两学一做”学习教育常态化制度化。4月份，专门制定具体意见和实施计划，突出“六个基本”，推动习主席重要批示和上级指示落地落实。

【战备训练】 2017年，按照战备工作常态化和军事训练实战化要求，重点抓现役干部、民兵应急分队和重点专业队伍训练，应急处突和快速动员能力得到新的提升。注重抓实民兵整组。采取集中辅导、检查促训、参观见学等方式，组织民兵整组培训，着力提高专武干部工作能力。按照集合点验、查阅资料、检查库室、量化打分等步骤，分3次到基层武装部检查指导，推动整组工作落地落实。突出民兵应急分队建设，补充购置部分训练和执勤器材，确保应急分队能够拉得出、用得上、起作用。注重打牢训练基础。现役干部以达标考核为牵引，重点落实每周集中军事理论学习和业务技能训练，每天最后1小时基础体能训练；民兵应急分队以遂行任务为牵引，采取统一计划、集中组训、考核排名等方法，分两期组织140人警棍盾牌术、防暴处突等5个内容训练；基干民兵分队以新大纲试训任务为牵引，通过走出去、请进来的办法，积极协调解决矛盾问题，军分区赋予的试训任务推进顺利。

2017年12月，组织民兵应急分队在市国防训练基地进行集训

【国防动员】 根据国防动员潜力数据普查统计任务，区人民武装部军事科牵头协调区国动委，组织18个相关职能部门召开数据调查业务调度会，集中部署任务、明确要求、协调矛盾，建立高效顺畅的工作机制，完善7个领域52项1000余条数据，为国防动员准备提供信息数据支撑。根据国防动员准备检验评估任务，参照市指挥机构编成，协同区委、区政府办公室编制《坊子区国防动员指挥部编成表》，成立区指挥领导机构。区人民武装部牵头区发改局、公安局等7个职能部门，展开合署办公，在时间紧任务重的情况下，合力攻关完成5个重点方案为主题，11个配套方案为辅助的国防动员方案体系。建立健全国防力量日常组织和实战化指挥机构，常态化组织公安、武警和民兵应急分队拉动演练，有力地提升实战化建设水平。

【征兵工作】 积极适应征兵时间调整新形势，按照“一季征兵，全年准备”的要求，坚持早着手、抓实效，通过电视播放征兵宣传片、向适龄青年发送征兵信息、开设征兵咨询热线，动员各街道（发展区）武装部、民兵连深入村居、企业和学校张贴宣传海报、悬挂宣传横幅等方式，加大征兵宣传力度，全区兵役登记工作在区公安分局、潍坊第四中学、

2017年7月21日，坊子区征兵领导小组成员收听收看全省征兵工作电视电话会议

各基层武装部的共同努力下，于4月10日达到100%，位居全市前列。坚持把廉洁征兵规定要求融入征兵工作每个步骤环节，区征兵办设立举报箱，向社会公布举报电话，并指定专人负责受理来信来访，聘请30名廉洁征兵监督员，全程跟踪监督征兵工作。按照“指标化量化控制、精细化动员发动、规范化初检初审、连队化役前教育”的征兵路子，加强征兵工作。

【党管武装工作】 坚持把武装工作放在党委工作的重要位置，纳入全局，统筹谋划。狠抓理论武装。深入学习贯彻党的十九大精神，坚持用习近平新时代中国特色社会主义思想武装头脑，突出学习习近平强军思想，深刻领会上级党委和军事机关有关指示精神，不断增强党管武装的使命感、责任感。将国防教育列入各级党委班子学习计划、党校培训重要内容、中小学德育课程、民兵预备役政治教育以及全民教育总体规划，全面提高国防教育水平。健全制度机制。严格执行党管武装基本制度，认真落实国防动员委员会全会、党政“一把手”定期办公和“军事日”等制度，召开党委专题议军会议，推进党管武装工作的制度化、规范化建设。强化国防意识。充分发挥坊茨小镇、庄龙甲烈士陵园、潍南县委旧址等红色教育基地作用，利用“八一”建军节、国防教育日等时机，组织党政军领导干部、机关人员参加教育活动，丰富国防知识，增强国防观念。通过军营一日训、军地联欢晚会、中小学生军训等形式，经常性开展军民活动，增强全民的国防观念，在全区上下形成全民重视国防、支持国防、关心国防的浓厚氛围。

双拥工作

【概况】 2017年，坊子区军地双方高度重视双拥工作，建立起灵活运转、各项任务高质量达标的双拥工作领导责任、目标责任和监督管理机制。区委、区政府主要领导定期到驻军实地查看、现场办公，积极为驻军部队解决实际问题。区人民武装部和驻地武警部队主动融入、主动支持，积极组织广大官兵和民兵、预备役人员参加地方经济、政治、文化和社会建设，完成扶贫帮困、新农村建设、社会主义精神文明创建以及各项急难险重任务。全区军民形成军爱民、民拥军的社会风尚。

【拥政爱民】 坊子区人民武装部和驻军部队，与驻地人民相互支持，进一步巩固和发展同呼吸、共命运、心连心的新型军政、军民关系，发挥自身优势，积极支建参建。全区武装系统广泛开展“单位包村、干部包户”的扶贫帮困活动。区人民武装部结合省军区脱贫培训活动，发动贫困户免费参加致富培训，以点带面，传帮带动一批有想法、有闯劲的年轻人为家乡的脱贫拼搏奋斗。

2017年，坊子区认真贯彻上级有关指示精神，把军地平安建设作为综治维稳工作的重要内容，紧紧围绕“巩固政权、维护稳定、促进和谐、共谋打赢”主题，不断加强组织领导，建立健全规章制度，明确部门职责，强化监督考核，积极开展形式多样内容丰富的军地平安建设共创共建活动，人民群众的安全感和满意度明显提升，为促进全区经济社会发展和部队军事斗争准备创造和谐稳定的社会环境。

【拥军优属】 区委、区政府组成慰问团，利用节日期间对驻潍坊市部队、驻坊子区部队进行走访慰问，赠送笔记本电脑、空调等慰问品。定期到医院、街道等看望慰问荣誉军人、伤残军人、烈士遗属及特困优抚对象，为705名重点优抚对象发放慰问品。成立军队退役人员“服务之家”，建成区、街道、社区三级服务机构达59个，从创业、培训等方面为退役人员提供优质高效服务。

积极支持武装部系统建设，保障资金投入，改善办公条件，完善基础设施，保证工作高效运转。2017年增加对民兵预备役工作所需的国防教育费、民兵训练费、征兵工作费，共划拨34万元专项经费升级完善区国防动员指挥部、配套民兵分队战备物资，为提升应急应战能力提供有力支撑。

全面落实各项优抚安置政策，2017年，5名团以下转业干部全部安置到党政机关行政编制岗位上，4名随军家属对口安置到区直学校、医院等单位。建立以职能技能培训为基础、以扶持就业为支撑、以自主择业为方向的退役士兵安置体系，组织65名自主就业退役士兵进行职业教育和技能培训，为293名义务兵发放各项优待金523.6万元，为143名自主就业退役士兵发放一次性经济补助金312.5万元。认真做好退役士兵安置和权益保障工作，对1978年以来符合政府安排工作条件的退役士兵进行登记造册、妥善安置，新上岗就业人数达433人，为125名2014年以前选择自谋职业的退役士兵发放职业金360万元。

（李金伟）

法　治

政法和综治工作

【概况】 2017年，中共潍坊市坊子区委政法委员会（以下简称区委政法委）贯彻落实中央和省、市、区总体安排部署，围绕全区中心工作，发挥职能优势，推进法治坊子、平安坊子和政法队伍建设，做好全国“两会”、一带一路国际高峰论坛、党的十九大等重大活动安保维稳工作，全区大局保持和谐稳定。区委政法委被省委、省政府授予党的十九大安保维稳工作先进集体，被市委、市政府和区委、区政府授予嘉奖。区委政法委“精准服务企业十项承诺”被市委市直机关工委评为2017年度“优质服务项目”，全市通报表彰。

【维护社会稳定】 组织各街道（发展区）和有关部门单位对全区范围内的各类不稳定因素进行动态摸排，建立管理台账并实时更新。强化信息分析研判，推动重点信访案件化解工作。坚持把“事要解决”放在首位，综合运用政治、法律、行政、调解等各种手段，推进化解工作进度，压实领导包案责任，加强跟踪督办，限期妥善解决。开展涉法涉诉信访积案化解专项行动，对于排查出的案件，坚持因案施策，通过公开听证、案件评查等方式，找准症结，对症施治。2017年，全区一批信访积案和涉法涉诉案件得到有效彻底化解。做好重大活动安保维稳工作，强化情报信息预警，制定应急处置预案，组建应急处置工作队伍，配齐配强车辆装备，维护全区社会大局稳定。健全社会稳定风险评估机制，引入第三方评估机制，全年对45项决策项目开展专业化、社会化的评估，对重大项目、重大工程做到应评尽评，有效防止不稳定问题的发生。

区委常委、政法委书记、公安分局局长许文远部署重大活动安保工作

【平安坊子建设】 开展排查安全隐患防范四

类风险专项行动，分级分类建立动态排查台账，对排查出的229项风险隐患均落实整改措施，明确责任人员及整改时限，全部化解完毕。推进网格化管理，构建起“街道（发展区）网格—社区网格—基础网格”三级体系，共划分7个一级网格、51个二级网格、338个基础网格，配备网格长382名、网格员757名，成立服务团队396支。以确保公共安全、提升群众安全感和满意度为目标，开展全区严打整治暨打霸治痞集中行动，共破获各类刑事案件302起，打掉黑恶霸痞团伙8个。开展铁路护路工作，全面完成铁路沿线视频监控全覆盖工程并投入运行，实现护路区段内全线实时高清监控全覆盖。对全区见义勇为行为及时予以认定，通过各类媒体大力宣传，并积极向上级推荐，对生活困难的见义勇为先进典型及时予以帮扶救助，对弘扬社会正气，激发正能量起到良好的带动示范作用。

【法治坊子建设】 从法制宣传、严格执法、公正司法、执法监督等各个方面扎实推进法治坊子建设，全区法治建设水平得到提升。广泛开展法制宣传教育，广泛开展以法律进机关、进乡村、进社区、进学校、进企业、进单位为主题的“法律六进”教育活动。推行“一村一警务助理”“一村（社区）一法律顾问”、社区法律服务诊所工作。推行依法治村，推动治安、检察、审判、调解、法律服务等更多的政法资源向基层倾斜。全区选聘282名警务助理开展工作。强化政法系统内部监督，加大督查力度，开展规范执法大检查，建立健全执法行为约束、评查和责任追究机制，增强执法公信力。

【政法队伍建设】 组织开展政法系统“转变理念、转变作风，提升标准、提升能力”主题活动，政法干警全部确定赶超对象，制定赶超计划，落实赶超措施。开展“政法之星”评选活动，在全区政法系统评选出“政法之星”67名，通过“坊子政法”微信公众号进行广泛宣传，提升全区政法干部形象。严格按照上级安排部署，稳步推进司法体制改革。区法院、区检察院完成首批法官、检察官遴选工作，筹备组建新型审判、执行团队。

【法学会建设】 2017年，新发展个人会员118人、团体会员6个，召开第一次代表大会，强化会员管理，组织法学会会员积极参加信访积案化解工作，从法律层面解答信访人有关问题。从法学会会员中抽调优秀党员律师，组建党员律师顾问团，参与信访案件听证工作，提

2017年11月8日，坊子区法学会第一次会员代表大会召开

供法律服务支持，推动工作开展，取得良好社会效果。

【服务经济发展】 立足精准定位企业需求，在深入调研基础上，牵头制定出台《坊子区政法机关精准服务企业发展十项承诺》，为企业提供精准服务360余项。整合政法各部门力量，充分发挥各自职能，实施“裁执分离”办法，保障棚改顺利开展。做好包靠重点项目的服务工作，成立专门的包靠工作机构，实行“一周一调度”和不定时调度相结合的工作推进机制，为重点项目建设提供法治保障。

（王文乾）

法治政府建设工作

【推进依法决策】 实行政府法律顾问列席重要会议制度，为领导决策提供合法性建议。实行涉法性事务合法性应审尽审制度，2017年，共审核各类涉法性文件近50件，提出法律建议60余条，审核行政权力事项和公共服务事项2500余项，提出修改建议200余条（次）。为全区重点工作提供包靠顾问律师，依法推进棚户区改造。为棚户区改造领导小组提供包靠顾问律师，为棚改各工作环节提供法律支持。

【完善依法行政制度体系】 坚持规范性文件“三统一”、合法性审查、集体讨论决定等制度，落实规范性文件政策解读和备案审查制度，做到“有件必备、有错必纠”。健全规范性文件清理长效机制，对2016年12月31日以前现行有效的规范性文件和政策类文件进行清理，其中规范性文件清理59个，政策类文件清理123个，清理结果已通过政府网站公开发布。

【加强行政执法监督】 全面推行行政执法“三项制度”。制定印发《坊子区重大行政执法决定法制审核实施细则》《坊子区全面推行行政执法公示制度执法全过程记录制度重大执法决定法制审核制度工作实施方案》，明确规定“三项制度”工作要求和时间节点任务。开展行政执法案卷评查。2017年，评查行政处罚和行政许可案卷124卷。加强行政执法监督机构建设，成立坊子区政府行政执法监督局。

【化解行政争议】 发挥行政复议定纷止争功能。健全行政复议案件审理机制，注重运用行政调解和公开审理方式，化解行政争议。2017年共审理行政复议案件14件，办理行政复议答复2件，办理应诉案件9件。认真落实行政机关负责人出庭应诉制度，行政机关负责人出庭应诉率大幅提高，自觉执行法院的生效判决和裁定。

【提高领导干部法治思维】 加强对全区各单位主要负责人、分管负责人的法治教育培训。2017年12月，举办全区法治政府建设法律知识专题培训班，邀请市法制办主任高成勇为专题培训班授课，200余名领导干部参加培训。加强法治政府建设宣传工作。2017年，通过报纸、期刊、网站等各类媒体发表法治政府建设信息300余篇。

（陆　强）

公　安

【概况】 2017年，坊子区公安分局完成党的十九大安保维稳工作，出动警力6000余人次，检查场所4466次，发现整改隐患7353处，做到“大事不出，小事也不出”。基层基础工作不断巩固，选任282名警务助理，建设、整合视频监控3400余处，完成合成作战指挥中心、侦查部办公楼和4个派出所的改造，7个派出所都建立勤务指挥室。狠抓消防安全监管和队伍管理工作，全年未发生大的安全事故，全省公安消防部队上半年现场交流观摩会议在坊子区消防大队召开。2017年，刑事拘留344人，逮捕83人，起诉301人，行政拘留271人，抓获本地逃犯43人，其中，刑拘、逮捕等指标在前三年连续大幅上升的基础上，又分别上升24%、17%，破获部督“11.24”特大侵犯公民信息案、“11.19”特大传销、非法拘禁案等多起重特大案件。深入推进规范执法工作，刑事批捕率达到83.6%，位居全市前列。公安改革加速推进，积极推行大部制改革，将4个综合科室、8个业务大队整合为“五大部”，即：指挥调度部、刑事侦查部、社会安全与治安管理部、执法与监督部、队伍管理与保障部，破案效率、管理效能大幅提升。深化“平安指数”应用，“两抢”案件、盗窃案件同比分别下降61.5%、39.3%；精准防控能力进一步提升，2017年，刑事警情同比下降4.2%，刑事案件特别是八类重大刑事案件连续6年全市发案率最低。强化民警教育培训和维权工作，办理侵犯民警执法权益案件5起，查处12人；深入推进“和谐之家”警营文化建设，坊子公安分局被评为市级文明单位，51名民警59次、15个单位24次受到区级以上表彰奖励。在市公安局综合考评中，基层所队建设、无线专网建设等7项工作列全市第一名，实战指挥中心建设、公安改革、打黑除恶、执法质量考评等10项工作列全市前六名。2017年，坊子公安分局3次被上级记功，其中市委市政府记集体二等功1次，区委区政府记集体三等功2次。

2017年8月31日，全市公安机关“迎接十九大、忠诚保平安”综合实战演练暨誓师大会在市人民警察训练基地训练场举行

【治安防控体系建设】 2017年，坊子公安分局紧紧围绕深化平安建设主题，坚持党政领导、社会协同，因地制宜、统筹推进，全方位、全时空构建立体化社会治安防控体系。深入开展视频监控建设。启动“天网二期”工

程，按照坊子辖区边界、派出所辖区边界“两个防护圈”建设要求与高空全覆盖要求，投资5500余万元，科学规划全部1402个点位，全部标注上图，挂图作战，将于2018年6月完成全部建设任务。结合“技防示范村”创建活动，全区226个农村按照每个村不少于6路的标准，完成村庄出入口监控建设，共安装1527路监控探头，社会视频接入2606路。积极开展治安巡控工作，2017年共出动巡控警力31505人次，车辆8095台次，盘查可疑车辆4210余辆，可疑人员8340余人，救助群众807次，处理各类纠纷626起。新老城区32所小学幼儿园设置助学岗，每天投入警力128人次。深入推进基层基础攻坚战，积极推动全区26个社区民警兼任社区服务中心副书记，选任282名社区警务助理和85名网格员，提升社区工作效能。在2017年度全市科学发展满意度调查中，坊子区社会治安状况位居四区第二名。

2017年6月16日，市公安局党委委员、交警支队长薛林到坊子区督导检查校园安保工作

【110接处警工作】 进一步加强和改进110接处警工作，严格落实“专业化处警、常态化巡防”机制，有警出警，无警巡逻，提高街面见警率，实现接处警工作从静态向动态的转变。完成110指挥大厅改造，进一步推广移动110接处警终端使用，完成110接处警车辆4G无线图传系统建设。2017年，全区110接报各类警情12881起，其中，有效警情12869起，刑事警情1139起，治安警情4391起，纠纷警情3491起，求助2604起，举报796起。

【治安行政管理】 对全区2家烟花爆竹批发企业、36家烟花爆竹零售点、1家剧毒化学品使用企业、7家易治爆危化品使用单位反复进行安全检查，破获非法制贩、运输、存储爆炸物品案件4起；对旅馆业、娱乐场所、寄递物流企业、加油站、输油管道等重点部门和场所加大管理检查力度，联合区相关部门、单位深入开展治安大清查专项行动，共签订治安责任书260余份、检查旅馆170余家次，查处非法寄运案件25件，下发整改通知书36份，当场整改安全隐患62处。

【安保工作】 2017年，坊子区公安分局按照“无缝对接”的工作标准和“零差错率”的工作目标，以确保警卫、保卫安全为核心，制定各类安全保卫方案67份，出动警力7150余人，完成全国、省、市“两会”和风筝会、鲁台经贸会、党的十九大及各法定节假日等20余次重大活动的安全保卫工作。积极落实治安卡点勤务，2017年，共出动警力448

人次，车辆168台次，检查人员1400余人，检查车辆1099辆，发现并查处各类违法犯罪行为20余起。加强警卫阵地建设，建立情报信息员，采集各类信息600余条，进一步拓展警卫安全机制。

【网络安全】 严格网吧安全管理工作。2017年，检查网吧300余家次，发现整改问题6处。抓好互联网网站安全管理服务平台工作，对44家网站完成备案工作。做好党政网站安全管理工作，确保重要节点网站安全。加强与区智慧办等部门协作，初步建成政府网站群。加强等级备案、测评工作检查、督导力度，全区重要网站及信息系统均纳入等级保护备案。严格公共场所无线上网管控工作，发现处置境外违法网站信息782条，报送境内违法信息226条，报送本地违法栏目3个，有效净化网络环境。

【重要案件侦破】 破获部督“11.24”特大侵犯公民信息案。先后组织21批侦查员赴外省市开展侦查工作，直接派员参与青岛、枣庄、成都、北京、河南、河北等地的抓捕工作。共抓获犯罪嫌疑人47名，其中，刑事拘留34名，逮捕6名，起诉18名，打掉团伙2个。

破获“11.19”特大传销、非法拘禁案。2015年6月以来，以犯罪嫌疑人吉某某、李某某等为首的犯罪集团，通过网上发布虚假高薪招聘广告，欺骗被害人到潍，使用殴打、威胁、看管、扣留物品等手段非法限制人身自由，对被害人实施抢劫、非法拘禁、敲诈勒索等违法犯罪活动。分局成功打掉该犯罪集团，抓获犯罪嫌疑人31人。

破获“12.9”蒙面持刀入户抢劫案。2017年12月9日，犯罪嫌疑人王某某持刀蒙面进入黄旗堡街道东楼村刘某某家，将80多岁的刘老太殴打致轻伤，抢劫现金6700元。接警后，视频侦查民警在现场提取一段残缺视频，通过图像模糊处理和视频追踪，确定嫌疑人的居住范围，经过分类梳理、多维研判，72小时即确定嫌疑人并将其抓获。

破获“4.22”范某某入室盗窃案。2017年3月12日，犯罪嫌疑人范某某（男，24岁，坊子区九龙街道小沼范家村人）窜至坊子区凤凰街道恒信领海国际小区，采取爬楼入室的手段进入居民楼，盗窃现金、手表、手机、首饰等贵重物品，涉案价值10万余元。市公安局坊子分局刑警大队在市局技侦支队的配合下，将入室盗窃的犯罪嫌疑人范某某抓获。

破获一汽汽车金融有限公司被诈骗案。自2016年3月起，犯罪嫌疑人姚某某、陈某、孙某伟等人，以帮助办理零首付购车，后以车辆抵押进行贷款为由，帮助孙某政等人伪造有关证明材料骗取贷款，并将购买的速腾、高尔夫等78辆各类型汽车以明显低于市场价格卖出，将所得款项据为已有并挥霍，诈骗金额共计800余万元。市公安局坊子分局成功破获该案并抓获犯罪嫌疑人9名。

【户籍制度改革】 认真贯彻落实中央、省、市深化户籍制度改革的相关政策要求，紧紧围绕区委区政府提出的新型城镇化发展战略，加快农业转移人口市民化。加强租赁房屋、流动人口管理服务，创新研发“坊子区流动人口服务平台”，入选全省公安机关基层成果创新评比，流动人口采集效率大幅提升。2017年，全区新登记流动人口7085人，新增办理居住证5133人。调整审批权限和时限，推出互联网+网上审批户籍制度，推动全区户籍档案电子化建设，将户口审批事项由过去20个工作日缩短至5个工作日。落实办理二代居民身份证、居住证便民服务举措，开展跨区域办理身份证换领、补领业务；流动人口申领居住证时间缩短到10个工作日。落实户改新政，根据《国务院关于进一步推进户籍制度改革的意见》精神以及省厅刚刚出台的《山东省户口登记管理规范》通知要求，实行统一规范的落户政策。

【出入境工作】 强化出入境管理工作职能，全年共受理公民出国申请2603人，其中办理出国护照1596人，港澳通行证866人，台湾通行证141人。对全区境外人员和三资企业进行摸底调查，对全区11家涉外单位，29名常住外国人实施动态管理。完善数据库建设，对涉及的106家备案单位，逐一进行核实排查，共清理重复报备数据1150条。深入开展“三非”外国人的清理整治工作，2017年，查处1起非法入境案，将1名非法入境人员遣送出境。加强境外人员临时住宿动态管理，年内共办理临时住宿登记612人次。

【消防工作】 2017年，全面落实消防安全责任制，深化火灾隐患排查整治，巩固基层火灾防控基础，全区消防安全形势总体平稳。

2017年7月14日，全省公安消防部队正规化管理暨安全大检查工作现场推进会在区公安消防大队举行

全面排查整改消防安全隐患。共开展联合执法20次，取缔不符合消防安全条件的场所40余家；区公安消防大队和各公安派出所共检查社会单位26500余家，整改消除火灾隐患16000余处，临时查封117家，处罚203家，责令“三停”53家；开展彩钢板专项整治“回头看”活动，多部门（单位）联合查处违规使用泡沫夹芯彩钢板企业88家，集中拆除（更换）彩钢板50000余平方米。

全面筑牢火灾防控基础。巩固社会单位人防、技防措施，全区社会单位共安装独立式感烟探测报警器、简易喷淋装置1100余个；全区81家消防安全重点单位、19个社区全部完成“微型消防站”建设。加快推进“第二消防站”、市政消火栓建设，“二站”顺利开工建设，年内新建（补建）市政消火栓70具；织密消防安全网格，全区“三级”网格管理员达到

1100人，进一步筑牢基层“消防安全墙”。

深入推进社会化消防宣传。募集消防志愿者350余名，集中开展消防宣传活动10余次，评选“消防宣传大使”18名，推荐“坊子区消防代言人”20人；区政府主页开设《消防安全专栏》1处，发掘社区报纸等消防宣传载体30余个，登记“1+2+N”基层警务消防宣传小分队100余个，设立《消防公益宣传栏》100个，电视台报道消防工作会议、消防检查活动20余次，播放消防公益广告20000余条（次）。

持续加大经费投入。全区政府专职消防员人均经费达到6.9万元/人/年，消防工作队伍进一步壮大；投入550万元购买大吨位供水主战消防车和重型泡沫消防车；拨付60万元用于政府购买服务，集中对全区41家消防安全重点单位开展消防安全评估，进一步提高社会单位抗御火灾风险整体能力。

【交通管理工作】 2017年，以“压事故、保畅通”为目标，全面落实“一岗双责”“网格化”管理和“路长”负责制，纵深推进“平安行•你我他”行动、“三个不发生”创建活动和“四场攻坚战”，辖区全年共发生道路交通事故1986起，死亡65人，受伤421人，经济损失135.02万元，同比分别下降4%、7%、6.9%、7.7%。

加强车驾管服务。年内累计办理新车注册15705辆，年检77541辆，抵押登记4761辆，驾驶人体检11875人，补换驾驶证7629人，考试摩托车驾驶人90人。

加强交通事故源头预防。全年排查整改道路交通隐患162处，整改率100%，隐患排查数量居直属单位第一。组织对登记在册的3次以上违法未处理的542辆“两客一危”和重型货车进行全面清理，组织对全区44处重点运输企业和31家砂、石、土、矿装载场所及建筑工地进行全面走访排查。对校车驾驶人和重点运输企业负责人开展面对面教育约谈。

严厉查处重点交通违法行为。全面推进城区交通秩序整治大会战和“压事故、保畅通”大会战，开展大货车、渣土车专项治理和酒驾毒驾专项整治行动。2017年，共查处货车、渣土车交通违法行为2373起，其中超载超限运输1161起，非法改装112起，全部严格落实“一抄四罚”。查处酒驾429起，醉驾88起，办理拘留42起。重大任务安保期间，每天组织开展一次集中行动，对各类交通违法行为严管严查，保持24小时高压严管态势，先后查处各类交通违法行为12154起，其中酒后驾驶95起，醉酒驾驶41起，超载288起，涉牌涉证3132起，违法停车5259起，不礼让斑马线7670起。

大力加强交警队伍建设。2017年，交警大队保持省级精神文明单位荣誉，并受区委、区政府，市公安局各集体嘉奖一次；大队共5人荣立三等功，12人受嘉奖，6人被区委区政府通报表彰。

（王文义）

检 察

【概况】 2017年，坊子区人民检察院有编制62人，在编人员52人。下设办公室、政治处、研究室、侦查监督科、公诉科、反贪污贿赂局、反渎职侵权局、刑事执行检察局、民事行政检察科、控告申诉检察科、案件管理中心、检察技术科、检务督察室、法警大队、派驻峡山检察室、派驻九龙检察室、派驻黄旗堡检察室，司法管辖范围为坊子区、峡山生态经济开发区。坊子区检察院被评为“潍坊市学习型党组织建设示范点”、坊检法律服务团被评为“2017年度潍坊市青年志愿服务先进集体”，峡山廉政警示教育基地获市级“法治宣传教育示范基地”荣誉称号，民事行政检察科制定的制度规范被山东省人民检察院评为“2017年度全省检察机关民事行政检察优秀制度规范”，公诉科办理的吉润英等三十人组织领导传销活动罪、敲诈勒索罪、非法拘禁案被潍坊市人民检察院评选为2017年度“精品公诉案件”。

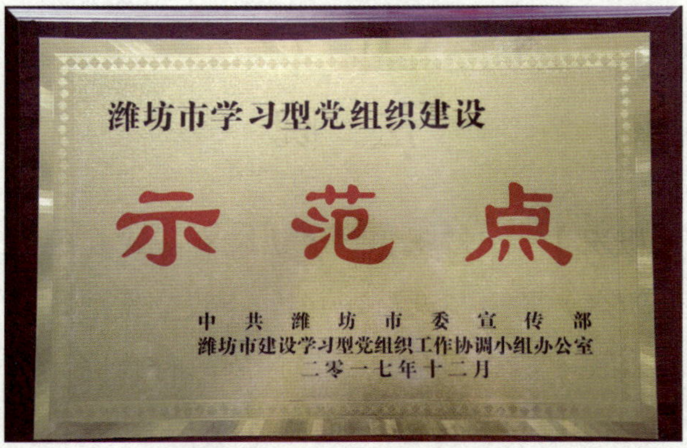

2017年12月，潍坊市坊子区人民检察院党组织被中共潍坊市委宣传部、潍坊市建设学习型党组织工作协调小组办公室评为潍坊市学习型党组织建设示范点

【刑事检察】 全年共提起公诉210件315人，不起诉1人，案件准确率和法定时限内结案率均达到100%。提请抗诉3件3人，依法追诉漏犯10人，纠正遗漏罪行15次。批准逮捕120人，批捕率81.1%，无捕后判轻刑、撤案、不起诉、判无罪情况。不批准逮捕28人，监督立案5人，监督撤案2件，追捕6件，纠正违法5件。对于重大疑难复杂案件，检察院提前介入，进行阅卷分析，参加预审，引导公安机关侦查取证，并对证据的完善提出可行性建议。重点打击严重暴力犯罪，严厉打击危害金融秩序犯罪，起诉非法吸收公众存款犯罪5人。对受理的涉案金额1800余万元、受害群众2000余人的非法吸收公众存款案，提前介入，引导侦查，固定证据，在批准逮捕嫌疑人的同时依法追捕1名同案犯。认真开展食药环专项立案监督活动，监督行政部门移交3件3人，起诉生产、销售不符合安全标准的食品犯罪案件2件27人，均被判处有期徒刑以上刑罚。开展“打霸治痞”专项活动，快捕快诉，依法从严从重打击，起诉3件14人。办理涉未成年人案件8件8人，在办案中注重加强对未成年人合法权益的保护，扎实做好分案起诉、未成年人社会调查、犯罪记录封存等工作。注重案件信息公开，共公开程序性信息553条，重要案件信息6件，法律文书167份。

【反贪污贿赂】 反贪局立查贪污贿赂犯罪案件7件9人，主要集中在电力系统和民政领域，查办副科级干部1人。

【反渎职侵权】 反渎局立查渎职侵权案件4件4人。主要集中在农林、民政和国土领域，查办副科级干部2人。注重查办窝案串案，力争查处一案、挖出一窝，峡山区畜牧兽医管理站吴玉山等3人涉嫌玩忽职守被立案查处。

【刑事执行检察】 书面监督纠正刑事执行活动、监外执行、财产刑执行、强制医疗等执行违法案件12件。开展羁押必要性审查工作，提出变更强制措施建议26件，全部被办案单位采纳。审查起诉罪犯又犯罪案件2件2人。

【控告申诉检察】 全年受理举报线索39件，其中来访举报21件，来信举报2件，电话举报1件，潍坊市检察院转来15件。加强矛盾纠纷排查化解，设立“律师服务室”，推进律师参与化解和代理申诉工作机制。深入开展“五进两服务”大走访活动，共走访群众300余人次，提供法律服务12次，帮助解决困难问题26件。

【民事行政检察】 全年共办理各类民事行政监督案件49件，向有关行政执法部门发出督促依法履行职责的检察建议46件。完成公益诉讼试点任务，在生态环保领域提起行政公益诉讼案件1件，已被法院判决支持。成立“民事行政检察工作联络处”，从司法局、律师事务所聘请两名法律专业人员作为业务咨询专家。进一步畅通当事人申诉渠道，提高民行检察工作的影响力。开展解决铁路线下安全隐患专项检察监督，受到铁路部门的好评。

【案件管理中心】 统一案件集中受理、分流、结案审核并送达。严格按照法律规定和受（结）案标准加强案件审核，严把案件进出口关。全年共受理侦查监督类案件102件，审查起诉案件316件，民行案件46件，办理换押156人次，接收扫描并上传各种外来文书1310份，结案审核472件，对外移送案件210件。强化案件流程监控，推进电子卷宗规范应用，共接待律师阅卷87人次，刻录光盘80张。全面深化检务公开，全年共公开法律文书244份，导出程序性信息659条，发布重大案件信息1条。开展检察宣告工作，对2起检察宣告案件进行登记备案。

（姚秀芬）

法　院

【概况】 2017年，坊子法院有正式在编干警97名，聘用制人员100名，下设立案庭、刑庭、民一庭、民二庭、民三庭、行政庭、审监庭、执行局、执行一庭、执行二庭、执行三庭、政治处、办公室、装备科、研究室、技术室、法警队、信访办、审管办、监察科20个内设机构和埠头人民法庭、黄旗堡人民法庭、峡

员额法官国家宪法日向宪法宣誓

山人民法庭、清池人民法庭4个派出法庭，另有信息技术中心，为坊子区法院股级事业单位。2017年共新收各类案件5684件，结案5801件，同比分别上升7.2%和5.5%，案件结收比为102%，结案标的额达到8.2亿元。

【刑事审判】 依法严惩刑事犯罪，维护社会安全稳定。共审结各类刑事案件228件351人，判处有期徒刑以上刑罚271人，占全部判决罪犯的77.2%。对毒品、传销、电信诈骗、黑恶霸痞等严重刑事犯罪，坚持依法从重从快原则，持续加大刑罚威慑力。审结吉润英等30人组织领导传销活动、非法拘禁、敲诈勒索案，对涉案被告均作出有罪判决，有效震慑犯罪分子，保护人民群众人身财产安全。坚持“宽严相济”的刑事政策，对交通肇事等过失犯罪、因家庭邻里纠纷引起的轻伤害犯罪等，在达成和解、谅解的基础上从轻处罚，有效缓和社会矛盾对立，促进“平安坊子”建设。

【民事审判】 依法审理民商事案件，保障民生权益和经济发展。共新收各类民商事案件3368件，审结3535件，同比分别上升7.6%和6.3%，案件结收比达105%。妥善处置僵尸企业，促进新旧动能转换，先后受理北方车辆、亿盛投资两家企业破产案件，依法有序开展企业破产清算工作，助推全区供给侧结构性改革顺利进行。2017年9月，新组建成立金融审判庭，对全区涉金融类案件实行专业化审理。2017年全院共受理各类金融案件686件，审结695件，案件结收比为101.3%，有效防范化解金融风险，维护全区金融秩序稳定。

【行政审判】 监督保障依法行政，积极促进“法治政府”建设。共审结行政诉讼案件52件，非诉行政审查案件64件，维护行政相对人的合法权益，促进行政机关依法行政。公开审理全区首件行政公益诉讼案件，潍坊中院、潍坊市政府法制办等组织各县市区相关人员到庭观摩，取得良好的法律及社会效果。

【执行工作】 加大执行工作力度，努力推进“基本解决执行难”目标完成。共受理各类执行案件1965件，执结1922件，案件结收比为98%，执结标的额达2.63亿元，执行规范化建设得到全面加强。深化完善“错时执行”“反规避执行”“曝光执行”等措施，开展涉党政机关、涉民生、涉金融等各类专项执行活动11次，召开新闻发布会1次，公布失信被执行人信息150余人次。工作中，始终坚持依靠区委领导，全面加强部门协作配合，对有财产可供执行的案件“能执必执”，对涉嫌拒执犯罪的严厉打击，依法维护胜诉权益，取得良好执行效果。

【司法便民利民】 参与“四城四区”开发建设，主动为“棚户区”改造、产业园区建设以及重点领域、重点项目提供法律咨询，开展包靠服务。对涉企纠纷案件，开辟“诉讼绿色通道”，基本实现当天立案、及时保全，案件当场立案率达到98.7%。提高经济纠纷化解质量和效率，对50万元以下的涉企经济纠纷全部适用简易程序审理，努力做到在3个月内审结。对资金暂时周转困难、尚有发展前景的负债企业，坚持少用、慎用冻结账户，查封扣押等强制措施，切实保障企业安心经营、放心投资、专心创业。

扎实做好信访维稳和安全保卫工作，营造安全稳定的社会环境。妥善化解涉诉信访案件32件，发放司法救助金18.6万元，为维护全区社会稳定，特别是“十九大”期间的安保维稳工作，做出应有贡献。

参与全区村（社区）“两委”换届选举工作，发挥司法能动作用，审查各类人员信息350余条，向换届选举工作领导小组提供违法犯罪记录38条，其中1人被取消参选资格。

开展法律服务进基层活动。根据“谁执法、谁普法”的普法责任制要求，成立坊子法院青年法官宣讲团，定期组织年轻法官开展送法进机关、进校园、进社区、进企业等活动。2017年，先后到区委党校、北海国际学校、经济发展区、三元乳业等单位，开展各类法制宣讲7次，组织“宪法日”“消费者权益保护日”法律咨询、典型案件新闻发布会等活动16次，主题涉及宪法宣传、刑事审判、交通事故、企业经营风险防范等内容，1700余名干部群众、学校师生受到普法宣传教育。

建成高科技执行指挥中心，初步实现执行行动远程指挥实时化、执行全程可视化、执行查控便捷化、失信惩戒联动化。按照标准化法庭建设标准，对黄旗堡、埠头两处人民法庭进行全面提升改造，为辖区群众提供更加便利的司法服务。

【司法公开】 推进“智慧法院”建设，努力提高审判管理的信息化水平，对全部案件的流程节点实现全程留痕、实时管控、跟踪监督。2017年网上公布裁判文书2291篇，省市两级法院网络直播庭审案件106件，报送典型案例25篇。

【司法责任制改革】 开展法官员额制改革。完成首批32名员额法官遴选、法官职务单独序列管理、人员分类管理等一系列重点改革任务，法官等级确定、工资套改等工作按期完成，法官职业保障更加有力，推动法官队伍的正规化、专业化、职业化建设。积极探索审判委员会运行机制改革，逐步缩小审委会研究具体案件的范围，引导审委会职能向统一司法尺度、加强审判管理方向转变，逐步建立起责权明晰的司法权力运行体系。

优化司法资源配置。面对“案多人少”的突出矛盾，坚持以改革思路破解工作难题，多措并举化解案件激增压力。推行法官、法官助理、书记员“1+1+1”模式，组建32个审判团队，遵循随机分案、团队负责的基本原则，由审判团队对审理、执行案件全面负责。建立健全绩效考核制度体系，细化法官、法官助理和书记员工作权限，对各类人员进行定期绩效考核，为员额法官公正高效办理案件创造有利条件。

规范审判权力运行。坚持有序放权与有效监督相结合，突出独任法官与合议庭的办案主体地位，逐步实现“让审理者裁判，由裁判者负责”。制定院庭长权责清单，明确院庭长对重大、疑难、复杂案件继续履行监督管理职责，确保用权受监督，放权不放任，促进案件质量和效率稳步提升。建立完善专业法官会议制度，就具体案件的法律适用问题向合议庭提供参考意见，为法官交流研讨提供良好平台。

创新司法工作机制。深入推进民商事案件繁简分流、多元化解、小额速裁机制建设，初步实现简案快审、繁案精审、优质高效。深化立案登记制改革，畅通诉讼渠道，强化诉前调解，较好地满足人民群众多元化司法需求。实施岗位目标管理，建立案件结收比、结案均衡度等重要案件指标“周通报、月督查、季研判”制度，落实重点包靠、末位约谈等措施，推动审判、执行工作全面提质增效。

（于　洋）

司法行政

【概况】 坊子区司法局共有在职在编工作人员53名，下设公共法律服务中心、社区矫正监管大队、公证处和7个司法所，以及宣传科、基层科、律师管理科、审批服务科等业务科室，主要负责全区的法治宣传、人民调解、社区矫正及安置帮教、公证、法律援助、法律服务、司法鉴定等工作。2017年，坊子区司法局以学习贯彻落实十九大精神为契机，不断解放思想，各项工作取得较好成绩，被评为全省普法依法治理工作先进单位、全市妇女儿童工作先进集体、坊子区十九大安保维稳工作先进单位，坊子区凤凰街道葛家村被评为全国民主法治示范村、马卫东被评为全国模范调解员、区国税局被评为全省法治宣传教育示范基地、凤凰街道赵家法治广场及九龙街道凤凰村被评为全市法治文化建设示范基地、坊城街道莲花池村被评为全市法治宣传教育示范基地。

2017年9月16日，省司法厅厅长王本群到坊子区视察

【普法宣传工作】 普法宣讲团和普法志愿者队伍的工作深入民心。坊子区司法局从全区59个普法成员单位精选80名普法骨干成立坊子区法治宣讲团，采用“点餐式”的方式，建立“普法菜单”，普法宣讲团成员根据“菜单”到学校、村居及各企事业单位进行宣讲，全年共开展活动70余次，参与人数达万人；将活跃在全区社会各层面的普法志愿者组织起来，形成一支有法律专业背景、老中青结合的普法志愿者队伍，组织开展“一人说法百场、千人送法万家”的普法志愿活动。下大力气打造赵家法治文化广场、九龙法治文化广场、白沙河景观带、玉泉洼现代农业观光园等法治文化广场及法治教育示范基地，共建成法治文化广场34个，“法治一条街”11条，法治文化长廊4处。在“12.4”等重要节点，组织全区范围的普法宣传活动，通过“千人徒步”等方式宣传国家宪法和法律。抓住领导干部和青少年这两个学法用法“关键群体”，组织全区机关干部参与在线学法考法，为全区45所中小学配备“法治校长”。与潍坊电视台深度合作推出“活力坊子法治先行”栏目，精心制作专题片《小讲台 大普法》，收到良好的宣传效果。

2017年3月22日，普法宣讲团进企业进行法治宣讲

【人民调解工作】 坊子区坚持抓好基层人民调解组织建设，突出做好物业、交通事故、医疗行业纠纷等行业性专业性调解委员会的建设，全区已建各类调委会396个，其中镇街人民调解委员会7个，村居人民调解委员会302个，专业性、行业性人民调解委员会13个，其他人民调解委员会74个。调解人员总数1668名，专职人民调解员292名。坊子区高度重视人民调解员调解能力和业务素质的培养，通过组织全区性业务培训，不断提高人民调解员对相关法律法法规的熟知程度，并相互交流调解经验。不断加强“金牌调解室”建设，打造如坊安街道“老沈工作室”的调解室。同时，坚持贯彻“互联网+人民调解”的工作思路，建设完善网上调解平台，依托“大调解”平台，建立多部门共同参与的协调处理机制，各乡镇人民调委会与行业调委会之间，实现联动合作及信息资源共享、专业调解人才资源共用，及时排查、预防、化解矛盾纠纷，最大化发挥基层人民调解“第一道防线”的作用。按照省、市有关要求，高标准打造农村社区司法行政工作室，全区7个街道（发展区）的司法行政工作室已100%建设完成。并与设立警务助理工作相结合，探索运行“司警联动”的人民调解工作机制。

【公共法律服务工作】 2017年，坊子区加大公共法律服务体系建设工作力度，在原法律援助中心的基础上，高标准打造面积200多平方米的区级公共法律服务中心，整合法律咨询、法制宣传、法律援助、公证和人民调解等公益法律服务资源，开展公共法律服务工作。建成7处街道（发展区）公共法律服务工作站；建成36处村（社区）司法行政工作室。区、街道（发展区）、村（社区）三级公共法律服务实体平台网络已逐步形成。同时，以“互联网+”平台为基础，利用门户网站及微信、手机客户端等媒体，积极探索开发网上法律服务，创新服务方式，群众扫码即可进入平台，使群众足不出户就能享受综合性的法律服务。是年，坊子区委区政府两办印发坊子区《关于加快推进“一村（社区）一法律顾问”工作的实施意见》，坊子区综治办、司法局又联合下发《关于加快推进“一村（社区）一法律顾问”工作的实施方案》，积极开展“一村（社区）一法律顾问”工作。在完成7个街道（发展区）的90个村（社区）配备法律顾问前期试点工作基础上，全区302个村居现已全部配备法律顾问。并由坊子区委政法委牵头，组成检查验收组，主要采取“听、看、评”的方法进行，逐一到全区各村（社区）检查验收，进一步推动“一村（社区）一法律顾问”工作的落实保障。

【社区矫正及安置帮教工作】 为加强辖区社区矫正人员的监督管理，坊子区司法局2017年共制定《坊子区社区矫正重大执法事项监督管理办法》《关于开展社区矫正、安置帮教安全隐患专项整治活动的实施方案》等多个工作文件。创新特殊人群管理方式，于全市率先研发“社区矫正人员电话汇报管理系统”和“手机apk电子书学习和考试系统”，有力提升社区矫正工作的信息化、规范化水平。同时，为进一步推进刑满释放人员安置帮教工作开展，依托山东新和盛食品有限公司、潍坊华宝机械制造有限公司，新设立两处刑满释放人员过渡性安置基地。是年，社区矫正工作队建制管理模式成型，升格为行政编制、副科级单位。2017全年，坊子区接收社区矫正人员190名，解除180名，矫正在册324名，警告处罚22人次，因违反社区矫正监管规定被撤销缓刑4人，完成社会调查评估22件，无一人出现脱管、漏管。

【公证及司法鉴定工作】 2017年，坊子区公证处主动围绕全区中心工作，服务经济社会发展大局，为坊子区德日建筑群修缮、龙泉街改造等40余项重点工程建设招投标提供全程的公证法律服务，为营子、高家、西王村等棚户区改造和公共租赁住房分配现场进行保全证据公证，有效保障全区重点工作的顺利进行。结合自上至下开展的公证体制改革，公证处变更为公益性事业单位，在改革中不断壮大人员队伍，理顺体制、完善机制，健全体现岗位绩效的收入分配制度，充分调动公证员的积极性、主动性、创造性，以提高公证服务水平和效率。司法鉴定工作方面，从提升司法鉴定从业人员专业素质入手，加强业务培训及检查考核力度。区级公共法律服务中心亦设立司法鉴定业务受理窗口，延伸服务区域。同步完善司法鉴定管理、保障体系和制度机制，加强司法鉴定所建设的规范化、标准化，进一步提升司法鉴定行业的服务质量和工作水平。

律师事务所、法律服务所一览表

类别	机构名称	负责人	办公地址
律师事务所	山东双和律师事务所	刘成敬	坊子区华通园商会大厦420室
	山东求是和信律师事务所	王　萍	潍坊胜利东街195号求是和信15—17楼
基层法律服务所	南流所	赵炳吉	坊安街道办事处行政街与兴南路交叉口南100米路东
	忠信成所	王元忠	坊子区工业发展区眉村行政街中段路北（管委会对面）
	奉天所	马世民	坊子区行政街中段（坊子交警队北邻）
	清风所	郑永华	坊子区西五马路17号（粮食局院内）
	德方所	张继国	坊子区西五马路（公证处对面）
	阳春所	周会元	坊子区黄旗堡街道政府街与二马路交叉路口西南角
	九龙所	于效军	坊子区九龙街道九龙大道与穆响路交叉口西南角

（李　斌）

经济监督管理

发展改革

【概况】 2017年，坊子区发改局树立和贯彻新发展理念，坚持稳中求进的工作总基调，积极适应引领经济发展新常态，以开展“项目建设年”“作风建设年”为牵引，以产业强市、品质城市、新旧动能转换三大任务为着力点，强化创新驱动，奋力进取，完成上级交办的各项任务，获得2017年度“潍坊市级文明单位”称号。

【宏观调控】 准确把握经济发展态势，科学预判宏观经济走势，加强对经济运行中苗头性、倾向性问题的分析报告。按照四个城市建设专项推进委员会分工，编制完成《坊子区产业强市建设五年规划和三年行动计划》《坊子区品质城市建设五年规划和三年行动计划》。编写《关于潍坊市坊子区2016年国民经济和社会发展计划执行情况与2017年计划草案的报告》，并积极组织实施，圆满完成各项任务目标。编制2018年国民经济和社会发展计划草案，提出发展思路、目标任务和工作重点。按照国家产业政策严把投资审批关，提高建设项目环保、土地、节能门槛，严禁新上污染重、能耗高的项目。2017年，全区审批、核准、备案项目243个，均符合国家政策。

【经济结构】 2017年，坊子区经济社会发展保持稳中有进的良好态势，全区实现地区生产总值165.73亿元，增长7.9%；三次产业比例调整为5.7：49.5：44.8。实现一般公共预算收入14.3亿元，增长9%；社会消费品零售总额达到76.02亿元，增长9.8%；固定资产投资增长7%。大力推进恒安智能一体化等总投资278亿元的91个重点项目建设，培育新的经济增长点和发展动能。

【产业转型升级】 加快工业转型升级，实施工业“246”战略。山东测绘地理信息产业园，建成中小企业服务中心，入园企业达到74家，总投资达74.2亿元，获批省级“地理信息小镇”。机械装备制造园，威马高端发动机、国际动力港等项目建设顺利，园区规模进一步扩大，入驻企业达26个。智能装备产业园，产业孵化中心启动建设，5大科技创新平台、7个项目签约落户并开工建设。潍坊市军民融合智能装备产业园，是潍坊市首批确定的军民融合产业园区，落户激光快反镜、自修复材料等4个项目。加快现代服务业发展，统筹推进“一镇三带两基地”建设。北海路高端服务产业带，利用北海路和凤凰街两侧楼宇资源，签约引进泰华城商业综合体等一批高端服务业项目。房地产业健康发展，全区新建商品房开工面积和销售面积分别增长58.8%和45.7%。潍州路商贸物流产业带，诺吉雅力医药配送中心等项目有序推进。潍安路乡村旅游产业带，抓好玉泉洼生态观光园、乐高农场等现代农业园区建设，推动农业与旅游、文化等产业融合发展。依托潍河、汶河开发，以九龙涧为核心，大力发展生态旅游、健康养生、风筝文化等产业，打造九龙涧都市休闲健康养生基地和现代风筝文化创意创业基地。加快现代农业融合发展，以培育“新六产”为抓手，推动农业向规模化、绿色化、产业化发展，全区现代农业示范园区达到63家。扶持发展新型农业经营主体，农民专业合作社、家庭农场、农业龙头企业分别发展到717家、107家和58家。大力发展品牌农业，“三品”认证农产品数量达到48个。

【重点项目】 实施恒安智能一体化、谷合电液提升器等总投资278亿元的91个重点项目，引进新松机器人、航创无人机、豪迈研究院、金融服务交付基地、奥精健康科技等66个高端项目，引进落户上海普道、北京图谱、飞猪科技、鉴川科技等44家总部型企业。雷沃智能农业装备产业聚集区、帅克机器人减速器产业基地等8个项目列入山东省新旧动能转换重大工程实施规划，28个重点项目列入潍坊市新旧动能转换项目库。山东测绘地理信息产业园建成中小企业服务中心，新落户华凯比克希汽车电子、金融交付基地等23个项目，入园企业达到73家、总投资达134.2亿元，其中50个项目投产，获批省级“地理信息小镇”。机械装备制造园威马高端发动机、国际动力港等项目建设顺利，园区规模进一步扩大，入驻企业达26个。雷沃重工股份有限公司入选工信部第一批单项冠军示范企业，品牌价值达到506.7亿元，蝉联中国农机行业首位；恒安纸业品牌价值达到367.5亿元，位列中国品牌价值500强第114位，成为中国最大的生活用纸生产基地；潍坊谷合传动技术有限公司、潍坊富源增压器有限公司、潍坊裕川机械有限公司等企业进一步巩固细分行业引领地位。在全市观摩点评中，获得十二县市区第四名的历史最好成绩。

【现代服务业】 服务业实现增加值74.26亿元，同比增长8.7%，服务业增加值占GDP比重达到44.8%。服务业实现税收10.14亿元，同比增长1.8%，占全部税收收入的53%，全区实现社会消费品零售总额76.02亿元，增长9.8%，增幅高于全市平均水平0.9个百分点，列12县市区第3位、四区第1位；实现限额以上社会消费品零售额12.84亿元，同比增长2.1%，增幅高于全市平均水平0.1个百分点。规模以上服务业实现营业收入19.49亿元，同比增长13.3%，增幅高于全市平均水平7.7个百分点，列12县市区第

3位、四区第2位。其中，营利性服务业实现营业收入1.25亿元，同比增长30.9%，增幅高于全市平均水平12.4个百分点；交通运输仓储邮政业实现营业收入15.62亿元，同比增长16.5%，增幅高于全市平均水平6.7个百分点。2017年，坊子区26个服务业项目列入全市服务业投入重点项目，总投资231.2亿元，年计划总投资42.24亿元，全部按期完成计划。金融保险、商贸物流、电子商务、文化旅游、服务外包、信息服务、健康养老等重点产业快速发展。

【改革创新】 聚焦重点领域和关键环节，深入推进改革开放，催生一批新机制、新模式、新动能。深化“放管服”改革，压减权力事项81项，取消涉企收费项目35项，清理证明材料21个，审批服务事项全部进驻政务大厅，实施“三十一证合一”改革，上海普道公司95分钟完成注册，新型环保材料项目50分钟领取营业执照，全区新登记各类市场主体6828户；持续开展降成本“711”专项行动，帮助企业协调解决问题62个、降低成本4亿元。深化投融资改革，组建5个实体化国有公司，引入实力产业资本重组共达电声，设立潍坊高精尖股权投资基金，通过股权、基金等方式开展招商和产业运作，保障重点园区、重点工程投资建设。建立风险缓释机制，与市再担保公司达成战略合作，助推实体经济发展。50家规模企业完成公司制改制，58家企业在齐鲁股权交易中心挂牌。深化社会领域改革，重点推进城市供水体制改革、教育学区制建设、公立医院改革、基层医疗卫生管理体制调整等事项，创新社会治理“四步工作法”，全区非访量下降79%。深化农业供给侧结构性改革，新增农业新型经营主体144家。深化对外开放，实际到账外资4.1亿元，超额完成年度任务。

（戚玉波）

市场监管

【概况】 坊子区市场监督管理局，挂区食品药品监督管理局牌子，为区政府工作部门。统一负责本行政区域内工商、质监、食品药品监管等市场监管职责，同时承担区政府食品药品安全委员会的具体工作。坊子区市场监督管理局业务上分别接受潍坊市工商、质监和食品药品监管部门的指导和监督。坊子区市场监督管理局现有行政编制120人，事业编制30人，实有行政编制119人，事业编制27人，所有在职在编人员全部到岗到位。领导班子成员6人，党委书记、局长、区食安办主任赵新坤，党委成员、副局长张维军，党委成员、副局长张月武，党委成员、副局长王卫华，党委成员、副局长韩忠志，党委成员，区食安办副主任郭卫东。

【机构改革】 根据《中共坊子区委坊子区人民政府关于潍坊市坊子区人民政府职能转变和机构改革的实施意见》（坊发〔2015〕2号），将区工商行政管理局、区质量技术监督局、区食品药品监督管理局的职责进行整合，组建坊子区市场监督管理局，加挂坊子区食品药品监督管理局牌子，为政府工作部门，正科级规格，财政拨款，核定机关行政编制35名，内设机构11个，配备局长（主任）1名，副局长3名，食品药品监督管理局专职副局长1名，区食品安全委员会办公室副主任1名。科长11名，副科长11名。直属局2个：企业注册局，行政编制5名，副科级规格；公平交易局，行政编制5名，副科级规格。派出机构5个：共有行政编制69名，其中凤凰市场监督管理所15名，坊城市场监督管理所15名，坊安市场监督管理所15名，九龙市场监督管理所12名，黄旗堡市场监督管理所12名。直属事业单位1个：区市场监督管理执法大队，为公益一类事业单位，核定编制34名。

【市场主体登记】 建设注册登记快速通道。制定出台《注册登记快速通道建设与实施方案》，对坊子区确定的重点项目实行快速注册，及时落地，对全区重点项目、骨干企业实行限时办结、首接负责、预约登记、“绿色通道”等多项服务制度，构建登记审批“快车道”。2017年4月，仅用95分钟便办结上海普道财务咨询有限公司的营业执照注册业务，刷新企业注册登记用时记录，得到企业的高度评价和赞赏。2017年10月，仅用50分钟为坊子区山东渲和新材料科技有限公司的新型环保砂项目的落地办理完成注册登记。再造固化审批服务流程。稳步推行企业登记快速注册，将快速注册通道延伸至每一个审批业务，创新服务理念，“只说怎么办，不说不能办”，变“被动服务”为“主动服务”，变“等你办”为“帮你办”，真正把企业的事当成自己的事来办，让企业享受到“一站式”贴心服务。2017年新登记企业1501户，同比增长65%；变更及备案1830笔，同比增长31%；办理食品经营许可118户；办理企业名称预先核准登记1722笔。该局的快速审批工作先后被潍坊日报、潍坊晚报、大众日报、山东新闻联播、潍坊新闻头条及新华网等各大媒体进行宣传报道，市作风建设年办公室以专题的形式下发简报，市委办公室“潍坊信息”也对该局工作进行通报。

【市场合同监督管理】 开展机动车“四非”问题和货车非法改装行为专项检查。配合有关主管部门开展打击非法生产、非法改装、非法拼装、非法拆解回收机动车行为打击“四非”机动车行为专项整治。共出动执法车辆33车次、检查人员124人次，检查企业51家。加强农资市场和网络监管工作。对坊子区农资质量进行定向监测，共抽取22个复合肥、复混肥、有机肥、掺混肥样品，经抽检机构检测全部合格。制定《坊子区市场监督管理局关于推进网络市场线上线下一体化监管的实施意见》，指导网络交易平台、官网亮标亮照，研判建档435家，在线检查网站1230家，对3家网站责令整改，查办案件1起，罚款1万元。积极开展市级“守合同、重信用”企业公示工作。根据市工商局《关于做好2015—2016年度“守合同重信用”企业公示工作的通知》《国家工商总局关于“守合同重信用”企业公示工作的若干意见》和《山东省守合同重信用企业公示办法》规定。初审申报潍坊市工商局2015—2016年度“守合同、重信用”公示企业30家。其中：原公示企业20家，新申报企业10家。扎实开展动产抵押登记和拍卖工作。为更好解决企业贷款难的问题，积极走访金融机构和有关企业，与企业和金融机构进行座谈交流，共办理抵押登记22份，主债权数额17115万元，为企业的发展注入新的活力。对拍卖前提供的备案材料从主体资格、标的展示、公告内容、方式、时间认真审查，严格把关，共办理拍卖备案45起。

【商标广告监督管理】 商标方面：积极开展千百企业商标提升活动，2017年全区注册商标总量达到2068件，新增352件，位列四区第三；百户市场主体商标拥有量10件，位列全市县市区第一。积极推进马德里商标国际注册。确定3户企业申请马德里商标国际注册，已经完成上报国家局工作。积极储备地理标志商标。在全区将玉泉洼（蔬菜）、逢王一品（西红柿）、黄旗堡（牛蒡茶）、王家庄子（风筝）四个品牌储备为地理标志商标。其中“南流芦笋”已经取得国家商标局授予的集体商标受理通知书。积极强化商标执法办案。共立案查处商标侵权案件2件，罚款10万元。广告管理方面：全力抓好广告投诉举报处理，2017年共处理各类广告投诉举报103件。组织开展对电视媒体、医疗器械、食品、药品、保健食品、医疗、投资理财、收藏品等重点领域的专项监督检查和重点整治，持续遏制虚假违法广告反弹，消除不良影响。对一户公司违反《广告法》，广告内容含有投资预期以及承诺，进行立案处罚，罚款一万元。

【消费者权益保护】 组织开展重点消费侵权行为专项整治行动。重点整治分管领域内故意拖延或者无理拒绝“三包”责任、订金和预收款、消费者个人信息、修理服务等方面的侵权行为，进一步加大消费维权的力度，做到不推不等不靠，切实维护消费者合法权益，全年共处理各类消费侵权行为32件，为消费者挽回经济损失12.6万元。组织开展大型超市重点商品专项检查。突出以家用电器、儿童玩具、不锈钢餐具等老百姓普遍关注的商品质量为检查重点，检查标识是否符合国家标准，家用电器、儿童玩具是否通过国家3C强制认证等，加强对辖区流通领域商品质量的监管，依法严厉查处制售假冒伪劣商品、销售不合格商品、以次充好、以假充真、掺杂使假等侵害消费者合法权益违法行为。检查超市18家，对检查中发现的不合格商品依法进行查扣。认真做好日常消费者投诉举报工作。针对家用汽车产品消费方面的投诉居高不下的情况，对辖区内所有的汽车4S店和经销商进行全面的调查摸底统计，全年处理汽车消费投诉36件，100%调解成功，为消费者挽回经营损失30余万元。处理各类消费者投诉、市长、区长热线129件，投诉举报处结率达到100%，全年为消费者挽回经济损失60余万元。

【食品安全监督管理】 食品生产流通方面，加强领导，深入开展各项专项整治活动。按照市局及区局安排，开展调味品专项整治，肉制品专项整治行动，食用农产品批发市场（农贸市场）专项检查，农村食品市场专项整治，食品生产企业“对标规范”专项整治，畜禽水产品专项整治，打击食品“一非两超”专项整治，乳制品生产企业复原乳标签标示专项监督检查，打击加工，经营病死猪肉等违法行为专项行动和进口食品市场专项检查等10余项专项整治行动。2017年，共出动执法人员2100余人次，检查食品生产企业和小作坊共180余人次，检查食品经营户1700余次。同时，在生产环节，积极引导企业开展“亮企”行动，已完成“亮业”12家；在流通环节方面，按照标准要求，积极开展“亮店”行动，目前已完成“亮店”1000余家。加大监督抽检力度，助推国家食品安全城市创建工作。食品生产流通环节完成区级监督抽检382个批次，其中12个批次不合格。同时配合做好国抽、省抽和市抽工作，累计国、省抽180个批次，市抽390个批次。积极开展食品生产加工示范企业和食品流通示范单位（店）创建，2017年食品生产加工示范企业4家、食品流通示范单位（店）9家。食品餐饮方面，加大对“三小”单位整治力度，共检查餐饮单位800家次，出动执法人员1600余人次，指导整改160余家，对“三小”单位“一对一”帮助规范，帮扶率达100%，为创建国家食品安全城市打下坚实基础；严格执行学校食堂四查制度及小饭桌动态公示制度，公示小饭桌48家。深入推进“阳光厨房”工程建设，共完成餐饮单位86家，组织“食安山东”创建活动，创建省级示范学校食堂1家，市级示范店3家，积极对供餐单位重点环节全程监督，共抽检583批次，快检320批次，不合格30批次，确保辖区食品安全。

【保健品食品化妆品安全监督管理】 制定《2017年度全区保健食品化妆品生产、经营日常监督检查工作计划》，确定日常监督检查的内容，为有序开展全年日常监管工作打下基础。工作中，采取突击检查、跟踪检查、明察暗访、专项治理等多种方式，提高监管效能。共检查保健食品经营企业130家，要求整改49家；化妆品经营企业42家，要求整改22家。相关检查信息全部及时录入山东省食品药品安全智慧监管平台。开展保健食品化妆品专项整治。根据市局要求针对重点区域、重点品种进行专项整治，共出动执法人员400余人次，检查经营企业200余家，对有问题的企业要求立即整改。按时上报化妆品不良反应21例，及时完成市局安排的化妆品和保健食品抽检任务。

【药品及医疗器械监督管理】 制定并下发《2017年度潍坊市坊子区药品生产日常监督检查工作计划》《2017年度药品市场监督检查计划》《潍坊市坊子区中药饮片专项整治工作方案》《开展违法经营使用药品专项检查工作方案》《药品医疗器械安全风险隐患大排查大整治行动实施方案》。检查药品经营企业98

家，责令整改37家；药品使用70家，责令整改24家，移交稽查部门2家；检查中药饮片经营企业42家，责令整改21家，开展药品经营企业GSP追踪检查20家。开展疫苗专项检查，共检查疫苗使用单位10家。制定《坊子区医疗器械专项整治2017行动方案》《2017年坊子区医疗器械经营企业监督检查方案》，制定并下发《关于做好2017年度无菌和植入性等医疗器械的监督检查》《坊子区医疗器械生产经营“规范年”活动方案》，开展“医疗器械专项整治行动”、使用单位监督检查和互联网医疗器械经营监督检查。对辖区内隐形眼镜、避孕套、体外诊断试剂、注射用透明质酸、定制式义齿医疗器械经营和使用、一次性无菌器械和植（介）入器械等进行专项检查和日常监督检查并按时上报工作方案和工作报表。目前为止监督检查生产企业1家、使用单位43家、经营企业46家，共出动执法人员320人次。

【名牌战略】 2017年，坊子区市场监管局扎实推进名牌战略，有效增强企业市场竞争力。积极完善培育目标，有的放矢的组织开展名牌和质量奖培育工作。新年伊始，本着早下手，早准备，快推进的原则，对坊子区企业进行调研，了解相应产品市场情况，及时与企业沟通，掌握企业的当前状况和发展前景。根据调研情况，制定《坊子区市场监督管理局2017年品牌培育工作实施方案》，将潍坊华美精细技术陶瓷有限公司、潍坊中粮禽业有限公司、雷沃重工股份有限公司等6家企业的8种产品列入2017年的山东名牌培育目录，按照2017年山东名牌评价要求，梳理出符合申报条件的企业，提前将文件精神传达给企业，帮助企业提前下手，及早准备。4月份，山东省名推委出台《2017年山东省名牌产品评价目录》，根据目录内容，帮助潍坊华美精细技术陶瓷有限公司的“KCE牌反应烧结碳化硅”和潍坊中粮禽业有限公司的“家佳康牌冷冻调理肉制品”两种产品申报2017年山东名牌产品，最终，潍坊华美精细技术陶瓷有限公司的“KCE牌反应烧结碳化硅”成功获得“2017年山东名牌产品”荣誉称号。

【质量管理】 组织开展质量月活动，积极营造人人关注质量的良好环境。制定坊子区市场监管局2017年质量月活动工作方案，认真组织，细化责任，强调落实，确保质量月工作顺利进行；积极加强各部门合作，积极做好协调沟通，通过上下联动、部门协同、区域配合，形成合力，在全局形成“质量月”活动的宣传氛围；在质量月期间牵头组织开展特种设备安全大检查、机动车检测机构专项检查、计量专项监督检查、企业产品标准自我声明公开等一系列活动，确保质量活动落到实处；组织开展企业内部的质量月活动。严格履职，开展各项专项整治活动。开展检验检测机构专项检查活动。对辖区内获得资质认定检验检测机构开展专项检查，确保获证机构全部检查，不留监管死角。组织开展学生服质量安全风险专项检查活动。对辖区内学生服生产企业和学校等纤维制品使用单位进行专项监督检查，确保学生服质量安全。组织开展水泥产品获证企业专项监督检查活动。对辖区内水泥获证生产企业进行监督检查，检查企业的生产状况和生产条件是否持续保持取得生产许可证的规定条件，是否存在违规产能或国家明令淘汰的落后设备，是否存在无证生产等违法违规行为。组织开展电线电缆生产企业专项检查活动。西安地铁电缆事件发生后，区市场监管局立即部署开展电线电缆生产企业专项检查活动，对辖区内获得3C认证的电线电缆生产企业进行监督检查。

【计量管理】 加强在用强制检定计量器具的监督管理。按照《潍坊市质监局关于对在用强制检定计量器具依法实施登记备案和依法开展检定的通知》的要求，开展对辖区内涉及贸易结算、安全防护、医疗卫生、环境监测等领域的计量器具进行登记备案工作，提高强检计量器具的周期检定率，保证其正确溯源和准确可靠，全年登记备案两千余台件。组织开展贸易结算、安全防护、环境监测用等强制检定计量器具的监督管理工作。抽查各类强制检定计量器具300余台件次，检查同时宣传计量法律法规，建立设备台账，增强强制检定计量器具使用单位的主体责任意识。开展计量检定校准机构监督管理工作。主要对计量检定校准机构2016年以来是否存在无检定校准原始记录或不检定校准出具证书等问题。坊子区计量测试所是坊子区唯一一家计量检定校准机构，该局通过核查计量器具管理台账和抽查计量检定校准证书，印证计量检定校准原始记录，走访了解企业等形式，对该机构进行检查。共抽查证书12份，走访企业2家，通过检查和走访未发现违法违规情况。

【标准化工作】 推动企业积极制定团体标准、国家标准、行业标准，鼓励企业标准创新。今年以来，坊子区企业主持参与制定国家标准1项、行业标准4项、团体标准8项，列入计划正在制定的国家、行业、地方标准共计6项、团体标准8项，承担和参加全国农业、拖拉机、磨料磨具、工业陶瓷标准化技术委员会11项。坊子区3家企业4个产品标准荣获潍坊市首届标准创新奖三等奖，位列全市第二、四区第一，这是市政府对坊子区标准化工作的肯定和鼓励。另有坊子区帛方纺织有限公司承担的《本色坯布生产标准品用电单耗的计算方法》国家标准，入选2017年“山东标准”建设计划。积极宣传企业标准信息公共服务平台在方便企业办事、降低企业成本、激发企业活力等方面的积极作用，营造良好的工作氛围。围绕政策解读、平台操作等内容，组织辖区内相关企业参加培训班30余人次，及时掌握相关法律法规、政策和管理要求。截至目前，坊子区已有72家企业累计上报422项标准，涵盖1017种产品，其中国家标准48项、行业标准12项、地方标准1项、企业标准361项，通过山东省企业标准信息服务平台进行公开声明。为推动企业标准化良好行为工作的开展，加快实施标准化战略。鼓励和支持企业积极参与“标准化良好企业行为”申报工作。2017年，潍坊富源增压器有限公司已通过AAA级标准化良好企业行为确认，潍坊华美精细技术陶瓷股份有限公司已申报AAA级标准化良好企业行为确认。

【特种设备安全监察】 2017年以来，区市场监管局以山东特种设备安全监督管理系统为依托，开展特种设备安全监察工作。建立特种设备安全隐患排查登记、督办、销号制度。认真组织开展冬季特种设备安全生产专项整治、重点监控设备专项检查、涉氨制冷企业特种设备整治、特种设备使用单位监督抽查、夏汛特种设备安全生产专项整治、电梯安全专项整治集中行动、化工企业安全生产隐患“大快严”工作、客运索道和大型游乐设施安全隐患排查等一系列行动，专门成立由分管领导任组长的领导小组，每次专项整治都有方案、有措施、有检查、有记录、有总结，重大节日、重要时期都组织开展安全生产检查活动。每月定期召开特种设备安全工作会议总结上月工作，部署下月工作，及时总结工作经验，不断改进工作方法，提升工作水平。对每一个存在隐患的设备分派专人监督整改，全科不搞形式主义，不怕脏、不怕累，克服种种困难，2017年共检查特种设备单位520家次，检查各类特种设备2100台套，出动执法人员1800余人次，发现各类安全隐患91处，下达特种设备安全监察指令书25份，消除安全隐患78处。

【公平交易执法】 积极落实打传通知要求，建立打击传销联动机制。按照市局要求，对企业字号中含有“福尔沃”字样的2家企业进行涉传检查，企业经营范围与登记事项相符，未发现涉传行为。同时，联合潍坊市公安局坊子分局、区经信局、区互联网文化管理办公室四部门建立打击传销联动机制，做到联防联控联查，明确部门分工，确保打击网络传销违法犯罪专项行动的扎实开展。充分发挥公平交易执法职能，规范整顿公共服务行业。制定《查处公用企业和大型零售商限制竞争行为工作实施方案》，要求各公共服务行业制定详细整改方案，开展自查自纠，全面清理和查找自身存在的问题。公共服务企业按规定上报自查自纠报告，企业自查均未发现问题。积极查处虚假宣传案件，维护公平竞争市场秩序。在执法监管中，坚持先提示、后告诫、再处罚的“三步式”柔性执法方式，将告知、说理、解释、劝诫等指导手段融入行政处罚程序的各个环节，增强行政处罚的教育性和说服力，以取得当事人的理解和配合。目前，虚假宣传案件共结案3起，较好地维护市场公平竞争秩序。加强部门联系沟通，加大对烟草行业的整顿力度。与烟草局联合发文《关于成立联合打击涉烟非法经营行为领导小组的通知》，建立联合打击涉烟非法经营行为协作机制。今年，共办理烟草移交案件23起，结案14起。对危险化学品经营企业实行分类管理，加强对违法采购等行为的监管。按照危险化学品经营企业调整规划的整体要求，为每一个危险化学品经营企业建立经营档案，实行分类管理和指导。加大办案力度，加强成品油质量监管，对坊子区加油站进行计划抽检，共抽检加油站23家46个样品，其中4个样品不合格，涉及4个加油站。

2017年驰名商标、著名商标一览表

企业名称	商标名称	驰著名商标	核定使用商品/服务
雷沃重工股份有限公司	福田欧豹	驰名	拖拉机
雷沃重工股份有限公司	谷神	驰名	收割机
潍坊富源增压器有限公司	富源	著名	涡轮增压器
潍坊风筝面粉有限责任公司	风筝及图	著名	面粉
山东板桥酒业有限公司	板桥及图	著名	酒
雷沃重工股份有限公司	五星	著名	农用运输车
山东美林卫浴有限公司	Milim	著名	卫生洁具
潍坊风筝面粉有限责任公司	柳叶及图	著名	挂面
潍坊鲁元建材有限公司	鲁元	著名	水泥
潍坊华美精细技术陶瓷有限公司	KCE	著名	耐火材料、耐火沙
雷沃重工股份有限公司	雷沃古神	著名	收割机

2017年山东名牌产品一览表

企业名称	产品名称
潍坊华美精细技术陶瓷有限公司	KCE牌反应烧结碳化硅制品
山东共达电声股份有限公司	GETTOP牌扬声器
帛方纺织有限公司	龙牌精梳纱线
帛方纺织有限公司	鹤鹿牌化纤面料
帛方纺织有限公司	帛方牌竹纤维纱线
雷沃重工股份有限公司	雷沃谷神牌联合收割机
雷沃重工股份有限公司	雷沃牌轮式拖拉机
山东帅克机械制造股份有限公司	SHKE牌工业机器人

【检验检测工作】 自2017年4月1日取消强检计量器具收费后，该所部分强检计量器具业务量加大，全所在人员、硬件等配置不变的情况下，加班加点，保质保量地完成计量检定工

作，真正做到“强检不收费，服务不打折”。由于全区环保、安全各项检查工作严查，企业环保、安全用计量器具检定需求加大，安全用计量器具较去年增长42%。计量检定工作有效的配合全区环保、安全工作的开展。在今年的技术机构监督检查工作中，市场监督管理局对包括该所在内的四家县市区计量所工作情况进行抽查，经检查，该所工作体系运转良好。在本年度全市统一部署开展的加油机计量比对大比武活动中，经专家评比，该所成绩名列前茅，检定业务水平得到上级的肯定。以“5.20”世界计量日宣传活动为契机，结合计量宣传主题，展现计量工作风采，以多种形式组织开展“5.20”世界计量日主题宣传活动。2017年共检定强检计量器具4883台件，其中检定电子秤、台秤及电子汽车衡1100余台件，燃油加油机750余台次，压力表700余台件，其他计量器具2300余台件。

（刘云飞）

价格管理

【概况】 2017年，坊子区物价局认真贯彻落实区委、区政府决策部署，主动适应经济发展新常态，不断深化价格机制改革，改进价格调控，加强价格监管，强化价格服务，充分发挥职能作用，努力促进“四城四区”建设。2017年获得“区级文明单位”荣誉称号。

【价费管理】 落实上级涉企收费优惠政策。积极调查并督促涉企优惠政策及减免政策的落实情况，并进行跟踪评估，及时向有关部门提出完善价费政策措施，规范价费行为的意见建议。2017年共有947家直营光伏发电客户享受政策补贴，1万余户直管客户按规定执行峰谷分时电价政策；推行收费目录清单制度，目录外不收费。实行收费目录动态管理，落实清单公示制度，修订完善印发坊子区《涉企行政事业性收费目录清单和中介服务收费项目清单》《政府定价政府指导价经营服务性收费目录清单（2017）版》，通过政府网站向社会公示；加强行政事业性收费监管。依托全国收费动态监管系统，加强事中事后监管，对全区27个行政事业性收费单位进行网上收费统计申报；加强物业收费管理。完善普通住宅前期物业服务和普通住宅小区停车收费政策，做好物业服务企业收费备案工作，全区已备案物业服务企业42家；落实收费公示制度。检查督导各收费单位严格规范收费公示行为，执收单位必须在醒目位置公开收费项目、收费标准、收费依据和监督电话。

2017年7月31日，召开房地产企业价格提醒告诫会

【价格监督检查】 开展涉企收费专项检查，根据《山东省物价局关于深入开展涉企收费专项检查工作的通知》要求，对全区10家企业、2家机关事业单位、2家中介服务机构、2家行业协会商会进行检查，未发现有乱收费行为。重要节假日期间，组织人员对区内各农贸市场、超市进行价格巡查，重点关注粮油肉禽蛋菜奶等价格情况，确保节假日期间市场价格秩序稳定。加强明码标价管理，制定《坊子区物价局明码标价规范活动实施方案》，先后召开房地产企业、大型超市、停车场、宾馆等行业的明码标价和反欺诈价格提醒告诫会3次，涉及企业50余家，发放《提醒告诫函》1000余份。2017年，重点对全区12家房地产企业在售房源明码标价情况进行检查，对8家存在违规问题的房地产开发企业进行处罚，共计罚款53.3万元。通过“12345”政务服务热线、“12358”价格服务热线等途径，受理群众价格举报、投诉、咨询200余起，涉及网店、物业、供暖费、停车费、电价、水价等方面问题，针对反映的问题，安排专人负责办理，办结率和回复率均达100%。

2017年春节期间，区物价局工作人员到佳乐家超市进行价格巡视

【公平竞争审查】 为加快建立统一开放、竞争有序的市场体系，促进和保护市场公平竞争、推动坊子经济持续健康发展，根据国家、省、市政府有关文件精神，印发《坊子区人民政府在市场体系建设中建立公平竞争审查制度实施方案》（坊政发〔2017〕14号），建立坊子区公平竞争审查工作联席会议制度及议事规则。联席会议负责全区公平竞争审查制度的实施及指导各单位推进和落实公平竞争审查工作。按照“谁制定、谁清理、谁负责”的原则，严格审查增量政策，加快清理存量政策。新出台的文件做到制定文件的同时进行公平竞争审查，并填写审查结论书。对存量文件严格按照国发34号文件的审查标准，对现行有效的政策措施进行逐件审查，有序清理和废除妨碍公平竞争的各种规定和做法。

【价格监测】 建立健全价格监测预警机制。按照“快、准、灵”的工作要求，构建区、街办、村“三位一体”的价格监测网络，对居民基本生活必需品及凸显坊子特色的农产品价格进行监测，使价格监测工作更加贴近群众的生产、生活需要。全区共设立23个价格监测点，聘请26名专兼职价格监测员。对54种居民生活消费品、7种特色农产品、5种饲料价格进行监测。2017年，上报国家、省、市各类价格监测报表300余份。

【价格认证】 区价格认证中心坚守客观公正、程序公正和实体公正原则，严格按照《价格认定规定》要求，坚持依法依规依纪办事，优质高效完成各项涉案财物价格认定工作，扎实做好价格争议纠纷调解处理工作及其他涉行政事项价格认定工作，打造价格认定优质公共服务品牌。2017年，共办理涉案价格认定案件100余起，认定标的额为150余万元。

（李　娜）

统　计

【概况】 2017年，在区委区政府正确领导和市统计局的关心指导下，坊子区统计局紧紧围绕区委“一二四三”目标任务和思路举措，立足统计“反映发展、评价发展、宣传发展、促进发展”工作职能，以提高统计服务能力、提高统计数据质量、提高政府统计公信力为目标，不断创新工作思路，努力提高数据质量和统计服务水平，以科学统计促进科学发展，开创统计工作的新局面。区统计局先后荣获“山东省第三次农业普查先进集体”“2017年度全市妇女儿童工作先进集体”“山东省1%人口抽样调查先进集体”等荣誉，3名统计工作者分获全省统计系统“最美基层统计人”“全省统计系统先进个人”“山东省第三次农业普查先进个人”称号。

【常规统计调查监测】 按照省市统计年报会议精神，严把统计数据收集、录入、审核、汇总、上报等各环节，高标准高质量地完成综合、农业、工业、能源、贸易、规模以上服务业、固定资产投资、房地产、建筑业、劳动工资等专业的2016年年报和2017年相关月份定期统计报表任务，全区主要统计数据真实可靠，做到应统尽统。同时，先后完成县级粮食产量抽样调查、畜禽监测、全国1%人口抽样调查、劳动力抽样调查、工业品价格调查、蓝黄经济监测、规模以下服务业抽样调查、旅游业调查、景气调查等专项调查和监测活动。

【第三次农业普查】 农业普查涉及全区60297农户和488个农业经营单位，21.4万人。在普查中，认真践行“一线工作法”，坚持工作重心下移，全力以赴搞好第三次农业普查。一是做好PDA基层培训，切实提高基层普查人员的PDA操作水平。二是加强普查表完整性和逻辑性审核，坚持随登随审，现场核实，确保农户信息真实可靠。三是开展普查数据质量全方位抽查，分三批次对全区普查对象开展抽查，确

2017年1月，区农普办副主任与街道普查员、普查指导员走街串户进行现场登记

保普查员的入户率和普查数据的正确率。四是集中力量对全区各项普查数据按照普查方案要求逐一审核、逐级验收。目前，农业普查主体工作已经圆满结束。

【经济运行调度】 区经济运行分析调度工作领导小组办公室设在区统计局，为促进全区经济平稳健康运行，区统计局多措并举切实加强经济运行调度工作。一是夯实统计工作“三个责任”。统计工作“三个责任”即行业主管责任、属地管理责任和重点企业包靠责任。除继续落实“三个责任”外，还制定《全区重要经济指标目标清单》和《统计工作配档表》，进一步明确各单位的阶段性任务。二是坚持月度数据协调机制。每月由区统计局牵头，召开由各街道（发展区）和区直有关部门参加的月度主要指标调度会议，重点解决统计工作中存在的困难和问题。三是加强GDP核算基础指标调度。GDP是反映经济发展的第一指标。与发改、经信、商务、财政、住建、房管等部门联系，着重加强对23项GDP核算指标的预警调度。四是加强统计监测。联网直报期间，区统计局对企业数据进行全面监测，第一时间将异常指标向街道和主管部门反馈，督促企业进一步核实数据，保证数据质量稳步提高。

【统计服务】 统计服务是统计工作的生命线。为进一步提高统计服务水平，区统计局主要做以下四个方面的工作。一是完成各种统计刊物的编辑印发。2017年，区统计局先后编制印发每年一册的《2016年潍坊市坊子区国民经济和社会发展统计公报》《坊子统计年鉴—2017》和每月一期的《坊子统计月报》，并向区委区政府和各有关部门、单位免费发放。二是继续印发统计信息专刊。统计信息专刊由区统计局和区政府信息科合作创办，主要包括主要经济指标、企业税收情况和分企业主要指标三个方面。在数据确定后，区统计局立即形成信息报区政府信息科，由区政府信息科通过政府信息的形式在第一时间呈送区领导参阅。2017年，全年共刊发统计信息专刊25篇。三是深入分析解读统计数据。坚持“月度简要分析、季度全面分析”的工作方法，每月、每季度都对经济形势进行分析研判。特别是每季度结束后，区统计局都对全区各行业、各区域经济运行情进行综合分析并撰写全区经济运行分析报告。2017年，区统计局共报送各类统计分析、信息、调研报告220余篇。四是积极做好统计咨询工作。统计数据反映全区经济社会发展的成果，是各级各部门工作中的重要参考，全区各级各部门和社会各界对统计数据的需求量很大。工作中，区统计局尽全力满足有关单位需求，积极提供各项统计数据，为其讲解统计指标含义，做到及时、准确、全面。同时，区统计局定期主动在区政府网站公布月度、季度、年度各项统计数据，供社会各界查询。

【“四上”企业纳入】 一是单位比对。以统计数据为基础，结合相关部门数据，初步排查出83家拟纳入企业。二是摸底排查。将83家拟纳入“四上”的企业经营情况进行逐一核实，剔除不符合标准的企业。三是搜集纳入材料。准备材料是最重要也是最艰难的环节，难点在于很多企业对统计工作不理解、不支持，不少企业变换经营地址很难找到。为此，区统计局组建两个工作组，分四批次对企业逐户走访，取得他们的理解和支持。四是形成三级联审。在材料搜集过程中严把审核关，形成街办初审、专业主审、名录库终审的三级联审机制，对纳入材料进行纠错。最终，全区共有51家企业通过国家统计局“四上”单位审批，纳入数量位列全市前列。

【统计改革】 全力推动重点领域统计改革。不断完善GDP核算制度，强化和规范核算基础数据的支撑，严格审核23项核算基础指标的数据质量，实现与全市核算数据的精准衔接。积极推进固定资产投资统计改革，实施投资统计由形象统计法到财务支出法的转变，重点实施5000万元以下投资项目投资统计财务支出法改革，严把项目入库关和数据审核关，固定资产投资数据质量得到有效提高。实施工业、贸易等重点行业统计方法改革，严格按照省市要求实现平滑衔接，相关专业数据质量得到进一步夯实。在一系列改革工作的推进过程中，区统计局严格按照上级安排部署各项改革工作，在工作中严格掌握时间进度，各项改革有条不紊地持续推进。

【统计基层基础建设】 统计基层基础工作是统计工作的基石。工作中，区统计局在基层基础建设方面狠下功夫。一是配齐配强基层统计力量。按照市委市政府《关于进一步加强统计工作的意见》的要求，坊子区在党政联席会上研究决定在两个发展区成立统计工作办公室，在其他街道配备专职统计工作人员。目前，全区各街道都已按照《意见》要求配齐专职的统计人员，全区基层统计队伍建设得到极大加强。二是加强统计基础保障工作。在工作中，积极为各街道、发展区基层统计人员工作提供便利，并督促街道为统计员进企入户提供车辆、经费等方面的保障。三是加强基层统计业务培训。各专业有计划、有针对性地对基层各专业统计人员进行统计业务培训和岗位技能培训，进一步提高基层统计员的业务能力水平，为区统计局充分发挥统计“四个”作用，培养“能学、能算、能写、能说、能干”的“五能”统计基层干部打下坚持基础。

【统计法治建设】 一是加强统计法制学习。组织全体干部职工和基层统计人员学习《统计法》《统计执法监督检查办法》《统计法实施细则》等统计法律法规。二是加强统计巡查。围绕基本单位名录库、“四上”企业的基础工作、工业、投资、能源和服务业统计等重点领域，有计划地开展统计巡查。三是加强统计法制宣传。通过发放统计法制明白纸、当街宣传、进企入户等方式，进行广泛的统计法制宣传。四是成立统计执法监督检查机构。根据市委市政府要求，区编办专门下发文件在统计局成立统计执法监督科，并为区统计局增加行政编制3名。

【作风建设年活动】 认真组织全局干部职工按照配档表学习党章党规和系列讲话，同时主动寻标对标，积极开展对标访学活动。6月22日，区统计局一行10人由于洪鹏局长带队，赴青州市统计局开展对标访学活动，重点学习青州市统计局一流的工作作风和一流的工作方法。青州市统计局各科室也向区统计局各对口科室详细介绍各自科室的工作方法和先进经验。这为实现全区统计工作晋档升级、争创一流奠定坚实基础。

【机关管理】 制定完善学习、考勤、卫生、物资采购等相关规章制度，文件收发、党费收缴、人事管理、保密工作、政务公开、档案管理、党的建设等方面的工作有条不紊地开展，车辆使用和维护、办公用品采购、计算机及网络维护、会务安排在内的后勤保障工作井然有序，有力的保障全局各项日常工作，机关管理水平进一步提高。

（孔彬彬）

审　计

【概况】 2017年，区审计局围绕党委政府工作中心，依法履行审计监督职责，持续推进审计监督全覆盖，结合“强基层、铸铁军”工程和“规范化建设年”活动，实施“提效提质、创新创优”计划，不断推进审计工作法治化、规范化、科学化，提升各项工作水平，保障全区经济社会更好更快发展。全年共完成审计项目44个，查出主要问题金额16.44亿元，促进增收节支6452.12万元，提出审计建议103条。继续保持“省级文明单位”称号。

【财政审计】 2017年，完成坊子区本级及区财政局、区经管局、区房管中心等有关预算单位的2016年预算执行和其他财政收支情况审计，提报的审计工作报告分别得到区人大、区政府的充分肯定。完成2016年税收征管情况审计。重点对地税坊子分局进行审计，并延伸审计15家纳税企业，促进上缴税款33.5万元。促进地税机关落实税收政策，依法组织收入，规范税收执法行为。

【经济责任审计】 2017年，完成领导干部经济责任审计项目18个，对相关人员的履行经济责任的情况进行客观事实的评价；开展并完成坊安街道、工业发展区2个街道（发展区）党政主要负责人的同步审计；结合经济责任审计开展领导干部自然资源资产离任审计试点工作，完成“活力城市”建设年度工作任务。完成全区302个村（居）的审计督查工作，形成报告文书320余份，发现问题1871个，涉及问题金额4062.98万元，提出审计建议366条。

【政府投资项目审计】 2017年，完成坊子区白沙河综合治理工程（苗木部分）、坊子区北海路南延绿化工程（一、二标段）、坊子区泰和路（龙泉街—凤凰大街）道路排水工程等19个项目的审计定案，审计金额2.11亿元，审减6418.62万元，审减率30.42%，促进政府投资项目建设规范管理，有效避免财政资金损失。

【民生资金和项目审计】 2017年，对坊子区2015年度计划生育事业费、社会抚养费及其他计生专项资金的征收、管理、使用情况进行审计，并对坊城街道办事处等4个街道办事处进行延伸审计。根据省审计厅安排，对坊子区2016年度精准扶贫工作进行审计。对扶贫项目和资金管理中存在的不足，提出针对性的审计建议，为坊子区精准扶贫项工作的进一步优化完善提供依据。

【区委、区政府安排的工作】 根据区委、区政府安排，协同区监察局、区财政局对全区2017年度政府投资项目和使用国有资金建设项目招投标活动进行专项检查，为全区招投标活动依法透明运行，健康有序发展，促进政府投资项目建设提供良好的环境保障。

（赵俊丞）

安全生产监督管理

【概况】 2017年，区安监部门严格落实区委、区政府关于安全生产的决策部署，树立“红线意识”和“底线思维”，组织安全生产“大排查快整治严执法”“集中排查整治”等行动，2017年全区共发生安全生产责任事故2起、死亡2人，事故起数和死亡人数分别下降83.3%和60%，全面完成市政府安全生产控制指标。

【落实安全生产责任制】 区委、区政府始终重视安全生产工作，认真落实“一岗双责”责任制，牢牢抓住分管部门、分管领域安全生产不放松。区直各部门严格落实“管行业必须管安全、管业务必须管安全、管生产经营必须管安全”的要求，全面抓好行业领域的安全生产；十七个专业委员会由牵头部门组织每月定期开展安全生产大检查；七个区直包靠街道（发展区）部门每月带领专家到一线督导检查。各街道（发展区）认真履行属地管理责任，建立302个村、社区级网格，配备责任心强的网格员。全区上下各个层面形成横向到边、纵向到底，各负其责、齐抓共管的安全生产监管合力。2017年初，区安监局协调区政府调整区政府安委会和十七个专业委员会成员；并协调区政府主要领导与各街道（发展区）、区直有关部门签订年度安全生产目标责任书，全面落实安全生产责任制。区安监局每月向区政府常务会议或者区长办公会议汇报安全生产工作情况。

【分管行业领域安全监管】 危险化学品领域安全监管。全区共有10家涉氨企业、1家危险化学品生产企业、9家危险化学品经营企业和

2017年6月9日，区安监局执法人员在潍坊恒丰化工有限公司检查危化品安全生产工作

48家加油站。通过开展加油站、涉氨制冷企业专项检查，危险化学品“反三违”“综合治理”“大快严”紧急行动和省市异地执法检查活动，2017年，共查出隐患1063项，整改1018项，整改率95.8%。

烟花爆竹领域安全监管。印发《坊子区烟花爆竹（零售）点设点规划》，开展烟花爆竹专项整治，对全区2家烟花爆竹批发仓库和36家烟花爆竹零售点，逐一进行不少于两次的检查，对33家零售点存在的75项不符合要求的事项，全部进行整改。

职业健康领域安全监管。按照“查安全生产必查职业健康”的要求，结合陶瓷生产和耐火材料制造企业粉尘危害专项治理、汽车制造和铅蓄电池生产行业尘毒危害专项治理、水泥企业安全生产和职业健康“一重点全覆盖”执法专项行动，共检查企业80余家，查改问题135项。138家企业开展职业病危害因素检测，作业场做职业病申报备案120家，4166名企业职工进行职业健康查体，保障一线职工的健康安全。

【安全生产基层基础建设】 “安全生产标准化”创建。按照“分级督查、逐级调度、定期通报”的方法，全区安全生产标准化创建工作成效显著。到2017年底，全区65家高危行业和111家规模以上企业全部完成标准化建设，达标率100%。高危和规模以上企业标准化的创建实施，影响和带动全区面上企业“安全生产标准化”创建，到2017年底，全区有220家规模以下企业完成“标准化”创建工作。

2017年9月12日，区安监局执法人员在潍坊六合饲料有限公司检查职业健康安全管理工作

“两个体系”创建。风险分级管控体系和隐患排查治理体系，是新时代抓好安全生产工作，防范各类事故的治本措施，也是全省安监系统的重点工作。2017年10月25日，坊子区在全市率先组织召开“两个体系”建设观摩推进会，部署创建任务；各街道（发展区）和规模以上企业迅速行动，全力开展创建工作，2017年11月底，全区规模以上企业基本完成创建；

12月份，区安监局组织专家进行督查检查，有效促进“两个体系”创建。

安全生产宣传教育培训。树立安全发展理念，提升全民安全素质。2017年2月17日，聘请国家级专家李长满教授，讲解中共中央国务院《关于推进安全生产领域改革发展的意见》，区级领导、各部门负责人、街道（发展区）安监所所长等260余人参加。2017年11月13日，组织各街道（发展区）和有关部门安全管理人员，到青岛石油大学开展安全生产知识培训。区级培训2次，共受训700余人，街道级培训20次，培训3000余人。结合安全生产月活动，共发放各类宣传材料3000余份、安全生产办事指南800余册、安全知识丛书1000余册、接受群众咨询300余人次。2017年12月5日，在市政府安委会主办的“潍坊市安全生产法律知识电视大赛”中，坊子区代表队荣获冠军。

隐患排查整治。按照上级“大快严”、集中开展隐患排查治理行动等通知要求，采取调度专业委会和包靠部门督查、专家帮查等手段，深入开展隐患排查整治各项工作，2017年，共检查企业3100余家次，查改隐患14621项。

（张宏伟）

国有资产运营及管理

【概况】 2017年，坊子区国有资产管理工作严格贯彻落实区委、区政府决策部署，通过加强制度建设、清查国有资产、推进投融资体制改革等措施，全力支持全区经济发展。

【管理制度建设】 制定印发《坊子区行政事业单位国有资产管理暂行办法》（坊财国资〔2016〕1号）、《潍坊市坊子区行政事业单位国有资产处置管理办法》（坊财国资〔2016〕2号）、《潍坊市坊子区行政事业单位通用办公设备家具配置标准》（坊财国资〔2016〕3号）、《坊子区财政局关于转发〈潍坊市财政局关于进一步推进行政事业单位国有资产管理与预算管理相结合的意见〉》（坊财字〔2017〕9号）、《坊子区行政事业单位国有资产租赁及转让管理暂行办法》（坊财字〔2017〕11号）等文件，明确部门资产采购、管理、报废程序。

【国有资产清查】 印发《坊子区财政局关于认真组织开展全区行政事业单位国有资产清查工作的通知》（坊财字〔2016〕7号），并对纳入资产清查的行政事业单位进行培训，明确资产清查基准日定为2015年12月31日。清查的主要内容包括单位基本情况清理、账务清理、财产清查、完善制度等。通过资产清查，摸清核实各级、各部门单位的行政事业国有资产家底。

【国有资产购置处置】 按照《潍坊市坊子区行政事业单位通用办公设备家具配置标准》（坊财国资〔2016〕3号）、《坊子区财政局关于转发〈潍坊市财政局关于进一步推进行政事业单位国有资产管理与预算管理相结合的意见〉》（坊财字〔2017〕9号）、《潍坊市坊子区行政事业单位国有资产处置管理办法》（坊财国资〔2016〕2号）等文件要求，审核单位资产配置数量及金额是否超标，并对单位资产核销加以规范。

政府资产报告试点工作方面。2017年，坊子区被潍坊市列为政府资产报告试点区。全区政府资产报告包括坊子区所辖范围，涉及区公安分局、区交通局、区人社局、区粮食局、区检察院、区城管执法大队、九龙街道办事处、黄旗堡街道办事处等多个试点部门，2016年度政府资产报告试点工作顺利完成。

坊子区供水总改制工作方面。对区供水总公司进行经济责任审计，审计期限和范围为2007年8月1日—2017年1月31日的年度财务报表和会计账目。

【投融资体制改革】 改组、成立5家国有公司并成功运行。积极对接金融机构和资本市场，为区内企业提供担保4000多万元。设立潍坊高精尖股权投资基金和中小企业风险缓释基金2支基金，投资4家企业。承接多个棚改安置房和智能装备制造产业园的建设任务，并参与新能源汽车项目合作建设。推进PPP项目建设，吸引社会资本参与公共服务领域项目建设运营。与区教育局、区住建局、区园林管理处、区交通局、区公路局等部门合作，共同推进潍坊四中迁建、坊子区基础设施建设提升工程（一期）、G309国道坊子城区段（八马路）工程三个PPP项目，合同投资额11亿元。

（王　超）

农村经济管理

【概况】 区农村经济管理局设局长1人，副局长1人，局内部设办公室、农村财务资产管理科、农民负担信访监督管理科、农村土地专业合作经济管理科4个科室，具体负责农村经济管理业务工作。2017年按照以创新农村经营体制机制为主线，以服务和促进农村经济发展为中心，突出农村集体“三资”管理、农村产权制度改革、新型农业经营主体、农村产权交易体系建设、涉农监管“五项重点”总体思路，被省农业厅授予全省农业宣传暨科学技术普及工作先进集体，全区科学发展综合考核优秀等次。

区经管局为盈丰农场办理土地经营权证、农业大棚证

【农村集体“三资”管理】 加强日常监督管理，开展代管资金季度运行分析、土地补偿费管理，2017年4月，编印《农村经济管理相关政策汇编》，以农村集体“三资”管理、农村

2017年5月，组织全区农村土地确权登记颁证情况检查

集体资产改制、农村土地三权分置、土地确权登记颁证、农民合作社及家庭农场相关政策、农村产权交易知识等为主要内容，集中组织全区农村财会人员350余人，在警官培训基地开展为期两天的全区农村经济管理工作培训班。通过培训，从业人员熟悉掌握新时期农业农村政策法规，提高农村财会队伍掌握新知识、把握新政策水平和整体战斗力。

【农村集体产权制度改革】 根据省市关于农村集体产权制度改革新要求，研究制定坊子区《关于积极稳妥推进农村集体资产改革的实施意见》，调整坊子区农村集体经济组织产权制度改革领导小组成员名单，根据市处《关于做好农村产权制度改革工作的通知》要求，逐村进行对照检查，为下一步积极稳妥推进农村集体产权制度改革工作打好基础。

【土地确权登记颁证】 坊子区农村土地承包经营权确权登记颁证数据库顺利通过国家质检检测、省级农村土地承包经营管理信息系统校验入库，率先在全市完成数据库汇交。2017年5月，组成专门检查组，采取进村入户查看资料、询问座谈的方式，对全区7个街道（发展区）36个村、216户的农村土地承包经营权证书、合同书的发放情况进行检查。对检查中发现的问题，逐街道（发展区）提出限期整改意见，督促整改落实；破解难题，深入街道加强未确权村调研分析，提出具体确权工作方法，全区16个未确权村已有9个村进行测绘。

【新型农业经营主体】 通过召开会议、专题调研、组织培训等形式，增强发展新型经济合作组织发展的积极性。截至2017年12月，全区农民合作社新增90家，达到739家，其中种植合作社302家、养殖合作社106家、农机合作社55家、土地股份合作社54家、农业服务合作社8家、经济合作社214家。家庭农场新增24家，达到113家，其中种植家庭农场102家、养殖家庭农场3家、种养结合家庭农场8家；开展示范创建行动，全区国家级示范社1家，省级9家，市级29家，区级80家，省级示范场2家，市级示范场8家，区级示范场22家。

【农村土地流转】 严格规范流转行为，依法加强农村土地经营权流转的规范管理与指导服务。截至2017年底，全区新增土地流转面积1.2166万亩，土地流转面积13.1566万亩，土地适度规模经营化率达到64.889%；按照《潍坊市农村土地经营权证管理办法》的规定，2017年为，有需求者办理大棚证60个，办理抵押贷款300余万元；为有需求的经营主体办理土地经营权证16个，办理抵押贷款547万元。

【农村产权交易体系建设】 进一步完善各项规章制度和齐鲁农村产权交易中心区级分中心及街道（发展区）交易中心办事处建设，加强指导培训，提高交易成功率。2017年，通过积极组织推介、对接活动、网络信息收集等多种途径上报发布信息7011条，完成产权交易金额2408.1万元，其中土地流转金额2413万元，办理土地承包权抵押登记业务5笔，金额547万元。

【农民负担监督管理】 加强农民负担监督管理，组织开展农民负担专项治理和自查自纠，抓好农民负担监督卡的发放工作。2017年，坊子区共计发放农民负担监督卡7.49万份，入户率达到98.7%以上；妥善调处群众信访，共受理涉农信访案件10起，均及时转到街道（发展区）进行调处，有力维护农村社会稳定。

（张淑君）

农　业

综　述

【概况】 2017年，全区农业农村工作取得优良的工作成绩，保持持续发展的良好态势。农业综合生产能力显著提高，农业增加值同比增长4%，高于全市平均水平，增幅列十二县市区第四位，四区第一位；农村居民可支配收入达到1.71万元，同比增长8.8%。现代农业加快发展，现代农业示范园区发展到63家，其中玉泉洼“园区+合作社+农户”的综合体发展模式，受到中央和省市各级领导的充分肯定和大力推广，成为全区、全市农业新六产发展的靓丽名片；农业龙头企业发展到58家，农民合作社总数达到736家，家庭农场达到113家，

农业产业玉泉洼示范园

全区土地流转面积13.2万亩，占家庭承包经营面积的比例达到47.02%。乡村文明程度不断提升，实施农村综合文化广场建设“两年行动计划”，新改扩建农村综合文化广场187处。庄家庄村入选第五届全国文明村，建成半截楼村、马司一村2个省级“百镇千村”示范点。社会大局和谐稳定，实施基层服务型党组织建设“三年行动计划”，高标准完成23个软弱涣散村党组织的整顿转化；创新实施矛盾纠纷化解“四步工作法”，农村信访非访量下降79%；投资1200多万元，对29个村实施光伏发电项目，着力解决村集体经济薄弱问题；提前完成省定贫困村和建档立卡贫困人口脱贫退出任务，不断巩固脱贫成果。

【美丽乡村建设】 农村人居环境持续优化，先后投资1.98亿元实施无硬化道路村村内主大街硬化全覆盖、背街小巷提升全覆盖、农村道路村村通硬化全覆盖、公路网化示范县“四大工程”，修建乡村道路近300公里。举全区之力开展棚改工作，完成17个村居、7712户的整体搬迁，所有安置区全部开工建设；改造农村危房4005户；B级标准以上美丽乡村数量达到

美丽乡村——工业发展区涌泉村

2017年3月27日，中央重大病虫害统防统治补助项目

164个，占比达58%，在全市美丽乡村科学发展考核中列四区第一；建成高标准农村社区服务中心25个，农村生产生活环境进一步改善。

（李高强）

种植业

【概况】 2017年，全区完成农林牧渔业总产值18.83亿元，同比增长4.1%。其中，农业产值14.64亿元，同比增长5.0%。全年粮食总产量11.72万吨，蔬菜总产量28.27万吨。三次产业比例为5.7∶49.5∶44.8，第一产业实现增加值9.39亿元。2017年，全区设施农业占地面积19082.9亩，设施内种植面积17765.1亩，分别比2016年增长25.8%、27.9%。

【粮食作物】 2017年，全区粮食播种面积32.9万亩，总产量11.72万吨。其中，小麦播种面积16.73万亩，单产237.9公斤，比上年减产164.5公斤，总产3.98万吨；玉米播种面积15.84万亩，单产478.8公斤，总产7.58万吨；其他粮食作物播种面积0.33万亩，总产0.16万吨。

【经济作物】 2017年，全区蔬菜播种面积7.02万亩，总产28.27万吨。其中：大姜种植面积2.06万亩，单产4389公斤，总产9.06万吨；芦笋种植面积0.36万亩，单产2303.7公斤，总产0.82万吨；大葱种植面积1.88万亩，单产4620公斤，总产8.68万吨；牛蒡种植面积0.09万亩，单产3333.3公斤，总产0.3万吨；马铃薯种植面积0.54万亩，单产1906公斤，总产1.02万吨。2017年，全区油料作物（花生）播种面积1.82万亩，单产295.9公斤，总产0.54万吨。2017年，全区瓜果类作物播种面积0.78万亩，单产4281.9公斤，总产3.36万吨。其中，草莓种植面积0.15万亩，单产2102.7公斤，总产0.31万吨；西瓜种植面积0.55万亩，单产4810.3公斤，总产2.67万吨；甜瓜种植面积0.08万亩，单产4688.1公斤，总产0.38万吨。

【现代农业示范园区】 2016年6月，区委、区政府出台《关于加快推进现代农业示范园区建设的意见》（坊办发〔2016〕11号），2017年8月对《意见》进行修订，在对农业园区进行地租补助的基础上，增加基础设施奖补、“三品一标”认证补助等更多的资金扶持政策，区财政连续三年每年拿出1000万元扶持园区发展，加大对现代农业园区扶持力度，掀起新一轮的园区建设高潮，撬动工商资本下乡，全区现代农业园区建设进度进一步加快。2017年，对新建、扩建的35个农业园区进行考核验收，兑现补助金额291万余元。2017年底，全区各类农业园区发展到63家，流转土地面积4.1万亩，计划总投资25.4亿元，已完成投资12.4亿元。园区产值达到5.4亿元，销售收入达到2.4亿元。园区常年用工2740人，季节用工11400人次。

特色园区建设 全区具有一定规模的63个园区，按园区建设内容，分为果蔬种植园区、花卉苗木园区、中药材种植园区及粮食类园区四种类型。果蔬种植园区49个，其中种养结合园区5个，以果蔬种植为主的有金润现代农业示范园、美城无公害蔬菜基地、黄旗堡逄王蔬菜生产示范园、桃花源生态农场、半截楼葡萄生产基地、瑞泉现代农业示范园、北山现代农业示范园、博纳葡萄庄园、小北洼榛子种植示范园、潍坊乐高农场等。种养结合园区主要有玉泉洼有机果蔬种植与肉牛、生猪养殖，稷丰有机果蔬种植与野猪养殖，水墨庄园果蔬种植与猪、禽养殖，鲁圃家庭农场蔬菜种植与香猪养殖、北山现代农业示范园葡萄种植与生猪养殖等。花卉苗木园区12个，主要有盈丰现代农业综合体、玫瑰东园、石埠花卉生产基地、张疃花卉种植基地、九龙口生态农庄、于家苗木生产基地、青龙山高端农业生态示范园、康盛达种植示范园等。中药材种植园区1个，为金川农林科技示范园。粮食种植园区1个，为鸿翔果蔬现代农业示范园。

标准化园区建设 坊子区现有国家级蔬菜标准园1个（潍坊市玉泉洼种植专业合作社联合社），省级农产品标准化生产基地3个（玉泉洼优质农产品生产基地、博纳庄园、潍坊金润现代农业示范园），市级农产品质量安全示范镇1个（坊子区黄旗堡街道），市级农产品质量安全生产示范园7个（潍坊市玉泉洼种植专业合作社联合社、潍坊市坊子区博纳葡萄种植专业合作社、潍坊市坊子区北山种植专业合作社、潍坊市坊子区兴逄果蔬种植专业合作社、潍坊市半截楼果蔬专业合作社、潍坊金润农业科技有限公司、潍坊市瑞泉农业有限公司）。2017年，坊子区生态循环农业示范园区1个（潍坊市玉泉洼种植专业合作社联合社），市级休闲农业示范园区2个（潍坊市坊子区水墨庄园家庭农场有限公司、潍坊市坊子区桃花源生态农业有限公司）。

【品牌农业】 2017年，全区市级以上农业龙头企业已发展至23家，其中，市级龙头企业21家，省级龙头企业2家。2017年，市级以上农业龙头企业主营业务收入386646万元，同比减少360万元，减少0.09%；纳税额8157万元，同比增加1447万元，增长21.56%。坊安街道洼里村（有机果蔬）荣获第二批省级一村一品示范村镇称号；黄旗堡街道（蔬菜）荣获山东省第四批省级一村一品示范村镇称号；坊安街道洼里村（玉泉洼有机果蔬）荣获第五批全国一村一品示范村镇称号。积极开展“三品一标”品牌提升行动。截至2017年底，认定绿色农产品生产基地7个，面积11.501万亩，认证产品14个，主要有风筝面粉、杞王葡萄、御丰园西红柿、杞都牛蒡、太苑核桃等；认定有机农产品生产基地6个，面积0.342835万亩，认证产品36个，主要有西红柿、菠菜、黄瓜、青椒、茄子、萝卜、白菜、大葱、芹菜、西葫芦、甘蓝、圆葱、中国南瓜、草莓、葡萄、樱桃、苹果、梨、桃、小麦、玉米、地瓜、土豆、花生等。

【农产品质量安全监管】 建立完善区、街道、村三级监管体系，区里设立监管科、街道（发展区）成立监管办，各村聘请监管员，截至2017年底，全区270个村都配备村级监管员，健全基层网格化监管队伍。2017年，规范农资经营登记备案，凡是进入辖区内的农药、化肥、种子一律登记备案，全区登记告知农药产品1616个、备案种子品种72个，备案告知品种、数量相比以往大幅增加。2017年，开展农资专项治理工作，抽样检测化肥样品124个、农药样品32个，整顿检查农资门店386个次，查处各类农资违法案件24起，其中，查处种子案件0起、农药案件1起、化肥案件23起，处结率100%。2017年，在全区种植基地、农贸市场农产品生产集中区建立监测联系点，配合市农业局开展监督抽查、风险监测，共抽样416个，合格样品416个，合格率为100%。全年共完成抽样1243个，合格样品1243个，合格率为100%。

2017年3月28日，“放心农资下乡和农资打假”宣传活动

【农业科技推进】 大力开展新型职业农民培育、农技推广示范户培训工作，2017年，累计培训各类农民379人，其中新型职业农民100人，农技推广科技示范户279人。2017年，全区共推广良种785吨，其中，推广小麦良种540吨，主推品种为济麦22；推广玉米良种245吨，主要有郑单958、金海5号、中单856等品种。推广有害生物绿色防控面积15.9万亩次，占总防治面积的28.1%。推广水肥一体化应用面积1.0679万亩。

（姜振玲）

畜牧业

【概况】 坊子区境内丘陵面积较大，适合养殖业发展，畜牧业养殖历史悠久。2017年，生猪存栏7.495万头，出栏13.57万头；羊存栏2.14万只，出栏3.5万只；家禽存栏193.2万只，出栏1347.07万只，其中，蛋鸡存栏31.94万只；肉蛋奶总产量达到4.57万吨；饲料总产量36.69万吨。

【重大动物疫病防控工作】 2017年，坊子区对基层防疫体系进行改革，将集中免疫由春秋集中免疫改为春秋冬每年三次强制免疫制度，在潍坊市城区第一个公开招考35名动物防疫和畜产品安全协管员，实行社会化管理，建立一支专业化、职业化、年轻化的基层畜牧兽医监管队伍。做好重大动物疫病防控，做到监测全覆盖。免疫家禽328万羽，生猪9.98万头，牛0.56万头，羊3.36万只，畜禽疫病监测和免疫抗体检测采样4650份，合格率99.5%，符合国家规定，并以满分的成绩通过潍坊市重大动物疫病防控工作考核。

2017年，坊子区以满分成绩通过潍坊市重大疫病防控工作考核。图为潍坊市畜牧局局长常祖领在坊子区紫鸢牧业督导H7N9流感防控情况

【禁养区关停搬迁工作】 在潍坊市城区第一个以政府名义印发《关于划定全区畜禽养殖禁养区、限养区、适养区的实施意见》，加快禁养区内规模化养殖场（户）关闭搬迁，提前两个月完成关停搬迁任务。

2017年中央环保督察期间，坊子区提前两个月完成禁养区关停搬迁任务。图为潍坊市副市长马清民在坊子区坊城街道绿洲杜泊羊场督导畜禽粪污无害化处理设施建设情况

【畜产品质量安全工作】 围绕畜产品及畜牧投入品安全综合开展10个专项整治行动，加强兽药饲料质量管理规范建设，依法打击私屠滥宰，规范病死畜禽无害化处理。2017年，收集病死猪4.0459万头，肉鸡81.0967万公斤，牛25头，羊637只，狐貂115公斤，产地检疫禽类2315.45万只（羽），猪1.884万头，牛羊820头，屠宰检疫肉鸡2385.27万只，禽产品8.85万吨，屠宰环节无害化处理死鸡697.31吨。监督抽检畜产品80批（次），饲料12批次，生鲜乳3批次。中粮禽业、新和盛食品两家屠宰企业获得“食安山东”示范企业称号。

【安全生产工作】 落实安全生产监管责任，开展安全隐患大排查。抓好涉氨涉氮涉粉尘企业及实验室等重点区域安全生产隐患排查整治，定期不定期到生产企业进行监督检查，检查畜牧生产企业及养殖场（户）243家，出动执法人员484人次，排除安全隐患65个，行业安全生产形势保持稳定。

【品牌建设】 2017年，新增国家级、省级标准化示范场名片2个，山东省畜牧旅游示范区1个，国家级饲料规范企业1家，无公害产品认证2个，“食安山东”示范企业2个，品牌引领作用进一步增强。

（郭　燕）

林　业

【概况】 潍坊市坊子区林业局内设办公室、业务科2个科室；下属区林业技术推广站、区林木种苗工作站、区森林保护工作站、区林业公安股4个事业单位。设行政事业编制25人，实有在职干部职工30人。主要负责全区林业及其生态建设的监督管理、造林绿化、森林资源保护发展及监督管理、陆生野生动植物资源的保护和合理开发利用、森林防火、林业系统科技及教育培训等。

【林政管理】 严格林政审批工作，开展网上受理办理业务，年内办理林木采伐许可证189份。严厉打击滥砍滥伐等破坏林木资源的违法行为，配合公安机关办理盗伐、毁坏林木案件1起。开展野生动植物保护宣传活动，悬挂横幅8条、发放明白纸3000余份、制作展板2个。设立野生动物疫源疫病重点监测区12处，实行网格化管理，加强野生动物栖息地保护。

【育苗造林】 推行育苗基地化、良种化、规模化，通过引种、选种，引进、推广、应用花卉苗木新品种近20个，培植扶持坊城街道山东盈丰花卉大世界、黄旗堡街道于家汶畔绿化苗木种植专业合作社等一批花卉苗木良种繁育基地和大户。全区已建成花卉苗木繁育基地8000余亩，主要集中在坊城、坊安、黄旗堡三个街道，育苗品种达100多种，年育苗970万株，产值9700万元。2017年，完成育苗面积280亩年度育苗任务。

全年完成造林面积1677亩，其中新增人工造林360亩，人工更新造林1112亩，退化林分修复205亩，全区总植树54万株。新增省级森林村居2个，市级森林镇1个，市级森林村2个。积极推进优质经济林基地建设，大力推广黄桃、黄晶梨、红肉苹果、榛子、文冠果等林果新品种，建设以乐高农场、水墨庄园、盈丰

2017年3月12日，市级领导班子成员、市绿化委员会成员单位及坊子区机关干部群众400余人，在九龙涧森林公园绿化提升项目区开展义务植树活动

花卉、桃花源、蟠龙山生态园等一大批各具特色林果采摘园。做好荒山绿化工程，着重加强灵山和蟠龙山绿化工作，造林598亩。水系绿化工程有序开展，重点抓好潍汶河流域断档补植和改造工程，继续对虞河、白沙河、凤翔河及引黄济峡干渠等河流林带进一步提升，造林874亩。2017年3月12日，在九龙涧森林公园开展义务植树集中活动，市区两级领导及有关单位400余人参加，共栽植樱花等6000余株，造林100余亩。

【森林防火】 落实森林防火责任制，与各街道（发展区）层层签订《森林防火责任书》。狠抓野外火源管理，深入排查安全隐患，强化24小时值班制度，无森林火灾发生。

2017年1月，区林业局资源和林政科工作人员在太公堂山（袁刘李村西）与街道、村相关工作人员一起打造防火带

【林业有害生物防控】 在全区4处林业有害生物监测站的基础上，积极创建"三位一体"监测网络，形成市、区、街道（发展区）三级监测预警体系全覆盖，提高监测准确率，为指导全区精准防控提供了科学的数据支撑。全年发布各类虫情预报16期，下发病虫害防控通知6个，测报准确率达到97%以上；调查监测覆盖率100%。另外，还定期开展松材线虫病、日本松干蚧春季、秋季普查或调查。

【林业产业】 坚持围绕市场抓调整，突出特色抓发展，大力发展核桃、榛子、文冠果等木本油料为主的特色经济林产业，全区发展核桃500亩，榛子1200亩。扶持林业龙头企业发展，组织开展林业龙头企业等评审活动，年内，潍坊乐高农场分别获得省、市级林业龙头企业称号，坊子区金月亮黑凤鸡林业合作社分别获省、市级示范社。加强林业产业品牌建设，乐高农场参加第十四届中国林产品交易会获得金奖。大力发展花卉苗木产业，全区花卉种植面积7公顷，年产量盆栽植物类7万盆，年产值750余万元。

（季洪芳）

水 利

【概况】 坊子区水务局全面贯彻落实党的十九大会议精神，按照省水利厅、市水利局的部署，围绕全区工作中心，立足职能，扎实做好水资源管理、防汛抗旱、水利工程、农村水利、水土保持、城乡供水等工作，充分发挥水务对经济社会发展的支撑保障作用。

【全面推行河长制】 2017年，坊子区认真贯彻落实省委、省政府和市委、市政府关于实行河长制工作的决策部署，紧紧围绕全市“品质城市”建设目标和全区打造“生态文化休闲区”的战略定位，明确任务，突出重点，强化措施，狠抓落实。一是建立起区、街道、村三级河长制组织体系，区委书记和区长担任总河长，10条主要河流分别由区领导任河长、区直部门主要负责人任河长助理，16条河流明确36名街道级河长、185名村级河长，设置民间河长67人，社会监督员30人，义务护河队员76人，二是完成12条主要河流的“一河一策”规划，制作河长公示牌185块。三是针对“八乱”问题扎实开展“清河行动”，清理沿河垃圾220处、4.5万方，整治入河排污口17处，清理网箱37处、8698个，拆除违法建筑170处，关闭养殖场77处、拆除73处，清理林木和高秆作物136处、242.7万平方米，取得治河护河的阶段性成效。

2017年8月24日，九龙街道清理汶河网箱养殖

【防汛抗旱】 以水利工程安全管理为重点，以修改完善防汛预案为抓手，突出强调防汛值班24小时值守，把防汛工作“抓早、抓紧、抓细、抓实”，做到任务明确、责任到人。充实防汛专业队伍，做好防汛形势分析研判，进一步加强汛情、雨情，全年测报降水量685.86毫米，高于去年同期的380.21毫米，发布雨情30余次，保证安全度汛。在做好防汛工作的同时，全力做好抗旱服务工作。提高企业用水循环利用率，增加企业中水利用量。按照“先生活、后生产”“先农业、后其他”的原则，压减高耗水企业供水，积极推广喷灌、滴灌等节水灌溉技术，提高水资源利用率，将区域用水总量控制在可补充、可循环、可持续的范围内。

【水库除险加固工程】 为提高全区各水库防洪排涝能力，消除病险隐患，经区委、区政府研究决定实施小型病险水库除险加固工程。2017年3月，成立潍坊市坊子区小型水库除险加固工程建设局，作为全区小型水库除险加固工程的项目法人，该工程包括小型水库除险加固工程地质勘察测量、大坝安全鉴定、初步设计、招标设计、施工图设计、概预算文件编制及相关后期工作等。2017年底，全区12座需要除险加固的水库大坝已进行安全鉴定，其中3座小水库初步设计已完成。

【农业水利设施建设】 一是完成坊子区2017年度高标准农田建设项目，有效改善项目区的水利设施及基础条件，预计年增加粮食生产能力34万公斤，年增产蔬菜160万公斤，年新增产值340万元，年增纯收入124万元。

二是完成坊子区坊安街道东水西调应急抗

旱工程，共投资200万元，新打机井3眼，新建加压泵站1处，铺设管道10.27千米，为坊子区惠群果蔬种植家庭农场、潍坊乐高农场有限公司、潍坊市玉泉洼种植专业合作社联合社、桃花源农业生态园等一万亩农田提供可靠的农村灌溉用水。

【城乡供水】 2017年，坊子区克服水源不足、水处理能力制约和居民、工业，用水需求剧增等不利因素，充分利用在全市率先实现城乡水务一体化的优势，实现城乡安全供水1500万方。

为节约水资源，保障全区城乡生活用水，一是实施恒安原水管道工程，腾出每天1万方自来水供水能力，保证城区居民生活用水。二是投资83.3万元实施农村饮水村内管网巩固提升项目，涉及黄旗堡、坊安、工业发展区等3个街道（发展区管委会），共3个村的村级管网巩固提升，项目共涉及828户0.28万人，有效解决村内管网安装时间较早、管材老化年久失修、跑冒滴漏等比较严重的现象，确保受益村庄的饮水安全。

【水土保持和水政执法】 加强行政许可审批、许可证事项的事中事后监管，严格履行建设方案审查制度，积极开展水法律法规宣传，通过发放宣传品、悬挂横幅、发送短信、张贴宣传画、播放宣传片等形式，宣传“世界水日、中国水周”主题活动，将水法制宣传教育引向深入。2017年，共受理并批复生产建设项目水土保持方案报告书17个、水土保持方案报告表1个，征收水土保持补偿费92.46万元。

【水资源管理】 牢固树立绿水青山就是金山银山理念，大力开展节水行动，积极开展水资源论证、取水许可、计划用水、计量用水、水资源费征收、水行政许可稽查巡查、节水型社会建设、入河排污口整治、费改税等工作。严控用水总量，严管用水强度，严格节水标准，严控高耗水项目，推进区域经济发展与水资源承载能力相适应、相协调。坚持节水优先方针，严格执行计划用水制度，全面提高用水效率，全区严格限制发展高耗水项目，加快实施农业、工业和城乡节水技术改造，坚决遏制用水浪费，推动节水型社会建设，同时，合理开发利用保护和管理水资源，并依法征收水资源费699万余元。

【农业水价综合改革】 2017年12月底，《坊子区农业水价综合改革实施方案》已经编制完成。按照计划，全区规划完成农业水价综合改革面积19.16万亩，其中，2018年规划完成9.7万亩，2019年规划完成2万亩，2020年规划完成2万亩，2021年规划完成2.07万亩，2022年规划完成2万亩，2023年规划完成1.39万亩。

（张庆永）

农业机械

【概况】 2017年，坊子区农业机械总动力为

44.32万千瓦，拖拉机4765台，配套机具6868台套，其他涉农机具32642台套，联合收获机械1282台，农用植保飞机11台。小麦、玉米耕种收综合机械化率均为100%，基本实现全程机械化。拥有农机专业合作社26家。2017年被评为潍坊市农机化工作先进县。

【农业生产服务】 围绕全区农业生产，做好农机化保障工作。“三夏”“三秋”生产期间，提前组织维修人员深入基层，为农机户检修、调试机具；提前摸清跨区作业有关信息，组织好所有参战机具的调度。组织上阵拖拉机、农用运输车3000余台，小麦联合收割机550台，玉米联合收割机650台，确保农业生产适时、顺利开展。

【农机科技推广】 2017年，坊子区农机局按照《关于做好2017年坊子区农业机械购置补贴工作的通知》要求，进一步突出主要粮食作物和大宗经济作物生产全程机械化机具装备，统筹兼顾林牧渔业生产机械化机具装备，对11大类32小类62个品目的农业机械进行补贴。其中，对深松整地、粮食烘干、免耕播种、花生联合收获、棉花采摘、秸秆粉碎还田、青饲料收获、果类蔬菜收获、水肥一体化（包括微滴灌设备、灌溉首部）、高效植保、残膜回收、畜禽生产（包括畜禽粪便资源化处理和病死畜禽无害化处理）等机械设备实行敞开补贴。共落实补贴资金497.63万元，补贴农户141户，补贴机具162台（套），其中，补贴大型拖拉机123台，自走式谷物收获机18台，自走式玉米收获机5台，深松深耕整地机械13台。

坊子区被确定为山东省农机报废更新补贴工作试点县，农机报废更新补贴与农机购置补贴同步实施，共报废机具90台，其中报废拖拉机61台，报废联合收获机29台，使用报废旧机补贴资金56.35万元，落实更新补贴资金264.02万元。

【农机合作社】 坊子区现有农机合作社26家。这26家农机合作社共有社员346人，从业人员458人，服务农户3.2万多户；拥有大中型拖拉机210台，联合收获机97台，耕、种、收、植保及其他配套机械795台（套）；资产总额4792.3万元，基础设施总面积达到8000多平方米，其中标准化库房4870平方米，办公场所2210平方米，维修车间1780平方米。2017年，完成作业服务总面积4.73万公顷，其中，跨区作业面积3.4万公顷；订单作业面积1.27万公顷，经营服务总收入1926.2万元，农机化服务总收入1200万元。2017年9月18日，潍坊市农机局下发《关于对2017年潍坊市“十佳农机合作社”进行表彰的通报》（潍农机字〔2017〕51号），坊子区美丰农机合作社获潍坊市“十佳农机合作社”称号。

【农机培训】 根据《省农机局关于做好农机合作社带头人培训工作的通知》精神，2017年10月30日—11月10日，坊子区农机局举办农机合作社带头人培训班。对来自全区40余名主要从事农机作业和经营服务的农机合作社理事长及业务骨干进行培训，进一步提升全区农机合作社成员素质、生产技能和经营管理水平，为坊子区农机专业合作社的发展提供组织保障。

【农机安全监管】 与交警部门积极开展联合执法行动。针对乡村道路事故多发地段，重点查处变型拖拉机驾驶人员的无证驾驶、酒后驾驶、违法载人、超速超载、未按规定参加年检等行为。共出动执法人员50人次，执法车辆12台次，查处违法行为40台次。全面梳理摸清变型拖拉机牌证核发基础情况，集中工作人员对在册的变型拖拉机档案进行全面摸底排查，共清理49台变型拖拉机和74台超长拖盘拖拉机。制定农业机械行政审批服务指南并公示，简化办事程序，规范服务流程，共核发拖拉机、联合收割机牌照354副，审验拖拉机、联合收割机347台，核发拖拉机、联合收割机驾驶证217个。

（吕秋霞）

农业综合开发

【概况】 2017年，坊子区农业综合开发坚持以推进农业现代化为目标，以促进农业可持续发展为主线，集中力量建设高标准农田，打造农业优势特色产业集群，积极扶持新型农业经营主体，全面提升农业综合开发水平和效益。全年农业综合开发项目总投资1220万元，其中财政资金854万元。2017年，坊子区完成 2016年度农业综合开发6个，其中建设高标准农田4000亩，产业化发展项目5个。

【高标准农田项目】 实施高标准农田建设项目1个，完成总投资558万元，全部为财政资金，其中，中央财政资金398万元，省财政配套112万元，市财政配套16万元，区财政配套32万元。项目落实在黄旗堡街道，项目建设内容包括：新打机井70眼，全部实行井、泵、房、机、电配套；铺设地下管道26900米，建出水口558个；新上变压器3台，敷设电缆13510米，架设高压线路1250米；新建管涵桥1座、生产桥10座、进地桥72座、小型涵130座；开挖疏浚排水沟13660米，建护砌排水沟1354米；维修砂石路12.26千米，新修硬化路2.57千米。

2017年5月，对2016年度黄旗堡高标准农田建设项目进行区级自验

【产业化发展项目】 扶持产业化发展项目5个，分别为7.5万公斤葡萄种植基地扩建项目，总投资160万元，其中财政资金70万元。

新建3个五位一体化生态大棚、3座6米×6米的雨水收集池、3座直径5米的沼气池；4万公斤核桃种植基地扩建项目，总投资98万元，其中财政资金44万元。种植712棵核桃苗木，铺设227米混凝土道和803.5米砂石路，铺设2629.5米供水管道，开挖362.5米排水沟，新打2口灌溉井；8万公斤水果采摘基地扩建项目，总投资100万元，其中财政资金42万元。种植200棵果树苗木，铺设660米沥青混凝土道路，铺设1220米供水管道、300米混凝土排水管、840米电缆，架设26座LED路灯；90万公斤水果种植基地扩建项目，总投资98万元，其中财政资金42万元。补植2000棵果树苗木、铺设2000米混凝土道路，新打2口水井，铺设2000米供水管道；310万公斤蔬菜种植基地扩建项目，总投资206万元，其中财政资金98万元。新建6个高端智能蔬菜大棚，建筑面积4600平方米。

（杨爱香）

2016年度农业产业化补助项目之一潍坊稷丰农业科技有限公司葡萄设施大棚

工　业

综　述

【概况】 2017年，坊子区紧紧围绕“四个城市”奋斗目标，着力打造“四城四区”，以“作风建设年”和“项目建设年”为统领，以创新载体培育、园区项目推进、产业链条完善为重点，全区工业经济实现平稳运行。

【经济运行】 2017年，坊子区坚持工业强区发展方向不动摇，加快推进新旧动能转换，工业经济实现平稳较快发展。123家规模以上工业企业工业增加值增长3.3%；实现工业总产值238.21亿元，增长12.49%，产值过亿元工业企业达到28家；实现主营业务收入217.28亿元，增长1.0%；实现利润总额6.59亿元，下降27.5%；实现利税总额10.41亿元，下降22.2%。

【去产能】 全力落实去产能政策。严格贯彻国家产业政策，按照《产业结构调整指导目录（2011年本）》（2013年修正）和《全市重点淘汰的落后工艺技术、装备及产品目录》，对确定的钢铁、铜、铝、铅锌、水泥、电力、电石、焦炭、铁合金、造纸、烧碱等11个行业企业认真摸底排查，确保对落后产能的淘汰。同时把住准入关，避免淘汰落后产能项目死灰复燃。

严格落实错峰生产政策。认真贯彻落实省、市经信和环保部门相关文件精神，按照化解水泥行业过剩产能，减轻采暖季大气污染要求，对水泥行业相关企业生产情况进行严格监控。潍坊鲁元建材有限公司分别于2016年12月16日—2017年3月15日、2017年11月15日—2018年3月15日，严格执行错峰生产政策，立即停产，并确保企业安全稳定。

【技术创新】 2017年，坊子区获批智能装备（农机）•山东潍坊坊子国家新型工业化产业示范基地，雷沃重工股份有限公司工业设计中心获批国家级工业设计中心，新视听电子科技有限公司农业装备智能控制系统核心零部件产业化项目入围国家工业强基工程，成为2017年工业强基工程“一揽子”重点突破方向“农业装备智能控制系统”项目唯一中标单位。奥腾冷弯槽钢侧弯机项目等31个项目列入山东省技术创新项目计划，山东好帮环保科技有限公司、潍坊中顺机械科技有限公司、潍坊智新电子股份有限公司、山东中茂散热器有限公司4家企业获批市级企业技术中心。在“市长杯”工业设计大赛中，山东帅克机械制造股份有限公司智能化自走式高速插秧机获一等奖，山东精诺机械股份有限公司智能化面巾纸生产线、雷沃重工股份有限公司自走式喷杆喷雾机获二等奖。

【两化融合】 成立由区委副书记、区长张龙江为组长的信息化工作领导小组，负责统一协调部署全区两化融合工作。在政府和企业实行首席信息主管（CIO）制度建设，推行CIO岗位责任制。2017年，山东共达电声股份有限公司、山东精诺机械股份有限公司入选山东省两化融合贯标试点企业，雷沃重工股份有限公司、山东帅克机械制造股份有限公司等11家重点工业企业列入潍坊市两化融合重点培育企业。

【节能降耗】 根据《关于印发潍坊市“十三五”及2017年节能目标任务计划的通知》（潍政办字〔2017〕23号），全区

2017年6月21日，省交通运输厅总工程师房建果率省政府节能目标责任考核第四小组一行6人到山东美林卫浴有限公司进行现场检查

十三五万元GDP能耗目标为下降16%，2017年全区万元GDP能耗0.304吨标准煤，同比下降4.97%；与2015年相比，累计下降10.41%。

【服务企业】 发挥企业主动性，建平台，助发展。一是完善企业问题直报平台，破解瓶颈制约。积极帮助企业解决房地产手续办理、交通、资金人才、产品研发等问题53个；二是成立企业家联合会，搭建学习、交流平台。2017年，组织邀请国内专家来坊授课2次，组织赴清华大学培训班1期，参加省市部门组织的培训班3期，组织企业家沙龙座谈5次。三是搭建企业创新平台，推进科技创新。四是打造智库平台，提供智力支持。由智库构建创意—产品—营销—价值提升孵化体系，为企业提供营销推广、设计生产、项目评估和精益管理等方面的智力支持。五是举办银企对接会。组织4次对接会，6次沙龙，促进银企合作。

抓好“一项专项治理”。推进企业资产相关证照专项治理工作，自2016年9月起，全面开展遗留问题调查摸底工作，通过企业自报、收集汇总、专题会议、部门联动、有序推进等措施，2017年资产证照办理工作全部完成。

【信息化】 2017年实现电子信息主营业务收入17.05亿元，全区电子信息主营业务收入占全区工业主营业务比重的4%；年增长率超过10%。宽带、光纤、广播电视，通信光缆总长度14.6万芯长千米，互联网城市出口带宽达到100G，移动电话超10万户，人均电话普及率

127.96部/百人，互联网普及率达到71.03%，广播电视网络覆盖率达到100%，数字电视用户达到4.5万户。

产业发展

【装备制造业】 完成工业总产值98.6亿元，同比增长21.9%；实现主营业务收入93.2亿元、利税4.5亿元、利润3.3亿元，同比分别增长7.4%、-11%、-16%。

2017年8月10日，坊子区政府与中国铸造协会战略合作签约仪式暨坊子区铸造产业联盟成立大会召开

【电子信息业】 完成工业总产值15.8亿元，同比增长15.1%；实现主营业务收入12.9亿元、利税0.6亿元、利润0.3亿元，同比分别增长10.4%、-1%、-30%。

【食品加工业】 完成工业总产值40亿元，同比增长7.5%；实现主营业务收入38亿元、利税1.3亿元、利润0.8亿元，同比分别增长2.8%、3%、3%。

【造纸包装业】 完成工业总产值26.9亿元，同比增长12.1%；实现主营业务收入23.6亿元、利税2.2亿元、利润2.2亿元，同比分别增长-2%、-30%、-29%。

【节能环保业】 完成工业总产值5.4亿元，同比增长10.1%；实现主营业务收入5.1亿元、利税0.5亿元、利润0.4亿元，同比分别增长5.4%、5.4%、7.3%。

【市政装备业】 完成工业总产值7.6亿元，同比增长24.7%；实现主营业务收入6.7亿元、利税0.3亿元、利润0.2亿元，同比分别增长13%、39%、28%。

主要工业产品产量

产品代码	产品名称	计量单位	本月止累计	同比+-%
1310010	小麦粉	吨	147306	0.2
1320010	饲料	吨	253011	14.0
1320020	其中：配合饲料	吨	77468	7.9
1320030	混合饲料	吨	46102	12.3
1350010	鲜、冷藏肉	吨	54690	-3.0

续表

产品代码	产品名称	计量单位	本月止累计	同比+-%
1440010	乳制品	吨	49783	5.5
1440020	液体乳	吨	49783	5.5
1510020	饮料酒	千升	19827	6.9
1512010	其中：白酒（折65度，商品量）	千升	4797	5.6
1513010	啤酒	千升	15030	7.3
1711010	纱	吨	4066	6.4
1711020	棉纱	吨	894	6.4
1711030	棉混纺纱	吨	1342	6.4
1711040	化学纤维纱	吨	1830	6.5
1712010	布	万米	6472	5.6
1712030	其中：棉布	万米	5944	5.9
1712040	棉混纺布	万米	171	-0.6
1712050	化学纤维短纤布	万米	357	3.2
2221010	机制纸及纸板（外购原纸加工除外）	吨	177644	4.1
2230010	纸制品	吨	97851	16.1
2641010	涂料	吨	30283	5.9
3021010	商品混凝土	立方米	65372	1.6
3130010	铸铁件	吨	6748	8.6
3461020	工业电炉	台	56	14.3
3513000	建筑工程用机械	台		
3513010	其中：挖掘、铲土运输机械	台		
3513060	装载机	台		
3571020	大型拖拉机	台	11476	-13.6
3571030	中型拖拉机	台	29389	-28.5
3572000	机械化农业及园艺机具	台	15993	-25.8
3572040	收获机械	台	15993	-25.8
3572041	其中：谷物收获机械	台	11859	-37.8
3572042	玉米收获机械	台	4134	67.0
3971010	电子元件	万只	66611	-3.8
4610010	自来水生产量	万立方米	1431	0.2

（谭文成）

电 力

【概况】 坊子客户服务分中心（原坊子供电局）成立于1992年11月，现有全民员工35人，光明员工136人，外聘员工6人。担负着5个街道、2个经济园区、284个行政村、32万余人口的供电服务任务，设坊城、凤凰、九龙、坊安、黄旗堡5个供电所和营业班、装表接电班2个营销班组。截至2017年底，辖区内共有2座220千伏变电站（向阳站、泉河站）/720兆伏安，7座110千伏变电站（凤凰山站、韩尔庄站、穆村站、宁家站、涌泉站、范家站、前邓站）/593兆伏安，4座35千伏变电站（坊子站、黄旗堡站、荆山洼站、尚庄站）/173兆伏安，10千伏公备线路105条/750千米、专线19条/44千米，低压线路976千米、公备台区884个，高低压客户13.6万余户。2017年，完成售电量15.11亿千瓦时，同比增长9.71%。

近年来，坊子客户服务分中心弘扬“努力超越、追求卓越”的企业精神，坚持“你用电、我用心”的服务理念，以安全稳定、优质服务为基础，以市场为导向，以客户为中心，在精益管理中提质增效，推动各项工作卓越争先，多次荣获国网潍坊供电公司“先进集体”“先进党支部”“工会先进分会”称号。2017年营业班、装表班被授予山东省电力公司“标杆班组”及“进步班组”，营业班荣获山东省电力公司“先进班组”称号，凤凰供电所被授予国网潍坊公司“先进班组”，并荣获得“全国质量信得过班组”称号。

【安全生产】 圆满完成春秋检、迎峰度夏、保电等工作，共检修线路116条，消除缺陷191项，执行“两票”232份，合格率100%。成功处置7月7日、8月6日恶劣天气突发事件。开展配变台区负载监控治理工作，配变过载率下降68%。圆满完成“十九大”等重大活动保电工作。严格执行停电计划，强化作业过程督导检查，落实现场值班带班制度，管理人员到位值班带班32人次，共查处违章行为14人次。开展配电网隐患排查治理工作，共排查隐患1364项，整改365项。层层落实护线责任，完成35kV以上输电线路700余棵树木隐患处理工作，解决长期历史遗留树木安全隐患。

【电网建设】 按照“属地化”管理要求，全力推进民事协调，积极汇报沟通争取政府支持，圆满完成停滞5年110kV沟西扩建、110kV前邓站相关民事协调工作。全面开展配网建设“1769”工程。新建10千伏线路8条4.8公里，改造10千伏线路7条2.2公里，新建台区69个，扎实推进前邓站配出、10kV黄安、黄汶6条线路工程。积极配合区政府抓好线路建设改造工作，全面完成宝通街、潍县中路、八马路等线路改造电杆迁移工程，得到区委、区政府的高度评价。

【优质服务】 积极配合电价政策调整，先后3次完成20余万客户的特抄工作。认真开展计量隐患排查整治，梳理排查问题表箱、表计，

坊子电力客服中心工作人员检修设备

完成更换表计10876只、表箱5537个。业扩报装工作进一步提质提速，严格落实一次性告知、一证受理等工作要求，积极推广线上受理，目前线上受理率100%，完成高压客户报装119户，报装容量54750千伏安。扎实开展光伏业务，确保辖区942个光伏客户的补贴发放到位，共完成836户自然人分布式光伏发电项目的备案。严格落实售电侧改革政策，扎实开展“三定”服务，实行网格化管理，建立包保服务常态沟通机制，完成辖区135733户高低压客户专属客户经理配置工作，完成2033户高压客户走访工作。积极与雷沃重工等21个直购电客户对接，完成市场化零售供用电合同签订、结算信息维护等相关工作。

【党建工作】 坊子分中心党支部认真贯彻公司党委“1234”工作思路，忠实履行党支部抓党建工作主体责任。分中心党支部严格落实“三会一课”制度，积极开展“两学一做”学习教育，全年共组织集中学习26次，支部班子讲党课6人次，“两学一做”专题讨论4次，史迹馆重温公司百年历史1次。组织党员集中收听收看十九大开幕式及新一届中共中央政治局常委同中外记者见面活动，并集中学习2次。深入开展“三亮三比”活动，公开承诺亮诺，主动接受监督。组织开展以共产党员挂牌、党员示范岗挂牌、党员佩戴党徽为内容的“两挂一戴”活动，增强荣誉感和责任感。开展农电员工党员组织关系转接工作，分中心农电党员具备转接条件36名，目前已完成组织关系转接33人，成立供电所党支部5个，实现党员管理全覆盖。积极开展潍电义工帮扶活动，组织向临朐明德小学捐款5000余元并送去学习用品，全年进校园进行电力安全宣讲5次，积极开展公司结对助学、一元爱心汇等活动。2017年荣获公司“电网先锋党支部”称号。

（赵　杉）

中小企业

【概况】 2017年，全区123家规模以上中小企业实现主营业务收入、利润、利税分别是217.3亿元、6.6亿元和10.4亿元，同比分别增长1.0%、-27.5%和-22.2%。截止到12月份，全区注册民营经济单位数发展到22787户、从业人员88842人、注册资金271.2亿元、纳税额10.9亿元，同比分别增长34.1%、26.0%、47.8%和12.8%。民营经济中私营企业发展到5109户，从业人员42959人、注册资金250.1亿元、纳税额7.3亿元，同比分别增长32.5%、28.3%、

50.8%和45.1%。

【创业创新载体建设】 立足坊子区中小企业发展实际，大力创办和培育中小企业创业创新示范基地。以区级工业园区、产业基地为基础，合理的选择主导产业以及配套的综合服务，打造中小企业发展载体。着力打造已具有一定基础的山东测绘地理信息产业园、潍坊青年创业园等中小企业创业创新基地，完善服务机构和服务设施建设，完善创业创新基地辅导孵化功能，促进创辅基地提档升级，为中小微企业提供成熟完善健康的创业平台。建立创业创新示范基地动态监测和复核机制，动态管理、分类指导、择优推荐，为创业创新者打造低成本、高品质的创业环境。是年，为山东测绘地理信息产业园申请拨付省级创业创新补助奖励专项资金300万元。

【创新驱动战略】 坚持打造经济发展新动能和改造提升传统动能并举，积极开展创新转型优胜企业培育工作，重点支持企业管理规范、具备研发中心和研发队伍的科技型成长型中小企业，全年培育山东帅克机械制造股份有限公司、山东精诺机械股份有限公司和潍坊华美精细技术陶瓷有限公司3家省级创新转型优胜企业；积极开展“一企一技术”研发中心和创新企业创建工作，培育省级“一企一技术”企业研发中心1家；大力实施“隐形冠军”培养计划，为引导中小企业走小而强、小而优、小而精、小而特的发展道路，挖掘一批“隐形冠军”并纳入全省中小企业“隐形冠军”数据库，培育2家省级“隐形冠军”企业；大力实施“专精特新”培育计划，培育省级“专精特新”企业1家，市级“专精特新”企业2家。为培育新经济，引领新常态，推动中小企业创新发展，积极推荐1家企业上报省级新技术、新产业、新业态、新模式中小企业。6月21日，全省中小企业发展新经济经验交流会在潍坊召开，坊子区山东帅克机械制造股份有限公司、雷沃重工股份有限公司为全省300余家中小企业提供参观现场，受到与会省、市领导和参会企业广泛好评，山东帅克机械在会上做加快新旧动能转换的典型发言。

【特色产业镇提升】 结合坊子区产业基础、资源禀赋、技术条件和产业发展情况，进一步明确特色产业升级方向，落实推进措施，上下协同联动，推动坊子区特色产业镇的全面升级。积极引导坊城街道机械装备特色中小企业与龙头骨干企业开展多种形式的经济技术合作，提升协作配套水平，建立稳定的供应、生产、销售等协作、配套关系，提高专业化协作水平。为坊城街道机械装备特色产业争取拨付到位市级特色产业镇发展专项扶持资金30万元，同年，申报为省级特色产业镇；引导九龙街道市政装备特色产业镇建设，2017年，九龙街道获评为市级特色产业镇。

【服务体系建设】 完善三级中小企业公共服务平台体系建设。着力提升平台服务能力和水平，坊子区企业办获评潍坊市中小企业公共服务三级平台体系先进单位，潍坊青年创业园获评市级先进平台；加强企业管理培训。先后组织20余家企业经理参加企业融资、产业生态、人力资源等系列化公益大讲堂专题活动。组织高端人才参加省、市组织的赴国内高校培训活动，培训坊子区在转型升级中涌现的优秀民营企业家和创业者代表。在全市率先开展“2017年山东省中小微企业巡回大讲堂培训班”，全市300余家中小企业参加培训，为中小微企业发展提供人才支撑；落实优秀民营企业家政策，有7名企业家被潍坊市人民政府表彰为第十六届潍坊市优秀民营企业家。

（王雪冰）

产业园区

山东测绘地理信息产业园

山东测绘地理信息产业园于2011年12月由省国土资源厅批准设立，总规划7平方公里，一期占地2039亩，是山东省唯一的集研发孵化、数据加工、装备制造等功能于一体的地理信息产业园区。

园区一期由中国城市规划设计研究院规划设计，重点打造一个综合服务核，建设研发、配套、产业三个功能板块。一个服务核：打造以园区管理、科技研发、产品展示、商务交流为主导功能的服务核心，作为园区管理中枢、创新孵化及对外展示平台。三个功能板块：研发板块主要建设孵化器、研发中心、企业总部等；配套板块主要建设专家公寓、生活服务中心等设施；产业板块重点引进地理信息产业项目、航空产业项目、现代服务业项目以及高端智能装备制造、高新技术项目。

2017年，园区基础设施实现“七通一平”，建成19.9万平方米的3处科技企业孵化器，生活配套区14.6万平方米的37栋1290套公寓交付使用，12.5万平方米的17栋公寓881套公寓正在建设。已有总投资120亿元的90个项目落户园区，其中共达电声、中海达测绘、穆柯传感器、智新电子等9家企业为上市公司或其分支机构。

园区先后被中国地理信息产业协会授予“中国地理信息产业示范基地”称号，被中国北斗产业园区联盟授予“会员单位”称号，被省中小企业局认定为山东省小企业创业辅导基地，2017年9月成功入围全省特色小镇创建行列。

山东测绘地理信息产业园效果图

机械装备制造园

机械装备制造园成立于2012年初，东至北

机械装备制造园骨干企业——远东传动轴公司

海路，西至胶济铁路坊子支线，南至会英街，北至潍胶路，规划开发总面积2000亩，主要引进发展工程机械、汽车发动机、零部件及相关企业，建设以机械加工制造产业为主导的先进装备制造产业基地。

为优化园区投资环境，先后投资4400万元，修建了横跨凤翔河的旺潭桥和翠坊街、永宁路、青年路，铺设各类管线15000多米，完成远东传动轴、海默机械等项目天然气管道、自来水管道迁移工程，不断完善水、电、天然气、排污等基础配套设施，增强了园区产业承载和聚集能力。

通过开展园区招商、产业招商、定点招商、以商引商,园区内先后引进落户先进制造业项目27个，总投资27.65亿元，全部建成投产后，年可实现销售收入190亿元、利税21亿元。

2017年，园区内已落满项目，奥腾冷弯等24个项目已投产，形成具有一定影响力的装备制造产业基地。

豪迈（潍坊）产业园

豪迈（潍坊）产业园项目位于坊子区正泰路以西、潍胶路以北、凤翔街以南、兴国路以东，占地383亩，总投资10.5亿元，从事中频感应装备、高端数控机床等的研发及生产。园区建成后，可实现与德国西门子、美国卡特彼勒等国际巨头的配套供应，年可生产高端机械装备关键核心部件（中低速船用柴油机类、燃气轮机缸体类、压缩机类、风电类等）500套、热处理装备（高端感应加热成套装备、TMCP在线热处理设备等）600套，实现销售收入12亿元、利税3.5亿元，年交税收8700万元以上。2017年，已在坊子区成立豪迈研究院和山东豪迈精密机械有限公司。

健康科技产业园

健康科技产业园位于坊安街道西部、潍安路东西两侧，占地6000亩，按照医疗健康、食品加工、生物科技、配套服务、科研办公五大功能板块，主要发展食品加工、高新生物科技和大健康产业及其配套产业。其中，启动区占地260亩。

园区交通便捷，潍胶路、潍莱高速、南环路横贯东西，潍安路贯穿南北，区位优势明显。

截至2017年年底，园区已完成概念性规划，并积极做好启动区道路、污水管网、电力、天然气等基础设施配套。同时，街道加大招商力度，已与阿齐食品、中基食品签订框架性协议。

潍坊市军民融合智能装备产业园

潍坊市军民融合智能装备产业园是潍坊市首批确定的军民融合特色产业园，位于机械装备制造园北侧，潍胶路以南，北海路以西，园区规划总面积4平方公里。园区主要是利用军转民技术，搭建政府主导、军工科研院所和相关领域企业参与的军民科技成果转化服务平台，推动军地之间技术、资金、信息、人才和标准等多方面融合，培育新动能、衍生新技术、孵化新产业、激发新活力，着力打造全市乃至全省、全国领先的军民融合产业集聚区、示范区。2017年9月21日，产业园顺利揭牌并奠基。

园区一期占地2000亩，建筑总面积150万平方米，计划总投资30亿元，规划建设总部聚集区、科研孵化区、成果展示区、装备制造区、生活配套区等五大功能区，全部建成投产后，年可实现销售收入60亿元、利税10亿元。

2017年，园区一期项目区内已引进落户投资5亿元的纳米自修复防腐新材料项目、投资3亿元的激光快反镜项目、投资5亿元的低能耗环保砂项目、投资1亿元的山东省数字化绿色铸造技术创新服务平台等4个项目。其中，低能耗环保砂项目已形成量产，纳米自修复漆、激光快反镜项目已投入试生产，山东省绿色铸造技术创新服务平台项目将于2018年9月份入驻运营，320亩核心区全面开工建设，综合办公楼2018年年底前投入使用。

其中激光快反镜、自修复防腐新材料、新型低能耗环保新材料3个项目分别与中科院、北京信息科技大学、东华大学等高等科研院所进行合作，建立了“快速反射控制技术联合实验室镜”“自修复材料联合实验室”“新材料联合实验室”等3个联合实验室，引进魏延鹏等3名中科院百人计划人才在内的80多位博士以上的科技型人才，实现了产学研一体化发展。

市政装备产业园

市政装备产业园规划占地1000亩，一期占地460亩，计划投资15亿元建设产品研发中心、消防安全体验馆、生产车间、专家公寓等，打造国内首家集安防消防、应急救援设备生产、销售、研发等为一体的专业化产业园区。重点推进智能阀门、绿色铸造设备升级改造、研发中心3个项目建设，搭建产业集群发展平台。

截至2017年年底，该项目的土地流转工作已全部完成，市政装备产业园整体规划已完成，并提报预审；42亩智能阀门项目已完成图审，并进行施工；现42亩智能阀门项目土建工程已完成开槽工作，基础垫层完成，独立基础完成，基础柱开始浇筑，回填土开始。87亩绿色铸造设备升级改造项目、15亩技术研发中心项目正在办理土地手续。

新能源汽车产业园

新能源汽车产业园位于坊子老城区八马路以南、北海路以东片区。主要以产城融合发展为目标，建设一个年产50万辆大型智能化新能源汽车厂、20—40家零部件配套工厂以及智能汽车发展与展示实验中心的综合产业群项目。

园区总体规划用地2000亩,计划总投资50亿元，形成年产50万辆整车、100万套新能源动力部件产业规模。通过3—5年的发展，建成智能化大型新能源汽车基地，以此带动当地新能源汽车相关装备制造、智能设备、3D增材制造、新能源动力、新材料、汽车电子、车联网、现代金融等产业链集群式发展。

园区分三期建设：一期规划用地650亩，主要建设微型车工厂冲压、焊装、涂装、总装四大生产车间及研发中心、办公生活区等基础设施，总建筑面积20 余万平方米。建成后，将形成年产12万辆中高速电动车的产能，实现销售收入40亿元、利税1亿元以上。项目二期、三期在以上2000亩用地内，另行详细规划。

智能装备产业园

智能装备产业园总规划面积3500亩。园区规划由上海同济城市规划设计研究院编制，规划范围北至凤凰大街，南至河南头村，西至兴国路，东至潍安路，是按照产城融合、可持续发展、绿色发展、科技引领、功能完善、服务健全的理念来打造的多功能园区。园区分研发试验创新平台区、高端制造生产区、物流配送区、生活居住区以及综合服务区5个功能区。

2017年，坊子区加快推进智能装备产业园A区建设，园区A区占地320亩。总规划建筑面积18.7万平方米，其中，产业孵化中心5.7万平方米、生产车间13万平方米，计划总投资15.3亿元。园区采取边拆迁、边规划、边招商、边建设的模式，2017年，已签约落户凯斯博电梯、罗驰泵业等12个项目，包括雷沃五大中心即国家工业设计中心、国家谷物收获机械科技

新能源汽车产业园奠基仪式

智能装备产业园A区鸟瞰图

创新联盟、国家农业装备重点实验室、山东省智能农业装备创新中心、山东省智能农机装备技术创新中心,为雷沃重工股份有限公司配套的山东马克智能科技有限公司定位系统生产线、罗驰直流永磁电机、鲁源SD四驱变速器研发生产项目、中茂车用板翅式智能热交换器、智新公司电子元器件项目、海通科技新材料等7个科技含量高、市场前景好的产业链项目。

商贸服务

综　述

【**概况**】 2017年，坊子区商务局主动适应经济发展新常态，全面深化改革，加快转方式调结构，促进经济持续健康发展。

【**市场体系建设**】 全区新老城区已建成的成型的农贸市场共2处，凤凰商贸城和城南农贸市场。其中，凤凰商贸城由凤凰街办西白羊埠居委会投资建设并进行管理，占地60亩，集体性质，棚架式，营业面积约4万平方米，1998年7月建成运营，主要以蔬菜、禽肉、水产、食品、百货等产品的零售为主。城南农贸市场由潍坊市城南农贸市场有限公司投资建设并进行管理，占地10亩，棚架式结构，营业面积约4000平方米，2009年10月建成运营，主要以蔬菜、食品禽肉、水产、豆制品等产品的零售为主。

【**商贸服务业**】 2017年，全区社会消费品零售总额完成76.02亿元，同比增长9.8%，增幅位列四区第一；全区新增限上企业31家，增幅位列四区第一。佳乐家坊子店、百大万家福坊子店和中百长宁店等创新营销模式、加快触网步伐、积极刺激消费，2017年，三家商超企业累计客流量约1300万人次，累计实现销售额约4亿元。潍坊风筝面粉有限公司顺利获批第四批“山东省老字号”，全区已有“山东坊子板桥酒业有限公司”和“潍坊风筝面粉有限公司”两家山东省老字号企业。

【**电子商务**】 2017年成立坊子区电子商务协

2017年4月7日，潍坊市坊子区电子商务协会成立大会暨揭牌仪式举行，区商务局分管局长、潍坊市坊子区电子商务协会电商协会47家会员60多名代表，参加了此次活动

会，截至2017年底，协会已有会员企业52家；形成以一号店潍坊特色馆、苏宁易购中华特色潍坊馆、萌店地道中国潍坊馆为核心的“地方馆”总部集群，维管家、途易等电商企业发展迅猛；组织承办“名客来2017国际采购对接会”，现场签订出口订单210万美元，还达成多笔意向订单。

【现代物流】 2017年，全区完成物流投资5.4亿元，全区物流企业发展到130余家，已建成山东世贸国际钢铁物流园、潍坊交运综合运输物流园、山东北方国际物流中心和庞大汽车文化广场4个物流园区项目，约500多家商户入驻园区，涵盖钢铁、汽车、农机、快寄快运、商贸服务等领域；已打造潍州路商贸物流带1条，产业带内已吸引300多家钢材、煤炭、汽车、商贸等销售商户进驻，年实现交易额总计约50亿元，汽车、钢铁、农机、医药等现代物流产业聚集发展的格局已初步形成。引进恒安纸业智能自动化仓储项目、诺吉雅力医药仓储物流园项目、铁通达现代物流云商平台项目等一批现代物流项目。

对外经济贸易

【外贸进出口】 2017年，全区完成进出口总额34.4亿元，同比增长7.9%，四区排名第二，超额完成任务。重点推动秦工国际外贸托管业务、名客来跨境电商平台以及潍坊出口品牌展览馆等项目，把新业态培育成新的外贸增长点，带动无业绩外贸企业“开壶”和中小微外贸企业提升。全面落实信保补贴、进口贴息、国际性展会等支持外贸稳定增长的政策，为雷沃重工股份有限公司、山东共达电声股份有限公司等12家企业申报项目24个，申请资金280多万元。

【利用外资】 2017年，实际到账外资4.1亿元，同比增长2.4%，完成全年任务的111.6%，四区排名第一。全区新批外商投资项目1个，潍坊爱康工业服务有限公司。

【对外经济合作】 2017年，完成对外承包工程营业额3710万美元，同比增长57.3%；派出各类劳务人员375人，同比增长2.2%。2017年，雷沃重工股份有限公司股份有限公司重点开发援助苏丹人防物资设备项目，山东皓隆环境科技有限公司完成与韩方洽谈的“室内空气治理及油烟净化器项目”。

【会展经济】 组织雷沃重工股份有限公司、山东鼎梁消防科技有限公司等企业参加科尼亚农机博览会、土耳其贸易博览会、秘鲁农业博览会、马来西亚消防展、埃及国际农业展等境外展会。组织全区401个参展商参加潍坊市政府组织的2017年中日韩产业博览会。

（赵　栋）

供　销

【概况】 2017年，坊子区供销合作社联合社（简称区供销社）紧紧围绕区委、区政府“一二四三”的思路举措和目标任务，按照“改造自我、服务农民”的总要求，立足单位职能，促发展、保稳定，不断深化供销社综合改革，积极推进农业服务规模化、农村流通现代化、社村共建、实体性合作经济组织建设。区供销社在全区2017年度科学发展考核中获得优秀等次，也被区文明委评为2017年度“区级文明单位”。

【服务规模化】 以土地托管为切入点，依托惠隆农业服务公司，进一步健全完善服务模式和服务环节，在农业基础条件好，适于连片种植的九龙街道、黄旗堡街道、坊安街道、工业发展区等地进行土地托管，为农民在耕种、施肥、灌溉、喷药、收割等不同环节提供半托管服务，托管土地3333公顷。以实施新型农民社员素质提升工程为抓手，加强对农民社员合作意识、合作知识和经营管理等方面教育培训，举办20期农民专业培训班，培训农民社员1500人次。积极推进土壤检测、智能配肥、飞防统治和职业农民培训，进一步增强为农服务能力，完成土壤检测、智能配肥6667公顷，飞防4000公顷。

【流通现代化】 通过整合提升农村经营网点，加快推进农村流通现代化，全年改造提升日用品、农资、再生资源回收网点20处。深入实施“放心农资工程”。以潍坊惠农公司为龙头，以各基层社农资经营服务网点为依托，建立起农资经营源头把关、过程控制的管理体系，确保老百姓用上价格便宜、质量可靠的农资。以供销电子商务有限公司为依托，加强与省供销社“供销e家”合作，实施“互联网+供销社”行动，积极发展供销合作社电子商务，实现交易额6600万元。为打造线上线下相融合的现代农村商品流通和服务网络提供有力支撑。

【村社共建】 按照“党建带社建社村共建”原则，与10个村开展社村共建，进一步健全完善基层社、农民合作社、村两委、“三位一体”的新机制，努力做好与基层服务型党组织建设、包村联户、精准扶贫的结合文章，实现基层党组织和供销社基层组织互利共赢、共同发展。

【合作经济组织建设】 按照“强化联合、农民主体和突出供销社合作经济组织属性”的原则，新发展4处专业合作社。同时，积极领办参办农民合作社联合社，在眉村、涌泉、埠头、荆山洼等基层社组建4处镇域级农民合作社联合社，进一步增强供销社的服务能力和农民组织化程度。

【社有企业】 将构建行业指导、健全管理制度和理顺合同关系作为社有企业头等大事来抓。进一步构建行业指导体系，加强对社属企业的管理、指导和监督。健全完善各项管理制度，向企业管理要效益，促进企业健康有序发展。盘活低效资产、理顺合同关系，确保社有资产保值增值。

（王秀明）

粮　食

【圆满完成粮食安全省长责任制考核工作】 区粮食局把粮食安全省长责任制考核作为全面推动粮食工作的总抓手，全局上下高度重视，齐心协力，全员参与，安全责任制考核办公室积极贯彻落实《潍坊市人民政府关于全面落实粮食安全市长责任制的实施意见》精神，认真履行考核办公室职能，主动发挥牵头协调作用，及时调度相关部门工作情况，推动区直相关部门合理迎考，严密部署，细致工作，按时上报自评总结、自查评分及充分的佐证材料，完成粮食安全省长责任制考核的各项工作，顺利通过对区落实粮食安全省长责任制的考核，并被评定为优秀等级。

【扎实做好地方储备粮轮换工作】 区粮食局主动分析形势，制定办法，积极精心组织夏粮收购，工作中充分做好收购人员岗前培训、仓容仓库腾空、设备保养维护、收购资金落实、粮食收购政策张贴等各项准备，采取内收外采相结合的方式，扎实推进，千方百计多收粮、收好粮，通过全体人员的积极努力，顺利完成全区2530吨地方储备粮轮换工作，经区粮食局与相关部门检查验收，全部合格，入库小麦质量均达到国家中等以上标准要求，宜存率达到100%。

【加强粮食执法检查】 加大粮食执法和服务力度。开展粮食库存、统计业务、粮食收购资格和夏粮、秋粮收购等专项检查。成立粮食库存检查领导小组，认真组织实施2017年度粮食库存自查工作，同时组织区军粮供应站、风筝面粉有限公司开展库存自查，共计出动检查人员32（人）次，检查涉粮企业5（家）次，将涉粮企业全部纳入“国家粮油统计信息系统”，顺利完成全区粮食库存检查工作。

加强执法宣传。组织机关参加公共法律知识和涉粮法规政策学习，并安排专人参加市、区举办的安全生产培训、仓储暨安全生产等培训。同时，积极开展执法宣传，利用“5.26”执法宣传日和世界粮食日的有利时机，组织人员走上街头，通过设立宣传咨询台、悬挂标语、印发宣传材料等形式，向社会宣传粮食法律法规，有效地扩大粮食工作的影响力。

做好行政审批工作。按时完成区军粮供应站、中基饲料公司、六合饲料公司、天普阳光饲料公司、风筝面粉有限公司等5家粮食收购许可证审批工作。

【认真做好储粮安全和粮食应急工作】 与国有粮食企业签订安全生产目标责任书，落实企业安全生产主体责任，进一步规范储粮化学药剂和熏蒸作业管理，加强收购和出入库现场管理，落实科学保粮措施，确保储粮安全。建立政府、部门、企业三方应急协调机制，明确各方职责，密切关注各类突发事件，保证在粮食市场应急状况下能快速反应，有效应对。认真开展储粮安全和粮食应急工作大检查，重点是排查企业执行安全储粮和粮食应急工作不到位，应急处置预案不健全等问题，对照粮情库情，查找问题隐患，加强督促指导。

2017年4月13日，潍坊市粮食局粮食安全工作检查小组到坊子区军粮供应站粮库进行储粮情况抽样检查

【抓好军粮供应站规范化建设】 部队供应管理工作坚持“质量第一，服务至上”的原则，紧紧围绕储粮安全保证部队粮油供应，以健全制度、落实措施为手段，以提高服务质量、保障供应为目的，进一步充实完善半军事化管理模式，达到工作制度化、程序规范化、行动军事化，低成本管理，高效率运转，确保全区驻军部队的粮油供应。

【全力推进坊子区地方粮食储备库暨应急粮油储备库项目建设】 坊子区地方粮食储备库暨应急粮油储备库项目是根据上级有关要求和区粮食储备现状，经区政府研究批准同意建设的。该项目规划建设2座1层的平房仓、管理用房及配套设施。项目建成后能有效实现应急粮油储备规模0.5万吨，地方储备粮规模2.5万吨，并配套相应的科学保粮设施，全部采用机械化通风，电脑监控和环流熏蒸等先进储粮技术，全面实现信息化储粮。目前，已进入招投标阶段，正在积极推进当中。

（温　强）

烟　草

【概况】 坊子区烟草专卖局（营销部）组建于1994年，下设综合办公室、财审科、专卖监督管理科、营销科、法制科、稽查大队、内管派驻组和1532分公司综合部8个科室，及3个市场管理服务站，主要负责辖区专卖管理、卷烟销售及辖区1252家卷烟零售户的服务工作。2017年，全年累计销售卷烟14404箱，实现卷烟销售额36015万元，实现利税7791.34万元，上缴地方财政1596.51万元。

【卷烟经营】 坚持市场导向，充分挖掘潜力，强化督导考核，层层传导压力，经济运行质量不断优化。开展细支卷烟消费市场专项调研活动，不断挖掘销量增长点；加强鲁产卷烟市场调研，做好数据预测，掌握真实需求，针对不同地理位置和关键价位实施分类消费指导，深挖市场潜力、优化销售结构；关注客户经理拜访到位率及拜访质量，定期对拜访内容及拜访质量进行跟踪考核、反馈，逐步提高客户满意度；开展小规模、亲情化、互动式零售客户培训，确保零售客户队伍素质整体提升。

【专卖管理】 开展“齐鲁之盾”（2017）专项行动，制定《卷烟市场整治专项行动方案》，以打击真烟非法流通和制假售假等为重点，组织开展互联网、物流场所、道路运输、建筑工地、特业场所等涉烟违法整治专项行动，进一步整顿市场秩序、打出市场空间，切实为卷烟经营保驾护航。全年查获涉烟违法案件183起；查获卷烟83.92万支，案值45.13万元；查获烟丝烟末0.16吨，案值1.09万元。查获案值万元以上大要案8起，移送工商案件32起；重大线索移交公安3起，破获“国标”网络案件1起，破获县标一级标准网络案件3起，刑事拘留3人，判刑3人。

【全面精益管理】 及时梳理并精简工作流程，制定标准化岗位工作指导书，实现业务流程与岗位的有机对接，稳步推进流程落地执行，提升员工办公效率。共编写岗位工作指导书76份，涉及流程101个、关键节点188个、绩效指标50个。运用精益方法和精益工具，针对企业生产经营管理领域的难点、热点问题及制约企业持续健康发展的短板，分口确立研究方向，不断促进工作质量、服务质量和管理质量提升。全年开展课题研究3项，其中包含一项卷烟营销类课题和两项专卖法规类课题。

【制度建设】 修订印发2017年度公开事项目录，在机关各部门设立信息联络员，对需要公开的事宜及时、准确公示，确保民主公开工作落实到位。全年共公开各类事项168项。定期开展制度评审，严格“立改废”流程，做好制度查询系统日常维护，确保制度执行到位。2017年，现行有效制度共计36项。

【安全稳定】 分类举办安全知识专题培训班，开展应急演练，不断提升全员安全意识；不定期进行安全检查，确保生产经营安全；完善设备管理，深入排查隐患，扎实推进专业安全评估和岗位达标，各项安全工作措施全面落实到位，全年未发生任何安全责任事故；按照要求及时排查和上报不稳定因素，确保信访稳定，全年未发生来信来访事件。

【和谐共建】 认真抓好离退休人员服务管理工作，老同志更加关心、支持企业发展；扎实做好精准扶贫工作，向行业上级申请帮扶资金3万元，用于帮扶黄旗堡北新庄村居环境改造；开展“不忘初心、让爱远行”捐赠御寒衣物活动，全体干部职工共计捐赠冬衣135件；开展“慈心一日捐”活动，干部职工共计捐款8150元；开展“大手牵小手”“梦想直通车”困难学生帮扶活动，在“七一”来临之际走访慰问老党员，不断树立责任烟草良好形象，得到社会各界的广泛认可。

（钟少敏）

盐　业

【概况】　2017年，坊子区盐务局在区委、区政府正确领导和上级业务主管部门指导下，以应对盐业体制改革为根本，以强化食盐安全为重点，深入开展盐业行政管理、盐政执法、食盐专营等工作，坚持创新求变，通过强化市场秩序管理、销售网络管理、服务措施改进、工作标准提升等措施，确保辖区盐业市场秩序稳定和入口食盐有序供应，全区食盐“三率”水平全部保持在95%以上。全年各类盐产品供应量6497.28吨，其中，小包装食盐910.63吨，大包装食盐1101.35吨，其他用盐4485.3吨。

【盐政执法】　2017年，因盐业体制改革政策对盐业市场影响较大，食盐销售秩序比较混乱，盐产品质量参差不齐，为规范食盐市场秩序：一是强化盐业市场监管。针对市场秩序较为混乱的情况，调配执法队伍专职食盐秩序管理，加大执法力度，通过日常巡查、重点检查、专项行动和“清窝打点”等措施，持续对辖区食盐市场进行清理和集中整治。二是强化联合执法、保持高压态势。加强与法院、公安等部门联合执法力度，在涉盐违法行为大案、要案查处过程中，及时协调公安部门提前介入，联合办案，加大对涉盐违法行为查处力度，严厉打击私盐贩销活动，确保全区盐业市场秩序稳定和食盐安全。

全年共查处各类涉盐违法案件193起，端掉私盐贩销窝点3个，查没各类盐产品31.45吨，上缴财政罚款105610元；与公安部门联合办案2起，判刑2人，拘役1人，网上追逃1人，取保候审1人。

【食盐专营】　针对食盐市场秩序混乱现象，进一步强化食盐管理目标责任制、区域化网络管理机制建设，通过内部机构调整、管理措施改进、营销措施创新等方法，提高应对盐业体制改革能力和食盐专营水平，对辖区700多家食盐零售店（点）进行梳理，发放“食盐安全监督牌”，悬挂明示食盐安全要求和监管人员职责等相关内容，发放食盐经营一本通，实行送销清单和台账制度，建档备查，加强对终端食盐营销网络管控，规范入口食盐购、销渠道，防止工业盐、饲料盐、假冒伪劣食盐冲击入口食盐。

【政策宣传】　2017年，为消除市民对盐业体制改革错误认识，加强对食盐专营和“食盐加碘消除碘缺乏病”政策宣传，专门设计、印制多种宣传材料，制作车体宣传标语，录制、购置音频广播设备等。一是充分利用“3.15”“5.15”两个宣传日，根据区域人口分布特点，采取设点和流动相结合的方式，通过在市区、城中村改造的小区、农村集市设点；下乡进村游行广播、张贴通告、发放宣传单等措施，广泛开展宣传；二是把市场检查与宣传相结合、送销与宣传相结合，在对盐业市场进行清理整治和送销食盐的同时，通过向食盐零售点、用盐企业、厂矿学校食堂、酒店、餐饮点发放宣传材料和盐业违法案例选编、张贴食盐安全管理公告等方法，面对面地开展宣传教育活动。全年累计发放宣传材料35000多份，起到较好的宣传教育效果。

（冯传森）

招商引资

【概况】 坊子区2017年共引进洽谈项目200多个，总投资300多亿元的80多个项目签约落户，其中过亿元项目22个；重点在谈项目100多个。坊子区招商局获2017年度科学发展观综合考核优秀等次、坊子区“四个城市建设”先进单位、坊子区“项目建设年”活动先进单位。

【有效盘活闲置资源】 坊子区招商局对全区范围内的闲置地块、厂房、楼宇等可利用资源进行专项调查，共摸排出闲置用地25宗1500多亩，闲置厂房30多处近14万平方米，闲置楼宇8.2万平方米，精心整理编印成册，进行盘活招商。利用闲置资源盘活引进奇瑞途居房车、威马微耕机、新型环保材料、动力港、浙商保险、安达保险等项目近50个。

【走出去请进来】 先后赴北京、上海、广州、深圳、贵州、辽宁等地外出招商20多次，

2017年9月25日，新松潍坊机器人产业园和新松机器人（潍坊）智能制造产业创新服务平台签约仪式举行

行程跨越16个省市，总里程20多万公里，共对接洽谈项目100多个；邀请300多批次客商来坊子区考察洽谈，对接项目近200个。新松机器人产业园、航创无人机、纳米自修复材料、快速反射控制镜等一批大项目好项目签约落地。

【节会招商扎实开展】 风筝会、鲁台会、中日韩产业博览会、深圳招商活动期间，坊子区招商局共邀请参会客商60多名，对接洽谈项目40多个，复配食品添加剂、环保节能制品、多用途线束生产等16个项目顺利签约。北京招商活动期间，潍坊市军民融合智能装备产业园、工业自动化设备、高精尖基金3个项目签约。

【园区招商优势凸显】 坊子区高标准规划建设山东测绘地理信息产业园、机械装备制造园、潍坊市军民融合智能装备产业园、健康科技产业园等产业园区，区招商局更加突出产业集聚效应，积极引进项目落户园区，不断提升园区的项目承载力。2017年，共有30多个项目

落户各类园区。

【“两库一平台”建设日趋完善】 充实完善建立客商档案库和项目库（两库），截至2017年底共录入各类客商档案近2000份，为招商引资工作的开展提供强大的资源支撑；在坊子区党政信息网建立招商专栏（一平台），及时将招商政策及招商动态进行更新维护，对加强招商资源的管理使用和网上招商起到很好作用。

【招引方式更加灵活】 平台招商成效显著。上海普道公司半年多的时间引进各类结算中心、区域总部项目100多家；山东煎饼投资管理公司1个月注册成立5家区域总部；北京飞猪引进结算中心项目8家；山东晟立民共引进金融保险类企业30余家。依托与北京念青资本成立的高精尖基金引进投资9亿元的奥精健康科技产业园项目；航创无人机项目已取得A轮复星资本5000万融资。

【创新性工作开展】 创新性开展项目评价工作。对拿不准、吃不透、看不清的拟落户项目，聘请专业机构及行业专家从产业类别、产业前景、综合效益、风险管控等方面进行专业评审，确保引入项目的质量。共委托华制智能科技组织会审评价8次，评价项目31个，有15个项目因产业不优、技术不强、收益不高等原因被拒之门外。创新性开展包靠服务工作。开展“1+N+N”服务法，即：建一个微信群，包含N个服务主体，服务N个招商项目。针对新松机器人产业园、潍坊市军民融合智能装备产业园、绝味食品、海尔海创汇国家级双创平台等在建项目单独建群，提高工作效率和项目推进速度。在区市场监管局、区测绘园、区国税局、区地税分局、高新园区等部门单位通力配合下，图谱医疗原本至少一月完成的工商注册、银行开户、税务登记等手续，7天全部完成，实现当月洽谈，当月注册，当月缴税；新型环保材料项目50分钟领取营业执照；新松机器人项目半天时间完成三个公司的工商注册手续和公章刻制，切实让各界客商感受到坊子服务和坊子速度。

（王　婷）

金　融

金融工作

【概况】 2017年，全区共有银行机构9家，营业网点40处，金融从业人员840余人，证券公司1家，各类保险及服务机构41家，小额贷款公司4家，融资性担保公司3家，农民专业合作社2家，融资租赁公司1家，股权投资管理公司8家。2017年，全区金融业实现税收16248万元，占全部税收收入的8.89%，金融业对地方财政的贡献率居各行业第三位，其中有9家金融企业2017年度税收超过500万元。

【信贷融资】 坊子区金融办创新银企对接模式，组织银行进企业、进园区、进乡镇，密切银企合作关系，不断增强贷款投放能力，提高实体企业的信贷可获得性。2017年，共举办4次专场银企对接会，20余次进企业活动，多次银企对接共达成贷款意向2亿元。12月末，全区银行业本外币各项存款余额达到210.93亿元，较年初增加15.08亿元，增长7.70%；各项贷款余额115.12亿元，较年初增加22.80亿元，增长24.70%。

2017年10月12日，区金融办联合测绘基地管理中心组织召开银企对接座谈会，区内5家银行及20余家企业参会

【规范化公司制改制和企业上市挂牌】 坊子区共计99家企业完成规范化公司制改制，在

2017年3月22日，齐鲁股权交易中心坊子企业集中挂牌仪式举行，坊子区14家行业领头企业在仪式上敲锣挂牌，宣布正式登陆齐鲁股权交易中心

2016年14家企业挂牌的基础上，全年新增齐鲁股权交易中心挂牌企业58家，坊子区上市挂牌企业总数达到76家。落实改制挂牌补贴政策，对区内已实现挂牌的14家企业发放上市挂牌补助资金共计1125万元。

【化解金融风险】 广泛开展防范打击非法集资集中宣传活动，让广大群众充分认识到非法集资的危害性，树立风险防范意识。开展一系列金融风险摸排活动，全面掌握坊子区金融业态风险情况，确保金融行业平稳健康发展。另外，与坊子区法院、公安等部门配合，协助区内各银行全力推进不良贷款处置工作，2017年，累计核销转化不良贷款4.14亿元，不良贷款余额为2.58亿元，不良贷款率为2.10%，不良贷款余额和不良贷款率呈“双降”趋势。

【新型金融组织】 坊子区财政出资1亿元设立潍坊公利融资担保有限公司，2017年，已完成齐商银行、潍坊银行等7家银行准入，累计为区内8家小微企业提供贷款担保7060万元；由坊子区政府参股成立的潍坊鑫汇融资担保有限公司成立以来为小微企业和“三农”提供贷款担保支持4.43亿元。注册资本5亿元的汇银担保公司成立以来累计提供贷款担保支持29.54亿元。2017年，全区通过担保、租赁、小贷等新型金融业态实现的融资余额为16.45亿元。

【金融助农】 坊子区政府、区金融办和区经管局联合研究起草《坊子区大棚抵押借款暂行办法》，意味着坊子区符合条件的大棚将可以作为抵押，向金融机构申请生产流动资金和大棚建设资金贷款，对全区农户、农业企业组织的土地承包权以及大棚所有权予以确认，可以有效解决农户、农业园区资金短缺及融资难问题，更有助于盘活农村资源，引导金融资本助力“三农”发展，激发农业农村发展活力。进一步构建普惠金融服务体系。潍坊农商银行“农村金融服务站”的建设，中国银行助农服务点的建设和中国农业银行的“惠农e贷”农户贷款业务等，有效提高坊子区银行业服务地方经济社会发展质量，使银行的服务融入老百姓的日常生活中，拉近与老百姓的距离，为农村金融发展提供便利。

银行业

【概况】 2017年，全区共有银行机构9家，营业网点40处，金融从业人员840余人，坊子区银行业发展总体稳健，经济运行平稳。截至12月底，全区银行业本外币各项存款余额210.93亿元，较年初增加15.08亿元，增长7.70%。与2016年底相比，2017年底储蓄存款占总存款的比例略有上升，企业存款占总存款的比例略有下降。全区银行业本外币储蓄存款余额为138.06亿元，较年初增加13.83亿元，增长11.14%；全区银行业本外币企业存款余额为72.88亿元，较年初增加1.25亿元，增长1.74%。全区银行业金融机构本外币各项贷款余额为115.12亿元，较年初增加22.80亿元，增长24.70%。从贷款期限结构看，短期贷款较年初增幅较小，中长期贷款较年初增幅较大。全区银行业本外币短期贷款余额为35.39亿元，较年初增加2.06亿元，增长6.18%；中长期贷款余额为79.58亿元，较年初增加20.94亿元，增长35.70%。

【中国建设银行股份有限公司潍坊坊子支行】

中国建设银行股份有限公司潍坊坊子支行成立于1987年，含营业室在内共三个网点，分别为坊子营业室、坊城支行、凤凰支行。现有员工54人，其中行级领导4人，中层管理人员12人，技术序列人员8人，一般员工30人。

2017年，支行实现账面收入7392万元，一般存款余额达到260332万元，其中，对公存款余额达108639万元，个人存款余额达151693万元，对公、个人存款当地四行新增、占比均第一位。实现中间业务净收入1225万元。贷款余额128870万元，其中，对公贷款余额12482万元，个人贷款余额116388万元，不良贷款67万元，在当地四行中资产质量最优。各项工作实现超常规、跨越式发展。2017年获省行级个人业务旺季营销综合贡献先进县域支行一等奖。

支行坚持以客户为中心的服务理念，制定切实可行的工作措施，转变经营理念和惯性考核模式，准确研判市场，及时调整信贷结构，发展个人资产业务，全年发放个人住房、装修、汽车贷款4亿元。打造“绿色金融生态圈”应用场景，推进“悦生活”云服务业务开展，以坊子凤凰小学为例，全校1500多名学生，实现开卡、手机银行、龙支付、云闪付、微信银行、善融商务“一条龙”服务。认真履行国有商业银行社会责任，贯彻实施普惠金融战略，解决农村百姓需求痛点，“农村诊所普惠金融合作项目”就是“裕农通+卫生诊所”的典型应用，助力农户美好生活，为乡村振兴提供一系列金融服务。为响应、参与、配合坊子棚户区改造这一利民工程，支行争取上级行政策支持、信贷支持，为九龙片区、西辛片区申请5.3亿元棚户区优惠利率项目贷款并获批复，降低项目融资成本。

【中国农业银行股份有限公司潍坊坊子支行】

农行坊子支行支持实体经济发展、优化金融服务，截至2017年底，支行主要业务指标完成较好，各项存款余额达到20.5亿元；各项贷款余额达到12.05亿元；不良贷款余额为1590万元，不良率为1.32%；全年上缴税收286万元。

扩展农户贷款、农村生产经营贷款。发放农户贷款1538万元，农村个人生产经营贷款67万元，为玉泉洼农业种植合作社建立特色产业惠农贷款项目，新增贷款261万元。设立自助银行和金穗穗农通工程服务点，扩大业务覆盖面。累计发放有效惠农卡17638张，新增农银e管家商户350个，新增渠道有效商户246个，为全区“三农”发展提供更加便捷、高效的金融服务。做大做强个人房贷，个人住房贷款余额达到44110万元，同时办理农民安家贷11919万元。成功营销坊子区棚户区改造贷款项目贷款5亿元；主动对接雷沃重工股份有限公司，发放一般委托贷款78笔，金额合计18560万元；成功办理“鲁青基准贷”，金额120万元。

2017年，农业银行坊子支行与区金融办、区市场监督管理局等相关部门密切联系，将全区重点扶植、经营效益好、发展潜力大的企业作为重点支持对象。加大金融业务创新力度，产生一批在同业和系统内具有开拓性、突破性、创新性意义和领先优势的重大营销成果，如为上海三元乳业有限公司山东分公司量身打造的“农银E管家+企业ERP”的对接实施方案，成为全省第一家E商管家与企业订单系统对接成功的支行。

2017年，支行因业绩突出被评为潍坊市农行系统先进单位，被区总工会授予“富民兴坊劳动奖状”荣誉称号，被市公安局评为市级内保安全先进单位，在连续第六年保持“省级文明单位”荣誉称号的基础上又被省行授予“第六届省行文明单位”荣誉称号。

【中国银行股份有限公司潍坊坊子支行】 2017年度，中国银行坊子支行围绕“担当社会责任、做最好的银行”战略目标，支持地方经济发展。2017年末，人民币存款余额167900万元，人民币贷款余额147707万元，国际结算业务量10239万美元，实现税后利润3244万元。

2017年，组织基层内控管理标准化工作、开展民间借贷及非法集资专项排查活动、开展员工道德风险案例警示教育活动，充分认识违规操作带来的巨大危害和代价，做到自觉抵制违规行为，“合规操作，从我做起”的理念深入人心。严格遵守“三项制度”，优化人力资源管理。严格实施轮岗、交流、强制休假等三项制度，杜绝风险隐患。

【中国交通银行潍坊市坊子区支行】 交通银行潍坊坊子支行成立于1994年6月，于2013年9月支行搬迁至北海路与龙泉街交叉路口东侧，物理营业面积600余平方米，全部工作人员共19人。

2017年，交通银行坊子支行实现存款3.8亿元，其中，对公存款4829万元，储蓄存款3.3亿元；全年实现贷款1.6亿元，其中企业贷款3070万元，个人贷款1.3亿元。2017年，交通银行坊子支行维护对公结算客户130户（其中：基本户47户）。对私客户总量19015户，其中有效客户数2381户。

交通银行坊子支行柜面业务品种以交存住宅维修资金、监管户房款转账、挂失补卡、客户修改信息、对公交存大额现金业务为主。2017年，为潍坊市坊子区坊城街道办事处财政经管统计服务中心发放拆迁补充款7200余万元。

2017年，交通银行潍坊坊子支行通过开展精细化服务、改造营业厅布局、增设智能机具等措施提升服务水平，并与进社区、进企业、进商圈、进校园等营销活动相结合，开展“权利•责任•风险”为主题的“金融消费者权益保护”宣传活动、“金融知识进万家”活动，全面普及金融知识，提高金融消费者权益保护意识，打击和预防经济金融犯罪，维护金融秩序。

【中国农业发展银行潍坊市坊子区支行】 2017年，支行实施粮油储备购销业务政策，提供信贷资金1290万元，支持潍坊市坊子区军粮供应站实现小麦轮储7000吨，食用油轮储100吨；发放1500万元产业化龙头企业贷款支持潍坊风筝面粉有限责任公司收购小麦原粮，解决周边农民“卖粮难”问题。服务新型城镇化建设，推动棚户区改造项目攻坚。全年项目获批6.89亿元，投放4.5亿元，支持坊子区第四批棚改项目建设，实现在坊子区棚改贷款“零的突破”。年末各项贷款余额14.93亿元，较年初增加7.09亿元；各项存款余额12.35亿元，较年初增加8.04亿元。全年实现账面利润1745万元，同比增加570万元，增幅48.5%。

【潍坊银行股份有限公司坊子管辖行】 潍坊银行坊子管辖行现有员工58人，截至2017年12月31日，全行各项存款余额281752万元，新增11491万元，各类贷款余额90466万元，新增102360万元，实现经营利润5554万元，上缴税金335万元。

2017年，潍坊银行坊子管辖行坚持社会效益与经济效益并重的原则，在安全保卫、服务管理、信贷投放等方面均取得理想的成绩。

2017年，潍坊银行坊子管辖行调整优化授信结构，新发放贷款39198万元（含非标直投贷款10500万元），主要投向新旧动能转换行业。2017年，共投向十大振兴行业贷款5.12亿元，主要机械制造行业贷款15186万元；农业贷款6328万元；基础设施贷款10870万元，贸易流通业4289万元，学校类贷款6700万元，民生类贷款11600万元，辖区授信结构得到极大优化，支持全区地方经济的健康快速发展。

【中国工商银行股份有限公司潍坊坊子支行】 自2008年初重新建行，截至2017年底，各项贷款余额15.8亿元，汽车分期付款余额1.18亿元，本年发生额完成率169%，位居全市第一名，其中住房贷款余额12.6亿元，二手房贷款增量全区第一；各项存款余额11.6亿元，活期对公存款余额2.83亿元，较年初增长8700万元，储蓄存款余额8.65亿元，较年初增长1814万元，实现拨备前利润1203万元。

支行市场部加强住房业务服务品牌建设，做好碧桂园房地产项目进驻坊子支行住房按揭业务等一揽子产品的服务流程。个金部、网点加强理财产品销售，做大理财客户人群，加强中、高端客户的维护工作，提升服务能力。

【潍坊农村商业银行股份有限公司坊子支行】 潍坊农商银行坊子支行下设20家支行，有241多名员工。截至2017年底，各项存款余额68.47亿元，各项贷款余额24.92亿元，上缴税金1841万元。

做好存款组织工作，打造三类存款组织模式，分门别类拓展基础客户存款。到2017年末，全行净增农金员41名，协理存款较年初增加1.94亿元。抓好贷款投放工作，推广“家庭银行”商业模式，构建“网格化”营销体系，重点强化零售类贷款和民生项目贷款的投放工作。以“家庭幸福贷”为抓手，推动各类联保、联盟贷款的转化工作；强化客户准入，筛选优质楼盘，推广住房按揭贷款；实施网格化营销，包靠认领营销财政供养单位人员消费贷款；强化金融扶贫工作，加快办理“幸福阳光”扶贫贷，财政贴息贷款等业务，全年新办理财政贴息贷款15笔、金额1800万元；审批通过棚户区改造项目贷款3.59亿元，年末投放1.58亿元。

强力推进“两站”建设，截至2017年末，全行已经建成标准的农村金融服务站2处，新增存款1100万元，已建成城区普惠金融宣传站8家，存款余额2641万元，开立银行卡294张，建立居民服务档案6063份，采集快贷信息813份。在做好存量客户的基础上，公关辖内业务大户，2017年末国际业务结算量达到7369万美元。加快智e购电商平台建设，全年共拓展有效商户605户，注册用户数达到5969户，商城交易量达到589万元。加快电子银行业务发展，全年新增有效银行卡14.25万张，实现银行卡及代理业务收入203.98万元。

【中国邮政储蓄银行股份有限公司潍坊市坊子区支行】 服务“三农”、服务自主创业、支持实体经济发展。截至2017年底，个人存款余额达到4.76亿元，同比增加0.04亿元，增幅0.93%；公司存款余额达到3.45亿元。各项贷款余额达到11.05亿元，同比增加2.15亿元，增幅24.09%。不良贷款534.65万元，不良率为0.60%。

中国邮政储蓄银行潍坊市坊子区支行全体员工

强化服务质量，提升服务水平，努力提升客户忠诚度和满意度，提高行业认可，提升社会形象。2017年，先后被潍坊市政府授予“市级文明单位”，被省分行授予“先进职工小家”、省内二十佳县行等称号。直属营业部被省分行授予“先进单位”荣誉称号。

坊子区内银行机构情况一览表

序号		2017年机构情况			2017年业绩情况					
		机构名称	地址	员工数量（人）	贷款余额（万元）				存款（万元）	
					贷款余额	较年初+−	不良贷款余额	较年初+−	各项存款	较年初+−
中国农业银行股份有限公司	1	中国农业银行股份有限公司潍坊坊子支行	潍坊市坊子区凤凰大街70号	24	120043	34997	1590	-6681	10055	-41011
	2	中国农业银行股份有限公司潍坊坊子支行营业部	潍坊市坊子区凤凰大街70号	28	59	0	0	-2	98626	37082
	3	中国农业银行股份有限公司潍坊坊子坊城分理处	潍坊市坊子区坊城街道办事处长宁街39号	16	123	-35	0	0	34280	1635
	4	中国农业银行股份有限公司潍坊坊子凤凰分理处	潍坊市坊子区凤凰大街223号（龙凤花园商业楼2-202）	6	85	-43	0	0	28516	6407
	5	中国农业银行股份有限公司潍坊坊子眉村分理处	潍坊市坊子区工业发展区眉南路北段路东	9	152	143	0	-9	33494	2333
	合计			83	120462	35062	1590	-6692	204971	-6446
潍坊银行	1	潍坊银行坊子管辖行营业部	坊子区北海路与凤凰大街交汇处	33	62189	1332	1022	-193	164843	6657
	2	潍坊银行坊子支行	坊子区六马路西首南郊宾馆东邻	13	15048	8750	0	0	60049	5001
	3	潍坊银行峡山支行	峡山生态经济发展区峡寿街1666号	12	13229	155	13	0	56860	-167
	合计			58	90466	10237	1035	-193	281752	11491
中国工商银行股份有限公司	1	中国工商银行股份有限公司潍坊坊子支行	潍坊市坊子开发区凤凰大街与郑营路路口西南角沿街商业房（盛世大厦1号楼）	25	158100	35200	2700	-300	106500	3600
	2	中国工商银行股份有限公司潍坊北海路支行	潍坊市坊子区北海路东侧长宁街以北天同绿城沿街商品房	6	0	0	0	0	41200	2100

续表

序号		2017年机构情况			2017年业绩情况					
		机构名称	地址	员工数量（人）	贷款余额（万元）				存款（万元）	
					贷款余额	较年初+−	不良贷款余额	较年初+−	各项存款	较年初+−
中国工商银行股份有限公司	3	中国工商银行股份有限公司潍坊分行金宝分理处	潍坊市奎文区潍洲路以东、金宝商业街以南1988号	5	0	0	0	0	12300	1100
	合计			36	158100	35200	2700	-300	160000	6800
潍坊农村商业银行	1	潍坊农村商业银行股份有限公司坊子支行	坊子区北海路113号	241	249200	42600	4542	-1270	684700	87600
中国银行股份有限公司	1	中国银行股份有限公司潍坊坊子支行	潍坊市坊子区凤凰街77号	41	147707	10112	420	391	167900	-26755
	2	中国银行股份有限公司潍坊坊子支行营业部	潍坊市坊子区凤凰街77号	28	127229	9467	420	391	115257	-15540
	3	中国银行股份有限公司潍坊坊城支行	潍坊市坊子区长宁街57号	13	20478	645	0	0	52643	-11215
	合计			82	295414	20224	840	782	335800	-53510
中国农业发展银行	1	中国农业发展银行潍坊市坊子区支行	山东省潍坊市坊子区双羊街386号	22	149315	70900	0	0	96512	53462
中国邮政储蓄银行	1	中国邮政储蓄银行潍坊市坊子区支行	坊子区凤凰大街168号	26	22000	11200	0	0	0	0
	2	中国邮政储蓄银行潍坊市坊子区支行营业部	坊子区凤凰大街168号	25	83646.61	73017.12	480.33	186.83	67732.36	-8497.93
	3	中国邮政储蓄银行潍坊市南流支行	坊子区坊安街道其禹超市西邻	11	4871.97	4725.59	54.32	35.08	14451	982
	合计			62	110518.58	88942.71	534.65	221.91	82183.36	-7515.93
中国建设银行股份有限公司	1	中国建设银行股份有限公司潍坊坊子支行	凤凰大街4714号	22	0	0	0	0	0	0
	2	中国建设银行股份有限公司潍坊坊子支行营业室	凤凰大街4714号	17	128870	12462	67	37	177079	-2865

续表

序号		2017年机构情况			2017年业绩情况					
		机构名称	地址	员工数量（人）	贷款余额（万元）				存款（万元）	
					贷款余额	较年初+−	不良贷款余额	较年初+−	各项存款	较年初+−
中国建设银行股份有限公司	3	中国建设银行股份有限公司潍坊坊城支行	长宁街8600号	8	0	0	0	0	54781	-4038
	4	中国建设银行股份有限公司潍坊凤凰支行	凤凰大街3731号	7	0	0	0	0	28472	2786
	合计			54	128870	12462	67	37	260332	-4117
交通银行股份有限公司	1	交通银行股份有限公司潍坊坊子支行	潍坊市坊子区北海路8702号	19	16302	715	0	0	38758	-3599

保险业

【概况】 2017年，全区共有保险及服务机构41家，其中主要保险机构4家，保险业整体呈现出稳中向好的态势。2017年，全区累计实现保费收入9.36亿元，同比增长1.11亿元，增长13.44%。中国人民财产保险股份有限公司潍坊市人保财险坊子区支公司全年共完成保费收入3717.6万元，其中，车险3344.4万元，非车险保费收入373.2万元，全年利润率10.5%，完成净利润372.5万元，超额完成206万元的利润计划，完成比例为180%。中国人寿保险股份有限公司潍坊市坊子区支公司在坊子区有四个农村营销服务网点，各级管理及销售人员500余人，2017年，中国人寿坊子支公司总保费收入突破亿元，承担社会风险保额超过80亿元，给付各类保险金额超过1000万元。通过实施安康工程、公安干警综合保险、学生平安保险等民生项目，为特定人群提供强有力的风险保障。中国太平洋财产保险股份有限公司潍坊市坊子区支公司全年完成保费收入1136.72万元，居市场第三位，从发展指标来看，车险增长较好，达到10.8%，高于市场2.6个百分点，份额提升0.2个百分点。太平洋人寿保险股份有限公司潍坊市坊子区支公司坚持“以客户为中心”的经营指导思想，2017年共完成保费4300余万元，其中长期人身保险4000余万元，团体业务渠道300余万元。

【中国人民财产保险股份有限公司潍坊市人保财险坊子支公司】 2017年度，支公司全年共完成保费收入3717.6万元，其中，车险3344.4万元，非车险保费收入373.2万元，已赚净保费

3543.6万元，赔付成本1773.5万元，综合费用1399.9万元，赔付率50%。全年利润率10.5%，完成净利润372.5万元，超额完成206万元的利润计划，完成比例为180%。

2017年，支公司将潍坊市分公司电商团队及汽车销售公司搬迁到坊子区办公，政策性养猪保险及奶牛养殖保险已得到同意办理，农村大棚保险规模进一步扩大，学平险第一年办理就收取保费近30万元，校园方责任险收取保费也近30万元。在政法委的支持下，2017年的治安保险保费也上一个新台阶，达到57.5万，保障范围达到13390户。2017年，支公司再一次被坊子区委区政府列为坊子区重点关注企业。

【中国人寿保险股份有限公司潍坊市坊子区支公司】 中国人寿保险股份有限公司潍坊市坊子区支公司是总公司在坊子设立的县级分支机构，有四个农村营销服务网点，各级管理及销售人员500余人。2017年是支公司认真落实“新国十条”和省、市政府加快现代保险业发展的意见，服务保障民生，全面满足广大客户在养老、医疗、健康、意外、年金、银行等多个领域的保险保障和投资理财需求。

2017年，支公司总保费收入突破亿元，承担社会风险保额超过80亿元，给付各类保险金额超过1000万元，为坊子区500多人提供创业就业岗位。通过实施安康工程、公安干警综合保险、学生平安保险等民生项目，为特定人群提供风险保障，为坊子的建设提供保险方案、国寿方案。

【中国太平洋财产保险股份有限公司潍坊市坊子区支公司】 2017年，中国太平洋财产保险股份有限公司潍坊市坊子区支公司全年完成保费收入1136.72万元，居市场第三位。2017年底，支公司增速达到7.6%。

2017年，支公司各类业务全面推进。从发展指标来看，车险增长比较好，达到10.8%，高于市场2.6个百分点，份额提升0.2个百分点。特别是产寿和专代渠道，累计增量也明显增长。2017年，太保财险新开展的学平险和信用险险种方面也取得较好的突破。支公司车险领域，随费赔折绩2.0的上线，费用实现精准投放，资源实现合理配置，保单成本率明显下降，下半年的保单成本率降低8.4个百分点。

支公司年终对本人的业绩实行“一票否决”，使全司的环境建设和人员的精神面貌焕然一新，为保户创造舒适的投保环境。

【中国太平洋人寿保险股份有限公司潍坊市坊子区支公司】 中国太平洋人寿保险股份有限公司潍坊市坊子区支公司（以下简称坊子支公司）坚持“以客户为中心”的经营指导思想，2017年共完成保费4300余万元，其中长期人身保险4000余万元，团体业务渠道300余万元。

服务客户，加强人才高地建设。一切以方便客户为宗旨，不断改善服务环境，硬件软件不断提升。配备专门服务人员上门收取理赔材料，耐心解答理赔问题，对每一件理赔案件进行客户回访。招贤纳士，不断实施人才高地策略，加快创新创业型人才聚集，增强队伍的竞争力，不断带动坊子就业发展。

2017年坊子区内保险公司情况一览表

单位：万元

名称	地址	负责人	年度业绩
中国人民财产保险股份有限公司潍坊市人保财险坊子支公司	坊子区凤凰街50号	薛刚	3717.6
中国人寿保险股份有限公司潍坊市坊子区支公司	坊子区西五马路21号	陈建民	13101.56
中国太平洋财产保险股份有限公司潍坊市坊子支公司	坊子区凤凰街与郑营路交叉口南20米路东	王文军	1136.72
中国太平洋人寿保险股份有限公司潍坊市坊子支公司	坊子区凤凰街168号	陈建鹏	3300

证券业

【中泰证券股份有限公司潍坊朝凤路证券营业部】 中泰证券股份有限公司潍坊朝凤路证券营业部于2015年11月搬迁至坊子，由中泰证券股份有限公司金马路证券营业部更名为中泰证券股份有限公司潍坊朝凤路证券营业部（以下简称“营业部”）。营业部有员工5人，经纪人2人。营业部依法开展证券经纪、证券投资咨询、融资融券、证券投资基金代销、代销金融产品等业务。截至2017年底，完成3家企业齐鲁股权市场推荐挂牌工作，完成10家公司企业规范化公司制改制工作。

凭借良好的专业能力、责任意识和业绩表现，营业部得到社会各界的广泛认可，营业部将继续依托集团公司强大的综合金融服务能力，为坊子当地政府和企业提供更加宽大的融资渠道和融资途径，为坊子经济发展贡献应有的力量。

（李程程）

财政·税务

财　政

【概况】 2017年，坊子区财政收入实现平稳增长，民本民生得到较好保障，政府投融资工作得到重大突破，招商引资实现质的飞跃，促进全区经济社会又好又快发展。

【财政收支】 构建社会综合治税机制，做好企业精准服务工作，保证财政收入平稳增长。2017年，全区一般公共预算收入完成14.28亿元，占预算的100%，同比增长9%。其中，税收收入完成10.4亿元，增长6.1%。当年安排一般公共预算支出18.62亿元，其中地方财政支出16.36亿元，占预算的100%，增长10.3%。收支相抵后，结余1717万元。积极争取上级政策资源，全年争取上级专项资金3.3亿元，地方政府债券资金6.1亿元，政策性棚改贷款7.6亿元，财政保障能力进一步增强。

【财政管理】 完善全口径政府预算体系，逐步建立一般公共预算、政府性基金预算和国有资本经营预算统筹联动安排和各类财政资金统筹使用机制。积极推进预决算公开，按要求除涉密部门外，所有财政拨款单位的部门预决算和“三公”经费预决算全部通过政府网站公开，接受社会监督。实施以“四横四纵一网”为重点、总投资33亿元的29项重点工程，高标准建设提升宝通街、潍安路、潍县南路，修建龙泉街、崇文街等11条城区道路；争取保障性安居工程奖补资金1.2亿元，发放廉租房、经济适用房补贴资金60万元，改善城乡低收入群众居住条件。争取棚户区改造项目贷款，实施13个片区棚户区改造工程。

【财源建设】 加大企业创新扶持力度，设立1000万元创新基金，表彰奖励科技创新先进企业。落实现代农业园区建设扶持政策，发放农业标准化示范园区等奖补资金330万元。大力推进招商引资，扎实落实招商引资优惠政策，培植新的经济增长点。2017年，纳税过千万元企业达到36家，比2016年增加4家；纳税过500万元企业达到76家，比2016年增加27家。

【增收节支管理】 落实《预算法》的各项规定以及中央、省、市深化财税体制改革的各项部署，适应经济发展新常态，推进供给侧结构性改革，推动产业结构调整和转型升级；围绕年度预算目标，层层分解落实征收责任，依法强化收入征管，确保应收尽收、均衡入库，狠抓增收节支，强化资金统筹；深入优化支出结构，把有限的资金用在刀刃上，要求各部门各单位带头过“紧日子”，严格控制“三公经费”、会议费、培训费、宣传费、咨询费等一般性支出，进一步加大对民生等重点项目支持力度。

【国库集中支付改革】 2007年9月，坊子区实施国库集中支付制度。一是建立国库单一账户体系，规范预算执行管理。二是提高资金安全保障和财政运筹能力。三是建立预算执行过程的动态监控机制，提高预算执行信息的透明度，提高财政资金的运行效率和使用效益。四是促进预算单位财务管理意识和管理水平的提高。截至2017年底，全区共有117个预算单位实行国库集中支付制度，所有的财政性资金全部纳入国库集中支付范围。五是公务卡改革全面推开，初步建立起事前违规阻断、事后查处相结合的预算执行动态监控机制，并结合实际完善相关配套措施，效果明显。

【保障和改善民生】 用于教育、社会保障和就业、医疗卫生、强农惠农等方面的民生支出达到14.6亿元，较2016年同比增长8.8%。教育方面，改扩建3所中小学，新增17所普惠性幼儿园，潍坊四中迁建工程基本竣工，区实验幼儿园建成开园。完善义务教育公用经费保障机制，拨付生均公用经费3404万元。健全困难家庭学生资助体系，拨付学前教育助学金、贫困初中寄宿生生活补助、高中贫困生助学金等597万元，补助学生8433人次。社会保障和就业方面，城市低保标准由每人每月520元提高到530元：农村低保标准由每人每年3900元提高到4300元；义务兵家庭优待金由每人每年14758元提高到15782元。医疗卫生方面，城乡居民医疗保险政府补助标准由每人每年420元提高到450元；政府购买基本公共卫生服务标准由每人每年45元提高到50元。强农惠农方面，发放农业支持保护补贴、农机购置补贴等惠农资金2623万元；8个乡村连片治理项目通过验收。

（刘　全）

【住房公积金管理】 2017年，完成公积金归集额18577万元，较2016年15138万元增长3439万元，增长22.72%；审核办理提取公积金9470笔9931万元，较2016年6825万元增加3106万元。发放公积金贷款347笔，贷款额10334万元。一直保持贷款零逾期，无不良贷款。新增缴存单位72户，新增缴存职工3721名，覆盖率达到44.48%，较2016年增加7.17个百分点，超额完成全年任务目标。

广泛宣传，让公积金政策深入民心。与坊子广播电视台联合，在每天黄金时段滚动播放公积金政策，达到宣传无漏点。在各大银行营业厅、政务中心大厅摆放宣传展板，电子屏滚动播放公积金宣传标语，让更多的群众接收到公积金新政，了解公积金的优势效应。积极与坊子旅游局联合，在出版发行的坊子地图显著位置刊登公积金政策，让公积金政策走进寻常百姓家。

政府牵头，合力助推扩面工作。2017年6月13日，区委办公室、区政府办公室联合发文《关于加快推进住房公积金归集扩面工作的通知》（坊办字〔2017〕18号），要求各相关职能部门必须按照文件要求严格执行，规范全区公积金缴存工作，激励企业尽快建制。

增设网点，就近便民服务。2017年新增设2家受委托银行网点，为中国银行坊城支行、邮储银行坊子支行。该2处网点地理位置优越，交通便利，营业场所宽敞，大大方便群众办理公积金贷款业务。增设后，坊子管理部拥有5处受委托银行网点，方便群众就近办理业务。

广泛征求意见，提高服务质量。服务大厅设立《征求意见表》，让群众将业务办理的意见及建议反馈上来，及时发现问题，认真整改，2017年发放《征求意见表》40余份，收

区住房公积金管理中心2017年度获得的荣誉和表彰

到意见建议6类16条。同时设立“协调沟通机制”，在业务办理中对工作人员业务办理不满意及存在疑惑的，由主任或分管副主任直接接待，答疑解惑。2017年，主任和副主任直接接访6起，全部让职工满意。

（吴元利）

政府采购和招投标管理

【概况】 2017年，坊子区政府采购工作认真贯彻落实《政府采购法》《政府采购实施条例》等相关法律法规要求和上级文件精神，紧紧围绕全区工作重点，不断深化政府采购制度改革，规范政府采购行为，加强政府采购监督管理，扩大政府采购范围和规模，逐步完成政府采购监督管理职能和具体执行职能相分离的管理体制。

2017年，全区共完成政府采购项目155个，预算金额约748262.21万元，成交金额约745741.72万元，节省财政资金约2520.49万元。其中工程项目54个，预算金额约15395.26万元，成交金额约14030.79万元，节约率9.72%；货物项目47个，预算金额约8745.22万元，成交金额约7899.54万元，节约率10.71%；服务项目54个，预算金额约724121.73万元，成交金额约723811.39万元。

【制度建设】 围绕“在规范中谋发展”这一主题，采取五项举措规范政府采购程序。一是将符合进场要求的政府采购项目全部纳入市

公共资源交易中心进场交易，通过市公共资源交易中心对政府采购流程中的入场登记、代理机构选定、交易文件编制、交易信息和文件发布、受理报名、资格预审、抽取专家、开标、评标、定标、公示、签订合同等政府采购过程中各个环节统一监管，提高全区政府采购工作的电子化和规范化程度，实现政府采购项目开标过程全过程、全范围监督。二是提高全区政府采购项目日常检查监管力度。一方面对采购人和采购代理机构在采购项目中的不规范行为下达政府采购监督检查行政处理决定书，要求其按时进行整改。对政府采购过程中出现的投诉行为及时高效解决，督促其整改和规范操作，避免采购风险。另一方面，由纪委、审计、财政多部门联合组成采购项目检查小组，对全区重点项目的采购行为进行抽查，重点对项目立项、采购预算和计划编制、信息公告情况、招评标情况、合同签订等情况进行检查，推进政府采购领域的廉政建设。三是强化政府采购预算管理。针对往年政府采购预算编制不全、执行不力，采购随意的情况，要求各预算单位及时编报政府采购预算信息，对各单位的采购行为形成必要的约束机制，缓解盲目采购、重复采购的现象，改变政府采购的无序性和随意性，使全区政府采购工作步入制度化、规范化的良性循环轨道。同时，通过对政府采购预算的公开，让政府采购工作在阳光下运行。四是梳理政府采购法律法规及规范性文件，转发《潍坊市财政局关于转发山东省财政厅〈关于公布山东省政府集中采购目录及限额标准和山东省政府采购进口产品目录的通知〉的通知》（潍财采〔2017〕12号），通过发布规范性文件为采购人的政府采购行为提供业务指导，确保政府采购操作合理规范。五是充分发挥政府采购政策功能，通过合理制定政府采购需求标准，在采购文件中设立价格评审优惠等措施对政府采购中参与投标的小型、微型企业、残疾人福利单位及提供节能环保产品的企业给予政策倾斜，促进节约能源、保护环境、扶持中小企业、保障残疾人民生等经济社会发展目标的实现。

【信息公开】 按照“谁发布谁负责”的原则，积极构建政府采购全过程信息公开机制，确保政府采购信息发布的及时、完整、准确。做好采购需求公示、采购项目公告、采购文件、采购项目预算金额、采购结果、采购合同等采购项目信息公开工作，实现政府采购项目的全过程信息公开，提高政府采购透明度，保障政府采购当事人和社会公众的知情权、参与权和监督权。

【变更审批】 对采购人采购达到公开招标数额标准及以上的货物、服务和工程项目，需要采用公开招标以外采购方式的，由采购人提交完整、明确、合规的申报材料并填写采购方式变更审批表后报区财政初审，在申报材料中详细说明采购项目名称、项目概况等项目基本情况说明、拟申请采用的采购方式和理由并提交相关附件，并对申请材料的真实性负责。区财政按照有关规定对项目审核通过后以正式公文的形式报市级财政部门终审后，由采购人按照有关规定按照审批的采购方式进行采购。

【自行采购】 根据公开、公平、公正和诚实信用原则，要求采购人按照法定的政府采购方式和程序组织好自行采购活动，并完整保存采购文件和资料。对符合自行采购范围和限额标准的工程、货物及服务项目，按照确定财政资金来源、向财政部门报送项目建议书、组成采购小组采购、验收并签订自行采购合同、上网公示的流程实施自行采购，由采购人根据采购项目的具体情况从批量集中采购、小额自行采购、合同续签及其他按规定需要自行采购的项目选择合适方式进行采购，按照操作规程要求充分做好自行采购事前、事中、事后全过程管理，完善备案、监管、公示等相关工作，严禁先采购后申报、拆分采购项目等违法违规行为的发生。

（于　鑫）

国家税务

【概况】 坊子区国家税务局成立于1994年6月，为正科级全职能局，在体制上实行人、财、物垂直管理。局机关内设11个行政科室（办公室、人事教育科、监察室、财务科、征管科、税政科、政策法规科、收入核算科、纳税服务科、税源管理一科、税源管理二科），1个事业单位（信息中心），1个直属机构（稽查局），辖4个税务分局（城区税务分局、长宁税务分局、眉村税务分局、恒安税务分局）。在职干部职工126人，主要负责增值税、消费税、企业所得税、车辆购置税的税收征管。

2017年3月13日，开展“百名税官大评议”提振干部作风活动

2017年，坊子区国税局以组织收入为中心，以深化征管改革为主线，以好人文化品牌为抓手，深化国地税合作，打造“互联网+”智能办税平台，狠抓干部作风，倡树向上向善国税新风，在税收征管、纳税服务、队伍建设和志愿活动方面取得良好成绩，被省文明办授予省级优秀志愿者服务组织，被省文明委授予省级文明单位，被省普法办授予省级法制宣传教育基地，被省国税局、省地税局、省财政厅联合授予2017年全省税收调查工作先进单位。

【税收收入】 始终坚持组织收入原则，攻坚克难做好组织收入工作。一是科学规划税收任务。组织开展2017年税源调查工作，将坊子区经济社会发展预期、重点税源企业产销及税收实现计划、中小纳税人行业发展趋势、新建项目和新增税源等方面情况纳入调查重点，深入摸清税源底数，结合市局下达的税收计划科学分配任务。二是紧盯收入目标聚合力。与政府、财政局、地方街道等部门建立税情调研工作机制，开展协税护税，帮助企业发展，支持税收工作。同时，对内建立横向协作、纵向联动工作机制，坚持按周调度、按月通报、按季考评，层层传导工作任务。三是细化管理举措挖潜力。把年纳税100万元以上的85户企业纳入重点税源监控范围，建立《重点税源企业纳税指标比对台账》，按指标每月开展汇总分析，掌握税收工作主动权。四是强化风险管理添动力。开展膨润土、医药企业、建筑安装业专项评估和重点税源企业专项检查，项目化推进企业所得税汇算清缴，加大税收违法案件查处和打击发票违法犯罪的力度，挖潜增收成效显著。全年累计完成各项税收收入10.64亿元，同比增收15772万元，增长17.39%。地方级累计完成税收收入48151万元，同比增收11129万元，增长30.06%。按照财政局口径计算，地方级累计完成税收收入48151万元，同比增收1071万元，增长2.27%。

【税收征管】 持续深化改革加强税收征管。一是实施分类风险应对。按照年纳税额等标准，科学划分不同类型的纳税人，有的放矢、分类管理。借助风险管理系统、金三系统、外部信息比对系统等系统数据，强化数据分析利用，及时发现疑点指标和疑点问题，进行跟踪评估，堵塞税收管理漏洞，减少纳税风险，降低税收征管成本。二是深化国地税合作。深入贯彻落实《国地税合作工作规范（3.0）》，制定相应的工作配档表，成立由双方主要领导任组长的国地税联合办税领导小组。创新开展国地税查评一体化工作，实现每查一户企业，都能共享检查信息、证据资料和检查结果，避免重复入户。三是推行无纸化办税。抽调专人成立项目组集中办公，分批次有序组织纳税人完成培训、注册和审核等工作，该工作推广进度位列全市第一。四是开展营改增政策大辅导。成立专家团队进行专项辅导，通过培训、座谈、上门、发放资料、网络、电话等多种形式，先后组织建筑业、金融业、房地产业纳税人培训3次，召开房地产、建筑和生活服务业纳税人座谈会3次，主动上门入户辅导80户次，发放宣传单页2000余份，确保营改增试点工作平稳运行。

【税务稽查】 区国税局以稽查检查为契机，以风险评估为助推，以为企业贯彻落实税收政策，实现健康体检为目的，围绕“重规范、强征管、优服务、提质效”的思路，建立一把手负责的深化国地税合作领导小组，完善合作制度，动员全员参与，积极落实合作事项，积极探索合作新领域、新途径，实行“查评一体化”，推进国地税深度合作。一是部门联动，防范风险。稽查过程中，与公安机关无缝式协作，案件提前介入，促使案件可控。二是统一组织，进户执法。国地税双方统一筛选疑点纳税人，确定检查对象，统一进户、共同取证、各税统查。三是统一检查方式方法。国地税双方共同制定检查方案，统一进行检查，释放打击合力。四是统一整合骨干人才。国地税抽调双方业务能手组成联合团队，合作开展纳税评估和稽查工作。五是统一开展风险应对。国地税联排风险疑点，合作开展纳税评估工作。

【纳税服务】 持续优化纳税服务。一是运用“互联网+”打造智能办税平台。推广使用“微税e栈”“税务一扫通”“票e送”等服务系统，增置自助办税终端6台，最大限度为纳税人提供方便。二是合理优化窗口设置。将业务办理类型进行细划区分，同时增设“简事易办窗口”“税务一扫通受理窗口”“网上购票线下配送窗口”等，提速办税效率。三是坚持开展纳税人培训。通过分行业、分层次、分人员身份等进行培训，2017年，共举办“纳税人实体学堂”9期，开展纳税人培训2700余人次，受到纳税人的广泛好评。四是丰富税收宣传方式。区局干部独立策划、拍摄、剪辑电视

2017年3月13日，出台45项便民服务举措，开展提升创响便民办税春风行动

栏目《国税时空》八期，从传递税收政策、介绍税闻动态、展示干部风貌、弘扬社会美德等角度，全面展示国税部门服务坊子社会经济发展的点点滴滴。同时，《国税时空》的每一期节目也通过微信公众号、视频网站等网络媒体平台进行广泛传播。

【营改增政策大辅导】 区国税局本着“求实效、有重点、全覆盖”原则，有条不紊地开展营改增大辅导工作。成立由分管领导任组长、税政科及相关科室、税源管理单位负责人为成员的大辅导领导小组，一周两次召开专题会议，研究部署政策大辅导的计划方案和目标举措，确立包含税收优惠政策落实、进项税额抵扣、涉税事项办理等8大类36项目标任务，引导纳税人更好地提升对税制的适应程度，确保行业税负只减不增，营改增试点持续平稳运行。

3月—5月，全局参与大辅导工作100余人，通过培训、座谈、上门辅导、发放资料、网络、电话等多种形式，组织建筑业、金融业、房地产业纳税人培训3次，召开生活服务业纳税人座谈会3次，发放和收集调查问卷1000余份，发放宣传资料及纳税指南3000余份，覆盖该局管辖增值税纳税人8000余户次，重点辅导范围包括建筑、房地产、金融和生活服务业中的一般纳税人，营改增后出现税负上升的试点一般纳税人，原增值税行业中的制造业一般纳税人等3000余户次，基本实现辅导面达到100%、辅导精准度达到100%的工作要求，受到纳税人的一致好评。

【2017年国税税收收入一览表】

（一）2017年1月—12月份税收完成情况

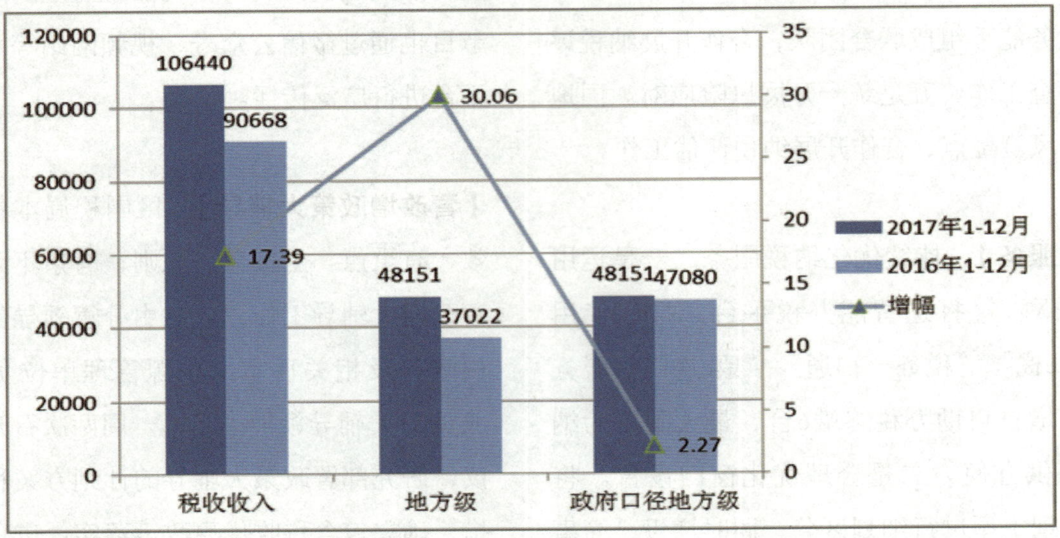

（二）重点行业增减收情况表

序号	行业	2017年1月—12月	增减额	增幅
1	房地产业	19297	15290	381.6
2	批发零售业	9800	2808	40.2
3	电气机械和器材制造业	2219	696	45.7
4	非金属矿物制品业	7127	25	0.4
5	金属制品业	3410	8	0.2
6	纺织业	1821	-51	-2.7
7	计算机电子设备制造业	3776	-142	-3.6
8	装备制造业	15021	-817	-5.2
9	电力、热力生产和供应业	1424	-1392	-49.4
10	采矿业	94	-1812	-95.1
11	金融保险业	7075	-2003	-22.1
12	造纸和纸制品业	6069	-3904	-39.1
	合计	77133	8706	786.0

（三）房地产重点税源企业情况表

序号	企业名称	2017年1月—12月	增幅	开发楼盘
1	恒信坊子分公司	3332	229.9%	伯爵公馆、阳光新城
2	恒信坊子第二分公司	2065	1407.3%	茉莉公馆
3	祥泰坊子第二分公司	829	1084.3%	书香门第
4	亚特尔控股集团	5118	1717.7%	凤凰太阳城
5	家豪置业	555	484.2%	盛世虞河湾
	合计	11899	646.5%	

（焦守新）

地方税务

【概况】 潍坊市地方税务局坊子分局成立于1994年7月，局机关内设办公室、人事科、监察室、党建办、机关服务中心、收入核算和财务科、征管和科技发展科、法规税政科、税源管理科、纳税服务中心、绩效办、信息科12个职能科室，直属征收局、稽查局2个分局，凤凰中心税务所、坊城中心税务所、黄旗堡中心税务所、九龙中心税务所4个中心税务所。2017年年底全局共有干部职工190人。

2017年，潍坊市地方税务局坊子分局积极适应税收工作新常态，突出重点，深化落实，规范创新，各项工作齐头并进，税收收入质量稳步提升。该局先后被授予“山东省五四红旗团委”“山东省工人先锋号”“潍坊市巾帼文明岗”“巾帼标兵岗”“全区财税收入工作先进单位”“全区服务经济建设先进单位”等荣誉称号。

认真开展“青年文明号开放周”活动，在办税服务厅设立青年文明志愿者服务岗

【税收收入】 以依法组织收入为中心，以问题为导向，准确主动适应税收新常态，着眼创新管理，突出重点，深化落实，积极应对严峻的税收收入形势。2017年，全年累计入库各项地税收入7.63亿元，其中，区级收入完成6.14亿元；主体税种土地使用税、土地增值税、个人所得税、契税分别完成1.58亿元、1.13亿元、1.05亿元、1.02亿元。

【收入征管】 以开展“税收征管基础建设年”活动为契机，进一步夯实征管基础，税收征管质量不断提升。开展房产税清查工作，进一步摸清税源底数，促进房产税征收工作顺利开展；积极开展2016年度企业所得税汇算清缴工作，汇算清缴率和审核准确率都达到100%；加大欠税清理力度，制定下发《坊子地税关于加强欠税管理的通知》，对实施欠税公告、税务文书下达、税收强制执行措施等方面进行明确，对有清欠能力但拒不缴纳税款的纳税人，在前期已下达文书的基础上，提报至公安驻地税联络办公室开展联合执法，2017年，共联合公安部门对10户纳税人进行催缴工作，入库税款300余万元。

【税务服务】 开展“聚力税收民生关切，全面集成优化服务”主题活动，共征集社会各界意见建议121条，精准开展调研论证，全面集成优化服务措施，最大限度便民利民；牢固树立“大服务”理念，进一步完善办税引导、“二维码”一次性告知、自助办税等各项便民服务机制，推进网上办税为主、自助办税为辅、实体办税服务厅兜底的办税模式，实现“线上线下”服务的互补互促；依托纳税人学堂，分行业、分类别开展税收政策宣传，打造专业化纳税辅导平台，增强政策宣传的针对性和实用性，消除税收优惠政策落实“盲点”；依托“纳税信用等级评价系统”，认真落实2016年度纳税信用评价工作，共评定A级企业245户，B级企业806户，C级企业40户，D级企业20户，鼓励依法诚信纳税，提高纳税遵从度。

开展企业调研走访活动，详细了解企业生产经营状况，对税收政策、纳税服务、业务办理等方面的重点难点问题进行解读辅导

【税收优惠】 将落实小微企业税收优惠政策、减轻企业负担作为重点工作，建立小微企业征管台账，对小微政策落实情况开展跟踪调查，及时解决政策执行中出现的问题，做好小微企业享受优惠政策的统计分析。建立服务长效机制，实现“点对点”“一对一”的贴心服务，及时帮助协调解决小微企业在生产经营过程中的涉税问题；联合银行等金融机构，积极推行“税银互动”，解决小微企业融资难问题，帮助企业获得持续发展的动力。实施风险管理预警，将异常风险事项及时告知小微企业，帮助小微企业强化税收风险管理自我防控意识，消除企业税收风险。全年134户小微企业享受到税收优惠，累计减免企业所得税96万元。

【项目创新】 研发“纪律监管平台”，设有

“两个责任”“基层党建”“纪律学习”“风险预警”“监督管理”“纪律档案”“结果应用”7个功能模块，对干部职工在政治纪律、组织纪律、廉洁纪律、群众纪律、工作纪律和生活纪律等6个方面和税收工作中易发生的轻微违规违纪尚够不上处分的纪律问题进行监管，细化、量化记分内容和记分标准，通过纪律监管平台予以科学评价并形成个人纪律评价档案，对压纪律“黄线”、闯作风“红灯”的违规违纪行为实时预警，在全局竖起“廉政戒尺”，有效预防和化解廉政风险。

2017年地税税收收入一览表

序号	企业名称	实缴税额（万元）
1	潍坊恒信建设集团有限公司坊子分公司	4421
2	雷沃重工股份有限公司雷沃阿波斯潍坊农业装备分公司	2820
3	潍坊恒信建设集团有限公司坊子第二分公司	2560
4	潍坊恒信建设集团有限公司	1794
5	汇银融资租赁有限公司	1608
6	潍坊市中昊佳信城市发展集团有限公司	1550
7	山东共达电声股份有限公司	1416
8	潍坊祥泰建设集团有限公司坊子第二分公司	1296
9	亚特尔控股集团股份有限公司	1211
10	天同宏基集团股份有限公司双羊新城项目部	1193
11	山东测绘地理信息产业园发展有限公司	1037
12	山东恒安纸业有限公司	1037
13	潍坊公利国有资产经营投资有限公司	1018
14	山东华安集团有限公司	954
15	潍坊凤凰山国有资本投资运营管理有限公司	935
16	雷沃重工股份有限公司	918
17	潍坊市国有资产经营投资公司	821
18	山东美林卫浴有限公司	788
19	潍坊新方置业有限公司	643
20	潍坊金达创业投资有限公司	602
21	潍坊祥泰建设集团有限公司坊子分公司	601
22	中粮肉食（山东）有限公司	554

续表

序号	企业名称	实缴税额（万元）
23	潍坊鲁伟实业有限公司坊子项目部	551
24	山东世茂国际物流有限公司	550
25	潍坊裕川机械有限公司	547
26	潍坊雷沃重工物流有限公司	537
27	潍坊华丽房地产开发有限公司	532
28	中国人民财产保险股份有限公司潍坊市坊子支公司	530
29	潍坊家豪置业有限公司坊子分公司	520
30	山东英华电子有限公司	483
31	潍坊蓝顿房地产开发有限公司	466
32	北汽福田汽车股份有限公司	443
33	潍坊金禾新建业置业有限公司	410
34	潍坊智新电子股份有限公司	410
35	潍坊富源增压器有限公司	398
36	山东恒安心相印纸制品有限公司	397
37	天同宏基集团股份有限公司	393
38	中煤财产保险股份有限公司潍坊中心支公司	376
39	山东三维华德投资控股有限公司	369
40	潍坊远东传动轴有限公司	366
41	潍坊大元置业有限公司坊子分公司	356
42	山东晨辉置业有限公司	345
43	潍坊鹏龙置业有限公司	343
44	中国平安财产保险股份有限公司坊子支公司	340
45	山东新方集团股份有限公司	332
46	潍坊瑞智置业有限公司	325
47	山东三元乳业有限公司	312
48	山东潍坊烟草有限公司坊子营销部	295
49	中国人民财产保险股份有限公司潍坊市分公司市南营销服务部	285
50	潍坊鲁元建材有限公司	281
合计		41269

（尹　旭）

交通·邮政·通信

交　通

【概况】 2017年，完成全区总投资4.5亿元的“四路、一桥、一网化”（四路：宝通街东延、潍县路南延、潍安路整修、八马路改建工程；一桥：黄旗堡大桥改建；一网化：全省村级公路网化示范县）交通工程项目；开展“四好农村路”创建活动，安装完善安防设施，挖补整修破损路面，并建成山东地理信息小镇园区公交枢纽场站，开通优化51路和82路公交线路；认真履行环保监管职责，抓好施工扬尘监管、渣土车违规运输、运政、路政案件查处等环保执法，严厉打击超限超载、“黑驾校”“非法网约车”等违法违规行为，进一步规范交通运输秩序。

2017年6月8日，黄旗堡大桥正在进行改建施工

【公路养护】 2017年，进一步加强农村公路规范化养护管理和病害预测工作，及时维修路面出现的坑槽、拥包、网裂、断板等病害，全年共清理各类堆积物160多堆，清理边沟6100余米，挖补维修路面1400平方米；积极开展“四好农村路”创建活动，共安装增设交通标志牌143套，施划道路标线21000平方米，农村公路养护质量得到较大提高。截至2017年底，全区共有农村公路860.7公里，其中县道104.6公里，乡道93.9公里，专用道2.7公里，村道659.5公里。经过第三方检测机构检测评定，坊子区农村公路路面技术状况（PQI）中等路以上比例达到96.37%。

【路政管理】 积极开展路政管理工作，狠抓路政队伍建设，提高路政人员自身素质，把路政管理逐步推向“规范化、法制化”。加强公路建筑控制区的管理，大力查处违法搭建、采挖、施工、占道经营及污染损害公路等违法违章行为，完善公路交通标志标线，加大力度整治公路沿线非法增设道口活动。采取定时巡查、随时巡查相结合的方式对辖区内的农村公路进行巡查，做好巡查记录，确保农村公路安全畅通。

【交通运输管理】 年内全区共有道路运输企业183家，营运性货运车辆3283余台。其中，普通道路货运企业75家，客运企业1家（客运车辆5台，出租汽车79台），汽车维修企业103家，机动车驾驶员培训企业4家（教练车287台）。全区道路运输管理水平稳步提升，道路运输市场秩序平稳，道路运输安全生产稳定，"北斗"车载卫星定位终端系统按照上级部署在"两客一危"及重型货运车辆逐步安装。道路运输行政审批工作按时办结率达100%；群众满意率保持100%。

2017年全区交通运输情况表

项目 年度	客运量（万人）	客运周转量（万人公里）	货运量（万吨）	货运周转量（万吨公里）
2017	21	1706	844	180300

【公共交通】 2017年，新建成山东地理信息小镇园区公交枢纽场站，开通优化51路和82路公交线路，全区有公交线路12条，配车204台，全年客运量21万人，客运周转量1706万人公里。

公交线路一览表

序号	线路	途经站点
1	22路：坊子汽车南站—八九医院（途经路线：北海路、凤凰大街、龙泉街）	途经坊子站点：坊子汽车南站—社会福利院—丰元面粉厂——蓝天印刷—高家—小营子—大营子—四中—嘉和未来城—凯润景城小区—凤凰街郑营路口—坊子电信—区委宿舍东门—龙泉街朝凤路口—龙泉街郑营路口—北海路龙泉街路口—福田雷沃重工—北海路金山街路口—鸾飞汽车回收公司—至八九医院
2	72路：坊子汽车南站—潍坊学院北门（途经路线：北海路、崇文街、龙山路、龙泉街）	途经坊子站点：坊子汽车南站—社会福利院—丰元面粉厂—蓝天印刷—高家—小营子—大营子—四中—实验学校—天同宏基集团—龙山路崇文街路口—龙山路双羊街路口—白羊埠—海正新苑—龙泉街龙山路口—龙泉街朝凤路口—龙泉街郑营路口—福田雷沃重工—北海路金山街路口—鸾飞汽车回收公司—至潍坊学院北门
3	81路：交通职业学院—和平路健康街路口（火车站）（途经路线：凤山路、凤凰大街、朝凤路、龙泉街、北海路）	途经坊子站点：交通职业学院—帛方纺织—潍县中路龙泉街路口—福园小区—凤凰街凤山路口—凤凰街龙山路口—坊子联通—区委宿舍东门—龙泉街朝凤路口—龙泉街郑营路口—福田雷沃重工—北海路金山街路口—鸾飞汽车回收公司—至和平路健康街路口（火车站）

续表

序号	线路	途经站点
4	82路：坊子地理产业园公交枢纽站（共达二期）—公交一公司（鲁发名城）（途经路线：崇文街、凤山路、凤凰大街、龙山路、龙泉街、北海路）	途经坊子站点：坊子地理产业园公交枢纽站（共达二期）—山东英华电子有限公司—崇文街兴国路路口—共达电声—富源动力—新怡园小区—凤山路凤凰街路口—海正新苑—龙泉街龙山路路口—龙泉街朝凤路口—龙泉街郑营路口—福田雷沃重工—北海路金山街路口—鸢飞汽车回收公司—至公交一公司（鲁发名城）
5	51路：坊子地理产业园公交枢纽站（共达二期）—广丰家居（途经路线：崇文街、祥凤路、广场路、凤凰大街）	途经坊子站点：坊子地理产业园公交枢纽站（共达二期）—地理产业园孵化中心—凤翔街正泰路路口——兴国路凤翔街路口—兴国路崇文街路口—崇文街兴国路路口—崇文中学—崇文街龙山路路口东—天同宏基集团—凤凰创业孵化中心—翔凤路双羊街路口—广场路凤昌街路口—广场路凤凰街路口—凤凰街郑营路路口—凤凰街北海路口—响河子村—虞舜公园—凤凰街文化南路路口—至广丰家居
6	58路：坊子汽车南站—寒亭（途经路线：北海路、长宁街、凤山路）	途经坊子站点：坊子汽车南站—六马路北海路口—北海双语学校—老老区人民医院—前张—后张村委—后张村—新方热电—蒋家—奇灵矿泉水公司—郭家南—郭家北—潍县中路崇文街路口—胶建集团—富源动力—新怡园—凤凰街凤山路口—凤凰街龙山路口—坊子电信—区委宿舍东门—龙泉街龙山路口—龙泉太阳城—帛方纺织—交通职业学院—潍县中路宝通街路口—至清池—寒亭
7	18路：虾蟆屯—火车站（途经路线：潍胶路、坊泰路、凤凰大街、凤山路）	途经坊子站点：三叉河—虾蟆屯—东黄门庄—西黄门庄—东曹庄—潍胶路潍安路口—南店—辛李家—辛冬—凤凰街坊泰路口—西江电子—沟西—福园小区—凤山路龙泉街路口—帛方纺织—交通职业学院—潍县中路宝通街路口—至火车站
8	68路：峡山生态经济开发区—火车站（途经路线：潍胶路、潍安路）	途经坊子站点：峡山生态经济开发区—西扶村—峡寿街潍河大桥—西树村—下小路口—岞山村—潍河橡胶坝—潍峡路口—夹河套村—徐家庄—眉南路口—夹河套村—徐家庄—眉南路口—南流—于家村—鼎梁集团—渭阳村—汇胜集团—西黄门庄—新钢街办—潍胶路口—凤凰大街路口—潍安路铁路桥—至火车站
9	2路：坊子汽车南站—火车站（途经路线：北海路、长宁街、潍州路）	途经坊子站点：坊子汽车南站—南溪公园—美的亚广场—十三公里—潍州路恒 安街路口—后宁村—国家储备粮库—世茂国际物流—鲁能足球学校—六号井—火车站
10	36路：八九医院—荆山洼（途经路线：潍胶路、潍州路）	途经坊子站点：高家村—石拉子—六号井—鲁能足球学校—世茂国—际物流园—国家储备粮库—后宁村—潍州路恒安街路口—十三公里—潍州路八马路口—刘家柳沟—张家柳沟—山东固特奇橡胶—拥军站—马司—平柳院—美林陶瓷厂—荆山洼佳丽琪超市

续表

序号	线路	途经站点
11	6路：公交火车站—朱里镇政府（途经路线：309国道）	途经坊子站点：大庄家—大庄家村东—涌泉村西—涌泉村—代家庄—富郭庄—眉村西—眉村东—罗都屯—朱里镇
12	86路：潍坊火车站—坊子地理产业园公交枢纽站（共达二期）	途经坊子站点：福田雷沃北门—金宝街北海路路口—金山街郑营路路口—金山街白沙桥—金山街龙山路路口—龙山路龙泉街路口—海正新苑—凤凰街凤山路路口—凤凰街潍县南路路口—兴国街凤凰街路口—翔云动力—董家庄子—正泰路凤鸣街路口—坊子地理产业园

【交通运输综合执法】 2017年，坊子区开展代号为“雷霆行动”的专项整治行动共十二次，严厉打击辖区内的超限超载、渣土车运输、非法网约车等违法违章行为。共查处违章车辆1496辆次，与交警联合查处超限超载车辆525辆，卸货18709.7吨；查处非法网约车164辆，非法出租21辆，进一步规范辖区内的交通运输秩序。

（王　锐）

公　路

【概况】 2017年，坊子区公路局积极推进重点项目工程建设，提升区域国省道路况水平，强化路域环境综合整治，提高综合竞争力，服务社会经济发展，营造“畅安舒美”环境，服务人民群众安全出行。其中管养的国省道干线公路共计5条58.09公里，包括国道两条：烟汕路（G206）和荣兰路（G309）；省道3条：下小路（S221）、央赣路（S222）及潍胶路（S805）。

【公路建设】 在重点项目协调推进过程中，及时掌握进度动态，勤协调、勤调度、勤服务，以生态环境保护为前提，加快工程项目进展速度，持续推进施工环境协调服务，推动重点项目迅速落地，东、南外环路改建项目计划2018年开工建设。青银高速改扩建正在进行路基、桥涵施工，坊子段全年完成工作总量5500万元，圆满完成各项进度指标；青银高速绿化美化工作进展顺利，已完成相关招投标工作；在工程建设监督管理过程中，认真履行业主职责，严格按照规定建设程序，从工程质量、进度、环境、安全等方面对在建公路工程进行全面监管，不断提高公路建设管理水平，争创优良工程：2017年11月2日，八马路改建工程交工验收，完成工程量4200万元，进一步优化坊子路网结构，2017年11月15日，宝通街东延工程交工验收，完成工程量1.6亿元，贯通市区东西联通的大动脉。

【公路养护管理】 着力提升坊子国省干线公路路况水平及综合服务保畅能力，完成2017年度养护管理计划。继续完善养护保洁市场化运作，进一步实现管养分离，形成“权责明确、责任到人、分工到位”的网络化养护保洁新模式。一是高质量开展日常养护。不断推进养护规范化建设，逐步建立集路基、路面、控制区和沿线设施为一体的全方位、多层次日常养护管理体系，突出抓好路面保洁和扬尘防控等重点任务目标，加大人员和机械的投入及清扫的频率，为清扫车和设备装配移动定位系统，极大提高保洁效能，持续性的开展路面洒水降尘作业，有效抑制公路扬尘。二是高标准开展小修养护工程。严格落实“四性一化”和“365”养护管理理念，在认真做好公路日常性、预防性养护的基础上，推行快速反应、快速维护、快速保通和精细养护的“三快一精”养护新模式，对路面沉陷、坑槽、网裂、断板等病害处治及时，2017年共完成国省干线公路路面简易灌缝56千米，挖补6700平方米，不断完善养护手段和方法，实现养护管理的精细化转变，全区国省道干线公路路况水平进一步提升。三是高标准开展应急救援体系建设，提升公路安全保障能力。深入开展“两保两树”活动，健全完善各类应急预案，着力提升应对突发事件的快速反应和应急处置能力，以公路养护应急中心为依托，组建专业的应急抢险队伍，储备充足的应急物资，对除雪设备、清障救援设备进行全面检测和保养，确保设备随时可用，定期组织预案演练，切实把应急抢险工作落到实处，密切关注气象变化情况，完善预警防范制度，2017年共组织应急演练1次，除雪作业2次，路面紧急排水5次，累计出动车辆22辆，人工55人次，抽水机15台次，全力做好重大节日、重大活动和重大事件等关键时期的安全稳定工作，保障公路安全畅通和人民群众安全出行。

【公路路政管理】 加强路政执法队伍建设，严格依法行政，提高办案效率，2017年处理涉路赔偿案件25起，收取路赔费14.8万元，结案率100%；规范标志管理，确保公路标志标识内容准确、设置规范、科学合理，更换内容错误标志15块，新增标志30块；规范执法装备、执法车辆使用和管理，确保装备、车辆使用安全规范；严肃路政执法纪律，实现全年路政执法零投诉。强化路政巡查力度，清理摆摊设点620处，非公路标志520块，对逄王、车埠两集市进行综合整治，基本解决两集市占道经营问题；强化涉路审批及施工现场监管力度，实施涉路工程事前、事中、事后全方位、全过程监管，保证审批合法、施工规范，办理行政许可手续12件，收取国有资产有偿使用费19.5万元；对公路桥下空间非法侵占进行专项整治，治理非法侵占、桥下倾倒垃圾、住人、堆放秸秆等危险物品及饲养牲畜等突出问题，共清理辖区桥下空间堆放杂物100余方，路域环境综合整治成果得到有效巩固。

（苗　新）

邮 政

【概况】 中国邮政集团公司潍坊市坊子区分公司有职工150人，下辖13处城乡支局（其中金融综合类11处，纯邮政类2处），另有262处邮政便民服务站，邮运投递总里程达到2000公里，担负着全区普遍服务和特殊服务任务。2017年，累计完成业务收入3906万元，完成年计划的105.7%，进度列全市前3名，同比增幅15.3%。其中，储蓄余额规模突破16亿元，新增余额市场占有率18.2%。被潍坊市邮政分公司授予“专项突破奖”称号；抓党建促发展效果突出，被省公司授予“基层党组织示范点”称号。2017年保持“省级文明单位”称号。

2017年2月3日，全市邮政工作会议上，坊子邮政分公司荣获2017年度“安全生产先进单位”荣誉

【邮政服务】 邮政服务质量稳步提高。加快服务质量制度体系建设，开展“无着邮件管理提升”“规范管理年”、重大会议期间寄递渠道安全专项整治活动，被潍坊市邮政分公司授予“党的十九大会议期间邮件寄递安全和安全保障工作”先进单位称号。建立投诉责任追究制，及时处理客户投诉，加强业务检查体系建设，重点针对金融风险点，强化管控及时处置，化解矛盾。认真履行普遍服务和特殊服务义务。积极履行社会责任，主动落实普遍服务要求，积极与区邮政管理局、当地银监局做好沟通协调。加强网点基础管理，提高投递、营业人员素质，履行普遍服务能力进一步增强。网络运营质量得分99分，邮件全程时限达标率98分。机要通信质量保持全红。认真执行“保密、安全第一，准确、迅速传递”的工作方针和“四项基本制度”，严把收、投两个环节，全年无通信质量问题。

【关爱职工】 投资10余万元，同步建设职工小家，农村支局全部达到星级小家标准。投资5万元用于区公司职工之家建设，彻底改善员工生产生活条件。关心关爱职工，区公司组织150人进行健康查体，全面落实网点轮休制度，稳步推进员工带薪休假落实。职工文体活动常态化开展，先后组织员工参加篮球赛、羽毛球赛、田径运动会、文艺汇演、风采大赛等活动，荣获“全市邮政风采大赛组织奖”称号。

（王雪君）

通 信

【概况】 2017年，全区电信企业实现电信业务总量22318.63万元，同比增长19.04%。电话用户总数为50.35万户，普及率达156%，同比增长-1.0%。其中，固定电话用户6.22万户，固定电话普及率19.3部/百人；移动电话用户45.43万户（包括4G用户36.73万户，3G用户8.7万户），移动电话普及率141部/百人。互联网用户达到9.9万户（包括无线上网用户2.54万户），互联网普及率达到100%；通信光缆总长度39.6万芯长千米；互联网出口带宽达到170G。

中国移动通信集团山东有限公司坊子区分公司

【概况】 2017年根据省市公司“四轮驱动”部署，聚焦“三大战役”多渠道、多维度发展，全区新增放号5.4万，新增份额53.26%，4G用户3.4万，完成年进度的67%，家庭宽带发展3.01万户。

【持续打造精品网络】 落实国家大数据战略，深入推进三网融合，加快农村互联网基础设施建设，推动农村宽带设施全覆盖，打通信息“最后一公里”，2017年完成LTE站点46处，高铁FDD专网62处、NB站点30处、4G室分建设18处、微站12处。百团大战集客建设方面，立项项目73条，建设286条专线。宽带方面，新增热点小区建设80处，新增端口数19832口。新建管道8.03公里，建汇聚节点新建5处，目前投产使用9处，为下一步数据网承载大流量数据和公司拓展新业务奠定坚实的基础。

【客户服务继续改善】 2017年公司坚持“客户为根、服务为本”的服务理念，夯实基础管理，提升服务水平，加大创新力度，实现窗口服务工作的有效提升。通过重视营业员服务能力培养、开展“精细化”服务、落实“服务考核”“责任追究”机制、建立健全预警通报等措施规范经营发展，促进客户问题的快速解决，不断提升客户的满意度。2017年公司服务在全市排名第5名。

【加快信息化建设应用】 2017年公司与雷沃重工股份有限公司合作为其农业装备事业部“智慧农机”项目提供物联网通道卡，截至2017年底已累计提供3万张物联网通道卡。同时抓住雷沃重工股份有限公司“走出去”发展战略的机遇，借其在国内及海外企业并购的机会，为其提供多条跨省、跨国高价值数据传输专线，月收入约6万元，年收入72万元。公司还与部分中小学合作，提供校车无线监控业务，实现学校对校车运行的实时监控、远程调度、轨迹回放，家长通过手机查看校车运行的实时图像，及时收到孩子的上、下车信息提醒。

【坚持企业文化建设】 一是围绕“大关爱体系”建设举措，加强对公司员工的关爱，定期开展“幸福1+1”活动，提升员工满意度，增强员工的企业归属感和组织凝聚力。二是以关爱员工为出发点，推进“职工小家”及“职工小小家”建设，2017年全区5处乡镇营业厅的“职工小小家”均已建设完毕。

【围绕中心工作 强化执行与监督服务】 一是在市公司党委的指导下，做好本公司党风廉政建设工作。根据2017年党风廉政建设责任制的要求，分解到各部门，层层签订责任书，做到责任到人。二是为落实市公司“提能力、强执行、促发展”主题活动精神，营造赶、比、超的工作氛围，组织开展寻标对标专项提升活动。三是狠抓安全生产，保持警钟长鸣，全年开展安全生产专项检查12余次，针对存在问题下达安全生产整改通知书，及时消除安全生产隐患，整改完成率100%。每半年举办一次安全教育培训班，基本实现全员覆盖，保障公司生产经营和职工生活的安全。

（张玉国）

中国联合网络通信有限公司坊子区分公司

【概况】 中国联合网络通信有限公司坊子区分公司（以下简称坊子联通）是根据国家电信业重组的相关政策，由原坊子区联通公司和原坊子区网通公司（前身为坊子区电信局）合并后成立的新公司，是中国联合网络通信有限公司在坊子区设立的分支企业。作为国民经济信息化主导通信企业，坊子区联通公司拥有覆盖全国、通达世界的通信网络。主要经营固定通信、移动通信、宽带及多媒体、数据及增值业务。

区联通公司大楼

坊子区联通公司设南郊、坊城、荆山洼、清池、车留庄、眉村、九龙、黄旗堡、坊安九个营业部和综合部、建设运维部、市场销售部、社会渠道中心、集团客户中心五个部室（中心）。

2017年，坊子联通继续保持“全国巾帼文明岗”“省级文明单位”“省级青年文明号”“省级消费者满意单位”等多项荣誉，被市工商局、市消费者协会授予“4A级诚信经营（服务）单位”和“五星级消费者满意单位”称号，被市物价局授予“价格和收费公示工作先进集体”称号，公司工会被省联通工会授予“模范职工小家”称号，公司团委被共青团市委授予“全市百优基层团支部（总支）”荣誉称号。

2017年3月11日，员工健步行活动

【打造精品网络】 2017年，坊子联通深化网络建设，推动网络覆盖不断优化，形成

2G/3G/4G全网络无缝覆盖，以移动通信网、固定电话网、骨干传输网、宽带接入网及各类支撑网为主要框架，覆盖全国、通达世界、结构合理、技术先进、功能齐全的现代通信网络。全区城乡全部实现光纤接入，用户接入速率达到100M以上。语音、数据和多媒体通信的广泛应用为全区经济社会发展提供强有力的信息支持。2017年完成PON+LAN改造项目17个，新建、扩容集客类项目共计21项。完成移网建设室分5处、基站24处。优化升级次汇聚环网，将穆村、眉村、南郊、清池9306设备升级为万兆上联，各乡镇网络出口带宽得以大幅提升，同时大批中继光缆纤芯资源得以释放，线路资源优化工作同步完成。

【履行社会责任】 为满足企业信息化需求，坊子联通充分发挥移动通信、互联网、综合信息服务方面的优势，推动移动互联网、云计算、大数据、物联网等与现代制造业、服务业相融合，探索实践产业互联网落地实施的新方法、新举措，搭建“产业互联网”“幸福工厂”“物联网运营”“联通沃云”等信息化平台，聚焦工业、制造、物流、商贸等诸多领域，累计为全区30多个行业提供200多种信息化解决方案，在智慧城市、智慧园区、智慧农业、智慧家居等多个领域都有成功的案例和实施经验。

【提升服务水平】 以“抓基础、提感知、树形象、创价值”为主线，推动大服务体系建设，强化专业线服务协同，将服务问题解决关口前移至专业部门，以工单透明化促进客户问题的快速有效解决；推行“1+0”纠错机制，对客户反映集中的问题抓好源头治理，落实过程管控，推进问题根源解决，避免投诉重复发生；落实首问负责制和不满意工单内部升级、三级答复制度，高度重视申诉管控，加强投诉处理力度，严控越级投诉和申诉。全面推行限时服务，加强服务时限管理考核，提高服务响应能力，服务时限明显缩短。

【党风廉政建设】 深入学习贯彻党的十九大会议精神，扎实开展“两学一做”学习教育活动，深入开展廉洁风险防控工作，把廉洁风险防控作为落实“两个责任”和领导人员落实“一岗双责”的重要内容，制订《坊子区联通公司廉洁风险防控工作实施方案》，对市场营销、建设维护、综合管理等方面23个风险防控点进行严格监控和责任落实，堵塞管理漏洞，落实防控措施，构建权责清晰、流程规范、预警及时、防控有效的廉洁风险防控管理机制，健全和完善有效的惩防体系，反腐倡廉工作水平不断提高。

（王国明）

中国电信集团有限公司坊子区分公司

【概况】 中国电信集团有限公司坊子区分公司（简称坊子电信），是中国电信集团有限公司潍坊电信分公司的直属分支机构，2004年5月挂牌成立。

2004年5月，中国电信潍坊坊子区分公司成立，是中国电信集团在潍坊坊子地区的直属分公司。坊子电信在职员工30人；下设综合支撑部、市场部、营业厅、网络部、政企客户部、网络发展部6个部门，2个城区支局、3个乡镇支局、1个自有营业厅，城区、乡镇设有多个代理门店。公司主要经营基础电信业务及增值电信业务，与通讯及信息业务相关的系统集成、技术开发、技术服务、信息咨询，通讯设备销售，国内广告业务等。

【业务提升】 2017年，坊子电信以经营发展为中心，以改革创新为动力，以服务质量为保证，以提高效益为目标，不断强化主营业务和优势产品，优化内部管理和运作模式，全年新增移动用户6850户、固话500部、家庭宽带4000户。

【网络建设】 坊子电信累计投资1亿元用于网络基础设施建设，全面实现CDMA和GSM的网络覆盖，截至2017年底，全区已建基站160个，网络覆盖率达到65%，新增FTTH宽带端口20000个，实现光纤到户，网速达到100M，端口结构不断优化，作为“宽带中国”战略建设的主力军，与中国铁塔股份有限公司对坊子电信无线基站33个基站的维护和建设相关进行交接，实现坊子基站转为铁塔公司的全面维护工作，4G/3G移动网络基本实现潍坊境内全覆盖，服务范围扩展到通信、电路、信息服务等领域，在政府应急联动、民生服务、卫生系统、教育行业等信息化建设方面提供优质服务并获得良好的社会效应。

【服务升级】 坊子电信自成立以来，始终秉承“客户至上 用心服务”的宗旨，积极响应潍坊市政府从管理型向服务型转变的重要部署，组织协调当地优质资源，利用自身大数据、云计算、物联网等现代信息技术及基础通讯网络的优势，积极参与到各行业服务民生的信息化建设中。积极响应国家“提速降费”的战略要求，加快基础网络建设，有效降低网络资费，对低速率宽带用户开展免费提速，对用户的咨询开展一站式服务，提升服务效率。提升应急指挥调度管理效率，促进实现公共服务均等化，提供安全效率，智慧化便民养老服务，达到政府服务对民情事务处理及时化、信息展示直观化、信息全面化、沟通便捷化、参与多元化、服务亲情化等目标及要求。

（郭秀倩）

城乡建设

城乡规划

【概况】 潍坊市规划局坊子分局规格为正科级，经费形式是全额预算管理，单位职能主要负责辖区内城乡规划方面的行政管理。负责辖区职责审批范围内建设项目“一书三证”的核发与建设项目的批后管理工作。分局在区委、区政府和市规划局党委的正确领导下，充分发挥科学规划引领作用，进一步加快推进城乡统筹发展，全区城乡规划管理工作成效显著。荣获山东省精神文明单位、潍坊市学习型党组织示范点、全区科学发展综合考核一等奖等荣誉称号。

社区规划师走进禹舜社区

【规划编制工作】 编制完成《坊茨小镇历史文化街区保护规划》，编制完成《营子生态休闲商务区控制性详细规划》，组织编制《鲁能足球小镇概念性规划》，对接高新规划分局，落实南北主干道路对接方案；积极参与智能装备产业园、测绘地理信息产业园、食品工业园等重点园区、重点项目的规划编制工作；组织完成各街道的总体规划编制工作。

【规划审批管理】 按照区委区政府行政审批提速要求，对所有规划建设项目，提供高质量服务。规划审批提速效果明显，出具规划条件25份，办理《建设用地规划许可证》30件，审批用地面积约98.33公顷，同比增长23.60%；共办理《建设工程规划许可证》288件，审批建筑面积约187.5万平方米；核发《建设工程竣工规划核实合格证》237个，竣工验收面积104万平方米；受理审查完成G206、G309青兰线国道改扩建规划选址。

【规划监督检查】 办理市长公开投诉电话转办件42个、信息公开14件，结案率均为100%，经回访，群众满意率达到100%。在巡查和执法过程中，与区城管执法分局开展执法联动，有效制止违法项目建设12处，维护《城乡规划法》的严肃性。违法建设移交区城管执法分局违法建设项目32个。根据市规划局《关于转发省住房城乡建设部对潍坊市2017年第1期规划遥感督察图斑的函》的通知要求，及时召开专题会议进行安排部署，并按照住建部下发的涉及坊子区疑似违法图斑号进行全面排查。涉及坊子区的图斑号共有14个，均为国有土地。其中一个图斑号项目只办理《建设用地规划许可证》，未办理《建设工程规划许可证》，另一个项目未办理规划审批许可手续，其余12个图斑号项目均办理规划审批手续。对未办理相关规划审批手续的项目移交区城管执法分局部门依法进行查处。

（武　琦）

建设与管理

【概况】 坊子区住房和城乡建设局成立于1983年，2010年机构名称调整为潍坊市坊子区住房和城乡建设局，内设机构共4个，分别为办公室、工程建设科、市政管理科、村镇建设科，行政编制12名，主要负责所属辖区内建筑市场管理、城建重点工程建设、市政道路及设施维护、建筑工程质量监督管理、村镇建设等。

【城市建设】 城区道路　2017年投资近4亿元，对12条城区道路进行改造提升。其中投资800余万对北海路至老潍县南路之间全长2.5公里的凤凰街进行铺路挖补0.5万平方米、铺路罩面1.8万平方米、整修人行道1.3万平方米；南侧新铺设D1800-D2400雨水管道1500余米，投资5000余万对全长2.7公里的龙泉街道路（北海路至老潍县南路）进行改造提升，两侧沿街路面进行铺装，新设自行车道、人行道，对主路面有16米拓宽至22米，并整体挖补罩面，新修白沙河桥一座，对绿化带、路灯进行改造提升；投资7200余万对崇文街（凤山路至潍安路）进行改造提升，新建主路、自行车道、人行道，铺设管道，安装消防设施、路灯及公交站亭。

城区照明　坚持路灯夜查制度，按时调整路灯照明时间，保证路灯照明的正常运行；维修线路3000多米，更换、铺设电缆1400多米，保证设施完好率达90%以上，亮灯率达到95%以上；完成潍坊市政局对凤凰街、潍胶路和金山街路灯和箱变的移交及过户工作，共新增路灯247基，箱式变压器5台，更换潍胶路两侧老化路灯电缆约3公里；协调铁路部门在凤山路桥底安装LED路灯16盏，彻底解决桥底无照明设备影响通行安全的问题；实施全区路灯智能

金山街桥

化改造，对全区8000盏路灯进行智能化控制，对2000盏路灯进行LED更换，其中对潍胶路为290盏金卤灯进行更换、潍州路新建580盏Led路灯，进行更换新增，实现全域主次干道路灯照明全覆盖，最终对全区所有道路路灯实现智能化控制。

【建筑业】 2017年，坊子区建筑业完成产值111332.3万元，比上年同期增长40.6%；新签工程承包合同额133235.2万元，比上年同期增长56.6%。

建筑市场管理 配合市开发办对坊子区16家限售房地产开发企业开发经营情况进行检查，对潍坊中亿置业投资有限公司、坊子区城市建设综合开发公司、潍坊龙海置业有限公司等10家失联、无业绩开发企业进行注销，进一步整顿全区房地产开发市场秩序。

建筑质量与安全管理 把配合全区重点项目建设作为工作重点，以提高工程质量作为目标，加大对质量通病工作的防治检查力度，针对检查中发现的地下工程变形裂缝、施工缝、预埋件部位、穿墙管部位渗水、外墙保温体产生裂缝等问题，下达质量整改通知书，要求企业制定整改方案，落实工作责任，整改完成前不允许进行下一步工程建设，不断提高工程质量，减少质量通病问题的发生。新开工报监工程246个，面积155.93万平方米，造价26.70亿元；其中棚改项目（西辛、水韵华庭和营子）76个，面积54.04万平方米，造价11.41亿元。积极推进工程报监、竣工验收备案等办理流程优化，做好质量投诉工作，并对相关违法主体进行处罚。认真开展春季复工大检查、建筑施工安全生产隐患排查治理行动、建筑工程施工安全百日攻坚治理行动等16次安全大检查，共下达限期整改通知书29份，停工整改通知书86份，查处隐患560余条，并对相关违法主体进行处罚。

渣土扬尘管理 对辖区内6家商混企业的扬尘治理工作进行督查，确保安全生产和扬尘治理措施的落实。要求全区在建工地安装扬尘远程监控和监测平台系统，在建工地共安装监测头30余个，监控头60余个，实现全区在建工地实时在线扬尘检测。

建筑节能管理 加快绿色建筑发展。2017年，新增绿色建筑项目2个，新增建筑面积10万平方米。10月31日，省市专家对坊子区亚特尔凤凰太阳城F区进行绿色建筑二星级运行标识评审，且已通过评审。城市规划区可再生能源建筑应用面积占新建民用建筑面积的比例为75%，全区新建居住建筑和集中供应热水的公共建筑，全面实现太阳能与建筑一体化设计、施工、验收，并积极推广经省市认定备案的太阳能产品，城市规划区内太阳能热水器普及率在80%以上。

民工工资清欠 重点加强过程监管。规定每个项目部至少设置一名劳务用工专员，专项负责劳务用工的人员管理、台账登记、工资发放监管等；要求施工现场必须设置务工人员维权公示栏，确保务工人员诉求渠道畅通。单项工程主体、竣工验收前一律进行农民工工资发放调查公示，工资发放不到位的一律不予实体验收。区清欠办在日常工作中进行不定期检查，出现问题的一律停工整顿。全年清欠办共受理建筑领域农民工来电来访72起，涉及金额708.8万元，上访案件起数、金额分别比去年同期下降32%和34.8%，连续三年下降幅度均在30%以上，农民工工资清欠工作取得较大进展全市清欠工作取得显著成效。

恒信领海国际

【城市管理】 **市政设施养管** 对新老城区内13条主干道出现的问题进行整改，修补凤凰街、长宁街等道路路面坑洼600多平方米，沥青摊铺修复面积6400多平方米；对城区沥青主干路裂缝进行修补5500多米；对北海路凤凰大街、崇文街、龙泉街、长宁街等更换维修污水井盖40个（套），更换雨水井盖42个，更换雨水井箅115个，维修道路缘石200多米，维修人行道板3700多平方米；督促联通、移动等其他企业处置维修检查井11起，对确认无业主检查井及时回填并进行修复。

燃气、供热管理 加强供热监管工作。2017年，新增集中供热面积20万平方米，全区采用市政管网供热面积达到210万平方米，城市集中供热普及率达68%。协调供热企业五岳热力公司利用8月份一个月的时间对集中供热管网进行全面检查维护，共消除换热站及供热管网隐患18处，供热期间设备运行良好。做好供热系统气改水改造工作的准备工作，稳步推进全区供热系统气改水工作全面开展，铺设龙泉街高温水管道2000米。

在有效监管下，坊子区已发展天然气民用户达到5.86万户，城区燃气管道气化率达到93%；天然气用气总量达到0.51亿立方米，区住建局积极扩大天然气覆盖率，积极争取气源，缓解坊子区气源不足的严峻形势。

城市防汛 根据汛期降水量偏大的情况，提前加派人手和机械对新老城区重点部位的雨水管道进行整修，疏通雨污水管道1000多米，清理雨水检查井39个。全年共出动防汛人员128人次，车辆28台次，安全度过汛期。加快推进雨污分流改造和海绵城市建设，共实施10个专项整治工程。在凤凰街、龙泉街、崇文街、凤山路、欧美佳苑西规划路、宁家街、防汛路、翠坊街、青年路、永宁路，新铺设雨水管道21.1公里，新铺设污水管道13.7公里，整治雨污合流管道14.8公里。其中，围绕凤凰街雨天积水问题，实施凤凰街南侧白沙河至潍县南路段雨水管道工程，新铺设雨水管道1.5公里，将凤凰街南侧白沙河以东区域积水引入至白沙河；围绕龙泉街、崇文街2条城区道路雨天排水不畅问题，分别实施道路改造提升工程，新铺设雨水管道9.2公里，铺设污水管道3.3公里。有效解决城区道路内涝问题，对城区主次干道进行排查，并维修改造。发现双羊街等错接、混接或不合理排放共9处，其中督促一家企业整改污水排入雨水管网1处，另改造凤山路口、龙山路口和白沙河以东3处，均为管道被暴雨冲垮、管道破损等原因导致污水流入雨水管网等。

污水处理　加强对潍坊北控水质净化有限公司的管理，采用曝气沉沙+一体化生化池+高效沉淀池为主体的污水处理工艺，进行规范化的工艺管理和设备管理，使出水水质稳定达标（出水COD平均为331mg/l、NH3-N平均为0.8mg/l，总磷平均为0.30mg/l），排入虞河景观河道。不仅有效地去除污染物、净化水体，还补充景观用水、节约费用，实现节能减排、多方共赢的目标。2017年度污水处理整体安全状况良好，无安全事故。共组织各专项检查和月度安全检查20余次，针对检查出的安全隐患及时下发整改通知并按期进行整改、验收：全年共处理水量852.9万吨，日均处理量2.3万吨，出水指标全部达到国家城镇污水排放一级A标准，达标率100%。

城市节水　加大管理力度，做好节水管理工作。精心组织部署，开展多形式的节水宣传和志愿服务活动，创新宣传举措，成立一支节水宣传志愿队伍，将节水公益宣传和志愿服务结合起来，持续地开展节水宣传和志愿服务，同时在2017年节水周宣传期间，围绕“全面建设节水城市，修复城市水生态”这一主题，开展一系列节水宣传志愿活动，取得较好的宣传效果。

【村镇建设】 农村危房改造　全力推进全区建档立卡贫困户、低保户、农村分散供养特困人员和贫困残疾人家庭的危房改造工作，做好行业精准扶贫，2017年完成危房改造6户。反复核实农村危房改造户的上报情况，按照工作程序，对申请危房改造的农户严格把关，将符合危房改造条件的农户纳入改造计划，进一步明确改造目标和完成时限，落实责任到村到户，通过修缮加固或者翻建的方式，帮助其解决最基本的住房安全问题，改善住房条件。

社区建设　持续抓好“四全一特”示范社区打造。全区计划打造9个“四全一特”示范社区，其中凤凰社区、穆村社区作为市级示范社区，双羊社区、五一社区作为区级示范社区重点打造。目前，五一社区服务中心已完工，12349樱桃养老便民服务中心入驻；凤凰社区已完成科普体验馆、青少年服务中心、营养餐厅、智慧社区智能化应用平台；穆村社区已完成服务大厅、特色产业办公室等配套设施建设和学生公寓楼，建成物业管理办公室；双羊社区已完成公共服务区及儿童活动中心，打造府前特色商业街，科普馆、智能会议系统、消防体验区等已投入；注重农村社区服务中心提升改造。按照“一厅一校十室”基本建设标准，2017年计划建设改造14处农村社区服务中心。加强调度，强化督促，协调相关街道（发展区）抓紧推进农村社区服务中心建设，对于已建提升的，督促其严格按照“一厅一校十室”建设标准进行改造提升；对于新建的，督促其尽快开工，形成实质性进展，并按照“一厅一校十室”标准进行配套，14处农村社区服务中心已完成。

（吴姗姗）

住宅与房地产

【商品房预售监管】 全区批准商品房预售8004套，120.5万平方米，其中商品住房7538套，113.5万平方米，办理预售资金监管备案48件，涉及商品房12516套，103.07万平方米。

全年计办理商品房网上签约10641套，127.7万平方米，其中商品住宅9801套，117.5万平方米。

【物业管理】 全区共有住宅小区238个，总面积约829万平方米，物业管理大致有物业公司管理、单位自管、社区村（居）管理和业主自管四种方式，新建小区大多实施标准化物业管理，多数老旧小区仍以单位和社区管理为主。

2017年，完善信用档案的物业服务企业39家，外地注册在区服务的物业企业25家。实施标准化物业管理的小区98个，管理面积763.98万余平方米，物业从业人员约3000人，服务范围主要承担小区公共设施设备维护、保洁服务、小区内秩序维护、绿化养护、代收水电费服务以及家政服务、社区医疗、商品配送等有偿服务项目。

2017年，有十二个小区成立业主委员会。（天润凤凰城、联通公司小区、华丽世家小区、雷沃花苑小区、教育局小区、西华昌小区、农信小区、丽苑公寓、国土局宿舍、五一宿舍、安晶小区、杞王世家小区）

（郎建成）

城市管理行政执法

【市容环境整治】 对占道经营和店外经营进行整治，清理取缔马路市场7处，取缔占道经营、流动摊点2800余处次；严格规范户外广告设置，对城区大型户外广告进行拉网式排查，对不符合规划、未履行审批手续的一律拆除；对一店多牌、落地广告进行清理，共取缔大型户外广告21处，拆除门头店面耳朵广告牌700余块、没收落地灯箱广告500余块；加强露天烧烤管理。3月份发放《拒绝露天烧烤，建设生态坊子》的公开信，使经营业主增强环境保护的主动性和责任感。从根本上扭转“反复治理，反复反弹”的局面；在新老城区范围内实施亮化工程，为城市增添色彩，优化人居环境，提升城市品位和形象；对重点区域进行专项治理，重点对佳乐家周边、白羊埠两个探头

美丽乡村成果——马司二村

市场、双羊街占道摊点、龙泉街占道集市、北海路福田公司占道摊点等违法、违章占道现象进行治理；“门前三包”落到实处。针对城区范围内个体经营户较多，管理难度大的现状，大力推行“门前三包”责任制，实现道路门店环境卫生的自治、自管、自律。

【违法建设整治】 排查违法建设72处，违法建设占地面积8.19万平方米，违法建筑面积29.59万平方米；针对这些违法建设，根据其形成的不同成因和背景，区分不同情况制定分类处置办法，避免简单的一个方子吃药的问题。同时，本着“先易后难、以点带面、统筹推进”的办法，对违法建设经行处理。2017年，区共处理存量违法建设建筑面积27.72万平方米，已完成违建治理任务的93.68%。另外，对新增违法建设坚决采取“露头就打、萌芽就灭”，发现一处，拆除一处，确保违法建设“零增长”。

【渣土运输整治】 采取提前介入、事先告知的主动管理方式，通过进工地宣传，强化净车出场，杜绝带泥上路，及时督促施工单位办理处置手续，明确渣土清运路线及处置地点等一系列措施，规范运输建筑垃圾行为。加强日常监察，对重点路段、重点工地派员实行全天候跟踪监察，并加大对违规清运、乱倒建筑垃圾行为的查处力度，有效控制城区道路污染现象。

【城乡环卫一体化】 认真落实道路及环卫设施的清扫保洁责任制，主次干道卫生保洁落实定人、定岗、定责，明确职责，加强对各街道（发展区）环卫一体化工作进展情况检查、督促、调度，保证保洁工作的正常开展。今年投入资金1亿元，加快“六化建设”的推进力度。加大城区保洁机扫次数和洒水除尘保洁面积，城市生活垃圾无害化处理率达到100%。

2017年6月17日，南店村城乡环卫一体化整治现场

（刘 冰）

园林绿化

【概况】 2017年区园林处的绿化工作，在区委、区政府的正确领导和上级业务主管部门的帮助指导下，深入贯彻十九届一中全会精神，落实科学的城市建设观，围绕建设“生态坊子、美丽坊子”的奋斗目标，努力强化绿化管理措施，城市绿化环境有明显的改善，截至2017年底，全区绿化覆盖率已达到42%。

【背街小巷道路绿化及改造工程】 2017年2

月—6月坊子区园林处进行背街小巷绿化改造工程路段有：坊北街（北海路—虞河桥）、七马路（西城街—潍州路）、防汛路（潍州南路—玫瑰园）、凤凰街道顺河路（双羊街—邓家街）、老潍县南路（长宁街—八马路）、八马路（老潍县南路—潍州路）、长宁街（西城街—王平路）、九马路（北海路—潍州路）、民生街（凤山路—老潍县南路）、崇文街（凤山路—潍安路）、白沙河，共计投资1380万元。

【绿化苗木交接工作】 2017年11月中旬，区园林处对全区约190万平方米绿化养护项目进行公开招标，并确定新的养护单位，绿化科积极协调四方进行交接，年底完成。

【病虫害防治】 2017年年初，同绿化养护企业签订《2017年度园林植物病虫害防控目标责任书》，并集中对城区行道树、分车带和墙基绿地内紫薇、紫叶李等花乔木缠绕防虫胶带，预防虫害发生。定期调度病虫害监控情况，对发现病虫害的路段及时喷药，达到“有害不成灾”的防控效果。给树木粉刷石硫合剂，2017年，全区绿化苗木涂刷石硫合剂共计20428吨，其中涂刷乔木46119株，灌木56022株。

【安全生产工作】 防火工作常抓不懈，与企业签订《年度绿地防火工作责任书》，抓好重点路段、重点位置、重点时段、重要节点的防火工作。

【裸露土地治理工作】 通过全面普查，2017年，新区白沙河、龙山路、双羊街、潍安路、凤山路墙基，老区长宁街等城市主次干道裸露土地6615平方米，全部实施绿化；喷水除尘，扬尘治理。制定喷水除尘实施方案，每周一、四固定进行绿化带喷水除尘工作，共出动水车902次，水量10102吨。

【潍坊国家园林城市复查工作】 2017年9月，配合市园林处收集全区13个街道部门相关材料，整理分类后上报市园林处。做好区市容环境整治工作，及时反馈整改照片。2017年，由市市政局牵头下发的市容环境专项整治行动实施方案，区园林处配合坊子区市容环境专项整治行动领导小组积极开展市容环境专项整治活动，通过21期的专项整治行动问题整改通知单，认真组织相关企业对存在的相关问题进行整改，建立工作台账，完成84项整改。

【应对极端天气】 2017年夏天，全区遭遇大风大雨等极端天气，区园林处立即安排所有企业上路巡查，及时开展树木扶正，排除绿化带内积水，清理断枝落叶等有关工作，确保在最短的时间内将市容环境恢复到位。据统计，绿化企业一共扶正法桐、雪松、栾树等各类树种约175株。

（郭俊邑）

棚户区改造工作

【概况】 2017年，坊子区以“作风建设年”为统领，紧紧围绕“四个城市”建设，把棚户区改造工作确定为全区“一号工程”，举全区之力实施坊子建区以来，规模最大、涉及范围最广的棚户区改造，集中力量，攻坚克难，全年实现13个片区、17个村居、7712户、25000多人的整体搬迁，拆除房屋30000多间、建筑物90多万平方米，腾空盘活土地6200余亩，取得棚改工作历史性突破。

【凝心聚力推棚改】 上下同欲，兵团作战。全区上下采用大片区、大兵团集中式作战，调集骨干力量，投入到棚改工作中。区委书记扈洪波仅在正月就先后召开5次棚改工作会议，并在全区“三会”、经济工作会上，多次对棚改工作进行部署安排。区委副书记、区长张龙江从年初三开始，逐个棚改片区进行调研部署，并在每周的区长办公会上专题研究推进棚改工作，及时协调解决影响棚改进度的相关问题。区委副书记宋伟伟靠在一线，亲自部署谋划、现场调度进度，用最大的决心和最快的速度理顺思路、科学部署、紧急调度，用严实的作风和有效的举措为征迁干部树立起榜样，坚定信心，鼓舞出力量。组建新城区、老城区、坊茨小镇三大指挥部，由区委副书记宋伟伟，区委常委，常务副区长赵伟，区委常委、统战部部长李寿岩亲自挂帅、坐镇指挥，在区级领导强力推动下，全区迅速形成齐心协力抓棚改、促棚改的共识和声势。选派20余名区直骨干下沉村居，街道力量全部扑到拆迁一线，联合形成百余人的棚改攻坚部队，棚改拆迁工作势如破竹，基本上15天拆迁一个大村居，30天拆迁一个大片区，强力推动棚改拆迁工作快速突破。

因地施策，稳中求进。各街道根据实际情况，采取不同方式稳步助推棚改步伐。凤凰街道地处新城区，采取集中连片式改造，把8个村居作为“一盘棋”统筹推进，运用“舆论造势、人员壮势，抛小引大、以大拖小，趁热打铁、压茬推进，片区联动、遥相呼应”等一系列卓有成效的系统方法论，大片区统一调查摸底、梳理数据，片区内每个村庄拆迁压茬推进，间隔2—3天先后启动，用三天拆完一村的棚改速度强力带动其余村庄拆迁，最终取得新城区棚改战役的重大胜利。坊城街道地处坊子老城区，情况复杂，居民大多是城镇户口，对棚改的期望值较高，且经历过多次拆迁，棚改遇到的阻力较大，群众工作比较难开展，考虑到这个情况，街道确定“成熟一个改造一个”的思路，摸索出化整为零式攻坚的棚改路子，通过敲开核桃，以点带面，防范化解不稳定因素，实现老城区棚改新突破。在拆迁过程中，集中街道精干力量、优势兵力，自上而下推动、化整为零攻坚，顺利完成高家、夹河套、西王3个村的征迁任务，为后续的棚改起到良好的助推作用。坊安街道位于坊子区东南部，结合潍安路乡村旅游产业带打造，推进项目建设，故采用“结合式”模式，结合项目建设、园区打造，实施沙埠村棚户区改造。

统筹推进，协同作战。从全面提升服务质量、提高工作效率出发，积极探索推行“1+3+4”棚改推进新模式，有力促进全区棚改工作加速实施。“1”，即成立区棚户区改造工作协调推进办公室，由区政府办公室牵头，从区司法、财政、住建、国土资源、规划、房管、房屋征收与补偿办等部门抽调14名精干力量，实行集中办公，充分发挥组织协调、对外宣传、督查落实职能作用，为棚户区改造提供优质高效服务。“3”，即健全3项综合服务机制：一是建立手续联办机制。对街道（发展区）需要办理的手续，只需准备基础材料，由区棚改办做好协调部门、逐级审批、对外公告等后续工作，同时承诺限时办结，最大限度为街道（发展区）节约人力、物力、时间成本。二是建立包靠服务机制。区棚改办每人包靠1个街道（发展区），定期深入一线指导工作、调度情况，遇到问题时，责任人全程负责协调联系、催办督办，直至问题解决。三是建立督查落实机制。由区棚改办牵头，根据年度工作任务，制作项目工期表，坚持一天一调度、一周一总结、一月一考核，每周现场督查3次以上，及时汇总进展、编发简报、推广经验，随时发现问题、研究措施、加快解决。“4”，即成立司法保障、涉企拆迁、手续办理、金融保障工作小组。充分发挥业务部门专业作用，4个专项工作组分别由区委政法委、城管执法、政务服务办、财政部门牵头，全力做好依法强制拆迁、安置区手续办理、项目建设融资贷款等相关保障工作，为棚改工作扎实推进提供强大支撑。

发动群众，阳光拆迁。围绕“村民自治”工作思路，在各棚改村成立由养殖区、沿街房、居民点等群众代表组成的“自改委”，沟通社情民意，由群众决定“怎么改”“如何改”。创新“十户联帮”机制，实施“积分管理”办法，充分调动群众积极性，群众的观念由“要我改”变为“我要改”，极大程度上推动棚改进程。坚持“一把尺子量到底、一个标准评到底、一个算盘算到底、一个方案执行到底”的四到底原则，维护政策的公正性和公信力，全方位保障群众的合法权益。一线干部秉持着高度认真负责的态度，对各户基本情况和特殊群体都给予充分考虑，努力求得群众利益的“最大公约数”。安置补偿方案从制定到论证，再到最后的执行，整个过程都是阳光公开，始终做到老百姓关心关注什么，就重点公开公示什么，让每个老百姓心里都有本“明白账”，真正使老百姓心里亮堂、心服口服，打心底里拥护棚改。在拆迁工作快速突破的同时，全区面上保持和谐稳定，没有一起因为棚改发生的越级上访事件，真正实现阳光拆迁、和谐拆迁。

宣传引导，营造攻势。在电视台、报纸设立专栏，充分利用政府门户网站，全面解读棚改政策，及时发布工作动态；各棚改片区通过微信平台、巡回广播、入户走访等形式，累计印制发放明白纸2万余份，绘制悬挂标语条福

1200余条，把当前形势、优惠政策向群众讲清楚，最大限度赢得群众支持；将户型图制作成挂历发给村民，把棚改工作编成通俗易懂的快板向群众宣传。各片区都形成铺天盖地式的宣传场面，迅速在全区营造人人知晓棚改、支持棚改的良好氛围。

转变观念，锤炼作风。全区广大党员、机关干部、村干部主动请缨、主动作为，自觉把棚改现场作为锤炼作风的练兵场、展示担当精神的竞技场、比拼能力水平的比赛场，到棚改一线锤炼意志、施展才能，全区上下形成干事创业、勇于担当的浓厚氛围。扑在棚改第一线，以“首战用我、用我必胜”的决心，挑选任务最重、难度最大的片区，敢于攻坚、勇于突破；以“舍小家顾大家”的担当，放弃节假日，24小时靠在棚改一线，抛家舍业、拼命工作；以“只争朝夕、不舍昼夜”的干劲，白天入户测量、做群众工作，晚上梳理数据、调度进度、安排工作，五加二、白加黑，苦干实干、连轴运转。涌现出巾帼不让须眉、舍小家顾大家的以宋伟伟书记为代表的棚改娘子军，连续高强度工作100天的铁人高峰，一天服下25粒救心丸不下工作一线的拼命三郎刘明君，昼夜坚守岗位、全力保驾护航的维稳铁军等一大批先进典型，锻造敢于担当、敢打必胜、攻无不克、战无不胜的“坊子棚改精神”。

【保质保量搞安置】 坚持高起点规划、高标准设计、高质量建设，不断加快安置房建设进度，让广大动迁居民早日搬进高品质安置区。坚持安置区拆迁先于居民点拆迁，安置区规划设计先于拆迁腾空，以“给自己爹娘盖房子”的安置理念，优选最好地块，用最高的标准，建设最好房子，让棚改居民住上最好的安置楼。

完善配套，幸福安置。把安置区放在区域最好、配套最完善的地方建设。安置区内设有警务室、社区医院、健身房、娱乐广场等，让百姓实实在在享受到棚改安置带来的现代生活。沟西片区和营子片区的安置区，都位于白沙河生态景观带上，周边配套建有区人民医院、区直幼儿园、崇文中学、潍坊四中，是新城区生态环境最好、服务设施最完善的黄金地段，能够为百姓提供全面、便捷、优质的生活配套服务，真正让百姓住着方便、住得舒心。

倒排工期，挂图作战。安置项目一经确定，立刻倒排工期，明确项目立项、证照办理、楼体建设、竣工验收等核心工作的节点，并由区棚改办牵头抓好督查，确保百姓按时住上幸福楼，高家安置区和沙埠安置区实现当年拆迁，当年回迁。

百年安置，品质第一。选择实力强、质量高、信誉好的建设单位作为安置楼建设主体，严格材料购置，严格施工监管，统一建设标准，把每栋安置楼都作为“百年工程”来打造，确保百姓住得放心、住得踏实、住得长久。

【总揽全局谋规划】 坊子区对腾空的土地进行科学规划、合理布局，摆脱盲目无序、不可持续的错误棚改模式，走先规划、后腾空的路子，围绕各地主导产业，策划打造7个特色小镇和规划建设8个主题鲜明、集聚高端产业的园区。

高标准打造精品特色小镇。按照“拆掉一个村庄，盘活一片土地，打造一个特色小镇”的思路，实施大片区、组团式开发，引入大资本、大企业、大集团，高标准规划打造产城融合、功能完善的特色小镇，实现生产、生态、生活有机融合，推动城市腾笼换鸟、凤凰涅槃。

营子片区，位于虞河上游、北海路和潍胶路沿线，环境优美、交通便利，是潍坊市区南部开发价值最高、发展潜力最大的区域。依托该片区良好的生态环境、便利的交通条件以及周边丰富的教育资源，对棚改腾空的2000多亩土地进行改造开发，规划建设涵盖高端休闲商务区、体育公园、高档沿河生态社区等功能区域，打造以生态、休闲、商务、教育等业态为主题的潍坊市南城市会客厅。已吸引恒大集团、绿城集团、碧桂园集团等多家国内一流投资企业前来考察对接。

穆村片区，北靠宝通街，东接潍河，区域内有潍坊城区最好的原生态郊野森林资源—九龙涧森林公园，环境优美，生态资源丰富。依托九龙涧这一得天独厚的生态旅游资源，利用棚改腾出的2000亩土地空间，规划九龙涧森林公园、潍河生态景观带、现代农业产业带、绿色制造产业带等四个板块，建设一批生态旅游、休闲观光和健康养生项目，打造以休闲旅游、健康养生为特色的生态产业小镇。

科学布局特色化产业园区依托主导产业和优势产业，按照“产业园区化、园区特色化”理念，利用棚改腾出的空间，规划建设一批现代产业园区，以园区为平台推动项目集中布局、产业链条式发展。

沟西片区，位于凤山路以东、凤凰街两侧，是新城区扩量提质的首要区域，把棚改腾空的1200亩土地空间，作为山东测绘地理信息产业园的配套区域，积极引进地理测绘上下游产业，建设完善生活服务设施，着力打造功能完善、布局合理、宜业宜居的省级地理信息产业园区。园区已引进落户苍穹数码、中海达测绘、新松机器人、银澎云计算等总投资120亿元的90个项目。

董家庄子片区，位于凤凰街以南、坊泰路以西。棚改腾空300亩土地规划建设智能装备产业园，依托全国最大的农机行业龙头—雷沃重工，吸引集聚智能农机上下游配套企业入园发展，打造百亿级产业集群集聚区。已落户雷沃国家级工业设计中心、雷沃国家级制造业创新中心等总投资15.3亿元的5个研发中心和7家智能装备企业，实现当年腾空、当年招商、当年建园。

西王片区，东靠北海路、北接机械装备制造园。棚改腾空的800亩土地纳入机械装备制造园范围，重点引进发展工程机械、汽车发动机、零部件及相关产业，建设以机械加工制造产业为主导的先进装备制造业基地。园区已落户威马机械、潍坊国际动力港、新联恒食品科技等总投资27.7亿元的27个项目。

高家片区，东邻北海路、北邻潍胶路，是新老城区一体化发展的重要区域，依托棚户区改造腾空的700亩土地，规划建设潍坊市军民融合智能装备产业园。园区总占地4平方公里，按照“军民融合、产城融合、政企结合、产融结合”的模式推进建设，320亩核心区已全面启动，与中科院过程工程研究所、北京信息科技大学、上海东华大学等国内高端科研机构研发转化的智能纳米自修复材料、激光领域快速反射控制镜、新型低能耗环保材料、数字化绿色铸造技术创新服务平台等项目已开工建设。

耐火材料厂片区，位于老城区东南部，北邻潍坊市南外环。利用腾空的2000余亩土地，引进落户迈向新能源汽车项目，力争通过3年—5年发展，吸引国内高速电动乘用车、新能源动力、智能设备、3D增材制造、汽车电子等新能源汽车产业链项目入驻，打造年产50万辆整车、100万套新能源动力部件的智能化大型新能源汽车基地。

南范片区，南邻潍胶路，北接测绘地理信息产业园。利用棚户区改造腾空的300亩土地，规划打造豪迈（潍坊）产业园，主要进行高端数控专用机床、感应电炉、硫化机等产品的研发生产以及轮胎模具新产品的研发，打造高端智能制造产业集群。

沙埠片区，位于潍州路以南、潍安路沿线。利用棚改腾空600亩土地，规划建设健康科技产业园，依托区内丰富的农业资源和培育的现代农业园区集群，引进发展保健品生产、食品加工、高新生物科技和大健康产业，已落户绝味食品、中基集团等食品加工行业龙头项目和奥精科技等国内顶级大健康产业项目，着力打造高档食品和大健康产业基地。

（李绪彪）

资源管理·环境保护

国土资源管理

【概况】 截至2017年年底，坊子区耕地保有量和基本农田保护面积分别为23720.9公顷和21251.06公顷，全区落实新增建设用地指标34.93公顷。坊子区土地总面积41226.45公顷，其中建设用地面积10856.44公顷，占总面积26.33%；农用地28264.99公顷，占总面积68.56%；未利用地2105.02公顷，占总面积5.11%；人均耕地0.0734公顷。

2017年2月8日，省地科院于学峰院长（前排中）到坊子区考察山东省实物地质资料库、坊子炭矿遗址博物馆

【耕地保护和土地利用】 2016年—2018年，潍坊市给坊子区下达的耕地保有量任务指标为23852.86公顷，基本农田保护面积为21251.06公顷，区政府已将任务目标分解到各街道（发展区），并签订《耕地目标责任书》。

进一步完善建设项目用地动态巡查制度，强化企业开、竣工申报，督促用地单位按照土地出让合同约定依法依规用地。科学编制2017年度国有建设用地供应计划，严把土地供应关，进一步加大供应力度，出让、划拨土地39宗，面积130.70公顷，出让价款153529万元；按照国家土地督察济南局要求，开展城镇空闲土地整改工作，已整改10宗，面积67公顷，完成2017年度整改任务；盘活低效用地面积90公顷；全力推进坊子区棚户区改造工作，改善居民的居住条件，共完成供应棚户区改造建设项目用地26.9公顷，涉及10个村庄；完成高新园区土地集约利用更新评价工作，为节约集约用地提供数据支撑。

【地籍管理】 完成2016年度土地利用现状变更调查。国土资源部下发坊子区遥感监测图斑296个，面积279.56公顷，其中占用耕地168.89公顷（基本农田76.41公顷）。变更情况：变更设施农用地图斑59个，面积6.37公顷；变更农村道路图斑9个，面积6.24公顷；变更建设用地图斑112个，面积209.96公顷；未变化等图斑116个，面积56.99公顷。完成2017年度土地利用现状变更调查。坊子区共有遥感监测图斑436个，面积217.07公顷，其中占用耕地130.88公顷，基本农田56.51公顷。变更情况：变更设施农用地图斑105个，面积20.92公顷；变更农村道路图斑33个，面积14.30公顷；变更建设用地图斑149个，面积110.78公顷；临时用地图斑15个，面积4.08公顷；未变化图斑134个，面积66.99公顷。完成不实耕地整改工作2017年度任务。坊子区共下发不实耕地图斑共74个，面积31.71公顷。其中，平整土地图斑26个，面积11.16公顷；堆放占压图斑31个，面积13.01公顷；建设占用图斑16个，面积6.57公顷；超宽道路图斑1个，面积0.97公顷。完成情况：2017年，坊子区共整改完成不实耕地图斑30个，面积10.15公顷，其中平整土地图斑13个，面积4.92公顷；堆放占压图斑17个，面积5.23公顷，完成2017年度整改任务。完成2017年全天候遥感监测核查工作。2017年全年，坊子区共开展两次全天候遥感监测图斑核查工作，共计77个图斑，面积197.41公顷。完成情况：完成全部图斑矢量数据制作，并纳入年度变更调查数据一并上报省厅。开展“月清季结”工作，既摸清土地利用现状，又为2017年度土地利用现状变更调查做好准备工作，解决土地权属纠纷10起。协助区环保局布设与核实全区农用地土壤污染状况详查点位。牵头完成八马路南耐火材料厂片区土地权属调查，编制完成片区土地利用现状图，汇总各类土地利用信息，为片区土地开发提供科学依据。做好第三次全国土地调查筹备工作，推动调查筹备工作有序开展。

【测绘管理】 招标完成城区、镇区108平方公里1:500大比例尺基础测绘数据库的更新工作。完成城区、镇区地名地址1万余条兴趣点的更新调查工作。推进地理信息公共服务平台推广应用项目进程。协助共达电声完成天地图•潍坊可视化党建管理服务平台应用；坊子区政法委利用坊子区地图完成全区网格化管理示意图。组织辖区内的测绘资质单位按时完成测绘统计、测绘年度报告等工作；在全区范围内开展全覆盖排查整治“问题地图”专项行动、“回头看”行动、测绘成果质量监督检查，并代表潍坊市接受省第五巡查组现场检查。落实测量标志巡查保护制度。每月汇集各所巡查拍摄的照片累计1400余张上传至测政管理系统，实现互联互通实时掌控；迁建FZD小尚庄测量标志点，WF046/大郭家村永久性测量标志点完成选址。加强测绘项目登记管理和成果汇交工作，完成测绘项目登记、成果交汇184宗。组织开展“8.29”测绘法宣传日活动，大力宣传测绘地理信息发展的新成绩、新形势、新局面，增强全社会测绘法制意识和地理信息安全意识。加强招商引资、引智力度，推进山东测绘地理信息产业园建设。截至2017年12月，园区已有总投资64亿元的73个项目落户，上市公司或分支机构达到7家，其中50个项目已投产。

【地质环境与矿产资源】 根据汛期地质灾害防治和安全生产隐患排查工作安排，安排部署了地质灾害防治和安全生产隐患排查工作，编制完成《2017年地质灾害防治方案》。将地质灾害防治与集中开展矿产勘查开采秩序安全大检查、“大快严”“打非治违”“百日攻坚”“冬季安全大检查”专项行动相结合，严厉打击各类非法违法开采矿产资源行为，有效防范和遏制矿产资源非法违规行为导致的各类灾害和安全事故发生。对照市局《迎接环保督察准备工作重点事项及责任分工表》，结合坊子区实际，对涉及国土资源管理的重点督察事项进行全面梳理，重点梳理了采矿权审批、自然保护区情况。开展露天矿山专项整治行动、废弃矿井调查，经调查，坊子区内自2013年以来已无持证露天矿山企业。新方煤矿于2016年12月停产，进行井口封闭，至此区内所有持证矿山均已全部关停，无矿产开发破坏生态和自然保护区行为。2017年6月，坊子区九马路南废弃矿区和潍坊砖厂废弃矿区地质环境治理项目开工，该项目总投资2400万元，治理面积0.46平方公里，2017年完成设计工程量的70%。同时对坊子区东部膨润土废弃矿区进行调查摸底，制定膨润土矿区综合整治方案，对区域内18处开采遗留矿坑制定整治措施。对辖区内西门口村多金属探矿权项目，按法规规定进行勘探工作，并按要求进行矿业权信息公示。

区委副书记、区长张龙江到坊子区九马路南废弃矿区矿山复绿项目调研

【执法监察】 2017年督察局全天候卫片通过整改，拆除面积1.49公顷（耕地1.49公顷）；完善手续2宗，面积0.98公顷（耕地0.21公顷）；已批复临时用地2宗，面积0.634公顷（耕地0.34公顷）；其余29宗为国家发改委批准立项的国家级重点工程和省级重点工程，面积55.81公顷（耕地43.72公顷）；最终剩余违法0宗。推进联合执法，开展矿业秩序专项整治联合行动。推动政府并协同各街道办事处，联合公安、安监、工商、城管、规划、环保等部门，开展清理取缔麻刚沙点和石料厂联合整

治行动，共拆除石子磨16处，清理麻刚沙点47处，保证全区矿业秩序的稳定。高度重视案卷审理评查工作，2个案卷分别被省国土资源厅和潍坊市政府评为优秀案卷，不断提升办案执法水平。严格落实信访登记制度和“12336”举报电话受理制度，全年共受理各类国土资源信访案件91件，告知率、回访率、答复率达到100%，结案率达到98%。

（郭丁娜）

【不动产登记】 至2017年，共办理权籍落宗17079件，办理各类登记业务22286件次。其中，办理首次登记165件次、在建工程抵押权登记224件次、预告登记10602件次、转移登记6131件次、抵押权登记4858件次、变更登记82件次、更正登记24件次、注销登记26件次、查封登记141件次、补换证登记33件次；发放不动产权证书6458本，证明12556份；档案信息查询2449件次。

2017年3月，将服务大厅搬迁至区政务服务中心，开设15个前台服务窗口。单独设立2个批量登记窗口，建立批量登记业务预约台账，共接收批量预约243次，办理业务4073笔。在此基础上，秉承“依法登记、高效登记、阳光登记、微笑服务、造福民生”的原则，及时推出绿色通道服务。针对因身体行动不便或其他原因不能到现场办理的，提供上门服务；针对全区重点项目，提前介入，实行重点盯靠，从签订“土地成交确认书”开始督促企业准备材料，提前预审，材料齐备后一次受理，当天提报市局。在棚户区改造西辛村安置用地登记中，从受理到拿证用不到24小时，开创全区土地登记的速度记录。针对“老弱病残孕”及现役军人，提供优先办理服务；针对全区重点项目、特急抵押登记及其他特殊情况，经申请提供延时服务。先后提供上门服务70多次，优先办理服务110多次，延时服务200多次。

充分利用二调成果的基础上，及时进行排查，上报区政府召开专题会议进行研究。对开发单位还存在的，责成单位出资进行现状测绘，并提供成果落宗，找不到开发单位或开发单位能力不足的，区国土资源分局从政府招标单位中指派测绘机构进行测绘。共协调原开发单位3家对小区进行落宗，分局协调测绘13个小区，受惠群众达5000多户。

针对历史遗留问题，建立健全疑杂问题会商机制，工作中遇到问题一事一议，主动协调区政府、区住建局、区房管中心等职能部门解决一批群众反映强烈的遗杂问题。区级层面针对特殊问题出台会议纪要4份。

（邵明凯）

水资源管理

【概况】 2017年，坊子区全面落实最严格水资源管理制度，认真贯彻“节水优先、空间均衡、系统治理、两手发力”的治水新思路，以水资源的高效利用为核心，以完善节水机制、严格节水措施为抓手，以实现水资源可持续利用和维护河湖健康为目标，坚持人水和谐治水理念，围绕水资源配置、节约和保护三个环节，着力强化节水政策支撑，创新节水管水体制，通过健全制度、落实责任、提高能力、强化监管四项措施，严格用水总量、用水效率、入河湖排污总量“三条红线”，全面完成水资源管理任务目标。

【计划用水】 严格落实最严格的水资源管理制度，全面落实《国务院关于实行最严格水资源管理制度的意见》（国发〔2012〕3号），《山东省人民政府关于贯彻落实国发（2012）3号文件实行最严格水资源管理制度的实施意见》（鲁政发〔2012〕25号）精神，实施水资源管理保护、自备井整治、水资源费改税等行动，建立自备井动态管理档案，实行一户一档，纳入正规管理。建立健全水资源管理考核制度、社会监督机制，进一步完善水资源管理投入机制，为全区经济社会发展提供支撑和保障。

【加强用水总量控制】 严格执行《山东省建设项目水资源论证实施细则》，严把论证审查、取水工程验收、取水许可审批三个“关口”，严格取水许可审批。严控用水总量，限批新增取水许可，逐步涵养水源，2017年度新批取水许可2件，延续取水许可37件。

【加强用水效率控制】 强化计划用水制度，加大用水计划执行情况考核，强化取用水大户的用水问题控制和定额管理。2017年全区用水总量4455万立方米，控制在5800万立方米以内；确立用水效率控制红线，2017年，全区用水效率达到全市平均水平，万元工业增加值用水量较2015年降低6.1%，超过市水利局要求达到的万元工业增加值用水量较2015年降低4%的控制目标，农田灌溉水有效利用系数提高到0.6741；确立水功能区限制纳污红线，2017年主要污染物入河湖总量控制在水功能区纳污能力范围之内。

【加大水资源费的征收力度】 按照行政执法的合法性、合理性、透明性原则，加大水资源费的征收力度，严格落实国务院460号令和省政府135号令，落实票款分离，严格按征收标准和程序征收，2017年11月共征收水资源费783万余元。从2017年12月起水资源费改为水资源税，征收水资源税73.68万元。

【水利依法行政】 坊子区水资源管理站分成两个稽查小组，划分各组执法、巡查区域，各组对所管辖区域严格巡查，认真履行执法职能，及时发现并制止水事违法案件的发生。建立执法巡查制度，制定水行政许可稽查计划。采取定期巡查和不定期巡查结合的方式，开展稽查、巡查工作，2017年度共稽查巡查40余次。

坊子区辖区内共有5个水功能区，均已经全部设置标志牌，并且定期对水功能区进行巡查。

坊子区有两个入河排污口：潍坊市坊子区北控水质净化有限公司混合入河排污口和潍坊市黄旗堡污水处理有限公司入河排污口。潍坊市坊子区北控水质净化有限公司混合入河排污口出水水质达标并全部排入虞河作为景观用水。潍坊市黄旗堡污水处理有限公司入河排污口出水水质达标。上述2个入河排污口均设置标志牌，并且定期对入河排污口进行巡查。

（张庆永）

环境保护

【概况】 2017年，坊子区紧紧围绕环保重点工作，加大污染治理力度，严格环境准入条件，扎实推进污染物总量减排，统筹水污染治理及大气污染防治工作，扎实推进网格化建设，提升街道环保办公室设施配置，完善网格监管系统软件运行机制，强化三、四级网格员业务培训，实现环保执法监管全覆盖，推动全区环保工作行稳致远、提档升级。

【大气污染防治】 扬尘污染防控工作。严格按照扬尘防控要求，2017年3月份在全区打响扬尘污染防控攻坚战，全面落实建筑工地、施工路段、煤场堆场、道路保洁等各项扬尘防控措施，推进扬尘污染防治常态化、精细化管理，有效降低全区PM10浓度。

工业点源治理工作。2017年，坊子区完成潍坊新方热电有限公司、潍坊恒安热电有限公司、山东美林卫浴有限公司3家企业的超低

2017年12月17日，区环保局配合省厅到福田进行VOC治理专项检查

排放改造任务，建成区内6家加油站按要求完成三次油气回收改造，推进表面涂装等重点VOCS产生企业的污染防治。

燃煤锅炉拆改工作。2017年，坊子区共拆改10吨及以下燃煤小锅炉136台，大大降低全区污染物排放总量。

“散乱污”企业综合整治工作。按照“先停后治”的原则，对全区“散乱污”企业开展分类整治，对环保不达标企业实施停产整治。开展违规建设项目环评现状备案工作，初步确定“散乱污”备案企业540余家。取缔治理无望的“散乱污”106家。

【水污染防治】 污水处理厂日常监管工作。2017年，坊子区通过加强污水处理厂日常监管，确保出水水质稳定达标。

饮用水水源地建设工作。开展黄旗堡饮用水源地规范化建设，坊子区一级保护区内关停取缔畜禽养殖场588家、清理网箱7334个，开展黄旗堡水源地重新调整划分。

加油站双层罐更新改造工作。2017年，根据上级安排，开展加油站双层罐更新改造工作，改造工作顺利推进。

【污染减排】 2017年，根据潍坊市环境保护局的要求，坊子区共上报减排项目3个，分别是潍坊恒安热电有限公司超低排放改造项目、潍坊新方热电有限公司超低排放改造项目和黄旗堡污水处理厂项目。截至2017年底，3项工程已全部完工并稳定发挥减排效益。此外，根据2017年环保部的总量核算细则，坊子区又上报美林卫浴锅炉煤改气项目，截至2017年底，已经通过省级环保部门的初审，具体的减排量最终等国家确认后反馈。

按照国家、省、市排污许可证管理办法，2017年12月底前完成13个重点行业的排污许可证发放工作。坊子区共涉及6家企业，热电企业2家、造纸行业1家、水泥行业1家、农药行业1家、制糖行业1家。截至2017年底，已全部完成排污许可证的核发工作。

【重大工程】 2017年，坊子区环保局包靠两个重点工程项目：潍坊恒安热电有限公司锅炉烟气超低排放改造项目及汉唐电动汽车项目。

潍坊恒安热电有限公司锅炉烟气超低排放改造项目。恒安热电锅炉烟气超低排放改造项目是续建项目，项目立项、环评、能评等相关手续已全部办理完成，锅炉改造基建工程已于2016年完工。2017年主要任务是对剩余的2台75吨/小时循环硫化床锅炉（1#炉、2#炉）进行脱硫、脱硝、除尘改造。项目建成后由原来的1炉1塔变为2炉1塔，即建成后1#2#炉对应1#塔，3#4#炉对应2#塔。该项目已于2017年9月底全部完工并投入使用。

汉唐电动汽车项目。汉唐电动汽车项目是新建项目，2017年主要任务是完成15000平方米车间建设。车间建设共计投资900余万元，建成后主要用于焊接及电泳工序使用，该项目于2月9日签订合同，3月5日正式施工，截至2017年8月中旬车间全部完工并交付使用。

【环境监察】 优化环境执法监管体系，建立健全环保网格化体系建设。推进监察监测联合执法，提高执法队伍专业化水平；强化多部门联合执法，加强行政执法与刑事司法联动。全面落实环境监管网格化体系，坊子区建立二级网格1个、三级网格7个、四级网格302个，按要求完成人员配备，并全面开展各项工作。依托环保网格在全区范围内开展环保隐患大排查，排查企业930余家，进一步理清环保方面存在的问题隐患，落实网格化监管职责。

国家、省、市统一部署专项督查检查完成情况。根据中央、环保部办公厅、省环保厅、市环保局重点行业环境保护专项执法督查、检查的通知要求，坊子区以执法专项督查、检查为载体，以水泥制造行业、城镇污水处理厂、危险废物产生单位为检查重点，开展2017年坊子区重点行业环境保护专项行动。对坊子区1家水泥熟料加工企业，15处污水处理设施，13家危险废物产生单位进行检查，共出动人员

936人次，车辆168车次。

加大执法力度，严惩环境违法行为。2017年以来，坊子区不断加大执法力度，积极查处环境违法行为，根据“12369”环保举报热线平台、市环保局转办信访件、市长公开电话平台等多个信访渠道提供的举报信息，认真查处举报问题，按时答复信访人。在执法过程中，对环境违法行为，依法进行立案处罚。

污染源环境监管随机抽查制度落实情况。根据《关于印发〈山东省污染源日常环境监管随机抽查制度实施方案〉》《山东省污染源日常环境监管动态信息库建设方案》等文件要求，坊子区制定并印发《坊子区污染源日常环境监管随机抽查制度实施方案》，编制坊子区日常环境监管污染源编码清单，根据实施方案要求，每季度开展“双随机”抽查工作，并按时提报相关材料。2017年，坊子区共抽查重点污染源14家次，一般污染源106家次，完成方案规定的重点污染源和一般污染源抽查比例及抽查数量要求，按要求统计上报潍坊市环保局、山东省环保厅。

坊子区根据排污费申报与征收制度及信息公开要求，认真开展坊子区2017年排污费征收工作，落实排污费申报“三级审核”要求，按时报送排污申报与排污费征收季报、年报等报表。每季度后，根据《关于做好全省排污费征收信息公开工作的通知》要求，及时在坊子区政务信息网公开上季度排污费征缴信息，并向潍坊市环保局反馈公开信息网址。

信访处理情况。2017年，坊子区共受理信访1098件，其中中央督查28件、省督查67件，山东省环保厅平台转23件，12369环保热线686件，潍坊市环保局转11件，市长、区长公开电话283件，舆情9件，办结率达到100%，坊子区执法人员积极解决信访人反映的信访问题，稳定信访人情绪，并按规定日期进行回访，及时答复信访人。

【环境监测】 环境监测工作。完成全年监督监测及例行监测任务，按照监测计划要求完成年度监测任务。2017年，共取得有效监测数据750余个；完成对辖区内6家省控以上重点污染源企业的监督监测及比对监测工作，配合潍坊市环境监测中心站完成辖区内大气和降水采样工作；完成各类信访监测和日常监察监测，为环境管理和环境执法提供数据支持；完成2017年环境噪声监测。区域环境噪声监测布点43个，交通噪声布点21个，功能区噪声布点5个，共取得环境噪声监测数据600余个。

在线监控工作。完成全年国、省控污染源在线设施比对监测，及时对在线数据进行分析，为环境决策提供依据。每月对在线监控设施进行现场检查，每季度对在线监测数据进行有效性审核，确保在线监控设施正常运行。安排专人负责，加强对空气质量自动监测站的数据追踪，发现异常及时分析原因，采取相应措施，杜绝出现连续超标，切实改善环境质量。

在线设备安装工作。新建3处镇街大气自动监测站，截至2017年年底，黄旗堡站点设备已经到位，坊安、九龙街道大气自动监测站建设已完成招标；完成潍坊北控水质净化有限公司总磷、总氮在线监测设备安装；完成中石化第十八加油站、中石油第十四加油站油气在线监测设备安装。

土壤点位布设及生态遥感野外核查工作。配合潍坊市环境监测中心站完成2017年山东省农用地土壤污染状况详查点位布设工作；明确分工，实地勘验，完成2017年生态遥感野外摸底调查。

【重要工作】 省、中央环保督察工作。围绕重点问题、重点行业、重点领域环保问题抓好整改，进一步完善各项工作制度。强化环境保护工作“党政同责”“一岗双责”，全面落实“属地管理”“行业监管”责任，完善审批运转流程、落实工作人员责任，确保交办的案件依法依规查处到位。省环保督查期间，坊子区共办理信访案件67件，中央环保督查期间共办理信访案件28件，通过各项保障，各项案件均按要求解决。督查结束后，坚持力度不减、措施不变、标准不降，对督查组就大气、水等方面提出的重点问题，举一反三，完善机制，杜绝此类问题再次发生。

省秋冬季大气污染综合治理工作。为确保京津冀及周边地区秋冬季大气污染综合治理各项行动措施落地见效，实现2017年度、2017—2018年秋冬季空气质量改善目标和重污染天数控制目标，山东省委、省政府在全省范围内开展大气污染综合治理强化督查工作，潍坊作为10个非京津冀传输通道城市之一，督查时间为2017年10月18日—2018年3月16日，为期半年。在督查期间，坊子区委、区政府主要领导高度重视，区环保局积极协调各街道（发展区）及相关部门夯实环保职责，各街道（发展区）全力配合督查组开展工作，充分落实属地责任，督促企业进行整改，截至2017年年底，督查各项工作顺利推进。

2017年12月19日，全区环境保护工作会议现场

（李艳伟）

教育·科技

教　育

【概况】 2017年，坊子辖区共有47所学校，其中，公办学校41所，社会力量办学重点学校6所，无特殊教育学校和职业教育学校；全区在校学生39837人，其中小学生23234人，初中学生10522人，小学和初中普及率为100%。全区有2处省级规范化学校，4处省级教学示范校，5处省级示范幼儿园，11处市级规范化学校，1处全市普及学前教育先进镇街，13处市级示范幼儿园，4处学校成为全国校园足球特色学校。

【教学改革】 改革教育机制体制，构建依法治教体系。推行学区制管理改革，发挥区域内优质教育资源的辐射带动作用，将初中、小学及幼儿园划分为6个学区，组建学校发展共同体，以学区为单位实行小学与初中九年一贯对口招生，构建幼儿园、小学与初中纵向衔接、各学段横向协作的办学模式和管理新格局，缩小区域、城乡、校际间的义务教育办学差距，推动义务教育向高位优质均衡发展；实行高级教师聘期管理，充分发挥高级教师的示范引领作用，激发高级教师内生动力。高级教师在3学年聘期内，履行规定的教育教学、青年教师培养、帮扶农村学校、业务教学探讨等方面职责，每学年评议满意率需达85%以上。聘期考核结果作为教师资格定期注册、岗位聘任、职务晋升、绩效工资发放、表彰奖励等的重要依据，聘期内考核不合格，予以待聘培训、低聘、调整至非教师岗位，直至解聘；探索教育工作分层评价，打破对学校工作“一把尺子”量到底的单一督导评价方式，结合学校基础与办学实际，采用A、B、C三种评价方案，为教学质量、教育教学、教师发展、特色办学、群众满意度等核心指标赋予不同的要求与分值，关注学校的动态变化与过程性发展，推动综合评价的公平、公正、科学、规范，激发学校的自主性与发展活力；推动集团化办学模式，通过集团办学推动城乡教育优质均衡发展。成立尚文中学、实验小学、南流小学、121集团等4个教育集团，以强带弱，整体提升。优质学校发挥龙头作用，带动街道一所或几所薄弱学校，在教育理念、学校管理、教育科研、信息技术、教育评价等方面统一管理，通过办学统一规划、课程共同构建、选派骨干教师帮扶、“互联网+”远程教学、整体培训研讨等举措，实现管理、师资、设备等优质教育资源共享。

2017年4月18日，坊城街道前宁小学研学旅行

【队伍建设】 坊子区在职教职工2739人，教师学历达标率100%。全国、省、市优秀教师4人，区级优秀教师班主任、教育工作者、乡村青年教师100名。2017年，招聘78名在编教师。深化教师职称评聘改革，推进校内岗位聘用制管理，落实学校用人自主权。继续推进名师培养工程，评选“坊子区特级教师”10人、

2017年9月10日，区委、区政府主办庆祝第三十三个教师节表彰大会

“坊子名校长”9人、“坊子区优秀教师”50名、“坊子区优秀班主任”20人、“坊子区优秀教育工作者”20人、“坊子区优秀乡村青年教师”10人、“坊子区活力学校”10所。6人获评潍坊市“青年教改先锋”。

【经费保障】 2017年，坊子区教育经费总收入为56594万元。公共财政预算安排的教育经费47347万元，其中教育事业费拨款金额44954万元，教育费附加金额2393万元；政府性基金预算安排的教育经费13万元，其中用于教育事业的彩票公益金金额7万元，事业收入金额9104万元，其他收入130万元。全年公共财政教育支出占全区公共财政预算支出的25.43%；全年安排公用经费金额3200万元，及时足额拨付学校。

【招生考试】 坚持科学办考依法治考，确保各项招考工作安全有序、公平公正。2017年，组织报名参加全国普通高校统一招生考试2055人，文理本科过线804人，其中文科173人、理科631人、艺体本科过线325人。2017年夏季高考，潍坊四中考点再次被评为山东省优秀考点。海军、民航招飞工作再上一个新台阶，为国家输送海军飞行员1名、民航飞行员2名。全年组织两次普通高中学业水平考试，夏季报名2228人，冬季2600人，过程平安顺利。下半年，成功组织2811名初中在校生报名参加山东省中小学信息技术等级证书考试，为中考录取提供重要依据。承担潍坊市美术类统一考试，

设两个考点，76个考场，共有来自全市的2200余人参加考试；承担潍坊市春季高考，设两个考点，67个考场，1904人参考，所承担市里的两项考试均按时、高效、高质量地完成考试任务。注重考生日常信息数据管理和考试安全保密，无一例失密泄密事件发生。完善考试保障体系建设，依托标准化考场平台应用，充分发挥考试视频监控的监督、监察作用。各项招生考试工作准备充分，组织严密，管理科学有序，公平公正，过程规范顺利。

【教育信息化】 2017年，出台《坊子区2017年中小学智慧课堂建设实施方案》（坊教字〔2017〕12号）文件，全区智慧课堂建设逐渐形成“点面共存”的局面，全区智慧课堂2.0模式实验班达到20个。邀请华东师范大学的祝智庭、吴永和教授，浙江师范大学的王良辉、毛刚教授，东北师范大学的张海教授，昌乐一中的张福涛校长等相关专家召开第一届智慧课堂评价研讨会。招标建成坊子区智慧教育云平台。《中小学翻转课堂实践模式与案例研究》的研究、《基于微课的翻转课堂教学模式创新应用研究》子课题研究、《基于云教学平台提高教学生产力的实践研究》子课题研究在中央电教馆立项。第十八届中小学电脑制作活动评选类、创客类作品获国家二等奖1件，省一等奖1件、省二等奖14件、省三等奖31件。在潍坊市互联网+教育示范校建设中，全区申报8所学校申请验收，同时申报实验小学和埠头小学升级为市级综合类示范学校。

【学校安全】 全面落实安全责任，打造平安和谐校园。一是明确学校安全主体责任。以“问责警示”为抓手，推进“依法治校”。坚持“安全第一，预防为主”的方针，明确职责，落实责任，强化监管。区教育局与各学区和各学校签订《学校安全工作责任书》，实行安全责任网络实名制度，层层落实安全责任。二是加强校园巡查与安全演练。对学校安全每月巡查一次，实行隐患排查整改动态管理，定期查找安全隐患，发现存在问题立即整改。推进全区演练常态化。加强对学生的防震减灾知识教育，规范学校防震、防火避险安全教育应急演练工作，升级《防溺水工作应急预案》的防控级别，制定校车事故应急预案，让学生掌握避险技能和自救互救的正确方法。三是抓好食堂公寓安全管理。以安全管理提升活动为契机，对各学校卫生、食品、食堂集中行动开展情况进行督导检查。加强对校园内部及周边的卫生检查指导，搞好校园食品安全教育、食堂管理、学生公寓管理，召开全区学校食堂及学生公寓管理工作现场观摩会，促进食堂公寓安全管理工作。

【改善办学条件】 2017年，坊子区委区政府加大对学校办学条件投入力度，投入近700万元为南流中学、黄旗堡实验学校及龙泉实验小学建设高质环保的塑胶运动场地。投入近500万元对实验学校、尚文中学、实验小学、龙泉实验小学路面及校舍进行维修改造和建设提升。根据破解大班额建设规划，2017年继续进行潍坊新四中建设，石埠学校教学楼、前宁小学教学楼投入使用，完成七马路小学教学楼主体建设。以上工程年度投入4.2亿元，新增加建筑面积约18万平方米，新增班级130个，新增学位5408个，有效缓解坊子区大班额问题。

【党建工作】 2017年，新发展党员6人，收缴党费28万余元，按期换届党组织2个，成立民办学校党组织2个和“两新”组织联合党支部5个。贯彻落实加强中小学校党建工作的意见，在全区范围内确定1个党建重点项目、2个党建创新项目、5所潍坊市党建示范校、2处潍坊市青年党员教师先锋岗、1个潍坊市党建示范点。实施“立德树人•红心向党”工程和“四爱”教育主题实践活动，各学校结合各自实际，开展特色主题实践活动，将党建工作与自主办学等学校实际工作相融合。“灯塔—党建在线”信息平台现已经录入22个党组织和616名党员信息，党员个人注册率达到100%，各党支部全部开通e支部，平台的党员关系转接和信息上传功能。

【学前教育】 坊子区有各级幼儿园84所，其中公办幼儿园28所、民办幼儿园56所；在84所幼儿园中，有省级示范幼儿园6所、市级示范幼儿园13所；2017年，在园幼儿13117人，3岁～6岁幼儿入园率达98.5%。幼儿园普惠学位数量大幅增加，其中新建公办幼儿园增加学位1100个，普惠性民办幼儿园增加3475个。区教育局会同区物价局、区财政局制订《普惠性民办幼儿园认定管理办法（试行）》，支持对民办幼儿园提供普惠性服务；新考选在编幼儿教师12人，全部是学前教育毕业，使得幼儿教师队伍素质得到进一步提高。

坊子区实验幼儿园 坊子区实验幼儿园是由区委、区政府投资2000万由教育局直属管理，按照省级示范园标准建设的区直公办园。幼儿园占地7060平方米，建筑面积4800多平方米，幼儿园共设12个班级，可容纳400个幼儿，于2017年10月28日正式开园，是潍坊市音乐课程研究基地。幼儿园以“用专业的爱在每个幼儿心里种下一生幸福快乐的种子”为办园宗旨，以“关注幼儿生命健康、尊重幼儿成长状态”为办园理念；以“种下健康，种下习惯，种下能力，种下品质，种下情趣，种下幸福快乐”的种子课程引领幼儿园内涵发展；以“共同发展的新机制”引领幼儿、教师、家长、幼儿园四位一体螺旋发展提升。

【义务教育】 持续深化自主互助学习型课堂建设，强化教学常规管理力度，优化校本教研服务，落实阅读能力提升工程和英语提升工程，完善区域性义务教育学业质量监测制度，教学质量稳步提高。

举办中小学体育节，风筝放飞比赛，举行足球、篮球、排球、乒乓球联赛、举行足球夏令营等活动，大力推广一校一品精品学校体育项目、学校三团一队建设、丰富学生的社团活动，为学生个性化成长搭建平台，组建学生器乐团、合唱团、舞蹈团，全年有500多学生在市级以上各类大赛中获奖，获潍坊市合唱舞蹈大赛优秀组织奖。

【高中教育】 潍坊四中迁建项目位于坊子新区凤山路和潍胶路交叉口西北角，分两个校区，共占地440亩，规划投资7亿元，建筑面积约17万平方米，包含图书楼1座、体育馆1座、科技实验楼2座、艺术楼1座、教学楼6座、学生宿舍楼12座、单身教师公寓1座、餐厅2座,地下停车场2座.共计28个单体建筑。另外，还建设400米标准运动场2处及标准篮球场、排球场等体育设施。该项目于2016年3月30日开工建设， 2017年9月所有单体建筑物完成主体建设，2017年年底完成部分内外装饰及基础设施配套工程，于2018年8月投入使用，8月12日，四中新校区迎来一个载入四中新史册、里程碑式的日子，四中领导班子及各部门人员全面入驻新校区，四中人正式搬迁至新校。

学校按照省级规范化标准建设，本着“实用、简单、朴素”的理念进行规划设计，将教学区、运动区、生活区等功能分区明确，使各建筑物、构建物协调一致，与校园绿化、美化融为一体，构成优美的校园环境和人文景观，为师生创造一个良好的学习、生活、休息、活动、交流的环境空间。

【民办教育】 坊子区有民办学校80所，其中全日制民办学校6所、在校生6174人，非学历培训民办学校18所、民办幼儿园56所。

坊子区2017年社会力量办学重点学校一览表

序号	学校名称	学校地址	办学层次	联系电话
1	潍坊市坊子区恒信外国语学校	潍坊市坊子区凤山路与民盈街交叉口东首	小学	0536-7652799
2	潍坊市北海双语学校	坊子区长宁街40号	小学教育	0536-7525196
3	山东鲁能泰山足球学校	山东省潍坊市潍州南路246号	小学、初中	0536-7902077
4	潍坊北海中学	潍坊市坊子区长宁街46号	初中、高中	0536-2280608
5	潍坊市坊子区永盛文武学校	坊子区翠坊街东首路南	小学、初中	15266614527
6	潍坊圣源高级中学	坊子区图书馆（坊子区崇文街与郑营路交叉口）	高中	0536-2283609

（李星磊）

科 技

【概况】 2017年，国家级备案高新技术企业达到25家，18家规模以上工业企业列入高新技术产业统计范围。共建有3家山东省级工程技术研究中心、1家山东省级企业重点实验室、1家山东省级工程研究院、2家山东省级示范工程技术研究中心、1家山东省级院士工作站、24家潍坊市级工程技术研究中心、10家潍坊市级企业重点实验室。建设潍坊市级科技企业孵化器4家、山东省级备案众创空间1家、潍坊市级备案众创空间3家，入驻创业团队和企业260余家，组织各类项目推介及路演46场。12家企业新认定为国家级高新技术企业。成功申报潍坊市级以上科技计划项目13个，争取科技经费2828万元。荣获潍坊市级以上科学技术奖7项，其中中国农业机械协会科技进步一等奖1项、中国机械工业科学技术一等奖、山东省科技进步奖2项、潍坊市科技进步奖3项。参与产学研合作活动5次，达成合作协议10个，转化科技成果6项。

【高新技术及其产业】 深入挖掘发现能纳入高新技术产业统计范围的企业。加强与上级业务部门对接，采取有效措施，争取更多企业纳入高新技术产业统计范围，重点培育发展新能源、新材料、新信息、生物医药、先进制造等产业，培育支撑未来发展的产业链和产业集群。共有18家规模以上工业企业列入高新技术产业统计范围，主要分布在内燃机及配件制造、电子元件及组件制造、特种陶瓷制品制造等十大行业。高新技术产业实现产值400586万元，同比增长13.53%，占规模以上工业总产值的比重达到16.33%。加大高新技术企业培育力度，组织科技人员结对帮扶企业，有针对性地开展高新技术企业培训和帮扶，12家企业新认定为国家级高新技术企业，列潍坊市四区第一。

2017年5月23日，山东省科技厅人才处处长王婷带领泰山学者、泰山产业领军人才一行60多人到坊子区参观考察。图为考察组参观考察凯达尔精密机械

【科技创新平台建设】 把创新平台建设摆在突出位置，围绕新兴产业培育和优势产业需求，鼓励引导企业、高校院所采取多种合作形式共建工程技术研究中心、重点实验室等创新平台，增强企业自主创新能力。2017年，获批山东省示范工程技术研究中心1家（山东帅克机械制造股份有限公司的“山东省机器人减速器工程技术研究中心”），潍坊市工程技术研究中心2家（潍坊奥卓电气有限公司的“潍坊市变频器工程技术研究中心”、潍坊市玉泉洼种植专业合作社的“潍坊市精品果蔬工程

技术研究中心”），潍坊市企业重点实验室2家（潍坊好帮环保科技有限公司的“潍坊市生物质节能环保炉具设备重点实验室”、潍坊中海达数源信息技术有限公司的“潍坊市室内定位与位置服务企业重点实验室”）。新认定潍坊市科技企业孵化器1家（山东盈丰科技孵化器），通过山东省备案众创空间1家（盈丰创客空间）、潍坊市备案众创空间1家（火族部落众创空间）。

【科技计划】 积极开展项目申报全程服务，确保项目申报的立项成功率。有13个项目列入潍坊市级以上科技计划，获批科技经费2828万元。其中，雷沃重工股份有限公司牵头承担的“精量播种技术装备研发”项目列入2017年国家重点研发计划农业类重点专项，获批科技经费1959万元，是潍坊市唯一入选项目。雷沃重工股份有限公司的“主要粮食作物低损耗收获技术装备研发”、山东帅克机械制造股份有限公司的“工业机器人用高精密系列化谐波减速器产业化关键技术研发”2个项目列入山东省重大科技创新工程专项，获批科技资金600万元；申报潍坊市科技发展计划9项，获批科技经费169万元。

【科技成果】 对科技企业进行重点摸排梳理，积极筛选拥有自主知识产权、科技含量高、经济效益和社会效益显著的技术创新优势项目，申报潍坊市级以上科学技术奖。获批中国农业机械协会科技进步一等奖1项、中国机械工业科学技术一等奖、山东省科技进步奖2项、潍坊市科技进步奖3项。雷沃重工股份有限公司的“动力换挡拖拉机”项目荣获中国农业机械协会科技进步一等奖，“高效智能小麦联合收获机”项目荣获中国机械工业科学技术一等奖，“黄淮海玉米机械化生产关键装备研发与应用”项目获得山东省科技进步二等奖，“动力换挡拖拉机智能化关键技术应用及产业化”项目获得山东省级科技进步三等奖；雷沃重工股份有限公司的安德鲁·贝多斯提获得潍坊市国际合作奖，“大型动力换档拖拉机智能化关键技术应用及产业化”获得潍坊市科技进步一等奖，潍坊富源增压器有限公司的“新一代变几何涡轮增压器”获得潍坊市科技进步二等奖。

【科技合作与交流】 签订协议共建研究院3家。一是与新松机器人投资有限公司共建新松机器人联合研究院，二是与山东大学、潍坊地质四队共建山东大学地热开发研究院，三是哈尔滨工业大学与潍坊奥腾冷弯机械有限公司共建潍坊市工大冷弯自动化技术研究院。东北大学先进陶瓷研究院、浙江大学与山东精诺机械股份有限公司共建的潍坊智能机械研究院、北京理工大学与帅克股份的潍坊机器人研究院3家研究院已进行对接洽谈。积极组织有关企业与山东大学、北京理工大学、华中科技大学、东北大学和中科院等30多家科研机构进行科技交流对接，参与产学研合作活动5次，达成合作协议10个，有6项科技成果得到转化。共有36家企业与55所高校、16家科研院所的147名专家、教授建立长期产学研合作关系，达到互利共赢的预期效果。

（齐玉玲）

知识产权

【概况】 2017年，完成专利申请量868件，专利授权量470件，其中发明专利申请量284件，发明专利授权量30件，有效发明专利密度由2016年的3.68件/万人增加到4.22件/万人。雷沃重工股份有限公司被认定为国家知识产权示范企业，山东共达电声股份有限公司认定为2017年度国家知识产权优势企业，潍坊华美精细技术陶瓷有限公司、山东精诺机械股份有限公司被认定为2017年度山东省知识产权示范企业，山东帅克机械制造股份有限公司、潍坊中基饲料有限公司被省局认定为山东省知识产权优势培育企业，坊子区被认定为国家知识产权强县工程试点区。

2017年3月3日，全区企业知识产权管理创新座谈交流会现场

【知识产权创造】 把知识产权创造作为推动转调创的着力点和出发点，通过政策引导、宣传培训、企业贯标、优势培育等措施，突出企业创新主体地位，知识产权对创新发展的支撑作用更加明显。2017年，完成专利申请量868件、专利授权量470件，其中发明专利申请量284件，发明专利授权量30件，有效发明专利密度由2016年的3.68件/万人增加到4.22件/万人。

【知识产权宣传】 一是广泛宣传知识产权工作信息，营造浓厚的舆论氛围。2017年，在各类新闻媒体共刊发知识产权信息12篇，其中市知识产权局网站2篇、区政务信息10篇。二是积极组织区内重点企业，参加省、市、区局举办各类知识产权培训活动，培训人数320余人次。

【知识产权运用】 帮助雷沃重工股份有限公司、山东共达电声股份有限公司建设农业机械装备、电子信息等专利信息专题数据库。为部分重点行业和重点企业提供专利检索和分析预警。全区规模以上企业累计实施专利1456件，其中发明专利124件，专利技术平均实施转化率达93.75%。雷沃重工股份有限公司、潍坊富源增压器有限公司、山东共达电声股份有限公司、潍坊智新电子股份有限公司、山东帅克机械制造股份有限公司等一批知名企业正成为全区“转、调、创”的重要支撑力量。

【知识产权试点示范】 着力突出企业创新主体地位，实施优势企业培育工程。研究制定知识产权优势企业培育计划，部署落实企业知识产权优势培育工作各项措施，加大工作力度，推动企业知识产权管理体系建设，加快形成企

山东共达电声股份有限公司被认定为2017年度国家知识产权优势企业

业知识产权竞争优势。加快推进“贯标”工作。以贯彻落实《企业知识产权管理规范》国家标准为抓手，坚持“分类指导，有序推进”的原则，有步骤、有重点地推动企业“贯标”工作，积极支持企业引入标准的科学管理理念，在借鉴雷沃重工股份有限公司、山东共达电声股份有限公司已完成“贯标”工作基础下，重点指导帮助山东帅克机械制造股份有限公司、潍坊华美精细技术陶瓷有限公司、山东精诺机械股份有限公司、潍坊中基饲料有限公司开展好“贯标”工作。截至2017年，全区6家知识产权试点示范企业拥有各种专利1188项，其中发明专利124项、实用新型专利702项、外观设计专利362项，其中19项国外专利。雷沃重工股份有限公司完成国家企业知识产权工作规范标准验收，被认定为国家知识产权示范企业。山东共达电声股份有限公司被认定为2017年度国家知识产权优势企业，潍坊华美精细陶瓷技术有限公司被认定为2017年度山东省知识产权示范企业，山东帅克机械制造股份有限公司、山东精诺机械股份有限公司、潍坊中基饲料有限公司先后列入省知识产权优势培育企业。雷沃重工股份有限公司的专利“拖拉机”专利技术获第十九届中国专利外观设计优秀奖，各有1项专利获得2017年度潍坊市专利奖一等奖和潍坊市专利奖外观设计奖，山东精诺机械股份有限公司1项专利获得潍坊市专利奖三等奖。

【知识产权保护】 区知识产权局结合工作实际，制订2017年专利执法行动计划，重点是针对商场和药店进行执法检查，共出动执法人员30人次，共检查日用商品、药品等与人民群众生活密切相关产品200余件，协助市局调处1起展会专利纠纷案件。

（郝建华）

防震减灾

【概况】 2017年，在区委、区政府的正确领导下，在市地震局的指导下，认真开展作风建设年、“两学一做”学习教育，以建立健全防震减灾体系和全面提升全区防震减灾能力为目标，积极开展各项工作。获得区级文明单位、安全生产工作先进单位、全市防震减灾重点工作推进先进单位等荣誉称号，防震减灾信息化系统定量考核得分全市第5名、防震减灾业务信息采用全市第6名。

【防震减灾基础工作】 报请区政府办公室印发实施《坊子区防震减灾事业发展规划（2016—2020年）》，为“十三五”时期坊子区防震减灾工作的发展提出指导性意见。调整充实防震减灾领导小组，为提高各部门地震应急响应及协同作战能力、全社会地震应急处置能力打下良好基础。认真抓好学习教育与自身建设，积极组织参加上级组织的各类培训活动60余人次，开展寻标对标提标达标活动，到诸城市地震局和即墨市地震局进行观摩学习。全面做好区委巡察组巡察及整改工作，向党内和社会进行公开。

【地震监测预报】 编制《2017年度震情跟踪工作方案》，对“二氧化碳观测点”进行维护，对观测员进行调整培训；对全区的防震减灾助理员和社区、村的“三网”人员进行重新登记与培训；全年组织区局级会商56次，参加全市的震情会商会6次；及时处理九龙街办蔡院村水坑出水异常和黄旗堡街办东安泰村井水发热事件；完成国家地震烈度速报与预警工程坊子区6个一般站勘选复查工作；协助中国地震局完成“郯庐断裂带地球化学流动测量项目”选点钻探工作；坚持做好24小时震情值班工作。

2017年7月20日，地震局赴坊子区黄旗堡街办东安泰村排除地震异常

【地震灾害防御】 按照第五代动参数区划图要求，全年完成一般建设项目抗震设防要求审核7处，其中提高一档建设项目抗震设防要求审核2处，重新修订印刷办事指南2000册；“三个清单”事项全部录入政务服务平台，做好“两随机、一公开”工作，组织随机抽查2次；在“5.12防灾减灾日”“7.28唐山大地震纪念日”“安全生产月”“12.4”国家宪法日等重要时间节点开展主题宣传活动，组织50余人到金宝防震减灾科普馆参观学习；分别到水榭春天、香醍水岸、龙泉社区、双羊社区、实验学校等开展地震科普知识“六进”活动，发放宣传材料15000余份；积极参加“五区党风政风热线”上线活动。

【地震应急救援】 对《坊子区地震应急预案》进行修订和印发；参加“潍坊市2017地震应急救援综合演练”，由分管副区长带队，携带35台（套）装备参加演练；组织社区、学校等开展不同层次的地震应急演练840场次；做好应急避难场所规划、建设和管理工作，2017年在新潍坊四中、区人民医院广场、坊安街道、九龙街道、黄旗堡街道、经济发展区、工业发展区规划新的应急避难场所；迎接市局主要领导到坊子区调研地震应急工作，区政府主要领导、分管领导和区应急办、区地震局主要负责人参加调研活动。

（魏　玮）

文化·旅游

文化事业

【概况】 2017年，坊子区文化工作在市文广新局的正确领导和大力支持下，紧扣市委、市政府提出的“文化名市”建设和坊子区委、区政府提出的“生态文化休闲区”建设，深入实施“公共文化服务提升、群众文化品牌打造、历史文化记忆传承、文化产业倍增、文化市场规范、文化人才培育”六项工程，以服务群众为主线，积极开展文化惠民活动，文化建设取得新成就。

潍坊市坊子区文化广电新闻出版局为正科级行政单位，内设机构共3个，分别为办公室、业务科、政策法规科（挂版权科牌子）；下设区文化馆、图书馆、非物质文化遗产保护中心三个全额财政拨款事业单位，其中区文化馆为副科级事业单位。在职人员35人：行政4人，事业31人，区图书馆12人，区文化馆16人，其中1人离岗，区非物质文化遗产保护中心3人。

【文化公共服务体系建设】 以基层公共文化服务设施建设为重点，以寻标对标提标为契机，加快公共文化服务标准化、均等化建设。区文化馆、图书馆两馆阵地建设不断提升。区文化馆新建非遗展厅，区图书馆建成尼山书院，形成图书馆＋书院模式；并组织参加第六次公共图书馆评估定级活动，获评国家一级馆。积极推进基层文化设施提升建设。突出加强基层综合性文化服务中心建设，特别是对室内文化活动场所存在的问题进行积极整改，村（社区）综合性文化服务中心达标率达到93.7%。积极推进农村综合文化广场建设，以区委、区政府名义下发《关于加快推进农村综合文化广场建设的指导意见》，提出高于省、市标准的坊子区农村综合文化广场建设标准，2017年度坊子区新建提升187个农村综合文化广场，总建设面积212622.35平方米，总建设投资2778.58万元，区财政补助980万元。两馆免费开放活动深入实施，文化服务项目丰富多彩，区图书馆依托尼山书院举办国学诵读及大讲堂活动、古筝培训讲座、朗读大赛等活动；区文化馆举办京剧票友、美术、书法、摄影公益讲座等活动，深受广大群众喜爱。

【文化惠民工程】 积极落实好“文化惠民”各项实事，对坊子区40家农家书屋进行提升，配送20多万元的书架和图书资料；积极开展“一村一年一场戏”活动，年内完成送戏下乡45场；全面完成一村一月一场电影农村公益电影放映任务。扎实组织开展首届文化惠民消费季活动，积极引导签约商家开展让利活动，让群众享受到经济和社会发展的成果。

【文化产业】 围绕区委、区政府建设“生态文化休闲区”的“一镇三带两基地”布局，突出抓好坊茨特色小镇、新方炭矿文化园、王家庄子风筝产业第一村等文化产业项目建设，增强文化产业发展后劲。充分发挥部门职能作用，加强服务支持，积极为现有文化企业和文化产业项目争取政策和资金扶持。加大文化招商工作力度，专门成立招商引资工作组，对接北京非首都功能疏解相关产业，积极联络，寻找线索，先后与中关村领创科技等3家公司接触洽谈，引进“红古文化公司”项目。

【文艺创作】 文艺创作呈现乡音、乡韵、乡土特色，精选非遗题材创作《吕望乡歌》《双鞭花棍》两部音乐、舞蹈作品。邀请潍坊市音乐舞蹈领域方面的专家和文艺爱好者进行作品研讨，对作品进行深层次的挖掘和整理，旨在挖掘和发扬中国传统优秀文化艺术，培育和践行社会主义核心价值观。

【文化活动】 按照政府引导、社会支持、群众参与的原则，积极创新探索，搭建各类群众文化活动和艺术交流平台，推动群众文化活动下基层、进社区、进农村。“文化下基层，辅导员进社区”，以及送春联、送演出活动和“共筑中国梦、欢乐幸福年”民俗文艺展演活动，让农民群众在家门口享受到传统文化服务，其中参加民俗文艺展演活动的业余群众文化队伍达200多支；元宵灯谜会将群众节日文化生活推向高潮，各界群众反响强烈，参与群众近9万人次。整合坊子区群众文化品牌活动资源，组织举办“坊子区第二届群众文化艺术节”，共举办主题群众书画展、戏剧票友擂台赛、主题合唱大赛初赛、少儿才艺大赛、第四届社区艺术节、广场舞大赛等6个板块、14项重大活动、120余场次的文化展演展示和比赛，参与演出演员近1.5万人次；开办戏剧票友培训班、书法美术摄影培训班六期，培训文化骨干和爱好者300余人。在组织群众文化活动中，突出群众演、演群众、群众看、看群众特点，提高群众参与度，带动城乡群众文化活动互动发展。

【非物质文化遗产申报及目录】 紧紧围绕潍水文化生态保护实验区建设，坚持保护与开发并举，以开发促保护，推动非物质文化遗产保护工作再上新台阶。非遗名录保护体系进一步完善，公布第五批区级非遗保护项目和第三批区级非物质文化遗产项目代表性传承人，5个新项目被评为区级非遗项目，24人被确定为区级非物质文化遗产项目代表性传承人，其中

《梅花拳》项目成功申报为市级第五批非遗保护项目。建立完善非遗传承机制，继续开展“口述史”工程，全部完成42个非遗项目信息的数字化建设，建成区非遗数字化信息库。积极筹建市级非遗项目常令公山传说传习所，推动非遗活态传承深入开展。深入实施乡村儒学计划和历史文化展示工程建设，建成8个历史文化展示室（点）。其中，坊子工业发展区王家庄子风筝历史文化展示馆被省文化厅公布为全省县及县以下历史文化展示“十百千”村级示范点。

【地方文艺】 加强对非遗项目宣传利用，利用文化遗产日，举办非遗进校园、非物质文化遗产展演等系列宣传活动。宣传日当天，围绕“非遗保护——传承发展的生动实践”的主题，利用电子数字媒体滚动播放相关宣传知识，发放宣传材料近万余份。坊子区市级代表性传承人王明志在文化遗产日期间，通过网络宣传坊子区非物质文化遗产，总浏览数达到4万多次。潍坊鸢都红木嵌银漆器博物馆承办的非物质文化遗产进校园暨技艺大师工作室落户山东交通职业学院活动，更好地让学生们了解非遗文化，感受非遗文化的魅力。马司茂腔剧团的演员们在马司社区向群众现场表演茂腔剧目宣传非物质文化遗产。多渠道、多方位的宣传展示活动，让坊子社会各界和群众充分了解坊子非物质文化遗产资源和保护工作开展情况，有力地推动坊子区非物质文化遗产保护和传承工作。

【文物保护】 一是稳步推进坊子德日建筑群修缮保护工程。自2016年5月，对德日建筑群一期德军司令部、德军医院、日本领事馆等15栋建筑进行保护性修缮以来，区文物保护中心严格按照国家文物局批复的施工方案组织施工，目前，一期15栋建筑的修缮工作已基本完成。

二是集思广益，适时召开文物修缮论证会。文物建筑的修缮具有很多不确定性因素，施工过程难免有想不到的情况和新的发现，就会产生增加设计和追加施工方案的情况。为保护文物建筑的真实性和完整性，区文物保护中心适时召开区文物保护管理委员会和专家论证会。其中6月，邀请中国文化遗产研究院、北京文物局和山东建筑大学等单位的专家对“坊子德日建筑群一期修缮工程”进行现场论证，专家们分别从德日建筑群修缮原则和历史风貌等方面进行论证，为下一步修缮工作的更好开展，传经送宝指明方向。

三是扎实开展杞国故城遗址保护工作。为进一步做好杞国故城遗址保护总体规划，前期联合山东省文物考古研究院完成一期考古勘探工作。据勘探，城址位于黄旗堡街道西南部，涉及九个自然村，总面积约267万平方米，故城平面近方形，南北长约2000米，东西长约1800米。城墙为黄褐土夯筑，夯层厚约0.3米。城外环绕城墙壕沟6428米，宽度在20—30米之间。2017年10月，组织北京建工建筑设计研究院进行杞国故城遗址保护总体规划编制工作，设计人员已开展实地勘查和周边区域调查工作。

四是率先启动“乡村记忆工程”保护工

程建设。启动“乡村记忆工程”建设，加强乡村民居的保护，留住乡情，走在全市前列。3月，委托济南王府园林古建筑工程有限公司对东王松民居进行保护工程勘察设计工作，2017年已完成9个院落的设计方案编制。

五是精准对标，见贤思齐。为提高单位管理人员眼界，加快德日建筑群修缮步伐，区文物保护中心不断分批对标外出参观学习，获取经验。2月，组织人员到曲阜、章丘学习项目工程管理和专项资金支付使用先进经验；5月，相关人员到青州文物局进行对接学习调研。6月，做好“寻标对标”工作，组织人员到曲阜文物局进行对接学习调研。

（王小明）

文化执法

【概况】 2017年度，坊子区文化市场综合执法局以开展“作风建设年”活动和“忠诚卫士”行动为总抓手，认真履职，严格执法，不断提升文化市场执法监管水平，促进文化产业的发展和“文化名市”的建设，均取得明显成效。先后组织日常检查230多次，出动700余人次，突击检查70余次，检查各类经营场所540余家次，拆除、劝拆非法安装使用的卫星地面接收设施76台（套），依法查处违规经营网吧65家次（其中吊销网络文化经营许可证4家），违规生产经营印刷企业7家；依法取缔电子游戏厅3家、练歌厅10家；收缴非法书报刊2300余册、非法音像制品400余盘，排查消除安全隐患60余个。办结案件211件，年度人均办案超30件。被山东省文化厅授予“2017年度全省文化市场执法办案先进单位”和“2017年度全省文化市场重大案件办案单位”。被潍坊市“扫黄打非”工作领导小组授予“2017年度全市‘扫黄打非’工作先进单位”，被潍坊市文化市场综合执法局授予“2017忠诚卫士行动标兵单位”。

【确保网络文化安全】 “2017—忠诚卫士”开展以来，认真贯彻落实党管意识形态的要求，把营造良好的网络文化环境、维护网络文化安全作为推进文化名市建设的重要内容，不断强化监管措施，严格执法检查。一是加强对辖区内从事互联网视听节目服务的APP、微信公众号为载体的网络平台进行执法检查。以区扫黄打非办公室的名义，组织公安、经信、网管等部门对辖区内的70多家网站、微信公众逐一进行执法检查，约谈网络服务平台业主13人，立案调查处理一家。二是强化网络舆情的管控。为坚决杜绝影响社会的舆论事件发生，与网管办、公安网警大队建立联席会议制度，定期沟通信息，共同管控，共同维护网上舆论安全。2017年，共联合处理苗头性、敏感性的舆情150多件，其中涉及的棚户区改造、环保督查、旅游安全等热点问题都得到妥善处置，没有形成大的舆论事件。三是强化网络正面宣传和引导。为让文明办网、文明上网的理念深入人心，形成积极健康向上的网络文明新风尚，在严格监管的同时，主动搞好宣传教育引导，每季度召开一次网管人员会议，就正面网络宣传工作提出明确要求，切实提高网络文化经营者的法律意识和责任意识。2017年，先后组织开展满意坊子、文化名市建设、群众文化艺术节、十九大宣传等一系列主题网络宣传活动，收到良好的效果。

【依法打击KTV无证经营】 7月，对辖区内的娱乐场所进行排查摸底，共发现大大小小的无证KTV28家，这些无证KTV严重扰乱全区的文化市场，市民意见很大。为彻底解决无证经营和扰民问题，全部下发责令整改通知单，要求限期整改。8月中旬，对拒不整改的，主动联系公安部门，由公安部门派出2名业务骨干和4名防暴警察组成10人的联合执法队伍，采取先难后易、错时执法的方式，将屡禁不止和拒不配合的7家无证KTV的15套点歌系统和设备进行拆除，使其无法正常营业，并对无证经营的10家KTV全部关停，整个执法全过程由电视台进行录像和报道，震慑了其他无证经营业户。

【加大网吧查处力度】 网吧是未成年人最易受吸引的文化娱乐场所，为保护未成年人的健康成长，把网吧作为日常监管的重中之重。尤其针对暑假网吧接纳未成年人现象增多的特点，在加大检查力度的同时，突出重点，加强对重点时间节点、重点部位的整治，对擅自停止实施经营管理技术措施和未按规定核对、登记上网消费者的有效身份证件的问题，一律严厉处罚，到目前共先后检查170家次，立案处罚35家次，对多次违规接纳多名未成年人的4家网吧依法予以吊销《网络文化经营许可证》。

【规范电视传播秩序】 始终把依法严厉打击非法生产、销售、安装和使用卫星地面接收设施行为，作为"扫黄打非"工作的重要内容，坚持常抓不懈。一是实行部门联动。每季度组织公安、市场监管、广电网络等部门进行一次联合执法，集中清理销售、安装非法卫星地面接收设施行为。二是加强宣传。利用重大节日、新闻媒体以及进社区、村等广泛宣传，增强广大群众自觉遵法守法的意识。三是突出重点。重点对宾馆酒店、人员密集场所和社区进行执法检查。共组织执法检查150人次，检查商务酒店40家次，立案15件，拆除和没收设施76套。

【开展"扫黄打非"工作】 始终保持在"扫黄打非"工作上的高压态势，深刻把握新形势下党和国家对"扫黄打非"提出的新要求，以党的十九大的胜利召开为已任，切实抓好"清源""净网""护苗""固边""秋风""净屏""剑网"等专项行动，确保"扫黄打非"工作取得实效。一是强化组织领导，及时成立领导小组，明确责任到人。完善暗访督导、信息报送、备案督办、应急处置、举报奖励、考核奖惩等工作管理制度，促进"扫黄打非"工作的正常高效运转。二是把"2017—忠诚卫士"专项行动贯穿于日常工作始终，在行动中发现的问题，集中精力及时解决，确保每个问题都能落实到位，每个行动都能取得实实在在的效果。2017年，开展各类专项行动7个，组织由公安、市场监管、城管、文化执法等成员部门参与的大型拉网式集中行动5次，较好地完成年度集中行动方案确定的目标任务。

（王金荣）

文物保护

【德日建筑群保护工作】 2017年，坊子德日建筑群一期修缮第一阶段德军司令部、德军医院、日本领事馆等15栋建筑的修缮工作全部竣工。德日军医院片区于2017年11月正式开工，铁路机务段片区、德建车站给水所、修女楼、德军7号住宅等22栋建筑已完成招标工作。

2017年，坊子德日建筑群一期修缮第一阶段德军司令部、德军医院、日本领事馆等15栋建筑的修缮工作全部竣工

【“乡村记忆工程”建设工作】 2017年，开展实施“乡村记忆工程”建设工作，3月，委托专业设计单位对东王松民居进行了保护工程勘察设计，已完成9个院落的设计方案编制，并上报省文物局，东王松民居修缮工程（一期）设计方案已通过专家评审。

【展览】 2017年4月15日，2017中国（潍坊）国际艺术双年展暨“恒信之春影像坊茨”摄影展在坊茨小镇开幕。本次展览共分为国内外艺术家油画邀请展、国际著名雕塑家刘若望雕塑展、第二十五届全国摄影艺术展、“恒信之春影像坊茨”摄影展四个大项。国内外知名油画家、雕塑家、策展人近200名艺术家齐聚一堂。此次双年展时间由4月14日—5月中旬，为期一个月。

（程　鑫）

新闻出版

【概况】 圆满完成2017年坊子区网吧、印刷企业、娱乐场所、图书音像零售、复印打字经营场所的2016年度审核工作。同时严把市场准入关，坚持“布局合理，竞争有序”的原则，对不达到经营资质要求的企业一律不准进入市场经营。严格落实文化安全生产各项任务，以开展“安全生产百日攻坚治理和执法大检查行动”等专项活动和安全生产各项任务活动为契机，与各文化娱乐场所、印刷企业等文化经营场所签订2017年安全生产责任书，进一步明确安全责任，提高经营业主安全经营意识。圆满完成文化项目在线审批监管平台建设，全面实行文化项目网上审批，建立起完善的“一户一档”数据库，确保平台使用率达到100%。文化市场主体准入实行“先照后证”制度，积极配合工商部门落实注册资本登记制度改革。完善“双随机一公开”制度，加强事中事后监管，确保市场规范有序。

（王小明）

【潍坊日报•今日坊子】 2017年，《潍坊日报•今日坊子》从1月6日第263期至12月29日312期，共发行50期。聚焦学习宣传贯彻十八届六中全会精神、党的十九大精神、习近平总书记“7.26”重要讲话精神和“四个城市”建设、打造“四城四区”“项目建设年”“作风建设年”以及文明城市创建、人才强区建设、精准扶贫、乡村文明行动、食安城市创建等重点工作，开设“学习贯彻十八届六中全会精神”“深入学习贯彻习近平新时代中国特色社会主义思想”“深入学习贯彻习近平‘7.26’重要讲话精神”“四个城市精神引领四城四区建设 以优异成绩迎接党的十九大”“不忘初心 牢记使命 学习贯彻十九大精神”“加快新旧动能转换 推进经济转型升级”“加快推进‘四个城市’建设重点项目巡礼”“项目建设年•践行篇、棚改篇”“作风建设年•模范风采”“作风建设年永远在路上”“正风肃纪进行时”“图说坊子”“乡村文明行动”等15个专栏，集中采写稿件，反映全区政治稳定、经济发展、作风提升、环境改善、人民幸福的大好形势，起到开拓进取、鼓舞士气、增强信心的积极作用。同时，及时宣传报道全区劳动就业、社会保障、医疗卫生、文化体育、百姓安居、生态环境等民生方面的有力举措、工作成效，营造着力保障和改善民生、社会事业新发展的良好舆论氛围。

弘扬正气，引领社会舆论。10月20日—27日，以7个整版形式转载党的十九大召开的盛况，宣传贯彻党的十九大精神；11月10日—12月29日，开设“深入学习贯彻习近平新时代中国特色社会主义思想”专栏，刊发人民日报评论员文章、理论解读等，宣传十九大精神；开设“不忘初心 牢记使命 学习贯彻十九大精神”专栏，报道全区先进经验做法，营造以实际行动落实十九大精神的浓厚氛围。1月17日—19日，以8个版面集中报道坊子政治生活中的大事——中共潍坊市坊子区第十四次代表大会；1月23日，以4个整版报道坊子区十八届人大一次会议和政协九届一次会议。

服务大局，唱响主旋律。2月10日—3月10日，连续5期刊发《开展作风建设年活动 服务“四区三城”建设专题访谈》，全区各部门单位主要负责人、优秀企业家公开接受采访，谈思路、谈发展、谈认识、谈举措、两承诺；2月17日开始，开设“作风建设永远在路上”专栏，持续集中宣传报道“作风建设年”活动中各级各部门单位涌现出的典型做法，推进作风建设常态化、长效化；3月3日开始，开设“作风建设年•模范风采”“项目建设年•棚改篇”专栏，对“作风建设年”活动和棚户区改造工作中涌现出的先模人物进行集中宣传报道，宣传他们的先进事迹，引领和带动广大干部群众积极投身到“建设富裕美丽和谐的活力坊子”的伟大实践中去；2月17日开始，开设“项目建设年•践行篇”专栏，持续集中宣传全区各重点项目建设情况，掀起项目建设热潮；6月2日—30日，连续以整版集中报道形式宣传区领导班子赴江浙地区和青岛城阳区寻标对标助推活力坊子发展情况和各级各部门单位“对标一流比学赶超”经验做法。

服务民生，提升幸福感。3月17日开始，开设“坊子的辉煌历程•党史篇”专栏，连续刊登11篇坊子革命历史故事。4月21日—28日，连续以整版图片形式宣传报道2017中国（潍坊）国际艺术双年展、“恒信之春•影像坊茨”摄影展以及丰富多彩的群众文化艺术活动；5月5日—13日，刊发街道专刊，全方位报道凤凰山高新园区、黄旗堡街道、坊城街道和经济发展区在推进经济社会发展中的亮点工作。在副刊，选登“不忘初心 继续前行”主题征文优秀作品，刊发“图说我们的价值观”公益广告15副。

（高　亮）

广播电视

【概况】 坊子区广播影视中心为区属正科级事业单位，全额预算管理。主要承担坊子区广播电视宣传、文化传播等职能。内设办公室、财务科、新闻部、总编室、专题部、广告部、技术部7个部室，在编干部职工53人。共开办两个有线电视频道，分别是坊子新闻综合频道和坊子生活娱乐频道。主要电视节目有《坊子新闻》《今日坊子》《星耀坊子》《人力资源和社会保障之窗》《科普速递》等，2017年度共获得省级集体及个人奖项4个、潍坊市级集体及个人奖项6个、坊子区集体及个人奖项23个。

坊子区2017年度功勋企业家表彰大会在山东鲁能泰山足球学校成功举办

【新闻宣传】 坚持新闻立台，紧紧围绕全区“一二四三”战略部署，精准服务“四个城市”建设，在《坊子新闻》栏目开辟《学习宣传贯彻十九大精神》《棚改一线》《精准服务在行动》《保护环境 建设美好家园》等10余个专栏，制作《坊子新闻》280余期，播发稿件2200余条。

在搞好区内宣的同时，深入挖掘，主动对接，积极宣传推介坊子。全年在潍坊以上电视台综合发稿830条（折合），在潍坊广播电台《坊子新闻》栏目发稿300余条。采制的《加快新旧动能转换 打造高端制造业聚集区》《坊子棚改用真心换满意》《以作风建设成效凝聚“四个城市”建设强大合力》等30余条稿件在潍坊电视台《潍坊新闻》《聚焦》等栏目重要位置报题播出。

【栏目制作】 《今日坊子》栏目共制作播出专题28期，其中《撸起袖子加油干 坊子打响棚户改造攻坚战》《精准服务聚合力释放发展新动能》《提升路网承载力 拓展城市发展新空间》《发扬亮剑精神 打赢棚改攻坚战》等节目播出后，引起社会强烈反响。在办好《坊子新闻》《今日坊子》等栏目的基础上，与区委组织部、区人社局、区国税局、区科协合作，先后推出《党教在线》《人力和社会保障之窗》《国税时空》《科普速递》等栏目，分别播发52期、25期、9期、35期。承办《坊子区庆祝第三十三个教师节表彰大会》和《坊子区2017年度功勋企业家表彰大会》，共制作播出优秀教师、最具活力学校、功勋企业家、优秀企业家、科技创新先进企业等相关主题的系列专题片15期。举办的《星耀坊子》全民K歌赛，历经8个月，吸引180余名选手踊跃参赛，现场参与互动观众2万余人次。

【节目创优】 在2017年度潍坊市优秀广播电视节目评选工作中，选送的4件电视作品全部获奖。其中，专题片《家国同根》荣获广播电视节目奖优秀电视社教类专题片一等奖；《厉害了！坊子少年夺得亚洲机器人大赛冠军》获电视新闻短消息类一等奖，《农机行业首个“国家级工业设计中心”花落雷沃重工》荣获电视新闻长消息类二等奖，《袁强斩获我国首枚世赛工业控制项目金牌》荣获电视新闻短消息类三等奖。

【安全播出】 招标购置高清采编播设备，对播出机房进行升级改造，更换10千瓦UPS电源及附属设备，成功实现高清数字播出，信号质量大幅提高，播出安全稳定性进一步增强。全年共上载播出电视剧、纪录片、电影等220部、5500余集，光影纵横、聚焦等节目1000余集、养生节目300集。将播出设备和控制室隔离，设置更加科学合理，加强日常播出尤其是重要节会期间的安全管理，实现全年安全播出零事故的目标。

播控机房

（王欣根）

【有线电视】 山东广电网络有限公司坊子分公司成立于2012年，是省属国有重要骨干文化企业，隶属于山东广电网络集团。作为山东省信息产业的重要力量，公司主要负责辖区内有线广播电视网络规划、建设、改造、经营和管理，有线电视节目的收转和传送，以视频传输和互联网多功能服务为主，向产业上下游延伸，积极向全业务综合网络和信息服务提供商转型。在专注传统有线电视业务的同时，积极拓展宽带业务，发展集团客户业务，参与智慧城市建设，探索多元发展，形成主业突出、多业并举的发展模式，实现有线电视从“看电视”到“用电视”的转变。

双向传输网络。针对农村用户居住分散，按照“统一规划、分步实施”的原则，对有线电视传输网进行双向改造。广电网络成为助力地方经济发展的主力军。坊子辖区农村全部实现光缆入户，实现广电网络覆盖城乡的双向传输网络。

智慧社区项目。智慧社区项目是智慧城市建设的重要组成部分。该项目以有线电视网络为载体，以家用电视机和手机为接收终端，集智慧党建、智慧教育、智慧医疗、村务政务公开、便民服务等公共信息和个性化服务于一体，是山东广电网络有限公司提供技术支持的综合播控系统。广大有线电视用户在足不出户就能在收看电视节目的同时，还能享受智慧社区提供的免费服务和互联网上网服务。城乡居民通过家中的电视机参与社区、村事务管理，享受市、镇街、社区、村信息资源互通共享，从而形成一种新的管理形态，为政务管理、民生服务提供信息化支撑，为居民提供更优质的信息化服务。

三务公开。山东广电网络有限公司坊子分公司在发展基础业务的同时，充分发挥“党网”宣传思想主阵地、主渠道作用的优势。2017年，坊子区委组织部依托广电网络开发的网络数字电视公开平台，让党员群众在家中即可通过电视随时查看各类信息，实时收看党务、查村务、审财务，推动村级治理更加规范透明，群众更放心，得到村民的一致好评。随着公司集客业务的发展，又逐步实现“党建视频可视会议系统”“技防工程”“天网工程”等项目全部开通。

服务品牌。坚持以用户为中心的服务理念，用心、用情、用力做好服务用户的各项工作，统一服务热线96123，认真履行24小时服务承诺，对客服工作实行用户区域网格化管理，统一接单、统一派工、统一回访，确保服务质量有效提升，擦亮“山东有线”服务品牌。

（张郭颖）

档案

【概况】 2017年，区档案局按照区委、区政府“一二四三”战略部署，坚持依法治档、科学管档，扎实推进“三个体系”建设，完成各项任务目标，先后荣获“区级文明单位”和

全区文档人员培训班

“全省档案宣传工作先进集体”等荣誉称号。

【档案馆建设】 区综合档案馆建设列入2017年度政府工作报告，合并建设区综合档案馆、区图书馆和区方志馆，其中区综合档案馆建设面积不少于5000平方米。加强老城区档案馆安全管理和值班值守工作，确保馆藏档案安全。区档案馆现安装档案库房温度湿度自动测控管理系统、消毒灭菌系统、动态视频监控系统、防盗报警系统等设施设备，实现智能防控管理一体化。安装档案馆综合应用管理系统，建立馆藏档案目录数据库、全文数据库和多媒体档案数据库，实现馆藏档案管理、查询利用的数字化。截至2017年底，馆藏档案已达110个全宗，28327卷、5237件，排架长度700米，馆藏资料2185册、实物档案70件、录音录像档案8盘、照片8175张。

【档案室情况】 全区现有档案室132个，档案室总面积2880平方米，专兼职档案员270名，室存档案共计552950卷、199640件，照片档案8760张。

【档案文化建设】 创刊编纂《坊子大事记》，每月刊发一期，及时记载全区重要活动、重大事件等情况，反映改革发展成果，为留史资政、以文辅政做好服务。

【企业档案工作】 按照区委、区政府“精准服务企业”的部署要求，对全区重点企业逐一走访，面对面征求意见建议，现场解决企业在档案工作中遇到的问题，帮助企业规范管理、降本增效、科学发展。先后走访企业45家，发放《联系服务卡》和《调查问卷》130余份，征求意见建议90多条，指导企业整理档案6000余卷。为加强同企业间的沟通交流，建立企业档案管理微信群和QQ交流群，及时发布企业档案管理标准要求，帮助企业解决档案工作中遇到的问题。针对企业提出的共性问题，10月在雷沃重工股份有限公司举办企业档案管理人员培训班，全区重点及成长型企业110余名档案管理人员参加培训，进一步提高全区企业档案管理人员的整体素质。

区档案局指导人员到山东共达电声股份有限公司现场指导企业档案整理工作

【机关档案工作】 坚持重心下移、工作下沉，深入各街道（发展区）各部门单位进行检查督导，共指导100余家单位完成年度立卷任务，合格率达到100%。积极配合区有关部门开展工作，安排专人对棚户区改造、扶贫等工作实行跟踪服务，保障重点工作资料齐全、及时归档。强化机关档案工作培训力度，举办全区机关文档人员培训班，共培训档案、财务人员200余人，进一步提升机关档案工作人员法治意识及业务水平。组织开展档案工作科学化管理测评，2017年，区公安分局、雷沃重工2家单位通过全省档案工作科学化管理先进单位验收，14家单位被新认定为全省档案工作科学化管理合格单位。

【档案查阅利用】 改进服务方式，针对机关、企事业单位和群众实行24小时查档服务制度，有查档需求的随叫随到，随时办理。全年共为有关单位和个人提供查档服务188次，查阅档案700余卷。

（李国春）

旅　游

【概况】 全区现有旅行社（含分社和服务网点）11家、3A级景区1家、2A级景区1家、四星级饭店1家、四星级农家乐1家、二星级农家乐3家、国家级乡村旅游金牌农家乐1个、省级旅游强乡镇1个、省级旅游特色村2个、省级农业旅游示范点2个、省级精品采摘园2个、市级乡村旅游标杆示范项目4个。

2017年以来，分别获得省旅游产业发展资金支持项目、乡村旅游标杆示范项目，共争取乡村旅游项目扶持资金项目6项，项目资金14笔。

【旅游项目建设】 2017年，突出文化旅游、乡村旅游、亲水旅游三大主题，打造以坊茨小镇、炭矿遗址文化园为核心的历史文化休闲区，以玉泉洼生态观光园、乐高农场为核心的潍安路乡村旅游产业带，以德乐堡梦幻水世界、华安水之梦水上乐园、欢乐海底世界为核心的城市亲水休闲旅游区。

乐高农场

同时，围绕三大旅游片区，促进重点旅游项目建设。坊茨小镇积极推进棚户区改造，德军医院、德军司令部等15栋德日建筑主体修缮完成，日军医院等2期修缮工程已进场施工；盈丰现代农业综合体项目建设完成集装箱露营地32座，高档水果采摘园基础设施已完成，正在建设2处休闲木屋；玉泉洼生态观光园“莫沙夫”生态循环项目完成项目规划，牛场项目

炭矿遗址文化园——时光隧道

已开工，水肥一体化规划完成；乐高农场观光大道路面硬化、两侧绿化完成，游客服务中心已建成，正在装饰，花田、火车旅馆项目正在建设。

【市场开发】 一是开通官方微信平台，以图文并茂、接地气的方式，推荐旅游景区，传播旅游资讯，全年推送综合性旅游资讯66篇。

二是设计制作《坊子旅游地图》，为更好方便游客到坊子区旅游，对全区旅游点、特色商品等进行整合，编制《坊子旅游地图》，并在旅游景区、星级饭店等人流密集地区进行免费发放。

三是举办旅游推介洽谈会，为加速提升坊子旅游业和旅游品牌知名度，打造优质丰富的近郊“周边游”市场。4月21日，组织举办坊子区旅游推介洽谈会。推介会主要面向潍坊市区近郊市场，与会人员重点体验坊茨小镇、炭矿遗址文化园、欢乐海底世界、王家庄子风筝文化馆等7个景区。景区通过交流介绍各自的景点特色、门票及旅游产品。

四是开展“旅游进院校”宣传活动。5月12日，在交通职业学院开展“旅游进院校”宣传活动。活动通过微信公众号、潍坊旅游、坊子电视台、今日坊子等渠道进行宣传推送，反映良好。

五是联合体育局举办自行车趣骑赛，比赛将“倡导低碳生活，推动全民健身，宣传特色旅游”完美地结合在一起。

六是联合潍城区旅游局召开环线旅游周边资源对接洽谈会，共同研究环线旅游周边资源合作方案，促进坊子区和潍城区的资源互动和合作，实现资源互补、市场共享、合作共赢。

七是在新华网、凤凰网、《今日头条》等市级以上媒体网络发布坊子旅游信息58篇。

【旅游品牌培育】 一是协调景区组织开展系列旅游主题活动，包括国际艺术双年展、折叠的空间摄影展、油纸伞艺术节和风车节、水上音乐节等。

二是指导项目完善旅游规划，《潍坊乐高农场旅游总体规划》编制完成，并通过专家评审；盈丰田园综合体项目规划和潍水达生农业庄园旅游发展规划被评为潍坊市乡村旅游标杆示范项目规划。

三是做好上档升级，炭矿博物馆晋升为国家3A级旅游景区，被命名为“第一批山东省中小学生研学实践教育基地”；坊子炭矿被列入首批“中国工业遗产保护名录”；玉泉洼种植专业合作社联合社被评为“第四批山东省畜牧旅游示范区”。

四是组织开展从业人员培训，组织主要景区和乡村旅游带头人赴台湾地区及西班牙、意大利等国家学习考察，开阔视野，拓宽发展思路。

五是抓好安全生产，举办旅游行业安全生产观摩培训会、旅游安全暨文明旅游现场培训会等活动，全年无安全事故发生。

六是帮助协调、准备炭矿遗址文化园参观现场，2017年共接待国内外来坊调研和参观考察团32个。

【精品旅游线路】 2017年，坊子区推出多条精品线路，包括春•赏华、夏•戏水、秋•采实、冬•沐阳等四季旅游线路，“家庭亲子游”“文化休闲游”“乡村体验游”“科普修学游”等主题旅游线路，以及“城区休闲体验游”“东部魅力田园游”区域二日游精品线路。

春•赏华——春暖花开 休闲之旅

坊茨小镇（静守欧洲小镇上的一季花开，细细品味穿越时光留下来的德日建筑）——炭矿遗址文化园（置身在地下神秘矿井，当一回矿工，聆听地球心跳）——欢乐海底世界（亲密接触海洋生物，感受海洋世界的奇妙）——水墨庄园（“南果北种”潍坊第一园）——玫瑰东园（尽情享受众花齐放的春日气息）——九龙涧森林公园（徒步绿色九龙，享受天然氧吧）

夏•戏水——清凉一夏 激爽之旅

欢乐海底世界（亲密接触海洋生物，感受海洋世界的奇妙）——华安水之梦水上乐园（一起体验“湿身”的盛宴，过一个不一样的夏天）——炭矿遗址文化园（体验“地心之旅”，畅玩德乐堡梦幻水世界）——盈丰花卉鱼鸟大世界（欣赏花卉奇石的千姿百态）

秋•采实——玩转金秋 田园之旅

玉泉洼生态观光园（来一场有机和纯天然的盛宴，体味大自然的纯甄之美）——金宝乐高农场（走进梦幻小王国，体验生态大农场）——乡情水坡（找回童年的“乡村记忆”）——九龙涧森林公园（徒步绿色九龙，享受天然氧吧）——博纳庄园绿色葡萄种植基地（挎起竹篮，体验远离世事当“农夫”的乐趣）

冬•沐阳——拥抱冬日 健康之旅

欢乐海底世界（亲密接触海洋生物，感受海洋世界的奇妙）——坊茨小镇（领略异国风情，寻访艺术小镇）——炭矿遗址文化园（雪中的坊子炭矿似乎回到百年前，就这样模糊了岁月）——九龙涧森林公园（欣赏“玉树琼花”的人间胜景）

【景区景点介绍】

1.1898坊茨小镇（详见P354“特色小镇”）

2.炭矿遗址文化园

坊子炭矿博物馆（包括矿井体验馆），是山东省首家以煤炭科普为主要展示内容的原真性、唯一性、综合性的煤炭博物馆，已创建成省、市、区三级爱国主义教育基地，党员党性教育基地，红色教育基地，山东省三星级科普教育基地，被列入首批全国工业遗产保护名录，山东省中小学研学旅行基地，山东科技大学、潍坊学院等6所院校教学实践基地以及国家3A级景区。

3.玉泉洼生态观光园

位于坊子区坊安街道洼里村，占地2000亩，是按照“公司+基地+农户”模式打造的循环生态农业示范园区。玉泉洼生态观光园被评为“国家级蔬菜标准园”“中国乡村旅游金牌农家乐”“山东省精品采摘园”、山东省休闲农业和乡村旅游示范点、“国际风筝联合会指定外宾专用精品生产基地”和潍坊市中小学生社会实践基地、潍坊人民广播电台933私家车友俱乐部自驾游基地；玉泉洼生态酒店被评为“山东省好客人家四星级农家乐”；洼里村被评为“全国一村一品示范村”“好客山东最美乡村”“山东省一村一品示范村”和“山东省旅游特色村”。

4.乐高农场

位于坊安街道潍安路与潍胶路交叉口南1公里路东，规划占地面积2000亩，借鉴“丹麦乐高主题公园”的成功经验，引入新颖时尚的乐高元素休闲项目，以生态自然为主，以文博文化为内涵，以城市近郊游为服务群体，依靠现代科技力量，规划建设综合服务区、有机种植区、休闲体验区、生态采摘区、生态花廊、林下种植养殖区，打造集田园观光、生态采摘、农耕体验、农业展览、科普教育、养生度假、亲子互动、休闲娱乐等于一体的休闲旅游度假胜地。

2017年，完成景区形象大门、检票口、售票处、游客服务中心建设，硬化园区道路3000米，种植观赏树木20亩。建设房车廊架2000米，梦幻之星6组，打造乐高花海60亩，建设生态餐厅一个。

5.盈丰田园

山东盈丰田园综合体项目于2013年4月动工建设，占地面积600亩，总投资1.2亿元，园区主要有9大功能区，分别为花卉交易区、花卉种植区、观赏鱼交易及养殖区、水族器材区、高档水果采摘区、工艺品交易区、农资交易及配送区、综合商务服务和餐厅，功能区基础设施建设较为完备。园区内所有建设项目2015年7月全部竣工，建成后将成为具有国际先进、国内领先的综合型现代化农业产业园。目前，花卉交易区、观赏鱼交易养殖区、花卉种植区、垂钓中心等工程已建设完成并投入使用，入驻商户200余户。

6.水墨庄园

潍坊水墨庄园家庭农场成立于2011年4月，地属坊子区坊城街道莲花池村和王裴家村，距市政府12.8公里、区政府6.8公里。地势平坦，西面临水，树木葱郁，环境优美，是打造家庭农场和都市休闲近郊游的好地方。2014年，被评为“山东省精品采摘园”。农场现已流转土地500亩，分为农业休闲近郊游和绿化苗木两大片区。苗木花卉片区，占地400多亩，用于发展绿化苗木，种植200多亩乡土品种，200多亩彩叶树种。到水墨庄园参观游玩，不仅能品尝到自然成熟的、生长在潍坊的热带水果，还能认知20余种热带植物，带给你满满的收获和美好的心情。

7.欢乐海底世界

潍坊欢乐海底世界是一个集科普教育、文化展示、休闲娱乐、演艺演出、美食购物于一体大型海洋主题公园。全馆总体建筑面积18000平方米；海底世界占地12000平方米，海洋主题游乐园、配套商业共占地5000平方米。海底世界水体4000余吨，展示600余种，上千余只（尾）海洋生物和动物，设计有前厅客服中心、中国流域淡水鱼展示区、亚马逊热带雨林区、两栖热带动物展示区、土著部落生活展示区、海洋科普教室、红树林流域展示区、海底隧道馆、美人鱼剧场、互动触摸区、虾兵蟹将主题展示区、大堡礁生态馆、缤纷水母宫、小丑鱼尼莫主题展示区、海狮剧场、海豹岛、极地动物展示区等十七个主题场馆。

8.华安水之梦水上乐园

华安水之梦乐园是以汽车文化为主题打造的大型水上娱乐公园，由华安广鑫实业（上海）有限公司、北京中富天友投资管理有限公司与山东华安汽车文化发展有限公司联合打造。一期占地100亩，项目总投资3.2亿元，由国际顶尖主题设计公司进行规划设计，汇聚国内外顶级水上游艺设备，主要分为五大主题区：喧嚣马力区（大型造浪池）、急速齿轮区（漂流河、大喇叭+冲天回旋）、竞技赛道区（章鱼滑道、四组合滑道）、乐动儿童区（梦幻水寨、互动水城堡、儿童游乐池）、热力商业区（汽车主题餐厅、茶座、酒吧）。

9.新方德乐堡梦幻水世界

德乐堡梦幻水世界系山东新方集团斥巨资打造的百年德系风情水上乐园，占地200余亩。乐园用水采自地层深处，富含多种对人体有益的微量元素，属国内唯一采用地层深处矿物质保健水的水上乐园。园区汇聚国内外顶尖的大型水上游乐设备，其中波罗的海巨浪池掀起3米巨浪，融合歌舞及特效表演，随时让人感受震撼的水上娱乐表演SHOW。乐园同时融合坊子炭矿博物馆和矿井体验馆，让游客感受原德建坊子炭矿的百年历史变迁，寻觅百年前德国人采矿的印记。

（王晓娜）

特色小镇

1898坊茨小镇

【概况】 1898坊茨小镇位于坊子老城区，是依靠铁路和煤炭发展起来、中国第一个真正意义上的工矿业小镇，是山东近现代工业发展最早的遗迹，也是潍坊近现代工业的发源地。1898年，德国与清政府签订《胶澳租界条约》，获得胶济铁路修建权和沿线煤炭开采权，因丰富的煤炭资源，胶济铁路改道坊子，并在此建煤矿、修车站、开商行，德国人和日本人先后经营生活了近半个世纪的时间，造就了“东西十里洋场、南北三条马路”的畸形繁华，坊子火车站也成为胶济铁路四大车站之一。仍在运行的德建胶济铁路、火车站和遗留的机车转盘是潍坊市的铁路工业廊道。“坊子”

1902年德建坊子火车站票房

德国人发音为“坊茨”，这就是“坊茨小镇”的由来。

1898坊茨小镇总面积3.12平方公里，其中核心区1.97平方公里。小镇紧靠城市景观大道——北海路，潍莱高速公路起点就在境内，距潍坊飞机场和市政府仅有5分钟和10分钟车程，交通条件便利。坊茨小镇西临潍坊白浪河湿地公园，东接九龙生态旅游度假区，虞河、凤翔河流经两侧，生态环境优美。

1898坊茨小镇核心区主要留存了四大核心资源：一是166处德日建筑，其中德国建筑103处、日本建筑63处，整体格局、街巷肌理、景观风物保存完好；二是2060处民国建筑，主要是以万和楼、协成利绸布庄等为代表的民居；三是以德建火车站、胶济铁路和机车转盘等组成的潍坊铁路工业廊道；四是以德建矿井、采煤巷道等为代表的炭矿遗址。小镇保存了大量功能性建筑，包括领事馆、司令部、礼堂、水厂、火车站、银行等等，涉及外交、军事、政治、经济、文化各个领域，是一个完整的“德国小镇”，具有极高的历史文化价值、建筑艺术价值和旅游开发价值。先后被评为全国重点文物保护单位、山东省爱国主义教育基地、省级历史文化街区、省“十三五”文博规划重点项目，2016年被列为山东省特色小镇。

1898坊茨小镇于2008年开始建设，打造了炭矿遗址文化园、坊茨美术馆、1898啤酒城、德国别墅区、坊茨画廊等项目，先后举办了坊茨论坛、中国雕塑展、坊茨艺术沙龙等文化艺术活动，被评为国家2A级旅游景区、中国油画院山东创作教学实习写生基地、山东省科普教育基地、山东十大影视拍摄基地、中德文化交流中心等，在国内外有了一定的知名度。

坊子区委、区政府成立了1898坊茨小镇工作推进指挥部，由区委副书记、区长任总指挥，区委常委、统战部部长任常务副总指挥，从相关单位抽调15名精干人员成立指挥部办公室，全力推进特色小镇建设。

【规划设计】 聘请上海同济大学城市规划设计研究院编制了《历史文化街区保护规划》，由棕榈集团坊茨小镇产业运营方案及修建性详细规划。棕榈的海外合作团队美国好莱坞集团、德国S4可持续发展型城市规划团队等已来考察洽谈。结合先进地区特色小镇建设经验，进一步明确了小镇发展思路和目标定位，即以人文景观和文化创意为核心，依托文化积累、历史沉淀、特色资源和产业体系，大力发展工业旅游、文化创意和休闲娱乐等业态，建设原汁原味的德国风情小镇，打造别具一格的旅游品牌——1898坊茨小镇。

【棚户区改造】 2016年，投资5.2亿元，对核心区2060户居民进行了整体搬迁，腾空国有土地500亩；2017年，启动棚户区改造二期工程，完成了耐火厂片区280亩土地、267户居民和企业搬迁；下半年启动了耐火厂片区二期征迁工作，对八马路以南、公安街以西、东辛家庄村以东345亩土地进行征迁，涉及征迁户35户，已完成协议签订31户。其中，企业18户，住户13户。为保障文物修缮工作顺利推进，对原八九医院各院落进行了清场腾退，为小镇开发储备了空间。

【产权协调】 1898坊茨小镇内部产权主要涉及军产、铁产、电产三个方面，根据第三方评估机构的评估结果，由潍坊军分区与坊子区签订《房地产租赁停偿委托管理项目整改协议》和《军队房地产租赁合同》。

【文物修缮】 依托小镇范围内保留下来的166处德日式建筑被国家文物局公布为全国重点文物保护单位，积极争取上级支持，争取到位文物保护专项资金1.46亿元。2017年，已经完成了德军司令部、日本出张所、神父住宅等23栋文物的修缮工作，日军医院片区、德建铁路机务段、德建车站给水所片区43栋文物正在施工中。

【招商引资】 赴济南、长沙、贵州等地考察招商，主动对接实力雄厚、有一定经验的优质企业，积极利用风筝会、鲁台会、北京PPP招商会、潍坊PPP项目推介会等大型会展平台，全面对外推介小镇，吸引更多的社会资本参与小镇开发。促成了与鲁信集团、棕榈股份的合作，区国有投融资平台积极参与，共同开发运营，初步形成了由政府主导、鲁信投、棕榈共同投资运营的合作开发模式。同时对接杭州德淮资本，计划利用其独特的优势为小镇注入国际化元素。策划运营方案已经市领导同意，下步将签订合作开发框架协议，组建公司共同开发运营。

【宣传推介】 对坊茨小镇历史文化资源进行重新梳理，精心设计了3条参观路线，每条路线都编制了别具风格的解说词；推出了《坊茨》和《坊茨记忆》系列图书杂志，充分挖掘历史档案、中外交融文化、民间习俗等小镇特有的资源，讲好小镇故事，努力打造坊茨文化品牌；结合小镇总体开发思路，制作招商PPT和招商手册，向客商全面介绍小镇的优势及区委、区政府的开发理念；聘请专业团队制作小镇宣传专题片，全方位对外推介小镇风貌。依托前期开发基础，对3、4号院进行修缮提升，组织开展多种形式的文化活动。2017年，小镇已成功举办翰墨清风颂廉洁主题书画展、大美坊茨——首届国际水彩峰会、“青春飞扬•美丽坊子”青（少）年书画展、坊子区作风建设年主题书画展等文化活动；推出了《坊茨》和《坊茨记忆》系列图书杂志，充分挖掘历史档

2017年11月9日，德国黑森州参议员、德国侨商会主席杨明带领考察团考察1898坊茨小镇

案、中外交融文化、民间习俗等小镇特有的资源，讲好小镇故事，努力打造坊茨文化品牌。区委、区政府按照“政府主导、企业主体、市场运作、产业支撑”的模式，确定坊茨小镇开发运营单位，对小镇实施整体开发，打造集文化创意、工业旅游、影视制作、休闲娱乐等业态于一体，特点鲜明、产城融合、充满魅力的国家级特色文旅小镇。一是加快产权协调。利用军事改革和部分铁路资产移交地方的机遇，积极与军产、铁产管理单位协调，尽快完成产权收储。二是深化招商引资。加强与鲁信集团、棕榈股份对接，深入推进合作事宜，督促完善规划设计、制定运营方案，尽快实现具体项目落地。同时引进潍坊本土优秀文创企业，对闲置资源进行整体包装，将潍坊特色文化和历史融入其中，搭建文化创意产业发展平台，打造文化创意示范基地。三是加强文物保护，全力推进德日建筑群修缮工程，推进德日建筑的保护修复，完成德日建筑防雷、消防工程，完善文物建筑的基础配套。四是加大宣传力度。充分利用小镇现有资源，利用重大节日和掌握的名家资源，组织开展书画展、艺术沙龙等文化艺术活动，增强小镇知名度和影响力。

（王学良）

坊子凤凰地理信息小镇

【概况】 坊子凤凰地理信息小镇，总规划面积10平方公里，核心功能区3.6平方公里，根据产城融合发展理念，统筹布局生产、生活、生态功能，初步划分为研发孵化、商务办公、生产制造、物流配送、生活配套5个功能区和地理信息产业园、智能装备产业园、机器人产业园、豪迈（潍坊）产业园4个产业版块。根据鲁政办字〔2017〕146号文件，坊子凤凰地理信息小镇成功入围山东省特色小镇创建行列。

2017年3月6日，市委副书记、市长李宽端到山东测绘地理信息产业园调研

【招商引资】 积极“走出去、请进来”，依托地理信息产业协会等行业组织，盯紧雷沃重工等龙头企业的上下游产业链，赴北京、上

山东测绘地理信息产业园孵化配套中心占地面积169亩，建设10栋框架结构厂房，总建筑面积17.3万平方米

海、深圳、沈阳等地参加中国地理信息产业大会等34个行业展会，参与组织开展8次专题招商活动，与300多家企业进行对接洽谈。其中，5月24日，在上海召开的第八届中国卫星导航学术年会上，被中国北斗产业园区联盟授予“会员单位”荣誉称号，全国仅7家。全年内新引进新松机器人、航创无人机、华凯比克希汽车电子线束、金融服务交付基地等24个项目。

【项目推进】 落实项目包靠责任制，每个在建项目都由一个正科级领导干部任组长的小组包靠服务，坚持每天召开全体人员参加的晨会，调度项目进度，研究解决项目建设推进中的困难问题。先后协助企业办理各类建设手续，提供职工子女就学、劳资纠纷等服务；汇电新能源、华制智能制造、海利达电子等18个项目顺利投产运营；金融服务交付基地、华凯比克希汽车电子、中日韩电子产业园等8个项目提前完成年度建设计划。

【设施配套】 建成1万平方米的中小企业服务中心，完善办公、餐饮、住宿功能。生活配套区14.6万平方米的37栋1290套职工公寓交付使用，新开工6万平方米的10栋职工公寓。小镇公交枢纽站投入使用，开通4条公交线路。

【管理服务】 一是加强作风建设。以作风建设统领各项工作，大力倡树“精准严实”工作标准，进一步转作风、提效能、抓落实，实施“保姆式”“店小二式”服务，推动服务提档升级。二是优化提升运营平台。按照现代特色产业小镇投资运作模式，把小镇运营公司做强做大，提高市场化、专业化服务能力。三是精准服务企业。组织召开2次银企对接会，协调金融机构上门服务；建立订单式培训机制，帮助企业培训各类管理人员和技术工人；加强对外科技交流，推动小镇企业与高等院校开展“产学研”合作，与46家高校院所达成科技合作；积极与国土、规划、建设、人社、科技、中小企业办等部门衔接，开展业务座谈交流会，为企业提供政策服务。

（张玉敏）

凤凰生态休闲商务小镇

【概况】 为全面实现城镇化，加快推进“四城四区”建设，凤凰街道根据小镇特有的区位和生态资源优势，大力发展综合体建设，全力打造集产业振兴、生态振兴、形象振兴的农旅文产“四位一体”凤凰生态休闲商务小镇。对小镇进行高起点规划、高标准建设，着力打造集生态、旅游、商务、康养、文化等综合功能为一体的生态休闲商务小镇。

【小镇区位】 小镇位于坊子区南部，南至潍胶路、东至崇文街、西至庄检路、东至龙山路，总规划范围约2747亩。

该地区地理位置优越，距潍坊市政府约8公里，距坊子区政府约2公里，距坊子老城区约3公里，是坊子新老城区的交界地带、中心地带，是坊子区城市开发建设的重点区域。

该地区交通便利，潍坊市主干道北海路贯穿片区南北、南邻206国道（潍胶路）、潍莱高速，距潍莱高速出入口不足500米。

该地区周边文化教育产业丰富，北邻坊子实验学校、潍坊四中、潍坊实验中学、潍坊警官训基地、东临崇文中学、潍坊四中分校、坊子区委党校，周边可完成自幼儿园到高中全部学业。

该地区生态优越，西邻虞舜公园、东临白沙河公园，虞河贯穿小区南北，自然景色优美。

【小镇发展方向】 北海路以西，发展以休闲农业为代表的游憩服务体系；沿北海路、潍胶路交叉口打造休闲商务区；沿虞河景观带打造面向市民开放的公共体育公园；由虞河景观带向东打造以文化、艺术、培训为主的文教区；依托周边教育资源及规划休闲商务区、体育公园和文教长廊，打造一个高品质生态居住社区。

按照城市总体规划，对小镇规划范围内进行高标准规划、综合性开发，实施文化、康养、商务、田园休闲、生态社区等一系列关联项目。

【项目介绍】

凤凰田园小镇

凤凰田园小镇以赵家村为依托，位于潍坊市坊子区北海路以西、庄检路以东、崇文街以南、潍胶路以北，凤翔河绕村而过，西部与奎文区接壤，地理位置优越、自然环境优美。小镇主要依托赵家村田园、滨水优势，打造网联农业示范板块、农业文旅示范板块、城乡新经济门户板块三大板块体系。

凤翔碧桂园

凤翔碧桂园项目位于龙山路以西、凤翔街以南，总用地面积12万平方米，总建筑面积24万平方米，预计于2021年5月全部竣工。该项目对于改善城市面貌，加快城市化进程具有积极的作用，同时可带动第三产业的发展，具有良好的经济效益和社会效益。

恒大旅游小镇

【概况】 恒大集团是世界500强企业之一，也是全国规模最大的房地产企业，为了适应房地产发展新形势，恒大集团决定在全国范围内投资建设集游乐、酒店、商业商务、高档社区及生活配套为一体的文化旅游小镇。

恒大旅游小镇效果图

2017年，经济发展区在区委、区政府的指导下，在国土、规划、住建等部门的密切配合下，经与恒大集团反复务实磋商后，恒大集团决定在经济发展区和凤凰街道的两个地块上建设总投资达50亿元的旅游小镇项目，这也是恒大集团继海南海花岛、贵州贵阳、河南开封、江苏句容、湖南长沙项目之后，正式列入投资范围的全国第6个旅游小镇项目。

【地理位置】 项目所占两个地块分别位于凤凰街道南北沟西和经济发展区九马路周边，其中，九马路片区土地面积约1311亩（不含矿坑），九马路片区四至为：东至北海路、南至十一马路、北至九马路（含八马路部分）、西至规划路，用地性质为商住及旅游用地；南北沟西片区面积约816亩，南沟西地块东至兴国路、南至双羊街、西至潍县中路、北至凤凰街,北沟西地块东至潍县中路、南至凤凰街、北至龙泉街、西至凤山路，用地性质为商住用地，一期可供地442亩。

【建设内容】 项目由恒大集团按照“绿色、生态、亲水、低碳”的理念，设立童世界、室外游乐区、酒店会议区、综合配套区及高档生活区5大板块，打造集亲子娱乐、文化沙龙、会议办公、运动休闲、酒店餐饮于一体的顶级旅游度假胜地。

其中，童世界设有童梦城堡、璀璨中华、探险南美、漫游海洋、穿越太空、神秘古国、魔幻西欧等高端、高科技游乐板块；主题酒店建筑面积2.82万平方米、会议中心可同时容纳800人举行大型会议、演艺中心有大型表演舞台1个、观众席位700多个；高档生活区集会所、多功能运动中心、健康管理中心、双语幼儿园、恒大影城、一站式商业街等多种配套为一体，打造生态宜居、宜教、宜养社区。

【项目意义】 九马路周边是经济发展区近年来规划建设的先进制造业园区，紧临以盈丰田园综合体为核心的北海路南部观光农业基地和以华安汽车文化产业园引领的潍州路商贸物流产业带，发展势头良好，“四个城市”建设工作开展以来，经济发展区计划将一园一带一基地整合为综合产业小镇，实现区域内融合发展、创新发展，加速新旧动能转换，与坊茨小镇、新方德乐堡、炭矿博物馆和盈丰田园综合体等现有旅游资源有机结合，共同形成潍坊南部旅游产业大格局。2017年，地质稳定性评估工作基本完成。

九龙涧生态康养小镇

九龙涧生态康养小镇以九龙涧森林公园为核心，打造绿色休闲公园，休闲旅游、健康养生产业，科创研发、高新技术产业等实体经济

九龙涧生态康养小镇项目效果图

和田园休闲为主的农业综合体4个板块。

潍水风筝小镇

潍水风筝小镇项目位于“现代风筝产业基地”——王家庄子社区，辖王家庄子一村、二村、三村、四村四个行政村，共1379户，4620口人。前期，已完成农转用土地调整72.7亩，建成了风筝文化馆、山东省特色旅游红色标志性大门、潍坊风筝创意创业园竹艺大门、风筝主题文化广场、鸢洲田园综合体大门、紫藤长廊、王家庄子社区服务中心，搭建了风筝销售交易平台，注册了“中国风筝产业第一村”网站。同时，先后与台湾企业联盟、两岸经营者俱乐部、北京东方园林股份有限公司进行对接，特别是北京东方园林环境股份有限公司于1992年，2009年在深圳A股上市，成为中国园林第一股，其旗下环境集团已对接、现场考察多次，并达成初步合作意向。2017年，东方园林董事会已对该项目立项确定，由该公司负责该项目规划、建设和运营。整个风筝小镇完成了初步规划，计划建设风筝创意创业园区、核心居住区、旅游开发区、滨水休闲区、现代农业区五大板块。

风筝村王家庄子鸟瞰图

卫生计生·体育

卫　生

【医药卫生体制改革】 制定改革方案。调整由区政府主要领导任组长，发改、卫计、财政、人社、编制、物价、市场监管等部门负责人为成员的坊子区公立医院改革试点工作领导小组。制定《关于进一步深化公立医院综合改革的实施意见》《潍坊市坊子区深化医药卫生体制改革领导小组关于推进分级诊疗制度建设的实施方案》《坊子区分级诊疗试点工作方案》等配套文件。成立坊子区公立医院管理委员会，按照“政事分开、管办分开、医药分开、营利性与非营利性分开”原则，负责公立医院资产管理、重大投资事项决策及财务监管等，对公立医院实行委托经营。医管会负责公立医院法人代表的聘任、解聘及年薪确定。落实公立医院独立法人地位，推荐公立医院管理体制和内部运行机制改革。

建立现代医院管理制度。制定公立医院中长期改革发展规划，与公立医院签订年度经营管理目标责任书，组织实施绩效考核，并负责监督管理。落实公立医院独立法人地位和经营管理自主权。公立医院具有人事管理权、副职推荐权、中层干部聘任权、收入分配权、年度预算执行权等自主经营管理权。院长按维护公益性的要求行使职权，确保医院严格执行国家医疗管理法律、法规、规章、制度、规范和标准，承担社会责任。印发《关于征集区属公立医院外部理事公告》，召开坊子区人民医院首届理事会第一次会议。深化人事分配制度改革。核定公立医院人员控制总量，落实公立医院备案制度。大胆使用人才，择优聘用干部，提升干部管理队伍整体素质；对合同制人员实行目标管理考核，进行理论知识和操作技能考核，不断提高非在编人员待遇。实行岗位绩效工资制度，核定工资总量。制定《坊子区公立医院绩效考核办法》，按照按劳分配和生产要素参与分配的原则，建立重实绩、重贡献，向优秀人才和关键岗位倾斜，自主灵活的工资分配激励机制，充分调动工作人员积极性。

建立公立医院财政补偿机制。纳入改革范围的城市公立医院取消药品加成（中药饮片除外），实行零差率销售。在取消城区公立医院药品加成的同时，推动医疗服务价格改革，优化医疗服务价格结构，健全医疗保障体系。公立医院实行药品零差率销售制度后，按照省、市对基层医疗机构补偿模式由原来的服务收费、药品加成收入和财政补助三个渠道转型为服务收费和财政补助两个渠道的政策要求，区财政按照相应政策要求给予及时补助，并纳入预算。医保支付方式改革。在城镇职工医保、城镇居民医保对各医疗机构均采用总额预付制度，采用这一支付方式，有效地减少医保资金的透支风险，并能够有效地降低患者住院次均费用，有效降低人民群众的就医负担。通过医院内部加强管理和医保部门定期督查，规范诊疗行为，适应医保、新农合政策新常态。建立分级诊疗制度。成立区分级诊疗工作领导小组，下发《潍坊市坊子区深化医药卫生体制改革领导小组关于推进分级诊疗制度建设的实施方案》《坊子区分级诊疗试点工作方案》等文件，明确相关部门、各级医疗机构职责定位。根据实际及全区医疗资源配置的实际情况，将分级诊疗服务体系分为街道卫生院（社区卫生服务中心）和村卫生室（社区服务站）、二级医院两个层面开展。建立相应督导考核机制，定期对相关单位、部门工作进展、成效进行督导检查，加强工作监测和研判评估，实时通报改革进展，确保各项措施有效落实。

社会办医。鼓励和支持社会资本举办各类医疗机构，社会资本可按照经营目的，自主申办营利性或非营利性医疗机构，依法登记，分类管理。将社会办医纳入医保定点范围。将符合条件的社会办医疗机构纳入医保定点范围，执行与公立医疗机构同等政策。将医疗机构所有制性质作为医保定点的前置性条件。调整和新增医疗卫生资源优先考虑社会资本，制定和调整区域卫生规划、医疗机构设置规划和其他医疗卫生资源配置规划时，给非公立医疗机构留有合理空间。需要调整和新增医疗卫生资源时，优先考虑由社会资本举办医疗机构。合理确定非公立医疗机构执业范围，确保非公立医疗机构执业范围与其具备的服务能力相适应。鼓励有条件的非公立医疗机构做大做强。鼓励社会资本举办和发展具有一定规模、有特色的医疗机构，引导有条件的医疗机构向高水平、高技术含量的大型医疗集团发展，实施品牌发展战略，树立良好的社会信誉和口碑。简化并规范社会办医的审批程序，优化服务，一个窗口对外提供优质快捷的审批服务。

【基础建设】 投入2000万元用于街道卫生院内部设施标准化改造，实现软硬件改造、质量管理、服务流程的达标升级。投入55万元建设11处农村社区卫生室，投入300万建设3处城市社区卫生服务站。

【公共卫生服务】 坊子区现辖5个街道、2个发展区，共有31个居委会、270个行政村，常住人口32.5万人。各级财政共安排基本公共卫生服务项目资金1625万元，其中省级补助693.56万元、市级补助463.58万元、区级补助467.86万元，人均50元，全部拨付到各基层医疗机构，做到专款专用、专账管理。

完善考核制度。研究修订《坊子区基本

公共卫生服务项目绩效考核指标体系》，优化绩效考核的目标任务和方式方法，简化考核流程，标化考核指标，推进绩效考核的规范化、科学化和制度化建设。创新考核方式。两次区级考核全部采取聘请第三方的方式，大大提高考核的全面性、真实性、客观性。注重考核结果运用。把项目工作绩效考核结果作为对各单位核拨项目经费与年度工作考核的重要依据。借助档案升级复核工作和家庭医生签约2.0版的开展，将基本公卫往年存在的老档、不规范档案等问题逐渐进行清理和整改，建立规范，提高标准，突出落实质量。突出狠抓日常督查落实，做到定期督导、逐个突破、强化弱点、整体推进，全面落实“培训标准—重点督导—限期整改—回头检查”督导模式，有效促进整改落实效果。

居民健康档案。制定坊子区《关于开展全区居民健康档案专业化复核升级行动的通知》，各单位将65岁以上老年人免费健康体检、慢病随访、孕产妇及儿童保健等重点人群档案的升级复核。截至2017年年底，全区共建立居民电子健康档案268455份，建档率达到82.6%，规范化建档率达到90%以上。新建档案17715份，完成升级复核档案78161份，重点人群为54086份，电子档案动态使用数为163758份，动态使用率达到61%以上。

健康教育。2017年，共印制发放健康教育手册等宣传材料19.6万份，举办健康教育讲座1134次，开展健康教育咨询110次，接受健康教育咨询12754人次，设置健康教育宣传栏并定期更换，共更换宣传栏1092次。结合世界高血压日、糖尿病日、艾滋病日、结核病日等卫生节日，开展大型宣传活动。预防接种。2017年，全区应建预防接种证5124人，实际建立预防接种证5124人，建证率100%，在全市组织的科学发展观考核中指标名列前茅。

妇儿管理。0—6岁儿童健康管理。各单位均设立儿童保健科，配备专职儿童保健人员。通过结合预防接种、幼儿园查体等方式，为辖区内0—6岁婴幼儿建立儿童保健手册和体检档案，定期进行查体。2017年，全区活产数4526人，产后访视新生儿3942人，新生儿访视率87.1%；0—6岁儿童有20329人，接受1次及以上随访的儿童数为17769人，系统管理率达到87%。各单位均设立妇女保健科，配备专职妇女保健人员，为辖区内孕产妇免费建立《母子保健手册》，对每个孕产妇进行产前指导、产后访视和产后健康检查。2017年，全区共有4478名孕产妇，其中为3923名建立《母子保健手册》，早孕建册率达87.6%以上；产前健康管理4012人，产后访视率3914人，产前访视率和产后访视率均达到85%以上。

老年人健康管理和重性精神疾病管理。2017年，全区共有老年人42841人，健康管理并查体28203名，健康管理率达到65.83%，查体表完整率达到80%以上。2017年，共发放65岁及以上老年人健康体检奖励资金127万，慢性病防治。对高血压、糖尿病等慢性病人进行重点管理，每年进行至少4次随访及1次健康查体，对血压、血糖不稳定的患者增加2

次随访。2017年，全区共有高血压患者65527人，管理23964人，管理率为36.6%，规范管理14594人，规范管理率达到60%以上，最后一季度随访控制满意11313人，控制稳定率达到47.2%；年内辖区内糖尿病患者25230人，管理8912人，管理率达到35.32%，规范管理5457人，规范管理率达到61.2%以上，最后一季度随访控制满意3736人，控制稳定率达到42%。加强专业机构对基层医疗机构精神疾病管理的业务培训，对居家的重性精神病人每年至少随访4次，并进行1次年度综合健康评估。辖区内登记在册的确诊重性精神疾病患者数1283人，重性精神疾病患者规范管理967人，最近一次随访时分类为病情稳定的患者数1276人。

省级增补项目和家庭医生签约服务。通过群众就诊、“两癌筛查”等工作做好15—49岁妇女进行健康指导，2017年，共为25909人提供保健指导，指导率为31.3%；对居民中的冠心病、脑卒中患者建立专门档案，开展健康教育、咨询服务、规范化诊疗用药指导与干预、每年进行4次随访等规范化管理，管理冠心病患者4361人，管理率为37.6%；管理脑卒中患者2956人，管理率为37.9%；积极做好残疾人康复指导，设立专门的康复训练场地和器材，现共对5706名残疾人进行家庭和社区康复训练。家庭医生签约工作逐渐由1.0版向2.0版过渡，并按照《山东省家庭医生签约服务工作指南》组建79个签约团队，印制14万份《坊子区家庭医生签约协议书》。按照《山东省贫困人口和计划生育特殊家庭医生签约服务“暖冬关爱行动”方案的通知》，对贫困人口、计生特殊家庭、残疾人等特殊人群开展签约服务。截至2017年年底，全区共完成2.0版签约服务的有99329人，其中与7873名农村建档立卡贫困人口、206个计生特殊家庭、5284名残疾人分别进行签约。

【中医药】 国医堂建设。制定《坊子区基层医疗机构中医药服务能力提升实施方案》和《坊子区基层中医药服务提升工程“十三五”行动计划》《关于印发〈坊子区基层医疗机构中医药服务全覆盖三年（2018—2020年）工作方案〉的通知》，按照文件要求加快推进街道卫生院“中医馆”和“国医堂”建设进度。至2017年底，已建成“国医堂”6处、中医馆3处。2017年，所有街道卫生院和社区卫生服务中心按照标准设置中医科、中药房，配备中医诊疗设备，积极开展中医适宜技术。全区7处街道卫生院、2处社区卫生服务中心均已达到中医馆建设标准。中医药处方数占处方总数的比例达到30%以上。组织街道卫生院参观学习先进的中医适宜技术，并针对各街道情况打造不同的中医特色服务亮点，努力推进中医服务能力建设。

中医适宜技术。加强中医药培训，通过先后组织中医医疗器械公司专家现场应用教学，组织各街道卫生院和村卫生室等基层中医专业人员到潍坊市中医院邀请专家授课通过现场教学式培训等方式，组织培训8场，参训600余人次。培训内容涉及针灸、推拿、拔罐、敷熨熏浴类技术等各种中医药适宜技术，扩大了参训人员的知识面。通过积极推进“四级帮扶”活动，鼓励基层医疗机构与上级医疗机构有计划、有步骤地建立帮扶关系，定期邀请上级医院专家到基层现场指导，针对基层医疗开展的中医业务加强帮扶，有力地促进基层中医药服务能力的提升。

中医药科普宣传和医联体建设。组织各级医疗机构印制中医药相关科普读物，进行病区赠阅和社会发放。积极实施中医药知识进农村、进社区、进家庭“三进战略”，举办“中医中药中国行”系列活动，大力宣传中医药工作，提高中医药知识普及率和社会影响力，城乡居民中医药常识知晓率达到90%以上。加强重点人群和慢病患者中医药健康管理，管理率达80%。为65岁及以上老年人提供1次中医药健康管理服务，向辖区内居住的0—36个月龄儿童的家长提供儿童中医饮食调养、起居活动指导等工作。提高居民健康档案中医体质辨识比例，辨识比达80%。7处街道卫生院与潍坊市中医院签署中医医疗集团合作协议书，市中医院将根据各卫生院的需求派出专家到街道卫生院开展对口协作，通过坐诊、查房、带教等方式，推进基层中医优势专科和临床薄弱专科建设，定期举办医疗、护理、质控、管理等多种培训会，邀请成员单位参加。在医疗集团间建立双向转诊绿色通道，形成基层首诊、急慢分治、层次转诊的分级诊疗模式。

中药饮片。利用新生儿访视、儿童预防接种、儿童体检随访、65岁以上老年人健康体检、高血压、糖尿病等重点人群的随访等机会进行中医药服务。2017年，全区0—36个月儿童共有12422人，进行中医药健康指导的有7521人，中医药健康管理服务率达到60.1%；65岁以上老年人有42841人，开展中医体质辨识服务22500人，老年人中医药健康管理服务率达到52.5%以上。

医疗卫生

【概况】 在街道卫生院和171处村卫生室推行基本药物制度。全区拥有医疗卫生机构362处，床位1773张，卫生技术人员1971人，执业（助理）医师574人。其中医院、卫生院15处（区人民医院、7处街道卫生院、7处民营），床位1495张，区人民医院、7处街道卫生院卫生技术人员1171人，7处民营卫生技术人员279人。村级设置医疗点278个，拥有乡村医生和卫生员521人。全区常规免疫应种144455人次，实种144363人次，接种率为99.94%。八苗全程、及时接种率为94.78%。

深入实施基本公共卫生服务项目，全区共建立居民健康档案26.84万份、建档率达82.6%，管理老年人2.8万人、管理高血压3.39万人、管理糖尿病0.89万人、管理重性精神病0.12万人、与11.42万城乡居民签订“家庭医生”服务合同。

做好出生缺陷综合防治，全年免费婚检842人，免费孕检2362人、孕检率131%，免费增补叶酸1197人，免费唐筛3910人，新生儿疾病筛查4371人、筛查率99.66%。

落实惠民举措，免费“两癌”筛查9684人；实施窝沟封闭学生3359名、封闭率96.55%。

【医疗质量】 完善修订坊子区医疗卫生服务体系规划（2016—2020），制定坊子区医疗机构设置规划（2016—2020年）。开展提升医疗服务质量集中行动。制定下发《潍坊市坊子区提升医疗服务质量集中行动实施方案》《全区医疗质量安全专项整顿工作方案》《全区医疗质量安全核心制度落实年活动方案》等文件。聘请专家现场指导等举措，在全区广泛开展提升医疗服务质量集中行动，全面提升医疗机构的门诊服务质量、住院服务质量和护理服务质量，进一步规范诊疗行为，控制公立医院医药费用，注重人文关怀，提升医疗安全管理，促使医疗服务水平不断提升、群众看病就医感受明显改善、社会满意度再予提高、医患关系更加和谐。为进一步加强坊子区医疗质量和医疗安全工作，加强一级及以上医疗机构急诊急救能力建设，切实加强内部管理，规范急救医疗行为，7月份对全区一级及以上8家医疗机构的急诊科和突发事件应急储备情况进行检查、通报和整改，提高应对公共卫生、自然灾害等各种突发事件应急救治能力。医疗纠纷处理。及时做好医疗纠纷的化解和处置工作。处理各种来访、投诉、公开电话34起，医疗纠纷4起，其中进行医疗事故鉴定2起。

【“平安医院”创建和毒麻药品管理】 组织人员对辖区内的二级医院，就“平安医院”创建工作不定期进行全面督导检查。对照《“平安医院”创建工作考核打分标准》规定的各项内容，分别对医院安全管理、医疗服务质量、医患关系与医疗纠纷、一票否决等方面进行细化检查。通过督导检查督促各医院对“平安医院”创建工作再回头、再动员、再查漏，进一步提高群众就医满意度。建立健全医疗纠纷应急处置机制。制定落实《全区卫生计生系统医疗纠纷应急处置方案》，成立卫计系统医疗纠纷应急处置指挥部，指挥部根据事件类别和现场需要，组成现场指挥部，酌情、及时调度全区工作资源，迅速做好应急处置工作，做到统一领导、分级负责、迅速反应、高效运转、处置有力。同时，加强医疗机构涉医案件的防控工作，全区各医疗机构人防、物防、技防设备设施达标率100%。开展2017年全区毒麻药品和精神药品培训工作，邀请市专家讲课并进行考试检测培训效果，提升全区毒麻精药品管理人员的管理水平。做好严重精神障碍患者医疗救治管理工作。创建“省级慢病示范区”。通过加强慢性病综合防控措施落实，顺利通过省级审核验收，被省卫计委命名为全省九家“山东省慢性病非传染性疾病综合防控示范区”之一。

【中小学生健康体检和儿童口腔牙齿窝沟封闭】 会同教育部门制定下发文件，召开会议安排部署工作。各体检医疗机构根据工作职责和分工，积极与各学校沟通，密切配合，形成工作合力，制定合理的体检计划，按照时间节点逐步推进。全区学生人数约31726人，受检人数31488人，体检率约99.2%。其中视力不良10256人、患病率32.57%，肥胖人数4228人、患病率13.43%，龋齿人数6841人、患病率21.73%，2017年坊子区常见病总患病率为67.73%。2017年上级要求体检率95%，体检准确率85%，2017年，常见病患病率目标值不高于68.47%。

2017年给3499名学生做窝沟封闭，共封闭牙齿11428颗，封闭率达到96.39%。

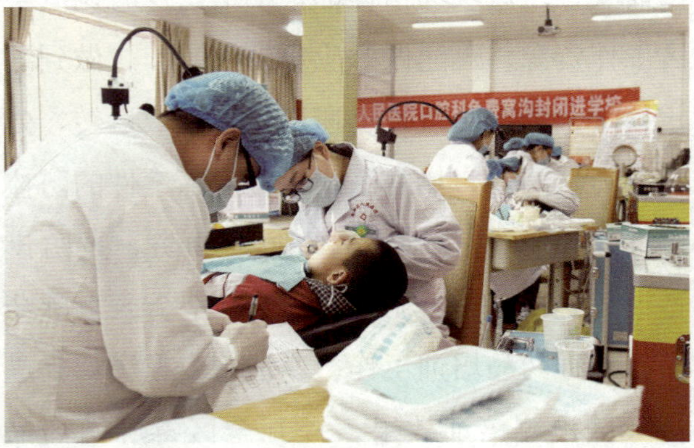

2017年4月5日，区人民医院医务人员为学生实施牙齿封闭

【卫计综合监督执法】 深入开展“卫生计生综合监督规范年”活动，持续加大日常监管和执法办案力度，先后开展打击“两非”专项治理、预防接种卫生监督专项检查、生活饮用水卫生安全、餐饮具消毒单位专项整治等行动，基本实现综合监督工作无缝隙、全覆盖。2017年，全区共立案查处非法行医及各项卫生违法行为27起，督查供水单位、学校49家，“三小”卫生场所326家，消毒产品、餐具消毒企业12家，下达限期整改意见书367份，提出监督意见724条。

各医疗卫生单位建立卫生监督协管服务相关工作制度，配备兼职人员负责卫生监督协管服务工作。2017年，各街道卫生院、社区卫生服务中心共开展饮用水卫生安全、学校安全、非法行医巡查900余次，发现并报告卫生监督协管信息线索9起，卫生监督协管信息报告率达100%。供水单位监督检查。建立信息库做好水质监测工作，对水质不合格单位提出整改意见和相应的行政处罚；组织供水单位负责人和从业人员进行法律、法规和卫生知识培训。2017年，坊子区城市集中式供水单位一家，实行卫生监督量化分级管理。发放卫生许可证农村集中式供水单位1家。出厂水每月监测一次，由原来的28项增加到39项；水源水每月监测一次，由原来的22项增加到32项。加大饮用水末梢水监测力度，坊子区城区末梢水共设监测点6个，每月监测一次。农村有证供水单位末梢水共设监测点2个，通过定期对水源水、出厂水及末梢水监测点的监测检验，及时采取有效措施，确保人民群众饮用水卫生安全。

【医疗废物的监督检查】 为迎接中央环保组督导检查，部署开展全区医疗机构的医疗废物监督检查活动。检查中共对8家医疗机构医疗废弃物处置违法行为立案查处，罚款人民币6000元。对于发现的问题，卫生监督人员及时提出限期整改意见，下达限期整改意见书160份，提出监督意见600条，并将检查结果及时通报环保行政部门。

【医疗美容服务专项整治检查】 坊子区无医疗美容机构，检查对象重点查处全区38家生活美容机构是否开展相应医疗美容项目的行为。累计出动卫生监督人员20人次，执法车辆10车次，签订拒绝非法医疗美容承诺书40余份，张贴医疗美容服务专项整治公告50余份，对生活美容机构的检查覆盖率达100%。对1家擅自开展医疗美容服务的美容店进行立案查处。

【法制医院创建】 按照市卫生计生委《2015年法治医院基本标准》《潍坊市法治医院创建工作管理规范》要求，抓好法治医院创建组织领导，将创建工作纳入公立医院综合目标考核，确保创建成效。同时，强化创建结果利用，将其与行政审批挂钩，对不符合要求的单位，不予或延期许可校验，督促其依法依规执业。

【餐饮具集中消毒单位专项整治行动】 在整个专项整治行动中，共监督检查餐饮具集中消毒单位6家，不合格原因：选址、流程布局、面积等不符合《餐饮具集中消毒单位卫生监督规范》要求，根据相关规定将监督检查结果及经群众举报不合格单位通报区市场监督管理局。在整个专项整治行动中，出动监督人员38人次，车辆10余台次。截至2017年12月，坊子区建立面积为19000平方米，投资120万元，全方位达标的一家餐具消毒合格企业（天宝餐饮具集中消毒服务中心）。对其他整改不达标的5家餐饮具集中消毒单位，于2017年4月进行关停。

【应急处置】 成立传染病防控应急工作领导小组，重点加强传染病监督应急处置队伍建设。加强制度建设。根据季节特点和传染病发病规律，完善疫情“事前、事中、事后”防控机制和处置流程。坚持关口前移，重点督促指导医疗机构落实好传染病防控六项制度，提高坊子管理和突发公共卫生事件应急处置能力。建立联防联控机制，共同做好传染病防控链条上各个环节的工作，做到疫情“早发现、早介入、早控制”，实现传染病疫情的可防可控。进一步建立健全突发公共卫生事件应急指挥综合网络系统和信息报告系统；加强疾病控制专业队伍和应急救治队伍建设。及时督促各有关单位做好各种应急物资的储备。严格落实24小时疫情值班制度，及时、有效、规范处置各类突发公共卫生事件。2017年，成功处理普利幼儿园疑似禽流感传染疾病事件。

【信息化】 制定坊子区人口健康数据中心和卫生计生信息专网建设总体规划。参照国家健康医疗信息互联互通标准化测评标准，大力推进以电子病历为核心的医院信息化建设和院内信息互联互通建设，以居民医保卡为身份标识，以家庭医生签约服务为基础，推进居民健康卡等应用集成，完善面向居民的健康管理、预约诊疗、生育证办理等功能应用，实现信息有效共享，从而提升医疗机构管理服务水平。

【宣传教育工作】 在街道卫生院设立专门宣传栏，定期更换宣传内容。设立卫生计生微信公众号，经常不断地传播人口健康知识和发布工作信息。建立《健康知识大讲堂》，举办专题讲座21场次。全区计划生育和卫生健康舆论氛围进一步优化。全年在各级各类媒体共计发稿283余篇。其中，在《中国人口报》刊发的《坊子区出生缺陷预防又添新措施》和《人口健康报》二版显著位置刊发的《坊子区基层卫生计生服务水平再提升》稿件。开展计划生育集中宣传活动。利用春节、5.29、7.11等节假日和纪念日，采取多种形式，集中营造计划生育舆论氛围。

【卫生技术人员业务培训】 认真落实年度培训计划，积极组织系统卫生技术人员，按时参加住院医师等各级各类专业培训21批次。坚持村医月培训制度，及时跟进督促指导，集中组织考试考核，有效提升村医队伍整体业务素质。重点学科建设。区人民医院心内科顺利通过市级评审，被确定为全市卫生重点学科建设项目，3月授牌，成为坊子区的拳头品牌。区人民医院孙美俄等4名人员报审的《城乡儿童口腔健康状况横断面调查及窝沟封闭项目》等4项科研课题，经市评审鉴定准予结题。继续医学教育。积极组织各级各类卫生技术人员参加深造学习，持续充电，提升技能，努力适应工作需要。通过强化继续医学教育，卫计系统共计408名技术人员通过年度继续医学教育考核。

【干部队伍、安全生产和招商引资】 加强干部队伍作风建设，以先进兄弟单位为标杆，先后组织人员赴烟台市福山区、威海市环翠区、济南市章丘区、莱芜矿业职工医院、天津北街社区卫生服务中心、北京月坛卫生服务中心等地学习先进经验，不断解放干部职工思想、转变观念，团队执行力得到全面提升。深入开展“作风建设年活动”，引导广大党员干部主动作为、主动担当、依法作为，确保各项工作走在前列。2017年，获得市级以上团体荣誉12项、个人荣誉13项，区级团体荣誉10项、个人荣誉11项。区卫计局与各医疗机构签订《安全生产目标管理责任书》，邀请专家对医疗机构安全隐患进行全面排查，全年共组织集中督查5次，查找安全隐患145处。开展环境保护大检查活动，多次组织医疗污染问题专项排查，对17家重点机构存在的问题建立清单、限期整改，并对整改情况进行督导检查，消除医疗污染隐患，保障群众就医环境。全年完成引进合同资金5000万元，实际到位资金4300万元，均超额任务指标。

2017年6月1日，区卫计局考察学习福山区基本公卫服务项目落实先进经验

2017年医疗机构一览表

单位名称	类别	床位	医生数	护士数	单位地址
坊子区人民医院	综合医院	720	254	341	坊子区龙山路3433号
坊城街道卫生院	街道卫生院	95	30	32	坊子区长宁街80号
九龙街道卫生院眉村分院	街道卫生院	40	10	10	坊子工业发展区南眉村
九龙街道卫生院	街道卫生院	80	15	9	坊子区九龙街道眉南路2686号
黄旗堡街道卫生院	街道卫生院	88	35	19	坊子区黄旗堡街道政府街13号
坊安街道卫生院	街道卫生院	60	21	12	坊子区坊安街道办事处驻地
坊城街道卫生院荆山洼分院	街道卫生院	55	20	13	坊子区潍州路十六公里西侧
坊城街道荆山社区卫生服务站	社区卫生服务站	0	2	2	荆山洼镇政府驻地
仁济医院	综合医院	50	24	20	坊子区恒信领海国际龙泉街沿街37号楼
潍坊坊子众康医院	综合医院	25	7	7	坊子区六马路
潍坊市社会福利院护理院	护理院	50	6	16	坊子区三马路115号
坊子华康中医院	综合医院	22	10	7	坊子区北海南路1030号
凤凰社区卫生服务站	社区卫生服务站	7	6	3	坊子区凤华街135号
坊子皮肤病防治站	专科医院	20	6	6	坊子区六马路27号
行政街社区卫生服务站	社区卫生服务站	5	6	7	坊子老区恒安街尚文中学东50米
三马路社区卫生服务站	社区卫生服务站	5	5	6	坊子公安街京博丽景雅园大门南侧
西华昌社区卫生服务站	社区卫生服务站	7	5	4	坊子区坊城街道西华昌南门西路北

爱国卫生运动

【巩固国家级卫生城市成果】 组织开展爱国卫生运动65周年纪念活动。3月份开展老照片和历史文献收集理工作，4月份开展第29个爱国卫生月活动。发放宣传画500余张，组织各街道及各单位积极开展环境卫生整治及除四害活动，倡导健康生活方式，进一步提高社会各界参与爱国卫生运动积极性。转发市爱卫会《全市城乡环境卫生整洁行动方案（2016—2020年）》。落实各街办、各单位工作任务，进一步改善全区城乡环境卫生面貌，建立健全长效机制。全年开展集中投药灭鼠活动2次，投放鼠药3500公斤，增加重点行业防鼠设施和餐饮店灭蝇、防蝇设施，新设灭鼠毒饵站5000个。7—9月份共组织蚊蝇集中消杀3次，各街道各单位自己购买的消杀药品1200公斤，区爱卫办发放用于公共场所的消杀药品600公斤。

【城乡环境综合整治】 结合爱国卫生活动月和城乡环卫一体化活动，区爱卫会办公室联合有关部门在4—9月份多次开展大规模的城区环境卫生综合整治活动，对城区单位、重点场所和居民小区拉网排查，对城乡主要道路两侧的违规建筑，乱贴乱画，垃圾清运，占道摊点等进行强化治理，使城乡容貌和环境卫生质量有了一个大的提高。创建卫生单位是爱国卫生运动的重要内容，是提高各级各单位职工卫生意识，减少和预防疾病传播，提高健康水平的重要手段。区爱卫办多次到有关街道、学校和单位宣传卫生创建的意义和要求，发动单位和群众积极参加创建活动，对申报的单位和村庄加强指导，发现问题按照标准及时整改。坊子区国税局被省爱卫办评为省级卫生单位。

【防治登革热等传染病】 为进一步降低登革热等传染病的流行风险，9月22日，在区政府第一会议室，召开坊子区秋季爱国卫生运动工作推进会议，对除四害消杀工作进行集中安排部署。各街道办事处、有关部门、单位分管领导参加会议。搞好环境卫生整治。区里决定，把9月份最后一周作为环境卫生周，开展一次环境卫生整治突击活动。发动全区机关、企事业单位干部职工及社区（村）居民开展群众性爱国卫生活动。重点整治背街小巷、居民区、城乡接合部、农贸市场、公厕、车站、河道沟渠等重点部位或区域的“脏、乱、差”问题整治，真正改善人居环境。搞好重点场所除四害工作。搞好全区宾馆酒店、餐饮服务、食品生产经营单位、集贸市场、建筑工地的“除四害”工作，确保重点行业、重点单位和重点场所达标。搞好集中消杀。全区秋季“除四害”活动的统一投药日为9月26日—28日。化学防治中切实做到“四个统一”“四个不漏”：即统一时间、统一行动、统一药饵、统一方法，街道不漏单位和社区、单位和社区不漏居民户、居民户不漏房间、室外不漏空地，确保活动顺利开展取得实效。

（王德明）

疾病防控

【免疫规划】 坊子区常规免疫应种144455人次，实种144363人次，接种率为99.94%，24—36月龄儿童免疫规划疫苗“八苗”17剂次全程及时接种率为94.78%，国家免疫规划疫苗相应传染病得到有效控制。大力推进数字化预防接种门诊建设，将辖区4处门诊建设成数字化预防接种门诊，数字化门诊覆盖率达71%。统一预防接种门诊疫苗接种公示、国家免疫规划疫苗免疫程序、预防接种工作流程、预防接种规章制度门牌、腰线等标识系统。开展坊子区首届“妈妈课堂”演讲比赛，全面推广“妈妈课

2017年4月7日，在区级第二会议室召开创建省级慢性病综合防控示范区启动大会

2017年10月11日，区疾控中心应急防护队开展应急演练

堂”。科普视频《我要开证明》，入围全国妈妈课堂科普视频初赛。

【重点传染病和地方病】 及时处理传染病预警信息109条、严防H7N9流感疫情，共采集样本41份，采集手足口病样本58份，狂犬病暴露处置3066人，布病咨询检测68人，开展急性期病例的布鲁氏菌血培养，并报送2株疑似菌株样本，公共场所从业人员HIV筛查2967人，艾滋病重点场所高危干预372家次，随访肺结核病人836人次，新涂阳结核病患者治愈率保持在85%以上。加强传染病信息报告管理，全年无甲类传染病及重大疫情报告。

开展碘缺乏病监测项目。分别在5个街道，200名非寄宿学生及100名孕妇家中，采集300份食用盐样本，碘含量≥5mg的碘盐291份，碘含量在18—33mg的合格碘盐291份，碘盐覆盖率为97%，碘盐食用率97%，碘盐合格率为100%。开展饮用水水碘和氟中毒调查。摸底调查共涉及20个城区居委会和282个村共计30余万人，采集水样36份。

【慢病防控】 以省级慢性病综合防控示范区创建为依托，积极开展各项创建工作。全区共创建“健康社区（村）”100个，占全区社区（村）总数的34.16%；“健康单位”43家，占全区单位总数的34.4%；“健康餐厅（食堂）”18家，占全区餐厅（食堂）总数的34.56%；“健康学校”16家，占全区中小学校总数的34.78%；开展健康家庭创建活动的社区（村）188个，占全区社区（村）总数的66.9%。建成健康主题公园及健康步道1处，将广场路打造成健康一条街，设置自助式健康检测点105处，自助式健康检测点社区覆盖率达34.16%。开展“三减四健”专项行动。全区食品相关行业低盐膳食知识培训率达70%以上，医务人员低盐膳食干预知识与技能培训率达78%以上，31.5%以上居民家庭能够正确使用控盐、控油工具。大力推行全民健身。全区实现社区健身15分钟可达，居民经常参加体育锻炼的人口比例达46%，落实工间操制度的单位共104家，覆盖率达83.2%，中小学生每天锻炼1小时的比例达100%。积极开展慢性病防治全民健康教育活动。《潍坊晚报凤凰社区报》开设《疾控之窗》专栏，区电视台设置《X诊所》《千金妙方》专栏，开展慢性病防治和健康教育宣传讲座，坊茨小镇重点打造健康教育宣传基地，每个社区都设有健康教育宣传阵地，通过多种渠道向居民普及慢性病防控知识。全区居民重点慢性病核心知识知晓率达65.3%，居民健康素养水平达到22.3%。建立分级诊疗制度，加强慢性病规范化管理。建立完善基层首诊、双向转诊、上下联动的分级诊疗制度，慢性病防控网络和机制日益完善，全区共管理高血压患者14173人，规范管理率、血压控制率分别达到61.8%和76.6%；管理糖尿病患者5432人，规范管理率、血糖控制率分别达到62.24%和71.39%。2017年12月成功通过省级验收。

【疾病监测服务】 扎实做好饮用水卫生监测工作，全年共采集水样103份，累计检测项目1104项。积极开展2017年国家级饮用水枯水期及丰水期的卫生监测项目，圆满完成辖区17个监测点的采样任务。免费开展公共场所卫生监测工作，全年监测公共场所52家，监测点244个，公共用品检测288份，均按时出具检测报告。开展健康查体工作，公共场所从业人员健康查体11897人。

（梅圆春）

妇幼保健

【组织领导】 建立卫计、财政、妇联等多部门协调工作机制，在工作中发挥积极的联动效应。区卫计局设置重大公卫妇幼项目领导小组及项目办公室，负责全面协调督导项目的实施，定期组织对助产机构及街道卫生院项目落实情况进行督查，发现问题以督导单形式下发基层，限期整改，保证项目运行质量。制定重大公卫妇幼项目等工作制度，以及质量控制方案和评估标准，定期开展质量评估活动。严格执行项目信息管理工作制度，资料档案化管理，存档材料齐全，能够及时、完整、准确地上报信息。

【宣传发动】 充分利用坊子区电视台、坊子区政府网站等新闻媒体，制作宣传专题，播放宣传公益广告，对重大公共卫生服务妇幼项目的相关政策、健康教育知识等内容进行大力宣传。制作下发增补叶酸、“两癌”筛查、艾滋病梅毒乙肝母婴阻断、出生缺陷预防等宣传材料20000余份。充分发挥街道卫生院、乡村医生的前沿作用，分片包干入户宣传发动，将各种宣传材料送到每个家庭。

【农村孕产妇补助】 2017年，全区农村孕产妇住院分娩补助3256人，发放补助金162.8万元，农村孕产妇住院分娩率达到100%。全年免费叶酸补服1197人，目标人群叶酸服用率95%。努力提高农村妇女两癌筛查落实率。2017年，完成“两癌”筛查9684人，目标任务完成率100%，早诊率100%。其中宫颈癌项目：ASC-US149人、ASC-H3人、LSIL38人、

HSIL13人、AGC61人、不典型颈管腺细胞倾向瘤变3人，滴虫性阴道炎70人、外阴阴道假丝酵母菌病533人、细菌性阴道炎459人、黏液脓性宫颈炎5人、阴道镜检查43人、组织病理检查11人、检出CIN1 4人、CIN2和CIN3 6人；乳腺癌项目：B超2级899人，3级104人，4级6人。2017年度内未检查出乳腺癌及宫颈癌病例。

【艾滋病、乙肝、梅毒母婴传播阻断项目】 按照《预防艾滋病、梅毒和乙肝母婴传播工作实施方案》要求，区内助产机构每月将孕产妇艾滋病、梅毒和产妇乙肝表面抗原检测数据及阳性个案上报区妇保中心，区妇保中心汇总后上报并录入艾滋病、梅毒和产妇乙肝母婴传播管理信息系统。试剂领取建立项目明细账登记，登记清晰明了。2017年，坊子区助产机构住院分娩活产数3927人，产妇数3817人，HIV检测3817人，HIV检测率100%，其中孕期检测3817人，检测率100%，阳性孕产妇0人；梅毒检测3817人，梅毒检测100%，其中孕期检测3817人，检测率100%，梅毒感染4人，感染率0.1%；乙肝表面抗原阳性产妇数91人，感染率2.4%，注射乙肝免疫球蛋白91人，注射率100%。

【出生缺陷干预】 通过民政部门、街道和社区居委会对免费婚检孕检目标人群进行全面摸底，并做好宣传和动员工作。2017年，全区免费婚孕检4714人次，目标人群覆盖率达到131%。2017年，全区免费产前血清学筛查3636例，无创基因检测506例，羊水穿刺确诊66例，检出21-三体综合征及其他染色体异常17例，均及时终止妊娠，有效控制出生缺陷的发生。2017年，新生儿四病筛查4371人、筛查率99.7%。启动新生儿筛查报销系统，全年新生儿四病筛查报销4523人，发放补助金67.85万元。

潍坊市坊子区红十字会

【概况】 发扬人道、博爱、奉献的红十字精神，以保护人的生命和健康，促进人类和平进步事业为宗旨，认真履行工作职责，积极推进各项工作的开展。加强红十字会基层组织建设。引导广大职工加入红十字会组织，对新老会员进行重新登记；大力开展备灾救灾和救护培训工作。各会员单位组建红十字应急救援队，开展应急救护和防病知识的宣传、普及、培训，提高队员和群众在意外伤害、自然灾害中的应急救护能力；坊子区人民医院代表队在2017年在全市应急救护技能比赛中又分别获得团体一等奖和个人第一、四、五名的优异成绩。

【无偿献血和遗体、器官捐献工作】 充分利用“5.8”红十字日宣传活动，认真做好无偿献血和捐献遗体、器官、造血干细胞的宣传动员工作。先后为20余名志愿捐献遗体、器官的热心人士做咨询解答，有3位社会人士自愿签订捐献遗体、器官志愿书。2017年，组织开展爱心应急血库启动工作，先后组织2次无偿献血集体活动，共有200多人参与活动，其中无偿献血131人，采集血液3.65万毫升，超额完成全年的无偿献血任务。

【社会贫困对象医疗救助活动】 先后为5名先天性心脏病、白血病患儿家庭做政策咨询帮助，推荐贫困白内障光明救助对象，并按时为符合疾病应急救助条件的申报救助基金。按照上级红十字会要求开展其他社会救助等活动，先后走访10名造血干细胞捐献者，捐献遗体、器官家属，为他们发放慰问物品和冬季保暖衣物，并进行物品登记。

人口计生

【概况】 全年出生人口5990人，出生率18.50‰；死亡人口1926人，死亡率5.95‰，人口自然增长率12.55‰，合法生育率97.7%，生育登记率92.9；性别比为103.5。

新增农村计划生育家庭奖励扶助562人、累计3157人，新增特别扶助25人、累计192人；乡村医生符合生活补助发放条件578人；募集人口关爱基金75200元。

【计生协会工作】 开展家庭健康素养促进活动，邀请医疗机构专家为育龄妇女进行“三免”服务及优生优育健康知识专题讲座；与潍坊北海双语学校联合开展青春健康教育进校园活动，采取发放青春健康宣传资料、展板展示、现场咨询答疑等方式，对在校学生传授青春健康知识，倡导健康文明生活；开展流动人口健康服务年活动，面向流动人口进行健康咨询服务；为有效预防和控制慢性病的发生，倡导全民健康生活方式，组织育龄群众和流动人口开展“健骨操”培训推广活动，促进群众良好运动习惯的养成，增强维护自身健康的能力；按照流动人口健康家庭的10条评价标准，选树培育15个流动人口健康家庭，促进流动人口树立健康向上的生活理念，养成良好的生活卫生习惯，提高流动人口家庭发展能力。开展助学扶困关爱活动。募集人口关爱基金75200元，帮助计生困难家庭大学生顺利入学，共资助7名贫困家庭大学生；募集人口关爱基金8165元，走访慰问扶助计生贫困家庭，取得良好社会效果。做好保障困难计生家庭、化解计生家庭风险工作。共为7871个计生家庭和个人办理意外伤害保险和母婴安康保险，办理保险理赔139例，理赔金额22万元。

【计划生育服务管理】 完成计生管理任务目标。由于实行普遍生育两孩政策，全区出生人口总量和出生率大幅回升，全区报告出生人口5213人，出生人口性别比103.2，人口出生率、自然增长率、孕情上报及时率、生育登记率等均完成上级下达的任务目标。严格落实计生奖励扶助政策。认真做好计生奖扶特扶工作，落实城镇其它居民独生子女奖励扶助政策。2017年，新增计生农村奖扶562人，退出44人，累计享受3157人；城镇奖扶198人，新增计生特扶25人，退出2人，累计享受192人；并对全区144户特殊家庭建立完善基本信息档案、建立落实联系人制度、开通计划生育特殊家庭就医“绿色通道”等工作。清理核查漏管已婚育龄妇女；加强出生人口性别比综合治理。组织对计生服务机构、卫生医疗机构接生、流引产、B超执机、药具和孕检等有关情况进行专项调查，并进行通报。做好专项调查工作。完成2017年全国生育状况抽样调查和中国计划生育家庭追踪调查相关工作。严格计生政策把关。共对545个单位（个人）进行计生政策把关，坚决落实“一票否决”制度，村（社区）两委候选人计生把关“不得”和“不宜”人员共3335人。做好流动人口基本公共卫生计生均等化服务工作。截至2017年年底，全区共有全员流动人口7296人，其中流入3180人，流出4062人。

【医养结合】 坊子区辖5个街道，2个发展区，总人口32.6万人，其中60岁以上老年人5.38万人。养老机构12个，管理服务人员227人，床位1430张。其中，大型养老机构1处，为潍坊市社会福利院，其余为街道敬老院。按照国务院及省市人民政府关于加快推进医养结合的指示精神，制定《坊子区创建医养结合示范区工作方案》。区政府转发区卫计局等11个部门《关于加快推进医养结合工作的实施意见》，按照意见，大力推进医养结合工作：建立健全医疗卫生机构与养老机构合作机制，支持养老机构开展医疗服务，鼓励基层医疗卫生机构开展养老服务，加强基层医疗卫生养老服务能力建设，鼓励社会力量兴办医养结合机构，进一步发挥中医药在健康养老中的作用，加快发展中医药健康养老产业，推进“互联网＋”智慧健康养老产业发展，推进旅游和医疗保健养生养老服务相结合。

创新医养结合服务模式。依托社区卫生服务机构基层优势，建立以家庭医生为主的“点对点”健康服务体系。家庭医生服务团队主动深入社区和家庭，对社区老年人实施分级分类健康管理。建立以“医联体”为专业技术支撑的“个性化”健康服务体系。各社区卫生服务中心分别与上级医院建立合作关系，把综合医疗专家和中医康复专家纳入家庭医生服务团队，开展“个性化”签约服务。坊子区医疗卫生和养老服务结合开展的形式主要有两种，一是养老机构开展医疗卫生服务，如潍坊市社会福利院设置护理院；二是医疗卫生机构开展养老服务，如仁济医院开展的住院养老和居家养老服务，以及其他街道（发展区）卫生院开展的居家养老服务，居家养老的对象是城镇退休人员，实行定期签约上门服务。

丰富医养结合服务内涵。为强化养老机构中集居老人的健康保障，区属各社区卫生服务中心与辖区养老机构建立固定服务关系，定期主动上门对养老机构开展1次健康教育讲座，对老年人进行常规健康体检，并指导康复治疗。与养老机构建立24小时服务热线，对常见病、多发病随时进行上门诊疗。接收老人住院治疗和康复，根据康复情况及时转回养老机构。老人享受慢病选择性药物免费治疗等卫生惠民政策。2017年，为65岁以上老年人查体2.6万人，管理率达66%。

加强养老机构建设。推进项目建设方面。一是潍坊市社会福利院护理院（属养老机构内设医疗卫生机构，养老证和医疗许可证双证齐全）、仁济医院（属医疗卫生机构开展养老服务）、凤凰社区日间照料中心均已正常运营；二是东华护理院项目。该项目位于坊子区境内潍州路以西、防汛路以南，建设面积2.7万平方米，总投资6650万元，共设置400张养老床位。

（王德明）

体育

【概况】 坊子区体育局大力开展以FBA联赛、乒乓球联赛为代表的群众性体育活动，2017年组织承办大型群体活动24项，参与人数达20多万人次；积极承办全国、省、市级比赛，积累办赛经验，锻炼队伍，对外宣传坊子；坊子区新建农村体育设施38处，实现全区社区体育设施全覆盖。

【群众体育】 举办坊子区三大联赛。FBA、乒乓球俱乐部联赛和中国象棋联赛并称为坊子区三大联赛。FBA是“山东省县级特色体育项目”，2017年举办的第十二届FBA联赛，通过创新联赛机制，全面放开俱乐部注册办法，吸引全市的高水平球员报名参赛，大大提高FBA联赛的专业性和观赏性。2017赛季共注册俱乐部15个，注册球员282名，联赛自6月初开始至8月底结束，历时三个月时间，利用每周一、周二、周三、周五、周六晚上，在凤凰健身广场灯光篮球场举行。一个赛季多达十几万人次的观看记录，已成为潍坊乃至全省体育界家喻户晓的品牌赛事，深受社会各界的关注与期待。坊子区乒乓球俱乐部联赛于11月4日，在银河体育训练中心开赛，共注册俱乐部11个，注册球员近百名，赛期2个月。中国象棋俱乐部联赛共7个俱乐部的60多名运动员注册参加，赛期1个半月。

举办坊子区第七届全民健身运动会。全民健身运动会于3月至10月举办，赛期贯穿全年，设成年组篮球、乒乓球、中国象棋、拔河、健步行、登山、台球、门球、体育舞蹈、健身表演等10项比赛，共有1600余人参加。加强健身健康宣传，先后到九龙街道、凤凰街道、经济发展区、工业发展区开展国民体质监测，服务群众1000余人次。

【竞技体育】 2017年，坊子区共有5名运动员参加第十三届全国运动会的比赛，获1银1铜。其中，谭光增获得第十三届全国运动会获男子重剑团体第二名，嵇克军获得第十三届全国运动会男子200米双人皮艇第三名，实现坊子区运动员参加全运会成绩的突破。2017年，坊子区参加潍坊市锦标赛武术套路、举重、拳击、网球、足球、赛艇、击剑、跆拳道、游泳等9个项目的比赛，获得25枚金牌、25枚银牌、15枚铜牌。全年共向市级运动队输送运动员27名。

【体育赛事】 承办多项全国、省、市级体育比赛。2017年5月，“银河体育杯”全国高中篮球邀请赛在坊子区举行，来自全国12个省市的14支代表队参加比赛。山东省篮球管理中心纪民尚副主任出席并为比赛开球；7月、8月，陆续承办2017年山东省“中国体育彩票杯”大中小学生体育联赛篮球比赛、“中国体育彩票杯”2017年潍坊市篮球锦标赛、“中国体育彩票杯”2017年潍坊市中小学生体育联赛羽毛球比赛。通过成功举办全国、省、市级比赛，即对外宣传坊子的风土人情和文化底蕴，同时又推动坊子区群众体育特别是篮球运动的发展，积累承办各级赛事的办赛经验。

举办坊子区中小学生体育联赛。与坊子区教育局共同组织主办的“中国体育彩票杯”2017年坊子区中小学生体育联赛足球、篮球、排球、乒乓球比赛，历时一个月的精心组织，四大项比赛于2017年6月3日圆满结束。共有23所中小学的86支代表队参赛，比赛总参赛人数达到1076人次。10月，与教育局、财政局共同组织举办2017年坊子区中小学生体育联赛田径比赛，本次联赛共有坊子区42所中小学的42支代表队近700名运动员参赛。通过中小学生体育联赛的开展，极大的促进各学校体育运动的开展。

【体育设施建设维护】 2017年，积极与上级体育部门协调争取近30万元的体育器材，为8个省定贫困村安装体育设施安装；争取50多万元的健身器材，配发至30个村居。2017年，共完成新建体育设施38处，其中包括农民健身工程30处，省定贫困村8处。争取省体彩公益金20万元，建设打造石埠体育广场，建设项目包括篮球、羽毛球、乒乓球、健身路径以及跑道等场地及设施建设。为居民的健身活动提供方便。

2017年，凤凰健身广场、白沙河广场等体育器械每周巡查2次，全年全区设施巡查4遍，发现问题及时解决维修，共维修设施16件套。

（麻国威）

社会民生

居民生活

【居民收入】 2017年，全区居民人均可支配收入达到25470元，比上年增长9.1%。其中，城镇居民人均可支配收入34180元，增长8.0%；农村居民人均可支配收入17178元，增长8.8%。城乡居民收入差距持续缩小。

劳动就业

【就业创业培训】 围绕“就业与创业能力五年规划”和教育部门实施的“素质技能培训计划”，开展就业技能培训、岗位技能提升和转岗培训以及创业培训，提升农村劳动者、失业人员的就业创业能力。围绕产业需求调整专业设置，建立人力资源供求对接机制，培养社会发展急需的各类技能型人才和农村实用人才。采取全日制半日制相结合、节假日、夏季晚间授课等灵活多样的形式进行培训。全年举办职业培训班90期，培训3813人（其中，培训农村劳动力3383人，取得双证比例100%；创业培训6期，培训430人）。

2017年6月，“青桐杯”大学生创新创业大赛暨坊子区新型农民创业大赛五位特聘导师与主办方代表合影

【就业政策落实】 积极落实优惠政策，稳定就业岗位缓解就业压力，为企业提供精准服务降低企业用工成本，对招用就业困难人员的用人单位在一定期限内给予社会保险补贴和岗位补贴。通过新闻媒体、微信、网站、召开企业补贴会议等宣传方式大力宣传补贴政策，对企业按季度进行补贴。截至2017年年底，坊子区就业困难人员已认定317人，对企业进行社保补贴262人，社保补贴金额157.7万元、岗位补贴金额231.7万元。组织举办“化解过剩产能职工安置专场招聘洽谈会”，为化解过剩产能分流安置职工、区内失业人员、农村富余劳动力、困难职工家庭高校毕业生及其他各类求

职人员搭建就业平台，提供信息发布、职业指导、就失业登记等高效精准服务。58家企业提供2116个岗位，化解产能过剩职工420人及500多名求职者进场应聘，达成意向372人。在山东交通职业学院举办人才招聘进高校招聘洽谈会，为高校毕业生搭建就业平台。加强校企合作，组织区内多家优秀企业赴武汉大学、四川大学等高校招聘，达成就业意向200余人。

【就业困难人员就业】 引导各类企业增强社会责任感，积极安置就业困难人员就业；加大政府帮扶力度，积极开发环保、绿化、保安、保洁便民服务等社区公益性岗位，全年安置“4050”大龄失业人员、零就业家庭人员等困难群体就业317人。加强精细化服务，在区政务大厅中设有专门为就业困难人员综合服务的窗口，针对就业困难人员需求集中开展上门服务和“一对一”精细化服务，针对就业困难群体，全年对189人进行认定并实现安置就业，缓解坊子区就业困难人员再就业的问题。

【劳动监察仲裁】 落实重大事件监控措施，强化重大事件和重要情况报告制度，完善“日监控、月汇集、季研判”舆情分析研判制度、工资支付预警机制和重大劳动保障违法案件应急处理机制建设，确保侵害用人单位或劳动者合法权益的严重违法行为得到及时纠正和处理。通过“互联网+劳动监察”“互联网+劳动仲裁”等信息化设施，对拖欠农民工工资的违法行为早发现、早介入，及时查处、快速有效处理。密切配合其他职能部门妥善处理涉及劳动保障的信访问题，切实解决群众合理诉求。对存在违法劳动保障行为苗头性的企业，发出监察建议书，并与企业负责人约谈，全年发出监察建议书10份，约谈企业6家，向当地维稳部门报送工资支付舆情预警动态4起，有效预防大规模拖欠工资事件的发生。建立劳动争议处理“绿色通道”，注重做好劳动用工管理和监督检查工作，强化劳动保障监察执法。积极推进基层劳动保障监察中队实体化和调解组织建设进程，确保企业用工违法行为得到有效遏制和及时快捷处理，预防和减少劳动争议。全年受理仲裁案件305件，涉案人数313人，涉案金额1909万元，其中为农民工追讨工资268万元，结案率100%。开展各项执法活动，维护农民工合法权益。年内先后开展“农民工工资支付专项检查”“用人单位遵守劳动用工和社会保险专项检查”“落实防暑降温费发放”“劳务派遣用工”等各类专项检查活动，结合劳动保障一体执法、劳动保障年审、举报投诉案件等，全方位开展企业欠薪预防监控工作，加大对欠薪企业的监管和查处力度。年内书面审查用人单位606家，日常巡查402家，检查用人单位400家，下达责令改正通知书12份，共查处违法案件45起，按期结案率100%。严厉打击恶意欠薪行为，全年受理举报投诉案件337起，为劳动者追发工资87.8万元。

社会保障

【社保扩面征缴】 多措并举，强抓扩面征缴，制定完善各项社会保险扩面考核办法，完任务、促扩面，形成全员参与责任共担机制。同时把全民参保登记与扩面征缴紧密联系起来，促进各类用人单位和符合参保条件的人员长期持续参保，确保社会保险扩面征缴工作顺利完成。截至2017年12月，全区参保单位已达1037家，各项社会保险参保人员达31万，基本实现全覆盖，收缴社会保险费15.74亿元。

【社保待遇落实】 进一步健全养老金社会化发放长效机制，落实养老金计发办法，做好退休职工养老金及相关待遇调整计发工作。加大养老金领取资格认证力度，强化稽查和管理，确保基金安全。依据政策规定，做好职工慢性病办理，利用商业保险机构优势，提高大病保险水平。加强对定点医疗机构的管理，严格医疗费审核发放。全年累计支付各项社会保险待遇15.61亿元。

【被征地农民养老保险】 本着“先易后难，试点先行，积极稳妥”的工作思路，根据工作实际，按照要求，列出计划，逐步完成2011年《山东省土地征收管理办法》实施以来坊子区涉及的被征地农民参加居民基本养老保险工作。2011年1月1日—2017年年底，坊子区共征地162块，8499.72亩，涉及65个村居、保险金额10368.84万元。截至到2017年12月，全区共完成12个地块的落实，另有7个地块方案已经制定并审核通过，正在申请拨付资金。

【职工大病保险】 建立并实施全省统一的职工大病保险制度，实行全省统筹、统一筹资标准、统一支付政策、统一经办流程，由商业保险机构负责承办。保障对象为参加职工基本医疗保险并按规定享受医疗待遇的职工和退休人员。职工大病保险资金原则上从职工基本医疗保险基金中划拨，2017年按照每人每年20元标准进行筹集。待遇补偿标准为：2017年，起付标准为2万元，起付标准以上的部分（含2万元），给予60%的补偿，一个医疗年度最高补偿20万元。坊子区共享受待遇人次15人次，补助33万元。

【精准扶贫】 开展居民医保对口精准扶贫工作，查找调取贫困人员数据信息，进行系统比对登记，建档立卡精准扶贫。全年享受政策的贫困户为3185户，5786人，建档立卡贫困人口全部纳入居民基本医疗保险保障范围，由政府按一档标准给予补助。按潍坊市要求对精准扶贫人员在居民医保政策上予以倾斜，居民大病保险待遇政策中，建档立卡贫困人员大病保险起付标准减半，医疗费用每段补偿比例提高5%，年度大病保险报销最高支付限额提高到50万元。

【定点医疗机构管理】 坊子区共有13家医院

全部纳入基本医疗定点医疗机构，其中2017年新增一家定点医院。基本医疗保险对定点医疗机构实行协议管理。

【社保基金征收及监管】 严格执行社保基金财务管理制度，将所有社保基金纳入社保基金财政专户，实行收支两条线管理，确保专款专用。构建完善内控、互控、监控三位一体的控制体系，开展基金管理内部监督检查和社保待遇支付稽核，提高内控执行力和内控质量。建立保险基金监测和预警机制，对社保基金运行状况进行科学分析和评估。

【社会保险公共服务“三化”建设】 根据全市社会保险“三化”建设的总体目标要求，坊子区全年投资20余万元，建成区一级全城覆盖、标准统一、城乡统筹、技术先进、高效安全的社会保险公共服务智能化服务体系。

（王晓全）

民　政

【概况】 2017年，坊子区民政局深入贯彻落实十八大精神，坚持“民政为民、民政爱民”工作理念，以人民满意为目标，大力开拓创新，着力突破发展，全力持续推动全区民政事业持续健康发展。年内，坊子区民政局婚姻登记处被潍坊市妇女“双学双比”“巾帼建功”活动领导小组、潍坊市妇女联合会评为“潍坊市巾帼建功先进集体”；被中共潍坊市坊子区委、潍坊市坊子区人民政府记“潍坊市坊子区党的十九大安保维稳工作集体三等功”；被潍坊市坊子区爱国卫生运动委员会办公室、潍坊市坊子区疾病预防控制中心评为“健康单位”。

【村民自治】 区委、区政府于2017年12月8日启动村（社区）“两委”换届选举工作，按照要求制定详细的《村民委员会换届选举工作规程》《城市社区居民委员会换届选举工作规程》《换届选举政策问答》等相关规范性材料，并指导街道（发展区）对村情进行精准研判，达到“一村一策”，确保2018年1月底完成换届选举工作任务。加强村务公开民主管理工作，对全区302个村（居）务公开栏进行督查，指导街道（发展区）更换、更新村（居）务公开栏37处，规范村（居）务公开内容139份。

【民主协商】 为深化“由民作主”理念，加快推进基层民主协商工作，组织社区工作人员走出去，参观学习先进地区的工作经验，先后到奎文、青岛崂山等地学习120多人次，并以区委办公室、区政府办公室文件下发《关于进一步深化“由民作主”理念，快推进城乡社区协商工作的实施意见》（坊办发〔2017〕31号），明确协商内容，确定协商主体，分层次建立协商制度，拓展协商形式，规范协商程序，健全完善各项管理制度，并在全区建立凤凰社区、行政街社区、穆村社区、王松社区、安泰社区、涌泉社区、马司社区等7个城乡社区示范点，进一步推动城乡社区协商制度化、规范化和程序化进程。

【农村社区】 按照《坊子区农村社区服务中心建设三年行动方案》要求，配合区住建局对14个农村社区（凤凰街道郭家社区，坊城街道房仕社区、泉河社区、西城社区，坊安街道王松社区、汶河社区、南流社区，九龙街道丁村社区、杨庄社区，黄旗堡街道西门口社区、车埠社区，经济发展区石沟河社区、张柳社区，工业发展区中心社区）进行改造提升，投资300多万元，全部达到“一厅一校十室”的建设标准。同时在辛东社区、马司社区、房仕社区进行农村社区“四社联动”试点，取得显著效果。

【城市社区】 在城市社区全面推行“四社联动”工作机制，印发《潍坊市坊子区“四社联动”系列制度》（坊社区办〔2017〕6号），指导街道、社区加强社区办公服务用房提升，鼓励社区工作者积极参与社工资格考试，加快培育发展社区社会组织和开展社区志愿服务。全区拥有专业持证社工65人，备案社区社会组织167家，在线注册社区志愿者37799人，占居民总数12.7%以上。2人荣获“齐鲁和谐使者”称号，3人荣获“潍坊和谐使者”。同时加强对社区“两委”成员的业务培训。2017年2月14日—16日，配合区委组织部，在潍坊市警官培训基地举办全区城市社区“两委”成员培训班，共培训人员152人。

【城乡低保工作】 2017年，坊子区采取“三榜公示”申报审批机制，全区每个村（居）设1处低保公示栏，对低保对象的姓名、住址、保障人口数，每月低保数额等内容进行长期公示，接受群众监督。每月对新增低保户进行家庭经济状况核对，每年对所有低保对象核对一次，对有疑似信息的低保家庭进行入户核查，不符合条件的坚决清退。自2017年7月份开始，农村低保和五保资金通过财政一本通系统发放。2017年12月1日起，城市低保标准由每人每月520元提高至530元，农村低保标准由每人每年3900元提高至4300元。截至2017年12月，坊子区共有城市低保对象850户、1706人，农村低保对象3574户、6589人，共发放低保资金3056.4万元。

【五保供养】 2017年，共争取上级敬老院改造提升补助资金60万元，重点改造提升4处敬老院。敬老院改造提升实行每月一调度和不定期抽查相结合的方式进行监管。坊城街道敬老院重点改造自动喷淋系统和室内消防栓；工业发展区敬老院重点改造自动喷淋系统、供暖锅炉和安装净水器；坊安街道敬老院和经济区敬老院重点改造供暖锅炉。通过更新改造后，能全面改善集中供养五保老人的生活居住条件，提高老人的生活质量。从2017年12月1起，农村特困人员集中供养标准由目前的每人每年不低于6100元提高到不低于6200元，分散供养标准每人每年4500元。

【医疗救助】 2017年5月，开通“一站式”医疗救助系统，签约医院12家。2017年，城乡医疗救助共救助12572人次，发放救助金486.8万元。

【救灾救济】 2017年，坊子区自然灾害在春夏季主要表现为旱、火、风灾，受旱损失面积3.56万亩，火灾0.008万亩，风灾0.1万亩；秋季主要表现为风、涝灾，风灾0.08万亩，涝灾0.13万亩。由于防灾意识较强、灾情等级较低、救灾措施较好，未发生重大隐患和险情。

坊子区存在的地质灾害隐患主要包括矿坑边缘崩（滑）塌、地面塌陷等。矿坑边缘崩（滑）塌分布区域为坊子城南工矿区、工业发展区膨润土矿区、坊子南部石灰岩矿区；地面塌陷与地下采矿采空区分布密切相关，主要分布在坊子老城区南部边缘。2017年，坊子区继续加大废弃矿区治理力度和地质灾害防范措施，虽然出现较大的降雨量，但持续强降雨少，未发生地质灾害。

2017年，修订完善《坊子区自然灾害救助应急预案》（坊政办发〔2017〕34号），形成包括灾害应急指挥、救灾物资储备、救灾队伍建设、救灾应急预案、救灾装备投入、社工、志愿者队伍、应急避难场所建设等以预防为主的自然灾害救助管理体系。

区级依托潍坊市救灾物资储备库，与佳乐家超市、风筝面粉厂、新方矿泉水等三家企业签订物资储备协议，救灾物资储备总价值120多万元。同时，在九龙街道穆村社区、凤凰街道双羊社区、坊城街道五马路社区配备帐篷、雨衣、棉被、棉大衣、折叠床、应急照明灯等部分救灾应急物资。

2017年，通过市民政局培训灾害信息员150多人，全区灾害信息员培训已全面完成。在普及灾害信息管理知识，防灾减灾宣传教育方面有了强力支撑，做到基层灾害信息有人管理、有人统计、有人报送，发挥基层灾害信息员在处置重特大自然灾害过程中的重要作用。

2017年，组织开展“5.12”防灾减灾宣传教育活动，共向全区50余家企事业单位发放防震减灾工作手册笔记本、宣传海报、安全科普知识读本等1000余册，向居民发放《社区居民防灾减灾避险常识100条》3000份，张贴宣传海报500张，发放民生保险宣传彩页20000多份。

区民政局高度重视综合减灾示范社区创建工作，2017年度凤凰街道凤凰社区、坊城街道鲁能足校社区被评为省级综合减灾示范社区，坊城街道行政街社区被评为市级综合减灾示范社区。

2017年，继续组织实施民生综合保险，民生综合保险保障范围不仅涵盖暴风、暴雨、雷击、暴雪等14项自然灾害导致的人身伤亡和房屋损失，而且对于居民居家期间的火灾、爆炸、空中坠物、煤气中毒、氯气中毒、溺水等意外事故也进行救助保障。2017年1月—12月符合承保条件立案233起，已结案225起，赔款共计1423616.95元（财产损失案件215起，赔款536142.00元。人员伤亡案件10起，赔款

887474.95元）。

【优抚工作】 坊子区共有抚恤定补优抚对象2949人，其中在乡复员退伍军人197人；残疾军人169人，“三属”12人，带病回乡退伍军人244人，参战参核人员149人，60周岁老兵2141人，烈士子女37人。

做好各项优抚政策落实。按照国家和省、市各级优抚政策、法规要求，认真落实各项优抚政策，2017年，对全区残疾军人、“三属”抚恤金，在乡老复员退伍军人的定补金，带病回乡退伍军人、参战参核人员生活补助金，60周岁退役老兵，烈士子女都按照国家的标准及时足额发放，2017年，共发放抚恤定补金13029042.94元；与此同时，按照上级文件要求，对全区抚恤定补优抚对象抚恤定补金，都及时按新标准进行提高和及时补发。

做好抚恤定补优抚对象医疗保障制度建设。按照全市抚恤定补优抚对象医疗保障工作会议精神和《潍坊市抚恤定补优抚医疗保障实施办法》要求，结合坊子区工作实际，拟定审批出台下发《坊子区抚恤定补优抚医疗保障实施办法》。具体保障办法是：1—6级残疾军人全部纳入城镇职工基本医疗保险，并同步参加大额医疗费用补助；7—10级残疾军人、“三属”、老复退军人、参战人员参加居民基本医疗保险；2017年，共为70人/次重点优抚对象补助住院费30.7万余元。

及时发放义务兵家庭优待金。2017年，按照城乡一体、同役同筹的原则，坊子区义务兵家庭优待金标准为15782元/年/人，在西藏等国家规定的天气恶劣地区服役的义务兵给予优待金双倍发放。

2017年6月16日，李平副市长到坊子区督查退役士兵权益保障和政策落实工作专班情况

【安置工作】 发放自主就业退役士兵一次性补助金。按照服役年限和每服役一年补助4500元的标准，为坊子区接收的2016年冬季143名自主就业退役士兵，发放一次性经济补助金312.53万元。

认真做好2016年冬季退役士兵和2017年春季转业士官的接收工作。共接收退役士兵150人，其中需政府安置工作的转业士官7人，根据《中华人民共和国兵役法》和《退役士兵安置条例》规定，于2017年11月经考试考核，其中3人安置到事业单位，4人安置到国有企业。并及时为他们办理退役登记、落户和档案审核工作。

完成2017年度退役士兵技能培训工作。根据市民政局统一安排和退役士兵个人需求在潍坊市商业技术学院进行2017年度退役士兵技能培训，分别选择电子商务、物流管理、电脑美术、驾驶等学习项目，共有37名退役士兵参加培训，培训合格率100%，并颁发结业证书。通过培训，提高退役士兵就业能力，为自主就业退役士兵就业奠定基础。

【双拥工作】 赠送立功受奖现役官兵家庭慰问金。为坊子区30名荣立个人三等功、65名荣获优秀士兵（官）的现役官兵家庭发放喜报，赠送慰问金共6.25万元。

慰问小组到潍坊市荣复军人医院看望慰问4名荣誉军人；到各街道看望慰问9名三级以上伤残军人（1000元/人）和1名烈士遗属（3000元/人），并为每人分别送上大米、挂面、牛奶等慰问品；重点走访慰问67名特困优抚对象、为每户分别送上1000元现金及慰问品；为70名困难优抚对象分别送上600元现金及慰问品；为782名重点优抚对象每人发放60斤面粉，折合资金约8.25万元。分别为退休士官（1000元/人）和退休无军籍职工共11人（600元/人）；为困难退役士兵每人送去1000元及慰问品；各街道、社区工作人员主动上门为广大优抚对象送慰问信、送春联、送喜报、挂光荣牌，并广泛开展单位帮扶、结对帮扶等多种形式的帮扶活动，使优抚对象深刻感受到党和政府的关心和温暖。

坊子区广泛开展科技拥军、文化拥军、法律拥军和行业拥军活动，积极为驻地官兵创造良好的工作和生活条件。区领导带队分别走访慰问驻潍驻坊13个部队，并送去价值约7.8万元的慰问品。军地双方领导欢聚一堂，互致新春美好祝愿，共商“双拥”发展大计，共话“双拥”共建成果，共叙军民鱼水深情，进一步巩固“同呼吸、共命运、心连心”的军政、军民关系。

【养老服务】 2017年，全区新增养老床位280张，其中护理型养老床位150张。东华护理院项目主体已完工，设置床位150张。坊城街道老年福利服务中心项目正在改造，占地面积7254平方米，建筑面积2700平方米，设置床位100张。按照城乡社区日间照料中心建设三年行动方案，有序开展工作，新建10处城市社区老年人日间照料中心，实现城乡社区日间照料中心全覆盖。全区养老院服务质量建设专项行动工作持续推进，4处养老院依法关停，7处养老院整改提升，全区养老院服务质量明显提升。

【福利事业】 截至2017年年底，享受困难生活补贴残疾人1840人，每人每月发放补贴85元，享受护理补贴的残疾人3336人，每人每月发放补贴80元，共发放资金482.89元。继续做好孤儿、事实无人抚养儿童及困境儿童工作，及时足额社会化发放基本生活费。孤儿和事实无人抚养儿童21人，发放孤儿基本生活费20.64万元；困境儿童14人，发放资金0.97万元。继续落实生活长期不能自理经济困难老年人护理补贴制度、城市特困人员救助供养制度及80周岁以上低保老年人高龄津贴制度。失能老年人36人，发放护理补贴2.96万元；城市特困人员

16人，发放补贴15.9万元；80周岁以上低保老年人539人，发放高龄津贴75.58万元。

【社会组织管理】 社会组织登记和备案管理 稳步推进社会组织登记管理工作，重点培育、优先发展行业协会商会类、科技类、公益慈善类、城乡社区服务类社会组织。逐步推进城乡社区社会组织登记备案双轨制，对在城乡社区开展便民服务、养老照护等活动的社区社会组织，采取降低准入门槛的办法，支持鼓励发展。对达不到登记条件的社区社会组织，按照不同规模、业务范围、成员构成和服务对象，由街道（工业园区）实施管理，在社区备案。2017年，直接登记社会组织2家。截至2017年底，全区共登记社会组织124家，民办非企业单位83家，社会团体41家。备案社区社会组织167家。

社会组织年检 采取网上申报和实地抽查年检相结合的方式，注重服务与监管相结合，2017年3月1日—5月31日共年检社会组织118家，年检率达95%。

社会组织党建 按照"一方隶属、多重管理、全程作用"模式，凡有3名以上正式党员的社会组织，单独成立党支部，2名党员的由业务主管单位选派1名党建指导员组建党支部，1名党员的采取挂靠、联建等方式组建党支部。结合社会组织登记、检查、评估以及日常监管等工作，督促推动社会组织及时成立党组织和开展党的工作。2017年，全区124家社会组织，单独建立党组织54家，挂靠（联合）组建党组织13家，其他无党员的社会组织由社会组织党委兜底管理。除坊子区基督教三自爱国运动委员会外，实现党的组织覆盖率和工作覆盖率均达到100%。

建立社会组织综合服务平台 2017年，坊子区社会组织综合服务平台建成。位于坊子区坊城街道七马路居委会办公楼，面积300多平方米，入驻包括区社会组织培育中心、区慈善总会、区志愿者协会、区12349服务平台、区法律援助中心等社会组织5家。

【婚姻登记】 严格按照《中华人民共和国婚姻法》《婚姻登记工作规范》等法律法规，做好全区婚姻登记工作。2017年，共办理结婚登记2374对，离婚登记822对，补发结婚登记证1244对，补发离婚登记证105对。

【收养登记】 严格按照《中华人民共和国收养法》等法律法规，做好全区收养登记工作。2017年共办理收养登记15例。

【殡葬管理】 做好公益性公墓、灵堂建设及免除基本殡葬费用和服务工作。2017年，新建完成投入使用村级公益性公墓一处，改造扩建公益性骨灰灵堂已完成投入使用两处。协助市殡仪馆、区财政局搞好免除基本殡葬费用申请表材料的审核、汇总、上报等其它工作。2017年，死亡2192人，减免基本殡葬服务费170万元、2192人、火化2192具、火化率达到100%。

建立完善红白理事会组织，制定红白理事

会章程。坚持政府主导和群众自治相结合的原则，在全区所有村（居）区分不同情况，采取村两委班子兼任、党员群众推选等形式，积极稳妥的建立健全红白理事会组织，为村民办理红白公事提供全过程、一条龙服务，帮助村民喜事新办、丧事简办，破除大操大办、相互攀比、铺张浪费的陋习。2017年，全区302个村（居）都建立组织规范、运转有效的红白理事会。符合当地风土人情、尊重社情民意的基础上，健全红白理事会工作机制，科学合理地制定完善红白理事会章程，章程要公开上墙，将移风易俗纳入村规民约，制定移风易俗工作检查内容及评分标准。

加快推进移风易俗工作，强化提升基层服务。2017年6月底对全区移风易俗工作基层干部进行培训，各街道（发展区）分管领导、民政主任和全区302个村（居）的支部书记、村（居）红白理事会会长共计470人参加移风易俗工作基层干部培训班。充分利用红白理事会和村两委职能在村民红白事宜中发挥作用，简化程序流程，降低消费标准，深受群众好评。

加强移风易俗宣传，强化监督落实责任。政府出资4万元，为全区302个村（居）印制红白理事会明白卡11.5万份，发放到各街道（发展区）村（居）、每户一张明白卡，各街道（发展区）到各村（居）制作移风易俗文化墙和移风易俗宣传标语3500副，其他宣传单、明白纸50000份，村（居）利用村大喇叭，一早一晚、反复宣传；文明办与民政局联合城里检查工作组，有党组成员带队、分成四个工作组，先后多次分别到各街道（发展区）进行督导检查，每次到街道（发展区）抽查不少于8村（居）每个村不少于10户，共计抽查67个村526户、923人次。2017年组织3次明察暗访，共抽查138个村，1906户，3345人次。

【流浪乞讨人员救助】 做好流浪乞讨人员救助管理工作，定期对主要街道、广场、超市、路桥涵洞、市场等地进行巡查。全年救助流浪乞讨人员33人，通过护送、接回及安置等方式帮助18人返家，全年共拨付救助资金3739.06元。坊子区流浪乞讨人员救助工作连续两年在全市五区内列第一。

【留守儿童保护】 2017年，全区未成年人（留守儿童）关爱保护信息管理平台中共有4名留守儿童，为做好农村留守儿童关爱保护工作，出台关于转发《潍坊市农村留守儿童“合力监护、相伴成长”关爱保护专项行动工作方案》的通知（坊民字〔2017〕33号），建立健全政府领导、民政牵头，教育、公安、卫计等部门和妇联、工会、共青团等群团组织参加的农村留守儿童关爱保护工作领导机制，在全区7个街道和292个村分别确定8名专业干事和292名儿童福利督导员。

（董路宁）

【煤矿离退休职工服务】 2017年，潍坊市坊子区煤矿离退休人员管理服务中心（以下简称“区退管中心”）实施“四化管理”制度，优化再造流程，细化目标任务，实现档案管理规范化、抚恤认证人性化、医保服务制度化、养老待遇常态化。

严格规范社保资金管理，2017年，区退管中心审核办理98名原坊子煤矿离退休职工丧葬抚恤补助手续，申请发放丧葬抚恤补助540多万元。2017年，为52名符合供养条件的职工遗属办理抚恤手续；探索异地抚恤认证，2017年10月—11月，对15名异地居住抚恤人员进行异地抚恤认证；落实抚恤和精减下放人员政策待遇，累计发放抚恤金240多万元；为原坊子煤矿在职退休和工伤人员发放定额补贴600多万元；为原坊子煤矿老工伤（职业病）人员报销住院费40人次、3.8万元。2017年，为原坊子煤矿符合条件的独生子女退休职工发放独生子女一次性养老补助160多万元。2017年，到山东省社保局为原坊子煤矿离休干部争取待遇差220多万元，“七•一”前夕，组织原坊子煤矿离退休干部免费健康查体，春节期间对原坊子煤矿离休干部和部分退休县级干部走访慰问。

开展温暖民心下基层活动，“七•一”前夕，组织原坊子煤矿离休干部免费健康查体，春节期间走访慰问原坊子煤矿离退休干部及包村联系点贫困家庭150多人次，走访慰问物资折合人民币4万多元。2017年，组织党员进社区，与10户困难群众结成帮扶对子，开展扶贫帮困活动。

2017年5月31日、7月24日—26日，区退管中心分别到泰安市新汶矿业集团和大连市中山区考察学习先进经验和做法，实施寻标对标提

“作风建设年”评议活动

标行动。2017年12月25日，聘请10名原坊子煤矿离退休职工代表为“作风建设监督员”，组织开展“作风建设年”评议活动，征求工作意见建议9条。

2017年11月，建成离退休职工书画室；12月25日，区退管中心举办首届“不忘初心、牢记使命”“五莲原浆杯”离退休职工书画展，历时15天，共展出书画作品40余幅。

（崔佳彬）

老龄工作

【概况】 2017年以来，在区委、区政府的正确领导和市老龄委的具体指导下，坊子区老龄工作不断创新工作思路、拓宽服务领域、完善推进机制，取得新突破和新发展。

【社会养老保障体系】 一是制定《坊子区2017年全区老龄工作要点》。对全区各成员单位2017年年的老龄工作进行强调部署。二是全面做好高龄补贴发放工作。为全区829名90周岁以上的老年人发放高龄补贴，共计545520元，

为10名百岁老人发放长寿津贴金66000元。

【银龄安康工程】 一是6月16日召开全区老龄工作暨银龄安康工作会议。会议对2017年年的银龄安康工程工作进行安排部署，并针对银龄安康工程的新增内容进行详细讲解，发放银龄安康工程明白纸10000余份。二是2017年10月，“银龄安康工程”被坊子区纳入科学发展观考核指标，分值为10分，同时，2017年区财政又出资55万元为全区60周岁以上的老年人补贴银龄安康保险，这是区政府连续第四年为全区60周岁以上的老年人进行补贴。三是开展“银龄安康工程”宣传月活动。区老龄办全体人员到每个街道（发展区）进行宣传，了解存在的困难问题，并答疑解惑，发放《致广大老年朋友的一封信》。四是坊子区2017年再次被评为全市银龄安康工程先进单位，10人荣获全市银龄安康工程先进个人。

【“敬老月”宣传慰问活动】 首先开展“老年法”宣传日一条街活动。积极组织工作人员在辖区主要交通干道悬挂宣传红幅，成立宣传小组，在集市、社区老年群众集中的地方发放《山东省老年人权益保障条例》和《潍坊市老年人防诈骗手册》等资料、通过推送“敬老月”公众号等方式，在全区大范围内营造关爱老年人的和谐氛围。其次走访慰问7处街道敬老院和社会福利院，区领导分别带队走访全区的百岁老人和140户困难老人，详细了解老人的饮食起居和身体情况，送去慰问品和慰问金，并代表区委、区政府向老人们致以节日的祝贺和亲切的问候。

【老年文体活动】 为庆祝“老年节”，各单位、街道（发展区）在辖区内开展专场文艺汇演等文体活动，活动围绕“党的十九大胜利召开”，歌唱祖国，观众达到8000人次。同时在潍坊市人民广场举办“喜庆十九大老年文艺汇演”专场，为全市老年人带来一场视觉上的盛宴，展现坊子区老年人的精神风貌，丰富老年人的精神文化生活，让广大老年人沉浸在这具有浓厚文化气息、充满银龄活力的节日里。

【评选活动】 通过各部门、企事业单位、各街道（发展区）积极推荐模范人物事迹，经过层层选拔，评选出“敬老爱老助老模范人物”40名，“模范老人”20名，“十大孝星”10名。进行通报表彰，并发放荣誉证书。同时坊子区王兴江被评为全市十大孝星，另有4人被评为全市敬老爱老助老模范人物、4人被评为全市模范老人。

【老龄信息宣传工作】 截至2017年，共往各级报纸、期刊杂志、网站、广播电视台投稿102篇，其中省级采用45篇，市级采用92篇，《今日坊子》采用10篇，坊子电视台播出新闻3次，为推动老龄工作开展营造良好的舆论环境。

【其它各项工作】 一是迎接省老龄办领导一行对坊子区人民法院申报第三批“山东省老年

人公益维权服务示范站”进行检查验收，并最终通过验收成功申报。二是迎接市老龄办领导来坊子区评选“山东省银龄之家”，现场检查坊城街道行政街社区和凤凰街道双羊社区，并在会议室进行详细座谈，最终凤凰街道双羊社区被评为“山东省银龄之家”。三是坊子区有5个街道的5个村（居）被评为全市城乡社区老年协会示范点，并荣获示范点创建牌。四是报送第六届山东省老年书法美术大赛和第四届山东省老年主题摄影大赛作品12幅，其中4幅获省优秀奖；撰写山东省第六届老年健康与长寿理论研讨会论文《自然生态环境在山东省长寿之乡形成中的作用研究》。五是截至2017年，潍坊市银龄家庭传媒大学学员共报名15702名，获得市级优秀学员称号的学员有10名，获得省级优秀绘画作品奖的学员有1名。2017年，邀请专业舞蹈老师现场组织授课1次，评选出的优秀舞蹈学员代表坊子区参加市级文化会演活动。学员报送书画作品共计60幅。

（葛　燕）

民族宗教

【概况】 召开全区统战暨宗教工作会议，传达学习全市统战部长会议及全市宗教工作会议精神，就坊子区贯彻落实情况作安排部署。扎实开展“宗教政策法规学习月”活动，广泛宣传各级宗教工作会议精神，在全社会形成共同做好宗教工作的良好氛围。对全区14处宗教活动场所就汛期安全、消防安全、饮食管理等方面进行安全检查。全面掌握辖区内清真食品生产企业情况，建立完善清真食品管理工作台账，切实尊重少数民族群众风俗习惯，维护其合法权益。围绕民族团结共建，着力突出社区服务少数民族流动人口特色，积极争取上级创建资金7.9万元，在中粮肉食和恒信社区创建少数民族流动人口服务管理体系。省民委及市民宗局领导先后多次带队到中粮肉食、恒信社区观摩学习，并给予充分肯定。

2017年，坊子区民族宗教事务局（简称民宗局）在区委、区政府的正确领导和上级民族宗教部门的业务指导下，紧紧围绕全区改革发展大局，创新思路，转变方式，坚持以抓管理、促服务为主线，依法履行工作职责，全面完成各项任务目标，维护全区民族宗教领域和谐稳定。着力构建“大民宗”格局，形成“党委政府统一领导、领导小组协调指挥、相关部门齐抓共管、社会各界广泛参与”的民族宗教工作机制。切实发挥三级网络的监管作用，及时梳理、排查、了解和掌握民族宗教领域相关情况，做好民族宗教场所的安全和稳定工作，落实“五防”要求。认真贯彻落实党的十九大会议精神，抓好《宗教事务条例》的宣传贯彻，积极防范、抵御和打击非法宗教活动，维护全区和谐稳定发展大局。

【民族工作】 扎实开展民族团结宣传教育，围绕“正确认识形势、反对民族分裂、维护民族团结、共建美好家园”主题，通过进学校、进社区、进企业活动及悬挂横幅张贴标语等形式，广泛深入地开展第十七个民族团结进步宣传月活动，牢固树立“民族团结一家亲”理念。切实加强民族团结进步创建工作，经济发展区马司社区、凤凰街道沟西小学、山东新和盛食品有限公司被评为全市民族团结进步创建示范单位。积极做好少数民族流动人口服务管理工作，围绕民族团结共建，突出社区服务特色，积极争取上级资金，在中粮肉食和恒信社区创建少数民族流动人口服务管理体系，打造凤凰街道恒信社区少数民族服务示范点，为周边定居于此的少数民族家庭和中粮禽业有限公司的少数民族外来务工人员提供便捷服务，省民委、市民宗局都给予充分肯定和好评。进一步加强辖区内清真食品监管，认真开展清真食品安全检查，全面掌握清真食品生产企业情况，着力解决清真食品领域存在的“清真”概念泛化等方面的问题。对清真拉面馆进行排查、统计和调研，尊重少数民族群众风俗习惯，维护其合法权益，配合上级单位按时发放穆斯林牛羊肉价格一次性补贴。

【宗教工作】 深入学习党的十九大会议精神，认真贯彻落实各级宗教工作会议精神，强化对《宗教事务条例》的宣传贯彻，扎实开展“宗教政策法规学习月”活动，组织村（居）、社区负责人和科级干部进行宗教法规政策培训学习，不断提升宗教领域行政管理能力。加强宗教团体自身建设，提高宗教事务管理水平，通过政策法规进宗教场所活动，对宗教团体及宗教场所负责人进行政策理论培训200余人次。扎实做好宗教场所安全管理工作，对14处宗教活动场所就汛期安全、消防安全、饮食管理等方面进行安全检查。开展《关于进一步制止和处理佛道教寺观乱建大型露天宗教造像的专项治理》活动及民间信仰情况的收集调查工作，及时对辖区内涉宗教类建筑进行跟踪掌控。

（耿乃志）

高新园区·街道（发展区）

高新园区（凤凰街道）

【概况】 山东潍坊凤凰山高新技术产业园位于潍坊市市区东南部，即胶济铁路以南、潍胶路以北、虞河以东、潍安路以西，西临奎文区二十里堡街道，与凤凰街道办事处合署办公，规划面积27平方公里，是坊子区政治、经济、文化中心。辖区交通便利，四通八达，距潍坊港50公里，距民航机场和火车站也仅3公里，胶济铁路横跨东西，北海路、央赣路、潍安路纵贯南北，北连济青高速公路，南接潍莱高路公路，与309国道、206国道相邻。现辖东白羊埠、西白羊埠、韩尔庄李家、韩尔庄王家、葛家、响河子、邓家、小吴家、赵家、南沟西、北沟西、郭家、南范、大营子、前营、河西营、辛冬一村、辛冬二村、辛冬三村、辛王家、辛李家、河南头、董家庄子等23个村居及凤凰社区、龙泉社区、双羊社区、学园社区、凤翔社区、恒信社区、虞舜社区、龙山社区、崇文社区、新怡园社区等10个城市社区，人口8.8万人，耕地面积592公顷。2017年，街道规模以上工业企业实现工业总产值161.4亿元，同比增长17.49%，实现地方财政收入1.869亿元，同比增长18.17%。被确认为潍坊市理论大众化示范点、潍坊市政治关爱之家、潍坊市学习型党组织建设示范点。

环境优美的凤凰街道

【机构设置】 潍坊凤凰山高新技术产业园管理委员会与潍坊市坊子区凤凰街道办事处合署办公，实行一套工作机构、两块牌子的体制。潍坊凤凰山高新技术产业园管理委员会下设一办六处，即党政办、农村工作管理处、招商处、经济发展处、规划建设管理处、财政处、社会保障处。产业园管委会核定编制78名（行政编制30名、事业编制48名），其中党政办公室行政编制30名、经济发展处事业编制4名、招商处事业编制4名、农村工作管理处事业编制9名、社会保障处事业编制12名、规划建设管理处事业编制13名、财政处事业编制6名。

凤凰街道办事处下设行政机构4个，分别为党政办公室、经济发展办公室、社会事务办公室（挂计划生育办公室、社会治安综合治理办公室牌子）、规划建设办公室；事业机构5个，分别为农业综合服务中心、财政经管统计服务中心、计划生育服务中心、社会保障和文化体育管理服务中心、安全生产监督管理所。凤凰街道核定编制79名（行政编制40名、事业编制39名），其中农业综合服务中心编制8名，财政经管统计服务中心编制7名，计划生育服务中心编制11名，社会保障和文化体育管理服务中心编制7名，安全生产监督管理所编制6名。

【经济发展】 高端工业产业发展。扶持壮大高端装备制造、电子信息两大产业集群和造纸包装、食品加工两大优势产业，以“项目建设年”为抓手，服务好恒安智能一体化项目等总投资139.11亿元的30个重点项目建设，雷沃智能农业装备产业聚集区、帅克机器人减速器产业基地等2个项目列入山东省新旧动能转换重大工程实施系列。大力扶持骨干企业发展，扶持壮大雷沃重工股份有限公司、山东共达电声股份有限公司、山东恒安纸业有限公司、山东帅克机械制造股份有限公司等骨干企业，雷沃重工股份有限公司位居中国500最具价值品牌74位，荣获2017年“中国品牌年度大奖”；恒

山东共达电声股份有限公司生产车间

安集团有限公司位列中国品牌价值500强第114位；潍坊新视听电子科技有限公司的农业装备智能控制系统核心零部件产业化项目入围国家工业强基工程；山东帅克机械制造股份有限公司列入全省首批中小企业“隐形冠军”企业，智能化自走式插秧机获得“市长杯”工业设计大赛一等奖；山东共达电声股份有限公司入围2017年省级两化融合重点企业培育名单。

智能产业园区建设。银澎云计算和浪潮云计算合作，建成潍坊市云计算中心。机器人行业龙头新松公司落户，规划建设机器人产业“一平台四基地”。引进航创无人机项目，与北京航空航天大学合作，打造辐射山东乃至全国的无人机研发生产基地。规划建设智能装备产业园，总投资15亿元的5大科技创新平台、国家级风洞实验室和7个项目签约落户并全面开工建设，实现当年拆迁、当年招商、当年建园。荣泰感应科技公司与豪迈集团开展战略性合作，规划建设豪迈研究院及高端装备制造区。山东测绘地理信息产业园获批省级“地理信息小镇”。

现代服务业发展。围绕“一街一路”，大力发展楼宇经济、总部经济，引进泰华城、人保财险、煎饼投资管理、图谱医疗技术、人寿财险、海尔海创汇、中逸信诚等20家服务业项目，尤其是利用产业园孵化器对外招商，先后引进多家企业总部入驻，成为坊子第一家税收过亿元的大楼。

企业创新能力提升。与国内30多家高校、科研院所和3名院士、60名博士建立长期合作关系，并引进、培育优质市级以上各类企业技术中心、工程技术研发中心、工程实验室达53家。

【社会事业】 实施农村文体活动场所建设提升工程，新建提升5个村居文化广场。实施城宇楼宇亮化工程，组织开展群众文化活动50余场次，举办首届“凤凰田园小镇杯”半程马拉松比赛，挖掘出李文忠等凤凰名人名事，《凤凰社区报》连续刊发至90期。完成区直幼儿园建设，协调加快新四中、区委党校建设进度，并投入30万元，着力改善凤凰小学、实验学校等学校的教育教学环境。深化“平安坊子”建设，投资50万元，安装监控40余台，设立指挥中心，保证重点领域、重点部位监控全覆盖。开展安全生产、环境保护问题专项整治行动，完成106家禁养区养殖场关闭及涨沔河、虞河段2处河道清理工作，取缔小散乱污企业4家及10吨以下燃煤锅炉31家，清理散煤点4处，推广使用型煤2300吨、购买节能炉具550台。

【基础设施】 加快推进棚户区改造，仅用5个半月时间扎实完成营子、沟西、郭家3大片区，大营子、河西营、前营、南沟西、北沟西、董家庄子、郭家、南范8个村居，4450户、11291人的拆迁改造任务，累计腾空土地4300余亩，并且四大安置区全部启动建设，争取让老百姓早日住上安居楼、幸福楼。承接区城市管理部分职能，实行数字化城市管理模式，搭建城市管理数字化平台。推进总投资1187万元，涉及3900户、35个小区的老旧小区改造工程，完成欧美佳苑西规划路、龙泉街新建、崇文街新建、凤山路南延等道路工程，开发水榭春天、茉莉公馆、恒信理想小镇等14处重点房地产项目，进一步提升城区发展档次。

（刘　娜）

坊城街道

【概况】 坊城街道位于坊子区西南部，东与坊子区坊安街道毗连，西邻昌乐县营丘街道，南与安丘市新安街道接壤，北邻奎文区经济发展区和坊子区凤凰街道。街道现辖才子官庄村、东房仕村、西房仕村、东刘家埠村、大园村、裴家河村、霸王泉村、石泉子村、范家沟村、仕子口村、高村、泉河头村、下寨村、河湾村、东辛家村、前张路院村、后张路院村、东王家村、西王家村、夹河套村、蒋家一村、蒋家二村、陈家庙子村、嵇家村、丰铁家村、侯家村、英庄村、唐家村、高家村、冷泉河村、土楼子村、解家村、前埠头村、后埠头村、石河园村、徐家大路村、莲花池村、王裴家村、前宁家沟村、后宁家沟村、中宁家沟村41个行政村和一马路社区、五马路社区、六马路社区、七马路社区、行政街社区、富民街社区、鲁能社区、西岭社区、西华昌社区、五一社区10个城市社区，辖区总面积65.67平方公里，城乡居民20702户，总人口7.5万人，耕地面积1757.9公顷。2017年，街道完成地区生产总值53.6亿元，比上年增长8.1%；实现地方财政收入10998万元，比上年增长20.5%；实现工业销售收入41.04亿元、利税3.5亿元，分别增长7.9%和12.9%；第三产业增加值达到23.9亿元，增长9.1%。街道先后被评为“山东省特色产业镇”“潍坊市森林城镇”“潍坊市关心下一代工作先进集体”“潍坊市思想政治工作示范点”。

【机构设置】 坊城街道办事处内设党政办公室、经济发展办公室、社会事务办公室、社会治安综合治理办公室、规划建设办公室、安全生产和环境保护办公室等6个党政工作机构，设有社会保障服务中心、农业综合服务中心、财政经管统计服务中心、文化体育广播服务中心、计划生育服务站等5个事业站所，共有在职在编工作人员111人，其中行政编制45人，事业编制66人。

【经济发展】 招商引资实现新进步。坚持把招商引资作为优化产业结构、转型发展的重要抓手，充分发挥区位和资源优势，创新招商举措，突破招商瓶颈，大力实施园区招商、产业招商、以商引商，年内新引进健乐宝医疗器械、威马机械等外资项目16个，协议引资总额12.8亿元，积极培育新的经济增长点，为“活力城市”建设注入创新活力。

产业园区规划建设实现新跨越。投资1950万元，完成永宁路排污管道铺设、青年路南延和翠坊街西段修建3项工程，进一步增强机械装备制造园产业承载和聚集能力，共落户先进制造业项目28个，总投资27.65亿元，远东传动轴等19个项目已投产，新联恒食品科技等9个项目正在建设，形成具有一定影响力的装备制造产业基地。积极响应国家军民融合战略和“四个城市”建设要求，新规划总面积4平方公里的潍坊市军民融合智能装备产业园，组织完成一期项目区内5家企业、410户农户的拆迁清障，引进建设纳米自修复防腐新材料、激光快反镜、新型低能耗环保新材料、山东省数字化绿色铸造技术创新服务平台等4个项目，总投资14亿元。其中激光快反镜、自修复防腐新材料、新型低能耗环保新材料3个项目分别与中科院、北京信息科技大学、东华大学等高等科研院所进行合作，建立“快速反射控制技术联合实验室镜”“自修复材料联合实验室”“新材料联合实验室”等3个联合实验室，引进魏延鹏等3名中科院百人计划人才在内的80多位博士以上的科技型人才，实现产学研一体化发展。

重点项目建设实现新进展。以“一带、两镇、四园”（潍州路商贸物流带、坊茨小镇、泰华•澳莱小镇、炭矿遗址文化园、机械装备制造园、潍坊市军民融合智能装备产业园、现代农业示范园）为载体，以开展“项目建设年”活动为抓手，实施精准服务，倒排工期、挂图作战，全力加快重点项目建设，建鑫机械等12个先进制造业项目、诺吉雅力智能仓储等9个现代服务业项目、桃花源农场等5个生态农业项目顺利推进。辖区内共发展起各类企业977家，其中8人以上生产经营企业269家，“四上”企业61家，纳税过百万元的企业达到21家，过千万元的企业3家。2017年，街道规模以上工业企业实现主营业务收入27.6亿元，利润1.54亿元，利税2.37亿元，同比分别增长21.2%、7.5%和14.6%。

【社会事业】 棚户区改造顺利推进。街村干部充分发扬攻无不克、战无不胜的亮剑精神，全力以赴推进棚户区改造工作，顺利完成高家、夹河套、西王等3个村和耐火材料厂片区房屋征迁，共拆除房屋1524处，腾空土地1568亩。其中，高家村顺利完成406户房屋拆除，

高家村棚改村民喜迁新居

安置区一期12栋安置楼全面竣工交付使用，成为全区年内首个回迁安置的棚改村；夹河套村提前4天完成159户房屋拆迁任务；西王村顺利完成658户房屋拆除任务，实现“一个月清零”任务目标；耐火材料厂片区顺利完成301户住宅和企业征迁，为规划建设新能源汽车产业园创造条件。棚改工作期间，涌现出棚改娘子军、父子兵、夫妻档、姊妹花、青年突击队等一批先进典型，形成攻无不克、战无不胜的坊城棚改精神，打造出一支“困难面前有我们、我们面前无困难”的棚改强军。

【基础设施】 交通条件持续改善。街道辖区内206国道、北海路、凤山路纵贯南北，潍胶路、八马路（南外环）横贯东西，潍莱高速公路从境内起点，街道办事处附近设有潍坊长途汽车南站，2路、22路、58路、72路、85路公交车穿行境内，交通便利、区位优越。2017年，顺利完成土地清障106亩，拆除房屋棚厦78间，移除树木9600棵，清运垃圾6200方，顺利完成翠坊西街修建、青年路南延、防汛路东段整修、永宁路排污管道铺设、宁家街北段整修、连村路硬化、凤山路拓宽改造、八马路改建、坊北街改造提升等9项道路建设重点工程全部竣工通车。

公共服务设施建设步伐加快。投资500万元，新建成交付使用前宁小学2300平方米欧式教学楼1座，进一步改善教育教学环境，促进“大班额”问题解决。投资650万元，新建3700平方米老年福利服务中心，为解决当今社

新建五一社区服务中心

会养老问题提供良好的物质载体，推动传统的家庭式养老向社会式养老转变，促进社会福利事业发展。投资200余万元，新建1130平方米五一社区服务中心，设置高标准综合服务大厅、图书室、文体活动室、日间照料中心等12个服务站所，进一步提升公共服务水平，满足社区居民多元化服务需求。

文化惠民工程深入实施。坚持高标准规划设计，按照功能齐全、设施完善的标准，投资395万元，新建成莲花池、前宁等20个高标准农村综合文化广场，总面积3.3万平方米，为农民群众开展休闲健身、文化娱乐活动提供良好场所。加强公共文化服务体系建设，新组建前宁明艳舞蹈队等文艺队伍6支，辖区民间文艺队伍发展到49支，队员600余人。挖掘街道文化底蕴丰厚的潜力，先后组织举办迎新春联欢晚会、第八届民俗文艺汇演、文明之夏文艺晚会、干部职工运动会等群众性文体活动34场次。

城乡环卫一体化深入推进。改革农村环卫一体化管理体制，落实管理责任，加强环卫保洁。积极开展城乡环境卫生集中整治，拆除破旧牌匾124块；整治道路、小巷326条，清理路域环境2.2万平方米，粉刷墙壁2000平方米；栽植树木1万余棵，实现城乡卫生环境、人居环境、路域环境明显改观。

社会治理力度不断加大。无缝隙承接区里下放的城市管理任务，建立社区“网格化”监管机制，实现城市管理工作有序推进。深入开展严打整治集中行动，大力整治社会治安突出问题，及时消除各类治安隐患；抓好重点群体、重点人员稳控工作，顺利完成十九大安保维稳任务；牢固树立安全生产红线和环境保护底线意识，扎实开展散乱污企业治理、禁养区关停和“清河行动”，积极推进清洁型煤和炉具推广工作。

（刘乐亮）

坊安街道

【概况】 坊安街道位于潍坊市坊子区中部，距区政府13.5千米，西与坊城街道毗邻，东以汶河与黄旗堡为界，南与安丘市新安街道接壤，北与九龙街道、高新区新钢街道相邻。镇域东西长13.7千米，南北宽9.5千米，总面积90.65平方公里，耕地面积5466万平方米，辖南流、汶河、水坡、石埠、王松、葫芦埠、郎郡庄7个社区，港渼、南王皋、北王皋、东曹村、西曹村、前曹村、后曹村、滕家庄、营子、河湾、宋家、建华、张家、兴华、于家、前苏、流戈庄、东苏、王家庄、北坡子、田家庄、任家水坡、李家水坡、张疃、祥疃、洼里、荒里、河北、张家石埠、于家石埠、王家石埠、蔡家石埠、沙埠、侯家庄、东村、高陵、东王松一村、东王松二村、东王松三村、东王松四村、西王松、南店、罗家宅子、西曹庄、东埠、圈子、庙东、庙后、石坑、吴家庄、大尚庄、小尚庄、河南、李家、肖家、梁家、小庄子、石龙、韩家59个行政村，共16912户、52908人。2017年，坊安街道按照区委、区政府“一二四三”工作思路举措和街道制定的“一五六一”工作思路，紧紧围绕全区打造“四城四区”战略和“打造和谐生态大美农业示范街道”这一目标，以“项目建设年”“作风建设年”为抓手，积极开拓、勇于担当，实现各项工作协调推进、全面发展。全年完成地方财政收入2091万元，同比增长71.1%；实现工业销售收入30758万元、利税2080.1万元，分别增长8.04%和6.64%。近年来，坊安街道先后被农业部等单位授予“中国芦笋之乡”“山东省最佳休闲乡镇”“山东省旅游强乡镇”“加快发展先进单位”等荣誉称号。2017年，在党的十九大安保维稳工作中，无一人进京非访、无一人非访登记、无一人外围查控，受到市委嘉奖；在2017年度全区科学发展综合考核中，被评为良好等次。此外，还荣获全区基层党建工作先进单位、提升群众满意度工作先进单位、“项目建设年”活动先进单位、“四个城市”建设先进单位、安全生产工作先进单位、食品安全工作先进单位、平安建设工作先进单位、精神文明建设先进单位、计划生育工作先进单位（二等奖）、城乡环卫一体化先进单位等多项荣誉。

历史沿革 坊安街道原为南流镇，2003年6月由安丘市整建制划归坊子区，仍称南流镇。2003年9月，凤凰街道的7个村与南流镇的16个村组成坊安街道。2007年9月，南流镇撤销，与原坊安街道合并成立新的坊安街道，政府驻地设在南流。

地理位置 坊安街道地理位置优越，交通便利，基础设施配套齐全。潍安路、安南路、眉南路、潍胶路、双昌路、永安路形成“三纵三横”的公路网络，胶济铁路横穿其境，济青、潍莱高速公路翘首可望，西距潍坊飞机场18千米，北离潍坊港50千米，是进入潍坊市区的“南大门”，更是投资兴业的“黄金宝地”。

【自然条件】 坊安街道地势西高东低，丘陵平原交错分布，位于牟山水库北大干渠两侧。较高的山有石埠山，海拔130米，山东侧有九龙口。西南部有胡埠山、老母猪山，海拔都在100米左右；中东部有葫芦埠（海拔102米）、蒋军埠，南部有宣华山、郎郡庄埠、马头埠等。丘陵区土地瘠薄，水源缺乏，农作物产量较低；东南部沿汶河一带为宽阔平原，土质良好，水源丰富。汶河沿东界由西南向东北流经6千米，流域面积1706平方公里；南部有沸溪河、曹村河，汇于汶河，西部有王松河；西曹村西北、大尚庄村西北、河湾村西、大尚庄村南，分别有汉王庙水库、沸溪水库、河湾水库、大尚庄水库。

地质条件 据省地震局提供，安丘—莒县断裂带北起坊安街道。据《潍（坊）—莱（阳）高速公路潍河特大桥工程场地地震安全性评价工作报告》安丘—莒县断裂出露部分由三条次级断层组成。由南向北分别是许营—南流段、穆村—眉村段和朱里段。其中许营—南流段，南起埠南头，经许营、河湾、西曹村至南流，长约13千米。据省地震局提供，坊安街道地震烈度为7度设防区。由于山岭和河流的分布，坊安街道土壤种类虽然不多，但肥沃、贫瘠差异较大，大体分为黑土、黄土、沙土三种。西南部地下有丰富石灰岩资源，汶河内有大量的优质建筑用沙。

人文历史 坊安街道历史文化悠久，旅游资源丰富。有郎郡庄大汶口—周文化遗址、汉王庙、松竹园、竹叶碑、王松明清古建筑等名胜古迹，还有石埠山的九龙泉传说；有西曹庄革命历史纪念馆、庄龙甲革命烈士纪念园、玉泉洼党性教育基地等红色旅游景点。

2017年5月4日，马清民副市长到玉泉洼专业合作社联合社调研

【经济发展】 农业发展。发挥区位交通优势，沿潍安路两侧打造乡村旅游产业带，新流转土地93万平方米，引进农业园区3个，扩建农业园区3个，发展种植基地5个。以农业供给侧结构性改革为突破口，大力发展特色化、规模化种植，凸显农业发展优势。金润农业建成占地66万平方米的优质西红柿种植园区，年产5000吨，成为全省最大的西红柿单品种植基地。玉泉洼建成占地133万平方米的生态观光园，年产有机果蔬6000多吨，产值8000多万元，成为著名的“国家级菜果茶标准化示范园”“山东省精品采摘园”和全市最大的有机果蔬种植基地。投资200万元实施“东水西调”应急抗旱工程，把东部汶河水调到西部潍安路两侧农业园区，有效解决玉泉洼生态观光园等园区及周边村庄666万平方米土地灌溉问题。注册“南流芦笋”品牌，扶持引导新建葆润食品有限公司，通过芦笋深加工拉长产业链条。推进“三品一标”认证，推出玉泉洼有机果蔬、稷丰葡萄、金润西红柿、张疃三角梅、蔡家石埠黄桃等农业品牌20多个。

金润农业柿子丰收

工业发展。投资1.5亿元，落实鑫顺节能环保、金顺翔研发扩展等14个技改项目，新上

3条自动化流水线，加强技术改造。对9家通天炉小铸造、2家小塑料、16家砂点、石子磨全部关停，淘汰落后产能，督促14家现存铸造企业新上除尘设备。创新招商引资体制机制，拓宽招商引资渠道模式，提高招商质量和效果。特立洁精诺、凯沃农装等16个项目已签约落地，古方红糖、华中行冷链云仓等7个项目签订框架协议。“腾笼换鸟”，盘活闲置资源，引进富有活力的新产业、新项目。凯沃农装利用金鹏钢构闲置厂房主要从事大、中型拖拉机研发和组装。特丽洁精诺利用林源木业闲置厂房进行扩建，生产高档生活用纸。引导扶持北方物流转型升级、筑巢引凤，由传统钢铁仓储物流向“快递电子商务”和“生产物流供应链服务”转型，吸引顺丰速递、圆通速递等多家企业入驻。规划建设占地400万平方米的健康科技产业园，完成道路、污水管道等规划方案，进行天然气主管道铺设等设施配套，并引进阿齐食品、中基食品等项目。

【社会事业】 优先发展教育事业，投入1300万元，对南流中学等5所中小学幼儿园进行建设提升。建成石埠学校教学楼和宋家幼儿园。顺利完成沙埠拆迁安置工作，在提前拆迁阶段仅用7天时间，就完成303户村民的协议签订工作，用8天时间对居民进行安置，实现当年拆迁，当年回迁目标。实施美丽乡村工程，投资122.5万元，在东王松一村硬化背街小巷12条，铺设排水管道1700米，栽种绿化树木600多棵，建设文化广场、文化墙，整治村内河道，改善居住环境。实施农村文化广场提升改造工程，投资450余万元新建、提升文化广场30处。实施村级公路网化工程，投资1035万元对辖区内22条连村道路进行硬化，共22.75千米。

生态文明。加快污水处理设施建设，建成污水处理厂，并由街道投资80万元，铺设1300米的污水管道，7月1日试运行。全面完成清河行动和禁养区养殖户关闭搬迁工作，共清理河道垃圾160处，清理违章建设48处，清理网箱2211个，清理违法种植80处。扎实推进型煤推广和节能环保炉具推广工作，圆满完成6400吨型煤和700台清洁炉具推广任务。严查严治环境问题。全面排查取缔36台10吨以下燃煤锅炉，对辖区27家小散乱污企业实施“两断三清”，督促92家3人以上企业办理环评及环保备案手续。

社会治理。扎实抓好社会稳定工作，落实重点利益群体责任包靠、重点信访案件领导包案和不稳定因素定期排查机制，将信访隐患消除在萌芽状态。开展“打霸治痞”严打整治集中行动，实现“一村一警务助理”配备全覆盖，保持街道和谐稳定。扎实抓好安全生产工作，聘请安全生产专家对100余家企业进行专项检查和复查，对查出的安全隐患及时进行整改。督促帮助7家规模以上企业进行两个体系建设，有效杜绝较大以上安全事故发生。加强食品药品安全监管，扎实开展食品药品安全风险隐患排查整治行动，深入开展国家食品安全城市创建活动，保障群众饮食用药安全。

（宋　皓）

九龙街道

【概况】 九龙街道位于坊子区东部，面积87平方公里，辖穆村一村、穆村二村、穆村三村、穆村四村、袁刘李村、阿陀村、双官埠村、太公堂村、官庄村、泊庄村、前邓村、后邓村、下房村、何家村、西庄村、苇园村、院上村、望庄村、杨庄村、北流村、东河下村、中河下村、西河下村、山庄村、陈村、前车村、前北流村、小站村、尚庄村、小沼于家村、小沼范家村、小沼李家村、徐家庄村、大冯家村、小冯家村、小沼于家新村、凤凰庄村、郭家村、孟家村、赵家村、小河南村、岳家村、马村、蔡院村、张家屯村、王家屯村、朱家营村、孙家庄村、梁家庄村、胡家庄村、上房村51个行政村，13921户、人口4.5万人，耕地面积4342.7公顷。街道交通条件便利，北临青银高速，南临潍胶路，宝通街、穆响路横穿东西，眉南路、杨瓦路纵贯南北。2017年，街道以打造潍坊市小城镇建设示范镇、特色镇为目标，围绕“四个城市”“四城四区”建设，强产业、惠民生、促发展，实现地方财政收入3125万元，完成固定资产投资23.27亿元，规模以上企业实现工业总产值86683万元、主营业务收入88242万元、利润3217万元、利税4973万元，同比分别增长17.02%、12.45%、20.07%、9.67%。获得省级绿化示范村、全省消防安全“法治维安年”活动先进社区、市级文明村镇、三农服务先进单位等省市级荣誉称号。

【机构设置】 九龙街道办事处内设党政办公室、社会事务办公室、经济发展办公室、规划建设监督管理办公室、社会治安综合治理办公室、安全生产和环境保护管理办公室、综合行政执法办公室7个行政办公室；设有农业综合服务中心、财政经管统计服务中心、民生保障服务中心3个服务中心。行政编制47人，实有36人；事业编制45人，实有44人（其中4人编制在潍河林场，不占用街道45人的事业编制）。

【经济发展】 工业转型升级稳步推进。党工委书记、街办主任带队到常州、南京等地的铸造企业进行参观，借鉴学习先进经验，加快打造新型绿色铸造基地。依托鼎梁消防科技有限公司，启动建设国内首家集安防消防、应急救援设备生产、销售、研发等为一体的专业化产业园区——市政装备产业园，打造产业集群发展平台，园区规划总面积1000亩，顺利完成一期460亩土地调整；先后实施总投资1.1亿元的万宝、金利、团共尔、昊沃4个技改项目建设，新建车间1.4万平方米，引进先进生产线5条，示范带动传统铸造企业转型升级；积极对接广西兰科集团，规划建设铸造废砂再生利用中心，提高资源利用效率。

现代农业活力逐步增强。结合“两河”开发，沿潍河西岸规划建设占地3000亩的潍水现代农业示范园区，将生态旅游、绿色采摘、农家乐等融为一体，建成果蔬采摘大棚7个、垂钓场3个，同步提升北山葡萄、博纳庄园等

2017年12月5日，正在建设中的博纳庄园

现有农业园区，强化园区支撑作用。积极培育新型农业经营主体，2017年新成立家庭农场4家、农民专业合作社2家。加强农产品质量监管，实现辖区高毒农药、假劣农资全部禁售禁用，农残质检室每月对在售果蔬进行抽样检测，保障农产品质量安全。

特色服务业发展迈出步伐。依托丰富的生态资源和交通、区位优势，积极发展生态旅游、旅居养生等服务产业。加快九龙涧森林公园招商开发，规划分绿色休闲公园，休闲旅游、健康养生产业，科创研发、高新技术等实体经济及农业田园综合体4个特色板块打造九龙涧生态产业小镇；在全力做好日常管护的基础上，多次与企业进行对接洽谈。博纳庄园、凤溪美墅等项目建设取得进展，发展活力进一步激活，博纳庄园建成葡萄园600余亩，二期项目42栋多层健康养生住宅全部封顶，同步推进生态园及绿化配套；凤溪美墅项目5栋住宅楼开工建设。

【社会事业】 文化惠民持续发力。加大文化民生投入，投资353万元实施农村文化广场提升工程，25个村级文化广场达到区定标准；投资100万元新建丁村郭家村、袁刘李村2个文化大院，篮球场、图书室、电脑等全面配套。组建广场舞、戏曲、民俗等文艺队伍60余支，组织开展元宵灯谜会、广场舞比赛、篮球比赛、文化遗产进校园、公益电影进村庄等各类文娱活动30余场次，不断丰富群众文化生活。深入开展移风易俗，大力弘扬社会主义核心价值观和中华民族传统美德，51个村“四德榜”、红白理事会建设全覆盖，丧事简办、婚事新办等写入村规民约。

2017年10月17日，承办全能挑战王之第一广场舞比赛

教育医疗水平逐步提升。推进学校标准化建设，完成九龙中学九年一贯制改造，建成教学楼2栋、公寓楼2栋，塑胶操场及标准篮球场、排球场全面配套。加快医疗卫生设施配套，打造潍水、丁村2个社区卫生室示范点，设有药房、心理咨询室、针灸室、康复室等多个功能室；提高医疗服务水平，依托街道卫生院开展65周岁以上老人免费健康查体、贫困人口免费义诊、专家坐诊等活动。

环境质量得到改善。深入推进城乡环卫一体化，实现环境卫生整治常态化，先后开展了百条环卫一体化样板示范街打造、环卫集中整治月等活动，对“三大堆”、垃圾点等进行清理清运；投资20万元新配备垃圾桶700余个，环卫设施进一步配套。抓实环境保护工作，加强“散乱污”企业治理，10蒸吨以下燃煤锅炉、散煤经营点、小塑料厂、冲天炉全部“清零”；扎实开展“清河行动”，清理潍汶河养鱼网箱1500多个、取缔养殖户232户，204处、9.6万平方米养殖棚，241处、1.6万平方米民房及看护房全部拆除；推进散煤清洁化治理，顺利推广清洁型煤5000余吨。

安全生产形势稳定向好。通过联合上级部门、聘请安全生产专家、机关干部包靠检查等方式，全力整改安全生产隐患，累计开展专项检查10余次；以“演练+培训”形式组织应急消防演练6次，进一步增强安全底线意识，提高应急反应和自救能力；15家规上企业完成安全生产标准化及“两个体系”建设。

社会治理更加完善。深化平安九龙建设，全面推行网格化管理，推进“一村一警务助理”，试点“一村一法律顾问”，基层治理力量进一步增强；投资180余万元提升穆村派出所，新建综合服务大厅、勤务指挥室及监控平台，接入的129路摄像头全部接入公安专网，“天网工程”逐步推进。抓好矛盾纠纷排查化解，对市长公开电话、信访案件等落实领导包靠、限时督办、销号管理，办结率达100%；做好重点人员、信访老户稳控工作，顺利完成十九大安保维稳等任务，全年保持零非访。

社会保障不断加强。居民基本养老、医疗保险覆盖范围进一步扩大，参保人数分别达14187人、32256人。扎实开展救助工作，保障困难群众基本生活，新增低保人口49户、核销不符合条件的48户；为困难群众申请医疗救助41户、临时救助47户，实现应保尽保、应救尽救。继续做好90岁以上老人高龄补贴、残疾人补贴发放，完善社会福利服务体系。

【基础设施】 以棚户区改造、农村新型社区打造、连村路工程等重点项目工程为抓手，推进基础设施和公共服务设施建设，提高群众生活品质。顺利完成穆村、下房2个片区、720户棚户区拆迁工作并启动安置楼建设，拓宽小城镇发展空间，其中乾龙居安置区建成安置楼5栋。加快“四全一特”潍水社区打造，投资1200万元建成建筑面积3200平方米的社区服务中心1处，配套建设社区卫生室及1万平方米的文体广场，推动公共服务向基层延伸；按照村级公路网化示范县工程要求，硬化孙家庄—泊涌路等17条、23.38公里连村道路；依托美丽乡村项目，对尚庄后路进行整修罩油，畅通群众出行。

（王光喜）

黄旗堡街道

【概况】 黄旗堡街道地处胶东半岛中部，位于坊子区东南部，现辖50个行政村（夹河套村、安丘庄子村、乙甲庄村、花坞村、狮子口村、黄旗堡村、东安泰村、西安泰村、颜家汶畔村、柏台村、于家汶畔村、田家汶畔村、杞东村、杞西村、城后村、周家庄子村、田东村、贺家汶畔村、东门口村、杨家街村、张家庄子村、城里村、西门口东村、西门口西村、水场官庄村、逄王新村、刘家石桥村、田家石桥村、王家石桥村、前车埠村、王家车埠村、东车埠村、禹家车埠村、墨埠子村、小桃村、北新庄村、南新庄村、大桃村、东楼村、逄王东庄村、高家庄西村、高家庄东村、半截楼村、傅家庄科村、大庄科村、小庄科村、逄王一村、逄王二村、逄王三村、逄王四村），1.72万户，人口5.4万，耕地面积5.8万亩，总面积70平方公里，设有乙甲、安泰、逄王、车埠、杞城、西门口6个农村服务社区，是潍坊市划定的整建制一级饮用水水源备用地。相传楚汉相争时，汉将韩信率兵与楚军决战于潍河，为振军威，插黄旗于埠顶，遂取名黄旗堡。辖区内有古杞城遗址、麦埠子遗址、柏台遗址等国家和省市级重点保护文物，其中杞城遗址为春秋战国时期古杞国都城的所在地，古杞国共在此建都262年，2013年5月，被列入第七批国家重点文物保护单位。2017年，实现规模以上工业销售收入87385万元，利税1058.7万元，与2016年基本持平。先后被评为全国创建文明村镇工作先进单位、山东省中心镇、省级文明镇、山东省环境优美乡镇，潍坊市农业十强镇、山东省"一村一品"示范乡镇、潍坊市农产品质量安全示范镇。

【机构设置】 党政工作机构。黄旗堡街道党政机关设置4个综合性办公室，即：党政办公室、经济发展办公室、社会事务办公室（挂计划生育办公室、社会治安综合治理办公室牌子）、规划建设监督管理办公室。

事业单位。黄旗堡街道事业单位经重新优化组合，共设置6个，分别为：农业综合服务中心、财政经管统计服务中心、计划生育服务中心、社会保障管理服务中心、文化体育广播服务中心、安全生产监督管理所。

【经济发展】 黄旗堡街道是潍坊市划定的整建制一级饮用水水源保护区和备用水源地，辖区内不允许发展工业项目，整体工业基础薄弱。结合水源地实际，积极开展招商引资，发展飞地经济和总部经济。2017年，充分利用区级资源优势和园区招商平台，引进润泽医药物流、浙商保险、微生物产业硅谷和创大科技项目，与英大财险、亚泰保险项目签订合作协议，2017年完成地方财政收入1007万元，比2016年增长54.3%，增幅名列全区7个街道（发展区）第二名，其中仅润泽医药物流项目就贡献税收460余万元，占总收入的一半。2017年，黄旗堡街道积极与上级环保、市政等相关部门保持沟通协调，启动黄旗堡水源地规范和调整各项工作，省环科院形成初步意见。为推动水源地调整后经济和社会发展，充分盘活辖区闲置土地和厂房，推进新旧动能转换，储备总投资1.6亿元的中和食品和总投资3000万元的新和盛调理品等一批大项目、好项目。现代农业。发挥黄旗堡街道土肥水丰和水源地的独特优势，多点开花建园区。投资1090万元，沿东环路两侧，打造潍汶生态农业公园，完善水、电、路等基础设施，建成标志性仿古大门，打造农业特色科普长廊；以逄王西红柿园区为基础，完成“逄王一品”西红柿品牌注册，成功取得西红柿有机转换认证，投资600万元，新建冬暖和春暖种植棚42个，硬化园区道路3000米，园区规模进一步扩大；投资300万元，对半截楼葡萄园区道路进行硬化建设，完善水利设施，并启动总投资40万元的农产品综合贸易市场建设，园区形象进一步提升。精准发力树品牌，提升品牌影响力，与北京创大科技有限公司合作，打造农产品线上交易平台“品郡公社”；利用微信公众号、潍坊日报等媒介，积极宣传推介“杞王”葡萄、“逄王一品”西红柿、“杞都”牛蒡等地域农业品牌，增强品牌带动能力。加快张家庄芦笋、柏台西瓜等“一村一品”农产品“三品一标”品牌认证。加大农业基础投入，投资50万元，完成西门口1100亩水肥一体化示范项目建设，农业自动化水平进一步提高；总投资1480万元的2万亩高标准基本农田工程和投资558万元的0.4万亩农业综合开发项目完成建设，并顺利通过市级验收，辖区农村田间道路网格化初步形成；总投资1578万元、涉及16个村的1万亩高标准基本农田项目，完成招标，为下一步农业基础设施的完善奠定基础。

【生态环保】 坚持环保先行，搞好全域治理，总投资2516万元的黄旗堡污水处理厂一期工程，顺利通过上级环保等部门验收，是全区首个建成并正常运行的街道污水处理厂；新和盛、阳春啤酒等3家涉水企业，根据生产实际，新扩建3处污水处理站，日提高污水处理能力3000方，确保所产污水达标排放。积极做好清洁型煤推广，取缔燃煤锅炉31台，实现辖区企事业单位和工商业户燃煤锅炉清零，全部拆除；积极鼓励和引导阳春啤酒、新和盛等企业改进工艺，新上燃气锅炉9台，全部实现燃气直供。不断改善两河流域生态，利用4天时间，完成全长10公里，涉及10个村庄、2.3万株树木的引黄济峡干渠保护工程清障工作，确保工程顺利推进，保障潍坊主城区饮水安全。全力开展水源地禁养区清理和潍、汶两河“清河行动”，大干27天，关闭禁养区规模养殖场（户）121家，完成潍、汶两河沿线85处违章建筑清理拆除和5662个养鱼网箱的清理，实现“两河”天蓝、水清。严抓农产品质量安全，建立223个镇村干部地块包靠责任区，强化辖区122家农资经营业户管理，严厉打击高毒农药销售和使用，积极推广绿色防控技术，切实维护农产品质量安全示范街道荣誉，打造潍坊城区放心绿色蔬菜生产基地。

【社会事业】 以民生投入为重点，不断提升群众满意度，50个行政村中已有29个完成文化广场建设，顺利通过第三方验收，其余各村快速推进。以东安泰和东门口两个村为基础，启动总投资150万元的村史馆和总投资200万元的杞文化展馆建设，打造古杞国历史文化典型。挖掘黄旗堡文化底蕴，成功申报非物质文化遗产传承人5人；举办第二届群众文化艺术节、广场舞大赛等演出12场，营造浓厚文化氛围，树立杞都文化品牌。开展美丽乡村建设，投资70万元，完成逄王一村美丽乡村建设，积极引导西安泰、颜家等7个村，筹集资金370多万元，实施村庄改造工程，整体面貌极大提升，居住环境进一步改善。投资114.5万元，完成前车埠和狮子口2个省定贫困村村内道路硬化建设，方便群众生产生活，改善出行条件；投入资金380余万元，建设高标准幼儿园1处，对黄旗堡卫生院进行改造提升，改善群众就医条件，新建禹家车埠幸福院。

已建成的安泰园小区

【基础设施】 抓住城镇化提升机遇，完善城乡路网建设。投资900余万元，实施全长17.4公里的17条连村道路硬化工程，田间道路网格化格局进一步完善。实施供水管网改造。投资180万元，完成镇区自来水管网改造工程，彻底解决跑冒滴漏、压力不足等问题。推进燃气管网覆盖。投资200多万元，完成全长2.3公里的天然气管道铺设工程，实现与全区主管网的连接，天然气直供直达。提升城镇基础设施。投资30多万元，在景黄路、东环路、西环路等镇区主要道路，新安装广告牌850个，更换损坏路灯50盏。投资20万元，对安泰健身广场进行改造，对损坏器械进行维护，对广场绿化进行提升，不断提升群众文化生活环境。总投资2300万元的汶河黄旗堡大桥建设，是全街道最大的民生项目，大桥的顺利建成通车，黄旗堡街道通过微信公众号发布的信息“汶河黄旗堡大桥建成通车”，当日阅读量超过1.4万人次。

（乔永山）

经济发展区

【概况】 坊子经济发展区位于坊子区西南部，北海路以西，八马路以南，西与昌乐县搭界，南与安丘市接壤，总占地面积35平方公里，辖山北头村、鞠家庄、范家庄、辛庄、宋相还村、张家柳沟村、王家柳沟村、刘家柳沟村、耿家柳沟村、姜家庄、岔子官庄、史家庄、盖家庄、白石村、李家木庄、任家埠村、西辛家村、西刘家埠村、河南村、平柳院村、龙山坡村、大郭家村、东郭家村、石沟河村、东杨家坡村、西杨家坡村、小北洼村、董家庄、武建家村、马司一村、马司二村、马司三村、马司四村33个行政村33个村，6381户，人口2.6万，耕地面积3.1万亩。经济发展区交通便利，区位优势明显，发展区驻地距潍坊飞机场9公里，距坊子火车站7公里。交通四通八达，济青高速、潍莱高速近在咫尺，206国道、北海路纵贯全境。2017年，经济发展区认真贯彻落实党的十九大和省市区党代会精神，团结带领发展区全体干部党员群众踊跃投身“四个城市”建设，紧紧围绕“四城四区”战略部署，不断推动“一园一带一城一基地”4大平台发展壮大，胜利完成区委区政府布置的重大专项任务，经济社会呈现出健康快速发展的良好态势。

【机构设置】 经济发展区下设党政办、督查室、经济发展服务中心、农工处、民政办、社保处、经管处、财税中心、综治办、计生处、党建办、纪工委、司法所、妇联、群团办、环卫办、城管中队、公路站、用电管理办共16个办公部门。

【经济发展】 2017年，经济发展区实现固定资产投资额18.5亿元，同比增长19%，规模以上工业总产值3.4亿元，同比增长16%，规模以上服务业营业收入3400万元，同比增长21%，限额以上贸易企业销售额4.1亿元，同比增长23%，实现财政收入2338万元，同比增长22%。

经济发展区紧紧扭住“四城四区”建设总抓手，以先进制造业园区为重点，狠抓招商引资、项目建设，经济发展呈现良好发展势头。

招商引资实现历史突破，引入总投资达62亿元的恒大旅游小镇项目，填补辖区内世界500强企业空白，项目占地面积约1300亩，由恒大集团按照“绿色、生态、亲水、低碳”理念设计，建设童世界等5大功能区，打造集亲子娱乐、文化旅游、会议办公、运动休闲、酒店餐饮于一体的旅游度假胜地。

重点工程项目加速推进，马司土地整理项目、矿区复垦项目如期完工；同鸣电子项目、众益碳化硅项目投入生产；十马路北侧的中顺机械项目完成主体框架建设；九马路南侧的中沃机械项目、东方盛达项目完成土地平整；北海路西侧的中国经济林协会种植基地平整荒山1500余亩，并完成第一期作物栽培。提质增效成果显著，碳化硅企业产品成功进军航空发动机、装甲防护和矿山机械等中高端领域，自动化数控机床加工生产线成功开拓印度和中东市场，农业“组植栽培”技术进入应用阶段。经济总量和发展质量都得到显著提升。

现代农业蓬勃发展。瞄准产业融合发展方向，引导扩大土地流转规模，支持农业园区充实项目、优化结构、提升品位，积极招商引资促进园区集聚发展，为进一步提升发展水平奠定良好基础。经济发展区现有新型农业经营主体28家，园区总面积12350亩。其中，从事粮食种植的有19家，从事林果、花卉种植和旅游产业的有9家，分别是盈丰田园综合体、中国经济林协会种植基地、蟠龙山现代农业观光园、银泰现代农业科技示范园、绿卫种植业园区、京宏种植业园区、衡坤现代农业园区、岔子官庄村农业示范园、河南村专业种植园区。

从事林果、花卉种植和旅游产业的9家园区面积6362亩，比2016年增加2200亩，面积达到2000亩以上的有蟠龙山现代农业观光园1家，达到1000亩以上的有中国经济林协会种植基地、盈丰田园综合体、银泰现代农业科技示范园、衡坤现代农业园区4家。园区内设施农业总面积1200余亩，占比18.8%，比2016年增加210亩。园区生产以水果、坚果种植为主，分别占总种植面积的42%和35%。经营方式以种植初级农产品为主，其中，盈丰田园综合体实现农游一体化经营。

【社会事业】 2017年，经济发展区大力实施公共服务惠民工程，群众获得感、满意度显著提升。投资600多万元新建达到市级规范化标准的中心幼儿园；投资180万元新建4处社区卫生院；投资70多万元完成发展区敬老院和辛庄村、马司二村等村级幸福院提升工作，新增床位260张；423名生活困难群众得到低保接济，17名五保老人进入到养老院享受优质供养服务，42名退役志愿兵得到妥善安置，1700多名妇女享受到免费体检待遇，6653名群众参加养老保险，16213名群众参加医疗保险，分别同比增长1%、6%；文化教育事业稳步开展，举办20期“新农村新生活”培训，5个文明家庭得到区级表彰，四点半学校获得市级五号四点半学校称号表彰。聘请著名茂腔表演艺术家孙红菊定期到马司茂腔剧团指导工作，组织辖区内吕剧剧团、茂腔剧团、腰鼓队等民间艺术团体巡回演出200余场次。

经济发展区投资600多万元新建了达到市级规范化标准的中心幼儿园

安全生产、社会稳定三级网格化管理体系得到完善，一村一警务助理、一村一法律顾问制度扎实开展，社区矫正工作规范实施；加强信息化技术运用，雪亮工程实现全覆盖，全年无重大安全生产事故、重大刑事案件发生和群体性事件发生，信访案件办结率100%，满意率达到80%。

【基础设施】 经济发展区始终贯彻以人民为中心的发展思想，加大投资力度推动一揽子惠民举措落地实施，基础设施更加完善。2017年，经济发展区将棚户区改造摆在首要位置，强化工作作风，发扬敢于担当、敢打必胜、攻无不克、战无不胜的坊子棚改精神，仅用20天时间就完成全部拆迁任务，圆满完成西辛片区棚户区改造工作。西辛安置区—西辛嘉苑规划建设12座安置楼，于2017年7月6日顺利开工建设，并于当年年底前全部封顶。

经济发展区积极引导29个村投资710余万元新建或提升文化广场，总施工面积2.3万平方米。投资700万元实施马司社区美丽乡村项目，对村内道路进行全面硬化、绿化和亮化，两条主大街完成沥青罩面、马司二村30条村内道路完成水泥硬化，栽植各类苗木2万多棵，安装路灯150盏。

经济发展区镇区提升工程

【生态环境】 经济发展区牢固树立绿水青山就是金山银山的发展理念，坚决打赢环保攻坚战。2017年累计关停“小散乱污”企业22家，拆除洗沙点、石子磨和石灰窑19家，拆除10吨以下燃煤锅炉15处，取缔禁养区内养殖场39家；严格落实河长制，集中开展河道清理行动，清理各类设施20多处，清运各类垃圾2000多方；绿化马司岭、蟠龙山等荒山土地2000多亩，辖区内天更蓝、水更清、空气更清新。

（凌志伟）

工业发展区

【概况】 坊子工业发展区位于坊子区东北部，面积37平方公里，辖25个行政村，7630户，2017年末常住人口2.7万人，耕地面积1467公顷。下设王家庄子社区、眉村社区、驸马营社区、李家庄社区、涌泉社区5个农村社区，辖王家庄子一村、王家庄子二村、王家庄子三村、王家庄子四村、西李家庄一村、西李家庄二村、西李家庄三村、东李家庄村、北李家庄村、北眉村一村、北眉村二村、南眉村、罗都屯村、宁家庄村、驸马营一村、驸马营二村、王家新庄村、翟家埠村、庄家庄村、涌泉庄村、戴家庄村、小李家村、小官庄村、袁家村、南肖家营村25个行政村。2017年，坊子工业发展区完成地区生产总值21.8亿元，比上年增长5.1%；实现地方财政收入2785万元，比上年增长11.4%；实现工业销售收入200057万元、利税36328万元，分别增长4.6%和5%；第三产业增加值达到5399万元，增长4.7%；农民人均可支配收入16000元，增长7%。2017年，工业发展区荣获坊子区提升群众满意度工作先进单位、精神文明建设工作先进单位、城乡环卫一体化工作先进单位、环境保护先进单位、基层党建工作先进单位和计划生育先进集体三等奖等荣誉称号。

【机构设置】 工业发展区下设党政办、组织办、财政审计所、民政办、农业服务中心、安监环保办、经管站、城管办、规划建设环卫办、社保所、计生站、综治中心、食安办、文化站14个职能部门，总工会、团工委、妇联、残联4个群团机构，王家庄子社区、李家庄社区、涌泉社区、驸马营社区、眉村社区5个农村社区服务中心和武装部，在职在编工作人员57名。

【经济发展】 扶持现有企业转型升级，培育发展新动能。工业发展区紧紧围绕“精准服务企业年”“项目建设年”，大力实施新旧动能转换重大工程，加快推进四城四区建设。华潍集团自主研发全生物降解塑料技术填补国内空白，“华潍”旱地宝保水剂在陕西省烟草种植示范区推广应用；精准扶持一诺机械投资4000万元扩建完成4000平方米标准车间，预计年新增产值3000万元，新增利税400万元；博元塑业投资5000万元新建完成1.2万平方米车间，新上PE布生产线4条，项目建成投产后可年产PE布5000吨，预计年实现主营业务收入7000万元，利税1000万元。

进一步加大招商引资力度。2017年，引进计划投资1.2亿元的华潍盈苑现代农业示范园、年缴利税300万元以上的上海合晖保险公司等5个项目，总投资约2.2亿元。其中，山东华潍盈苑现代农业示范园已流转土地300亩，建大棚21个，在建11个，硬化园区道路5500平方米。

聚力打造风筝特色小镇。以风筝特色产业为引擎，以旅游吸引为核心，以“特色产业、旅游产业、城镇化产业”三大产业链为支撑，着力打造风筝特色小镇，确定风筝特色小镇“一一三一”（一个引擎：风筝特色产业为引擎。一个核心：旅游吸引为核心。三大支撑：“特色产业、旅游产业、城镇化产业”三大产业链为支撑。一个目标：打造宜居宜游宜业宜享的特色风筝小镇。）的发展定位，2017年，投资60万元打造的1000米紫藤、蔷薇长廊景观带已完工。

【社会事业】 加快实施南眉村片区棚改安置区建设。2017年，棚改项目共440户，已全部完成任务，其中安置区拆迁127户，签订拆迁安置协议313户。

落实安全生产、环保工作。建立发展区、社区、村、企业四级安全生产管理网络体系，聘请安全专家，成立6个工作组，先后组织12次安全隐患排查，共排查企业454家，隐患2090条，整改率达98%以上；关停小塑料加工点29个，拆除燃煤锅炉35个，发放型煤宣传单2万余份；建成3000平方米的型煤配送中心，率先在全区完成型煤、炉具订购任务；清河行动共关闭搬迁养殖户83户，拆除违法建筑276处，其中养殖棚124处，民房152处，看护房4处，清理违建面积66000余平方米，完成率达100%。清河行动经验做法在市河长制办公室《水利信息》专刊第40期进行刊发推广。

深入精神文明创建工作。深入开展移风易俗活动，发放红白理事会卡片7400张、明白纸26000份、调查问卷7000份、张贴宣传海报150幅、悬挂、喷绘标语400条。举办第四届广场舞大赛。在25个村开展“文明家庭”“好婆婆”“好媳妇”评选，共评选出11户家庭。庄家庄村被评为“全国文明村”是全区首个获此殊荣的村庄。

全面推进环卫一体化整治。2017年，集中开展2次环卫整治活动，累计投资360万元，清运垃圾15万方，更新垃圾桶400个，并对驸李二路、眉王路等12条道路进行路域治理。发放《城乡环卫一体化一封信》2万余份，发放征求意见表5600份，满意率达96%。同时，加强对各村环卫情况的督查整改，做到“一月一督查，一季一考评，半年一通报”。制定环境综合整治考评办法，实行整治效果与考核奖励挂钩的管理方法，推动发展区环卫工作常态化规范化。

完成居民养老、医疗、治安、银龄安康、女性安康“五费”收缴任务。2017年，发展区切实将惠民政策落到实处，使所有符合参保条件的群众顺利完成缴费，确保参保缴费工作顺利开展。其中居民养老、医疗保险完成率位居全区第一。

社会综合治理。创新实施“四步工作法”，全力构建稳定大局。发展区党政主要领导主动担责、以上率下、勇于攻坚，每周召开综治联席会议分析研判、提前防范；班子成员落实“一对一”包案，健全“发展区书记、社区第一书记、机关包靠干部、村支部书记、网格员”五级网格化包靠机制，多元化解、“去根治病”；以依法治村为抓手，5个社区25个村配备8名法律顾问、25名调解员和25名警务助理三支队伍，坚持正面教育与依法打击相结合，依法打击、法治化治理；对每名已结案人员，落实由原先包靠稳控变现在“一对一”结对帮扶，一包到底，真情回访、提高满意度。创新运用分析研判、多元化解、依法打击、真情回访“四步工作法”化解多起信访积案、老案，2017年到区以上信访总量同比下降98%，进京非访量为“零”，同比下降100%，纪委口非访量大幅下降，为助力全市“四个城市”建设，构建了和谐稳定社会环境。

坊子工业发展区创新“四步工作法”化解矛盾纠纷（综治维稳联席会议）

【基础设施】 着力打造潍南县委红色廉政文化教育基地。2017年，发展总投资1000余万元，以涌泉村潍南县委旧址、展馆、文武举人胡同为依托，着力打造潍坊东部红色廉政文化

工业发展区涌泉村潍南县委旧址

教育基地和坊子区东部的党员教育培训基地。文武举人胡同、潍南县委旧址和小李家战役纪念馆已完工；投资400万元，建设的潍南县委展馆主体已基本竣工。

实施美丽乡村项目建设。投资800万元对北眉二、南眉村等5个村实施美丽乡村项目建设，打造太白文化园；投资1100万元实施村级公路网化工程，共硬化道路22条10万平方米；投资90余万元对眉王路、驸李路等9条道路实施路域治理；投资105万元对政府街人行道改造、绿化提升和路面罩油；投资300万元新建、整修农村文化广场18个，完成率达72%。

全力推进重点工程建设。济青高铁已完成总工程量的98%，已进入铺轨调试阶段，2018年底，将实现全线通车。济青高速已完成总工程量的70%，计划2019年10月通车，工期平均提前半年；硬化潍河灌渠堤顶路4公里1.5万平方米，设置防护网7400平方米，保证潍坊中心城区100万口人的饮水安全。

加大公共服务设施投入。投资900万元，计划新建建筑面积4000平方米标准化医院一处；投资120万元，新建眉村派出所办案区、综合服务大厅、安装摄像头150个；投资20万元，设置消防栓30个。

（郭　晓）

附 录

2017年区委重要文件目录

文 号	名 称
坊发〔2017〕1号	关于加强自身建设的决定
坊发〔2017〕3号	关于开展“项目建设年”活动的实施意见
坊发〔2017〕4号	关于开展“作风建设年”活动的实施意见
坊发〔2017〕5号	关于表彰坊子区2016年度功勋企业家和优秀企业家的决定
坊发〔2017〕6号	关于表彰坊子区2016年度科技创新先进企业的决定
坊发〔2017〕7号	关于建立区委巡察制度的实施意见
坊发〔2017〕8号	关于学习宣传贯彻市第十二次党代会精神的实施意见
坊发〔2017〕10号	关于调整坊子区“作风建设年”活动领导小组组成人员的通知
坊发〔2017〕11号	关于印发《关于进一步推动“作风建设年”活动深入开展的实施方案》的通知
坊发〔2017〕12号	关于印发《2017年全区党风廉政建设和反腐败工作实施意见》的通知
坊发〔2017〕13号	关于印发《中共潍坊市坊子区委常委会开展“作风建设年”活动实施方案》的通知
坊发〔2017〕14号	关于印发《十四届坊子区委巡察工作规划（2017—2021年）》的通知
坊发〔2017〕15号	关于深入推进大气污染防治的实施意见
坊发〔2017〕16号	关于印发《关于加快推进生态文明建设的实施方案》的通知
坊发〔2017〕17号	关于印发坊子区“四个城市”建设五年规划和三年行动计划的通知
坊发〔2017〕18号	关于加快构建和谐劳动关系的实施意见
坊发〔2017〕19号	关于深入学习宣传贯彻党的十九大精神的决议
坊办发〔2017〕1号	关于印发区委常委工作分工的通知
坊办发〔2017〕2号	关于公布区委区政府领导成员联系街道（发展区）的通知
坊办发〔2017〕3号	关于印发《潍坊市坊子区棚户区改造工作考核奖励办法》的通知

续表

文　号	名　称
坊办发〔2017〕4号	关于印发《关于全面推进政务公开工作的实施方案》的通知
坊办发〔2017〕5号	关于组织开展第四批区直部门（单位）包村联户和选派第一书记工作的实施意见
坊办发〔2017〕6号	关于印发《关于深入开展城市违法建设治理行动的实施方案》的通知
坊办发〔2017〕7号	关于印发《关于推行“一村一警务助理”工作的实施意见》通知
坊办发〔2017〕9号	关于印发《关于推进“两学一做”学习教育常态化制度化的实施方案》的通知
坊办发〔2017〕10号	关于印发《坊子区2017年农业农村工作要点》的通知
坊办发〔2017〕12号	关于印发《潍坊市坊子区第二届群众文化艺术节总体方案》的通知
坊办发〔2017〕13号	关于印发《坊子区全面实行河长制实施方案》的通知
坊办发〔2017〕14号	关于印发《关于进一步完善城区管理体制的意见（试行）》的通知
坊办发〔2017〕15号	关于印发《坊子区安全生产和环境保护网格化监管体系建设工作方案》的通知
坊办发〔2017〕16号	关于印发《坊子区建筑施工工地扬尘整治实施方案》等五个实施方案的通知
坊办发〔2017〕18号	关于修订《关于加快推进现代农业示范园区建设的意见》的通知
坊办发〔2017〕19号	关于印发《坊子区“四个城市”建设协调推进机制总体方案》的通知
坊办发〔2017〕20号	关于印发《坊子区深化公共资源配置改革实施办法》的通知
坊办发〔2017〕21号	关于印发《2017年度全市科学发展综合考核指标责任分工》的通知
坊办发〔2017〕22号	关于印发《坊子区生态环境损害责任追究暂行办法》的通知
坊办发〔2017〕23号	关于深化放管服改革进一步加强服务型政府建设的实施意见
坊办发〔2017〕24号	关于表彰坊子名校长等优秀个人和单位的通报
坊办发〔2017〕25号	关于印发《坊子区2017年度科学发展综合考核办法》的通知
坊办发〔2017〕27号	关于加强国土资源执法监管建立共同责任机制的实施意见
坊办发〔2017〕28号	关于印发《坊子区美丽乡村标准化建设工作方案》的通知
坊办发〔2017〕30号	关于印发《坊子区创建创业型示范城市实施方案》的通知
坊办发〔2017〕31号	关于印发《关于进一步深化“由民做主”理念加快推进城乡社区协商工作的实施意见》的通知
坊办发〔2017〕32号	关于印发《关于做好村“两委”换届选举工作的实施意见》《关于做好城市社区“两委”换届选举工作的实施意见》的通知
坊办发〔2017〕33号	关于推进落实国家机关“谁执法谁普法”普法责任制的实施意见
坊办字〔2017〕1号	关于召开区委办公室领导班子专题民主生活会的请示
坊办字〔2017〕2号	关于召开区委办公室领导班子专题民主生活会的请示
坊办字〔2017〕3号	关于召开区委办公室领导班子专题民主生活会情况的报告

续表

文　号	名　称
坊办字〔2017〕4号	关于召开区委办公室领导班子专题民主生活会情况的报告
坊办字〔2017〕5号	关于实行重点项目和重点工程包靠责任制的通知
坊办字〔2017〕6号	关于印发《关于贯彻落实〈中共潍坊市坊子区第十四次代表大会报告〉目标任务的责任分工方案》的通知
坊办字〔2017〕7号	关于成立坊子区棚户区改造工作领导小组的通知
坊办字〔2017〕8号	关于调整坊茨小镇工作推进指挥部组成人员的通知
坊办字〔2017〕9号	关于印发《关于强化正风肃纪开展形式主义官僚主义问题专项治理的实施方案》的通知
坊办字〔2017〕10号	关于调整《坊子区委常委联系党外代表人士制度》的通知
坊办字〔2017〕11号	关于调整区有关委员会和领导小组成员的通知
坊办字〔2017〕13号	关于印发《关于开展全区严打整治集中行动的实施方案》的通知
坊办字〔2017〕14号	关于印发《全区党委（党组）理论学习中心组2017年理论学习安排意见》的通知
坊办字〔2017〕15号	关于印发《坊子区2017年度提升群众满意度工作方案》的通知
坊办字〔2017〕16号	关于印发《〈坊子年鉴〉（2017卷）编辑方案》的通知
坊办字〔2017〕17号	关于王鑫同志职务任免的通知
坊办字〔2017〕18号	关于加快推进住房公积金归集扩面工作的通知
坊办字〔2017〕19号	关于成立坊子区特色小镇创建工作推进领导小组的通知
坊办字〔2017〕21号	关于成立坊子区新旧动能转换重大工程战略规划领导小组的通知
坊办字〔2017〕22号	关于转发区卫计局等六部门《关于坊子区公立医院法人治理结构建设的实施方案》的通知
坊办字〔2017〕23号	关于推进“一村（社区）一法律顾问”工作的实施意见
坊办字〔2017〕26号	关于成立坊子区环境保护督察工作领导小组的通知
坊办字〔2017〕27号	关于支持人民法院基本解决执行难问题的实施意见
坊办字〔2017〕28号	关于成立坊子区家事纠纷化解工作领导小组的通知
坊办字〔2017〕29号	关于办好2017年全区妇女儿童工作实事的通知
坊办字〔2017〕31号	关于印发《坊子区各级各有关部门（单位）环境保护工作职责》的通知
坊办字〔2017〕32号	关于印发《坊子区大气污染治理问责办法（试行）》的通知
坊办字〔2017〕33号	关于印发《坊子区河长制区级会议制度》等七项制度的通知
坊办字〔2017〕34号	关于印发《2017年度坊子区事业单位绩效考评实施方案》的通知
坊办字〔2017〕35号	关于印发《关于落实市委第一巡察督导组反馈意见的整改方案》的通知

2017年区政府重要文件目录

文　号	名　称
坊政发〔2017〕1号	关于进一步加强政府自身建设的意见
坊政发〔2017〕2号	关于调整区政府领导成员工作分工的通知
坊政发〔2017〕3号	关于公布坊子区第五批非物质文化遗产保护名录的通知
坊政发〔2017〕4号	关于调整区级政府部门权力清单的通知
坊政发〔2017〕5号	关于印发《潍坊市坊子区妇女发展“十三五”规划》《潍坊市坊子区儿童发展“十三五”规划》的通知
坊政发〔2017〕6号	关于印发《潍坊市坊子区人民政府工作规则》的通知
坊政发〔2017〕7号	关于调整区级政府部门行政权力事项的通知
坊政发〔2017〕8号	关于区十八届人大常委会第二次会议有关议题审议意见落实情况的报告
坊政发〔2017〕9号	关于加强税收保障工作的实施意见
坊政发〔2017〕10号	关于印发《关于加强物业管理工作的意见》的通知
坊政发〔2017〕11号	关于成立政府性债务管理领导小组的通知
坊政发〔2017〕12号	关于区十八届人大常委会第三次会议有关议题审议意见落实情况的报告
坊政发〔2017〕13号	关于印发《坊子区综合行政执法体制改革实施方案》的通知
坊政发〔2017〕14号	关于印发《在市场体系建设中建立公平竞争审查制度实施方案》的通知
坊政发〔2017〕15号	关于调整部分区级政府部门行政权力事项和中介服务项目的通知
坊政发〔2017〕16号	关于印发《坊子区突发事件总体应急预案》的通知

2017年规范性文件目录

文　号	名　称
坊政办发〔2017〕12号	关于《划定全区畜禽养殖禁养区、限养区、适养区的实施意见》的通知
坊政办发〔2017〕29号	关于公布《坊子区区级年检事项目录》和《坊子区区级政府指定培训事项目录》的通知
坊政办发〔2017〕43号	关于印发《坊子区大棚抵押借款暂行办法》的通知
坊政办发〔2017〕49号	关于印发《坊子区现代农业示范园区建设贷款贴息补助办法》的通知

荣誉榜

2017年度坊子区市级及以上道德模范情况表

姓名	单位及职务	所获荣誉
刘振亭	山东省煤田地质局第四勘探队工程师	2017年度市级“榜上有名”先模人物、2017年第一批全市“岗位学雷锋标兵”
李道范	坊子工业发展区东李村村民	2017年度市级“榜上有名”先模人物
王建明	潍坊中顺机械科技有限公司总经理	2017年潍坊好人
李士颂	坊子区国税局财务科副科科长	2017年潍坊好人
赵衍峰	亚特尔控股集团股份有限公司董事长兼总经理	2017年潍坊好人
潘红梅	坊子区疾控中心艾滋病科科长	2017年潍坊好人
刘枫岭	坊子区市场监督管理局审批服务科科长	2017年潍坊好人
王增贵	坊子区九龙街道驸马营二村卫生室医生	2017年第二届“潍坊最美”系列人物

2017年度坊子区各单位获表彰奖励考核情况表

单位	获部级或省委、省政府的表彰奖励
区委台办	2017年中央台办“两刊”对台宣传工作先进单位
区科协	2017年全国科普示范社区（凤凰街道恒信社区、坊城街道房仕社区、黄旗堡街道安泰社区）
区知识产权局	2017年国家知识产权强县工程试点区
区人社局	2017年国家“千人计划”外国专家项目
区政府办公室	全省137县市区2017年政务公开第三方评估第一名
区委政法委	2017年全省党的十九大安保维稳工作先进集体
区信访局	2017年全省信访工作先进集体 2017年全省社会治安综合治理先进集体

索 引

说明：

1.本索引为主题索引。特载、大事记、附录这三部分内容未列入索引。

2.本索引按汉语拼音音序排列。同音字按声调，首字相同者按第二个字的音序排列，以此类推。

3.索引主题词后面的数字表示索引内容所在的页码。

“敬老月”宣传慰问活动…………………… 391

“两库一平台”建设日趋完善…………… 273

“两学一做”学习教育常态化制度化和“作风建设年”活动…………………… 144

“平安医院”创建和毒麻药品管理……… 367

“启航•新征程”汇电科技新产品上市发布会………………………………………… 159

“四上”企业纳入………………………… 232

“五老”志愿者培训班暨证书颁发仪式… 151

“乡村记忆工程”建设工作……………… 344

110接处警工作 ………………………… 207

1898坊茨小镇…………………………… 354

2017年国税税收收入一览表…………… 292

2017年数字化、绿色化铸造技术与装备交流会………………………………………… 159

A

艾滋病、乙肝、梅毒母婴传播阻断项目… 375

爱国卫生运动…………………………… 371

爱心捐助………………………………… 152

安保工作………………………………… 207

安全播出………………………………… 347

安全生产………………………………… 257

安全生产工作………………………… 245、314

安全生产基层基础建设………………… 236

安全生产监督管理……………………… 235

安全稳定………………………………… 270

安置工作………………………………… 386

案件管理中心…………………………… 212

B

帮扶工作………………………………… 117

保健品食品化妆品安全监督管理……… 224

保险业…………………………………… 282

保障和改善民生………………………… 286

保质保量搞安置…………………………………… 317
北京新松机器人投资有限公司总裁郝占岗一行来坊签订“新松机器人（山东）产业园区”协议并参观调研……………… 162
背街小巷道路绿化及改造工程………………… 313
被征地农民养老保险…………………………… 382
变更审批………………………………………… 288
标准化工作……………………………………… 226
标准化规范化试点……………………………… 166
殡葬管理………………………………………… 388
病虫害防治……………………………………… 314
不动产登记……………………………………… 323
不断夯实工会基础建设………………………… 189

C

财源建设………………………………………… 285
财政……………………………………………… 285
财政管理………………………………………… 285
财政审计………………………………………… 234
财政收支………………………………………… 285
参与全市立法…………………………………… 168
参政议政………………………………………… 128
餐饮具集中消毒单位专项整治行动…………… 369
残疾人就业、创业扶贫工作…………………… 197
残疾人康复工作………………………………… 197
残疾人民生保障………………………………… 197
残疾人体育……………………………………… 198
测绘管理………………………………………… 321
产权协调………………………………………… 356
产业发展………………………………………… 255
产业扶贫………………………………………… 142
产业化发展项目………………………………… 251
产业园区………………………………………… 260
产业转型升级…………………………………… 219
常规统计调查监测……………………………… 231
常委会议………………………………………… 177
城市管理………………………………………… 310
城市管理行政执法……………………………… 312
城市建设………………………………………… 308
城市社区………………………………………… 384
城乡低保工作…………………………………… 384
城乡供水………………………………………… 249
城乡规划………………………………………… 307
城乡环境综合整治……………………………… 372
城乡环卫一体化………………………………… 313
城乡建设………………………………………… 92
持续打造精品网络……………………………… 303
出入境工作……………………………………… 209
出生缺陷干预…………………………………… 375
创先争优出亮点………………………………… 146
创新驱动战略…………………………………… 259
创新性工作开展………………………………… 273
创业创新载体建设……………………………… 259
垂直管理部门单位……………………………… 109
从严治团………………………………………… 191
村民自治………………………………………… 383
村社共建………………………………………… 267
村镇建设………………………………………… 311

D

搭建对外联络平台……186
搭建信访服务平台……141
打造党性教育基地……145
打造精品网络……304
大气污染防治……325
档案……348
档案查阅利用……350
档案馆建设……349
档案室情况……349
档案文化建设……349
党的理论教育和党性教育……147
党风廉政建设……182、305
党风廉政建设主体责任和监督责任……144
党管武装工作……201
党建工作……150、258、332
党史工作……145
党史宣讲有声有色……146
党史研究新进展……146
党校工作……146
党校基础设施建设和经费保障……149
党校师资队伍和干部队伍建设……148
道德建设……98
德日建筑群保护工作……344
地方税务……293
地方文艺……341
地籍管理……320
地理位置……360
地形 地貌……83
地震监测预报……338
地震应急救援……338
地震灾害防御……338
地质环境与矿产资源……322
第三次农业普查……231
电力……257
电网建设……257
电子商务……265
电子信息业……255
电子政务……167
定点医疗机构管理……382
动植物资源……85
督查工作……132、163
队伍建设……152、330
队伍素质提升及网络建设工作……165
对台服务……129
对台工作……128
对台交流……128
对外接待……116
对外经济合作……266
对外经济贸易……266
调查研究……117

F

发挥代表主体作用……155
发展改革……219
法学会建设……204
法院……212

法制工作……………………………………168
法制信息宣传………………………………169
法制医院创建………………………………369
法治坊子建设………………………………204
法治政府建设工作…………………………205
反渎职侵权…………………………………212
反贪污贿赂…………………………………212
反映社情民意………………………………179
方志馆建设…………………………………171
坊安街道……………………………………399
坊城街道……………………………………396
坊子凤凰地理信息小镇……………………357
坊子区2017年重点项目集中开工暨营子片区
棚户区改造项目奠基仪式………………160
防汛抗旱……………………………………248
防震减灾……………………………………337
防震减灾基础工作…………………………337
防治登革热等传染病………………………372
房产管理……………………………………175
非物质文化遗产申报及目录………………340
分管行业领域安全监管……………………235
凤凰生态休闲商务小镇……………………358
扶贫工作……………………………………142
扶贫宣传……………………………………143
服务规模化…………………………………267
服务经济发展………………………………205
服务企业……………………………………254
服务升级……………………………………306
服务体系建设………………………………259
服务型机关党组织建设……………………144
福利事业……………………………………387
妇幼保健……………………………………374

G

改革创新……………………………………221
改革试点……………………………………139
改善办学条件………………………………331
干部队伍、安全生产和招商引资…………370
干部监督管理………………………………118
干部教育培训………………………………119
高标准农田项目……………………………251
高新技术及其产业…………………………334
高新园区（凤凰街道）……………………394
高新园区•街道（发展区）………………111
高中教育……………………………………333
各项工作……………………………………150
耕地保护和土地利用………………………320
工业发展区…………………………………411
工业经济……………………………………89
公安…………………………………………206
公共法律服务工作…………………………216
公共交通……………………………………298
公共卫生服务………………………………363
公共文化服务………………………………126
公开电话工作………………………………164
公路…………………………………………300
公路建设……………………………………300
公路路政管理………………………………301
公路养护……………………………………297

公路养护管理…… 300
公平交易执法…… 227
公平竞争审查…… 230
公务员管理…… 172
公证及司法鉴定工作…… 217
巩固国家级卫生城市成果…… 371
共青团区委…… 190
供销…… 267
构筑大信访工作格局…… 140
关爱职工…… 302
关心下一代工作…… 150
管理服务…… 358
管理制度建设…… 237
广播电视…… 346
规范电视传播秩序…… 343
规范行政执法…… 168
规范化公司制改制和企业上市挂牌…… 274
规范化建设…… 133
规范性文件监督管理…… 168
规划编制工作…… 307
规划监督检查…… 307
规划设计…… 355
规划审批管理…… 307
国防动员…… 200
国家税务…… 289
国库集中支付改革…… 286
国土资源管理…… 320
国有资产购置处置…… 237
国有资产清查…… 237
国有资产运营及管理…… 237

H

行业扶贫…… 142
豪迈（潍坊）产业园…… 261
合作经济组织建设…… 267
和谐共建…… 270
河流…… 83
恒大旅游小镇…… 359
宏观调控…… 219
互联网管理…… 126
户籍制度改革…… 208
化解行政争议…… 205
化解金融风险…… 275
环境保护…… 93、325
环境监测…… 327
环境监察…… 326
黄旗堡街道…… 405
会议服务…… 175
会展经济…… 266
婚姻登记…… 388

J

机构编制工作…… 129
机构编制管理创新…… 130
机构改革…… 221
机构与职能…… 164、166、170
机关档案工作…… 349
机关管理…… 234

机关建设工作…………………………………… 163
机关事务管理…………………………………… 174
机械装备制造园………………………………… 260
基层组织建设…………………………………… 120
基础建设………………………… 363、372、396、398、405、408、410、413
疾病监测服务…………………………………… 374
计划生育服务管理……………………………… 376
计划用水………………………………………… 324
计量管理………………………………………… 226
计生协会工作…………………………………… 376
纪念中国共产党成立96周年暨中国人民解放军建军90周年红色收藏展………… 151
技术创新………………………………………… 253
加大水资源费的征收力度……………………… 324
加大网吧查处力度……………………………… 343
加快信息化建设应用…………………………… 303
加强法律顾问管理……………………………… 168
加强工商联组织建设…………………………… 187
加强行政执法监督……………………………… 205
加强和改善党委对党校工作的领导……… 146
加强粮食执法检查……………………………… 268
加强用水效率控制……………………………… 324
加强用水总量控制……………………………… 324
家庭文明行动…………………………………… 193
价费管理………………………………………… 229
价格管理………………………………………… 229
价格监测………………………………………… 230
价格监督检查…………………………………… 230
价格认证………………………………………… 231
坚持企业文化建设……………………………… 303
监督管理………………………………………… 143
检察……………………………………………… 211
检验检测工作…………………………………… 228
建设内容………………………………………… 360
建设与管理……………………………………… 308
建设忠诚干净担当的纪检监察队伍……… 184
建置沿革………………………………………… 86
建筑业…………………………………………… 309
建筑业、房地产………………………………… 90
健康科技产业园………………………………… 261
交通……………………………………………… 297
交通管理工作…………………………………… 210
交通运输管理…………………………………… 298
交通运输综合执法……………………………… 300
教学改革………………………………………… 329
教育……………………………………………… 329
教育培训………………………………………… 186
教育信息化……………………………………… 331
节会招商扎实开展……………………………… 272
节目创优………………………………………… 347
节能环保业……………………………………… 255
节能降耗……………………………… 175、254
巾帼创业行动…………………………………… 192
巾帼关爱行动…………………………………… 192
巾帼维权行动…………………………………… 192
金融工作………………………………………… 274
金融业…………………………………………… 90
金融助农………………………………………… 275

禁养区关停搬迁工作……245
经费保障……330
经济发展……395、397、401、403、406、409、412
经济发展区……408
经济和社会发展……88
经济结构……219
经济运行……253
经济运行调度……232
经济责任审计……234
经济作物……242
经贸合作……128
精品旅游线路……352
精神文明建设……98
精准扶贫……382
景区景点介绍……352
竞技体育……378
九龙涧森林公园植树活动……160
九龙涧生态康养小镇……360
九龙街道……403
救灾救济……385
就业创业培训……380
就业困难人员就业……381
就业政策落实……380
居民生活……380
居民收入……380
卷烟经营……269
决策部署督促检查……132
军转干部……172

K

开展“扫黄打非”工作……343
开展精准扶贫活动……186
开展寻标对标提标达标行动……145
考核工作……117
科技……334
科技成果……335
科技创新平台建设……334
科技合作与交流……335
科技计划……335
科教文卫事业……90
科普基础设施建设……194
科普网络建设……194
科学普及工作……194
客户服务继续改善……303
控告申诉检察……212
矿产资源……85

L

栏目制作……347
劳动监察仲裁……381
劳动就业……380
老干部工作……149
老龄工作……390
老龄信息宣传工作……391
老年文体活动……391
雷沃重工产业链配套企业专题招商活动

暨坊子区农业智能装备产业链招商推介会 …… 161
理论学习会 …… 160
利用外资 …… 266
粮食 …… 268
粮食作物 …… 242
两化融合 …… 254
林业 …… 246
林业产业 …… 247
林业有害生物防控 …… 247
林政管理 …… 246
领导讲话 …… 116
留守儿童保护 …… 389
流浪乞讨人员救助 …… 389
流通现代化 …… 267
路政管理 …… 297
裸露土地治理工作 …… 314
落实安全生产责任制 …… 235
落实公开接访下访工作 …… 141
落实中央八项规定精神，驰而不息纠正“四风” …… 182
旅游 …… 350
旅游品牌培育 …… 351
旅游项目建设 …… 350
履行监督职责 …… 154
履行社会责任 …… 305
绿化苗木交接工作 …… 314

M

慢病防控 …… 373
贸易市场 …… 90
煤矿离退休职工服务 …… 389
美丽乡村建设 …… 241
免疫规划 …… 372
民办教育 …… 333
民生资金和项目审计 …… 235
民事行政检察 …… 212
民事审判 …… 213
民政 …… 383
民主协商 …… 383
民族 …… 87
民族工作 …… 392
民族宗教 …… 392
名牌战略 …… 225

N

纳税服务 …… 291
年鉴编纂工作 …… 171
凝心聚力推棚改 …… 315
农产品质量安全监管 …… 244
农村产权交易体系建设 …… 240
农村集体“三资”管理 …… 238
农村集体产权制度改革 …… 239
农村经济管理 …… 238
农村社区 …… 384

农村土地流转…………………………240
农村孕产妇补助………………………374
农机安全监管…………………………251
农机合作社……………………………250
农机科技推广…………………………250
农机培训………………………………250
农民负担监督管理……………………240
农业机械………………………………249
农业经济………………………………89
农业科技推进…………………………244
农业生产服务…………………………250
农业水价综合改革……………………249
农业水利设施建设……………………248
农业综合开发…………………………251

P

棚户区改造……………………………355
棚户区改造工作………………………315
品牌建设………………………………246
品牌农业………………………………243
平安坊子建设…………………………203
评选活动………………………………391
普法宣传工作…………………………216

Q

齐鲁股权交易中心坊子区集中挂牌仪式
暨资本市场知识培训…………………160
其它各项工作…………………………391
企业档案工作…………………………349
气候……………………………………84
强化有针对性的党风廉政教育………183
强化责任担当，压实从严治党主体责任
……………………………………………184
强化职工思想文化引领………………189
强基固本工程…………………………193
侨务工作………………………………168
青春扶贫行动…………………………190
青少年思想政治工作…………………191
清廉作风建设…………………………128
区残疾人联合会………………………197
区妇女联合会…………………………191
区工商业联合会………………………186
区纪委十四届一次全会………………181
区纪委十四届二次全会………………181
区纪委十四届三次全会………………182
区科学技术协会………………………194
区委、区政府所属部门单位…………101
区委办公室工作………………………116
区委、区政府安排的工作……………235
区委十四届三次全体会议……………114
区委十四届四次全体会议……………114
区文学艺术界联合会…………………195
区长公开电话…………………………169
区政府办公室工作……………………162
区政府全体（扩大）会议暨廉政工作会议
……………………………………………159
区直机关党建工作……………………143
区总工会………………………………187

去产能…………………………………………253
全力参与全区重点工作…………………………179
全力推进坊子区地方粮食储备库暨应急粮油储备库项目建设……………………………269
全面精益管理……………………………………270
全面深化改革工作………………………………134
全面推行河长制…………………………………247
全民科学素质工作………………………………194
全区“四个城市”建设推进会议………………114
全区安全生产工作会议…………………………159
全区城市工作会议………………………………113
全区经济工作会…………………………………113
全区青少年法治教育暨“五老”网吧义务监督工作座谈会…………………………151
全市“三夏”农机化生产现场会………………159
全委会议…………………………………………177
确保网络文化安全………………………………342
群众体育…………………………………………378

R

热线办理情况……………………………………169
人口…………………………………………………86
人口计生…………………………………………376
人民调解工作……………………………………216
人事工作…………………………………………172
人事任免…………………………………………155
认真做好储粮安全和粮食应急工作………268
日常运转工作……………………………………163

S

森林防火…………………………………………247
山东测绘地理信息产业园………………………260
山东省中小微企业巡回大讲堂潍坊（坊子）班…………………………………161
商标广告监督管理………………………………223
商贸服务业………………………………………265
商品房预售监管…………………………………312
设施配套…………………………………………358
社保待遇落实……………………………………382
社保基金征收及监管……………………………383
社保扩面征缴……………………………………382
社会保险公共服务“三化”建设………………383
社会保障…………………………………………382
社会扶贫…………………………………………142
社会贫困对象医疗救助活动……………………376
社会事业…………………………93、396、398、402、404、407、410、412
社会养老保障体系………………………………390
社会主义核心价值观建设………………………124
社会组织管理……………………………………388
社区矫正及安置帮教工作………………………217
社有企业…………………………………………267
涉台宣传…………………………………………129
深化职工创新创业………………………………188
审计…………………………………………………234
生活待遇…………………………………………149

生活管理……175
生态环保……407
生态环境……411
省、市人大代表名单……157
食品安全监督管理……224
食品加工业……255
食盐专营……271
史志编纂工作……164
史志工作……170
市场合同监督管理……222
市场监管……221
市场开发……351
市场体系建设……265
市场主体登记……222
市容环境整治……312
市政装备产业园……262
市政装备业……255
事业单位改革与监管……131
事业单位人事管理……172
收入征管……294
收养登记……388
双拥工作……201、387
水库除险加固工程……248
水利……247
水利依法行政……324
水土保持和水政执法……249
水污染防治……325
水资源……85
水资源管理……249、323
税收收入……289、293
税收优惠……294
税收征管……290
税务服务……294
税务稽查……290
司法便民利民……214
司法公开……214
司法行政……215
司法责任制改革……214
思想道德建设……124

T

特色产业镇提升……259
特色小镇……354
特种设备安全监察……227
提案工作……178
提高领导干部法治思维……205
提升服务功能……174
提升服务水平……173、305
体育……378
体育赛事……379
体育设施建设维护……379
体制机制亮点……167
通信……302
统计……231
统计法治建设……233
统计服务……232
统计改革……233
统计基层基础建设……233
统战工作……127

投融资体制改革…………………………… 238
土地确权登记颁证……………………… 239
土地资源…………………………………… 84
推进依法决策…………………………… 205
推进依法治区建设……………………… 155
推进职工服务体系建设………………… 189

W

外出学习………………………………… 161
外国专家人才…………………………… 173
外贸进出口……………………………… 266
外事工作………………………………… 167
外事侨务………………………………… 167
外事侨务工作…………………………… 164
完善管理制度…………………………… 174
完善依法行政制度体系………………… 205
网络安全………………………………… 208
网络建设………………………………… 306
违法建设整治…………………………… 313
围绕中心工作 强化执行与监督服务 …… 304
维护社会稳定…………………………… 203
潍坊国家园林城市复查工作…………… 314
潍坊市军民融合智能装备产业园……… 262
潍坊农村商业银行股份有限公司坊子支行
………………………………………… 278
潍坊日报•今日坊子 ………………… 345
潍坊市坊子区第十八届人大常委会会议 … 153
潍坊市坊子区第十八届人民代表大会…… 153
潍坊市坊子区红十字会………………… 375
潍坊市坊子区人民代表大会常务委员会… 99
潍坊市坊子区人民法院………………… 101
潍坊市坊子区人民检察院……………… 101
潍坊市坊子区人民政府…………………… 99
潍坊市军民融合智能装备产业园揭牌
暨奠基仪式…………………………… 161
潍坊银行股份有限公司坊子管辖行……… 278
潍水风筝小镇…………………………… 361
卫计综合监督执法……………………… 368
卫生……………………………………… 362
卫生技术人员业务培训………………… 370
未成年人思想道德建设工作……………… 99
位置 面积 ……………………………… 83
文稿材料工作…………………………… 163
文化产业………………………………… 340
文化公共服务体系建设………………… 339
文化惠民工程…………………………… 340
文化活动………………………………… 340
文化事业………………………………… 339
文化执法………………………………… 342
文明城市创建…………………………… 124
文明城市创建工作………………………… 98
文史工作………………………………… 179
文体活动………………………………… 149
文物保护……………………………… 341、344
文物修缮………………………………… 356
文艺创作………………………………… 340
文艺精品打造…………………………… 195
文艺平台搭建…………………………… 195
文艺演出………………………………… 151

文艺志愿服务…………………………………… 196
污染减排………………………………………… 326
无偿献血和遗体、器官捐献工作………… 375
五保供养………………………………………… 384
物业管理………………………………………… 312

X

现场调度………………………………………… 116
现场调研………………………………………… 114
现代服务业……………………………………… 220
现代农业示范园区…………………………… 242
现代物流………………………………………… 266
乡村文明行动………………………………… 98
乡镇村志编纂工作…………………………… 172
项目创新………………………………………… 294
项目介绍………………………………………… 359
项目推进………………………………………… 358
项目意义………………………………………… 360
消防工作………………………………………… 209
消费者权益保护……………………………… 223
小镇发展方向………………………………… 359
小镇区位………………………………………… 358
协商调研………………………………………… 178
新能源汽车产业园…………………………… 263
新闻出版………………………………………… 344
新闻宣传………………………………………… 346
新型金融组织………………………………… 275
新型农业经营主体…………………………… 239
信贷融资………………………………………… 274
信访工作………………………………………… 140
信息服务水平提升工作…………………… 165
信息工作………………………………………… 117
信息公开………………………………………… 288
信息化…………………………………… 254、369
信息上报工作………………………………… 165
刑事检察………………………………………… 211
刑事审判………………………………………… 213
刑事执行检察………………………………… 212
行政复议应诉工作…………………………… 169
行政管理体制改革…………………………… 130
行政区划………………………………………… 86
行政审判………………………………………… 213
行政审批制度改革…………………………… 130
宣传发动………………………………………… 374
宣传工作………………………………………… 122
宣传教育工作………………………………… 370
宣传推介………………………………………… 356
学会工作………………………………………… 195
学前教育………………………………………… 332
学习宣传贯彻习近平总书记系列重要讲话
精神……………………………………………… 122
学校安全………………………………………… 331
寻标对标………………………………………… 115
畜产品质量安全工作………………………… 245
畜牧业…………………………………………… 244

Y

烟草……………………………………………… 269

盐业…………………………………………… 271
盐政执法………………………………………… 271
养老服务………………………………………… 387
药品及医疗器械监督管理……………………… 224
业务提升………………………………………… 306
业务系统维护…………………………………… 167
医疗废物的监督检查…………………………… 368
医疗救助………………………………………… 385
医疗美容服务专项整治检查…………………… 369
医疗卫生………………………………………… 366
医疗质量………………………………………… 367
医养结合………………………………………… 377
医药卫生体制改革……………………………… 362
依法打击KTV无证经营 ………………………… 343
义务教育………………………………………… 332
银行业…………………………………………… 275
银龄安康工程…………………………………… 391
营改增政策大辅导……………………………… 291
应对极端天气…………………………………… 314
应急处置………………………………………… 369
应急处置和保障能力…………………………… 170
应急管理………………………………………… 169
应急管理工作…………………………………… 164
应急演练………………………………………… 170
拥军优属………………………………………… 202
拥政爱民………………………………………… 201
优抚工作………………………………………… 386
优质服务………………………………………… 257
邮电业…………………………………………… 90
邮政……………………………………………… 302
邮政服务………………………………………… 302
有线电视………………………………………… 347
有效盘活闲置资源……………………………… 272
有效维护职工权益……………………………… 188
舆论宣传引导…………………………………… 123
育苗造林………………………………………… 246
预案体系建设…………………………………… 169
园林绿化………………………………………… 313
园区招商优势凸显……………………………… 272
圆满完成粮食安全省长责任制考核工作… 268
运用监督执纪“四种形态”，严格执纪审查
………………………………………… 182

Z

造纸包装业……………………………………… 255
增收节支管理…………………………………… 285
扎实做好地方储备粮轮换工作………………… 268
渣土运输整治…………………………………… 313
展览……………………………………………… 344
战备训练………………………………………… 199
招才引智………………………………………… 119
招商推介………………………………………… 114
招商引资……………………… 272、356、357
招生考试………………………………………… 330
招引方式更加灵活……………………………… 273
征兵工作………………………………………… 200
证券业…………………………………………… 284
政策惠民………………………………………… 143
政策宣传………………………………………… 271

政法队伍建设……………………………… 204
政法和综治工作……………………………… 203
政府采购和招投标管理……………………… 287
政府法制工作………………………………… 163
政府投资项目审计…………………………… 234
政府网站运行………………………………… 167
政区 人口 民族 ……………………………… 86
政务服务……………………………………… 117
政务服务中心………………………………… 173
政务公开……………………………………… 166
政务公开宣讲月活动………………………… 167
政务网络运行………………………………… 167
政务信息……………………………………… 164
政务信息与政务公开工作…………………… 164
政治待遇……………………………………… 149
政治思想教育………………………………… 199
知识产权……………………………………… 336
知识产权保护………………………………… 337
知识产权创造………………………………… 336
知识产权试点示范…………………………… 336
知识产权宣传………………………………… 336
知识产权运用………………………………… 336
执法监察……………………………………… 322
执行工作……………………………………… 213
职工大病保险………………………………… 382
职能转变工作………………………………… 164
职企沟通协商五部曲………………………… 187
职业技能人才………………………………… 173
志愿服务制度化建设………………………… 99
制度建设………………………… 169、270、287
质量管理……………………………………… 225
治安防控体系建设…………………………… 206
治安行政管理………………………………… 207
智慧城市……………………………………… 170
智慧城市工作………………………………… 164
智慧项目建设………………………………… 170
智能装备产业园……………………………… 263
中国电信集团有限公司坊子区分公司…… 305
中国工商银行股份有限公司潍坊坊子支行
……………………………………………… 278
中国共产党潍坊市坊子区第十四次代表大会
……………………………………………… 113
中国共产党潍坊市坊子区纪律检查委员会
……………………………………………… 100
中国共产党潍坊市坊子区委员会………… 99
中国建设银行股份有限公司潍坊坊子支行
……………………………………………… 276
中国交通银行潍坊市坊子区支行………… 277
中国联合网络通信有限公司坊子区分公司
……………………………………………… 304
中国农业发展银行潍坊市坊子区支行…… 278
中国农业银行股份有限公司潍坊坊子支行
……………………………………………… 276
中国人民财产保险股份有限公司潍坊市
人保财险坊子支公司……………………… 282
中国人民解放军潍坊市坊子区人民武装部
…………………………………… 101、199
中国人民政治协商会议潍坊市坊子区委员会
……………………………………………… 100
中国人寿保险股份有限公司潍坊市坊子区

支公司…………………………………… 283
中国太平洋财产保险股份有限公司潍坊市坊子区支公司……………………………… 283
中国太平洋人寿保险股份有限公司潍坊市坊子区支公司……………………………… 283
中国移动通信集团山东有限公司坊子区分公司…………………………………… 303
中国银行股份有限公司潍坊坊子支行…… 277
中国邮政储蓄银行股份有限公司潍坊市坊子区支行………………………………… 279
中泰证券股份有限公司潍坊朝凤路证券营业部…………………………………… 284
中小企业…………………………………… 258
中小学生健康体检和儿童口腔牙齿窝沟封闭…………………………………………… 367
中医药……………………………………… 365
种植业……………………………………… 242
重大动物疫病防控工作…………………… 245
重大工程…………………………………… 326
重点传染病和地方病……………………… 373
重点改革任务……………………………… 135
重点工作督促检查………………………… 133
重点提案和协商调研报告………………… 180
重点项目…………………………………… 220
重要案件侦破……………………………… 208
重要工作…………………127、154、178、328
重要会议………… 113、153、159、177、181
重要活动………………………………… 114、160
住房公积金管理…………………………… 286
住宅与房地产……………………………… 312
抓好军粮供应站规范化建设……………… 269
专卖管理…………………………………… 270
专题视察…………………………………… 179
专业技术人才……………………………… 172
装备制造业………………………………… 255
自行采购…………………………………… 289
自然环境…………………………………… 83
自然条件…………………………………… 400
自然资源…………………………………… 84
自身建设…………………………………… 117
宗教工作…………………………………… 393
综合管理…………………………………… 174
总揽全局谋规划…………………………… 317
走出去请进来……………………………… 272
走访慰问…………………………………… 115
组联维权工作……………………………… 197
组织工作…………………………………… 118
组织机构（2017） ………………………… 99
组织领导………………………………… 134、374
组织体系…………………………………… 169
作风建设年活动…………………………… 234
做好源头治访……………………………… 141